Frauen in der Politik

Ina E. Bieber

Frauen in der Politik

Einflussfaktoren auf weibliche Kandidaturen zum Deutschen Bundestag

Ina E. Bieber
Gesellschafts- und Politikanalyse
Goethe-Universität Frankfurt/Main
Frankfurt/Main, Deutschland

Zgl. Dissertation an der Goethe-Universität Frankfurt am Main, 2012

ISBN 978-3-658-02703-2   ISBN 978-3-658-02704-9 (eBook)
DOI 10.1007/978-3-658-02704-9

Die Deutsche Nationalbibliothek verzeichnet diese Publikation in der Deutschen Natio-
nalbibliografie; detaillierte bibliografische Daten sind im Internet über http://dnb.d-nb.de
abrufbar.

Springer VS
© Springer Fachmedien Wiesbaden 2013

Springer VS ist eine Marke von Springer DE. Springer DE ist Teil der Fachverlagsgruppe
Springer Science+Business Media.
www.springer-vs.de

Dank

Den Menschen, die mich auf meinem Doktorandinnenweg unterstützt und begleitet haben, möchte ich an dieser Stelle danken:

Besonders Sigrid Roßteutscher, die mein Vorhaben vielfältig unterstützt und den Rücken frei gehalten hat. Dieter Roth und Andreas Wüst für ihre Motivation und Unterstützung, auch in schwierigen Zeiten. Evelyn Bytzek, Sabine Hoffmann und Philipp Scherer, die bei Fragen mit Rat zur Seite standen. Den wissenschaftlichen Hilfskräften – insbesondere Simon Henkel, Heike Kieshauer und Kathrin Krockenberger – die auch bei stupiden Datensatz- und Korrekturarbeiten die Stellung gehalten haben. Duarte Ramalho, Caren Müßig, meiner Familie und meinen Freunden, die für mich da waren.

Materielle Unterstützung habe ich im Rahmen „Kleiner Projekte zur Frauen- und Genderforschung" des Gleichstellungsbüros, des Fachbereichs 03 und Prof. Dr. Sigrid Roßteutscher der Universität Frankfurt am Main zur Erstellung meines Datensatzes erhalten, wofür ich mich ebenso bedanken möchte.

Frankfurt am Main, April 2013

Inhaltsverzeichnis

Abbildungsverzeichnis

Tabellenverzeichnis

Abkürzungsverzeichnis

Allbus	Allgemeine Bevölkerungsbefragung der Sozialwissenschaften
B90/Die Grünen	Bündnis 90/Die Grünen
BB	Brandenburg
BE	Berlin
BW	Baden-Württemberg
BL	Bundesland
BWahlG	Bundeswahlgesetz
BWO	Bundeswahlordnung
BY	Bayern
bspw.	beispielsweise
bzw.	beziehungsweise
Doppelkand.	Doppelkandidatur
EW	Vorhergesagte Erfolgswahrscheinlichkeit
ggf.	gegebenenfalls
J.	Jahre
HB	Bremen
HE	Hessen
HH	Hamburg
Kand.qual	Kandidaturqualität
kath.	katholisch
L. Partei	Linke Parteien
Listenkand.	Listenkandidatur
log	logistisch
MV	Mecklenburg-Vorpommern
N	Fallzahl
NI	Niedersachsen
NM	Nullmodell
NW	Nordrhein-Westfalen
o.I.	ohne Interaktionen
östl.	östlich
ParG	Parteiengesetz
RP	Rheinland-Pfalz

RZ	Religionszugehörigkeit
SH	Schleswig-Holstein
SL	Saarland
SN	Sachsen
sog.	sogenannt(e)
ST	Sachsen-Anhalt
TH	Thüringen
uvm.	und vieles mehr
v.a.	vor allem
verh.	verheiratet
vgl.	vergleichsweise
Wahlkreiskand.	Wahlkreiskandidatur
westl.	westlich
WPrüfG	Wahlprüfungsgesetz
z.B.	zum Beispiel
z.T.	zum Teil

1 Einführung: Können oder wollen Frauen nicht?

Witzig und treffend formulierte der Werbetexter und Schröder-Sympathisant Manfred Bissinger im Wahlkampf 2005 den Slogan „*Kan-di-dat?*" - „*Der Kanz*" und ließ ihn auf eigene Kosten in verschiedenen Internetmedien ausstrahlen (Klemm 2005). Treffend, da es ihm gelungen ist, in der Zeit des Wahlkampfes mit einem Wort bzw. Satz genau das auszudrücken, was in der Luft lag, schwer in Worte zu fassen war und sich wenige zu sagen trauten: Eine Frau kandidiert zum ersten Mal in der Geschichte Deutschlands um das höchste exekutive Amt, das des Bundeskanzlers bzw. der Bundeskanzlerin.

Quelle: Klemm 2005

Abbildung 1: Werbeslogan im Wahlkampf 2005

Dem „*DI*" kam somit in diesem Wahlkampf eine besondere Rolle zu. „*DI*" war unbestreitbar auf Angela Merkel bezogen und auf die Frage, ob und inwiefern sie in der Lage sei dieses Amt zu übernehmen. Verfügt sie über die notwendigen Eigenschaften und Fähigkeiten? Doch hinter dieser Frage steckte mehr: „*DI*" schien nicht nur auf Angela Merkel, sondern auch auf ihr weibliches Geschlecht allgemein bezogen zu sein und damit auf die Frage, ob auch Frauen geeignet sind, führende Rollen in der Politik zu übernehmen. Denn obwohl Frauen seit über 90 Jahren in Deutschland das Recht haben, an Wahlen aktiv und passiv teilzunehmen, sind sie auf allen Ebene der Politik unterrepräsentiert (vgl. Blättel-Mink et al. 1998; Geißel 1999; Hoecker 1996, 2005; Hofer/Wolfgruber 2000; Kinzig 2007).

Der Handlungsraum von Frauen war lange Zeit vornehmlich auf den priva-ten Raum beschränkt. Eine strikte, geschlechtsspezifische Trennung zwischen weiblich-privater und männlich-öffentlicher Lebenssphäre herrschte bis in die 1950er und 1960er Jahre auch in Deutschland vor. Der öffentliche Raum, und vor allem der Raum der Politik, war primärer Handlungsraum der Männer. Diese Vorstellung kann besonders illustrativ und exemplarisch am Verhalten von Kon-rad Adenauer 1961 abgelesen werden, als er sein neues Kabinett – in das erst-mals eine Frau berufen wurde – mit „Morjen, meine Herren" begrüßte. Auf den Protest der ersten weiblichen Ministerin Elisabeth Schwarzhaupt konterte Ade-nauer: „In diesem Kreis sind auch Sie ein Herr" (Eichhoff-Cyrus 2004: 358; Lenz/Adler 2010: 137). Dieser Äußerung folgend durften nur Herren am Tisch der Macht Platz nehmen und wenn sie genotypisch weibliche Merkmale aufwei-sen, wurden sie dennoch phänotypisch als „Herren" wahrgenommen und dem-entsprechend behandelt. Zehn Jahre später sprach Bundestagsvizepräsident Ri-chard Jäger (CSU) noch immer die Warnung aus, dass in seinem Plenarsaal kei-ne Frauen mit Hosen erlaubt seien (Schmahl 2011).

Obwohl heute deutlich mehr Frauen in der Politik tätig sind und derartige Statements nicht mehr geäußert werden, sind Frauen national und international noch immer unterrepräsentiert (vgl. Ballington/Karam 2005; Blättel-Mink et al. 1998; Hoecker 1998, 1999, 2011; Hoecker/Fuchs 2004): Ihr Anteil im Bundestag beläuft sich zwischen 1949 und 1987 stets auf unter 10 Prozent, erreicht erst in den 1990er Jahren die 20 Prozentmarke und verharrt seither bei circa einem Drittel, wie auch folgende Abbildung 2 zeigt.

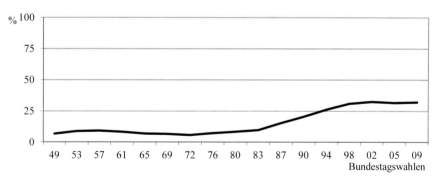

Quelle: Deutscher Bundestag 2009; Feldkamp 2005: 158; Holtzapfel 2006: 56; Schindler 2000: 635.

Abbildung 2: Frauenanteil im Deutschen Bundestag von 1949 bis 2009 (in %)

Auch der Blick auf die Repräsentation von Frauen in den Legislativen weltweit zeigt, dass von keiner Geschlechtergleichheit gesprochen werden kann: Nach Angaben der Inter-Parliamentary Union beläuft sich der weltweite Frauenanteil im Unteren Haus bzw. bei Einkammerparlamenten auf 19,6 Prozent und im Oberen Haus bzw. im Senat auf 18,4 Prozent (IPU 2011; vgl. hierzu auch Ballington/Karam 2005; Fuchs/Hoecker 2004; Hoecker 1998; Inglehart/Norris 2003). Diese Zahlen illustrieren nur ein unlängst bekanntes Phänomen: Politikerinnen sind in deutlich geringerem Maße in der Legislativen repräsentiert. Dabei sei darauf hingewiesen, dass dies nur Zahlen für den legislativen Bereich sind und dieses Phänomen in der exekutiven Politik in verstärktem Maße vorzufinden ist (vgl. für Deutschland Feldkamp 2005: 275-294, Schindler 2000: 1016-1121).

Grundsätzlich ist es demokratietheoretisch nicht notwendig, dass in einer repräsentativen Demokratie die politischen Interessen in gleichem Maße von Frauen und Männern repräsentiert werden. Nach der grundlegenden Formel von Abraham Lincoln ist eine Demokratie *„government of the people, by the people, for the people"* (Schultze 2001: 51). Und so sehen auch zahlreiche Demokratietheorien eine geschlechtergleiche Repräsentation von Frauen und Männern im Parlament nicht als Voraussetzung für das Gelingen einer Demokratie (vgl. hierzu Schmidt 2000). Erst die partizipatorische Demokratietheorie, die eine *„(...) politische Beteiligung möglichst vieler über möglichst vieles, und zwar im Sinne von Teilnehmen, Teilhaben und seinen-Teil-Geben einerseits und innerer Anteilnahme am Geschehen und Schicksal des Gemeinwesens andererseits"* (Schmidt 2000: 251) fordert, gibt Raum, das Geschlecht der Politiker/innen in die demokratietheoretische Diskussion aufzunehmen. Aus dieser Perspektive können Demokratien mit einer Unterrepräsentation von Frauen durchaus als *„defizitär"* betrachtet werden, wie dies Geißel und Penrose (Geißel/Penrose 2003) beschreiben (vgl. hierzu auch Braun et al. 2000; Holland-Cunz 1998; Pateman 1974). So sei es demokratietheoretisch notwendig, dass …

erstens keine Bevölkerungsgruppe vom politischen Prozess ausgeschlossen werden dürfte,

zweitens Frauen über spezifische Erfahrungen, Bedürfnisse und Interessen verfügen würden, die nur sie im politischen Prozess angemessen vertreten können und

drittens die Politik nur unter Einschluss der Kompetenzen und Fähigkeiten der Frauen effizient arbeiten kann (vgl. Geißel/Penrose 2003: 2).

Somit ist aus dieser normativen, geschlechterorientierten Demokratietheorie eine gleichmäßige Repräsentation von Frauen Voraussetzung für das Gelingen einer Demokratie. Diesen rein normativen Forderungen einer geschlechtergleichen

Repräsentation fehlt bisher jedoch jegliches empirisches Fundament: So fehlt *erstens* der Beweis, dass Frauen systematisch aus dem politischen Prozess ausgeschlossen werden, denn möglicherweise sind es die Frauen selbst, die weniger politisch interessiert sind und nur aus diesem Grund in geringerem Maße eine aktive Rolle in der Politik spielen *wollen* (vgl. hierzu Verba et al. 1995: 16). Gleichermaßen ist es möglich, dass Frauen tatsächlich auf individueller oder struktureller Ebene bei der Verfolgung einer politischen Karriere seitens des Staates, der Gesellschaft oder der Parteien bewusst gehindert werden und beispielsweise wahlsystematisch benachteiligt oder auf weniger aussichtsreichen Plätzen nominiert werden als Männer. Dementsprechendes konnte bereits in einigen Studien nachgewiesen werden, jedoch weisen diese Untersuchungen – wie im Rahmen der vorliegenden Studie noch gezeigt werden wird – einige Schwächen auf.

Zweitens fehlt auch der Beweis, dass Frauen tatsächlich über spezifische Erfahrungen, Bedürfnisse und Interessen verfügen, die zu einer Veränderung des politischen Prozesses führen. Hierzu müssen in einem ersten Schritt zunächst die spezifischen Erfahrungen, Bedürfnisse und Interessen von Frauen identifiziert werden. Wie ebenso im Rahmen dieser Studie noch gezeigt werden wird, konnte dies insbesondere in Bezug auf die unterschiedlichen Erfahrungen infolge einer geschlechtsspezifischen Sozialisation und deren Folgen in einigen Bereichen bereits identifiziert werden. Jedoch muss nach dem Nachweis dieser geschlechtsspezifischen Unterschiede zudem untersucht werden, inwiefern sich diese auch im politischen Prozess festsetzen können und im politischen Output dann einen Unterschied machen.

Neben dem grundsätzlichen Unterschied im politischen Output ist auch *drittens* zu fragen, ob die Politik, die von Frauen gestaltet wird, wirklich „effizienter" ist (vgl. hierzu auch Childs 2004). Hierzu müsste jedoch zunächst festgelegt werden, anhand welcher Kriterien eine effiziente Politik überhaupt zu messen ist, um dann der Frage nachgehen zu können, inwiefern sich die spezifischen Kompetenzen und Fähigkeiten der Frauen hierin niederschlagen. So stellt sich die Frage, ob Politik wirklich effizienter ist, wenn mehr Frauen partizipieren.

Schließlich ist *viertens* anzufügen, dass einige gleichheitsorientierte Feministen die Ansicht vertreten, dass Frauen und Männer grundsätzlich gleich sind und jegliche Geschlechterunterschiede nur gesellschaftlich konstruiert seien, was in der Konsequenz den oben angeführten Argumenten zwei und drei einer „*defizitären"* Demokratie, die sich auf die Unterschiedlichkeit der Geschlechter berufen, widerspricht.

Bevor daher die Schlussfolgerung gezogen werden kann, dass Demokratien mit einem geringen Anteil an Frauen in der exekutiven und/oder legislativen Politik aus partizipatorischer, geschlechterorientierter Sicht als „*defizitär"* zu bezeichnen sind und der Frauenanteil zu erhöhen ist, muss zunächst überprüft werden, ob Frauen tatsächlich systematisch an der politischen Teilnahme seitens des Staates, der Gesellschaft oder der Parteien gehindert werden. Denn die Frage, „(...) *whether increasing the number of women in our legislative assemblies would produce a different pattern of public policies and/or a different style of political practices*" (Erickson 1997: 663) macht aus wissenschaftlicher Sicht wenig Sinn, ist utopisch und empirisch nicht zu untersuchen, da nicht abzuschätzen ist, ob und welchen Einfluss eine erhöhte Repräsentation von Frauen in der Politik tatsächlich auf den Output der Politik hat. Dies ist nicht zuletzt auch immer vom Land, dem Zeitpunkt und der bestehenden Regierung abhängig.

Bevor daher eine „bessere" Demokratie durch die Teilnahme von mehr Frauen suggeriert wird, ist zu fragen, ob und wenn ja, welche Faktoren einer geschlechtergleichen Repräsentation in der Politik momentan im Wege stehen und insbesondere ob diese auf individuelle Faktoren (Frauen *wollen* sich nicht beteiligen), auf strukturelle Faktoren (Frauen *können* sich nicht beteiligen) oder auf exklusiven Faktoren (Frauen *sollen* sich nicht beteiligen) zurückzuführen sind (vgl. Verba et al. 1995: 16). Erst wenn mehr Kenntnisse über diese Zusammenhänge vorliegen, können Stellschrauben festgemacht werden, um den Anteil der Frauen in der Politik zu erhöhen und der Frage ein Stück näher zu kommen „*(...), would having more women legislators result in more public policies and political practices directed to redressing gender inequities in society and in politics?*" (Erickson 1997: 663, vgl. hierzu auch Lawless 2004).

Diese Arbeit geht daher zunächst von der Unterrepräsentation von Frauen in der Politik aus und beschränkt sich auf die Überprüfung der grundlegenden Frage, ob Frauen tatsächlich in systematischer Weise daran gehindert werden, ein politisches Amt auszuüben und in welcher Form dies passiert. Dabei soll jedoch auch berücksichtigt werden, ob und inwiefern geschlechtsspezifische Unterschiede, Interessen, Erfahrungen oder Bedürfnisse von weiblichen und männlichen Politikern bestehen, die ebenso Auswirkungen auf die Wahlerfolgschancen von Politiker*innen* haben. Was im Rahmen dieser Arbeit jedoch nicht untersucht werden kann ist die Frage, ob Frauen die besseren Politiker/innen sind und die Repräsentation von Frauen in der Politik zu einer Effizienzsteigerung führt.

Die Untersuchung der Situation von Politiker*innen* ist kein vollkommen neues Themenfeld. Es wurden hierzu bereits zahlreiche Studien durchgeführt, die die Entstehungsursachen, die geschlechtsspezifischen Unterschiede der Partizipation und Repräsentation inner- und außerhalb Deutschlands und deren Erklärungsansätze beinhalteten[1]. Ein zentraler Aspekt wird – wie noch detailliert dar-

---

[1] Vgl. hierzu bspw. Amberger/Halbmayer 2002; Bauer 2008; Bergmann 2000; Boneparth 1981; Bremme 1956; Brinkmann 1990; Burns et al. 2003; Coffé/Bozendahl 2010; Dittrich 1987; Drinkmann/Caballero 2007; Feist/Wendt 1994; Foster 2000; Geißel 1999; Geißel/Penrose 2003;

gelegt wird – in vielen dieser Untersuchungen jedoch ausgeblendet: Die meisten Analysen betrachten Politiker*innen* ab dem Zeitpunkt, an dem sie bereits in ein exekutives oder legislatives Gremium gewählt wurden (vgl. hierzu Brunsbach 2011). Diejenigen, die sich zur Wahl gestellt haben, aber *nicht* gewählt wurden, werden bei den Analysen häufig gar nicht berücksichtigt. Jedoch sind es gerade diese *„Verliererinnen"*, die im Vergleich zu einerseits ihren männlichen Konkurrenten und andererseits den *„Gewinnerinnen"* erklären können, aus welchem Grund und in welchem Kontext sie ausgeschieden sind und ob und inwiefern hier individuelle bzw. strukturelle Gründe auf der Basis ihrer Geschlechtszugehörigkeit wirksam waren bzw. sind. Erst ein derartiges Untersuchungsdesign macht es möglich, der häufig formulierten, empirisch jedoch schwer zu fassenden Frage, ob sich Frauen an der Politik nicht beteiligen *wollen*, nicht beteiligen *sollen* oder nicht beteiligen *können,* detaillierter auf die Spur zu gelangen.

Bereits Verba et al. (1995) haben nach Ursachen für die Unterrepräsentation bestimmter Bevölkerungsgruppen gesucht indem sie danach gefragt haben, *„why people do not take place in politics"* und kommen auf die einfache Formel *„because they can't, because they don't want to; or because nobody asked"* (15). *„Can't"* beziehen sie hierbei hauptsächlich darauf, dass Politiker/innen bestimmte Ressourcen, Fähigkeiten und Zeit benötigen, um in der Politik aktiv zu werden. *„dont't want to"* beschreibt das geringe Eigeninteresse und Wissen von Personen an Politik und *„nobody asked"* befasst sich mit der Isolation der Personen von Netzwerken der Rekrutierung.

Daher reicht es nicht aus, nur die Resultate – also die gewählten Politiker/innen – zu betrachten, um herauszufinden, ob und inwiefern Frauen von der politischen Macht auf individueller bzw. struktureller Basis fern gehalten werden. Vielmehr muss die Ebene der Kandidatennominierung und der daraus resultierende Wahlerfolg einer detaillierteren Überprüfung unterzogen werden. Denn hier werden Kandidat/innen, die potentielles Interesse an der Politik haben (und somit *wollen*), von den Parteien aufgestellt und von den Wähler/innen ausgewählt. Dieser Nominierungs- und der Wahlprozess soll im Rahmen der vorliegenden Arbeit betrachtet werden.

Darüber hinaus wird die Situation von Politiker*innen* in Deutschland häufig mittels qualitativer Studien untersucht: So führte beispielsweise Meyer (1997) lebensgeschichtliche Interviews oder Geißel (1999) Leitfadengespräche mit Kommunalpolitiker*innen* in Berlin durch, ebenso wie Schöler-Macher (1994)

Hoecker 1987, 1994, 1995, 1996, 1998, 1999; Hoecker/Fuchs 2004; Holtz-Bacha 2008a, 2008b, 2009; Holtz-Bacha/König-Reiling 2007; Kahlweit 1994; Kletzing 2009; Kühnel et al. 2009; Meyer 1992, 1996, 2009; Niedermayer 2000; Penrose 1993; Pfannes 2004; Rasmussen 1984; Rubart 1988; Sander 2003; Schlozman et al. 1994; Schnitger 1990; Studlar/McAllister 2002; Studlar/Welch 1992; Uhlaner/Schlozman 1986; Verba et al. 1997; Welch/Studlar 1986; Westle 2001; uvm.

und Volk (1992). Das Problem derartiger qualitativer Untersuchungen ist aus der gängigen Methodendiskussion bekannt: Fehlende Repräsentativität und damit keine Verallgemeinerbarkeit. Ebenso sind die qualitativen Untersuchungen stets auf spezifische Untersuchungsinteressen ausgerichtet oder befassen sich mit regional eingeschränkten Gebieten oder politischen Ebenen (vgl. Geißel 1999; Jebens-Ibs/Zachow-Ortmann 1994; Sander 2003; Schwarting 1995). Häufig verzichten diese Untersuchungen dann auch auf den direkten Vergleich mit dem männlichen Geschlecht oder den erfolglosen Kandidat*innen*.

Auf der Suche nach Erklärungsfaktoren für die Unterrepräsentation von Frauen in der Politik stößt man einerseits auf Mikro- und andererseits auf Makrofaktoren: Grundlegend werden gerne mikrostrukturelle Merkmale wie Alter, Familienstand, Bildung, Kinderanzahl, Rollenaufteilung in der Partnerschaft oder politische Eigenschaften der Politiker*innen* herangezogen, um die Unterrepräsentation von Frauen in der Politik zu erklären (vgl. hierzu Bernstein 1986; Blättel-Mink et al. 1998; Burns et al. 2003; Coffé/Bozendahl 2010; Powell et al. 1981; Rule 1981; Stöss 1985). Studien, insbesondere aus dem amerikanischen Raum, deuten jedoch darauf hin, dass besonderes Innovationspotential in makrostrukturellen Faktoren wie der politischen Kultur, institutionellen oder parteisystematischen Faktoren liegt (vgl. Ballington/Karam 2005; Caul 1999; Claro da Fonseca/Espírito-Santo 2008; Davidson-Schmich 2006; Engstrom 1987; Freedman 2004; Hoecker 1995; Kunovich/Paxton 2005; Matland 2005; Moser 2001; Ondercin/Welch 2009; Reynolds 1999; Rule 1986; Studlar/McAllister 2002).

Quantitative Studien über die Repräsentation von Frauen in der Politik gibt es viele. Grundsätzlich nähern sich diese auf drei Wegen der Thematik: Erstens über die Meinung der Wähler/innen über Kandidat*innen*, zweitens über die Medienberichterstattung über Kandidat*innen* und drittens über die Kandidat*innen* selbst und deren eigene Meinung. Bezüglich des erst- und zweitgenannten Themenschwerpunktes existieren einige Studien im deutschen Raum (vgl. Klein/Rosar 2007; Ohr/Klein 2001; Westle/Bieber 2009; Westle/Schübel 2009). Die Chance des drittgenannten Weges – die Untersuchung von Eigenschaften und Merkmalen des politischen Personals – liegt in der direkten Erfassung der verschiedenen Ursachen der Unterrepräsentation, da die Politiker/innen selbst betrachtet werden. Hierzu wurden bereits zahlreiche Studien im nordamerikanischen Raum durchgeführt (vgl. hierzu beispielsweise Black/Erickson 2003; Burrell 1992; Carroll/Jenkins 2001; Cool 2006; Fox/Lawless 2004; Hansen 1997; Kittilson 2001; Milyo/Schosberg 2000). In Deutschland gibt es diesbezüglich wenige bundesweite Studien (auf Landesebene: Kaiser/Hennl 2008; Sander 2003; auf kommunaler Ebene: Geißel 1999). Analysen wie in den nordamerikanischen Ländern sind in Deutschland unter anderem auch aufgrund des Wahl- und Parteiensystems problematisch.

Somit bildet das zentrale Interesse dieser Arbeit die Frage, ob und inwiefern Kandidat*innen* im Nominierungs- und Auswahlprozess benachteiligt werden. Zwei Hauptziele stehen im Mittelpunkt der Untersuchung:

1. *Erstens die Entwicklung eines umfassenden theorie- und empiriegeleiteten Analyseschemas zur Untersuchung von Kandidat/innen:* Dies soll auf der Grundlage sowohl theoretischer wie auch zahlreicher empirischer national und international existieren Studien geschehen, die verschiedene Einflussfaktoren auf die Repräsentation von Frauen in der Politik untersuchen. Wie bereits erwähnt, ist auch hier ein zentrales Problem, dass sich die Studien insbesondere mit Politiker/innen befassen und selten Kandidat/innen betrachten.

2. *Zweitens* soll anhand dieses Schemas die Möglichkeiten von Analysen anhand der *Nominierung und die Auswahl von Frauen am Beispiel der Bundestagswahlen exemplarisch im Längs- und Querschnitt* untersucht werden: Im Rahmen dieser Untersuchung werden daher die theoretisch identifizierten Faktoren auf den Fall Deutschland angewandt und einer detaillierten Überprüfung unterzogen. Mittels eines eigens zusammengestellten Datensatzes, eines Online-Experiments und Daten der Deutschen Kandidatenstudie 2009 wird untersucht, ob Frauen systematisch auf individueller oder struktureller Ebene in Deutschland daran gehindert wurden, ein Mandat zu gewinnen.

Hierzu wird im *zweiten Kapitel* die Ausgangslage der Untersuchung anhand theoretischer Grundlagen und bisheriger empirischer Erkenntnisse tiefgehend beschrieben. Dabei wird *zunächst* auf das Untersuchungsobjekt – die Kandidat/innen – eingegangen, die in Anbetracht der politischen Theorie und der modernen politik- und kommunikationswissenschaftlichen Forschung charakterisiert werden. Anhand dieser werden dann erste Analysedimensionen für die spätere Untersuchung abgeleitet. Im Rahmen vorliegender Untersuchung ist das Geschlecht eine zentrale, wenn auch z.T. indirekt wirkende, erklärende Variable, die die Unterrepräsentation von Frauen in der Politik erklären soll. Daher wird *zweitens* das Geschlecht einer theoretischen und empirischen Betrachtung unterzogen. Schließlich ist *drittens* der Untersuchungskontext – also Wahlen in repräsentativen Demokratien – bedeutend, in welchem die Nominierung und die Auswahl von Kandidat/innen stattfinden und ebenso zentrale Ansätze zur Erklärung der Unterrepräsentation von Frauen in repräsentativen Demokratien liefert.

Nach diesem Grundlagenteil werden im *dritten Kapitel* die Erkenntnisse zusammengetragen und hinsichtlich ihrer Relevanz für die vorliegende Untersuchung geprüft. Zentrale Frage hierbei ist, welche, im Grundlagenteil dargestellten Faktoren, besonders geeignet sind die Unterrepräsentation von Frauen in der Politik national und international zu erklären. Es wird ein umfassendes Analyseschema entwickelt, das nationale wie internationale Analysen und auch Untersuchungen auf verschiedenen Ebenen föderaler Systeme (Europa, Bund, Land, Kommunen) oder politischer Gewalten (Exekutive und Legislative) ermöglicht.

Die weiteren *Kapitel vier bis sieben* widmen sich dann der exemplarischen Untersuchung der Unterrepräsentation von Frauen bei Wahlen zum Deutschen Bundestag. Hierzu werden im *vierten Kapitel* die im Analyseschema dargestellten Faktoren dahingehend geprüft, ob sie auf den deutschen Fall zutreffen und entsprechend empirisch untersucht werden können. Im *fünften Kapitel* werden dann Hypothesen formuliert, die in Anbetracht des Analyseschemas theoretisch die Unterrepräsentation von Frauen bei den Wahlen zum deutschen Bundestag erklären könnten. Im *sechsten Kapitel* werden die verwendeten Daten und Methoden dargestellt. Es werden drei verschiedene Datensätze analysiert: So werden einerseits Daten der Deutschen Kandidatenstudie 2009 und des Online-Trackings 2009 verwendet. Beide stammen aus Studienkomponenten der German Longitudinal Election Study (GLES), das bisher umfassendste Projekt der deutschen Wahlforschung unter Leitung von Sigrid Roßteutscher, Hans Rattinger, Rüdiger Schmitt-Beck und Bernhard Weßels (vgl. hierzu Schmitt-Beck et al. 2010). Da keine Daten zur Untersuchung der Kandidat/innen im Längsschnitt vorliegen, wurde eigens hierfür aus Angaben des Statistischen Bundesamtes ein weiterer Datensatz zusammengestellt, der im Rahmen des empirischen Teils analysiert wird. Schließlich werden im *siebten Kapitel* deskriptive und multivariate Analysen entlang des Analyseschemas mittels der drei Datensätze durchgeführt, die Erkenntnisse liefern, durch welche Erklärungsfaktoren die Unterrepräsentation von Frauen bei Wahlen zum Deutschen Bundestag erklärt werden können. Dabei ist es besonders wichtig, nicht nur den aktuellen Status Quo zu betrachten, sondern auch einen Blick in die Geschichte der Bundesrepublik Deutschland zu legen, um auch den Wandel und die Entwicklung der Frauenbeteiligung im Deutschen Bundestag umfassend bewerten zu können. „Kandidat?" ist somit nicht die einzige Frage, die im Mittelpunkt der Analyse steht, sondern auch die, ob sie das überhaupt *will* und *soll*.

2 Ausgangslage: Theoretische und empirische Grundlagen

Dieses Kapitel führt in die theoretischen und empirischen Grundlagen ein, die die Basis für die Entwicklung des Analyseschemas und der nachfolgenden empirischen Untersuchung bilden. In einem *ersten Teil* wird dargelegt, anhand welcher Merkmale Kandidat/innen von anderen Personen unterschieden werden können: Was zeichnet politisch tätige Personen im Vergleich zu anderen Personen aus? In einem *zweiten Teil* wird ein interdisziplinärer Blick auf die zentrale Variable dieser Untersuchung – das Geschlecht – geworfen: Insbesondere die Frage, welche theoretischen und empirischen Befunde bisher gefunden werden konnten, die Frauen von Männern unterscheiden lässt, stehen im Mittelpunkt dieses Teils. Schließlich wird *drittens* der Untersuchungskontext, der Wahlen in repräsentativen Demokratien bildet, mit seinen spezifischen Akteuren und Regelungen vorgestellt.

2.1 Untersuchungsobjekt: Kandidat/innen

Grundlegend sind Kandidat/innen – die auch gerne als „Wahlbewerber/innen" bzw. „Spitzenkandidat/innen" bezeichnet werden – Personen, die sich um ein politisches Amt in der Exekutive, Legislative oder Judikative bewerben. Wahlbewerber/innen befinden sich in einer Bewerbungssituation und versuchen die Wähler/innen von ihrer Person und Persönlichkeit zu überzeugen. Allen Wahlbewerber/innen gemeinsam ist das grundlegende Interesse an der Politik. Sie interessieren sich für ein politisches Mandat, das auf eine Beteiligung an der *„Herstellung und Durchsetzung allgemein verbindlicher Regelungen und Entscheidungen (...) in und zwischen Gruppen von Menschen abzielt"* (Patzelt 2007: 22). In den meisten Fällen ist davon auszugehen, dass die Politik für den Bewerbenden kein vollkommen neues Feld ist, indem zuvor keine (beruflichen) Erfahrungen gesammelt wurden (Borchert/Stolz 2003).

Doch welche Besonderheiten weisen politische Kandidat/innen neben dem grundlegenden politischen Interesse und ersten politischen Erfahrungen noch auf? Theoretisch, methodisch und empirisch ist es am einfachsten, sich der Frage nach den Besonderheiten von Kandidat/innen anzunähern, indem das Berufsbild der Politiker/innen bzw. der politischen Eliten betrachtet wird[2]. Hierbei erfolgt zunächst ein Blick in die politische Theorie. Danach wird die Stellung von Politiker/innen und Kandidat/innen in den aktuellen wissenschaftlichen Analysen insbesondere anhand empirischer Untersuchungen dargestellt. Der Blick auf die Politiker/innen soll jedoch nicht *der* Maßstab zur Messung der Kandidat/innen sein, sondern vielmehr eine Hilfe bei der Entwicklung eines angemessenen Analyseschemas.

2.1.1 Politische Theorie und Elitentheorie

In den Klassikern der politischen Theorie können zwei grundlegende Sichtweisen auf die Politik und deren politisches Personal identifiziert werden: *Erstens* eine gemeinwohlorientierte, nach Herstellung von allgemeiner Gerechtigkeit strebende Politik, die nach strengen, intellektuell geleiteten Maximen nach dem Wahren, Guten und Schönen strebt und das Beste für alle Bürger zu erreichen sucht (z.B. Aristoteles 1986, 1998; Platon 1982; Rousseau 1984a) und *zweitens* eine Politik, die nach individueller Machterhaltung und Machterweiterung strebt (Machiavelli 2009).

Bei der gemeinwohlorientierten Politik wird der Politiker[3] als weise, wahrheitsliebend, großzügig und gut erzogen beschrieben (Platon 1982). Platon (1982) ernennt den Philosophen zum König eines Staatswesens. Dieser hängt *„mit ewiger Liebe (...) an der Wissenschaft"*, ist frei *„von Trug"* und liebt die Wahrheit. Die Triebe sind auf den seelischen Erguss und weniger auf die Körperlichkeit gerichtet, er ist besonnen, nicht geldgierig und nicht knechtisch (Pla-

---

[2] Hierbei kann eingewandt werden, dass Kandidat/innen noch keine Politiker/innen sind und dies – wie auch in der Einleitung dargestellt – gerade der Unterschied zwischen vorliegender und anderen Untersuchungen ist. Andere sind evtl. der Meinung, dass politische Eliten an den Spitzenpositionen der Politik und der Parteien sind. Kandidat/innen würden sich demgegenüber erst in einer Übergangsphase befinden. Einwände dieser Art, die durchaus berechtigt sind, blicken an dieser Stelle zu kurz: Kandidat/innen bewerben sich schließlich um ein politisches Mandat und wie in jeder anderen Bewerbungssituation möchten die Entscheidungsbefugten wissen, ob die Bewerber/innen den Anforderungen des Berufes gewachsen sind. Daher ist es an dieser Stelle nur legitim die Kandidat/innen um ein politisches Mandat an den Maßstäben zu messen, die im späteren Tätigkeitsfeld von besonderer und zentraler Bedeutung sind.

[3] Bei der Darstellung der Politiker/innen in den Klassikern der politischen Theorie wird von der in dieser Arbeit geschlechtsneutral verwendeten Sprache Abstand genommen und ausschließlich die männliche Bezeichnung („Politiker") verwandt. Dies liegt daran, dass in den Primärtexten der klassischen politischen Theorie ausschließlich die männliche Form Anwendung fand. Durch die Verwendung einer geschlechtsneutralen Sprache würde eine künstliche Verzerrung des Originals entstehen, die weder dem grundsätzlichen Anliegen der geschlechtsneutralen Sprache, noch dem wahren Inhalt und die damalige Umgangsweise mit Frauen in der Politik entspricht.

ton 1982: 289). Nur derjenige, der über diese vorzüglichen Charaktereigenschaften verfügt, ist nach Platon in der Lage ein Staatswesen in angemessener Art und Weise zu führen. Platons Erörterung der Stellung der Frau im politischen Prozess wird in der Literatur häufig als besonders emanzipiert und fortschrittlich bezeichnet (vgl. hierzu Föllinger 1996). In seiner Politeia ist er der Meinung, dass auch Frauen Verantwortung in der Politik übernehmen können und dürfen. Hierfür müssen Frauen jedoch ihre weibliche Identität und Rolle aufgeben. Somit kann hier zwar ein guter Wille identifiziert werden, dass Frauen ebenso politisch sein können. Jedoch schließen sich Weiblichkeit und politische Tätigkeit aus Platons Sicht a priori aus.

Knapp 19 Jahrhunderte später versucht sich auch der Politiker, Philosoph und Politikberater Niccolò Machiavelli an der Charakterisierung eines geeigneten Staatsführers. Er stellt im Gegensatz zu den soeben dargestellten idealtypischen, gemeinwohlorientierten Anforderungen individuelle Macht- und Expansionsziele an den Politiker. Das Handeln eines Politikers soll darauf ausgerichtet sein, die Macht zu sichern, zu erhalten oder zu erobern. Und diesen Zielen entsprechend müssen sich Politiker gegenüber den Untertanen verhalten: Ein Herrscher muss „(...) nicht allein nach moralischen Gesetzen (...)" handeln, er muss es verstehen „(...) nach Bedarf nicht gut zu handeln, und dies tun oder lassen, so wie es die Notwendigkeit erfordert (...)" (Machiavelli 2009: 88). Ein Politiker muss nach Machiavelli keine guten Eigenschaften besitzen, er muss nur „(...) wohl aber den Anschein davon" (Machiavelli 2009: 100) haben. Moralische Eigenschaften können für einen Herrscher schädlich werden und ein Herrscher könne gezwungen sein zu handeln ...

> (...) wider Treue, wider Menschenliebe, wider Menschlichkeit, wider Religion. Er muss also einen Geist besitzen, der geschickt ist, sich so wie es die Winden und abwechselnden Glücksfälle fordern zu wandeln, und zwar nicht den geraden Weg zu verlassen, solange man die Macht hat, wohl aber den krummen betreten, wenn es sein muss.   (Machiavelli 2009: 100)

Zudem hält Machiavelli „virtù" (Mut bzw. Tapferkeit) für die zentrale Eigenschaft eines Politikers. Doch das alleine reicht noch nicht aus, um erfolgreich die Macht zu sichern bzw. zu erhalten: „fortuna" (günstige Umweltbedingungen) und „occasione" (günstige Gelegenheiten) werden ebenso benötigt.

Die Thesen Machiavellis stellen folglich eine realpolitisch orientierte Sichtweise nach Machteroberung und Machtsicherung dar. Politische Akteure müssen nicht nach moralischen Maximen handeln, sondern nach der Aussicht auf Erfolg. In diesem Fall ist durchaus auch amoralisches, listiges, gewaltsames, ökonomisch orientiertes Handeln erlaubt oder sinnvoll – um es mit den Worten Machiavellis zu sagen:

(...) denn wenn man die Sache genau betrachtet, so gibt es scheinbare Tugenden, bei denen Mann zugrunde geht; und scheinbare Fehler, auf denen die Sicherheit und Fortdauer des Wohlbefindens beruht.   (Machiavelli 2009: 89-90)

Ideal- und realpolitische Sichtweisen sind Extrempositionen und es existiert eine Vielzahl weiterer Theorien und Ansätze, die dem Wesen und den Charaktereigenschaften von Politikern theoretisch und empirisch auf die Spur zu gelangen versuchen. Auch Max Weber (1988) widmet sich 1919 in seinem bekannten Münchner Vortrag *„Politik als Beruf"* der Charakterisierung von Politikern und nennt sowohl ideal- als auch realtypische Eigenschaften, die ein Politiker mitbringen sollte. Nach Weber ist es das *„Machtgefühl"*, *„ (...) das Bewusstsein von Einfluss auf Menschen, von Teilhabe an der Macht über sie, vor allem aber: das Gefühl, einen Nervenstrang historisch wichtigen Geschehens mit den Händen zu halten, (...)"* (Weber 1988: 545) was Menschen motiviert, in die Politik zu gehen. Drei zentrale Eigenschaften sollte ein Politiker nach Weber zudem mitbringen, über die er in überdurchschnittlichem Maße verfügen sollte:

- Leidenschaft, mit der er sich seiner Sache hingibt,
- Verantwortungsgefühl gegenüber der Sache und
- Augenmaß, mit der er die *„ (...) Fähigkeit, die Realität mit innerer Sammlung und Ruhe auf sich wirken zu lassen, also: der Distanz zu den Dingen und Menschen"* meint (Weber 1988: 546).

Eng verwandt mit den Klassikern der politischen Theorie ist die Elitentheorie bzw. politische Elitenforschung. Eliten werden dabei als eine Führungsgruppe definiert, *„ (...) die bestimmte Aufgaben der Leitung, Koordination oder Planung haben und deren Macht und Einfluss durch Positionen institutionalisiert ist"* (Herzog/Weßels 2010: 193). Auch diese Forschungsrichtung gibt Auskunft über die Lebenswelt von Politiker/innen und insbesondere politischen Führungspersonen, setzt die politische Elite jedoch zumeist in Bezug zu anderen Eliten. Untersucht wird hier beispielsweise, wer zur politischen Elite gehört, aus welchem sozialstrukturellen Hintergrund diese stammen, wie die Karrieren verlaufen, was sie denken, wie die Zirkulation der Eliten stattfindet, wie sie typologisiert werden können, wie sie arbeiten und kommunizieren, wie sie legitimiert werden oder inwiefern diese repräsentativ für die Gesellschaft und deren Interessen sind, in der sie leben (vgl. Wasner 2004).

Bourdieu (1983), der sich vor allem für die Ursachen und Ausprägungen sozialer Ungleichheiten interessiert und dabei insbesondere die materielle, kulturelle und symbolische Ungleichheit in einer Gesellschaft betrachtet, wird auch im Diskurs der Elitentheorie genannt. Er ist der Meinung, dass Elitepersonen vor allem über Kapital verfügen müssen. Darunter versteht er nicht nur ökonomisches Kapital, sondern auch und v.a. soziales und kulturelles Kapital. Mit sozialem Kapital meint er insbesondere die Beziehung zu anderen Personen, die einem beispielsweise zum richtigen Zeitpunkt Kontakte herstellen können (Gabriel et al. 2002; Roßteutscher et al. 2008). Zudem steht die Qualität und Quantität des sozialen, kulturellen und ökonomischen Kapitals, über das eine Person verfügt, in einem engen, positiven Zusammenhang:

> Wer das eine hat, wird voraussichtlich auch über die anderen verfügen. Wem das eine fehlt, hat kaum eine Chance, mangelndes Kapital durch besondere Ausstattung mit alternativen Kapitalsorten zu kompensieren. (Roßteutscher et al. 2008: 23)

Die Elitentheorie differenziert zwischen verschiedenen Bereichen, in denen Eliten beschäftigt sein können. Die Potsdamer Elitenstudie 1995 führt als Sektorenkompositionen beispielsweise Politik, Verwaltung, Wirtschaft, Wirtschaftsverbände, Gewerkschaften, Medien, Wissenschaft, Kultur, Militär und andere auf (vgl. hierzu Hoffmann-Lange 2006). Hoffmann-Lange (1992) ist dabei der Meinung, dass die politische Elite in Deutschland eine Sonderstellung hat und dadurch eine Art Scharnierfunktion zwischen den einzelnen Teileliten einnimmt.

In Bezug auf führende Politiker/innen, die in einem fortgeschrittenen Stadium durchaus zur politischen Elite gezählt werden können, bedeutet dies, dass sie aus Sicht Bourdieus (1983) über ein bestimmtes Ausmaß an sozialem, kulturellem und ökonomischem Kapital verfügen bzw. den Zugang hierzu haben. Ebenso offenbart die Elitentheorie, dass die Personen über besondere, als hoch einzustufende Eigenschaften und Fähigkeiten verfügen, die sie von anderen trennt und ihnen ermöglicht, über Macht zu verfügen und darüber hinaus eine Scharnierfunktion zwischen den verschiedenen Teileliten einzunehmen (Herzog 2004).

Michael Hartmann (2004) untersucht die Bildungs- und Karriereverläufe von vier Promotionskohorten auch im Hinblick auf die Repräsentation von Frauen in Elitepositionen. Er stellt fest:

> Die deutschen Eliten sind männlich. Diese Feststellung trifft im Wesentlichen auch heute noch zu. Zwar hat sich der Anteil der Frauen in Elitepositionen im Verlauf der vergangenen zwei Jahrzehnte deutlich erhöht, (…). Von einer auch nur halbwegs proportionalen Vertretung der Geschlechter kann aber keine Rede sein. Außerdem beschränkt sich der Zuwachs fast ausschließlich auf die Politik und von ihr stark beeinflussten Sektoren. Dort haben gezielte Quotenregelungen Wirkung gezeigt. In den Topetagen der Wirtschaft sucht man Frauen dagegen nach wie vor vergebens. (Hartmann 2004: 17)

Somit diagnostiziert Hartmann bei der Männlichkeit deutscher Eliten dennoch, dass der Zuwachs an weiblichen Eliten in der Politik im Vergleich zu den anderen Eliten hervorragend ist. Auch Hildegard Macha (2004) stellt fest, dass Eliten meistens männlich sind. An dieser Stelle muss jedoch relativiert werden, dass nicht jeder Bundespolitiker gleichzeitig zur politischen Elite gezählt und daher das Elitenkonzept nur in eingeschränkter Weise auf den vorliegenden Untersuchungsgegenstand verallgemeinert werden kann. So ist in Bezug auf vorliegende Arbeit zu untersuchen, ob und inwiefern die soeben beschriebenen Merkmale wie Wahrheitsliebe, Macht, Machtstreben, Herstellung allgemeiner Verbindlichkeiten, Leidenschaft, Verantwortungsgefühl und soziales, kulturelles oder ökonomisches Kapital dazu beitragen, politische Akteure zu beschreiben und insbesondere auch zur sinnvollen Analyse geschlechtsspezifischer Unterschiede angewandt werden können.

2.1.2   Wahl- und Kommunikationsforschung

Doch nicht nur die Klassiker der politischen Theorie bieten Ansatzpunkte zur Beschreibung und Charakterisierung von Kandidat/innen bzw. Politiker/innen. In Anbetracht sinkender Parteibindung und steigender Zahl an Wechselwähler/innen gewinnen Kandidat/innen in den Ansätzen und Analysen der Wahlforschung eine immer bedeutendere Rolle zur Erklärung der Wahlentscheidungen (vgl. hierzu Bytzek/Roßteutscher 2011; Campbell et al. 1960; Downs 1957; Rattinger et al. 2011; Schoen 2005a; Zelle 1995). Während in der klassischen Theorie der Wahlforschung nach Lazarsfeld et al. (1965) das Wahlverhalten hauptsächlich als ein Resultat der sozialen Herkunft – also dem politischen Klima im Elternhaus und der direkten Umgebung – gesehen wurde, deutet bereits der sozialpsychologische Ansatz der Ann Arbor School in den 1960er Jahren unter anderem auf den Einfluss der Kandidat/innen hin (Campbell et al.1960).

Insbesondere durch die Modernisierung und Professionalisierung des Clinton Wahlkampfes in den USA kam die Diskussion einer stärkeren Kandidatenorientierung bei bundesdeutschen Wahlkämpfen seit Ende der 1990er Jahre verstärkt in den wissenschaftlichen Diskurs der deutschen Wahlforschung (vgl. Brettschneider 2002a; Kellermann 2008; Ohr 2000; Pappi/Shikano 2001; Rahat/Sheafer 2007; Schmitt-Beck 2011; Wagner 2011), wobei bereits Sarcinelli (1987) die Personalisierung als zentrale Dimension symbolischer Politik im kommunikativen Geschehen eines Wahlkampfes 1987 beschreibt. In der Diskussion über Kandidatenorientierung kann grundsätzlich differenziert werden zwischen drei verschiedenen Möglichkeiten der sogenannten „Personalisierung" (vgl. Brettschneider 2002a; vgl. hierzu auch Römmele 2005; Wagner 2011): (1) Personalisierung der Wahlkampfführung, (2) Personalisierung der Medienberichterstattung und (3) Personalisierung des Wähler/innenverhaltens.

Die Diskussion der *Personalisierung der Wahlkampfführung* untersucht, inwiefern im Rahmen der Wahlkampfführung der Fokus stärker auf Kandidat/innen als auf die Parteien gerichtet wird. Dabei wird von der These ausgegangen, dass ein Wandel in der politischen Kommunikation seitens der Parteien in Wahlkämpfen stattgefunden hat und die Parteien häufiger die Eigenschaften, Merkmale und Fähigkeiten einzelner, für den Wahlsieg zentraler Kandidat/innen darstellen und weniger häufig auf die politischen Inhalte der Parteien eingehen (vgl. Brettschneider 2002a: 14). In Bezug auf vorliegendes Untersuchungsinteresse ist die Frage zu stellen, ob und inwiefern Kandidat*innen* in der Wahlkampfplanung und Wahlkampfgestaltung anders dargestellt werden als Kandida*ten*, wobei sich die Erkenntnisse hierbei unterscheiden (vgl. hierzu auch Sapiro et al. 2011).

Die Diskussion der *Personalisierung der Medienberichterstattung* widmet sich der Frage, ob und inwiefern in der Presse, im Funk und Fernsehen die politischen Inhalte anhand Personen vermittelt werden[4]. So wird untersucht, mittels welcher Personen, Bilder, Texte, Zitate, Themen oder Eigenschaften politische Inhalte dagestellt werden und inwiefern hier in positiver oder negativer Weise berichtet wird. Auch hier ist die Vermutung, dass durch Informationsverdichtung und Mediatisierung in den letzten Jahrzehnten zunehmend häufiger Personen zur Vermittlung politischer Inhalte eingesetzt werden (Brettschneider 2005). Eine These, die für die Darstellungen in den USA verifiziert werden kann (vgl. Wattenberg 1986). In Deutschland sind sich die Autoren nicht ganz einig, ob von einem generellen Personalisierungstrend gesprochen werden kann (Brettschneider 2002a), wobei Wilke und Reinemann (2003) in einer Langzeitstudie über die Kanzlerkandidaten zu dem Ergebnis kommen, dass zunehmend Kandidatenbezug in den Wahlkampfbeiträgen zu finden ist und die Kandidatenbewertung von 1949 bis 1980 kontinuierlich gestiegen, dann etwas eingebrochen und seit 2002 wiederum exponentiell angestiegen ist. Ebenso konnten sie beobachten, dass die TV-Duelle die Berichterstattung verändert haben. Vorliegende Untersuchung interessiert sich in diesem Rahmen für die Repräsentation von Politiker*innen* in den Medien und stellt sich daher die Frage, ob Politiker*innen* in den Medien seltener und eher mittels geschlechtsspezifischer Merkmale präsentiert werden als Politike*r*. Auch hierzu existieren bereits einige Studien (vgl. hierzu Atkenson/Krebs 2008; Holtz-Bacha 2008a, 2008b, 2009; Holtz-Bacha/König-Reiling 2008; Koch 2007; Koch/Holtz-Bacha 2008; Meyer 2009).

---

[4] Vgl. hierzu bspw. Barker/Norpoth 1981; Brettschneider 2001, 2002a, 2002b, 2003; Campbell et al. 1960; Dörner/Vogt 2011; Farell 2002; Graber 1972; Graner/Stern 2002; Kepplinger et al. 1994; Kindelmann 1994; Lachat 2007; Prinzen 2010; Römmele 2005; Scherer 2002; Schmitt-Beck 1996, 2000; Schmitt-Beck/Schrott 1994; Schrott 1990; Schulz/Zeh 2003; Vowe/Dohle 2007; Wilke/Reinemann 2003; Wilke et al. 2011.

Nach Brettschneider (2002a) befasst sich die *Personalisierung drittens mit dem Wählerverhalten*[5]. Hierbei differenziert er einerseits zwischen dem Einfluss, den die Einschätzung von Politiker/innen auf die Wahlentscheidung der Bürger/innen hat. Anderseits wird argumentiert, dass zunehmend unpolitische Eigenschaften seitens der Wähler/innen herangezogen werden, um Politiker/innen zu beurteilen. Somit steht im Mittelpunkt dieser Ansätze und Analysen die Frage, inwiefern bestimmte Merkmale, Eigenschaften und Fähigkeiten der Kandidat/innen *erstens* Einfluss auf die Wahlentscheidung der Bürger/innen haben. Hierbei werden *zweitens* sowohl persönlich-unpolitische (Barber 1977; Bartels 2002; Klein/Ohr 2000) als auch politische Eigenschaften (Bean/Mughan 1989; Rosar/Ohr 2005) der Kandidat/innen untersucht und es wird vermutet, dass unpolitische Eigenschaften zunehmend bedeutender werden. Beide Thesen hat Brettschneider (2002a) für die USA, Großbritannien und Deutschland in seiner Habilitationsschrift falsifiziert, wobei er einräumt, dass Candidate-Voting immer auch von den institutionellen Arrangements, den Umständen der Wahl und den Eigenschaften der Wähler/innen abhängt (Brettschneider 2002a). Dass die amerikanische Personalisierungsdiskussion nicht einfach auf die deutsche Diskussion übertragen werden kann, geht auch aus anderen Analysen hervor, die sich mit der Bedeutung von Kandidat/innen in Abhängigkeit zum parlamentarischen bzw. präsidentiellen politischen System auseinandersetzen (Bean/Mughan 1989; Gabriel/Vetter 1998; Kjeldahl et al. 1971; Marshall 1983). Entgegen der Ergebnisse von Brettschneider (2002a) kommen Rosar und Ohr (2005) für die Bundestagswahl 2005 in einem innerdeutschen Kandidatenvergleich zum Schluss, dass *„Candidates matter! Sei es im Hinblick auf die Präferenz eines angetretenen Kanzlerkandidaten, sei es hinsichtlich der Wahlabsicht für eine politische Partei"* (Rosar/Ohr 2005: 121).

Je nach Untersuchungsinteresse entwickeln die Forscher/innen unterschiedliche Typologien, um die Wirkung der Kandidateneigenschaften auf den politischen Prozess zu untersuchen (vgl. Brettschneider 1998; Gabriel/Neller 2005; Kepplinger et al. 1994; Kilburn 2005; Norpoth 1977; Ohr 2000; Peterson 2005). So hat James Barber bereits 1977 eine Untersuchung der Persönlichkeitstypen von Politiker/innen unternommen, die für die Wahlkampfkommunikation von Bedeutung seien. Er differenziert beispielsweise zwischen Arbeitsstil, politischer Grundorientierung, persönlichem Charakter und der Einstellung zum politischen Gesamtklima. Demgegenüber untersuchten Kepplinger et al. (1986) neun Jahre lang das Image von Helmut Kohl und kategorisieren zwischen sechs Eigen-

---

[5] Vgl. hierzu bspw. Brettschneider 1998, 2001, 2002a; Debus 2007; Gabriel/Neller 2005; Kepplinger/Brosius/ Dahlem 1994; Kilburn 2005; Kindelmann 1994; Lass 1995; Norpoth 1977; Ohr 2000; Ohr/Klein 2001; Pappi/Shikano 2001; Peterson 2005; Rattinger 1994; Rosar/Ohr 2005; Schoen 2004, 2006; Steger 2007.

schaftsdimensionen (politische Fähigkeit, Persönlichkeit, Verhältnis zu anderen, Auftreten, Grundhaltung, Vergleich mit anderen Politikern) und sechs Persönlichkeitsdimensionen (Integrität, Entscheidungskraft, geistige Fähigkeit, Konfliktfähigkeit, Interaktionsfähigkeit und Weltläufigkeit). Rosar und Ohr (2005) untersuchen in der soeben zitierten Arbeit die politischen und persönlichen Eigenschaften von Gerhard Schröder, Edmund Stoiber, Joschka Fischer und Guido Westerwelle. Sie differenzieren hinsichtlich der Dimensionen Managerqualitäten, politisches Konzept, Vertrauenswürdigkeit, öffentliches Auftreten, Ausstrahlung und Privatleben und vergleichen diese miteinander. Einige Forscher/innen haben insbesondere für die USA untersucht, inwiefern die Eigenschaften von Kandidat*innen* und Kandidat*en* unterscheiden: Sind geschlechtsspezifische Eigenschaftsausprägungen zu finden, die sich in der Repräsentationsrate von Frauen widerspiegeln (vgl. hierzu Aalberg/Jenssen 2007; Carlson/Boring 1981; Fox/Lawless 2004, 2011; Fox/Oxley 2003; Kahn/ Goldberg 1991)? Hierauf wird im Verlauf der Arbeit noch detaillierter eingegangen.

Besonders interessant in dieser Diskussion ist die Untersuchung, inwiefern diese Mediendarstellungen einen Einfluss auf die Bevölkerungsmeinung haben (vgl. Brettschneider 2001, 2002a, 2003; Faas et al. 2008; Farrell 2002; Krewel et al. 2011; Lachat 2007; Prinzen 2010; Schmitt-Beck 2000; Schoen 2004; Schrott 1990). Ob sich die Wahlentscheidung beispielsweise infolge eines TV-Duells verändert, ist eine Frage, die sich verschiedenste Forscher/innen stellen (vgl. hierzu Faas/Maier 2004; Maier/Faas 2005, 2011; Maurer/Reinemann 2003; Maurer et al. 2007). Problematisch ist hierbei jedoch, zu erfassen, inwiefern die Personen, die im Laufe eines Wahlkampfes verschiedenste Medien und Medienformate konsumiert haben, sich genau von dieser Darbietung beeinflussen haben lassen und ob daher eine Wirkung der Mediendarstellung auf das Wahlverhalten nachgewiesen werden kann.

2.1.3 Dimensionen zur Analyse von Politiker/innen

Alle Ansätze, die sich aus Sicht der Wähler/innen oder der Medien mit Politiker/innen und Kandidat/innen befassen, versuchen tiefgehende Erkenntnisse über die Rolle und Stellung von Politiker/innen in der modernen, demokratischen Gesellschaft und deren Einfluss auf den Wahlentscheidungsprozess der Bürger/innen zu erlangen. Diese theoretischen Konzepte und empirischen Konstrukte zur Beschreibung und Erfassung von Politiker/innen wiederholen sich teilweise und Kategorisierungen werden in ähnlicher bzw. vergleichbarer Art und Weise vorgenommen. Aus diesem Grund werden nun verschiedene Möglichkeiten der Erfassung von Kandidat/innen bzw. Politiker/innen aus Sicht sowohl der politischen Theorie, als auch der Elitentheorie sowie der empirischen Wahl- und Kommunikationsforschung zusammengefasst mit dem Ziel, die verschiedenen Ideen und Konzepte der Forscher/innen systematisiert darzustellen. Betrachtet man die verschiedenen Herangehensweisen im Überblick, können grundsätzlich drei Dimensionen identifiziert werden, anhand derer Politiker/innen bzw. Kandidat/innen erfasst und analysiert werden können: (I) persönlicher Hintergrund, (II) berufliche Kompetenz und (III) Persönlichkeitseigenschaften. Ein Überblick über diese Dimensionen und Unterkategorien liefert nachfolgende Abbildung 3.

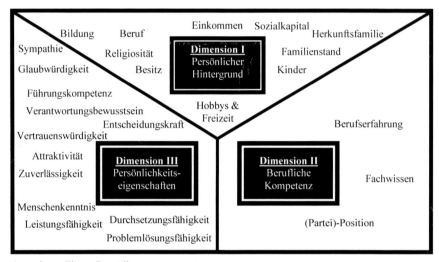

Anmerkung: Eigene Darstellung

Abbildung 3: Dimensionen zur Analyse von Politiker/innen

Die erste Dimension befasst sich mit dem *persönlichen Hintergrund*. Mittels der Betrachtung der Herkunftsfamilie, der Bildung, des Berufs, des Familienstands, der Kinder, des Sozialkapitals, der Hobbys und Freizeitaktivitäten, des Besitzes bzw. des Einkommens, können die Politiker/innen bzw. Kandidat/innen untersucht werden. Insbesondere der Betrachtung dieser sozialstrukturellen Eigenschaften widmet sich ein Teil der (politischen) Elitenforschung, aber auch die Sozialkapitalforschung (vgl. Hoffmann-Lange 2006; Roßteutscher 2009; Wiesendahl 2006). Da sich Frauen und Männer – wie sich im Verlauf des theoretischen Teils noch zeigen wird – insbesondere hinsichtlich verschiedener sozialstruktureller Merkmale (wie z.B. Einkommen, Bildung oder Beruf) stark unterscheiden bzw. lange Zeit unterschieden haben, ist zu vermuten, dass diesbezügliche geschlechtsspezifische Unterschiede, die den Weg in die Politik hemmen, bei Wahlbewerber/innen vorherrschen.

Die zweite Dimension umfasst die *berufliche Kompetenz*. Der Theorie zur Folge zeichnen sich Politiker/innen hinsichtlich ihrer politischen Berufserfahrung, ihres politischen Fachwissens und der spezifischen parteipolitischen Position aus, was nicht zuletzt zentraler Punkt sowohl bei der ideal- als auch realtypischen Beschreibung von Politiker/innen nach Machiavelli (2009) und Platon (1982) war, aber auch in der politischen Elitenforschung genannt wird (Hoffmann-Lange 2006). So haben Politiker/innen bzw. Kandidat/innen Erfahrung, wie sie im politischen Prozess zu agieren haben und verfügen über die Fähigkeit, die Aufgaben des politischen Geschäfts (wie z.B. Leitung, Koordination, Planung) zu bewältigen. Um herausfinden zu können, ob unterschiedliche geschlechtsspezifische berufliche Kompetenzen eine Ursache für die Unterrepräsentation darstellen ist zunächst zu klären, inwiefern sich Frauen und Männer in der beruflichen Kompetenz als Politiker/innen unterscheiden.

Die dritte Dimension umfasst den Bereich der *Persönlichkeitseigenschaften*. Hier können grundlegend Persönlichkeitseigenschaften genannt werden, die von Politiker/innen bzw. Wahlbewerber/innen in besonderem Maße erwartet werden, wie z.B. die Leistungsfähigkeit, Führungskompetenz, Problemlösungsfähigkeiten, Durchsetzungsfähigkeit, Sachkompetenz oder Entscheidungskraft (vgl. hierzu Brettschneider 2002a; Kepplinger et al. 1994; Klein/Ohr 2000; Lass 1995; Lau 1986; Norpoth 1977; Peterson 2005; Robinson 1981; Rosar/Ohr 2005). Ferner wird in einigen Betrachtungen auch die Ausstrahlung bzw. Attraktivität und die Sympathie von Politiker/innen diskutiert, die auf die Präsentation in den Medien und die Wahlentscheidung der Wähler/innen eine starke Auswirkung haben sollen (vgl. Kepplinger/Maurer 2001; Rosar 2009; Rosar/Klein 2005; Rosar et al. 2008). Eigenschaftsbeschreibungen von Politiker/innen sind sowohl in den Beiträgen der politischen Theorie wie auch der modernen politik- und kommunikationswissenschaftlichen Forschung zu finden. Die zugrunde liegende Argumentation aller Ansätze über die Eigenschaften ist die, dass bestimmte Eigenschaftsausprägung, wie zum Beispiel eine hohe Vertrauens- oder Glaubwürdigkeit, den Wahlerfolg erhöhen bzw. verringern können.

2.1.4 Zusammenfassung

Zusammenfassend kann ein/e Wahlbewerber/in somit als eine Person definiert werden, die sich in einer Bewerbungssituation um ein politisches Amt befindet. Dieses politische Amt verleiht der Person die Macht, Einfluss auf gesellschaftlich bedeutende Entscheidungen im Namen deren Wählerklientel zu nehmen, über die andere Personen nicht verfügen. Mit diesem Amt übernimmt er bzw. sie die Aufgabe, an der Herstellung von allgemein verbindlichen Regeln in leitender, koordinierender Funktion, für die auch formal Verantwortung gegenüber den Bürger/innen getragen wird (Patzelt 2007). Im Laufe der Betrachtungen hat sich herausgestellt, dass sich Politiker/innen insbesondere hinsichtlich ihres persönlichen und politischen Hintergrunds und der Persönlichkeitseigenschaften beschreiben lassen können und anhand dieser Kriterien seitens der Wähler/innen auch gemessen werden. Aufgabe des nachfolgenden Teils ist es zu klären, inwiefern zwischen dem Geschlecht hinsichtlich dieser und darüber hinausgehender Kriterien Unterschiede zu verbuchen sind.

2.2 Geschlecht als erklärende Variable

Geschlecht ist eine Variable, die von einer Vielzahl wissenschaftlicher Disziplinen diskutiert und analysiert wird (vgl. hierzu Bourdieu 2005; Gildemeister 2005; Hagemann-White 2001; Herwartz-Emden 1990; Hirschauer 2001; Holland-Cunz 1998; Knapp 2001a, 2001b; Maihofer 2001; Sauer 2003; Schaeffer-Hegel/Leist 1996). Daher stößt die Suche nach einer allgemeingültigen Definition bzw. nach Erklärungsansätzen auf große Schwierigkeiten. Dennoch wird nun Geschlecht grundlegend definiert und die Umgangsweise mit dem Thema Geschlecht dargestellt, um dadurch eine gemeinsame Ausgangsbasis zu schaffen.

2.2.1 Definition

Grundlegend verfügt die Biologie über eine einfache Zuordnung von Personen zum weiblichen bzw. männlichen Geschlecht[6]:

> Das Geschlecht ist ein biologisches Faktum. Ob jemand ein Junge oder ein Mädchen, ein Mann oder eine Frau ist, lässt sich meist sehr genau aus den äußeren Geschlechterorganen schließen (Scheide oder Penis), deren Beschaffenheit fast perfekt mit dem chromosomalen Geschlecht (XX oder XY) korreliert.
>
> (Asendorpf 1999: 347)

---

[6] Allerdings ist diese, als morphologisches Geschlecht bezeichnete Methode nicht die einzige Möglichkeit auf biologischer Grundlage zwischen den Geschlechtern zu unterscheiden (vgl. Hagemann-White 1984). Sie ist nur *eine* Zugangsweise, die dennoch sowohl in quantitativen als auch qualitativen, empirischen Geschlechterstudien häufig Anwendung findet (vgl. hierzu auch Asendorpf 1999; Merz 1979).

Dass die rein biologisch begründete Geschlechterdifferenzierung insbesondere in sozialwissenschaftlichen Analysen nicht ausreichend ist, wurde bereits in den 1950er Jahren diskutiert: Die Sexualwissenschaftler John Money, Joan Hampson und John Hampson (1955) differenzierten im Zuge ihrer Studie über Androgynie zwischen *sex* und *gender*. Dieses Konzept nahm Robert Stoller (1968) auf, differenzierte es aus und konkretisierte es, indem er den Unterschied zwischen *körperlichem Geschlecht* auf der einen Seite und *Geschlechtsidentität* auf der anderen Seite unterschied (vgl. auch Becker-Schmidt/Knapp 2003: 69).

In den 1970er Jahren fokussierte sich die Forschung insbesondere auf den Einfluss des sozialen Geschlechts, während seit Ende der 1970er Jahre auch wieder stärker soziobiologisch determinierte Ansätze, wie z.B. die der Psychoanalyse Freuds, an Einfluss gewinnen (Dietzen 1993). Und so verfahren auch Anthony Giddens und Christian Fleck (1995) klassisch und differenzieren zwischen *Sexus* – dem körperlichen Unterschied der Geschlechter – und *Genus* – den psychologischen, sozialen bzw. kulturellen Unterschieden der Geschlechter. Trotz massiver Diskussion dieses Differenzierungskonzepts zwischen *Sex* auf der einen und *Gender* auf der anderen Seite, kommt diesem Konzept große Bedeutung zu (vgl. Moi 2005; Wille 2007). Es bietet die Möglichkeit, neben den biologischen bzw. körperlichen Merkmalen, weitere soziale, psychologische oder kulturell bedingte Faktoren in die Diskussion über Geschlecht einzubeziehen. Denn auch das, was ein Individuum in seinem Leben wahrnimmt, erfährt und lernt, kann sich auf die Entwicklung seiner Geschlechtsidentität auswirken und zur Erklärung geschlechtsspezifischer Unterschiede und Verhaltensweisen beitragen (Dietzen 1993).

Obwohl die soeben vorgestellten Einwände gegen eine biologisch-morphologische Geschlechterdefinition bei einigen Studien sinnvoll und berechtigt sind, muss im Rahmen dieser Studie eine rein biologische Geschlechtsdefinition der Kandidat/innen erfolgen. Das bedeutet, dass das Geschlecht der Kandidat/innen anhand deren biologischen Zugehörigkeit zum weiblichen bzw. männlichen Geschlecht auf genetischem Wege identifiziert wird. Die Kandidat/innen, die im Rahmen dieser Studie untersucht werden, werden folglich nicht gefragt, welchem Geschlecht sie sich eher zugehörig *fühlen*. Ihre Geschlechtszugehörigkeit wird – je nach Datenmaterial – anhand der Frage *„Sind sie männlich oder weiblich?"* oder ihrem weiblichen beziehungsweise männlichen Namen identifiziert. Somit wird die in der empirisch quantitativen Forschung gängige dichotome Einteilung in „Mann" und „Frau" vollzogen. Eine andere Vorgehensweise ist im Rahmen dieser Untersuchung nicht zu leisten[7].

---

[7] Es wird davon ausgegangen, dass Politiker/innen, die eine eindeutig andere Geschlechtszugehörigkeit *„fühlen"*, als die, die sie von Geburt an haben, sich mittels einer entsprechenden körperlichen und namensrechtlichen Änderung anpassen und dadurch die Möglichkeit haben, im Rahmen dieser

2.2.2 Geschlechterunterschiede

Ein Argument, warum eine Demokratie mit einer Unterrepräsentation von Frau-
en als „defizitär" bezeichnet wird, ist, dass Frauen andere Bedürfnisse, Erfahrungen und Interessen hätten, die in angemessener und personifizierter Weise in die
Politik gebracht werden müssen. Daher stellt sich nun die Frage, ob und inwiefern Frauen und Männer tatsächlich Unterschiede aufweisen. Doch bevor auf
diese Unterschiede eingegangen wird, sollen in einem ersten Teil zunächst Vorurteile – die auch gerne als Geschlechterstereotype bezeichnet werden – betrachtet werden. Diese werden nicht nur in der Alltagswelt zur Unterscheidung von
Frauen und Männern verwendet, sondern wurden bereits auch vielfach in der
Wissenschaft untersucht.

2.2.2.1 Vorurteile bzw. Geschlechterstereotype

Die Gesellschaft hat grundlegende Vorstellungen über typische Verhaltensweisen von Frauen und Männer und stellt aus diesen Vorstellungen resultierende
geschlechtsspezifische Erwartungen bereits an neugeborene Individuen: Jungen
dürfen zum Beispiel nicht weinen, dafür durchaus auch einmal aggressiv sein.
Mädchen dürfen dagegen Gefühle zeigen, ängstlich oder passiv reagieren; ag-
gressives Verhalten wird bei Mädchen dagegen nicht geschätzt. Die Forschung
spricht in diesem Kontext von Geschlechterstereotypen. Klassisch werden diese
„Geschlechterstereotype" bzw. „sex stereotypes" als „(...) structured sets of
beliefs about the personal attributes of woman and of man" definiert und beinhalten kognitive Strukturen, die sozial geteiltes Wissen über charakteristische
Merkmale von Frauen und Männern beinhalten (Ashmore/DelBoca 1979: 222).
Sie können somit als „(...) soziale Urteile, die eigentlich zutreffender als Vorurteile zu kennzeichnen sind" betrachtet werden, „(...) da sie die Tendenz haben,
Personen grob vereinfachend und ohne Rücksicht auf ihre Individualität zu eti-
kettieren" (Bischof-Köhler 2011: 17). Pragmatischer definiert Tuchman (1980:
10) Geschlechterrollen als „(...) gesellschaftliche Regeln für angemessene Erscheinung, für Interessen, Fertigkeiten, Verhaltensweisen und Selbstwahrneh-
mung des jeweiligen Geschlechts. "
    Das Einflussreiche an den Geschlechterstereotypen und auch der Grund,
warum diese hier einer gesonderten Betrachtung unterzogen werden, ist der, dass
Geschlechterstereotype in einer Gesellschaft eine zentrale Komponente sozial
geteilter Geschlechtertheorien, so genannter „gender belief systems", bilden

---

Untersuchung auch als Mann bzw. Frau identifiziert werden zu können. Im Übrigen sind transsexuel-
le Politiker/innen in der deutschen Politik auf Bundesebene bislang nicht bekannt.

(vgl. Eckes 2010: 179). Dies bedeutet in Anlehnung an Eckes (2010), dass diese Stereotypisierungen umfassende Beschreibungen von Alltagsannahmen über die Kategorie Geschlecht und ihre wechselseitigen Beziehungen liefern. Zudem beinhalten diese nicht nur Einstellungen, Einschätzungen, Wahrnehmungen und Bewertungen der eigenen Person, sondern auch die fremder Personen. Das heißt, dass sowohl Fremd- als auch Selbsteinschätzungen in dieser Diskussion Berücksichtigung finden. So kann sowohl untersucht werden, wie sich Frauen und Männer *selbst* hinsichtlich dieser Geschlechterstereotype einschätzen, aber auch, wie Frauen und Männer von *anderen* eingeschätzt werden. Bischof-Köhler (2011) misst dieser Debatte wenig Bedeutung zu, da sie in dieser

(...) nicht viel mehr als willkürliche Setzungen der Gesellschaft, die ihre Durchschlagskraft lediglich der Tatsache verdanken, dass sie von Generation zu Generation weitergegeben und insbesondere von Männern bereitwillig immer wieder aufgegriffen werden, um die eigene Vorherrschaft zu sichern. (Bischof-Köhler 2011: 21)

sieht. Dennoch sei ihrer Meinung nach diese Debatte ein wesentlicher Bestandteil der Konstruktion unserer sozialen Wirklichkeit, da diese eine ausgeprägte zeitliche Stabilität aufweist und zudem kulturell invariant ist, was so viel bedeutet wie, dass in unterschiedlichen Kulturen ähnliche geschlechtsspezifische Verhaltensmuster vorzufinden sind (vgl. auch Eckes 2010).

Sowohl inhaltlich wie methodisch haben sich eine Vielzahl unterschiedlicher Forscher/innen aus Soziologie und Psychologie der Frage gewidmet, was denn grundsätzlich als „*typisch männlich*" bzw. „*typisch weiblich*" zu bezeichnen ist (Eckes 1997; Rosenkrantz et al. 1968; Runge et al. 1981; Spence et al. 1974; Williams/Bennett 1975). Hierbei werden Theorien der sozialen Rollen (Eagly 1987) und der Stereotypinhaltsmodelle (Fiske 1998; Fiske et al. 2002) zur Erklärung der geschlechtsspezifischen Unterschiede herangezogen (vgl. Eckes 2010). Bei der vergleichenden Betrachtung dieser Ansätze und Modelle fällt insbesondere auf, dass Männern grundsätzlich eher instrumentell-strategische und Frauen eher expressiv-emotionale Eigenschaften, Interessen und Verhaltensweisen zugeschrieben werden, die als Spiegelbild ihrer Geschlechterrolle betrachtet werden können und nach Meinung Pfannes (2004) in Folge der Industrialisierung und der damit verbundenen Trennung zwischen beruflich-öffentlichem und privatem-häuslichen Leben entstanden sind.

Als „männlich" oder „Männlichkeit" werden die Eigenschaften verstanden, die in traditioneller Vorstellung verstärkt mit dem Berufsleben bzw. dem Schutz gegenüber äußeren Eingriffen verknüpft sind, wie zum Beispiel Dominanz, Stärke, Aggressivität, Leistungsfähigkeit, Sachlichkeit oder Emotionslosigkeit. Der Argumentation Bischof-Köhler (2011) folgend dienten bzw. dienen diese unter anderem dazu, die Vorherrschaft der Männer gegenüber den Frauen zu sichern.

Demgegenüber werden mit den Begriffen „Weiblichkeit" bzw. „weiblich" Eigenschaften wie Schwäche, Emotionalität, Expressivität, Abhängigkeit oder Subjektivität verstanden, die durchaus im Leben einer Hausfrau und Mutter, die sich aus traditioneller evolutionspsychologischer Sicht um die Pflege des Nachwuchs im privaten Raum kümmert, geprägt ist (vgl. hierzu auch Ashmore/DelBoca 1979; Athenstaedt 2000; Bem 1974; Eckes/Six-Materna 1999; Harris 1994; Pfannes 2004; Rosenkrantz et al. 1968; Runge et al. 1981; Schmitt/Millard 1988; Schneider-Düker/Kohler 1988; Strauß et al. 1996; Swanzina et al. 2004).

Auffallend an der Differenzierung zwischen weiblichen und männlichen Eigenschaften ist – so zumindest Bischof-Köhler (2011) – dass die Eigenschaften grundlegend in eher positiv bzw. neutral und eher negativ eingeordnet werden können und dabei typisch weibliche Eigenschaften in stärkerem Maße negative Zuordnungen erfahren (z.B. Monotonie, Passivität, Unsicherheit oder Ängstlichkeit). Jedoch sind auch einige typisch weibliche Eigenschaften zu nennen, die positiver bzw. neutraler Art und Weise sind (z.B. Geduld, Konzentration, soziale Aufgeschlossenheit). Bei den männlichen Eigenschaften verhält es sich nahezu spiegelbildlich: So sind typisch männliche Eigenschaften in unserer Gesellschaft vermehrt positiv konnotiert (z.B. Dominanz, Risikobereitschaft, Entscheidungsfreude). Negative Eigenschaften kommen zwar auch vor, werden aber nicht so häufig als stereotyp männlich bezeichnet (z.B. Emotionslosigkeit).

Folgende Abbildung 4 listet typisch männliche und typisch weibliche Eigenschaften, Verhaltensweisen und Interessen, die von den verschiedenen Autoren zu dieser Thematik geäußert wurden und in der alltäglichen Diskussion häufige genannte werden, zusammenfassend auf (vgl. auch hierzu Ashmore/DelBoca 1979; Athenstaedt 2000; Bem 1974; Bischof-Köhler 2011; Eckes/Six-Materna 1999; Holtz-Bacha 2009; Rosenkrantz et al. 1968; Runge et al. 1981; Swanzina et al. 2004; Williams/Best 1982).

Die Abbildung soll vermitteln, was in der Gesellschaft gemeinhin als „weiblich" bzw. „männlich" gilt. Die Einteilung in die fünf Bereiche Kognition, Emotion, Sozialkompetenz, Entscheidungsfindung, Durchsetzungspotential und eine sonstige Kategorie wurde eigens vorgenommen, da diese Bereiche im Kontext des Untersuchungsgegenstandes als besonders relevant erachtet werden. Wie die nachfolgenden Darstellungen noch zeigen werden, wird häufig im Bereich der Kognition und Emotion von geschlechtsspezifischen Unterschieden gesprochen (z.B. „Männer sind rationaler", „Frauen sind emotionaler"). Zudem sind Sozialkompetenz, Entscheidungsfindung und Durchsetzungspotential – wie der vorherige Teil gezeigt hat – Eigenschaften, die in der Politik besonders bedeutend sind.

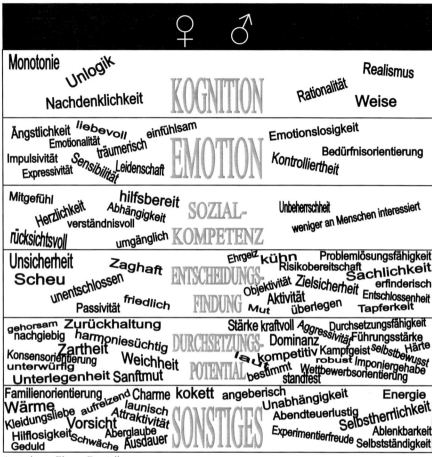

Anmerkung: Eigene Darstellung

Abbildung 4: Geschlechterstereotype

So ist bei der Betrachtung der Darstellung nicht verwunderlich, dass besonders viele typisch weibliche Eigenschaften im Bereich der Emotionen und der Sozialkompetenz identifiziert werden können, wobei die Emotionen eher negativen Charakter aufweisen. Merkmale aus dem Bereich Durchsetzungspotential und Entscheidungsfindung sind in stärkerem Maße männlich und erfahren eine positive Aussagekraft. Diejenigen Merkmale, die in diesem Kontext den Frauen zugeordnet werden (z.B. Unsicherheit, Nachgiebigkeit, Zurückhaltung, Unentschlossenheit), finden zumeist eine negative Zuordnung. In Bezug auf die Kategorie „Sonstiges" fällt zudem auf, dass typisch weibliche, positive Zuschreibungen häufig auf die Attraktivität und den Familiensinn ausgerichtet sind, während positive, männliche Eigenschaften eher im Bereich der Aktivität, Experimentierfreude und der Abenteuerlust zu finden sind.

Bei der Betrachtung dieser Zuordnung fällt ferner auf, dass es genau diese Merkmale sind, die uns in der alltäglichen und populärwissenschaftlichen Auseinandersetzung mit Geschlecht und Politik immer wieder begegnen, jedoch wissenschaftlich bisher kaum erfasst wurden. Zwar werden in der empirischen Wahlforschung einige Eigenschaften, wie beispielsweise die Durchsetzungsstärke oder Sympathie von Politiker/innen mittels Wähler/innenbefragungen erhoben, jedoch wurden bislang wenig Anstrengungen unternommen die Wirkung geschlechtsspezifischer Eigenschaftszuschreibungen im Rahmen deutscher Politiker/innen zu betrachten.

In besonders starkem Maße muss darauf hingewiesen werden, dass diese Geschlechterstereotypen keine nachgewiesenen Unterschiede zwischen Frauen und Männern sind, sondern reine gesellschaftlich anerkannte Vorurteile sind, die gegenüber Frauen bzw. Männer geäußert werden. Im folgenden Teil wird nun dargestellt, welche Unterschiede zwischen Frauen und Männern in empirischen Studien tatsächlich nachgewiesen werden können, denn neben den reinen Vorurteilen können tatsächliche Unterschiede ebenso Hinweise auf Erklärungsfaktoren der geringen Repräsentation von Frauen in der Politik geben.

2.2.2.2 Empirisch nachweisbare Unterschiede

Empirisch nachweisbare Unterschiede zwischen den Geschlechtern sind grundsätzlich hinsichtlich biologischer, kognitiver, sozialstruktureller und persönlichkeitsbezogener Merkmale und Eigenschaften zu identifizieren. Einige dieser, für den vorliegenden Untersuchungskontext besonders relevante Unterschiede, sollen im Folgenden kurz dargestellt werden (vgl. hierzu auch Bacher et al. 2008; Bischof 1980; Bischof-Köhler 2011; Cornelißen 2005; Löw 2009; Pinl 1993).

Biologische Unterschiede

Die grundlegenden biologischen Unterschiede zwischen Frauen und Männern, die die unterschiedliche Erscheinung beschreiben, sind bekanntlich die primären und sekundären Geschlechtsmerkmale. Neben diesen phänotypisch erkennbaren Unterschieden existieren weitere Unterschiede, beispielsweise hinsichtlich der

Hormone: Androgene bzw. Testosteron auf der männlichen und Östrogene auf der weiblichen Seite, die den hormonellen Haushalt regeln. Zudem können Unterschiede hinsichtlich Genetik, Körperbau, Muskelgruppen, Fettgewebe, Körpergröße und Gewicht ausfindig gemacht werden, die biologische Unterschiede zwischen Frauen und Männern phänotypisch darstellen, aber bekannt sein dürften (vgl. Bischof 1980; Merz 1979; Reimers 1994).

Ohne in das Kreuzfeuer des biologischen Determinismus zu gelangen, soll an dieser Stelle nicht darauf verzichtet werden, hinzuweisen, dass es gerade diese phänotypischen Unterschiede zwischen Männern und Frauen sind, die im Rahmen der Medien, aber auch der Politiker/innen selbst genutzt werden, um Aufmerksamkeit zu bekommen. So ist zu denken an die vielfache Diskussion über Merkels Haarfrisur, Statur oder das häufig diskutierte „männliche" Auftreten einiger Politiker*innen* (vgl. hierzu Meckel 2008; Munimus 2010). Sehr gerne wird auch über besonders attraktive Politiker*innen* berichtet, wie der Fall der FDP-Politikerin Koch-Mehrin zeigt. Dabei wird häufig über die Frisur, die Figur oder die Kleidung von Politiker*innen* gesprochen. Selten wird dies bei Männern getan (Koch 2007).

Im Rahmen der vorliegenden Studie stellt sich die Frage, inwiefern diese biologischen Unterschiede Einfluss auf die Repräsentation von Frauen in der Politik haben. Da bisher bezüglich der genetisch-biologischen Unterschiede zwischen Kandidat*innen* und Kandidat*en* keine Untersuchungen bekannt sind, bleibt nur zu vermuten, dass auch diese Unterschiede die geringere Repräsentation von Frauen in der Politik erklären können. So müsste das biologische Genmaterial von Frauen und von Männern im Allgemeinen, mit dem von Politiker/innen verglichen werden. Möglicherweise weisen Politiker/innen eine spezifische genetische Struktur im Vergleich zur Allgemeinbevölkerung auf, die in stärkerem Maße bei Männern als bei Frauen vorzufinden ist. Diesbezügliche Nachweise wären durch die Erfassung der Körpergröße, des Hormonhaushaltes, der Muskelgruppen, des Körpergewichts, der Beschaffenheit der Brust, der Gestik oder genetischen Materials der Politiker/innen zu erbringen. Forscher/innen die diesen Überlegungen biologischen Determinismus vorwerfen, müssen zunächst den Nachweis erbringen, dass diese biologischen Faktoren tatsächlich keinen Einfluss auf die Nominierungs- und Erfolgschancen von Frauen und Männern in der Politik haben.

Da bislang die Erhebung von sogenannten „Biomarkern" in sozialwissenschaftlichen Umfragen in den Kinderschuhen stecken (vgl. hierzu Schupp/Wagner 2010), befindet sich die Forschung – wenn überhaupt – erst am Anfang weiterer Analysemöglichkeiten, die jedoch aus technischen, finanziellen, aber auch aus forschungsethischen und datenschutzrechtlichen Gründen im Rahmen dieser Dissertation nicht durchgeführt werden können. Ebenso ist es fraglich, ob die

Kandidat/innen bzw. Politiker/innen sich damit einverstanden erklären würden, eine Speichel- oder Blutprobe abzugeben, um diese wissenschaftlich auszuwerten. Daher muss im Rahmen vorliegender Arbeit der Hinweis auf mögliche biologische Unterschiede – die potentiell Auswirkung auf die Repräsentation von Frauen in der Politik haben könnten – genügen.

Sozialstrukturelle Unterschiede

Besonders relevant im Rahmen des Untersuchungskontextes sind auch die sozialstrukturellen Unterschiede zwischen Frauen und Männern. Hierbei sind die Bildung, die Familiensituation und die berufliche Situation eines Individuums von hervorgehobener Bedeutung.

Bildung, Ausbildung und Beruf
Die Bildungssituation für Frauen hat sich seit Bestehen der Bundesrepublik Deutschland in starkem Maße geändert: Während in den 1960er Jahren Mädchen noch häufig die Hauptschulen besuchten, ist ihr Anteil hier deutlich zurückgegangen. Heute sind sogar mehr Jungen als Mädchen in Hauptschulen zu finden. Dementsprechend waren 2008/2009 knapp 56 Prozent der Gymnasiasten weiblichen Geschlechts (Statistisches Bundesamt 2011: 137, eigene Berechnung). Bei einer Langzeitbetrachtung ist jedoch stets zu berücksichtigen, dass die Bildungssituation von Frauen nicht immer so positiv war und Frauen in den 1950er und 1960er Jahre noch deutlich schlechtere Bildungschancen hatten, als sie dies heute haben und hiervon auch Politiker*innen* betroffen sein können (Stürzer 2005).

Trotz dieser, aus weiblicher Sicht positiven Entwicklung im Bereich der Schulbildung, zeigen sich auch heute noch starke sozialstrukturelle Geschlechterunterschiede in der Berufs- und Studienfachwahl: Mädchen und junge Frauen bevorzugen Ausbildungsberufe im sozialen Bereich und im Dienstleistungsbereich[8]. Bei der Ausbildungswahl ist ferner festzustellen, dass Männer insbesondere im Bereich der Industrie, des Handels, des Handwerkes und der Schifffahrt vertreten waren und noch immer sind, während Frauen eher in den Bereichen des öffentlichen Dienstes, in freien Berufen oder der Hauswirtschaft zu finden sind (Statistisches Bundesamt 2011: 141-143, Stürzer 2005: 51). Ebenso entscheiden

---

[8] So gehören Bürokauffrau, Arzthelferin, Kauffrau im Einzelhandel, zahnmedizinische Fachangestellte und Friseurin zu den fünf am häufigsten gewählten Ausbildungsbereichen der Mädchen. Bei den Jungen stehen technische und mechanische Ausbildungsplätze, wie der des Kraftfahrzeugmechatronikers, der Elektroniker-Energie-Gebäudetechnik, des Anlagemechanikers für Sanitäts- Heizungs- und Klimatechnik, des Malers und Lackierers bzw. Kaufmanns im Einzelhandel auf den Plätzen 1 bis 5 (Stürzer 2005: 51).

sich Frauen und Männer bei der Studienfachwahl für unterschiedliche Fächer und auch hier kann festgestellt werden, dass die Männer in stärkerem Maße technische und wirtschaftliche Fächer studieren, während sich Frauen gerne sprachwissenschaftlichen und sozialen Bereichen widmen[9]. Bischof-Köhler (2011) ist der Meinung, die Studienfachwahl widerspiegelt ...

> (...) die bestehenden recht schwachen Leistungsunterschiede, wie sie sich etwa in Bezug auf Mathematik und Naturwissenschaften auch für die meisten beteiligten Länder bei der PISA-Studie von 2003 und 2006 ergaben, in einer ziemlich krassen Übertreibung. (Bischof-Köhler 2011: 241)

So verwundert es nicht, dass Frauen in diesen naturwissenschaftlichen und technischen Studienfächern deutlich unterrepräsentiert sind (Engler 1999; Geenen 1994; Lind 2004; Meinel/Ronneberg 1996; Roloff 1999; Schreyer 2008; Tobies 2008; Uhly 2007; Walter 1999). Zu berücksichtigen ist an dieser Stelle, dass die Entscheidungen für bzw. gegen bestimmte Studienfächer immense Auswirkung auf die späteren Berufs- und vor allem Verdienstaussichten haben und der Verdienst in typischen Frauenberufen bekanntermaßen deutlich geringer ist. Jedoch ist auch in der Ausbildungs- und Berufswahl der Frauen und Männer ein Wandel zu beobachten, der die geschlechtsspezifischen Grenzen aufweicht und Anzeichen für Richtungsänderungen gibt.

Zudem haben Studien der psychologischen Berufslaufbahnforschung herausgefunden, dass Frauen trotz gleichrangiger Fähigkeiten bzw. gleichen Ausbildungsniveaus einen geringeren *Berufserfolg* aufweisen als Männer (vgl. Abele 2002, 2003). Als Gründe hierfür nennt Abele (2002, 2003) insbesondere die Familienarbeit. Interessant an dem Ergebnis ist jedoch, dass auch dann, wenn Frauen keine Familienarbeit leisten, die Erfolge – trotz gleicher Qualifikation – geringer ausfallen.

In Bezug auf die Repräsentation von Frauen in der Politik kann die Annahme erhoben werden, dass möglicherweise die unterschiedliche, geschlechtsspezifische Bildung und Ausbildung den Frauen den Weg in die Politik versperrt: Hierbei ist zu fragen, ob die Frauen über eine besonders hohe Bildung verfügen müssen, die deutlich überdurchschnittlich im Vergleich zu der Bildung der Männer ist. Einige Untersuchungen deuten darauf hin, dass eine hohe Bildung auch positiv mit einer hohen weiblichen politischen Partizipation bzw. Repräsentation korreliert (vgl. Escobar-Lemmon/Taylor-Robinson 2009; Powell et al. 1981;

---

[9] Das beliebteste Studienfach für Männer wie auch Frauen ist die Betriebswirtschaftslehre. Jedoch liegen Maschinenbau/-wesen, Informatik, Elektrotechnik/Elektronik, Rechtswissenschaften, Wirtschaftsingenieurswesen und Wirtschaftswissenschaften bei den Männern auf den Plätzen zwei bis sechs. Bei den Frauen werden diese Plätze von Germanistik, Medizin, Rechtswissenschaften, Erziehungswissenschaften und Anglistik belegt (Statistisches Bundesamt 2011:150).

Rule 1981). In Bezug auf die Politik stellt sich auch die Frage, ob dies gleichermaßen auftritt und welche Ursachen hierfür auszumachen sind: Sind Frauen in der Politik – trotz gleicher Qualifikation – weniger erfolgreich als Männer? Sind Frauen mit typischen Frauenberufen weniger erfolgreich als Frauen mit männertypischen Berufen? Eng verbunden mit der Frage der Bildung ist auch die nach dem sozialen Status und dem Einkommen, welche ebenso mit der weiblichen Repräsentationsrate korrelieren können.

Familiäre Situation: Familienstand, Mutterschaft und Rollenaufteilung
Die traditionellen Vorstellungen von Erwachsenenalter und Familie haben sich seit den Nachkriegsjahren kontinuierlich verändert: Die sogenannte „Normalbiographie" einer durchschnittlichen bundesdeutschen Person – Mann bzw. Frau schließt bis zum Alter von 30 Jahren eine Ehe und lebt in dieser heterosexuellen Beziehung mit Kind(ern); die Männer sind für die Sicherung der finanziellen Lage und die Frauen für Haushalt und Kinder verantwortlich – ist verstärkt zu einer „Individualbiographie" mutiert. Zunehmend werden andere Lebensformen gewählt und insbesondere Frauen versuchen Beruf und Familie miteinander zu kombinieren. Zu sprechen ist von Patchwork, Double-Income-No-Kids, Alleinerziehenden oder Singles. So wird in Deutschland im Vergleich zu den 1950er Jahren weniger und zu einem späteren Zeitpunkt geheiratet. Die Frauen sind bei der Geburt der Kinder älter, pro Frau werden weniger Kinder geboren, die Zahl der alleinerziehenden Personen steigt kontinuierlich an und die Zahl der Scheidungen nimmt ebenso zu. Diese Veränderung ist insbesondere seit den 1960er und 1970er Jahren empirisch zu verzeichnen (vgl. hierzu Statistisches Bundesamt 1954, 1964, 1974, 1984, 1993, 2003a, 2010).

Hat sich ein Individuum dazu entschlossen seine Zukunft mit einem Partner bzw. einer Partnerin gemeinsam zu gestalten, so stellt sich früher oder später die Frage, wie und von wem alltägliche, gemeinsame Aufgaben, wie z.B. Haushalt und Kinderpflege, bewältigt werden sollen. In Deutschland herrschen in vielen Partnerschaften und Familien noch immer traditionelle Vorstellungen vor, insbesondere in Bezug auf die Rollenaufteilungen zwischen Mann und Frau: Frauen verrichten vermehrt haushälterische, erzieherische und pflegende Aufgaben, Männer technische Aufgaben (Huinink/Reichart 2008; Künzler et al. 2001; Schulz/Blossfeld 2006).

Für die Frage, ob und inwiefern Frauen individuelle oder strukturelle Schwierigkeiten beim Zugang zur Politik haben, ist dieses Thema von zentraler Bedeutung. Frauen widmen sehr viel Zeit der Pflege und der Erziehung ihrer Kinder (vgl. hierzu auch Statistisches Bundesamt 2003b). Dass Familienarbeit kein Job von neun bis fünf Uhr ist, ist bekannt. Familienarbeit bedeutet zumeist, für viele Jahre rund um die Uhr da zu sein, insbesondere auch in den Abendstunden, in denen häufig lokalpolitische Aktionen stattfinden, die meist unabdingbar für den Erfolg einer politischen Karriere sind.

Diesbezüglich konnte Stöss (1985) bereits feststellen, dass weibliche Bundestagsabgeordnete in überdurchschnittlichem Maße alleinstehende Frauen sind und somit keinerlei familiäre Verpflichtung übernehmen müssen. Bernstein (1986) fand zudem heraus, dass verheiratete Frauen länger auf Nominierungen warten müssen als verheiratete Männer. Diamond (1977) hat ferner gezeigt, dass Frauen die politische Karriere eher auf die Jahre nach der Kinderzeit verlegen. Ob dies 25 Jahre später immer noch der Fall ist, ist zu bezweifeln. So stellt Blättel-Mink, Mischau und Kramer (1998) fest, dass Frauen in der Politik meist verheiratet sind und konnten nur die These einer problematischen Vereinbarkeit von Beruf und Familie bestätigen, indem sie herausfanden, dass Frauen neben der Politik noch den Haushalt zu versorgen haben. Möglicherweise ist dies aber auch von der Ebene (und den Verdienstmöglichkeiten) der politischen Tätigkeit abhängig, da diese Studie nur zwei Wahlkreise in Baden-Württemberg untersucht hat. So sind hier die Ebene und das Ausmaß der politischen Tätigkeit durchaus zu berücksichtigen.

Erwerbstätigkeit

In Bezug auf die Darstellung der unterschiedlichen Sozialstruktur von Frauen und Männern darf die Betrachtung der Erwerbstätigkeit nicht fehlen. Bereits ein kurzer Blick auf die geschlechtsspezifische Erwerbstätigkeitsquote in Abhängigkeit zum Alter offenbart deutliche Unterschiede[10]: Während im Alter zwischen 18 und 25 Jahren nur geringfügige Unterschiede in der Erwerbstätigkeitsquote zu erkennen sind und die Erwerbsquote der Frauen sogar höher liegt als die der Männer, zeigen sich bereits bei den über 24-Jährigen deutliche geschlechtsspezifische Unterschiede: Die Erwerbstätigkeitsquote ist stets unter der Quote der Männer. Die Jahre, in denen die Erwerbstätigkeit von Frauen und Männern auseinandergehen, sind die Jahre der intensiven Familienarbeit, aber auf der anderen Seite auch die Jahre in denen „Karrieren gemacht" werden.

Dennoch beläuft sich die Erwerbstätigkeitsquote der Frauen im Alter zwischen 25 und 45 Jahren auf 71 bis 82 Prozent, was grundsätzlich als relativ hoch eingestuft werden kann. Diese voreilige Schlussfolgerung täuscht jedoch, da diese Quote *alle* Personen aufnimmt, die in irgendeiner Art und Weise – und sei es nur wenige Stunden im Monat – am Erwerbsleben teilnehmen. Betrachtet man dagegen den Anteil an voll-, teil- und nebenher Erwerbstätigen im Geschlechtervergleich, so fallen deutliche Diskrepanzen auf: Während 54,9 Prozent der Män-

---

[10] Im Folgenden dargestellte Ergebnisse basieren auf eigenen Berechnungen mit dem Allbus 2010.

ner ganztags erwerbstätig sind, sind dies nur 27,8 Prozent der Frauen. Demgegenüber finden sich nur 2,0 Prozent der Männer in halbtätigen Beschäftigungsverhältnissen, wo mit 16,5 Prozent deutlich mehr Frauen zu finden sind. Und so kann auch beobachtet werden, dass über 48,5 Prozent der Frauen angaben, dass sie nicht erwerbstätig sind (eigene Berechnungen mit Allbus 2010).

Kombiniert man nun die familiäre Situation mit der Frage der Erwerbstätigkeit, so drängt sich der Verdacht auf, dass Erwerbstätigkeit sich doch nicht so einfach mit Kindern vereinbaren lässt: Wurde die Entscheidung für ein Kind getroffen, dann sinkt bei den Frauen die Aktivität am Arbeitsmarkt im Vergleich zu den Männern deutlich, bei denen die Erwerbstätigkeit noch eher ansteigt. Während 63,2 Prozent der Frauen und ebenso 63,2 Prozent der Männer *ohne Kinder* erwerbstätig sind, sind nur 22,4 Prozent der Frauen *mit im Haushalt lebenden Kindern* erwerbstätig im Vergleich zu 89,3 Prozent der Männer, was den Einfluss von Kindern auf die Biographie einer Frau, aber auch eines Mannes deutlich zeigt. Knapp 90 Prozent der Männer mit Kindern sind vollzeitig erwerbstätig und somit ist der Anteil deutlich höher als bei den Personengruppen ohne Kinder (eigene Berechnungen mit Allbus 2010).

Im Rahmen dieser Studie soll jedoch nicht die weibliche Situation am Arbeitsmarkt detailliert untersucht werden. Vielmehr stellt sich die Frage, wie sich Familie und Beruf der Politiker/in miteinander vereinbaren lassen. Auch hier konnte Blättel-Mink et al. (1998) feststellen, dass politisch aktive Frauen v.a. in Teilzeit oder gar nicht beschäftigt sind. Dieses Phänomen ist bei Männern nicht zu erkennen. Möglicherweise liegt hier auch eine strukturelle Barriere vor.

Daher ist zu untersuchen, wie es um die Erwerbstätigkeit der Kandidat*innen* im Vergleich zu den Kandidat*en* bestellt ist und ob sich möglicherweise hieraus die Unterrepräsentation von Frauen in der Politik erklären lässt. Zu geschlechtsspezifischen Berufsgruppierungen sind bisher keine Ergebnisse diesbezüglich bekannt. Daher soll die Betrachtung des Familienstandes, der Mutterschaft und der Vereinbarkeit von Beruf und Privatleben im Leben von Politiker/innen zumindest theoretisch und – insofern Daten hierzu vorliegen – auch empirisch berücksichtigt werden. Möglicherweise ist eine Karriere in der Politik insbesondere für kinderlose Frauen oder Frauen mit älteren Kindern, möglich.

Kognitive Unterschiede

Schon bei dem Erwerb der Sprache fällt auf, dass geschlechtsspezifische Unterschiede zwischen gleichaltrigen Jungen und Mädchen zu beobachten sind: In der Regel beginnen Mädchen früher zu sprechen und bilden ihre lexikalischen und grammatikalischen Fähigkeiten deutlich früher aus (Weinert/Grimm 2008).

Grundlegend kann im Bereich der kognitiven Fähigkeiten zwischen der praktischen Problemlösung (z.B. Urteilen, schlussfolgerndes Denken), der verbalen Fähigkeiten (Sprachartikulation, Schreiben, Lesen) und der sozialen Kompetenz (soziales Bewusstsein, Offenheit) unterschieden werden (Amelang et al. 2011).

In Bezug auf das Geschlecht konnten insbesondere Unterschiede bei den räumlichen, mathematischen und verbalen Fähigkeiten identifiziert werden, wobei visuell-räumliche und mathematische Fähigkeiten Bereiche sind, bei denen Jungen in empirischen Studien bessere Ergebnisse erzielen als Mädchen (vgl. Bischof-Köhler 2011; Asendorpf 1999). Demgegenüber sind die verbalen Fähigkeiten bei Mädchen stärker ausgeprägt: Mädchen können durchschnittlich besser buchstabieren, sind in der Anwendung der Grammatik korrekter, bilden längere Sätze und verstehen komplexe Texte eher, was in Teilen die bereits dargestellten Geschlechterstereotype, wie z.B. Kommunikationsfähigkeit, andeuteten (vgl. hierzu Asendorpf 1999; Bischof-Köhler 2011; Weinert/Grimm 2008). Diese geschlechtsspezifischen Unterschiede sind jedoch ein Phänomen der Kindheit und Jugend, die mit wachsendem Alter abnehmen. Hagemann-White (2001) kommt zu dem Schluss, dass nur in einzelnen Bereichen *„(...) der sprachlichen Fähigkeiten, der mathematischen Fähigkeiten, und des visuell-räumlichen Vorstellungsvermögens"* Unterschiede festgestellt werden können (Hagemann-White 1984: 21).

Wie bereits die Darstellung dieser Diskussion zeigt, ist es nicht einfach, die kognitiven Fähigkeiten im Geschlechtervergleich zu untersuchen. Der Grund warum diese Unterschiede an dieser Stelle dennoch angesprochen werden ist, dass in der (alltäglichen) Diskussion die sogenannten „typisch weiblichen" und „typisch männlichen" kognitiven Fähigkeiten gerne herangezogen werden, um plakativ zu erklären *„Warum Männer nicht zuhören und Frauen schlecht einparken"* (Pease/Pease 2000). Auf den politischen Prozess und die geschlechtsspezifische Repräsentation übertragen, ist zu fragen, ob unterschiedliche kognitive Fähigkeiten Ursachen für die Unterrepräsentation von Frauen in der Politik sind: Ist somit eine starke Ausprägung von räumlich-mathematischen Vorstellungen ein Türöffner für ein Mandat in der Politik oder müssen erfolgreiche Politiker/innen gleichermaßen sprachliche Fähigkeiten aufweisen?

Ähnlich wie bei den biologischen Eigenschaften liegen hierzu bisher keine Daten vor, die die Betrachtung der kognitiven Fähigkeiten – beispielsweise in Form von geschlechtsspezifischen Intelligenztests der Kandidat/innen bzw. Politiker/innen – zulassen. Somit kann auch an dieser Stelle und im Rahmen dieser Arbeit nur festgehalten werden, dass hierin Potential zur Erklärung der Ursachen für die Unterrepräsentation von Frauen in der Politik liegt, jedoch aufgrund der Datenproblematik nicht bearbeitet werden kann.

Persönlichkeitsunterschiede

Im Rahmen der bisherigen Darstellung wurden bereits Geschlechterstereotype vorgestellt. Was über Frauen und Männer gedacht wird und welche Vorurteile diesen entgegengebracht werden, ist die eine Seite der Eigenschaftsbeschreibung. Die andere Seite ist jedoch, inwiefern geschlechtsspezifische Persönlichkeitsunterschiede tatsächlich empirisch identifiziert und nachgewiesen werden können: Unterscheiden sich Frauen und Männer demnach tatsächlich hinsichtlich der Durchsetzungsfähigkeit oder der Ängstlichkeit?

Asendorpf (1999) definiert Persönlichkeit als *„Gesamtheit aller Persönlichkeitseigenschaften einer Person"*, wobei unter einer Persönlichkeitseigenschaft ein *„überdauerndes Merkmal, in dem sich Menschen unterscheiden"* verstanden wird (Asendorpf 1999: 434). Das Wort „überdauernd" hat – wie Asendorpf in einem anderen Beitrag anmerkt – eine besondere Bedeutung, da Persönlichkeit zumindest eine *„kurzfristige Stabilität von Tendenzen im Erleben und Verhalten"* voraussetzt (Asendorpf 2005: 15).

Im Gegensatz zu zahlreichen politikwissenschaftlichen Studien, die zumeist die Frage untersuchen, welche Politiker/innen bzw. Personen die Bevölkerung beispielsweise für „durchsetzungsfähiger" oder „sympathischer" hält – in denen also das Urteil einer Person über eine andere Person im Mittelpunkt steht – versucht die Psychologie zu erkunden, welche Eigenschaften bei einer bestimmten Person tatsächlich empirisch nachgewiesen werden können (Amelang et al. 2011; Asendorpf 1999; Weber/Rammsayer 2005). Übertragen auf den politischen Bereich würde das bedeuten, dass sich die Politiker/innen selbst hinsichtlich dieser Eigenschaften einstufen müssten bzw. im Rahmen psychologischer Experimente bezüglich verschiedener Persönlichkeitsmerkmale getestet würden.

In vorliegender Studie stehen Wahlbewerber/innen im Mittelpunkt der Analyse. Daher werden nun auf psychologischem Wege nachgewiesene, geschlechtsspezifische Eigenschaftsausprägungen aufgeführt, die für Wahlbewerber/innen besonders bedeutend erscheinen (Beyer 1990; Bischof-Köhler 2011; Lenney 1981). Im Kontext von Wahlbewerber/innen liefern vor allem die Betrachtung des Selbstvertrauens, der Konfliktlösungsfähigkeit, der Durchsetzungsfähigkeit und des Teamworks interessante, geschlechtsspezifische Untersuchungsergebnisse. *Selbstvertrauen* kann einfach definiert werden als der Vertrauen in die eigene Person und Fähigkeiten. Das Konzept des Selbst spielt auch in der Politik eine bedeutende Rolle. Bischof-Köhlers (2011) sieht etwa in den vielfach diskutierten Äußerungen Gerhard Schröders am Abend der Bundestagswahl 2005 in der Elefantenrunde ein Beispiel eines besonders ausgeprägten Selbstbewusstseins (Bischof-Köhler 2006). Der Blick in die klassische Geschlechterstereotypforschung zeigt deutliche geschlechtsspezifische Unterschiede: Bei Männern kann ein höheres Selbstvertrauen als bei den Frauen identifiziert werden. Diese geschlechtsspezifischen Unterschiede konnten auch kulturübergreifend festgestellt werden (vgl. Beyer 1990; Bischof-Köhler 2006; Lenney 1981).

Im Zusammenhang mit der Politik ist auch die Frage nach der Fähigkeit zur *Konfliktlösung* von enormer Bedeutung. Diese wird in der Geschlechterstereotypforschung in stärkerem Maße den Frauen zugeordnet. Doch sind Frauen tatsächlich besser in der Konfliktlösung? In diesem Zusammenhang führt Bischof-Köhler (2011) in Anlehnung an Whiting und Edwards (1973) den Begriff *„prosozialer Dominanz"* ein, der bei der Konfliktlösung soziales Verhalten mit Dominanz kombiniert[11]. Hierbei grenzen sie *„prosoziale Dominanz"* gegenüber *„egoistische[r] Dominanz"* ab und ordnen Mädchen bzw. Frauen eher prosoziales Verhalten und Jungen bzw. Männern eher egoistisches Verhalten zu. Demnach kämpfen Männer eher darum, sich gegen die Interessen anderer durchzusetzen, was auch der klassischen Definition von Macht im Weberschen Sinne (1984) und einer konfliktorientierten Problemlösung mit Durchsetzungsstärke entspricht. Mädchen dagegen handeln stärker „prosozial" und somit konsensorientiert. Sie machen in Konfliktsituationen eher Vorschläge, erteilen Befehle, kümmern sich gleichzeitig um das Wohlbefinden der anderen und handeln danach in stärkerem Maße „verantwortlich" (vgl. Bischof-Köhler 2011). Somit können in Anlehnung gängiger politikwissenschaftlicher Theorien konsensdemokratische vs. konkurrenzdemokratische Momente bei der Konfliktregelung gesetzt und die Konzepte der Durchsetzungsfähigkeit und des Verantwortungs 325-338), bei denen Durchsetzungsfähigkeit eher den männlichen und Verantwortungsbewusstsein eher den weiblichen Politiker/innen zuzuordnen ist.

Ob die Konfliktlösung nun konflikt- oder konsensorientiert erfolgt: Die Frage der Konfliktfähigkeit steht in engem Zusammenhang mit der *Durchsetzungsfähigkeit* bzw. der *Durchsetzungsstärke.* Denn in der Politik steht am Ende des Prozesses eine Entscheidung, die verbunden mit der Frage ist, welche Abgeordneten bzw. welche Partei ihr Interesse durchgesetzt haben. Die Wähler/innen erwarten von den gewählten Repräsentanten, dass diese möglichst über ein großes Durchsetzungspotential verfügen. Doch unterscheiden sich die Geschlechter hinsichtlich dieser Eigenschaft? Zunächst kann festgehalten werden, dass Jungen kulturübergreifend und unabhängig vom soziokulturellen Status schon im Kindesalter öfters in Konflikte geraten. Dabei bringen Jungen auch eher ihre Fäuste

---

[11] „In der prosozialen Dominanz bekundet sich einerseits die Kompetenz dessen, der besser Bescheid weiß und helfen kann, er lässt somit dem Rezipienten etwas zugute kommen. Zugleich verlangt sie vom anderen aber mehr oder weniger deutlich, dass er sich unterordnet, und speist somit auch das Gefühl der eigenen Überlegenheit. Hilfehandlungen können also doppelt motiviert sein – durch Verantwortlichkeit und Anteilnahme am Wohlbefinden des anderen oder aber durch den Wunsch, die eigene Überlegenheit zu spüren und sozial zu etablieren. Echte Besorgtheit und handfeste Bevormundung können hier gleitend ineinander übergehen" (Bischof-Köhler 2011: 319).

zum Einsatz und tragen Konflikte nicht nur verbal sondern auch körperlich aus. Auffallend ist zudem, dass der Erfolg der Jungen bei der Anwendung von Gewalt im Vergleich zu Mädchen deutlich höher ausfällt. Zwar kommen auch Mädchen in Konfliktsituationen, jedoch benötigten diese längere Zeit bzw. lassen längere Zeit verstreichen, bevor sie überhaupt auf einen Konflikt reagieren. Zudem ziehen sich Mädchen eher zurück, wenn der Streit um ein Objekt geht (vgl. Bischof-Köhler 2011). Zusammenfassend im Rahmen der Konflikt- und Durchsetzungsfähigkeit legen diese Ergebnisse den Schluss nahe, dass Frauen im Vergleich zu Männern eher konsensorientiert sind und ihre Meinung in geringerem Maße von Haus aus durchsetzen als Männer, dabei jedoch verantwortungsbewusster handeln. Diese Eigenschaften könnten durchaus Einfluss auf strukturelle Durchsetzungsfähigkeit von Frauen in der Politik haben, was einerseits ihre politischen Ziele, andererseits jedoch auch ihre politische Repräsentation betrifft. Zu beobachten ist dies möglicherweise bei der Besetzung von höheren Ämtern, wo sich Frauen in geringerer Weise durchsetzen und konfliktscheuer reagieren.

Schließlich sind *Teamwork* und die *Fähigkeit sich gegenseitig zu unterstützen* ebenso wichtige Eigenschaften, über die ein/e Politiker/in verfügen sollte. Diesbezüglich kommt eine einschlägige Studie von Merz (1979) zu interessanten Ergebnissen: Hierbei wurde untersucht, inwiefern Kinder anderen Kindern Kooperationen anbieten. Dies wurde in Abhängigkeit zur Intensität der Unterstützung und der Frage, ob geschlechtsspezifisch-heterogene oder geschlechtsspezifisch-homogene Hilfsangebote offeriert werden, untersucht. Dies bedeutet somit, dass analysiert wurde, ob die Kinder eher ältere oder jüngere Kinder unterstützen und ob Mädchen bzw. Jungen eher Mädchen oder Jungen unterstützen. Dadurch konnte herausgefunden werden, dass Mädchen ihre Hilfe in stärkerem Maße jüngeren Personen und Personen des gleichen Geschlechts anbieten, während Jungen in stärkerem Maße älteren Jungen ihre Hilfe anbieten (vgl. hierzu auch Bischof-Köhler 2011). Somit fällt eine deutlich geschlechterhomogene Unterstützungsstruktur auf. Dies kann möglicherweise auf das Alter der Probanden und die Fixierung aufs eigene Geschlecht erklärt werden. Zudem interessant sind die weibliche Orientierung gegenüber jüngeren und die männliche Orientierung gegenüber älteren, vorwiegend männlichen Kindern. Jungen – so die Interpretation von Bischof-Köhler (2011) – verfolgen die Intention ihre eigene Stellung durch die Vereinigung mit dem Stärkeren zu verbessern und man kann hier deutlich erkennen, dass Teamwork nicht nur auf die Gruppe, sondern auch auf egoistisches Hierarchiedenken und Durchsetzungsstärke des Individuums gerichtet sein kann und dies in stärkerem Maße Jungen bescheinigt werden kann. Wie sind nun diese Ergebnisse auf den Bereich der Politik zu übertragen?

Geschlechtsspezifische Konfliktregelungen können ebenso eine entscheidende Rolle bei Wahlbewerber/innen spielen: Während – so die Vermutung –

Frauen nach unten schauen und durch die Unterstützung von jüngeren, noch nicht so weit fortgeschrittenen Politiker*innen* diese auf den Weg zu bringen versuchen, halten Männer Ausschau nach „stärkeren" bzw. höherrangigen Politi*kern*, die ihnen auf ihrem Lebensweg als Türöffner dienen können. Das Verhalten der Politik*er* wäre dabei karrieretechnisch als deutlich strategischer und rationaler zu bewerten, da die Anstrengungen der Zusammenarbeit deutlich schneller zu individuellem Nutzen und Erfolg führen. Möglicherweise kann dieser Geschlechterunterschied und das nach oben bzw. nach unten gerichtete Verhalten auch bei Wahlbewerber/innen beobachtet werden. Anderenfalls ist zu vermuten, dass eine eher männlich ausgeprägte Eigenschaftsstruktur hinsichtlich der Durchsetzungsfähigkeit und des Teamworks in stärkerem Maße zum Wahlerfolg führt als eher weiblich ausgeprägte Eigenschaften.

Somit sind Persönlichkeitseigenschaften nicht nur aus Sicht der Geschlechterstereotypforschung ein interessantes Thema, um die Unterschiede zwischen Männern und Frauen zu untersuchen. Sie sind auch ein geeignetes Mittel, um die Person der Kandidat/innen bzw. die der Politiker/innen zu erfassen. Insbesondere in Zeiten der Personalisierung wird die Charakterisierung der persönlichen Eigenschaften des Politikers bzw. der Politikerin essenziell (vgl. hierzu Brettschneider 2002a; Graner 2002; Lass 1995). Im Zuge dieser Studie muss nicht nur nach den „typisch politischen" Persönlichkeitseigenschaften gefragt werden, wie dies bereits zahlreiche Studien getan haben, sondern auch nach solchen, die als „typisch männlich" bzw. „typisch weiblich" gelten und Aufschluss darüber geben können, ob Frauen durch ihre typisch weiblich ausgeprägten Persönlichkeitseigenschaften der Weg in die Politik versperrt wird, was in einigen Studien bereits gemacht wurde (vgl. hierzu Aalberg/Jenssen 2007; Carlson/Boring 1981; Fox/Lawless 2004, 2011; Fox/Oxley 2003; Kahn/Goldberg 1991; Powell et al. 1981). Carlson und Boring (1981) gehen auf die Frage ein, inwiefern Kandidat/innen über männliche bzw. weibliche Eigenschaften verfügen müssen, um ein Amt in der Politik zu erhalten. Sie kommen zu dem Schluss, dass Gewinner/innen – egal ob sie männlichen oder weiblichen Geschlechts sind – grundsätzlich eher über maskulinere Eigenschaften verfügen müssen, als dies Verlierer/innen tun. Unter typisch männlichen Eigenschaften verstehen sie Selbstbewusstsein, Durchsetzungsfähigkeit, Tatkraft, Führungsfähigkeiten, Risikobereitschaft, Unabhängigkeit, Individualität oder Ehrgeiz. Als weibliche Eigenschaften gelten Schüchternheit, Sanftheit, Leichtgläubigkeit und Neugier. Obwohl diese Eigenschaften an den typischen geschlechtsspezifischen Eigenschaften nach Bem (1974) angelehnt zu sein scheinen, muss an dieser Stelle kritisch angemerkt werden, dass männliche Eigenschaften nahezu ausschließlich positiv und weibliche negativ geprägt sind. Dies kann durchaus das Antwortverhalten der Befragten beeinflusst haben. Insbesondere die männlichen Eigenschaften sind Eigenschaften, die auch eine hohe Bedeutung für das (erfolgreiche) Berufsleben eines/r Politikers/in haben.

Darüber hinaus haben Kahn und Goldberg (1991) herausgefunden, dass Kandidat*innen* häufiger in Zusammenhang mit typisch weiblichen Eigenschaften wie Behutsamkeit oder Leidenschaft gebracht werden. Demgegenüber werden Kandidat*en* häufiger mittels typisch männlichen Eigenschaften wie Führungsstärke oder Tatkraft charakterisiert. Aalberg und Jenssen (2007) haben zudem eine explorative Untersuchung durchgeführt, bei der Videotapes vorgespielt wurden, in welchen einerseits Frauen und andererseits Männer identische Reden gehalten haben. Obwohl sich die Texte der Redner/innen in keiner Weise unterschieden haben, wurden den Kandidat*en* mehr Wissen, mehr Vertrauenswürdigkeit und mehr Überzeugungskraft zugesprochen. Und auch auf Kandidatenebene konnten Geschlechtsunterschiede identifiziert werden. In einer Studie von Fox und Lawless (2004) wurde erarbeitet, dass Kandidat*innen* – bei gleicher Qualifikation und gleichen persönlichen Eigenschaften wie Kandidat*en* – dennoch weniger ehrgeizig sind, sich für weniger qualifiziert halten und zu wenig Selbstbewusstsein haben, um für Ämter zu kandidieren.

Alle diese Annahmen und Untersuchungsergebnisse zeigen zuletzt auf, wie wichtig und bedeutend die Eigenschaften bzw. Eigenschaftszuschreibungen von Politiker/innen sind, um gegebenenfalls ihre Nominierung und ihre Erfolgschancen vorherzusagen. Methodisch muss berücksichtigt werden, dass einerseits untersucht werden kann, wie die Politiker/innen von der Bevölkerung oder den Medien bezüglich dieser Eigenschaften eingeschätzt werden („Fremdeinschätzung") und andererseits, wie sich die Kandidaten/innen selbst bezüglich dieser Eigenschaften einschätzen („Selbsteinschätzung"), was auch durch entsprechende experimentelle Designs gemessen werden kann, bisher jedoch kaum gemacht wurde und ggf. sozial erwünschte bzw. selbstüberschätzte Ergebnisse identifizieren würde.

So ist an dieser Stelle zunächst eine Auswahl geeigneter Eigenschaften aus geschlechtsspezifischer und berufsspezifischer Sicht zu treffen und die Frage zu stellen, ob bestimmte Eigenschaften (Selbst- oder Fremdeinschätzung) in unterschiedlichem Maße bei Politiker*innen* und bei Politiker*n* vorzufinden sind und ob diese zu höheren Erfolgschancen führen. Jedoch muss bereits an dieser Stelle auf Probleme in der Datenbeschaffung hingewiesen werden, denn nur sehr selten werden sich Politiker/innen für derartige psychologische Tests oder Experimente zur Verfügung stellen bzw. eine wahrheitsgemäße Auskunft über ihre tatsächlichen Persönlichkeitseigenschaften erbringen. Dennoch sollte auch diese Dimension bei der Entwicklung eines angemessenen Analyseschemas berücksichtigt werden.

der Frauen und der öffentlichen Sphäre der Männer. Diese beiden theoretischen Sichtweisen sollen nun kurz dargestellt und deren Auswirkung auf die Ebene der politischen Kultur diskutiert werden.

2.2.3.1 Unterordnung von Frauen

Hinweise auf eine moralisch legitime Unterordnung von Frauen (in der Politik) können bereits im Alten Testament gefunden werden, wo die Vorherrschaft des männlichen Geschlechts in Folge der Verführung im Paradies legitimiert wird:

> Zur Frau sprach er: Viel Mühsal bereite ich dir, sooft du schwanger wirst. Unter Schmerzen gebierst du Kinder. Du hast Verlangen nach deinem Mann; er aber wird über dich herrschen. (Katholischer Bibelanstalt 2002: 19 [Genesis 3, 16])

> Ihr Frauen, ordnet euch euren Männern unter wie dem Herrn (Christus); denn der Mann ist das Haupt der Frau, wie auch Christus das Haupt der Kirche ist; er hat sie gerettet, denn sie ist sein Leib. Wie aber die Kirche sich Christus unterordnet, sollen sich die Frauen in allem den Männern unterordnen.
> (Katholischer Bibelanstalt 2002: 1307 [Epheser 5, 22-24])

Die Verführung der Frau im Paradies hatte immense Auswirkungen auf die Stellung der Frauen im Christentum und bewirkte zahlreiche Schutzmechanismen, um die Macht und den Einfluss von Frauen im öffentlichen Leben möglichst gering zu halten. Dies kann bis heute noch bei Stellungnahmen der Kirche zur weiblichen Rolle und exemplarisch bei der Besetzung kirchlicher Ämter in der Katholischen Kirche beobachtet werden. Aber auch in der muslimischen Religion sind die Vorherrschaft des Mannes und die Unterordnung der Frauen fest verwurzelt. So heißt es beispielsweise im Koran:

> Die Männer haben Vollmacht und Verantwortung gegenüber den Frauen, weil Gott die einen vor den anderen bevorzugt hat und weil sie von ihrem Vermögen (für die Frauen) ausgeben (...). Ermahnt diejenigen, von denen ihr Widerspenstigkeit befürchtet, und entfernt euch von ihnen in den Schlafgemächern und schlagt sie. Wenn sie euch gehorchen, dann wendet nichts Weiteres gegen sie an. Gott ist erhaben und groß. (Khoury 2007: 288)

Die Unterordnung des weiblichen Geschlechts kann aber auch sehr gut bei politischen Theoretikern wie Thomas Hobbes (1984), John Locke (1977), Jean-Jacques Rousseau (1984a, 1984b) und anderen politischen Theoretikern abgelesen werden (vgl. Rauschenbach 2004): Aristoteles beschreibt das Verhältnis zwischen Frauen und Männern als ein Herrschaftsverhältnis zwischen einem

„Herrschenden" und einem „Dienenden", wobei selbstredend Frauen die Dienenden sind. Daher ist es auch nicht verwunderlich, dass aus Aristoteles Sicht
*„Frauen im Staatswesen nichts zu suchen haben, da nur Gleichen Gleiches ge-
bührt"* (Rauschenbach 2004: 6). Und auch bei Hobbes (1984) herrscht der Mann
in der Familie. Locke (1977) sieht die Männer als die stärkeren und fähigeren
Personen an, weshalb sie die Herrschaft im Staatswesen haben. Rousseau
(1984a, 1984b) baut seine Argumentation evolutionstheoretisch-biologisch auf
und spricht von einer natürlichen Überlegenheit des Mannes und vertritt somit
die Meinung, dass sich Frauen noch in stärkerem Maße im Naturzustand befinden würden als Männer. Zudem würden Frauen entscheidende Fähigkeiten im
kognitiven Bereich fehlen, wie beispielsweise die Beherrschung der abstrakten
Sprache, weshalb sie nicht zuletzt ungeeignet seien, politische Funktionen zu
übernehmen (vgl. Rauschenbach 2004). Auch Machiavelli (2009) ist der Meinung, dass Frauen nicht fähig sind, da es ihnen an einer grundlegenden, für die
Tätigkeit in der Politik zentralen Voraussetzung für einen Herrscher – der virtù
(Tapferkeit) – fehle. Hierbei wird die Vorherrschaft der Männer mittels unterschiedlicher Eigenschaftszuschreibungen begründet (vgl. Rauschenbach 2004).

Wie unschwer zu erkennen ist, befinden wir uns hier in einer biologisch ori-
entierten Argumentationslinie, welche aus physiologischen Faktoren die Unterordnung der Frauen im politischen und gesellschaftlichen Leben erklärt. Der
weibliche Körper hat im Vergleich zum männlichen einen gewissen Mangel, der
zur Folge hat, dass Frauen aufgrund ihrer Körperlichkeit gar nicht am politischen
und gesellschaftlichen Leben teilnehmen können. Zum Teil wird Frauen auch
durch die unterschiedliche biologische Ausstattung ein vom Mann unterschiedlicher Charakter nachgesagt, der Frauen den Weg in das öffentliche Leben versperrt. Aristoteles (1998) beschreibt Frauen beispielsweise als tugendlos, während Männer rational seien. Rousseau (1984a, 1984b) sagt den Frauen eine weibliche Attraktivität nach, die zur Verführung der Männer führt und Hegel (1952)
sieht Unterschiede im Charakter von Frauen und Männern dahingehend, dass
Frauen besonnener, unmittelbarer, natürlicher und hilfsbereiter wären, während
Männer allgemeiner, vermittelnder, freiheitsliebender und subjektiver seien (vgl.
Rauschenbach 2004).

Neben der biologisch bedingten Unterlegenheitsdebatte gibt es einen weiteren Erklärungsversuch, der sich zwar aus der Unterlegenheitsdebatte nährt, aber
eine weitere Dimension als Erklärungsmöglichkeit anbietet: Die Differenzierung
zwischen weiblicher und männlicher Lebenswelt die – wie dieser Absatz bereits
gezeigt hat – in einem engen Verhältnis zu der Herrschaftsdebatte steht, aber
darüber hinaus Details liefern kann, warum Frauen der Weg in die Politik bzw.
Öffentlichkeit versperrt bleiben soll.

2.2.3.2 Trennung zwischen Privatheit und Öffentlichkeit

Wie bereits in der Einleitung angedeutet wird hierbei grundlegend unterschieden zwischen dem männlichen Raum der Öffentlichkeit, der Politik und der Rationalität und dem weiblichen Raum der Privatheit, der Familie und der Emotionalität (Kahlert 2005; Krause 2003; Schaeffer-Hegel/Leist 1996). Diese Differenzierung hat schon lange Tradition. Ob bei Platon (1982), Aristoteles (1986, 1998), Hegel (1952), Locke (1977), Machiavelli (2009) oder Rousseau (1984a, 1984b): Stets werden geschlechtsspezifische Räume und deren Legitimation und Funktionsweise aufgeführt, beschrieben und diskutiert (vgl. hierzu Rauschenbach 2004).

Der Auseinandersetzung über die Rechtmäßigkeit der Trennung zwischen privater und öffentlicher Sphäre hat sich insbesondere die Frauenbewegung Ende des 19. Jahrhunderts angenommen und letztendlich Frauen auch zu mehr Rechten im öffentlichen Bereich verholfen. Seit Ende des 19. Jahrhunderts fanden weltweit Bildungs- und Partizipationsbewegungen der Frauen statt, was die Argumentation einer funktional differenzierten Gesellschaft in privaten und öffentlichen Bereich an Argumentationskraft einbüßen ließ (vgl. Rauschenbach 2004).

Einer, der für sein emanzipiertes Frauenbild häufig gelobt wurde, war Platon (1982). Er bindet Frauen sowohl in den Staat, wie auch in die Gesellschaft ein. Ihm zufolge können Frauen auch politische Verantwortung übernehmen, jedoch trennt auch er die staatliche Sphäre von der privaten bzw. familiären Sphäre im geschlechtsspezifischen Sinne. Daher müssen Frauen ihr Frausein und ihre Tätigkeit im privaten und familiären Bereich im Falle einer politischen Tätigkeit abgeben. Wie nicht anders zu erwarten, spricht sich auch Hobbes (1984) für die Trennung zwischen der Herrschaft des Mannes einerseits in der Familie und andererseits im Staat aus, was zeigt, dass es auch für ihn zwei, von sich getrennte Herrschaftsbereiche gibt, die beide von einem Mann ausgeübt werden und in welchen unterschiedliche Maßstäbe bei der Herrschaftsausübung stattfinden. Und auch Locke (1977) wendet das Gesetz der Biologie in den Familien an und ist der Meinung, dass im privaten Bereich der Mann über die Frau aufgrund des Geschlechts herrscht. Schließlich ist Hegel (1952) ebenfalls der Meinung, dass Frauen keinen Nutzen für die öffentliche Sphäre hätten, da sie dem Einzelnen verhaftet und nicht zur Universalität fähig sind. Folglich trennt auch er zwischen weiblichen und männlichen Handlungssphären (Rauschenbach 2004).

Darüber hinaus gibt es zahlreiche Theoretiker, die sich bis ins 20. Jahrhundert für eine Aufteilung in diese zwei, geschlechtsspezifische Sphären aussprechen (vgl. Krause 2003; Rauschenbach 2004). So spricht auch Hannah Arendt (1999) von einer räumlichen Trennung in den privaten und den öffentlichen Bereich: Im privaten Raum herrscht die Notwendigkeit vor und er ist gekennzeichnet durch die Ungleichheit der Personen und die Verborgenheit, in der die

Personen leben, und deren eigenständigen Rechten und Gesetzen. Demgegenüber zeichnet sich der öffentliche Raum durch die Freiheit, die Gleichheit und die Sichtbarkeit aus (vgl. Seitz 2002). In Anlehnung an Rousseau vermutet auch Lang (1995), dass die Sphärentrennung aus Furcht vor der ungezügelten weiblichen Sexualität besteht, die zu Unruhe im öffentlichen Raum führt (vgl. Krause 2003). Die Ursache dieser Trennung in zwei verschiedene Sphären sieht Rosenberger (1997) darin, dass zwei verschiedene Herrschaftsverhältnisse in der Gesellschaft etabliert werden, die ein hierarchisches Geschlechterverhältnis widerspiegeln sollen. Und so zieht auch Krause (2003) die Schlussfolgerung, dass die sphärische Trennung dem Ziel der Stabilisierung von geschlechtsspezifischen Herrschaftsverhältnissen dienen soll. Auch die feministische Kritik baut häufig ihre Argumentation auf dieser Trennung auf und ist der Meinung, dass diese weder empirisch noch theoretisch haltbar sei. Je nach feministischer Ausrichtung sind die Theoretiker/innen dann für eine Zerschlagung, stärkeren Abgrenzung oder Demokratisierung der Sphären (vgl. Krause 2003).

Im Rahmen der vorliegenden Untersuchung ist es an dieser Stelle wichtig festzuhalten, dass lange Zeit die Unterordnung der Frauen in der Gesellschaft, u.a. in Folge der Trennung der öffentlichen und privaten Sphäre, vorgeherrscht hat und von weiten Teilen der Gesellschaft anerkannt wurde. Eine derartig traditionelle Sichtweise auf Frauen in der Gesellschaft kann auch heute noch dazu führen, dass Frauen geringere Chancen haben gewählt zu werden, da ihren aufgrund dieser traditionellen Vorstellungen eine andere Rolle und Aufgabe in der Gesellschaft zugedacht wird. Welche Konsequenzen die Geschlechterordnung auf die politische Kultur haben kann, wird nun kurz dargestellt.

2.2.3.3 Auswirkungen der Geschlechterordnung auf die politische Kultur

Diese beiden Wirkungsweisen der Geschlechterordnung haben nicht zuletzt auch Auswirkungen auf die politische Kultur eines Landes. Der Ansatz der politischen Kulturforschung geht auf Almond und Verba (1963) zurück und untersucht v.a. Meinungen, Einstellungen und Werten, die sich bei Personen in Form von Prädispositionen manifestieren und Einfluss auf das politische Handeln haben. Die Einstellungen können hierbei affektiv, kognitiv oder evaluativ sein (Berg-Schlosser 2001: 389 in Anlehnung an Almond/Verba 1963; vgl. hierzu auch Berg-Schlosser 2001; Gabriel 2009; Pickel/Pickel 2006; Westle/Gabriel 2009).

So stellt sich in Bezug auf die Repräsentanz von Frauen in politischen Ämtern die Frage, welches Wissen, welche Einstellungen, welche Meinungen und Werte in einer Gesellschaft bzw. in einem politischen System hinsichtlich der weiblichen Teilnahme an der Politik vorherrschen und wie sich diese über die

Zeit entwickelt haben. Dabei ist grundlegend davon auszugehen, dass Frauen noch immer mit den soeben beschriebenen Unter- und Überordnungen und sphärischen Zuordnungen zu kämpfen haben und in Teilen der Gesellschaft die Meinung vorherrscht, dass Frauen eher für den privaten Bereich der Kinder, Erziehung und Familienarbeit geeignet seien, während Männer im öffentlichen Bereich durchaus Verantwortung übernehmen könnten. Diese Unter- und Überordnung wird – wie bereits gezeigt – insbesondere von der katholischen Kirche auch heute noch gelebt und so ist zu vermuten, dass das religiöse Klima in einem Land Einfluss auf die politische Kultur und letztendlich die politische Partizipation hat (vgl. hierzu Roßteutscher 2008). Roßteutscher (2008) hat beispielsweise die Frage gestellt, ob der Protestantismus demokratischer ist als der Katholizismus und versucht dieser Problemstellung auf die Spur zu kommen, indem sie die unterschiedliche Organisationsstruktur im Protestantismus und Katholizismus für unterschiedlich starke bürgerliche Beteiligung heranzieht.

Insbesondere auf der Grundlage der traditionellen Wertevermittlung des Katholizismus ist zu fragen, inwiefern ein Gebiet, in dem der Katholizismus stark ausgeprägt ist, auch zu einer geringeren Repräsentation von Frauen in der Politik führt und inwiefern somit die gesellschaftlichen Werte bzw. die vorherrschende politische Kultur für die weibliche Unterrepräsentation als Erklärungsfaktor herangezogen werden können. Die These der Wirkungsweise der politischen Kultur wird in der Literatur auch angeführt, allerdings ist diese nicht nur mit einer Trennung zwischen katholischen und nichtkatholischen Gebieten, sondern zumeist mit der Abgrenzung von egalitären politischen Kulturen zu konservativ-traditionellen bzw. konservativen politischen Kulturen verbunden (vgl. hierzu Hoecker 1998; Reynolds 1999; Studlar/McAllister 2002). Grundlegend wird davon ausgegangen, dass in Gesellschaften, in denen traditionelle Wertvorstellungen vorherrschen, Frauen in der Öffentlichkeit und somit auch in der Politik eine geringere Stellung einnehmen als Männer und daher in der Politik unterrepräsentiert sind. Demgegenüber haben Frauen in Ländern bzw. Gesellschaften mit einer egalitären, d.h. einer politischen Kultur, die die politische bzw. soziale Gleichheit aller Bürger/innen anstrebt, eine gleichberechtigte Rolle und können daher nicht nur im privaten Raum, sondern auch in der Öffentlichkeit Verantwortung und somit politische Mandate übernehmen (Hoecker 1998; Studlar/Mc Allister 2002).

Diesbezüglich konnte bereits festgestellt werden, dass in Gesellschaften, in welchen geschlechtsspezifische Rollenmuster vorherrschen, geringere Repräsentationsraten von Frauen in der Politik vorzufinden sind (Arceneaux 2001; Hoecker 1998; Rule 1981). Ferner konnte diagnostiziert werden, dass protestantisch aufgewachsene Personen größere Chancen haben, eine Karriere in der Politik zu machen, als Kandidat*innen* mit katholischer Religionszugehörigkeit (Siaroff

2000). Dies hängt sicherlich auch mit den von den verschiedenen Religionen befürworteten geschlechtsspezifischen Rollenbildern zusammen. Demgegenüber konnten Kaiser und Hennl (2008) in einer gepoolten Zeitreihenanalyse herausfinden, dass in deutschen Landesparlamenten nicht nur der Anteil an erwerbstätigen Frauen, der Urbanisierungsgrad und die Scheidungsrate zu einem Anstieg der Frauenrepräsentation führt, sondern auch der Katholikenanteil.

Folglich stellt sich die Frage, ob unterschiedliche Repräsentationsraten in Ländern mit egalitärer politischer Kultur im Vergleich zu traditionell-konservativeren politischen Kulturen zu finden sind.

2.2.4 Zusammenfassung

Vorliegende Arbeit hat das Ziel theoretisch und empirisch Barrieren zu identifizieren, die Frauen den Weg in die Politik versperren. Dazu wurden in diesem Kapitel die theoretischen und empirischen Forschungsergebnisse zum Thema „Geschlecht" dargestellt. Analysen, die das Geschlecht im Mittelpunkt haben, wollen gemeinhin die Unterschiede und Gemeinsamkeiten, die zwischen den Geschlechtern existieren, untersuchen. Dabei liegt der Fokus auf Merkmalen und Eigenschaften, „(...) die zwischen den Geschlechtern nach Auftretenshäufigkeit oder Intensität differieren, d.h. zwischen den Geschlechtern deutlich stärker variieren als innerhalb eines Geschlechts" (Degenhardt/Trautner 1979: 11). Übertragen auf vorliegenden Untersuchungsgegenstand bedeutet dies, dass wir auf der Suche nach Merkmalen sind, die bei erfolgreichen Kandidatinnen in stärkerem bzw. schwächerem Maße auftreten als bei erfolglosen Kandidatinnen und möglicherweise bei Männern in signifikant anderer Weise ausgeprägt sind.

Daher scheinen rückblickend an dieser Stelle als besonders berücksichtigenswert für die Entwicklung eines geeigneten Analyserasters folgende zwei Punkte zu sein: Erstens sind Geschlechterstereotype hinsichtlich verschiedener Persönlichkeitsmerkmale zu nennen, die aufdecken, welche Vorurteile gegenüber Frauen und Männern in der Gesellschaft, möglicherweise auch in Bezug zur Ausübung eines politischen Amtes, vorherrschen. Hier sollte untersucht werden, ob und inwiefern dies auf weibliche bzw. männliche Wahlbewerber in gleichem Maße zutrifft. Zweitens gibt es empirisch nachweisbare Unterschiede, die Einfluss auf die Nominierung und den Wahlerfolge von Wahlbewerber/innen haben können. Insbesondere konnten Unterschiede zwischen den Geschlechtern hinsichtlich biologischer, sozialstruktureller, kognitiver und persönlichkeitsbezogener Merkmale identifiziert werden. Daher ist zu prüfen, ob und inwiefern diese Unterschiede auch Einfluss auf die Nominierung und die Auswahl von Frauen in der Politik nehmen.

Geschlechtsunterschiede haben – seien sie vorurteilsbezogen oder empirisch nachweisbar – Auswirkungen auf die Gesellschaft. Hierbei wurden insbesondere zwei Auswirkungen diskutiert: *Erstens* bedingen Geschlechterunterschiede die Unterordnung der Frauen in der Politik und Gesellschaft und *zweitens* führen Geschlechterunterschiede zur Trennung von öffentlicher und privater Sphäre. Diese beiden Auswirkungen münden schließlich in der politischen Kultur. Daher kann vermutet werden, dass auch heute noch Kulturen, in denen diese religiös motivierten, traditionellen Meinungen der Unterordnung der Frauen bzw. der Herrschaft des Mannes vorherrschend sind, zu geringeren Repräsentationschancen von Frauen in der Politik führen, während sich ein egalitäres Frauenbild mit geringem religiösen Einfluss positiv auf die Repräsentationsraten auswirkt.

2.3 Untersuchungskontext: Wahlen in repräsentativen Demokratien

Vorliegende Arbeit widmet sich der Suche nach Ursachen für die Unterrepräsentation von Frauen in der Politik. Ausgangspunkt hierbei bilden Wahlen in repräsentativen Demokratien, bei denen politische Repräsentanten dazu legitimiert werden, politische Entscheidungen über das gemeinschaftliche Zusammenleben zu treffen. Daher stellen Wahlen in repräsentativen Demokratien den zentralen Handlungskontext von politischen Wahlbewerber/innen dar und werden nun detaillierter betrachtet.

2.3.1 Definition und Bedeutung von Wahlen

Wahlen bilden ein „*(...) Kernelement der repräsentativen Demokratie*" (Falter/Schoen 2005: xxiii) und können ganz allgemein als eine „*(...) Technik, eine Körperschaft zu bilden oder eine Person mit einer Führungsposition zu betrauen*" (Nohlen 2007: 23) definiert werden. Grundlegend stellen Wahlen in Demokratien eine politische Partizipationsmöglichkeit der Bürger/innen dar, bei der diese ihre Souveränität an Personen und Parteien abgeben können. Diese Personen bzw. Parteien haben dann die Befugnis, politische Entscheidungen in deren Namen zu treffen. Obwohl die Legitimierung politischer Führung und des politischen Systems zentrale Merkmale demokratischer Wahlen sind, spricht Annette Schmitt (2005) erst dann von demokratischen Wahlen ...

(...), wenn allen Bürgern in regelmäßigen Abständen ein frei zustande gekommenes Entscheidungsangebot vorgelegt wird, aus dem sie eine freie (und um das zu gewährleisten: geheime) Auswahl treffen können. Zur Wahl stehen mindestens zwei

Parteien oder Kandidaten. Das Wahlergebnis ist verbindlich; die Zuweisung der Regierungsgewalt erfolgt nach dem Mehrheitsprinzip.   (Schmitt 2005: 9)

Sie nennt damit zentrale Wahlrechtsgrundsätze einer allgemeinen, gleichen und geheimen Wahl, die in nahezu allen Demokratien gelten. Doch welche Bedeutung haben Wahlen für Politiker/innen?

Für Politiker/innen stellt jede Wahl die Möglichkeit dar, zu mehr Macht, mehr Einfluss, mehr Verantwortung, mehr Prestige und zuletzt auch mehr Einkommen zu gelangen. Er oder sie muss sich zunächst parteiintern und dann parteiextern gegenüber andern durchsetzen (Bieber 2005). Im Rahmen dieser Untersuchung wird vermutet, dass in diesem Wahlprozess geschlechtsspezifische Unterschiede bei der Kandidatennominierung und dem Kandidatenerfolg vorherrschend sind.

Jedoch zielt – zumindest idealtypisch gedacht – die Politik nicht primär darauf ab, Karrieren zu fördern. Um das individuelle Machtstreben eines Staatsmannes auszuschalten, ging Platon in seiner Politeia sogar soweit, die politischen Akteure von allen materiellen Zwängen und Abhängigkeiten frei zu machen (Platon 1982: 105-113). Politik wird *für* das Volk gemacht und deren Lebenssituation sollte im Mittelpunkt stehen. Damit Politiker/innen diese individuellen und gemeinschaftsorientierten Ziele erreichen können, müssen sie zunächst einmal erkennen, welche Interessen die Bürger/innen haben. Für sie gilt es somit, das gesamte Meinungs- und Interessensspektrum in einer Gesellschaft zu ermitteln, damit sie wissen, welche Themen für die Bürger/innen kurz- und langfristig von besonderem Interesse sind (vgl. Nohlen 2007).

Die Phase vor den Wahlen, in der die Parteien und Personen ihre verschiedenen Standpunkte darstellen und mit den Bedürfnissen der Bürger/innen abstimmen, wird gemeinhin als *Wahlkampf* bezeichnet. Wahlkämpfe sind für alle Politiker/innen bedeutend, da hier die politische Auseinandersetzung stattfindet. In Anlehnung an Schmidt (2005), Schoen (2005b), Schmitt-Beck und Farrell (2002) und Matalin, Carville und Knobler (1994) kann ein Wahlkampf auch als eine Auseinandersetzung, ein Konflikt oder ein Wettstreit zwischen verschiedenen Parteien und ihren Kandidat/innen definiert werden, bei dem, unter dem Einsatz bestimmter Mittel, um Machterhalt und Machtsicherung gerungen wird. Die Parteien werben in Wahlkämpfen um die Stimmen der Wähler/innen und können dadurch ihr eigentlich angestrebtes Ziel – die politische Führungs- und Gestaltungsmacht eines Landes und damit in Verbindung stehende Begünstigungen (z.B. soziales Prestige, Einkommen) – erreichen (vgl. Bieber 2005).

Grundsätzlich geht es daher den Parteien im Wahlkampf darum, eine Information bzw. Botschaft – für die sich die Wähler/innen besonders interessieren – an diese zu senden und sie von der Programmatik der eigenen Partei und vor allem deren Personen zu überzeugen, um letztendlich ihre Stimme zu bekommen. Sie möchten mit den Wähler/innen in Kontakt treten; sie möchten kommunizieren (vgl. hierzu Machnig 2002; Radunski 1980; Schmitt-Beck/Farrell 2002). Insbesondere in der tagespolitischen Auseinandersetzung werden Wahlkämpfe kritisch betrachtet. Allerdings kommen funktionierende Demokratien ohne diesen Bewerbungsprozess nicht aus. Denn schließlich interessiert sich das Volk für die Kenntnisse, Fähigkeiten, Erfahrungen, Interessen und vor allem die politischen Ideen und Ziele ihrer Kandidat/innen, da dies nicht zuletzt auch die Grundlage dafür legt, ob sie den Kandidat/innen ihre Stimme geben oder nicht. Daher ist der Erfolg von Kandidat/innen auch davon abhängig, wie ihr Wahlkampf und ihre politische Kommunikation gestaltet sind und welche Mittel sie dafür zur Verfügung haben. Möglicherweise bestehen auch hier geschlechtsspezifische Unterschiede, die individuelle oder strukturelle Ursachen haben können und die Unterrepräsentation von Frauen in der Politik erklären.

Im Rahmen dieser Untersuchung kann somit zusammenfassend festgehalten werden, dass aus demokratietheoretischer Sicht „gute" politische Kandidat/innen sich als Vertreter/innen des Volkes sehen, bürgernah sind, die Interessen und Bedürfnisse der Bürger/innen kennen und diese in gute politische Ideen und Ziele verwandeln können. In welchem Beziehungsgeflecht stehen Kandidat/innen bei Wahlen bzw. Wahlkämpfen jedoch noch?

2.3.2 Akteure

Neben den Kandidat/innen und ihren Parteien spielen Medien und Wähler/innen bei Wahlen eine zentrale Rolle (Brettschneider 2002a; Römmele 2005). Deren Einfluss auf die Nominierung, Präsentation und Umwerbung der Kandidat/innen steht im Mittelpunkt des folgenden Teils.

2.3.2.1 Wähler/innen

Die Souveränität geht in Demokratien von den Wähler/innen aus, weshalb die Parteien und Kandidat/innen in Wahlkämpfen versuchen, die Meinungen, Einstellungen und letztendlich das Verhalten der wahlberechtigten Bevölkerung zu beeinflussen oder zumindest zu bestärken. Von welchen Faktoren die Wahlentscheidungen der Bürger/innen abhängen und inwiefern diese seitens der Parteien und Medien beeinflusst werden können, steht im Mittelpunkt der empirischen Wahlforschung. Sie versucht das Wahlverhalten zu beschreiben und zu erklären (Falter/Schoen 2005: xxiii). Die empirische Wahlforschung arbeitet hierbei mit drei verschieden Ansätzen zur Erklärung des Wahlverhaltens: dem soziologischen, dem sozialpsychologischen und dem Rational-Choice-Ansatz[12] (vgl. Arzheimer/Schmitt 2005; Bytzek/Roßteutscher 2011; Campbell et al. 1960; Dalton et al. 1984; Downs 1957; Franklin et al. 1992; Kaase/Klingemann 1994; Klein et al. 2000; Lachat 2007; Lazarsfeld et al. 1965; Lipset/Rokkan 1967; Rattinger 1992; Rattinger et al. 2011; Roth 2008; Rudi/Schoen 2005; Schoen 2005c; Schoen/Weins 2005; Wüst 2003). Diese Ansätze sollen, da sie in zahlreichen Arbeiten detailliert dargestellt und diskutiert werden, hier nur in Anbetracht des fokussierten Untersuchungsgegenstandes – des Geschlechts – kurz skizziert und spezifiziert werden (vgl. hierzu auch Bieber 2005).

Soziologische Ansätze

Aus der Soziologie stammen zwei zentrale Ansätze: der mikro- und der makrosoziologische Ansatz. Der *mikrosoziologische Ansatz* der Columbia School unter Federführung von Paul F. Lazarsfeld (1965) geht davon aus, dass das soziale Umfeld, in dem Individuen leben, Auswirkungen auf das Wahlverhalten hat. Nach Lazarsfeld et al. (1965) ist die politische Prädisposition eines Individuums insbesondere von den Faktoren sozioökonomischer Status, Religion und Wohngegend determiniert und wird in der Sozialisation durch Familie und Freunde erworben und gefestigt (vgl. Roth 2008). Kurzum: Frau (und Mann) wählt das, was das soziale Umfeld wählt.

Der Anpassungsdruck an das soziale Umfeld ist diesem Ansatz zu Folge sehr hoch und Gruppenmitglieder bilden im Laufe des Zusammenlebens ähnliche Meinungen und Präferenzen aus. Es herrschen gemeinsame Gruppennormen vor. Politische Präferenzen werden insbesondere dann übertragen, wenn sie dem Interaktions- und Gesprächspartner vertrauen und in häufigem Kontakt zu ihm stehen. Eine intensive Kommunikation und gemeinsame Gruppennomen verstärken somit die Ausprägung ähnlicher politischer Meinungen, Einstellungen und Entscheidungen (vgl. Schmitt-Beck 2000; Schoen 2005c). Ähnliche politische Prädispositionen bilden sich zudem dann aus, wenn die Individuen nicht in sogenannten *„cross pressures"* sind (Lazarsfeld et al. 1965: xxi). Unter *cross pressures* werden Situationen verstanden, in welchen sich Individuen in sozialen Umfeldern mit unterschiedlichen politischen Meinungen und Einstellungen aufhalten und diese immer wieder neu zur Diskussion stehen (vgl. Schmitt-Beck 2000; Schoen 2005c).

---

[12] Einige Autoren gehen von vier Erklärungsansätzen aus und sind der Meinung, dass sich die Wahlgeographie als ursprünglicher theoretischer Ansatz ebenso etabliert hat (vgl. Falter/Winkler 2005 in Falter/Schoen 2005; Roth 2008).

Bezugnehmend auf den Fokus vorliegender Arbeit ist die Frage zu stellen, ob und inwiefern ein Zusammenhang zwischen unterschiedlichem sozialen Umfeld und der Kandidat/innenauswahl besteht. Also, ob erstens ein bestimmtes soziales Umfeld bestimmte Wahlbewerber/innen systematisch bevorzugt und ob zweitens der Kandidat bzw. die Kandidatin aufgrund des Geschlechts bevorzugt oder benachteiligt wird. In Anbetracht des Untersuchungsgegenstandes, der referierten Geschlechtertheorie und daraus resultierender politischer Kultur, ist es hier naheliegend, dass Frauen durchaus infolge von unterschiedlichen gesellschaftlichen Kreisen bevorzugt bzw. benachteiligt werden und somit einen Einfluss auf die Erfolgschancen von Frauen in der Politik haben können: So ist zu vermuten, dass in eher konservativ-traditionellen Kreisen – in welchen bestimmte konservative Werte, Traditionen und auch geschlechtsspezifische Rollenmuster fest verankert sind – Frauen eher nicht gewählt werden. Andererseits hätten Wahlbewerber*innen* in eher modernen, egalitären Kreisen – bei welcher Emanzipation, Selbstbestimmung, Gleichberechtigung und Individualität gelebt werden und offen gegenüber Neuem und nicht zuletzt auch einem höheren Frauenanteil in der Politik sind – größere Chancen, gewählt zu werden. Schließlich ist auch zu fragen, ob das Geschlecht im Rahmen dieses theoretischen Ansatzes eine derartige Wirkung ausübt, oder ob konservative Wähler/innen auch eine Frau wählen, wenn sie nur der richtigen Partei angehört, wie dies der Fall Angela Merkel zu zeigen scheint.

Einen entscheidenden Beitrag zur Erklärung der Entstehung von politischen Parteien haben Seymour Lipset und Stein Rokkan (1967) in ihrem *makrosoziologischen Ansatz* geleistet. Ihnen zu Folge sind Konfliktlinien (sog. *„cleavages"*) für das Entstehen des westlichen Parteiensystems verantwortlich, die – je nach gesellschaftlicher und nationaler Ausgangssituation – unterschiedliche Parteien entstehen lassen haben (vgl. hierzu auch Schoen 2005c). Grundlage ihres Ansatzes ist, dass in Demokratien für Individuen die Notwendigkeit besteht, sich zu organisieren und zu Gruppen zusammenzuschließen, um dadurch politische Einflussmacht zu erlangen. Ein Individuum allein kann in repräsentativen Demokratien nur sehr schwierig Einfluss erhalten.

Im Rahmen der Benachteiligung der Frauen in der Gesellschaft und der Politik müsste aus Sicht dieses Ansatzes für Frauen die Notwendigkeit entstehen, sich zu organisieren und zu einer Partei zusammenzuschließen. Doch nicht alle Konflikte in einer Gesellschaft münden in der erfolgreichen Organisation von politisch einflussreichen Gruppen bzw. Parteien. Konflikte müssen nach Lipset und Rokkan (1967) berechtigt sein (sog. *„Legitimationsschwelle"*), müssen konflikt- und konsensfähig sein (sog. *„Integrationsschwelle"*), müssen Repräsentanten haben, die Einfluss auf politischen Entscheidungsgremien ausüben können (sog. *„Repräsentationsschwelle"*) und – das ist das Spiel einer Demokratie –

müssen Mehrheiten und Wahlerfolge haben (sog. *„Mehrheitsschwelle")*, um am politischen Prozess tatsächlich aktiv teilnehmen zu können (Roth 2008; vgl. hierzu auch Lipset/Rokkan 1967; Schoen 2005c).

Somit stellt sich die Frage, warum es Frauenparteien bzw. Parteien, die speziell die Interessen der Frauen vertreten, bisher nicht gelungen ist, politische Einflussmacht zu gewinnen. Schließlich ist der Konflikt – wie der theoretische Teil gezeigt hat – berechtigt und auch konflikt- und konsensfähig und übersteigt somit die Legitimations- und Integrationsschwelle. Möglicherweise liegt es an der Repräsentationsschwelle. Doch diese Annahme scheint zumindest für Deutschland nicht angemessen zu sein, da es bereits in den 1920er Jahren eine Frauenpartei gab und sich seit den 1970er Jahren immer wieder Frauenparteien gründen und an Bundes- und Landtagswahlen teilnehmen (Fischer 2007a; Fischer 2007b; Lucardie 2007). Wahrscheinlicher ist, dass diese Parteien keine Mehrheiten finden konnten, da frauenspezifische Interessen bereits von anderen Parteien, wie der SPD oder dem Bündnis 90/Die Grünen, aufgenommen und vertreten wurden und somit die Wählerstimme bei der Wahl einer solchen Partei – nicht nur, aber auch – für Fraueninteressen vergeben werden konnte.

Sozialpsychologischer Ansatz

Augus Campbell, Philip E. Converse, Warren E. Miller und Donald E. Stokes (1960) sehen in ihrer Studie *„The American Voter"* die Wahlentscheidung als ein Resultat des sozialen Umfeldes, der daraus entwickelten politischen Parteiidentifikation und der Interaktion von kurz- und langfristigen Faktoren. Sie stellen dar, wie sich die Parteiidentifikation langfristig im Laufe der Sozialisation aus persönlich und politisch relevanten Faktoren in Zusammenwirkung mit der Umwelt entwickelt hat. Die Parteiidentifikation drückt sich final in einer Art *psychologischen Mitgliedschaft* eines Individuums in einer Partei aus. Sie hat Einfluss auf die Betrachtung aktueller politischer Sachthemen (sogenannter *„issues"*) und politischer Personen. Kurzfristige Faktoren werden daher durch eine eher langfristig entstandene parteipolitisch-ideologische Brille wahrgenommen (vgl. Bieber 2005; Roth 2008; Schoen/Weins 2005).

Die Wahlentscheidung ist folglich das Resultat eines Prozesses, in welchem die Wähler/innen die Kandidat/innen und aktuelle Sachthemen aus einem parteipolitischen Blickwinkel subjektiv wahrnehmen, beurteilen und dadurch ihre Entscheidung treffen. Die individuelle Ebene ist folglich besonders wichtig, da es das Individuum ist, welches die Umwelt mit seinen aktuellen Sachthemen und Kandidat/innen lang- und kurzfristig subjektiv wahrnimmt und beurteilt. Einer individualisierten und modernisierten Gesellschaft und der dadurch entstehenden sinkendenden Parteibindung begegnen sie durch die Berücksichtigung kurzfristiger Faktoren, die bei Personen mit geringerer Parteineigung verstärkte Wirkung auf das Wahlverhalten haben (Bieber 2005; Roth 2008). Durch die Integration der verschiedenen Erklärungsfaktoren verwenden sie daher einen multikausalen Erklärungsansatz, welcher empirisch nach Schoen und Weins (2005) eine ausgesprochen gute Erklärungsleistung bietet, bei der insbesondere dem Zusammenwirken der einzelnen Faktoren eine bedeutende Rolle zukommt, welches zudem in der Lage ist, nicht nur stabiles, sondern auch wechselndes Wahlverhalten zu erklären (vgl. Schoen/Weins 2005). Der Kandidatenorientierung kommt in diesem Ansatz somit eine besondere Bedeutung zu. Ein Faktor, der bis heute zentral für die Erklärung des Wahlverhaltens ist und bereits vielfach untersucht wurde[13].

Nach Schoen und Weins (2005) kann man idealtypisch zwei verschiedene Positionen zur Entstehung der Kandidatenorientierung einnehmen: Erstens kann Kandidatenorientierung als „ (...) Reaktion auf momentane Erfahrungen mit den Kandidaten (...)" entstehen (236) mit der Konsequenz, dass mittels wahlkampfstrategischer Maßnahmen die Einstellungen und das Wahlverhalten der Bürger/innen bedeutend beeinflusst werden kann. Zweitens kann Kandidatenorientierung als „ (...) Produkt bereits vorhandener Einstellungen (...)" betrachtet werden „ (...) weil Menschen andere Menschen anhand von stabilen Stereotypen einordnen und bewerten (...)" (236) und somit mittels kurzfristigen Werbemaßnahmen nicht zu beeinflussen sind. Unter Stereotype verstehen Schoen und Weins (2005) Geschlecht, Hautfarbe, Parteizugehörigkeit, Herkunft oder bisherige Ämterpositionen. Die Wähler/innen hätten dann Personen mit ähnlichen Stereotypen gegenüber ähnliche Einstellungen. In der Konsequenz würde das bedeuten, dass Wähler/innen gegenüber Frauen und Männern stereotype Einstellungen haben entsprechend der bereits dargestellten Geschlechterstereotypforschung. Empirisch sind diese beiden idealtypischen Positionen jedoch nicht so einfach zu trennen und situationsabhängig. Ebenso wirkt die Kandidatenorientierung immer auch in Abhängigkeit zur Parteiidentifikation der Wähler/innen. Im Gegensatz zu wechselbereiten Wähler/innen lassen Personen mit starker Parteibindung ihre Wahlentscheidung nur in geringer Weise durch Kandidatenfaktoren beeinflussen (vgl. Schoen/Weins 2005).

---

[13] Vgl. hierzu Barker/Norpoth 1981; Brettschneider 1998, 2001, 2002a, 2002b, 2003; Busenbender 2002; Campbell et al. 1960; Debus 2007; Falter/Schoen 2005; Farrell 2002; Gabriel/Neller 2005; Graber 1972; Graner/Stern 2002; Kepplinger et al. 1994; Kilburn 2005; Kindelmann 1994; Lachat 2007; Lass 1995; Norpoth 1977; Ohr 2000; Ohr/Klein 2001; Pappi/Shikano 2001; Peterson 2005; Prinzen 2010; Rattinger 1994; Römmele 2005; Rosar/Ohr 2005; Roth 2002; Sarcinelli 1987; Scherer 2002; Schmitt-Beck 1996, 2000, 2011; Schmitt-Beck/Schrott 1994; Schoen 2004, 2006; Schrott 1990; Schulz/Zeh 2003; Steger 2007; Vowe/Dohle 2007; Wagner 2011; Wilke/Reinemann 2003; Wilke et al. 2011.

Cutler (2002) konnte zudem feststellen, dass Wähler/innen ihre Kandidat/innenpräferenz auch anhand sogenannter soziodemographischen *„short cuts"* ausbilden (466). Wähler/innen würden diese bei der Wahlentscheidung verwenden, mittels denen sie dann auch bei nur wenigen Informationen oder diffuser Informationslage sinnvolle bzw. in ihrem Sinne rationale Entscheidungen treffen können (vgl. hierzu Lau/Redlawsk 2001; Redlawsk 2004; Sniderman et al. 1991; Sniderman/Bullock 2004). Unter sozialstruktuellen *short cuts* versteht Cutler, dass die Wähler/innen Kandidat/innen bevorzugen, die ähnlich sozialstrukturelle Eigenschaften wie sie selbst in Form von Herkunft, Religionszugehörigkeit, Sprache und auch Geschlecht aufweisen, was in der Konsequenz bedeutet, dass Frauen aufgrund ihrer eigenen Geschlechtszugehörigkeit eher Frauen wählen, zu welchem Ergebnis bereits Dolan (2008) und Banducci und Karp (2000) gekommen sind. Die Ergebnisse von Bettina Westle und Thomas Schübel (2009) diesbezüglich deuten ebenso geschlechtsspezifische Unterschiede an, die ihnen zufolge jedoch durch Effekte der sozialen Erwünschtheit konterminiert sind.

Im Rahmen dieser Kandidatenorientierung ist das Geschlecht somit ein wichtiger Faktor, welcher sowohl im Rahmen wahlkampfstrategischer Überlegungen und der stabilen Stereotypeinordnung verwendet werden. So ist zu fragen, welchen Einfluss das Kandidatengeschlecht auf die Wahlentscheidung der Bürger/innen hat und inwiefern dies einen Unterschied bei der Entscheidungsfindung macht. Möglicherweise sind es die Wähl*er*, die den Kandidat*innen* keine Chance in der Politik geben.

Ökonomisches Erklärungsmodell

Ausgangspunkt des dritten Erklärungsmodells ist ein rational handelndes Individuum (sog. *„homo oeconomicus"*). Kurzfristige Einflussfaktoren haben in diesem Modell eine besonders starke Erklärungskraft (Arzheimer/Schmitt 2005; Bieber 2005; Bürklin/Klein 1998). Das von Anthony Downs 1957 erschienene Werk über *„An economic theory of democracy"* ist von zentraler Bedeutung. Er geht von der demokratietheoretischen Vorstellung von Joseph Schumpeters (1947) aus und betrachtet repräsentative Demokratie als politischen Markt (vgl. Bieber 2005).

In Anlehnung an das ökonomische Wettbewerbsmodell beschreibt er einen politischen Markt mit seinen Akteuren und deren Interessen: In den Parteien sieht er Anbieter, die eine einheitliche, mit einem eigenen Willen ausgestattete Organisation sind, die nach außen geschlossen auftreten. Die Maximierung der Wähler/innenstimmen ist ihr Ziel, um Macht zu sichern oder zu erhalten. Die Akteure der Parteien, die Politiker/innen, sind Konkurrenten mit privaten Zielen (z.B. Steigerung des sozialen Prestige bzw. Einkommens). Entstehendes Gemeinwohl ist nach Downs (1957) nur ein Nebenprodukt des politischen Handelns. Ferner können die Parteiprogramme als eine Art Produkt angesehen werden, durch welches die Wähler/innenstimmen gewonnen und gegen Politik getauscht werden. Schließlich sind die Wähler/innen Nachfrager bzw. Konsumenten, die die Partei bzw. die Kandidat/innen wählen, die den größten subjektiven Nutzen versprechen (Bieber 2005, vgl. hierzu auch Arzheimer/Schmitt 2005; Braun 1999; Downs 1957). Somit kann eine Wahlentscheidung als das Ergebnis eines individuellen Einschätzens der Vor- und Nachteile der antretenden politischen Parteien zur individuellen Nutzenmaximierung der Wähler/innen betrachtet werden (Bieber 2005, vgl. hierzu auch Arzheimer/Schmitt 2005; Kaltefleiter/Nißen 1980; Thurner 1998). Bei ihrer Wahlentscheidung vergleichen die Wähler/innen den Nutzen der verschiedenen Alternativen und treffen anhand dieser einfachen Plus-Minus-Rechnung ihre Entscheidung bzw. bei einer Nullrechnung die Entscheidung, nicht zu wählen (Arzheimer/Schmitt 2005; Braun 1999; Downs 1957).

Dass Wahlentscheidungen trotz begrenzter Information als *„approximativ rational"* (Schmitt-Beck 2007: 450) einzustufen sind, zeigt ein stärker kognitionspsychologischer Ansatz aus der politischen Psychologie. Demnach verwenden Wähler/innen Heuristiken bzw. soeben beschriebene short cuts, auf deren trotz wenigen Informationen sinnvolle und rationale Entscheidungen getroffen werden können (vgl. hierzu Lau/Redlawsk 2001; Redlawsk 2004; Sniderman et al. 1991; Sniderman/Bullock 2004). Besonders bedeutend im Entscheidungsfindungsprozess sind hierbei auch Emotionen (Schmitt-Beck 2007; Sullivan et al. 2002). Neben diesen short cuts und den Emotionen spielt bei der Informationsverarbeitung der Wähler/innen jedoch auch immer deren Bildung bzw. deren Intellekt eine bedeutende Rolle: Zu je komplexeren kognitiven Leistungen die Wähler/innen fähig sind, desto komplexere Kosten-Nutzen-Abwertungen können sie bei der Wahlentscheidung leisten (Schmitt-Beck 2007).

Nun ist zu fragen, welchen Nutzen dieser Ansatz für die Erklärung der Unterrepräsentation von Frauen in der Politik hat: Warum werden aus rationalen, ökonomischen Gründen Frauen seltener gewählt bzw. treten seltener bei Wahlen an? Zunächst zu den Wähler/innen: Möglicherweise halten es die Wähler/innen für ineffizient, Frauen zu wählen. Dem kognitionspsychologischen Ansatz aus der politischen Psychologie zur Folge führt die Information, dass die Kandidat*in* weiblich ist, zu einem negativen short cut infolge bereits beschriebener Vorurteile bzw. Rollenbilder gegenüber Frauen in der Politik bzw. im Beruf. Keine Frauen zu wählen wären aufgrund Vorurteilen (ob nun biologisch oder eigenschaftsbezogen begründet) daher eine rationale Wahlentscheidung, da die Wähler/in davon überzeugt ist, dass Frauen ungeeignet sind politische Ämter zu übernehmen. Ein möglicher short cut könnte zudem die Reproduktionsfähigkeit der Frauen sein: Insbesondere junge Frauen zu wählen wäre aus dieser Sicht nicht effektiv, da die Gefahr einer potentiellen Mutterschaft, einer anschließenden Erziehungszeit und dadurch bedingten (vorrübergehenden) Ausscheiden aus der Politik bei jungen Frauen vergleichsweise höher liegt, als bei Männern jeglichen Alters. Tritt der Fall der Schwangerschaft ein, hätte die abgegebene Stimme im ursprünglich beabsichtigten Sinne keinen Nutzen mehr. Diesen Argumentationen zufolge *sollen* Frauen nicht partizipieren.

Weiteres Erklärungspotential liefert der Rational-Choice-Ansatz aus Sicht der Kandidat*innen*: Wie die dargestellten sozialstrukturellen geschlechtsspezifischen Unterschiede zeigten, sind Frauen deutlich seltener im beruflichen Leben tätig als Männer. Insbesondere sind Frauen in geringerem Maße vollzeitig beschäftigt, was Grundvoraussetzung für die Übernahme eines politischen Amtes auf einer höheren Ebene ist. Eventuell sind es die unterschiedliche Lebensplanung und geringere Karriereambition, die es für Frauen weniger reizvoll machen, sich um ein politisches Mandat zu bewerben. So ist der familiäre Wunsch evtl. groß, die Vereinbarkeit dieses Wunsches mit einen politischen Mandat jedoch klein. Dieser Argumentation zufolge *wollen* Frauen nicht partizipieren.

Zusammenfassend kann festgehalten werden, dass die verschiedenen Ansätze zur Erklärung des Wahlverhaltens versuchen, den Prozess der Wahlentscheidung der Bürger/innen zu erklären, wobei sich jede der Theorien aus einer anderen Perspektive dem Phänomen nähert und andere Erklärungsansätze liefert. Vorliegende Untersuchung möchte Faktoren identifizieren, die die geringe Repräsentation von Frauen in der Politik erklären können. Hierbei stellen sich insbesondere folgende Fragen: Aus Sicht des mikrosoziologischen Ansatzes ist zu überlegen, ob und inwiefern Frauen von bestimmten Wähler/innengruppen bevorzugt oder benachteiligt werden. Ebenso stellt sich die Frage, ob Frauen von bestimmten Parteien bei der Nominierung bevorzugt oder benachteiligt werden und wenn ja, inwiefern. Zudem ist zu hinterfragen, welche Stellung die Parteien zu Frauen in der Gesellschaft haben. Aus Sicht des sozialpsychologischen und auch ökonomischen Ansatzes ist zu fragen, ob Frauen eher Frauen wählen und welche spezifischen Kandidateneigenschaften, die möglicherweise bei Frauen schwächer ausgeprägt sind als bei Männern, die Wahlchancen von Frauen verringern. Ist es zudem aus ökonomischer Sicht ineffektiv, junge Frauen zu wählen oder ist es gar aus Sicht der Frauen nicht rational, sich um ein politisches Mandat zu bewerben? Denn möglicherweise lassen sich Frauen weniger häufig zur Wahl stellen, was eine daraus resultierende Unterrepräsentation von Wahlsieger/innen fern ab der feministischen Kritik erklärt.

2.3.2.2 Parteien

Parteien haben in Demokratien eine zentrale Stellung und Funktion. Sie sind maßgeblich an der politischen Willensbildung beteiligt und haben die Aufgabe, gesellschaftliche Interessen zu sammeln, zu aggregieren, zu artikulieren und an deren Durchsetzung mitzuwirken (Schultze 2001). Von Alemann (2010) geht in seiner Parteidefinition neben der Dauerhaftigkeit und Freiwilligkeit von Parteien auch auf die politische Partizipationsmöglichkeit von Wähler/innen und Mitgliedern ein, was in Anbetracht vorliegende Untersuchung von besonderer Bedeutung ist. Von Alemann (2010) betont zudem, dass aus der Partizipation von Wähler/innen und Mitgliedern eine Transformation des politischen Einflusses hervorgeht, indem politisches Personal selektiert wird. Dieser Selektionsprozess ist es, der im Mittelpunkt vorliegender Arbeit steht.

Doch bevor ein detaillierter Blick auf die problematische Selektion des weiblichen Personals geworfen wird, stellt sich die Frage, wie und nach welchen Kriterien Parteien und Parteiensystem kategorisiert werden können. Zunächst kann die globale Struktur des Parteiensystems betrachtet werden, die durch die Anzahl der im System vorherrschenden Parteien oder dem Grad der Fragmentierung eines Parteiensystems identifiziert werden kann (vgl. hierzu Niedermayer 2010). So kann beispielsweise zwischen Zwei- und Mehrparteiensystemen differenziert werden. Die Art des Parteiensystems ist jedoch auch immer in starkem Maße von wahlsystematischen Regelungen abhängig, auf die im Folgenden noch detaillierter eingegangen werden wird. Welche Konsequenzen das jeweilige Parteiensystem auf die Repräsentation von Frauen hat, kann daher erst nach der Betrachtung des Wahlsystems dargestellt werden.

Für die Typisierung von Parteien ist zudem auch die inhaltliche Zielsetzung der Parteien von hervorgehobener Bedeutung. Bei der Darstellung der Ansätze zur Erklärung des Wählerverhaltens wurde bereits der makrosoziologische Ansatz nach Lipset und Rokkan (1967) dargestellt, der die Entstehung westeuropäischer Parteien und Parteiensysteme beschreibt und infolge dessen auch Wahlverhalten betrachtet hat (vgl. hierzu Elff 2004). Ihnen zu Folge führen vier zentrale Konflikte – (1) Zentrum und Peripherie, (2) Stadt und Land, (3) Kirche und Staat und (4) Arbeiter und Eigentümer – zum Entstehen verschiedener Parteien, wobei nicht in jeder Gesellschaft alle Konflikte gleichermaßen vorherrschen, was somit in der Konsequenz zur Etablierung unterschiedlicher Parteien bzw. Parteiensysteme in westeuropäischen Demokratien geführt hat (Lipset/Rokkan 1967).

Übertragen auf Deutschland bedeutet dies beispielsweise, dass der Konflikt von Kirche vs. Staat von den konfessionellen Parteien aufgenommen wurde und die Auseinandersetzung zwischen Arbeitern und Eigentümern durch die SPD repräsentiert wird.

Schaut man jedoch in die Parlamente verschiedenster Länder, so können zahlreiche verschiedene politische Parteien mit unterschiedlichen, aber auch ähnlich programmatischen Ausrichtungen und Zielen identifiziert werden. Einige Wissenschaftler/innen haben die verschiedenen Parteien – je nach Historie, Ideologie oder Wähler/innen – geordnet und typologisiert (Downs 1957; Duverger 1959; Mair/Mudde 1998; von Beyme 1984, siehe hierzu auch Elff 2004). So nimmt auch Klaus von Beyme (1984) den Gedanken des Konfliktlinienmodells nach Lipset und Rokkan (1967) auf, differenziert die Konfliktlinien weiter aus und unterscheidet schließlich zwischen zehn Parteienfamilien[14]. Diese Unterscheidung nimmt auch Martin Elff (2004) in seiner Dissertation als Typologie auf, wobei er in seiner Analyse der Wirkung der Sozialstruktur auf die Wahlentscheidung zusätzlich zwischen sechs politischen Themenbereichen differenziert. Primäres Ziel seiner Untersuchung ist die Frage, ob und inwiefern der Zusammenhang zwischen Sozialstruktur und Wahlverhalten unter Berücksichtigung der Parteipositionen rückläufig ist. Er stellt fest, „ (...) dass keine Veränderungen in den Unterschieden zwischen den Reaktionstendenzen der sozialen Gruppierungen auf die Positionen der Parteien nachweisbar sind" (208) und kommt zu dem Ergebnis, dass für Veränderungen im Zusammenhang zwischen Sozialstruktur und Wahlabsicht zwar Veränderungen auf politischer Ebene verantwortlich seien, diese aber nicht das Resultat sozialstruktureller Änderungen darstellen. Elff (2004) widmet sich in seiner Analyse zur Identifikation sozialstruktureller Änderungen jedoch insbesondere der Frage der Klassen- und die Religionszugehörigkeit. Möglicherweise tragen jedoch zusätzlich bildungspolitische Veränderungen oder Emanzipationsbestrebungen – wie sie in Kapitel 2.2. dargestellt wurden – zu Veränderungen in der Sozialstruktur bei, die dann zur nachweislichen Veränderungen des Wahlverhaltens führen.

Auch Marc Debus (2007) widmet sich der Frage, für welche Partei sich die Wähler/innen entscheiden: Für Parteien, die ihnen ideologisch am nächsten stehen oder für Parteien, die die aktuell wichtigsten Probleme am besten lösen können. Debus (2007) kommt durch die Anwendung des Modells von Adams, Merrill und Grofman für den deutschen Fall zu dem Ergebnis: Wenn die Wähler/innen ...

> (...) sich auf der Grundlage inhaltlicher Fragen entscheiden, dann tun sie das weniger durch eine Evaluierung ihrer ideologischen oder politikfeldspezifischen Distanz zu einer Partei, sondern fragen vielmehr, ob die für sie wichtigen Probleme von einer zur Wahl stehenden Partei gelöst werden können.   (Debus 2007: 288-289)

---

[14] Parteienfamilien nach von Beyme (1967): Liberale, konservative, christliche, kommunistische, faschistische, rechtspopulistische, ökologische Parteien und Arbeiter-, Agrar- und schließlich Regionalparteien.

Somit ist von entscheidender Bedeutung welche Problemlösefähigkeit die Wähler/innen der jeweiligen Partei zutrauen. An dieser Stelle ist zu fragen, ob und inwiefern Wähler/innen Parteien mit einem hohen Frauenanteil bzw. vielen Kandidat*innen* eine geringere Problemlösungsfähigkeit zutrauen und somit durch eine geringere geschlechtsspezifische Eigenschaftseinschätzung eine geringere Repräsentation bedingen.

Neben allgemeinen Bevölkerungsumfragen und Mitgliederbefragungen der Parteien bilden die Daten des seit 1979 laufenden Comparative Manifesto Project, welches in mehr als 50 Ländern die Wahlprogramme politischer Parteien seit 1945 sammelt und quantitative Inhaltsanalysen bereitstellt, eine gelungene Datenbasis. Ziel dieses Projektes ist es, zu untersuchen *„(...), ob, inwieweit und unter welchen Bedingungen Parteien programmatisch auf ökonomische, soziale, kulturelle und internationale Herausforderungen reagieren (...)"* um somit *„(...) die politischen, wirtschaftlichen und gesellschaftlichen Positionen relevanter politischer Parteien im internationalen und im zeitlichen Vergleich zu messen"* (WZB 2011). Diesen Datensatz verwendete nicht nur Elff (2004) zur Identifizierung der sechs politischen Themenfelder. Auch Simon Franzmann (2006) zieht sie heran, um die Parteistrategien auf oligopolitischen Issue-Märkten zu untersuchen und stellt in einer Panelregression für Dänemark, Deutschland, die Niederlande und Österreich fest, dass ein Zusammenhang zwischen der Programmatik und dem Zuspruch der Wähler/innen identifiziert werden kann. Dies bedeutet, dass eine Veränderung des Wahlprogrammes auch tatsächlich bei den Wähler/innen ankommt und diese in Form von Zustimmung oder Ablehnung reagieren. Daher ist auch zu Fragen, inwiefern die Programmatik der einzelnen Parteien und möglicherweise auch die Positionierung der Frauen in der Parteiprogrammatik dazu führen, dass Frauen in der Politik geringer vertreten sind. Möglicherweise sind gewisse programmatische Ausrichtungen auch damit verbunden, dass es Frauen in diesen Parteien in geringerem Maße zugetraut wird politische Verantwortung zu übernehmen. Dies ist jedoch nur dann möglich, wenn die Wähler/innen frei über die Kandidat/innen bei den Wahlen entscheiden können und nicht an parteiliche Wahlkreisvorschläge oder Listen gebunden sind und darüber hinaus, wenn sich genügend Frauen zur Wahl stellen.

Im Kontext des vorliegenden Untersuchungsinteresses ist insbesondere danach zu fragen, welche Rolle und Stellung Frauen in den verschiedenen Parteien theoretisch und praktisch einnehmen. So ist zu hinterfragen, wie Parteien zu berufstätigen Frauen und Frauen in der Politik stehen und inwiefern diese Auffassung auch bei der Rekrutierung von Frauen Erfolge zeigt. Dabei muss abermals darauf hingewiesen werden, dass bis in die 1950er Jahre hinein die referierte Trennung zwischen öffentlicher Sphäre der Männer und der privaten Sphäre der Frauen vorherrschte und sich erst langsam aufzulösen begann (vgl. Kapitel

2.2). Diese Trennung spiegelt sich vermutlich auch in der Programmatik der verschiedenen Parteien erst im Laufe der Zeit wider. Nicht zuletzt waren Frauen bis in die späten 1950er Jahre auch rechtlich betrachtet in vielen Bereichen dem Mann unterstellt (Hoecker 1998).

Je nach politischem System und gesellschaftlicher Struktur eines Landes sind Parteien unterschiedlich organisiert und wählen nach unterschiedlichen Mechanismen und Regelungen ihr politisches Führungspersonal aus (Borchert/Stolz 2011; Nohlen 2007). Daher ist für nachfolgende Analyse in Bezug auf die Kandidat/innennominierung auch darauf zu achten, wie die Prozesse der Mitgliedermobilisierung und der Elitenrekrutierung in dem jeweilig betrachteten Land und der jeweilig betrachteten Parteien geregelt sind. So ist insbesondere auf die strukturellen Nominierungsverfahren und spezifischen Mechanismen zu achten, die auch große Auswirkungen auf die weibliche Nominierungs- und somit auch die Repräsentationsrate haben können. Nicht zuletzt ist in diesem Kontext auch an die geschlechtsspezifische Quotierungsregelung zu denken.

Nach Cool (2006) gibt es drei Barrieren, die Frauen bei dem Einzug in ein politisches Amt überwinden müssen: Wie folgendes Zitat zeigt, müssen Kandidat/innen nicht nur von den Wähler/innen gewählt werden, sondern auch selbst bereit sein zu kandidieren und von der Partei aufgestellt werden und beschreibt somit nicht nur das bereits aus der Einleitung bekannte *können*, sondern auch das *wollen, sollen* und das „*to be asked"* (vgl. Kapitel 1):

> The three crucial barriers that individuals must pass to get elected are: first, they need to select themselves; second, they need to be selected as candidates by the parties; and, third, they need to be selected by the voters.   (Cool 2006: 4)

Eine Vielzahl an Studien thematisiert die entscheidende Rolle, die Parteien im Nominierungs- und Rekrutierungsprozess von Kandidat*innen* einnehmen (Caul 1999; Freedman 2004; Kahlweit 1994; Kunovich/Paxton 2005; Schnitger 1990; Schwarting 1995; Stöss 1985). Grundlegend konnte in diesen Studien festgestellt werden, dass Frauen im Allgemeinen eine geringere Unterstützung von den Parteien bekommen als Männer (Ballington/Karam 2005):

> The selection and nomination process within political parties is also biased against women in the 'male characteristics' are emphasized and often become the criteria in selecting candidates. An 'old boys' club' can inhibit and prevent women from integrating themselves into their party's work.   (Ballington/Karam 2005: 37)

Auch Stöss (1985) diagnostiziert, dass Frauen bei der Kandidatennominierung benachteiligt sind und Elke Schnitger (1990) ist der Meinung, dass Frauen gerne als Parteiprogramm fungieren. Kahlweit (1994) spricht hierbei von Alibi- bzw.

Proporzfrauen. Nicht zuletzt ist auch die Rede davon, dass Parteien zu Gatekeepern werden, die Frauen die Kandidatur verwehren:

> Parties differ in the number of women they nominate, where they rank women on party lists, and the proportion of women that they send to parliament. Parties are the real gatekeepers to elected office.   (Caul 1999: 80)

> The stage at which party gatekeepers choose the candidates is the most critical one for getting women into office.   (Ballington/Karam 2005: 97)

Die Rolle und Funktion von Parteien im Nominierungsprozess untersucht Caul (1999) indem sie den Einfluss der Parteien auf die Nominierung bzw. den Erfolg von Frauen im Parlament in zwölf Industrienationen über die Zeit analysiert. Sie geht in Anlehnung an andere Studien davon aus, dass hierbei insbesondere vier Faktoren eine hervorgehobene Rolle spielen: (1) die Organisationsstruktur, (2) die Ideologie, (3) frauenspezifische Aktivitäten und (4) die Quotierungsregeln der Parteien.

So würde die *Organisationsstruktur* der Parteien Frauen im Nominierungsprozess systematisch benachteiligen. Während Hoecker (1987) noch relativ undifferenziert formuliert, dass die zumeist männlich geprägte Organisationsstruktur von Parteiarbeit zu einer Benachteiligung von Frauen führt, unterscheidet Caul (1999) hier zwischen den drei Bereichen: (a) Zentralisierung, (b) Institutionalisierung und (c) Nominierungsebene. Hinsichtlich der Zentralisierung vermutet sie, dass zentralisierte Parteien Frauen in stärkerem Maße fördern als dies nicht-zentralisierte Parteien tun, kann dies aber nicht über die untersuchte Zeit hinweg verifizieren. Außerdem nimmt sie an, dass der Grad der Institutionalisierung der Parteien sich positiv auf die Repräsentation von Frauen auswirkt. Dies würde beispielsweise dafür sprechen, dass die Grünen in den 1980er Jahren verstärkt Männer nominiert haben, jetzt aber verstärkt Frauen. Caul (1999) stellt fest, dass *„More highly institutionalized parties are in fact more likely to elect women to office at each time point"* (85). Hinsichtlich der Nominierungsebene nimmt sie an, dass Frauen auf niedrigeren Ebenen bevorzugt nominiert werden, wobei sie auch diese These nicht verifizieren konnte.

Hinsichtlich der *Parteiideologie* geht Caul (1999) davon aus, dass Parteien des linkeren Spektrums in stärkerem Maße Frauen nominieren, was sie und auch viele andere Autoren bestätigen konnten. So kommt auch Rule (1986) zu dem Schluss, dass Parteien des rechten Spektrums Frauen in geringerem Maße unterstützen. Siaroff (2000) stellt fest, dass eine politische Linksorientierung, die vor allem in skandinavischen Ländern beobachtet werden kann, zu einer erhöhten Nominierung und Wahl von Frauen führt. Einige Studien untersuchten auch, welche Auswirkung die Parteiideologie der amerikanischen Parteien auf die

Nominierung und den Erfolg von Frauen hat. Darcy und Schramm (1977) stellen hierbei fest, dass die Demokraten eher Frauen unterstützen.

Bezüglich der *Aktivitäten von Frauen in Parteien* vermutet Caul (1999), dass eine hohe Aktivität von Frauen innerhalb der Parteien dazu führt, dass mehr Frauen nominiert werden und dies auch mehr Erfolge haben und kann dies in seiner länderübergreifenden, longitudinalen Untersuchung bestätigen.

Zuletzt untersucht Caul (1999) „*candidate gender rules*" (90), also *Quotierungsregelungen*. Hier betrachtet sie, inwiefern die untersuchten Parteien im betrachteten Zeitraum Regelungen hatten, die eine Mindestzahl an weiblichen Nominierungen vorsahen. Während nur drei der von ihm betrachteten 68 Parteien in den 70er Jahren derartige Regelungen hatten, stieg die Zahl in den 1980er und 1990er Jahren deutlich an. Die Quotierungsregelungen wurden auch von anderen Wissenschaftler/innen untersucht, die zu dem Schluss kommen, dass Quotenregelungen einen positiven Effekt auf die Nominierung und den Erfolg von Frauen in der Politik haben (Davidson-Schmich 2006; Hoecker 1998; McHarg 2006; Schmidt/Saunders 2004). Kaiser und Hennl (2008) sehen bei einer Analyse der Repräsentation in den deutschen Länderparlamenten diesen Faktor als „*wirkungsmächtigsten*" (Kaiser/Hennl 2008: 179). In der Betrachtung von 17 lateinamerikanischen Ländern konnte Zetterberger (2009) dies jedoch nicht bestätigen. Grundsätzlich unterscheidet Matland (2005) im Kontext der Quotierungsregelung aus vergleichender Perspektive, dass es unterschiedliche Möglichkeiten innerhalb der Parteien gibt, Kandidat/innen aufzustellen. Er differenziert zwischen „*patronage-oriented*" und „*bureaucratic selection*". Die zuletzt genannte bürokratische Auswahl zeichnet sich dabei durch die Existenz exakter Regeln aus, auf deren Befolgung geachtet wird. In einem *patronage-oriented* Auswahlsystem existieren dagegen weniger deutlich ausformulierte Regeln, während auf die Einhaltung der bestehenden Regeln nicht immer geachtet wird, wobei er der letzteren, der bürokratisch geregelten Auswahl und hierbei insbesondere den Quoten, eine positive Auswirkung auf die Repräsentation von Frauen nachweist.

Neben diesen vier von Caul (1999) genannten Faktoren stellt Stöss (1985) fest, dass auch die *Größe der Partei* Einfluss auf die Bereitschaft der Parteien hat, Frauen zu nominieren: Kleinere Parteien hätten eine größere Bereitschaft, Frauen zu nominieren. Dies steht jedoch in einem gewissen Widerspruch zur Institutionalisierungsthese von Caul (1999).

Bisher wurden die Rolle, Funktion und Aufgabe von Wähler/innen und Parteien dargestellt. Schließlich stellt sich noch die Frage, wie der Kommunikationsprozess zwischen diesen beiden Akteuren bei Wahlen bzw. Wahlkämpfen geregelt ist. Medien und insbesondere Massenmedien, üben hierbei eine zentrale Rolle aus.

2.3.2.3 Medien

Medien und vor allem Massenmedien haben im demokratischen Prozess eine wichtige Stellung und Funktion (vgl. Strohmeier 2004), denn sie sind es, über die die Wähler/innen einen Großteil ihrer Informationen vor Wahlen erhalten, die sie dann in ihre Wahlentscheidung einfließen lassen (vgl. Jun 2009, Schmitt-Beck/Mackenrodt 2009). Sie sind die Kanäle, über die politisch kommuniziert wird. Somit können Massenmedien politische Herrschaft in stärkerer oder schwächerer Weise beeinflussen. Einige Autoren sprechen in diesem Kontext von einer Mediokratie (Meyer 2001). Jedoch muss auch darauf hingewiesen werden, dass Massenmedien den Ausgang von Wahlen nicht alleine bestimmen. Wie bereits ersichtlich wurde, sind die politischen Prädispositionen der Wähler/innen mehr oder weniger fest im Rahmen der politischen Sozialisation erworben worden und werden durch Kandidat/innen und politische Sachthemen ebenso beeinflusst. Fest ausgeprägte Dispositionen lassen sich durch Mediendarstellungen nur schwer ändern. Außerdem werden Wahlentscheidungen auch von anderweitiger, direkter politischer Kommunikation seitens der Kandidat/innen oder der Parteien oder durch den Austausch mit Freunden und Bekannten beeinflusst (vgl. Schmitt-Beck 2000; Schmitt-Beck/Mackenrodt 2009).

Für Kandidat/innen sind Medien und ihre Darstellung in den Medien von hervorgehobener Bedeutung. Daher ist es in Wahlkämpfen für sie von wichtig, sich in den Medien in geeigneter Weise zu präsentieren (vgl. hierzu Jun 2009, Ruostetsaari/Mattila 2002). Im Rahmen der vorliegenden Untersuchung ist die Frage zu stellen, welche Rolle das Kandidatengeschlecht bei der Darstellung in den Medien spielt: Werden Kandidat*innen* seitens der Parteien anders präsentiert als Kandidat*en*? Und stellen die Medien Kandidat*innen* anders dar? Schließlich stellt sich noch die Frage, ob sich Kandidat*innen* in den Medien anders verhalten als Kandidat*en*. Und wenn diese Fragen bejaht werden können: Inwiefern wirken sich diese Unterschiede schließlich auf die Wahlentscheidung und damit verbunden auf die Repräsentationschancen der Kandidat*innen* aus?

Zur Rolle der Frauen in den verschiedenen Medien und Medienformaten wurden schon einige Studien durchgeführt. Die Forscher/innen sind dabei durchgängig zu dem Ergebnis gekommen, dass das Geschlecht einen bedeutenden Unterschied macht (vgl. Blumschein 1986; Fröhlich 1995; Holtz-Bacha 1995; Velte 1995). Jutta Velte (1995) beschreibt die Frau in den Medien plakativ mit folgenden Worten:

Die Frau in den Medien ist ein Konstrukt. Sie entspringt den Köpfen derjenigen, die Drehbücher schreiben, Regie führen, Nachrichten für wichtig oder unwichtig erklären oder Werbung konzipieren; kurz derjenigen, die darüber entscheiden, was gesendet, geschrieben oder gezeigt wird und was nicht. (…) Der Blick auf die Frau ist

männlich. (...) So sind Frauen jung, schön, dekorativ, hilfsbereit, freundlich, unter-
ordnend und unterrepräsentiert, heute wie vor 20 Jahren.   (Velte 1995: 181-182)

Jedoch kann die Darstellung der Frauen in den Medien nicht mit der Darstellung
von Politiker*innen* in den Medien gleichgesetzt werden. Insbesondere im vergangenen Jahrzehnt kann in Deutschland eine breite wissenschaftliche Auseinandersetzung mit der Darstellung von Politiker*innen* in den Medien beobachtet
werden (vgl. hierzu Holtz-Bacha 2008a, 2008b, 2009; Holtz-Bacha/König-
Reiling 2008; Koch 2007; Koch/Holtz-Bacha 2008; Meyer 2009). In diesen
Untersuchungen können geschlechtsspezifische Unterschiede in der Art der Präsentation, der Häufigkeit und der geschlechterstereotypen Darstellung identifiziert werden (vgl. Holtz-Bacha 2008a). Für die Eingrenzung des Forschungsge-
genstandes ist somit die Betrachtung der Medien von Bedeutung. Die geschlechtsspezifische Darstellung der Politiker/innen in den Medien kann daher
auch ein Faktor sein, der über die Wähler/innenmeinung einen negativen Effekt
auf die Wahlchancen der Frauen haben kann. Analysen der Wirkungsweise der
Mediendarstellung auf die Wähler/innenmeinung von Kandidat/innen sind für
den deutschen Wählerinnenmarkt jedoch nicht bekannt. Außerdem muss an dieser Stelle darauf hingewiesen werden, dass dieser Zusammenhang empirisch
schwer zu erfassen und zu analysieren ist und dies im Rahmen der nachfolgenden empirischen Analyse auch nicht geleistet werden kann und soll.

2.3.3   Regelungen von Wahlen (Wahlrecht)

Bei allen demokratischen Wahlen existieren Regelungen, die den Prozess vor,
während und nach den Wahlen festlegen und die Nominierung und den Auswahlprozess politischer Repräsentanten beeinflussen können. Daher werden im
folgenden Teil grundlegende Regelungsmöglichkeiten von Wahlen, insbesondere
im Hinblick auf die Kandidatennominierung und -auswahl, beschrieben.
      Einleitend muss festgehalten werden, dass Wahlsysteme komplexe Gebilde
sind, die sich grundsätzlich aus unterschiedlichsten Elementen zusammensetzen.
Jedes technische Element, das in dem einen oder anderen Wahlsystem installiert
ist, kann entscheidende Auswirkungen auf den demokratischen Prozess und den
Prozess des Wählens in einem Land haben (vgl. Farrell 2011; Nohlen 2007;
Schoen 2005d). Nohlen (2007) nennt hierbei insbesondere die Wahlkreiseinteilung, die Wahlbewerbung, die Stimmgebung und die Stimmverrechnung als vier
zentrale Bereiche der Einzelregelungen, die in der Kombination zu vielfältigen
Gestaltungsmöglichkeiten mit unterschiedlichen Wirkungen der einzelnen Ele-

mente kombiniert werden können und nun dargestellt werden[15]. Hierbei soll stets auch die Wirkung des Wahlsystems auf die Repräsentation von Frauen in der Politik berücksichtigt werden. Schließlich kommen Studlar und McAllister (2002) zu dem Schluss, dass das Wahlsystem in einem Land den größten Einfluss auf die weibliche Repräsentation hat:

> In line with several other studies, we find that the electoral system is the strongest contributor to women's representation. (Studlar/McAllister 2002: 247)

Und auch Ballington und Karam (2005) heben die besondere Rolle hervor:

> Research indicates that political structures can play a significant role in women's recruitment to parliament. The system of election based on proportional representation (PR), for example, has resulted in three to four times more women being elected in countries with similar political cultures, for example Germany and Australia.
> (Ballington/Karam 2005: 35)

> The type of electoral system in a country plays an important role in women's political representation. (Ballington/Karam 2005: 39)

2.3.3.1 Wahlkreiseinteilung

Das gesamte Wahlgebiet wird zumeist in Teilgebiete, so genannte „Wahlkreise" untergliedert, innerhalb derer dann die Stimmabgabe der dort ansässigen Wahlberechtigten erfolgt. Wie und anhand welcher Kriterien die Einteilung des Wahlgebietes in Wahlkreise geschieht, ist ein hoch umstrittenes Thema, denn die Grenzziehung zwischen den verschiedenen Wahlkreisen kann einen entscheidenden Beitrag hinsichtlich der Wahlchancen einer Partei leisten. Nohlen (2007: 86) behauptet sogar: *„Von allergrößter Bedeutung für die Wahlchancen der politischen Parteien ist die Wahlkreiseinteilung"*.

Wesentliches Prinzip von demokratischen Wahlen ist die Gleichheit der Stimmen. Dies bedeutet, dass jede Stimme den gleich hohen Zählwert hat. Dieser Grundsatz wird erfüllt, wenn das Wahlsystem über einen einheitlichen Repräsentationsschlüssel verfügt und somit in einem Wahlgebiet auf die gleiche Anzahl der Bevölkerung circa die gleiche Anzahl an Mandaten entfällt. Häufig werden Kommissionen eingesetzt, die überprüfen, inwiefern dies wirklich ermöglicht wird.

---

[15] Die grundlegende Beschreibung der technischen Elemente von Wahlsystemen lehnt sich im Folgenden an die Darstellungen von Dieter Nohlen (2007) an.

Wahlkreise können sich grundsätzlich hinsichtlich der Anzahl der zu verge-
benden Mandate in einem Wahlkreis unterscheiden. Hierbei ist von Einer- oder
Mehrpersonenwahlkreis die Rede: In Einerwahlkreisen kann nur eine Person, in
Mehrpersonenwahlkreisen können mehrere Personen ein Mandat gewinnen. Die
Stimmverteilung erfolgt in Einerwahlkreisen nach dem Majorz- und in den
Mehrpersonenwahlkreisen nach dem Proporzprinzip. In Mehrpersonenwahlkreisen sind zudem die Größe bzw. die Anzahl der zu gewinnenden Mandate von
zentraler Bedeutung. Je größer ein Mehrpersonenwahlkreis ist, desto eher haben
kleine Parteien die Chance, ein Mandat zu erringen (Nohlen 2007). Nicht zuletzt
beeinflusst auch die Wahlkreisgröße das Verhältnis zwischen Wähler/innen und
Abgeordneten: In Einerwahlkreisen ist die Beziehung zwischen Wähler/innen
und Bewerber/in deutlich enger als in Mehrpersonenwahlkreisen, in denen die
verschiedenen Parteien zumeist nicht nur eine/n Bewerber/in zur Wahl stellen,
sondern eine ganze Liste von Kandidat/innen, die dann der Reihe nach einen Sitz
im Parlament bekommen (Nohlen 2007).

In Bezug auf die fokussierte Untersuchungsfrage ist zu untersuchen, ob und
inwiefern die Wahlkreiseinteilung einen Einfluss auf die Repräsentation von
Frauen im Parlament hat. So diskutieren einige Forscher/innen den Einfluss der
Größe eines Wahlkreises auf die Repräsentation von Frauen in der Politik
(Engstrom 1987; Reynolds 1999; Siaroff 2000; Rule 1986; Welch 1978). Wahlsystematisch besteht die Möglichkeit, dass in einem Wahlkreis eine oder mehrere
Personen einen Parlamentssitz gewinnen können. Die Forschung geht davon aus,
dass Frauen grundlegend in Mehrpersonenwahlkreisen – also Wahlkreisen, in
denen mehrere Personen einen Sitz gewinnen können – profitieren. Dies untersucht beispielsweise Engstrom (1987) für den Fall Irland und stellt fest, dass in
Wahlkreisen, in denen nur drei Sitze gewonnen werden können, Frauen geringere Chancen auf einen Wahlerfolg haben als in Distrikten mit vier und fünf Sit-
zen. Auch Rule (1986) untersucht diese Frage im internationalen Vergleich,
konnte diesen Effekt jedoch nicht nachweisen.

In Wahlkreisen entscheiden die Parteien zumeist darüber, welche Kandi-
dat/innen sie aufstellen. Wahlkreise können grundsätzlich in „sichere" und „unsichere" Wahlkreise bzw. „stabile" oder „aussichtslose" Wahlkreise differenziert
werden (vgl. Kaack 1969): Von einem sicheren bzw. stabilen Wahlkreis wird
dann gesprochen, wenn dieser Wahlkreis aller Wahrscheinlichkeit zur Folge bei
der bevorstehenden Wahl von einer bestimmten Partei gewonnen wird. Daher
drängt sich aus Sicht der Geschlechterforschung die Vermutung auf, dass Frauen
in stärkerem Maße in aussichtslosen Wahlkreisen aufgestellt werden als in stabilen Wahlkreisen. Diese These wird in der Forschung gerne formuliert, jedoch nur
sehr selten im Längsschnitt untersucht (vgl. hierzu Claro da Fonseca/Espírito-
Santo 2008). In diesem Zusammenhang stellen auch Studlar und Welch (1987)

fest, dass Frauen häufiger gegen Amtsinhaber antreten und somit die Nominierung von Frauen in negativer Abhängigkeit zu deren Wahlerfolgschancen stehen.
Dies hängt eng mit der Beschreibung der geringeren Wahlaussichten von Frauen
in sicheren bzw. unsicheren Wahlkreisen zusammen.

2.3.3.2 Wahlbewerbungsmodus

Bei der Wahlbewerbung kann grundsätzlich zwischen Einzelkandidaturen und
Listenkandidaturen unterschieden werden, wobei letztere in unterschiedlichen
Ausprägungen, in Form von starren, lose-gebundenen oder freien Listen, auftreten können (Farrell 2011; Nohlen 2007; Schoen 2005d). Die Form der Listen hat
immense Auswirkungen auf die Beziehung zwischen Kandidat/in, Partei und den
Wähler/innen: Bei *starren Listen* legen die Parteien bzw. ihre Gremien die Rei-
henfolge der Kandidat/innen fest. Einerseits erhöht dies die Abhängigkeit der
Kandidat/innen von den politischen Parteien, andererseits können Parteien bewusst eine vermutlich funktionierende Fraktionszusammensetzung festlegen, die
gleichermaßen verschiedene Minoritäten und Expert/innen beinhaltet (Nohlen
2007). So können möglicherweise Frauen in besonderem Maße bei der Listenzusammenstellung berücksichtigt werden oder auch nicht. Wenn in den Untersuchungen die Auswahl der Kandidat/innen somit anhand starrer Listen erfolgt, ist
in Anbetracht des vorliegenden Untersuchungsinteresses auf die Platzierung der
Frauen auf den Listen zu achten und zu analysieren, inwiefern Frauen von den
Parteien hierbei berücksichtigt werden. Der Einfluss der Wähler/innen ist bei
derartigen Listen sehr gering, was ebenso Auswirkungen auf die Konzeption und
Durchführung entsprechender Analysen hat.

Bei den *lose-gebundenen Listen* ist der Einfluss der Wähler/innen stärker
und der der Parteien schwächer. Die Parteigremien strukturieren zwar die Entscheidung vor aber letztendlich entscheiden die Wähler/innen, welche Personen
einer Partei ein Mandat bekommen. Wichtig hierbei ist, dass die Wähler/innen
ihre Stimmen nicht über Parteigrenzen hinweg verteilen können. Somit werden
die Abgeordneten nicht allein von der Partei, sondern in stärkerem Maße auch
von den Wähler/innen getragen (Farrell 2011; Nohlen 2007).

Schließlich haben die Wähler/innen bei der *freien Liste* die Möglichkeit, eine eigene, personenbezogene Liste zusammenzustellen und hierbei auch Parteigrenzen zu überschreiten (Stichwort: „*Panaschieren*"). In den beiden letzten
Fällen nimmt die Rolle der Wähler/innen in Bezug auf die Auswahl von Kandi-
dat/innen eine deutlich größere Rolle ein als bei der starren Liste (Nohlen 2007).
Wähler/innen können Frauen ins Spiel bringen oder diese von der Politik fern-
halten. Insbesondere bildet in derartigen politischen Systemen die Wahl bzw. die

Nichtwahl von Frauen ein Indiz für die Rolle und Verantwortung, die die Bevölkerung Frauen in Bezug auf die Politik zuspricht. Bei der Analyse ist darüber hinaus darauf zu achten, inwiefern weibliche und männliche Wähler/innen ihre Stimme Frauen geben bzw. nicht geben.

Die Frage der Listenzusammenstellung unter Fokussierung von Frauen wurde bereits von einigen Autoren nachgegangen, die die Erstellung der Kandidat/innenlisten betrachtet haben (Cornelißen 1993; Hellevik 1979; Hofer/Wolfgruber 2000; Stöss 1985) wobei keine eindeutige Aussage getroffen werden kann, da hierzu – je nach politischem System – unterschiedliche Ergebnisse vorliegen (vgl. hierzu Matland 2005): Ähnlich wie bei der Nominierung in Wahlkreisen stellt Stöss (1985) hierbei fest, dass Frauen in einer *Parteiliste* eher weniger aussichtsreiche Positionen erhalten, was dazu führt, dass Frauen zwar im Bereich der Nominierung stärker berücksichtigt werden, im Prozess der Wahlen aber wieder ausscheiden und somit als „Listenfüllerinnen" fungieren. Zu diesem Ergebnis kommt auch Ballington und Karam (2005: 37): *„In addition, women are often not placed in winnable positions on party lists."* Für die Bundestagswahlen in Deutschland liegen hierzu weder aktuelle Querschnittstudie noch tiefgehende longitudinale Studien vor, was nicht zuletzt auch im Rahmen vorliegender Arbeit geleistet werden soll.

2.3.3.3 Stimmgebung

Die zentrale Frage hierbei ist, inwiefern die Wähler/innen die Möglichkeit haben, die personelle Zusammensetzung mitzubestimmen. Diese Frage hängt eng mit den Wahlkreisen (Ein- oder Mehrpersonenwahlkreise) und auch dem Modus der Wahlbewerbung (starre, lose-gebundene oder freie Liste) zusammen.

Bei der Stimmgebung kann zwischen zahlreichen Verfahren differenziert werden: Bei der Einzelstimmgebung hat jeder Wähler eine Stimme; beim Zweistimmensystem hat er zwei Stimmen und bei der Mehrstimmgebung hat jeder Wähler mehrere Stimmen und teilweise so viele Stimmen, wie es Abgeordnete im Wahlkreis zu wählen gibt. Außerdem existieren Stimmgebungsverfahren, bei denen die Wähler/innen weniger Stimmen zur Verfügung haben als es Abgeordnete im Wahlkreis gibt und die als beschränkte Mehrstimmgebung bezeichnet werden. Als Präferenzstimmgebungsverfahren wird ein Verfahren bezeichnet, bei dem die Wähler/innen eine Präferenz für eine/n Kandidaten/in zum Ausdruck bringen können. Zudem gibt es eng verwandte Verfahren, so genannte Alternativstimmgebungsverfahren, bei denen die Wähler/innen Zweit-, Dritt- oder Viertpräferenzen angeben können. Schließlich gibt es noch die Möglichkeiten des Kumulierens und Panaschierens (Nohlen 2007).

In Bezug auf den Untersuchungsgegenstand kann vermutet werden, dass mit steigender Anzahl der Stimmen die Chancen einer Wahlbewerber*in* steigen, von den Wähler/innen gewählt zu werden. Allerdings muss an dieser Stelle darauf hingewiesen werden, dass auch die emanzipierteste Person aus einer Liste mit ausschließlich Kandidat*en* keine Frau auswählen kann. So steigt die Chance einer Frau von den Wähler/innen gewählt zu werden, mit einer steigenden Stimmenanzahl theoretisch nur dann an, wenn die Parteien auch Frauen nominieren (vgl. hierzu Matland 2005).

2.3.3.4 Stimmverrechnungsverfahren

Nach der Stimmabgabe stellt sich die Frage, wie die abgegebenen Stimmen in Mandate umgerechnet werden. Auch hierfür gibt es unterschiedliche Verfahren. Die Regelungen bezüglich der Stimmenverrechnung haben einerseits Auswirkungen auf die Zusammensetzung des Parlaments und anderseits Rückwirkungen auf die Stimmabgabe der Wähler/innen in Form strategischen Wählens (Farrell 2011; Nohlen 2007; Schoen 2005d). In Bezug auf die Entscheidungsregel – also die Methode, wie Stimmen in Mandate übertragen werden – kann grundsätzlich zwischen Mehrheits- und Verhältniswahlsystemen unterschieden werden. Bei der Mehrheits- oder auch Majorzregelung sind Mehrheiten erforderlich, die relativ oder absolut sein können (Farrell 2011). Bei absoluten Mehrheitserfordernissen muss der/die Kandidat/in bzw. die Partei über 50 Prozent der abgegebenen Stimmen erhalten, bei relativen Mehrheitswahlen gewinnt die Person bzw. die Partei mit den meisten Stimmen (Schoen 2005d).

In Bezug auf die Repräsentation von Frauen in Mehrheitswahlsystemen lässt sich vermuten, dass Frauen hier geringere Chancen auf Wahlerfolg haben. Hierbei ist zunächst von den allgemeinen Vorurteilen gegenüber Frauen in der Politik auszugehen, die dazu führen, dass sie einerseits von den Parteien in geringerem Maße nominiert und andererseits von den Wähler/innen in geringerem Maße gewählt werden. Ebenso ist die Kandidatur in einem Wahlkreis mit einem offen ausgetragenen Wahlkampf verbunden, dem Frauen – möglicherweise aus Sicht der Parteien – nicht gewachsen sind und in dem Männer größere Chancen auf Wahlerfolg haben oder auch nur eingeräumt wird. Ebenso ist es möglich, dass Frauen den Wettbewerb, der mit einer Kandidatur in einem Wahlkreis einhergeht, meiden und daher erst gar nicht antreten *wollen.* Wie in Kapitel 2.2 ersichtlich, gelten Frauen bekanntlich als konfliktscheuer. So ist auch aus zahlreichen Forschungen bekannt, dass Mehrheitswahlsysteme Wahlbewerb*er* und Verhältniswahlsysteme Wahlbewerber*innen* begünstigen (Caul 1999; Freedman

2004; Hoecker 1995; Reynolds 1999; Rule 1986), wobei diese These Moser (2001) in vier postkommunistischen Ländern nicht bestätigen konnte. Wenn die Sitze auf die Parteien im Verhältnis der abgegebenen Stimmen verteilt werden, so spricht man von einer verhältnismäßigen Entscheidungsregel oder auch Proporzregelung (vgl. Farrell 2011; Nohlen 2007; Schoen 2005d). Diese kann unterschiedliche Verrechnungsverfahren aufweisen, beispielsweise das Höchstzahl- oder das Wahlzahlverfahren. Grundlegend verfolgen Verhältniswahlen das Ziel, die gesellschaftlichen Kräfte und Gruppen möglichst bevölkerungsgetreu abzubilden, indem der Stimmenanteil dem Mandatsanteil entspricht. Somit werden die politischen Parteien entsprechend den Wähler/innenstimmen bei der Stimmvergabe berücksichtigt, es sei denn, dass gewisse Sperrklauseln eine grundlegende Hürde darstellen. Der Vorteil einer bevölkerungstreuen Abbildung liegt insbesondere bei der starken Repräsentation von kleinen Parteien, die nach einer klassischen Mehrheitswahl nicht an der Mandatsverteilung hätten teilnehmen können. Doch je nachdem wie die Entscheidungsregel mit anderen technischen Wahlsystemelementen verknüpft ist, entstehen unterschiedliche Auswirkungen auf die Sitzverteilung.

Das Ziel einer möglichst bevölkerungsgetreuen Verrechnung der Stimmen scheint somit Frauen größere Repräsentationschancen einzuräumen. Frauen können auch gewinnen, wenn sie im Rahmen einer Listenwahl auf dem zweiten, dritten oder den folgenden Plätzen nominiert sind und aufgrund des Verhältniswahlsystems dennoch ein Mandat erreichen. Ebenso müssen sich Frauen nicht in dem Maße wie bei Wahlkreismandaten durchsetzen, um einen Platz auf einer Liste zu bekommen. Mittels Listen und dem damit in Verbindung stehenden Verhältniswahlsystem können Parteien auch bewusst eine höhere Frauenrepräsentation anstreben, indem Frauen vermehrt auf den vorderen Plätzen nominiert werden. So kann auch im Umkehrschluss aufgrund der Listengestaltung der Parteien Rückschluss auf die Stellung der Frauen in den Parteien genommen werden. Dass Verhältniswahlsysteme Wahlbewerber*innen* empirisch nachweislich begünstigen, wurde soeben bereits angeführt (Caul 1999; Freedman 2004; Hoecker 1995; Reynolds 1999; Rule 1986).

Um die Konzentration der Parteien zu gewährleisten, existieren in einer Vielzahl politischer Systeme so genannte Sperrklauseln. Diese geben an, wie viele Stimmen bzw. wie viele Direktmandate Parteien erreichen müssen, damit sie an der Mandatsverteilung teilnehmen dürfen. Es existieren nach Nohlen (2007) Sperrklauseln in Höhe von 0,67 bis 15 Prozent der Stimmen. Dabei ist es nicht unbedeutend, auf welcher Ebene diese Sperrklauseln berechnet werden. Es ist beispielsweise möglich dies auf der Ebene der Wahlkreise zu tun, was eine Begünstigung regionaler Interessen bewirkt, oder auf der Ebene des gesamten Wahlgebiets, was die Integration von regionalen Interessen in den politischen

Prozess erschwert. Insbesondere für kleinere und neu entstehende Parteien ist die Sperrklausel von entscheidender Bedeutung, da sie maßgeblich daran beteiligt ist zu bestimmen, ob die Parteien an die politische Macht gelangen oder nicht. Die Sperrklausel ist nicht zuletzt auch der Grund, warum beispielsweise die Partei „Die Frauen" in Deutschland nicht in den Bundestag einziehen konnte.

Dieser Abschnitt lieferte nur einen Einblick in die Thematik des Wahlrechts und der Analyse von Wahlsystemen, sollte aber zeigen, dass auch diese technischen Elemente in bedeutendem Maße Auswirkungen auf die Nominierung, die Erfolgschancen und die geschlechterspezifische Zusammensetzung der Parlamente haben und bei der Entwicklung eines Analyseschemas zu berücksichtigen sind.

2.4 Zusammenfassung der theoretischen und empirischen Grundlagen

Thematisch hat sich der erste Teil dieses Grundlagenkapitels mit den Wahlbewerber/innen aus theoretischer und empirischer Sicht befasst. Dabei wurden sowohl Klassiker der politischen Theorie als auch moderne Theorien und empirische Belege herangezogen, um einen tiefgehenden Blick auf die Wahlbewerber/innen und das Spezifische an ihrer Situation zu gewinnen.

Im zweiten Teil wurde dann der Fokus auf die zentrale Variable Geschlecht geworfen. Dieses wurde zunächst definiert. Dann erfolgte eine Suche nach Unterschieden zwischen den Geschlechtern, die einerseits nur in den Köpfen vorherrschen (sog. Vorurteile bzw. Geschlechterstereotype) und andererseits auch empirisch nachgewiesen werden können. Nachdem diese Unterschiede abgebildet wurden, erfolgte die Darstellung der Auswirkungen der vorurteilsbeladenen bzw. empirisch nachweisbaren Unterschiede auf die Frauen im gesellschaftlichen Leben. Schließlich wurden in einem dritten Teil die Akteure und Regelungen von Wahlen erläutert, die im Wahlprozess ebenso berücksichtigt werden müssen und in Kombination mit dem Geschlecht auch einen zentralen Beitrag zur Erklärung der geringeren Repräsentation von Frauen in der Politik leisten können.

Aufgabe des folgenden Teils ist es nun, die theoretischen Grundlagen mit dem Anliegen der Untersuchung – nach Ursachen für die geringere Repräsentation von Frauen in der Politik zu suchen – in Einklang zu bringen. Hierzu soll unter Berücksichtigung der theoretischen und empirischen Grundlagen ein flexibles Analyseschema entwickelt werden, das sowohl internationale als auch nationale Analysen der Unterrepräsentation von Frauen in der Politik unter verschiedener Schwerpunktsetzung in der exekutiven wie der legislativen Politik ermöglicht.

3 Entwicklung des Analyseschemas

Nachdem in vorhergehenden grundlegenden Teil tiefe theoretische und empirische Einblicke in die spezifische Situation von Wahlbewerber*innen* gewonnen werden konnten, wird auf dieser Ausgangsbasis nun ein Analyseschema zur Untersuchung der Nominierung und der Auswahl von Wahlbewerber/innen entwickelt. Dabei sollen zentrale Erklärungsfaktoren identifiziert werden, um der Unterrepräsentation von Frauen in der Politik national und international auf die Spur zu gelangen.

3.1 Einflussfaktoren

Im Allgemeinen kann unterschieden werden zwischen Einflussfaktoren auf der Mikro- und der Makroebene (Esser 1999). Betrachtungen auf der *Mikroebene* beschäftigen sich mit der Analyse der kleinsten soziologischen Gebilde unabhängig von gesamtgesellschaftlichen Zusammenhängen (Fuchs et al. 1978). Zur Mikroebene werden soziales Handeln, Sozialisation, Interaktion und soziale Beziehungen gezählt (Treibel 2006: 143). In Bezug auf den vorliegenden Untersuchungsgegenstand wird der Blick auf die Kandidat/innen selbst gerichtet: Welche Merkmale, Eigenschaften oder Verhaltensweisen haben Kandidat/innen, die eine Unterrepräsentation von Frauen in der Politik erklären können?

Die *Makroebene* legt den Fokus auf das gesamtgesellschaftliche Gebilde und widmet sich der Analyse von Merkmalen und Zusammenhängen auf der obersten bzw. allgemeinsten Untersuchungsebene (Fuchs et al. 1978). Zur Makroebene wird die soziale Ordnung, soziale Ungleichheit, soziale Differenzierung und sozialer Wandel gezählt (Treibel 2006: 143). Auf dieser Ebene ist die Frage zu stellen, welche Einflussfaktoren auf dieser obersten, allgemeinsten Untersuchungsebene vorzufinden sind, die Frauen im Prozess der Nominierung und der Auswahl im Wege stehen. Die verschiedenen Einflussfaktoren auf der Mikro- und Makroebene werden nun detailliert vorgestellt.

3.1.1 Mikroebene

Auf der theoretischen und empirischen Grundlage des zweiten Kapitels konnten auf der Mikroebene fünf Dimensionen identifiziert werden, die der Theorie zu Folge einen besonderen Einfluss auf die Nominierung und die Auswahl von Kandidat*innen* haben: Diese sind ...

- die biologische Grundausstattung bzw. Genetik der Kandidat/innen,
- der persönliche Hintergrund bzw. die Sozialstruktur der Kandidat/innen,
- der berufliche Werdegang bzw. die bisherige politische Laufbahn,
- kognitive Fähigkeiten und schließlich
- Persönlichkeitseigenschaften privater und beruflicher Natur.

3.1.1.1 Biologische Eigenschaften

Jeder Mensch verfügt über eine spezifische, einzigartige genetisch-biologische Ausstattung, bei der Frauen und Männer nicht nur unterschiedliche Geschlechtsorgane aufweisen, sondern sich auch hinsichtlich zahlreicher weiterer Faktoren deutlich voneinander unterscheiden, wie in Kapitel 2.2.2.2 bereits dargestellt wurde. So liegt auch die Vermutung nahe, dass eine unterschiedliche genetische Ausstattung von Frauen und Männern zur Unterrepräsentation von Frauen in der Politik führen könnte und es stellt sich hinsichtlich des fokussierten Untersuchungsinteresses grundsätzlich folgende Frage:

> Welchen Einfluss hat die genetische Ausstattung – also biologische und genetische Faktoren – einer Kandidat*in*, auf die Nominierung und den Erfolg bei Wahlen im Vergleich zu Kandidat*en*?

Insbesondere die Sozialforschung verschließt sich derartigen Diskussionen und wirft diesen biologischen Determinismus vor. Dies liegt sicherlich auch daran, dass eine genetisch-biologische Untersuchung lange Zeit nicht möglich war und die Argumente auf rein theoretischer Ebene diskutiert wurden. Inzwischen finden jedoch sogenannte „Biomarker" mehr und mehr Eingang in die empirische Sozialforschung (vgl. hierzu Schupp/Wagner 2010), weshalb dieser Faktor bei der Entwicklung eines geeigneten Analyseschemas für zukünftige Analysen berücksichtigt werden sollte.

Wie bereits erwähnt, stellt sich im Rahmen der vorliegenden Studie die Frage, inwiefern diese biologischen Unterschiede Einfluss auf die Repräsentation von Frauen in der Politik haben. Bisher gibt es hierzu keinerlei Studien, weshalb zu vermuteten ist, dass auch hier Faktoren zur Erklärung der geringeren Repräsentation von Frauen in der Politik liegen. Das biologische Genmaterial von Frauen und von Männern der Allgemeinbevölkerung müsste mit dem von erfolgreichen und erfolglosen Politiker/innen verglichen werden. Eventuell weisen gewählte Politiker/innen Unterschiede in der genetischen Struktur zur Bevölkerung auf, die grundsätzlich der Struktur von Männern ähnlicher ist. Dazu wäre die Erfassung der Körpergröße, des Hormonhaushaltes, der Muskelgruppen, des Körpergewichts, der Beschaffenheit der Brust, der Gestik oder weiterer genetischen Materials in Form von Speichel oder Blutproben der Kandidat/innen notwendig. Zum jetzigen Zeitpunkt ist es jedoch vollkommen unrealistisch, dass Wahlbewerber/innen im Rahmen von Kandidat/innenuntersuchungen derartige Proben für anschließende biologische Untersuchungen zur Verfügung stellen. Die Erhebung von „Biomarkern" steckt noch in den Kinderschuhen, weshalb theoretisch zwar zahlreiche Untersuchungen interessant und innovativ klingen, jedoch im Rahmen nachfolgender empirischer Analysen nicht realisiert werden können. Daher muss der Hinweis auf mögliche biologische Unterschiede, die potentiell Auswirkung auf die Repräsentation von Frauen in der Politik haben könnten, genügen.

3.1.1.2 Persönlicher Hintergrund

Jede Person verfügt über eine spezifische Geschichte und somit über einen persönlichen Hintergrund, mittels dessen er sich von anderen Personen unterscheidet, wobei eine Person immer auch in einer Gemeinschaft aufwächst und von ihr geprägt wird. Somit können unter dem Begriff des persönlichen Hintergrunds gleichermaßen die Sozialisation in der Kindheit, wie auch sozialstrukturelle Merkmale gefasst werden. Im Hinblick auf fokussiertes Untersuchungsinteresse stellt sich somit grundsätzlich folgende Frage:

> Welchen Einfluss hat der persönliche Hintergrund – also die Sozialisation, soziale Netzwerke und sozialstrukturelle Merkmale – einer Kandidat*in* auf die Nominierung und den Erfolg bei Wahlen im Vergleich zu Kandidat*en*?

Hierzu muss grundlegend nach dem *Lebensalter* gefragt werden: Wann ist der/die Kandidat/in geboren? Welche prägenden Erfahrungen haben die Personen in der Kindheit und politischen Sozialisation gemacht? Bernstein (1986) hat bezüglich des Alters beispielsweise herausgefunden, dass Frauen beim Antritt eines Amtes im Vergleich zu Männern älter sind, was möglicherweise an den „verlorenen" Jahren durch die Kindererziehung liegen und somit auch Aufschluss über die Unterrepräsentation von Frauen in der Politik geben kann.

Von besonderer Bedeutung ist auch die *geschlechtsspezifische Sozialisation*, d.h. in der Erziehung der Mädchen werden andere Werte und Verhaltensweisen vermittelt als in der Erziehung von Jungen. Erklärt werden kann dies beispielsweise durch die Trennung zwischen Privatheit der Frauen und Öffentlichkeit der Männer (vgl. Kapitel 2.2.3.2). Diesem Ansatz zu Folge würden einige Frauen aus ihrem sozialen Umfeld vermittelt bekommen, dass der Tätigkeitsbereich von Frauen in stärkerem Maße im privaten, pflegerischen und erzieherischen Bereich liegt, wohingegen der Bereich der Öffentlichkeit – und somit der Politik – eher dem männlichen Geschlecht vorbehalten ist, was nicht zuletzt auch in zahlreichen traditionell behafteten Familien vorgelebt wird. Eine geschlechtsspezifische Sozialisation würde demzufolge zur Unterrepräsentation von Frauen in der Politik führen.

Bei Analysen, die sich mit der Herkunft und den sozialstrukturellen Eigenschaften von Personen in Führungspositionen auseinandersetzen, ist auch die *Bildung* von zentraler Bedeutung. Eine hohe Bildung wird gemeinhin als Voraussetzung bzw. Eintrittskarte in eine höhere Funktion betrachtet. Eine hohe Bildung korreliert auch positiv mit einer hohen Partizipation bzw. Repräsentation von Frauen in der Politik (vgl. Blättel-Mink et al.1998; Powell et al. 1981; Rule 1981) ebenso wie sozialer Status und Einkommen, wobei Black und Erickson (2003) dies für Kanada nicht bestätigen konnten. Somit ist zu vermuten, dass Frauen mit höherer Bildung, höherem Einkommen und höherem Status eher nominiert werden und eher ein Mandat bekommen als Frauen mit niedriger Bildung, Einkommen und Status. Bei Männern wäre dieser Bildungseffekt dann in geringerer Weise zu identifizieren.

In Kapitel 2.2.2.2 deutete sich an, dass auch die geschlechtsspezifischen Unterschiede bei der *Aus- und Weiterbildung* Einfluss auf die weiblichen Repräsentationsraten in der Politik haben können. So ist zu untersuchen, ob Politiker/innen in stärkerem Maße Berufe erlernt haben, in denen statistisch betrachtet überdurchschnittlich häufig Männer beschäftigt sind und es sich somit auch bei dem Beruf des Politikers um einen „Männerberuf" handelt. D.h. üben erfolgreiche Kandidat/innen in stärkerem Maße „typisch männliche" Berufe aus, im Vergleich zu erfolglosen Kandidat/innen bzw. zur Bevölkerung?

Bei der Darstellung geschlechtsspezifischer Unterschiede im Theorieteil wurde ebenso auf die unterschiedliche *Erwerbstätigkeit* von Frauen im Vergleich zu Männern eingegangen (vgl. Kapitel 2.2.2.2). Dabei konnten allgemeine Unterschiede der Erwerbsquote, der Anzahl der Wochenarbeitsstunden und der Erwerbstätigkeit in Abhängigkeit von Kindern festgestellt werden. So stellt sich auch in Bezug auf die Nominierung und den Erfolg weiblicher Kandidat/innen, insbesondere bei der Bewerbung um lokale Ämter, die Frage, ob und inwiefern Frauen erwerbstätig sind und dies gegebenenfalls mit Kindern zu vereinbaren ist.

Wie erwähnt konnten Blättel-Mink et al. (1998) diesbezüglich geschlechtsspezifische Unterschiede identifizieren. Daher ist zu untersuchen, wie es um die Erwerbstätigkeit der Kandidat*innen* im Vergleich zu den Kandidat*en* bestellt ist und sich möglicherweise hieraus die Unterrepräsentation von Frauen in der Politik erklären lässt.

Im Theorieteil zum Thema Geschlecht wurde bei den sozialstrukturellen Eigenschaften festgestellt, dass der *Familienstand*, die *Kinder* und die *Rollenaufteilung* im Haushalt wichtige Indikatoren sind, um Unterschiede zwischen Geschlechtern festzustellen. Familiengründung ist häufig ein zentraler Punkt, sowohl im Leben einer Frau als auch eines Mannes. Jedoch war und ist – wie ebenso im Grundlagenteil detailliert dargestellt (vgl. Kapitel 2.2.2.2) – die Familienarbeit immer noch häufig primäres Aufgabengebiet der Frauen und nicht zuletzt mit der Frage verbunden, beruflich zurückzutreten oder sogar (vorübergehend) ganz auszusteigen. Bei Männern ist dies in deutlich geringerem Maße der Fall. Daher ist in Bezug auf das fokussierte Interesse zu untersuchen, ob und inwiefern sich die familiäre Situation von erfolgreichen im Vergleich zu erfolglosen Kandidat*innen* allgemein und im Vergleich zu den männlichen Kandidat*en* unterschiedlich gestaltet. Diesbezüglich konnte bereits festgestellt werden, dass weibliche Abgeordnete in überdurchschnittlichem Maße alleinstehende Frauen sind, dass verheiratete Frauen länger auf Nominierungen warten müssen als Männer und dass Frauen die politische Karriere eher auf die Jahre nach der Kinderzeit verlegen (Bernstein 1986; Stöss 1985; Diamond 1977). Ob dies 25 Jahre später immer noch der Fall ist, ist zu bezweifeln und empirisch zu prüfen. Schlozman et al. (1994) konnten zwar keinen Effekt des Familienstands feststellen, jedoch zeigte sich in ihrer Studie, dass Frauen mit Kindern im Vorschulalter politisch weniger aktiv sind. Allerdings konnten sie bei der Frage der aktiven politischen Mitwirkung diesen Effekt nicht mehr identifizieren. Sicherlich sind auch in diesem Kontext die Ebene und das Ausmaß der politischen Tätigkeit zu berücksichtigen.

Schließlich kann auch vermutet werden, dass sich die *Religionszugehörigkeit bzw. das Praktizieren von Religion* auf die Repräsentationschancen von Frauen in der Politik auswirkt. Hierbei kann grundsätzlich von einem eher konservativ traditionellen Verhältnis der Kirchen im Allgemeinen und speziell der katholischen Kirche in westlichen Demokratien zu Frauen im Berufsleben bzw. der Öffentlichkeit ausgegangen werden. So konnte bereits festgestellt werden, dass Protestant*innen* im Vergleich zu Katholik*innen* größere Chancen auf eine Karriere in der Politik haben (Siaroff 2000). Dies hängt sicherlich auch mit den von den verschiedenen Religionen befürworteten geschlechtsspezifischen Rollenbildern zusammen (vgl. Kapitel 2.2.3). Zu vergleichbaren Ergebnissen kamen auch Kaiser und Hennl (2008).

3.1.1.3   Politischer Hintergrund

Wenn sich eine Person um ein politisches Mandat in Form einer Kandidatur bewirbt, hat sie sich zumeist schon einen gewissen Zeitraum in der jeweiligen Partei engagiert, für bestimmte Themen eingesetzt oder zuvor für bestimmte Ämter kandidiert und bringt somit einen spezifischen politischen Hintergrund mit. In Bezug auf vorliegenden Untersuchungskontext stellt sich daher folgende Frage:

> Welchen Einfluss hat der politische Hintergrund auf die Nominierung und den Erfolg von Kandidat*innen* im Vergleich zu Kandidat*en*?

Um Aufschluss über den politischen Hintergrund eines Individuums zu bekommen, ist der *Zeitpunkt des Parteieintritts* wichtig. Die dahinterstehende These ist die, dass erstens die Chancen, erfolgreich in einer Partei zu sein, höher liegen, wenn eine Person bereits in sehr frühen Jahren – bestmöglich in den Jahren der jugendlichen Sozialisation – in die Partei eingetreten ist und sich politisch engagiert hat. Anderseits ist zweitens der Zeitpunkt des Parteieintritts auch ein Indikator für die Dauer des Beginns einer politischen Tätigkeit bis zum erfolgreichen Mandatsgewinn. Er deutet auch darauf hin, wie lange Personen bereits in den Strukturen politischer Parteien tätig sind, woraus sich auch über die Netzwerke entwickeln, die nach Verba et al. (1995) enorm wichtig für die Partizipation von Personen ist, da sie es sind, die darüber bestimmen, ob der Person bei zukünftigen Wahlen ein Mandatsplatz angeboten wird und somit darüber entscheiden, ob die Personen an der Politik teilnehmen *sollen*. Daher ist nach dem Zeitpunkt des Wahlerfolgs zu fragen, wobei davon ausgegangen werden kann, dass Frauen durchschnittlich – möglicherweise infolge von Kindererziehung – zu einem späteren Zeitpunkt in die Parteien eintreten als Männer.

Bei der Untersuchung des politischen Hintergrundes ist es auch interessant, die *Motive des Parteieintritts* zu betrachten, die eine Frau dazu bewegen, in einer Partei – auf irgendeiner Ebene – zu praktizieren. Blättel-Mink et al. (1998) konnten beispielsweise herausfinden, dass Frauen eher von anderen Personen oder der Partei insgesamt aufgefordert werden politisch aktiv zu werden, als Männer. Verba et al. (1995) stellten zudem fest, dass – ob weiblich oder männlich – die Rekrutierung seitens Anderer besonders wichtig ist für politische Partizipation. Somit ist zu fragen, ob und inwiefern Frauen eher externe als intrinsische Motivation benötigen, um politisch aktiv zu werden, oder ob Männer diese externe Motivation in stärkerem Maße erfahren.

Einige befassen sich auch mit frauenspezifischen *politischen Sachthemen*, mit denen sich Frauen im Vergleich zu Männern in bevorzugter Weise auseinandersetzen würden. Gemeinhin kommen die Untersuchungen zu dem Ergebnis, dass Frauen noch immer in Themenfeldern wie Sozial, Familien-, Frauen- und Bildungspolitik aktiv sind und sich hierfür in verstärktem Maße engagieren (Alexander/Andersen 1993; Alvarez/McCaffery 2003; Erickson 1997; Holzhauer/Steinbauer 1994). In Bezug auf die Repräsentation von Frauen in der Politik ist daher davon auszugehen, dass das Engagement für weichere, weibliche Themen die Nominierungs- und Erfolgschancen reduziert, während das Engagement für harte, männliche Themen die Chancen erhöht.

Eine mögliche Erklärung, warum Frauen in der Politik weniger repräsentiert sind als Männer, ist, dass Frauen möglicherweise in den Parteien in geringerem Maße gefördert werden. Es stellt sich Frage, ob und inwiefern *Mentoren* für erfolgreiche politische Karrieren bedeutend sind und ob Frauen hierbei einen Nachteil in der Qualität und Quantität der Mentoren erfahren. Aus dem Theorieteil kann die Vermutung abgeleitet werden, dass Mentoring auch in der Politik geschlechtsspezifisch abläuft, d.h. Politiker*innen* fördern eher weibliche Nachwuchspolitiker*innen* während Politik*er* eher männliche fördern. Dies bewirkt quantitativ und qualitativ eine Benachteiligung der Frauen und könnte eine Erklärung für die geringere Repräsentation von Frauen in der Politik sein.

Wenige Informationen sind insbesondere im longitudinalen Vergleich bekannt, über welches theoretische und praktische Fachwissen weibliche im Vergleich zu männlichen Kandidat/innen verfügen, wie sie innerparteilich und inhaltlich positioniert werden können und welche Berufserfahrung sie aufweisen. Somit handelt es sich um ein Forschungsgebiet, das durchaus intensiverer Forschung bedarf und dass hierbei grundsätzlich von einer weiblichen Benachteiligung auszugehen ist.

3.1.1.4 Kognitive Fähigkeiten

Im Theorieteil wurde unter anderem auch auf die kognitiven Unterschiede zwischen Männern und Frauen eingegangen, die in psychologischen Studien, v.a. im mathematischen und im sprachlichen Bereich, festgestellt werden konnten. Diese sind es, die immer wieder in alltäglichen Diskussionen herangezogen werden, um als Erklärungsfaktor für geschlechtsspezifische Unterschiede zu dienen. In Anbetracht des vorliegenden Untersuchungsinteresses ist daher folgende Frage zentral:

> Welchen Einfluss haben typisch männliche bzw. typisch weiblich ausgeprägte kognitive Fähigkeiten, wie z.B. räumlich-mathematisches Denken und sprachliche Fähigkeiten, auf die Nominierung und den Wahlerfolg von Kandidat*innen* im Vergleich zu Kandidat*en*?

So ist zu vermuten, dass Kandidat*innen* in geringerem Maße typisch männliche kognitive Fähigkeiten aufweisen als Kandidat*en*, wobei Personen mit stark ausgeprägten männlichen kognitiven Eigenschaften bei Wahlen erfolgreicher sind als Personen, bei denen diese Eigenschaften in geringerem Maße ausgeprägt sind. Spiegelbildliches kann von den typisch weiblichen kognitiven Fähigkeiten vermutet werden: Kandidat*innen* weisen in stärkerem Maße typisch weibliche kognitive Fähigkeiten auf als Kandidat*en,* Personen mit stark ausgeprägten weiblichen kognitiven Eigenschaften sind darüber hinaus bei Wahlen erfolgloser als Personen, bei denen diese Eigenschaften in geringerem Maße ausgeprägt sind. Schließlich darf hier der Vergleich zur Allgemeinbevölkerung nicht fehlen und so kann vermutet werden, dass sowohl die typisch männlichen als auch die typisch weiblichen kognitiven Fähigkeiten von erfolgreichen Kandidat/innen stärker ausgeprägt sind als die durchschnittliche Ausprägung der Bevölkerung. Interessant ist an dieser Stelle auch, zu fragen, wie es um die kognitiven Fähigkeiten im Vergleich zu anderen Berufsgruppen bestellt ist.

Bezüglich dieses Gegenstandes sind bisher keine einschlägigen Untersuchungen bekannt und es ist forschungstechnisch und   -ethisch nicht einfach, dieses Gebiet zu erforschen. Dennoch sollte zukünftig, ob bei Geschlechterstudien oder allgemeinen Kandidatenstudien, die intellektuelle und kognitionspsychologische Seite der politischen Akteure stärkeren Eingang in die Untersuchungen finden.

3.1.1.5   Persönlichkeitseigenschaften

Schließlich sind auf der Mikroebene bestimmte Persönlichkeitseigenschaften der Kandidat/innen interessant, die Einfluss auf die Nominierung und den Wahlerfolg haben können. Wie im Grundlagenteil bereits angedeutet, kann in Anbetracht des vorliegenden Untersuchungsinteresses zwischen geschlechtsbezogenen und berufsbezogenen Persönlichkeitseigenschaften differenziert werden. Bei erstem handelt es sich um „typisch weibliche" und „typisch männliche" Persönlichkeitseigenschaften, die insbesondere in der Vorurteilsforschung, aber auch empirisch bei Frauen und Männern nachgewiesen werden konnten (z.B. Selbstvertrauen, Konfliktlösungsfähigkeiten, Durchsetzungsstärke, Hilfsbereitschaft). Letzteres befasst sich mit besonderen Persönlichkeitseigenschaften, über die insbesondere Politiker/innen verfügen sollten (z.B. Durchsetzungsfähigkeit, Entscheidungsstärke, Vertrauenswürdigkeit). Daher stellt sich folgende Frage:

> Welchen Einfluss haben Persönlichkeitseigenschaften auf die Nominierung und den Wahlerfolg von Kandidat*innen* im Vergleich zu Kandidat*en*?

Hierbei ist es ebenso sinnvoll, Eigenschaften zu berücksichtigen, die einerseits zwischen den Geschlechtern unterschiedlich ausgeprägt sind („geschlechtsspezifische Eigenschaften") und andererseits in der Politik von besonderer Bedeutung sind („berufsbezogene Eigenschaften"). Studien haben bereits festgestellt, dass Kandidat*innen* häufiger in Zusammenhang mit typisch weiblichen Eigenschaften gebracht werden und Kandidat*en* häufiger mittels typisch männlicher Eigenschaften charakterisiert werden (Kahn/Goldberg 1991). Zudem konnte aufgezeigt werden, dass Kandidat*en* unter gleichen Versuchsbedingungen mehr Wissen, mehr Vertrauenswürdigkeit und mehr Überzeugungskraft zugesprochen bekommen als Kandidat*innen* (Aalberg/Jessen 2007). Ferner konnte entdeckt werden, dass Kandidat*innen* weniger ehrgeizig sind, sich für weniger qualifiziert halten und weniger Selbstbewusstsein haben, um für ein Amt zu kandidieren (Fox/Lawless 2004). Schließlich fanden Carlson und Boring (1981) heraus, dass Gewinner/innen – egal ob sie männlichen oder weiblichen Geschlechts sind – grundsätzlich eher über maskulinere Eigenschaften verfügen müssen, als dies Verlierer/innen tun.

So ist an dieser Stelle zunächst eine Auswahl geeigneter Eigenschaften aus geschlechtsspezifischer und politikspezifischer Sicht zu treffen und die Frage zu stellen, ob bestimmte Eigenschaften in unterschiedlichem Maße bei Frauen und bei Männern vorzufinden sind und ob diese zu höheren Erfolgschancen führen. Dabei kann vermutet werden, dass seitens der Wähler/innen eine geschlechterstereotype Kandidat/inneneinschätzung vorherrscht und typisch männliche Eigenschaften verstärkt Kandidat*en* zugesprochen werden, wobei fortführend zu untersuchen ist, ob erfolgreiche Kandidat/innen tatsächlich in stärkerem Maße über typisch männliche Eigenschaften verfügen und dies letztendlich die geringere weibliche Repräsentation erklärt.

Darüber hinaus kann noch vermutet werden, dass männliche Eigenschaften für einen Erfolg in der Exekutiven bedeutender sein könnten als in der Legislativen. Interessante neue Erkenntnisse kann an dieser Stelle auch der Vergleich der Persönlichkeitseigenschaften der Kandidat/innen mit der Allgemeinbevölkerung bringen. Ebenso kann untersucht werden, inwiefern in den Medien eine geschlechterstereotype Kandidat/innendarstellung zu beobachten ist, die dann Eingang in die Bevölkerungsmeinung nimmt.

3.1.2 Makroebene

Wie einleitend dargestellt wird bei der Betrachtung der Makroebene der Fokus auf das gesamtgesellschaftliche Gebilde gelegt. Im Grundlagenteil konnte herauskristallisiert werden, dass makrostrukturell insbesondere die politische Kultur, das Wahlsystem und die Parteien bzw. das Parteiensystem Einfluss auf die Repräsentation von Frauen in der Politik haben bzw. haben könnten. Diese Faktoren werden im Folgenden im Detail betrachtet.

3.1.2.1 Politische Kultur

Auf der Ebene der Makrostruktur ist zunächst die politische Kultur als Analysedimension und potentieller Einflussfaktor auf den Prozess der Nominierung und den Wahlerfolg von Frauen in der Politik zu nennen. In Anlehnung an die theoretischen und empirischen Darstellungen stellt sich somit folgende Frage:

> Welchen Einfluss hat die politische Kultur auf die Nominierung und den Erfolg von Kandidat*innen* im Vergleich Kandidat*en*?

Insbesondere bei international vergleichenden Studien der Repräsentation von Frauen in exekutiven und legislativen Bereichen findet die politische Kultur als erklärende Variable immer wieder Anwendung (vgl. Hoecker 1998; Reynolds 1999; Studlar/McAllister 2002). In Gesellschaften mit einer egalitären, d.h. einer politischen Kultur, die die politische bzw. soziale Gleichheit aller Bürger/innen anstrebt, fällt die Rate weiblicher Beteiligung hoch aus (Hoecker 1998; Reynolds 1999; Studlar/McAllister 2002). Diese These eines Zusammenhangs zwischen Repräsentation und politischer Kultur konnte Hoecker (1998) im europäischen Vergleich bestätigen.

Als Indikatoren zur Identifikation von unterschiedlichen politischen Kulturen eignen sich – insofern kein großflächiger politischer Systemvergleich durchgeführt werden soll – verschiedene Möglichkeiten: So könnte das Aufwachsen in ländlichem Umfeld im Vergleich zu urbanem Umfeld herangezogen werden, da insbesondere in ländlichen Gegenden die Vermittlung von geschlechtsspezifischen Verhaltensweisen stärker präsent zu sein scheint als in urbanen Gegenden. Dies hätte makrosoziologisch zur Folge, dass Kandidat*innen* aus ländlichen Gegenden geringere Chancen auf Wahlerfolge haben als Kandidat*innen* aus urbanen Gebieten. Zu klären ist hier jedoch immer im Kontext wahlsystematischer Einflussfaktoren, ob die Frauen nicht kandidieren *wollen, sollen* oder *können* oder ob sie von den Wähler/innen aufgrund ihres Geschlechts nicht gewählt werden. Hierzu sind bislang keine Untersuchungen bekannt.

Ein weiterer Indikator stellt die Religiosität in dem jeweiligen Landesteil dar. So ist beispielsweise in Bezug auf Deutschland – einem Land, das durch einen relativ katholischen Süden, einen protestantischen Norden und einen konfessionslosen Osten geprägt ist – davon auszugehen, dass sich die politische

Kultur bezüglich geschlechtsspezifischer Rollenmuster in diesen Landesteilen aufgrund religiöser Prägungen stark unterscheidet und somit im Resultat zu unterschiedlichen Repräsentationsraten von Frauen in der Politik führen kann. Ein besonders guter Indikator bei der ausschließlichen Betrachtung von Deutschland ist auch der ost-west-deutsche Vergleich, da in den beiden Landesteilen 40 Jahre unterschiedliche politische Kulturen systembedingt vorgeherrscht haben. Diesbezüglich konnte Penrose (1993) bereits Unterschiede im Partizipationsverhalten von Frauen in Ost- und Westdeutschland identifizieren. Jedoch findet auch Hampele (1993) in dem eher auf Gleichberechtigung aufgebauten ostdeutschen Teil, dass, je höher die Machtebene war, desto weniger Frauen präsent waren.

Untersuchungen der politischen Kultur können in einem Längs- und einem Querschnitt erfolgen. In einem Längsschnitt können insbesondere der Wandel der politischen Kultur und die zeitlich spezifischen Auswirkungen auf die Repräsentation von Frauen beobachtet werden. Bei einem Querschnitt kann die aktuelle Situation eines bestimmten Landes bzw. eines Landesteils detailliert betrachtet und/oder mit der Situation und dem Stand in anderen Ländern bzw. Länderteilen verglichen werden.

3.1.2.2   Wahlrecht und -system

Erst seit 1918 dürfen Frauen in Deutschland aktiv und passiv an Wahlen teilnehmen. Somit ist die Suche nach Ursachen der nicht vorhandenen politischen Beteiligung der Frauen im Parlament vor 1919 einfach und ausschließlich ein rechtlich bedingter Grund des damals geltenden Wahlrechts bzw. Wahlverbots für Frauen. Neben diesen rechtlichen Regelungen ist im Nominierungs- und Auswahlprozess von Kandidat/innen aus geschlechtsspezifischer Sicht ferner das Wahlsystem bedeutend. In Bezug auf vorliegenden Untersuchungskontext interessiert die Frage, welche Auswirkungen die institutionellen Regelungen auf die Nominierung und die Wahl von Wahlbewerber/innen im Allgemeinen und im geschlechtsspezifischen Sinne haben. Folglich steht diese Frage im Mittelpunkt:

> Welchen Einfluss hat das Wahlsystem auf die Nominierung und den Erfolg von - Kandidat*innen* im Vergleich zu Kandidat*en*?

Grundlegend ist aus zahlreichen Forschungen bekannt, dass *Mehrheitswahlsysteme* Wahlbewerber und *Verhältniswahlsysteme* Wahlbewerber*innen* begünstigen (vgl. Kapitel 2.3.3; Caul 1999; Freedman 2004; Hoecker 1995; Kostadinova 2007; Reynolds 1999; Rule 1986), wobei Moser (2001) diese These in vier postkommunistischen Ländern mit Mixed-Mode-System nicht bestätigen konnte. Schließlich konnte auch in diesem Kontext festgestellt werden, dass in Mischwahlsystemen der Logik folgend eine mittlere Repräsentation von Frauen vorzufinden ist (vgl. Reynolds 1999). Somit ist im Rahmen des Wahlsystems zu untersuchen, inwiefern Frauen über Verhältniswahlsysteme tatsächlich erfolgreicher sind als über Mehrheitswahlsysteme.

Neben dem Wahlsystem können jedoch – wie der Grundlagenteil gezeigt hat – weitere wahlsystematische Regelungen Einfluss auf die weibliche Repräsentation haben. Eine Vermutung geht dahin, dass sich die Größe eines Wahlkreises positiv auf die Repräsentation von Frauen in der Politik auswirkt (Engstrom 1987; Siaroff 2000; Reynolds 1999; Rule 1986). In der Forschung wird davon ausgegangen, dass Frauen grundlegend in Mehrpersonenwahlkreisen profitieren (Engstrom 1987; Rule 1986).

Wie bereits dargestellt, kann zudem der Wahlbewerbungsmodus differieren, bei dem zwischen starrer, loser/gebundener und freier Liste unterschieden werden kann. Je nach Modus besteht eine Abhängigkeit zwischen der Nominierung von Frauen durch die Parteien und der Wahl von Frauen durch die Wähler/innen. Starre Listen erhöhen die Macht der Parteien, während freie Listen den Wähler/innen großen Spielraum bei der Auswahl der Repräsentanten geben, wobei hier keine eindeutige Aussage getroffen werden kann, inwiefern starre oder lose Listen weibliche Kandidaturen bevorzugen bzw. benachteiligen, da hierzu – je nach politischem System – unterschiedliche Forschungsergebnisse vorliegen (vgl. hierzu Matland 2005).

Ferner wurde bei der Darstellung grundlegender wahlsystematischer Regelungen deutlich, dass die *Stimmgebung* – also, wie und wie viele Stimmen von Wähler/innen vergeben werden können – einen immensen Einfluss auf die Erfolgschancen von Frauen hat. So wird davon ausgegangen, dass mit steigender Anzahl der Stimmen auch die Anzahl der ausgewählten Frauen steigt, vorausgesetzt, dass die Parteien auch Frauen nominiert haben (vgl. hierzu Matland 2005).

Eine Frage, die nur indirekt die Umrechnung der Wählerstimmen in Mandate betrifft, ist, welche Auswirkung die *Dauer einer Amtsperiode* auf die Wahl von Frauen in ein politisches Amt hat (Carroll/Jenkins 2001). Schwindt-Bayer (2005) stellte hierzu fest, dass Frauen bei längeren Amtszeiten geringere Chancen auf ein Amt haben als Männer.

Die Frage nach den institutionellen Wirkungsweisen auf die Nominierung und Auswahl der Kandidat/innen kann – wie bereits mehrfach ersichtlich wurde – nicht getrennt von der Betrachtung der Parteien und des Parteiensystems im fokussierten Land beantwortet werden, da es die Parteien sind, die die gesellschaftlichen Kräfte bündeln und versuchen in die Politik zu implementieren und hierbei auch die Stellung der Frauen in den einzelnen Parteien zu berücksichtigen ist. Daher wird ebenso an dieser Stelle deutlich, wie wichtig es ist, das Zusammenspiel unterschiedlicher Faktoren zu betrachten.

3.1.2.3 Parteien

Parteien sind es, die in repräsentativen Demokratien im Vorfeld von Wahlen Kandidat/innen nominieren und Listen zusammenstellen. Sie haben daher auch einen entscheidenden Einfluss auf die Anzahl der weiblichen Nominierungen bei einer Wahl. Entscheidend hierbei ist, wie es um die innere Strukturierung und Organisation der Partei bestellt ist. Denn wer Macht hat und wie man an Macht kommt, legen nicht zuletzt die formellen und informellen Regelungen der einzelnen Parteien fest. Daher ist es von großer Bedeutung, diese Strukturen der Parteien zu betrachten, um möglicherweise interne, durch die Parteien bedingte Barrieren aufzudecken, welche Frauen den Zugang in die Politik versperren. Denn schließlich sind es die Parteien, die die Wahlbewerber/innen aufstellen und ihnen somit die Chance verleihen, ins Parlament zu gelangen oder nicht. Die zentrale Frage hierbei lautet folglich:

> Welchen Einfluss haben die Parteien auf die Nominierung und den Wahlerfolg von Kandidat*innen* im Vergleich zu Kandidat*en*?

Grundsätzlich wird davon ausgegangen, dass die weiblichen Partizipationsraten – je nach politischer Partei – unterschiedlich hoch sind und Parteien einen entscheidenden Einfluss im Rekrutierungs- und Nominierungsprozess einnehmen (Caul 1999; Blättel-Mink et al. 1998; Freedman 2004; Hoecker 1995; Kahlweit 1994; Kunovich/Paxton 2005; Niedermayer 2009; Schnitger 1990; Schwarting 1995; Stöss 1985). Parteien werden hierbei gerne als *Gatekeeper* betrachtet, die Frauen benachteiligen und ihnen den Weg in die Politik versperren (Ballington/Karam 2005; Caul 1999; Stöss 1985). Elke Schnitger (1990) ist der Meinung, dass Frauen gerne als *„Parteiprogramm"* fungieren – Kahlweit (1994) spricht hierbei von *„Alibi"*- bzw. *„Proporzfrauen"*.

Wie im Grundlagenteil ersichtlich, existieren zahlreiche Ansatzpunkte, mittels deren die Unterrepräsentation von Frauen in der Politik erklärt werden kann. Die *Parteiorganisation* kann beispielsweise zentralistisch oder nicht-zentralistisch angeordnet sein. Caul (1999) geht davon aus, dass zentralistische Parteien Frauen in stärkerem Maße fördern, kann dies aber nicht über die untersuchte Zeit hinweg verifizieren. Ebenso würde sich der Grad der *Institutionalisierung* der Parteien positiv auf die Repräsentation von Frauen auswirkt. Hinsichtlich der *Nominierungsebene* nimmt er an, dass Frauen bevorzugt auf niedriger Ebene nominiert werden, wobei auch er diese These nicht verifizieren konnte (vgl. Kapitel 2.3.2.2).

Zahlreiche Forscher/innen haben sich außerdem den Auswirkungen der unterschiedlichen *Parteiideologien* auf die Repräsentationsraten der Frauen gewidmet und sind der These nachgegangen, ob Parteien des linkeren Spektrums in stärkerem Maße Frauen nominieren und Frauen in diesen Parteien erfolgreicher sind, was gemeinhin auch bestätigt werden kann (Caul 1999; Darcy/Schramm 1977; Rule 1986; Siaroff 2000). Auch an dieser Stelle fällt auf, dass nicht zuletzt die Parteien, insbesondere hinsichtlich ihrer ideologischen Programmatik, eng mit der vorherrschenden politischen Kultur zusammenhängen und das ideologische Programm auch teilweise als Reaktion auf das politische Klima und die gesellschaftlichen Gruppen, betrachtet werden muss. Somit sind auch hier Zusammenhänge auf den verschiedenen Ebenen ersichtlich.

Caul (1999) geht zudem davon aus, dass sich die *Aktivitäten von Frauen in Parteien* positiv auf deren Erfolge auswirken. Das bedeutet, dass eine hohe Aktivität von Frauen innerhalb der Parteien dazu führt, dass mehr Frauen nominiert werden und diese auch größeren Erfolge haben. Dies konnte Caul (1999) in seiner länderübergreifenden, longitudinalen Untersuchung bestätigen.

Ebenso untersuchen einige Forscher/innen *Quotierungsregelungen* und kommen zu dem Schluss, dass Quotenregelungen einen positiven Effekt auf die Nominierung und den Erfolg von Frauen in der Politik haben (Caul 1999; Davidson-Schmich 2006; Hoecker 1998; Kaiser/Hennl 2008; Schmidt 2009; Schmidt/Saunders 2004).

Ferner kann in Anbetracht des Grundlagenteils die Vermutung aufgestellt werden, dass auch die *Größe der Partei* Einfluss auf die Bereitschaft der Parteien hat, Frauen zu nominieren (Stöss 1985): Kleinere Parteien weisen demnach eine größere Bereitschaft dazu auf, Frauen zu nominieren als größere Parteien, was jedoch in einem gewissen Widerspruch zur Institutionalisierungsthese von Caul (1999) steht.

Schließlich ist auch an dieser Stelle eine Interaktion zwischen wahlsystematischen Faktoren und den Parteien zu beobachten: In Wahlkreisen entscheiden die Parteien zumeist darüber, welche Kandidat/innen sie aufstellen. Wie dargestellt können Wahlkreise in „sichere" und „unsichere" Wahlkreise bzw. „stabile" oder „aussichtslose" bzw. im folgenden als „umkämpft" bezeichnete Wahlkreise unterteilt werden (vgl. Kaack 1969). Darauf aufbauend kann vermutet werden, dass Frauen in „aussichtslosen" Wahlkreisen häufiger aufgestellt werden als in „umkämpften" Wahlkreisen (vgl. hierzu Schmidt 2009, Claro da Fonseca/Espírito-Santo 2008). Diese Vermutung ist insbesondere auch in Bezug auf die Nominierungsstrategien der kleineren Parteien zu untersuchen, da diese in Mehrheitswahlsystemen ohnehin geringere Chancen haben und beispielsweise

bei einem personalisierten Verhältniswahlsystem insbesondere in den Wahlkreisen, Frauen nominieren, diesen aber auf den Listen weniger starke Berücksichtigung schenken. In diesem Fall konnte von einer systematischen Benachteiligung
der Frauen seitens der kleinen Parteien gesprochen werden.

Andere Autoren gehen ebenso auf die Erstellung der Kandidat/innenlisten
ein (Cornelißen 1993; Hellevik 1979; Hofer 2000; Stöss 1985): Ähnlich wie bei
der Nominierung in Wahlkreisen stellt Stöss (1985) fest, dass Frauen in einer
Parteiliste eher weniger aussichtsreiche Positionen erhalten, was zwar im Bereich der Nominierung zu einer stärkeren Berücksichtigung von Frauen führt,
aber dann im Prozess der Wahlen wieder ausscheiden lässt und Frauen somit zu
„Listenfüllerinnen" bzw. „Quotenfrauen" mutieren.

Im deutschen Fall bzw. in politischen Systeme, in denen ein Kandidat sowohl über eine Kandidatenliste als auch über eine Parteiliste antreten kann, kann
die *Qualität einer Kandidatur* auch in Abhängigkeit zu einer einfachen Listen-,
Wahlkreis- oder Doppelkandidatur gemessen werden. In Bezug auf die Repräsentation von Frauen in der Politik kann vermutet werden, dass Frauen in geringerem Maße Doppelkandidaturen erfahren und sich dadurch die Unterrepräsentation von Frauen in der Politik erklären lässt.

In diesem Zusammenhang stellen schließlich Studlar und Welch (1987) fest, dass
Frauen häufiger gegen Amtsinhaber antreten und somit die Nominierung von
Frauen in *negativer Abhängigkeit zu deren Wahlerfolgschancen* stehen. Dies
hängt eng mit der Beschreibung der geringeren Wahlaussichten von Frauen in
„aussichtsreichen" bzw. „umkämpften" Wahlkreisen zusammen.

3.2 Analyseschema im Überblick

Dieses Kapitel verfolgte das Ziel, die in den Theorieteilen dargestellten Sachver-
halte über Geschlecht, Wahlen und Kandidat/innen in Bezug zu der Nominierung
und den Erfolgschancen von Frauen in der Politik darzustellen. Dabei wurden
zwischen Einflussfaktoren auf der Mikro- und der Makroebene unterschieden
und jeweils verschiedene Dimensionen benannt, die spezifischen Einfluss auf die
Nominierung und den Erfolg von Frauen bei Wahlen haben können. Je nach
Untersuchungsinteresse können anhand dieser Dimensionen Forschungsschwer-
punkte gesetzt werden, um der Frage nach der Repräsentation von Frauen in der
Politik detailliert auf die Spur zu gelangen. Dabei wurde stets darauf hingewiesen, dass diese einzelnen Faktoren keinesfalls vollkommen getrennt betrachtet
werden können, da sie in unterschiedlicher Art und Weise aufeinander wirken
können, wie auch folgende Abbildung 6 illustrieren soll.

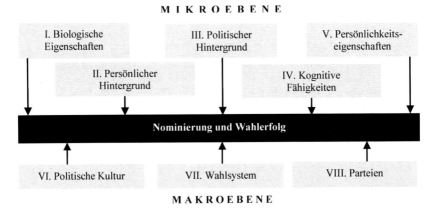

Abbildung 6: Einflussfaktoren auf die Nominierung und den Wahlerfolg von
                   Frauen

So ist davon auszugehen, dass die politische Kultur auch Einfluss auf die Sozialisation bzw. die Sozialstruktur der Individuen hat und dass sich die Herkunft
eines Individuums nicht zuletzt auch in anderen mikrostrukturellen Merkmalen
von Kandidat/innen widerspiegelt. Ferner muss der individuelle politische Werdegang stets in Bezug zum jeweils vorherrschenden Parteiensystem und den
institutionell vorherrschenden Regeln betrachtet werden.

   Aufbauend auf den theoretischen und empirischen Grundlagen wurde nun
ein umfassendes Analyseschema entwickelt und grundlegend dargestellt. Dieses
kann zukünftig bei nationalen und internationalen Analysen mit unterschiedlichster Schwerpunktsetzung zur Repräsentation von Frauen in der Politik als
Grundlage, Ausgangspunkt, Ideenpool und Idealdesign verwendet werden. Um
die Arbeit mit dem Analyseschema zu erleichtern wird dieses nun systematisch
entlang der Mikro- und der Makroebene, der verschiedenen Einflussfaktoren, der
zentralen Fragestellungen dargestellt und potentielle Wirkungsweisen der einzelnen Erklärungsfaktoren auf die Repräsentation von Frauen in der Politik hypo-
thesenartig abgeleitet.

Ebene	Einflussfaktoren	Fragestellung	Potentielle Hypothesen
MIKROEBENE	I. Biologische Eigenschaften	Welchen Einfluss hat die genetische Ausstattung einer Kandidat*in* auf die Nominierung und den Erfolg bei Wahlen im Vergleich zu Kandidat*en*?	*Körpergröße-, Körpergewicht und Muskelgruppen:* Kandidat*innen* haben ein geringeres Körpergewicht, eine geringere Körpergröße und geringer ausgebildete Muskelgruppen als Kandidat*en*, was die geringeren Nominierungs- und Wahlerfolgschancen von Frauen in der Politik erklärt. Im Vergleich zur Allgemeinbevölkerung sind Kandidat*innen* und v.a. Wahlsieger*innen* größer, schwerer und haben ausgeprägtere Muskelgruppen. *Hormone und genetische Ausstattung:* Kandidat*innen* haben eine andere, weiblich hormonelle und genetische Ausstattung, was die höheren Nominierungs- und Wahlerfolgsaussichten von Kandidat*en* erklärt. Im Vergleich zur Allgemeinbevölkerung weisen Kandidat*innen* und insbesondere Wahlsieger*innen* eine männlichere hormonelle und genetische Ausstattung auf, da sich diese positiv auf eine politische Tätigkeit auswirkt.
	II. Persönlicher Hintergrund	Welchen Einfluss hat der persönliche Hintergrund einer Kandidat*in* auf die Nominierung und den Erfolg bei Wahlen im Vergleich zu Kandidat*en*?	*Sozialisation:* Frauen mit traditioneller, geschlechterrollenvermittelnder Sozialisation finden in geringerem Maße Zugang zur Politik als Frauen mit egalitärer Sozialisation und sind daher seltener nominiert und erfolgreich. *Generation:* Frauen älterer Generationen sind aufgrund traditioneller politischer Sozialisation seltener in der Politik vertreten als jüngere Generationen. *Alter:* Frauen sind bei der Kandidatur um ein Amt älter als Männer, was Folge einer Elternpause oder einem verzögerten Zugang aufgrund von Barrieren oder geringerer parteilicher Förderung sein kann. *Bildung, Einkommen bzw. sozialer Status:* Frauen mit höherer Bildung, höherem Einkommen und höherem sozialen Status werden eher nominiert und sind eher erfolgreich als Frauen mit niedriger Bildung, Einkommen und Status. Bei Männern ist dieser Bildungseffekt in geringerer Weise zu identifizieren. *Erwerbstätigkeit:* Erfolgreiche Kandidat*innen* sind in stärkerem Maße vollzeitig beschäftigt als erfolglose Kandidat*innen*. *Familienstand, Kinder, Kinderalter bzw. Rollenaufteilung:* Erfolgreiche Kandidat*innen* haben seltener Kinder bzw. ältere Kinder als erfolgreiche Kandidat*en* und erfolglose Kandidat*innen*. Verheiratete Frauen sind erfolgreicher als unverheiratete Frauen. Kandidat*innen* müssen sich in stärkerem Maße als Kandidat*en* um den Haushalt kümmern. *Konfession:* Erfolgreiche Kandidat*innen* gehören häufiger der protestantischen Kirche an als der katholischen. Ein derartiger Unterschied ist bei Kandidat*en* nicht zu beobachten.

Ebene	Einflussfaktoren	Fragestellung	Potentielle Hypothesen
MIKROEBENE	III. Politischer Hintergrund	Welchen Einfluss hat der politische Hintergrund auf die Nominierung und den Erfolg von Kandidat*innen* in der Politik im Vergleich zu Kandidat*en*?	*Zeitpunkt des Parteieintritts:* Infolge von Kindern und Mutterschaft treten Frauen im Durchschnitt später in die Parteien ein als Männer. *Motive für Parteieintritt:* Frauen und Männer unterscheiden sich hinsichtlich der Motive des Parteieintritts dahingehend, dass Frauen eher intrinsische Motive verfolgen, um politisch aktiv zu werden, während Männer eher externe Motivationen durch Freunde und Bekannte erfahren. *Interesse für politische Sachthemen:* Kandidat*innen* und Kandidat*en* interessieren sich für unterschiedliche politische Sachthemen: Frauen interessieren sich eher für „weiche" Themen (z.B. Sozial- und Bildungspolitik), während sich Männer eher für „harte" Themenfelder (z.B. Außen- und Sicherheitspolitik) interessieren. Das Interesse an typisch männlichen Themenfeldern führt in stärkerem Maße zum Wahlerfolg. *Politische Tätigkeit in politischen Themenfeldern:* Frauen und Männer besetzen zum Zeitpunkt der Nominierung unterschiedliche Ämter. D.h. Frauen sind eher in „weichen" Themenfeldern aktiv, während Männer eher in „harten" tätig sind, wobei die Tätigkeit in harten Themenfeldern in stärkerem Maße zum Wahlerfolg führt. *Mentor/innen:* Die Mentor/innenqualität von Nachwuchspolitiker/innen unterscheidet sich aus geschlechtsspezifischer Sicht. D.h. Mentoring erfolgt geschlechtsspezifisch: Frauen fördern eher Frauen und Männer eher Männer, was sich quantitativ und qualitativ für Frauen negativ auswirkt. *Führungspositionen:* Kandidat*innen* sind zum Nominierungszeitpunkt seltener in Führungspositionen tätig als Kandidat*en*. Eine Tätigkeit in Führungspositionen erhöht die Wahlerfolgschancen. *Soziales Netzwerk:* Das soziale Netzwerk der Kandidat*en* ist besser als das der Kandidat*innen*: So verfügen Frauen insgesamt sowohl quantitativ wie auch qualitativ über weniger Kontakte als Männer, was sich schlechter auf Nominierungs- und Wahlchancen auswirkt.

Ebe-ne	Einfluss-faktoren	Fragestellung	Potentielle Hypothesen
MIKROEBENE	IV. Kognitive Fähigkeiten	Welchen Einfluss haben typisch männliche bzw. typisch weiblich ausgeprägte kognitive Fähig-keiten auf die Nominierung und den Wahlerfolg von Kandidat*innen* im Vergleich zu Kandidat*en*?	*Mathematisch-räumliche Fähigkeiten:* Kandidat*innen* weisen in geringerem Maße typisch männliche kognitive Fähigkeiten (wie z.b. mathematisch-räumliche Fähigkeiten) auf als Kandidat*en*. Personen mit stark ausgeprägten männlichen Eigenschaften sind bei Wahlen erfolgreicher. *Sprachliche Fähigkeiten:* Kandidat*innen* weisen in stärke-rem Maße typisch weibliche kognitive Fähigkeiten (wie z.b. sprachliche Fähigkeiten) auf als Kandidat*en*. Perso-nen mit stark ausgeprägten weiblichen Eigen-schaften sind bei Wahlen erfolgloser. *Vergleich zur Allgemeinbevölkerung:* Sowohl die typisch männlichen als auch die typisch weiblichen kognitiven Fähigkeiten von erfolgreichen Kandidat/innen sind stärker ausgeprägt als die durchschnittliche Ausprägung der Bevölkerung.
MIKROEBENE	V. Persönlichkeitseigenschaften	Welchen Einfluss haben Persönlich-keitseigenschaften auf die Nominie-rung und den Wahlerfolg von Kandidat*innen* im Vergleich zu Kandidat*en*?	*Geschlechterstereotype Kandidat/inneneinschätzung seitens der Wähler/innen:* Typisch männliche Persönlich-keitseigenschaften werden in stärkerem Maße Kandidat*en* im Vergleich zu Kandidat*innen* zugesprochen. *Männliche Eigenschaften führen zu mehr Erfolg:* Bei erfolgreichen Kandidat/innen sind typisch männliche Eigenschaften stärker ausgeprägt als bei erfolglosen Kandidat/innen. *Männliche Eigenschaften sind in der Exekutiven wichtiger als in der Legislativen:* Bewerber/innen in der Exekutiven müssen in stärkerem Maße über „typisch männliche" Eigenschaften verfügen als Bewerber/innen der Legislati-ven. *Vergleich zur Allgemeinbevölkerung:* Kandidat*innen* verfügen in deutlich stärkerem Maße über männliche Eigenschaften, als Frauen der Gesamtbevölkerung. *Stereotype Mediendarstellung:* In den Medien werden Kandidat*innen* in stärkerem Maße mittels typisch weibli-cher Eigenschaften und Kandidat*en* mittels typisch männ-licher Eigenschaften dargestellt, was sich dann auch in der Wähler/innenmeinung widerspiegelt.

Ebene	Einflussfaktoren	Fragestellung	Potentielle Hypothesen
MAKROEBENE	VI. Politische Kultur	Welchen Einfluss hat die politische Kultur auf die Nominierung und den Erfolg von Kandidat*innen* im Vergleich zu Kandidat*en*?	*Traditionelle politische Kulturen führen zu geringeren weiblichen Repräsentationsraten:* In Ländern mit traditioneller politischer Kultur sind Kandidat*innen* erfolgloser als in Ländern mit egalitärer politischer Kultur. *Ländliche und urbane Gegenden:* Kandidat*innen* aus ländlichen Gegenden sind erfolgloser als Kandidat*innen* aus urbanen Gebieten infolge der dort vorherrschenden unterschiedlichen politischen Kulturen. *Katholische, protestantische und konfessionslose Herkunft:* Kandidat*innen* aus katholischen Religionsgegenden sind erfolgreicher als Kandidat*innen* aus protestantischen Gegenden im Vergleich zu Kandidat*en*. Am erfolgreichsten sind Kandidat*innen* aus konfessionslosen Gegenden. *Ost-West-Herkunft:* Kandidat*innen* aus östlichen Teilen mit sozialistischer Vergangenheit haben aufgrund unterschiedlicher geschlechtsspezifischer politischer Kulturen höhere Chancen auf ein Mandat als Kandidat*innen* aus dem Westen. *Generationseffekt:* Die Wirkungsweise der politischen Kultur unterscheidet sich in den verschiedenen Wähler/innengenerationen: In jüngeren Generationen wirkt sich die politische Kultur eines Landes in geringerem Maße aus als in älteren Generationen.
MAKROEBENE	VII. Wahlrecht und -system	Welchen Einfluss hat das Wahlsystem auf die Nominierung und den Erfolg von Kandidat*innen* im Vergleich zu Kandidat*en*?	*Mehrheits- und Verhältniswahlsysteme:* Kandidat*innen* sind in Rahmen von Wahlen mit Verhältniswahlregelung erfolgreicher als bei Wahlen mit Mehrheitswahlregelung. *Größe des Wahlkreises:* Kandidat*innen* haben in Mehrpersonenwahlkreisen größere Chancen nominiert und gewählt zu werden als in Einpersonenwahlkreisen. Hier kann ein proportionaler Effekt vermutet werden: Mit steigender Anzahl der zur Wahl stehenden Mandate steigen die Chancen der Frauen nominiert und gewählt zu werden. *Starre, lose-gebundene und freie Listen:* Die Repräsentation von Frauen ist von der Art der Listenzusammenstellung abhängig, wobei – je nach politischem System und politischen Parteien – spezifische Hypothesen zu entwickeln sind. *Stimmenanzahl:* Mit steigender Stimmenanzahl der Wähler/innen steigen die Chancen der Kandidat*innen*, gewählt zu werden. Auch hier ist ein proportionaler Effekt zu erwarten, d.h. mit steigender Anzahl der Stimmen steigt proportional die Chance für Frauen, gewählt zu werden. *Qualität der Wahlkreiskandidatur:* Frauen werden eher in „umkämpften" Wahlkreisen als in „aussichtsreichen" nominiert. *Qualität der Listenkandidatur:* Frauen werden in Listen eher auf die hinteren Plätze gesetzt als Männer und fungieren somit in stärkerem Maße als „Listenfüller*innen*".

Ebe-ne	Ein-flussfak-toren	Fragestellung	Potentielle Hypothesen
MAKROEBENE	VIII. Parteien	Welchen Einfluss haben die Parteien auf die Nominie-rung und den Wahlerfolg von Kandidat*innen* im Vergleich zu Kandidat*en*?	*Doppelkandidatur:* Frauen werden in geringerem Maße doppelt abgesichert, d.h. sie kandidieren seltener sowohl im Wahlkreis als auch auf der Liste. *Parteiorganisation:* Zentralistisch organisierte Parteien nominieren Frauen in stärkerem Maße als nicht-zentralistisch organisierte Parteien. *Institutionalisierungsgrad:* Je stärker eine Partei instituti-onalisiert ist, desto eher werden Frauen nominiert. *Ideologie:* Parteien des linken ideologischen Spektrums nominieren Frauen in stärkerem Maße. In Parteien des linken Spektrums sind Frauen erfolgreicher. *Aktivität von Frauen:* In Parteien mit hohen Aktivitätsra-ten von Frauen werden Frauen in stärkerem Maße nomi-niert. *Quotierungsregel:* Je höher die Aktivität von Frauen in einer Partei ist und je linksorientierter das vorherrschende politische Klima ist, desto eher wird in einer Partei eine Quotierungsregel für Frauen eingeführt. In Parteien mit Quotierungsregelungen haben Frauen größere Nominie-rungs- und Wahlchancen. *Größe der Partei:* Kleinere Parteien haben eine größere Bereitschaft Frauen zu nominieren. Besonders viele Frauen werden von den kleinen Parteien in Wahlkreisen nominiert, da diese wenig Aussicht auf Erfolg haben.

Tabelle 1: Analyseschema

Nachdem dieses umfassende Analyseschema sowie zentrale Fragestellungen und Hypothesen vorgestellt wurden, erfolgt nun die empirische Untersuchung der Nominierung und des Wahlerfolgs von Frauen zu Wahlen zum Deutschen Bundestag im Längs- und Querschnitt. Nachfolgendes Kapitel stellt dar, wie es um die beschriebenen Erklärungsfaktoren in Deutschland bei Bundestagswahlen bestellt sind und ob diese aus theoretischer Sicht die Unterrepräsentation von Frauen im Bundestag erklären können.

4 Einflussfaktoren auf weibliche Kandidaturen zum Bundestag

Das soeben dargestellte Analyseschema ist umfassend und länderübergreifend, weshalb im Rahmen des nachfolgenden empirischen Teils nicht alle Analysedimensionen und Unterkategorien untersucht werden können. Im Mittelpunkt der empirischen Analyse soll die Repräsentation von Frauen im Deutschen Bundestag im Längs- und im Querschnitt stehen. Bevor die Hypothesen dargestellt werden, erfolgt daher zunächst die detaillierte Betrachtung der soeben präsentierten, potentiell wirkenden Einflussfaktoren: Hierbei stellt sich die Frage, welche Faktoren einen Beitrag zur Erklärung der weiblichen Repräsentationsraten im Deutschen Bundestag liefern können. Faktoren, die für den deutschen Fall irrelevant sind, werden ausgespart.

4.1 Mikroebene

Zunächst ist es relativ einfach, sämtliche Einflussfaktoren auf der Mikroebene als potentiell relevant zu bezeichnen, da diese grundsätzliche Faktoren sind, die die Repräsentation von Frauen im Deutschen Bundestag beeinflusst haben könnten bzw. noch immer tun. So ist davon auszugehen, dass Sozialisation, Generation, Alter, Bildung, Beruf, Erwerbstätigkeit, Familienstand, Kinder(zahl), Rollenaufteilung in einer Partnerschaft, Zeitpunkt des Parteieintritts, kognitive und persönlichkeitsbezogene Fähigkeiten und Eigenschaften bei erfolgreichen im Vergleich zu erfolglosen Kandidat/innen einen unterschiedlichen geschlechtsspezifischen Einfluss ausüben können. Daher werden – insofern dies die Datenlage zulässt – die verschiedenen Mikrofaktoren im Rahmen dieser Arbeit berücksichtigt.

4.2 Makroebene

In Anbetracht des dargestellten Analyseschemas sind es vor allem die Faktoren auf der Makroebene, die grundlegendes Innovationspotential bei der Erklärung der Unterrepräsentation von Frauen in der deutschen Politik im Längs- und im

Querschnitt haben. Daher soll im Rahmen der nachfolgenden Analyse ein Schwerpunkt auf der Untersuchung der Wirkungsweise der makrostrukturellen Einflussfaktoren liegen. Hierzu werden nun die spezifischen Ausprägungen dieser Makrostrukturen in Deutschland detailliert dargestellt.

4.2.1 Politische Kultur

Im Rahmen des Analyseschemas wurden zunächst makrostrukturelle Wirkungen der politischen Kultur auf die Repräsentation von Frauen in der Politik vermutet. Dabei wurde davon ausgegangen, dass in Ländern mit traditioneller politischer Kultur Kandidat*innen* erfolgsloser sind als in Ländern mit egalitärer politischer Kultur. Doch wie ist es um die politische Kultur in Deutschland bestellt und welche Auswirkungen sind auf die Repräsentation von Frauen in der Politik zu erwarten? Zahlreiche Studien haben sich mit der politischen Kultur in Deutschland auseinandergesetzt (vgl. Pickel/Pickel 2006; Schissler 1981; Schissler/Berg-Schlosser 1987). Im Rahmen der vorliegenden Untersuchung ist insbesondere die gesellschaftliche Orientierung gegenüber der politischen Rolle von Frauen bedeutend: Welche unterschiedlichen Vorstellungen herrschen hierzu in einer Gesellschaft vor? Können strukturelle Unterschiede im Untersuchungsgegenstand festgemacht werden?

Im Falle der Bundesrepublik Deutschland fallen zunächst die Unterschiede auf, die sich aus einer konservativen politischen Kultur mit starken christlichen und insbesondere katholischen Verwurzelungen zeigen (Fuchs 2010). Wie bereits im Rahmen der Einflussfaktoren vermutet wurde, ist auch bei der Betrachtung der Repräsentation von Frauen im Bundestag zu erwarten, dass Kandidat*innen* aus Bundesgebieten mit einem hohen Anteil an Katholiken geringere Chancen haben, nominiert bzw. gewählt zu werden im Vergleich zu protestantischen und in noch stärkerem Maße in konfessionslosen Gegenden.

Doch in Deutschland lässt sich die Wirkung der politischen Kultur auf die weibliche Repräsentation zudem in einer einzigartigen Weise beobachten, die sich als Folge aus der 40-Jährigen Trennung zwischen Ost- und Westdeutschland ergibt: Zahlreiche Untersuchungen haben bereits die langzeitige Wirkung der unterschiedlichen politischen Systeme und Kulturen betrachtet (vgl. Neller et al. 2002; Niedermayer/von Beyme 1996; Westle/Gabriel 2009). Teilweise können deutliche Unterschiede in Bezug auf die vorherrschenden Geschlechterrollen und -stereotypen und die sozialstrukturelle Integration der Frauen im öffentlichen Leben zwischen Ost- und Westdeutschland festgestellt werden. In Folge dieses unterschiedlichen Frauenbildes im östlichen und westlichen Teil der Republik ist davon auszugehen, dass sich dies auf die Nominierung und den Erfolg von Frauen bei der Kandidatur auf ein Bundestagsamt ausgewirkt hat und möglicherweise immer noch tut. Frauen im östlichen Teil der Republik waren zudem stärker in den Arbeitsmarkt integriert, sodass sich möglicherweise dieser bereits dargestellte sozialstrukturelle Aspekt zusätzlich positiv auf die Repräsentationschancen von Frauen auswirkt.

Zwar konnte bereits im Grundgesetz der Bundesrepublik Deutschland unter Druck von Elisabeth Selber die Gleichberechtigung in Artikel 3 aufgenommen werden, jedoch waren die Frauen bis in die 1970er Jahre durch das Bürgerliche Gesetzbuch dazu verpflichtet, ihren Familien- und Haushaltspflichten nachzukommen. Sofern sie diesen nicht nachkamen, hatten die Ehemänner bspw. die Möglichkeit, das Beschäftigungsverhältnis ihrer Frauen ohne deren Zustimmung zu kündigen. Dies änderte sich zwar 1976 durch Reformen des Ehe- und Familienrechts, jedoch war der Ehemann immer noch nicht ausdrücklich zur Teilnahme an Erziehung und Haushalt verpflichtet, was einer Abwertung der weiblichen Berufstätigkeit zugunsten der Familienarbeit und des Haushaltes gleichkommt (vgl. hierzu auch Heß 2010; Joosten 1990; Rust 2001). Auch die Familienpolitik in der Bundesrepublik Deutschland war nicht auf die Berufstätigkeit der Frauen mit Kindern ausgerichtet, was einer reproduktionsfördernden Politik mit mangelnder Bereitschaft an Kinderbetreuungsangeboten abzulesen ist. In den 1980er Jahren wuchs zwar die Erwerbstätigkeitsrate der Frauen, jedoch war damit keinesfalls eine Umverteilung der Familien- und Haushaltsarbeit verbunden, sondern vielmehr eine Doppelbelastung der Frauen. Somit blieben die patriarchalen Verhältnisse aufrechterhalten (Heß 2010; vgl. hierzu Kapitel 2.2.2.2).

Im östlichen Teil der Republik wurden die Frauen frühzeitig ins Erwerbssystem integriert, formal im Arbeitsmarkt gleichgestellt und ein Recht auf gleiche Bildung eingeräumt. De jure hatten die Ehepartner seit 1965 die gleichen Rechte und Pflichten in Bezug auf Haushalt und Kinder. De facto waren jedoch auch in der ehemaligen DDR Frauen hauptverantwortlich für Haushalt und Familie. Allerdings muss festgehalten werden, dass die Frauen auf ein breites Angebot an Kinderbetreuungsmöglichkeiten zurückgreifen und somit Beruf und Familie besser vereinbaren konnten als im westlichen Teil (Notz 2005).

Daher stellt sich in Bezug auf die politische Kultur in Deutschland die Frage, ob und inwiefern Unterschiede zwischen erfolgreichen und erfolglosen Kandidat*innen*, die im östlichen und im westlichen Teil der Republik sozialisiert wurden, zu identifizieren sind: Sind in Ostdeutschland sozialisierte Kandidat*innen* erfolgreicher als in Westdeutschland sozialisierte? Es ist davon auszugehen, dass diese gesetzliche Verankerung der Stellung der Frau zentralen Einfluss auf die Repräsentation von Frauen im Beruf und daher auch in der Politik zur Folge hat.

4.2.2 Wahlregelungen und Wahlsystem

Das Wahlsystem der Bundestagswahlen in Deutschland trägt Züge der Verhältnis- und der Mehrheitswahl und ist als personalisiertes Verhältniswahlrecht bekannt, bei dem jede/r Wähler/in über zwei Stimmen verfügt: Mit der ersten Stimme werden Wahlkreiskandidat/innen und mit der zweiten Stimme eine Parteiliste auf Länderebene gewählt.

Im Vergleich zu zahlreichen anderen Wahlsystemen bietet das deutsche personalisierte Verhältniswahlsystem daher besondere und einzigartige Möglichkeiten, um den Einfluss von Mehr- und Verhältniswahlsystemen auf die Repräsentation von Frauen zu untersuchen. Durch das personalisierte Verhältniswahlsystem kann an ein und demselben System, mit ein und denselben Kontextfaktoren die jeweilige Wirkung des Mehrheits- und des Verhältniswahlsystems auf die Repräsentation von Frauen im Parlament untersucht werden. Hier ist zu fragen, wie viele Frauen über die Elemente des Mehrheitswahlsystems und wie viele über die des Verhältniswahlsystems in den Deutschen Bundestag gelangen. Diesbezüglich hat bereits Beate Hoecker (1994) eine deskriptive Untersuchung der gewählten Abgeordneten durchgeführt und kam zu dem Ergebnis, dass der Weg der Frauen in den Bundestag zumeist über die Landesliste ihrer Partei führt und stellte zudem fest, dass sich das Verhältnis von Wahlkreis- zu Listenmandat im günstigsten Fall bei den Frauen auf 1 zu 2,4 im Jahr 1990 und im ungünstigsten Fall 1972 auf 1 zu 6,5 beläuft. Für den letzteren Fall bedeutet dies, dass pro weibliches Wahlkreismandat 6,5 weibliche Listenmandate bei der Wahl realisiert wurden (Hoecker 1994). Detaillierte, aktuelle und insbesondere statistisch kontrollierte Erkenntnisse liegen jedoch nach Kenntnis der Autorin hierzu bisher nicht vor und sollen im Rahmen dieser Untersuchung geleistet werden.

Im Laufe der Bundestagswahlen hat sich auch die Zahl der Abgeordneten und Wahlkreise verändert. Bei der Darstellung der Wirkungsweise der wahlsystematischen Faktoren auf die Repräsentation der Frauen in der Politik wurde darauf hingewiesen, dass eine höhere Anzahl an zur Verfügung stehenden Mandaten die Chancen von Frauen erhöht. Dies kann im Rahmen der Bundesrepublik Deutschland nur in eingeschränktem Maße untersucht werden und potentielle Kontextfaktoren können hierbei ebenso wirksam sein. 1990 wurde die Zahl auf 656 Mandate erhöht, jedoch vergrößerte sich dabei auch das Wahlgebiet insgesamt durch die Wiedervereinigung und auf die potentielle Wirkung des östlichen, konfessionslosen Gebietes wurde bereits hingewiesen. Reduziert wurde die Anzahl der Mandate wiederum 2002 auf 599 Mandate. Daher könnte bei dieser Wahl im Vergleich zur Wahl 1998 untersucht werden, ob die Verkleinerung des Bundestages Auswirkungen auf die weibliche Repräsentation hatte. Ein Blick auf den prozentualen Anteil der Frauen im Deutschen Bundestag zeigt nur, dass seit 2002 eine Stagnation der Erhöhung des weiblichen Anteils zu verzeichnen ist (vgl. hierzu Abbildung 2 in Kapitel 1), was möglicherweise eine Konsequenz dieser Reduktion ist.

Die Einteilung der Wahlkreise zwischen zwei Bundestagswahlen wird von einer Wahlkreiskommission überwacht, die darauf achtet, dass in jedem Wahlkreis ungefähr gleich viele Bürger/innen leben. Die maximale Abweichgrenze vom Durchschnitt liegt hier bei 15 Prozent. Sobald die Bevölkerungsgröße kleiner oder größer als der Durchschnitt ist, muss ein Wahlkreis neu eingeteilt werden, was zumeist auch die Neueinteilung umliegender Wahlkreise zur Folge hat (Bundeswahlgesetz: §3, Abs. 3). Diese Veränderungen führen zu immensen Problemen in der nachfolgenden Analyse, wie sich noch zeigen wird. Denn ein Ziel der Untersuchung besteht auch darin, zu analysieren, ob und inwiefern Frauen bei der Besetzung von „aussichtsreichen" Wahlkreisen bevorzugt bzw. benachteiligt werden. Dies wird über den Erfolg einer Partei bei der vorherigen Wahl operationalisiert. D.h., dass Wahlkreise dann als aussichtsreich angesehen werden, wenn sie bei der vorherigen Wahl mit 10 Prozentpunkten und mehr Vorsprung von der jeweiligen Partei gewonnen werden konnte (vgl. hierzu Kapitel 6).

In der folgenden Analyse gilt es daher zu klären, ob Unterschiede zwischen erfolgreichen und erfolglosen Kandidat/innen im Hinblick auf das Wahlsystem identifiziert werden können. Besonderer Schwerpunkt soll hierbei auf die Elemente des Mehrheits- und Verhältniswahlsystems gelegt werden und auf die Frage, ob Frauen auf Listen, die auf dem Prinzip der Verhältniswahl beruhen, erfolgreicher sind als in Wahlkreisen, oder ob auch hier das Phänomen der „Quotenfrau" nachgewiesen werden kann. Können zudem geschlechtsspezifische Unterschiede bei der Nominierung von „aussichtsreichen" und „umkämpften" Wahlkreisen seitens der Parteien identifiziert werden? Ebenso ist zu fragen, ob Frauen als Listenfüller*innen* dienen und insbesondere am Ende der Kandidat/innenlisten zu finden sind. Die letzteren Fragen nach der Wirkungsweise von Listen- vs. Wahlkreiswahlen hängen in starkem Maße mit den Nominierungsstrategien der Parteien zusammen, die nun betrachtet werden sollen.

4.2.3 Parteien

Maßgeblich am Nominierungsprozess beteiligt sind die Parteien. Um die Wirkungsweise der Parteien in Deutschland auf den Nominierungsprozess und das Wahlergebnis ausreichend einschätzen zu können, ist es sinnvoll, kurz die grundsätzlichen Schwerpunkte der einzelnen Parteien und insbesondere deren Positionierung zur Stellung der Frau in der Gesellschaft zu betrachten und – falls vorhanden – Quotierungsregelungen der Parteien, vorzustellen, bevor anschließend auf den Ablauf der Nominierungsprozesse eingegangen wird.

4.2.3.1   Frauen in den Parteien

Die *SPD* ist die älteste Partei im deutschen Parteiensystem (Marschall/Strünck 2010). Sie wurde Ende des 19. Jahrhunderts gegründet, richtete sich damals am revolutionären Marxismus aus, nahm aber mit dem Godesberger Grundsatzprogramm 1959 Abstand von den planwirtschaftlichen Gedanken. Im Berliner Grundsatzprogramm von 1989 näherte sich die SPD alternativen Strömungen an und sah sich als ein Reformbündnis der alten und der neuen sozialen Bewegungen, die mehr gesellschaftliche Egalität und einen ökologischen Umbruch forderten. Mit der Regierungsübernahme 1998 diagnostizierten zahlreiche Autoren eine neue Sozialdemokratie, die sich nicht nur als Fürsprecherin eines gut ausgebauten Sozialstaates, sondern auch als Fördererin der Beschäftigungsfähigkeit, insbesondere durch Bildung, sieht (Marschall/Strünck 2010; Rudizio 2006; Sachs 2011).

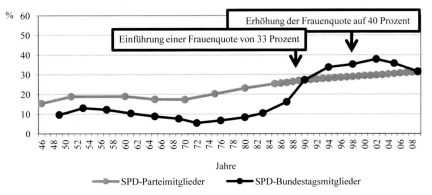

Quellen: Davidson-Schmich/Kürschner 2011; Deutscher Bundestag 2009; Feldkamp 2005: 158-159; Hoecker 1995: 75-87; Holtzapfel 2006: 56; Niedermayer 2009: 15, 2011: 373; Sauer/Wöhl 2011: 6; Schindler 2000: 634-637.

Abbildung 7: SPD-Frauenanteil an Partei- und Bundestagsmitglieder im Zeitverlauf (in %)

In Bezug auf vorliegendes Untersuchungsinteresse lässt sich aufgrund der starken Verwurzelung in der Chancengleichheit und dem Egalitätsgedanken vermu-

ten, dass die SPD in deutlich stärkerem Maße Frauen in der Politik fördert, insbesondere seit den 1970ern und verstärkt seit Ende der 1990er Jahre (vgl.
hierzu Kinzig 2007; Kittilson 2006), was letztendlich auch in steigenden Frauenanteilen
an Parteimitgliedern und Bundestagsmandaten mündet, wie die Abbildung 7
illustriert. Daher verwundert es auch nicht, dass die SPD bereits 1988 eine Frauenquote von 33 Prozent für alle Ämter und Mandate einführt (Brüssow 1996;
Davidson-Schmich/Kürschner 2011; Honnen 1988). Sie strebte an, bis in das
Jahr 1998 den Frauenanteil im Parlament auf 40 Prozent zu erhöhen, was auch
zehn Jahre später noch nicht erreicht werden konnte.

Die *Unionsparteien CDU und CSU* gründeten sich 1945, haben aber programmatisch insbesondere auf Vorstellungen der Zentrumspartei zurückgegriffen
(Hopp et al. 2010; Zolleis 2008). Nach der Wiedervereinigung kam es 1994 zu
einem neuen Grundsatzprogramm, in welchem die Balance zwischen Individuum
und Gemeinschaft, die Betonung von Leistung und Markt bei sozialem Aus-
gleich, das Festhalten an der Europäischen Einigung und einer freien Weltwirt-
schaft als zentrale programmatische Punkte beschrieben wurden (Schäfer 2010;
Zolleis 2008). Grundsätzlich spricht sich auch die christlich-konservative Union
inzwischen für eine Gleichberechtigung von Frauen in Beruf und Familie aus
(Rudizio 2006), ebenso wie für eine nachhaltige Mitwirkung auf allen politischen Ebenen. Am Essener Parteitag 1985 wurden *„Leitsätze der CDU für eine
neue Partnerschaft zwischen Mann und Frau"* verabschiedet (CDU 1985; vgl.
hierzu auch Andersen/Woyke 2003) und im Grundsatzprogramm von 1994 ist
von einer *„Aufwertung der Familienarbeit"* die Rede (CDU 1994; vgl. hierzu
auch Kürschner 2009).

Die Auseinandersetzung mit der Stellung von Frauen in der Partei ist insgesamt bei den Unionsparteien von zahlreichen Brüchen und teilweise Widersprü-
chen geprägt. Besonders deutlich ist dies bei der Betrachtung der Positionierung
von Frauen in der CSU zu erkennen. Im 30-Punkte-Plan von 1946 wurde die
Rolle von Frauen als Hausfrau und Mutter festgeschrieben, wobei bereits 1957
die stärkere Einbeziehung der Frauen in den Arbeitsprozess anerkannt wurde,
allerdings sollten Mütter durch entsprechendes Kindergeld für den Arbeitsmarkt
entbehrlich sein (vgl. Schäfer 2010). Im Laufe der Emanzipationsbestrebungen
der 1960er Jahre wurde auch in der CSU die Forderung nach Geschlechtergleichheit laut, die auch im Grundsatzprogramm festgeschrieben wurde, allerdings stand der Beruf der Hausfrau noch immer unter besonderem Schutz. Seit
1993 wird zudem mehr Mitverantwortung der Männer für Familienarbeit festgeschrieben und 2007 wurde die Gleichberechtigung dann als Fundament der Ge-
sellschaftsordnung definiert (Schäfer 2010). So kann zusammenfassend auch in
den Unionsparteien ein emanzipatorischer Fortschritt verzeichnet werden, jedoch
wird noch immer an einem traditionellen Familien- und Frauenbild festgehalten.

Allerdings muss hier angemerkt werden, dass in der Union sowohl konservative als auch liberal-progressive Flügel im Bereich der Familien- und Frauenpolitik zu identifizieren sind (vgl. Schmidt 2007; Süssmuth 1990).

Dennoch kamen auch die Unionsparteien der gesellschaftlichen Forderung der Erhöhung des weiblichen Anteils in den politischen Parteien nach und versuchten erstmals 1994 eine Frauenquote von einem Drittel einzuführen, scheiterten damit jedoch. Das Frauenquorum wurde in der CDU erstmalig 1996 eingeführt (Andersen/Woyke 2003; Davidson-Schmich/ Kürschner 2011), hält aber genügend Hintertüren auf, um einen geringeren Anteil an Frauen auf politisch korrektem Wege bereits im Nominierungsprozess zu ermöglichen. So ist im Statut der CDU von 2003 die Gleichstellung von Männern und Frauen zwar geregelt: Frauen sollen demnach „ (...) an Parteiämtern in der CDU und an öffentlichen Mandaten mindestens zu einem Drittel beteiligt sein" (CDU 2003: §15, Abs. 2). Wenn dieses sogenannte „Frauenquorum" im ersten Wahlgang nicht erreicht wird, dann ist diese Wahl jedoch ungültig. Im zweiten Wahlgang muss dieses Frauenquorum nicht mehr erfüllt werden, was der Partei Spielraum offen hält. Bei Direktkandidaturen für die Wahlen auf den verschiedenen Ebenen hat der Vorstand der jeweiligen Ebene die Aufgabe „ (...) auf eine ausreichende Beteiligung von Frauen hinzuwirken" (CDU 2003: §15, Abs. 4). Bei der Aufstellung von Listen „ (...) soll das vorschlagsberechtigte Gremium unter drei aufeinander folgenden Listenplätzen jeweils mindestens eine Frau vorschlagen. Wahlkreiskandidatinnen sollen dabei vorrangig berücksichtigt werden" (CDU 2003: §15, Abs. 5). Wenn eine ausreichende Berücksichtigung von Frauen auf den Listen nicht gelingt, dann muss das ausreichend begründet werden.

Eher allgemein und nicht messbar hat es die CSU bis 2010 mit dem Thema einer Quoteneinführung gehalten. Hier hieß es nur „ Bei allen Wahlen sind Frauen zu berücksichtigen" (vgl. Kürschner 2009: 20). Insbesondere 2009 entbrannte innerhalb der CSU eine große Debatte, ob nun auch in der CSU eine Quote eingeführt werden soll (vgl. hierzu Kürschner 2010; Süddeutsche Zeitung 2009; Süddeutsche 2010). Die Einführung einer Quote innerhalb der CSU wurde auf dem Parteitag 2010 beschlossen und seither sind auf Landes- und Bezirksebene 40 Prozent der Ämter weiblich zu besetzen (Auer 2010; Frasch 2010).

In Bezug auf die Frage nach der Repräsentation von Frauen in den Unionsparteien ist somit zu vermuten, dass Frauen – insbesondere in den Anfangsjahren der Bundesrepublik– aufgrund des ideologischen und programmatischen Standpunktes der Unionsparteien, deutlich unterrepräsentiert waren und bis heute noch – trotz einer weiblichen Kanzlerin – Frauen mit geschlechtsbedingten Aufstiegsbarrieren zu kämpfen haben. Diese Vermutungen bestätigen sich bei einem Blick auf nachfolgende Abbildung 8.

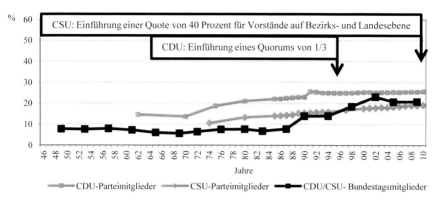

Quellen: Davidson-Schmich/Kürschner 2011; Deutscher Bundestag 2009; Feldkamp 2005: 158-159; Hoecker 1995: 75-87; Holtzapfel 2006: 56; Niedermayer 2009: 15, 2011: 373; Sauer/Wöhl 2011: 6; Schindler 2000: 634-637.

Abbildung 8: CDU/CSU-Frauenanteil an Partei- und Bundestagsmitglieder im Zeitverlauf (in %)

Hier ist erstens deutlich zu erkennen, dass sowohl in der CDU und verstärkt noch in der CSU der Frauenanteil der Mitglieder relativ niedrig ausfällt. Bei der CDU war 2011 gut jedes vierte Mitglied weiblich; in der CSU war noch immer nicht einmal jedes fünfte Parteimitglied weiblichen Geschlechts. Und auch der Blick auf den Frauenanteil im Bundestag zeigt, dass das 1/3-Quotum keineswegs annähernd erreicht wird. Seit der Wahl 2002 ist vielmehr ein Sinken des weiblichen Parteianteils im Bundestag zu beobachten. In Anbetracht des Untersuchungsinteresses ist hierbei insbesondere zu fragen, ob und inwiefern Frauen in den Unionsparteien als Listenfüller*innen* oder Quotenfrauen eingesetzt werden. Besonders interessant ist zudem die Beobachtung, dass auch noch nach Einführung des Frauenquorums der Frauenanteil an Mitgliedern den Anteil an Abgeordneten übersteigt. Bei der SPD konnte demgegenüber festgestellt werden, dass bereits kurze Zeit nach der Einführung der Frauenquote die anteiligen, weiblichen Mitglieder von den Frauen im Bundestag übertroffen werden konnte und dies somit als ein Zeichen der Wirksamkeit der Quoteneinführung gewertet werden könnte.

Die *FDP* gilt als traditionelle Partei des Liberalismus (vgl. hierzu Dittberner 2010; Leuschner 2007). Sie setzt sich für Freiheit, Bürgerrechte, den freien Markt und die freie Konkurrenz ein. Mit den Freiburger Thesen von 1971 formulierte sie einen sozialen Liberalismus, bei welchem die Freiheit und die Rechte nicht nur als Garantien des Individuums gegen den Staat betrachtet werden, sondern sah diese auch als soziale Chancen im Alltag der Bürger/innen (Dittberner 2010; Leuschner 2010; Rudizio 2006). Allerdings sieht die FDP keineswegs, wie etwa die SPD, Chancengleichheit als Ergebnisgleichheit an, sondern vielmehr das Ziel, dass jedem die gleichen Startbedingungen geben werden (Schmidt 2007). Liberalismus und die Freiheit der Marktkräfte wird von der FDP großgeschrieben, weshalb sie auch als Wirtschaftspartei und Arbeitgeberpartei bezeichnet wird. Bis in die 1990er Jahre kam der FDP die Stellung als „Zünglein an der Waage" zu: Sie fungierte sowohl als Koalitionspartner der SPD als auch der Unionsparteien und hatte somit viel Einfluss auf die Regierungspolitik Deutschlands (Dittberner 2010; Leuschner 2010).

Für vorliegende Untersuchung ist die Stellungnahme der Partei zu Frauen von besonderem Interesse. Die FDP ist eine Partei, die das Individuum stark betont und daher von traditionellen Vorstellungen – ähnlich wie von klerikalen Vorstellungen im Allgemeinen – Abstand nimmt und alternative Formen des Privatlebens akzeptiert und hierfür eintritt. Für die FDP „(...) sind alle Lebensgemeinschaften wertvoll (...)" und „(...) Lebenspartnerschaften müssen mit der Ehe gleichgestellt werden, insbesondere im Steuerrecht, bei Adoptionen und im Beamtenrecht (...)" (FDP 2009: 35). Obwohl sich die Liberalen gegen eine staatliche Rundum-Erziehung einsetzen und die Eigenverantwortung der Eltern betonen, setzen sie sich für „(...) einen bedarfsgerechten Ausbau qualitativ hochwertiger Betreuungsangebote für Kinder ab dem ersten Lebensjahr und die Schaffung von flexiblen Arbeitszeitmodellen (...)" ein (FDP 2009: 36). Durch die Abschaffung der Lohnsteuerklasse V würde die Vereinbarkeit von Familie und Beruf gewährleistet und die Wiedereinstiegsmöglichkeiten verheirateter Mütter ins Berufsleben verbessert werden (FDP 2009). Für vorliegende Analyse bedeutet dies, dass Frauen auf der Grundlage der politischen Tradition der FDP schon sehr früh in der FDP Fuß gefasst haben müssten und diese im Nominierungsprozess in starkem Maße berücksichtigt worden sind. Deutliche Unterschiede im Vergleich zu den Unionsparteien sind jedoch bei einem Blick auf die nachfolgende Abbildung 9 nicht zu erkennen.

Hier ist vielmehr zu sehen, dass Frauen auch in der FDP noch immer deutlich unter 25 Prozent weiblichen Geschlechts sind. Interessant ist auch zu beobachten, dass seit den 1960er Jahren der Frauenanteil in den Parteien deutlich angestiegen ist, sich jedoch seit Anfang der 1990er Jahren auf einem Niveau zwischen 20 und 25 Prozent eingependelt hat. Ebenso ist zu beobachten, dass die Anstiege des Parteimitgliederanteils nur partiell bei den gewählten Bundestagsmitgliedern zu beobachten sind. Inzwischen weist die FDP jedoch einen höheren Frauenanteil an Bundestagsabgeordneten auf als an Parteimitgliedern, was darauf hindeutet, dass Frauen seit 2002 bewusst für erfolgversprechende Positionen nominiert werden und überdurchschnittliche Erfolgschancen im Vergleich zu den Männern verbuchen. Jedoch sind die Unterschiede hierbei – wenn man nachfolgend die Zahlen bei dem Bündnis 90/Die Grünen und Die Linke betrachtet – als niedrig einzustufen.

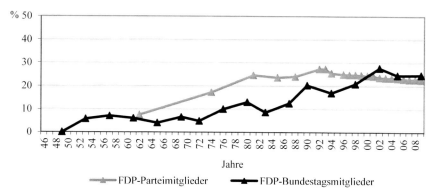

Quellen: Davidson-Schmich/Kürschner 2011; Deutscher Bundestag 2009; Feldkamp 2005: 158-159; Hoecker 1995: 75-87; Holtzapfel 2006: 56; Niedermayer 2009: 15, 2011: 373; Sauer/Wöhl 2011: 6; Schindler 2000: 634-637.

Abbildung 9: FDP-Frauenanteil an Partei- und Bundestagsmitglieder im Zeitverlauf (in %)

Festzuhalten ist außerdem, dass sich die FDP inzwischen als einzige Partei auch nicht auf eine konkrete Erhöhung des Frauenanteils in Form einer Quote festlegt. Sie strebt nur eine *„gleichwertige Repräsentation von Frauen und Männern in allen Gremien der Gesellschaft an"* (vgl. Kürschner 2009: 19). Somit stellt sich die Frage, wie es um die Nominierung und die Wahlchancen der Frauen in der FDP tatsächlich bestellt ist.

Die Wurzeln von *Bündnis 90/Die Grünen* liegen in den neuen sozialen Bewegungen der 1970er Jahre, die sich für Umweltschutz, Anti-Atomkraft, Frauen und Frieden eingesetzt haben, wobei das Thema Umweltschutz eines der Hauptanliegen in den Gründungsjahren war und auch noch immer ist. Neben diesen „grünen" Wurzeln nennt Rudizio (2006) aber weitere „rote", die am linken Rand der Wählerschaft zu finden sind, antikapitalistische Ziele verfolgen und sich in stärkerem Maße bei den Grünen durchgesetzt haben (vgl. hierzu auch Poguntke 1993). Manfred G. Schmid (Schmidt 2007: 94) sieht im Bündnis 90/Die Grünen ein *„ (...) Produkt des Wertewandels vom Materialismus zum Postmaterialismus (...)"*, was auch an der programmatischen Ausrichtung im Wahlprogramm 1980 abgelesen werden kann. Hier formieren sie die Grünen nicht nur als ökologische Partei, sondern auch als Partei, die sozial-egalitär und pazifistisch-neutralistisch handelt und sich für alternative Lebensformen einsetzt (vgl. Poguntke 1993). Mit der Regierungsübernahme 1998 zeigte sich aber auch, dass die Grünen eine strenge Machtpolitik verfolgen und einen „ *(...) elastischen Pazifismus, der mittlerweile militärische Eingriffe zulässt (...)* " (Schmidt 2007: 94) vertreten.

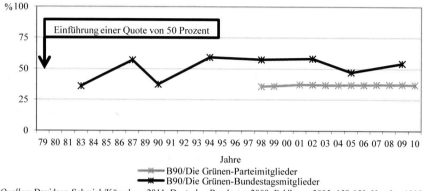

Quellen: Davidson-Schmich/Kürschner 2011; Deutscher Bundestag 2009; Feldkamp 2005: 158-159; Hoecker 1995: 75-87; Holtzapfel 2006: 56; Niedermayer 2009: 15, 2011: 373; Sauer/Wöhl 2011: 6; Schindler 2000: 634-637.

Abbildung 10: Bündnis 90/Die Grünen-Frauenanteil an Partei- und Bundestagsmitglieder im Zeitverlauf (in %)

Der Ursprung des Bündnisses 90/Die Grünen – der unter anderem auch in der Frauenbewegung zu finden ist – lässt sehr stark vermuten, dass Frauen in dieser Partei nicht nur als Wähler*innen*, sondern auch als aktive Politiker*innen* große Chancen haben. Dies zeigt auch die bereits 1979 eingeführte Frauenquote, die darauf abzielt, 50 Prozent der Mandate von Frauen zu besetzen (Brüssow 1996; Davidson-Schmich/Kürschner 2011). Die starke Stellung der Frauen in der Partei ist auch sehr gut dem Frauenstatut zu entnehmen:

> Wahllisten sind grundsätzlich alternierend mit Frauen und Männern zu besetzen, wobei den Frauen die ungeraden Plätze zur Verfügung stehen (Mindestparität). Frauen können auch auf den geraden Plätzen kandidieren. Reine Frauenlisten sind möglich.   (Bündnis 90/Die Grünen 2009: §1)

Ebenso wird in diesem Frauenstatut auf die paritätische Besetzung diverser Präsidien, Gremien oder Rednerlisten eingegangen und in den sogenannten „*Grünen Regeln*", der Satzung des Bundesverbandes der Grünen, die besondere Stellung der Frauen in der Gesellschaft dargestellt (Bündnis 90/Die Grünen 2009). Allerdings muss an dieser Stelle die Frage stehen, ob die Grünen zwar nicht die

Frauen benachteiligen, aber dafür die Männer, die in der Gesellschaft nahezu gleich stark wie die Frauen vertreten sind, jedoch beim Bündnis 90/Die Grünen geringere Chancen auf einen Wahlerfolg – dem Frauenstatut und den Grünen Regeln zur Folge – haben. Dass Frauen im Bündnis 90/Die Grünen keinesfalls benachteiligt und unterrepräsentiert sind, zeigt auch die Abbildung 10 die erneut die Frauenanteile der Partei- und der Bundestagsmitglieder prozentual abbildet.

    Hinsichtlich der Parteimitgliederzahlen liegen für die Zeit vor 1998 keine Angaben vor. Nach 1998 ist jedoch nachweislich zu beobachten, dass der Anteil der Frauen im Deutschen Bundestag bei dem Bündnis 90/Die Grünen den Frauenanteil in allen bisher dargestellten Parteien deutlich übersteigt. Ebenso ist dieser deutlich höher als der Frauenanteil an Parteimitgliedern. Zwar konnte auch bei der SPD und der FDP dieses Phänomen beobachtet werden, jedoch in keinem Fall in der Stärke, wie es beim Bündnis 90/ Die Grünen der Fall ist.

    Schließlich greift die *Die PDS/Die Linke*, welche auch als Nachfolgepartei der Staatspartei der ehemaligen DDR bezeichnet wird, theoretisch auf marxistisch-sozialistisches Gedankengut zurück und formierte sich Anfang der 1990er Jahre in der PDS neu. Diese ist nach dem Grundsatzprogramm von 1993 nicht allein von marxistischem Gedankengut geleitet, sondern nimmt auch klassische Strömungen der Arbeiterbewegung und der revolutionären Bewegung auf (Rudizio 2006; Spier 2007). Die PDS konnte zu Beginn insgesamt Erfolge in den neuen Bundesländern verbuchen, im westlichen Teil der Republik stellten sich diese jedoch in deutlich geringerem Maße ein. Doch die SPD kündigte bereits 2003 eine umfassende Sozialreform mit tiefgreifenden Einschnitten an. Dadurch vermissten viele SPD-Mitglieder, -Anhänger und -Sympathisanten den Kern der alten Partei, weshalb nicht zuletzt im Januar 2005 die WASG in Göttingen gegründet wurde (Stoy/Schmid 2011). Für weitere zwei Jahre hatten die PDS – die sich im Juni 2005 zur Linkspartei.PDS umbenannte – und WASG somit unterschiedliche geographische Aktionsfelder. Im März 2007 entschieden sich die beiden Parteien zum Zusammenschluss und treten seither unter dem Namen DIE LINKE auf (Stoy/Schmid 2011)[16].

    In Bezug auf Frauen und Familie setzt sich die Linke für eine „ *(...) staatliche Lenkung der Gleichstellung in der Privatwirtschaft, der Kinderbetreuung sowie im Sozial- und Steuerrecht (...)* " ein (Kürschner 2009: 21), wobei Kürschner auch feststellt, dass diese Forderungen weniger präzise als bei den anderen Parteien festgeschrieben sind. Jedoch gehen die Linken in ihrem Programm 2007 die stärkste Verpflichtung bezüglich der Geschlechtergleichheit ein. So wird in §10 Abs. 4 und 5 eine Quote von über 50 Prozent beschrieben:

---

[16] Um sowohl auf ihren Ursprung als auch die Veränderungen einzugehen wird im Rahmen dieser Arbeit die Bezeichnung "PDS/Die Linke" verwendet.

(4) Bei Wahlen von Vorständen, Kommissionen, Arbeitsgremien und Delegierten sind grundsätzlich mindestens zur Hälfte Frauen zu wählen. Ist dies nicht möglich, bleiben die den Frauen vorbehaltenen Mandate unbesetzt, eine Nachwahl ist jederzeit möglich. Kreis- und Ortsverbände, deren Frauenanteil bei weniger als einem Viertel liegt, können im Einzelfall Ausnahmen beschließen.

(5) Bei der Aufstellung von Wahlbewerberinnen und Wahlbewerbern für Parlamente und kommunale Vertretungskörperschaften ist auf einen mindestens hälftigen Frauenanteil in der Fraktion bzw. in der Abgeordnetengruppe hinzuwirken. Bei Wahlvorschlägen sind einer der beiden ersten Listenplätze und im Folgenden die ungeraden Listenplätze Frauen vorbehalten, soweit Bewerberinnen zur Verfügung stehen. Hiervon unberührt bleibt die Möglichkeit der Versammlung, einzelne Bewerberinnen abzulehnen. Reine Frauenlisten sind möglich.   (Die Linke 2010: §10, Abs. 4-5)

Demnach ist auch bei den Linken eine vergleichsweise hohe Repräsentationsrate von Frauen im Deutschen Bundestag zu erwarten, was auch der Blick in die Empirie bestätigt.

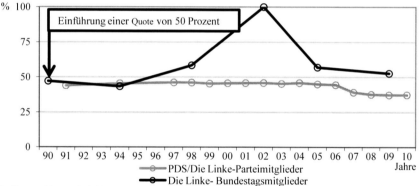

Quellen: Davidson-Schmich/Kürschner 2011; Deutscher Bundestag 2009; Feldkamp 2005: 158-159; Hoecker 1995: 75-87; Holtzapfel 2006: 56; Niedermayer 2009: 15, 2011: 373; Sauer/Wöhl 2011: 6; Schindler 2000: 634-637.

Abbildung 11: PDS/Die Linke-Frauenanteil an Partei- und Bundestagsmitglieder im Zeitverlauf (in %)

Ähnlich wie beim Bündnis 90/Die Grünen liegt der Anteil der Frauen im Bundestag ab 1998 stets über dem Anteil der weiblichen Parteimitglieder. Zudem muss an dieser Stelle festgehalten werden, dass die PDS/Die Linke von allen Parteien den höchsten weiblichen Mitgliederanteil hat. Knapp unter 50 Prozent der Mitglieder sind weiblich. Der Anteil der Frauen im Bundestag liegt bei ca. 60 Prozent mit Ausnahme der Wahl 2002. Hier beläuft sich der Anteil auf 100 Pro-

zent. Dies liegt aber daran, dass bei der Bundestagswahl 2002 die PDS/Die Linken nur zwei Direktkandidat*innen* gewinnen konnten.

Nachdem nun die einzelnen Parteien hinsichtlich ihrer programmatischen
Zielsetzung, der Stellung der Frauen innerhalb der Parteien und den damit in
Verbindung stehenden Quotenregelungen dargestellt und die tatsächlichen Frauenanteile an Mitgliedern und Bundestagsabgeordnete eingegangen wurden, stellt
sich abschließend die Frage, wie und auf welchem Weg die Kandidat/innen in
den Parteien nominiert werden.

4.2.3.2   Kandidatennominierung in den Parteien

Im Parteiengesetz wird nur in §17 sehr knapp die Aufstellung der Wahlbewer-
ber/innen beschrieben (Parteiengesetz 2011). Hier heißt es nur, dass die Aufstellung von Wahlbewerber/innen zur Volksvertretung in einer geheimen Abstim-
mung in den Parteien erfolgen müsse und die Aufstellung im Wahlgesetz und in
den Satzungen der Parteien zu regeln sei.

Zunächst kann bei der Kandidat/innennominierung grundlegend zwischen
der Nominierung von Wahlkreiskandidat/innen und Listenkandidat/innen differenziert werden. Wie bereits erwähnt, darf nach dem Bundeswahlgesetz eine
Partei in jedem Wahlkreis nur eine/n Kandidaten/in und in jedem Bundesland
nur eine Liste vorschlagen, die dem Kreiswahlleiter bzw. dem Landeswahlleiter
bis spätestens 66 Tage vor der Wahl zu melden ist[17]. Die Nominierten müssen
ihrer Nominierung schriftlich zustimmen. 58 Tage vor der Wahl muss dann der
Kreiswahlausschuss über die Zulassung der Kreiswahlvorschläge entscheiden
(Bundeswahlgesetz 2011; Hong 2005).

Das Bundeswahlgesetz sieht vor, dass die Kandidat/innen, die von einer
Partei nominiert werden, in einer Mitglieder- oder Vertreterversammlung gewählt werden müssen. Die Regelungen der Einberufung dieser Versammlungen
und den Wahlmodus selbst regelt jede Partei für sich. Der Ablauf und das Proze-
dere der Nominierung und der Auswahl variieren nicht nur nach Parteien sondern auch nach jeweiligem Landesverband bzw. Wahlkreis (Bundeswahlgesetz
2011; Hong 2005). Wie diffus und unterschiedlich diese Vorgehensweise und
damit in Verbindung stehende Wirkungsweise auf der Nominierungsebene sind,
versucht Marion Reiser in ihrem Habilitationsprojekt *„Innerparteilicher Wettbewerb: Institutionelle Regeln, informelle Mechanismen und Ergebnisse der
Kandidatenaufstellung in den Wahlkreisen zur Bundestagswahl 2009"* festzustellen (Reiser 2012).

---

[17] Auch parteilose Kandidat/innen können in Wahlkreisen antreten, insofern es ihnen gelingt mindestens 200 Unterschriften zu sammeln.

Wie soeben dargestellt, haben die Parteien im Prozess der Kandidatennominierung eine hervorgehobene Stellung. Daher ist in diesem Kontext auch häufig von innerparteilicher Demokratie die Rede und es wird diskutiert, ob diese Verfahrensweise den Anforderungen von Demokratien tatsächlich nachkommt und ob diese angemessen kontrolliert werden (Hong 2005). Insbesondere wird diese Kritik bei der Nominierung „aussichtsreicher" Wahlkreise bzw. Listenplätze geäußert, wenn also bereits vor der Wahl davon ausgegangen werden kann, dass der Nominierte in den Bundestag einzieht:

> Für die Entscheidung über den Einzug des Direktkandidaten in den Bundestag ist hier also nicht so sehr die Entscheidung durch das Votum des Wählers am eigentlichen Wahltag ausschlaggebend, als vielmehr das zuvor stattfindende Nominierungsverfahren der im Wahlkreis vorherrschenden Partei.   (Hong 2005: 23-24)

Erste Ergebnisse bezüglich der Nominierung von Kandidat/innen im Wahlkreis liegen von Reiser (2011) inzwischen vor[18]. Grundlegend können Wahlkreiskandidat/innen über Delegierten- und Mitgliederversammlungen nominiert werden. Reiser (2011) konnte feststellen, dass 30,3 Prozent der Kandidat/innen über Mitglieder- 69,7 Prozent über Delegiertenversammlungen nominiert wurden und somit Delegiertenversammlungen – entgegen der These von Schüttemeyer und Sturm (2005) – noch immer das bedeutendste Mittel zur Nominierung von Wahlkreiskandidat/innen darstellt. Sehr interessant ist hierbei ferner, dass deutliche parteiliche Unterschiede in der Nominierungsversammlung festgestellt werden können, wobei Mitgliederversammlungen gemeinhin als basisdemokratischeres Verfahren angesehen werden können: Während in der CDU immerhin 52,5 Prozent der Kandidat/innen in Mitgliederversammlungen gewählt werden, sind es bei der PDS/Die Linken nur 38,3 Prozent, bei der SPD 14,4 Prozent und bei der CSU sogar 0 Prozent. Ebenso unterscheiden sich die Größe von Mitglieder- und Delegiertenversammlungen deutlich: Durchschnittlich umfassen die Delegiertenversammlungen 109 Personen und Mitgliederversammlungen 240 Personen, die somit mehr als doppelt so groß sind.

In der Praxis der Nominierung von Wahlkreiskandidat/innen haben nach Sontheimer und Bleek (2002) Personen, die bereits ein Mandat im Bundestag innehaben, besonders große Chancen erneut nominiert zu werden. Sie sind der Meinung, dass höchstens 25 Prozent der Nominierungen tatsächlich auf Kampfabstimmungen innerhalb der Parteigremien beruhen, da zumeist die Kandi-

---

[18] Datengrundlage ihrer Untersuchung bilden teilnehmende Beobachtungen von zehn Nominierungskonferenzen und die Betrachtung von 654 Nominierungen von Wahlkreiskandidaten: 299 Nominierungen der SPD, 254 Nominierungen der CDU, 45 Nominierungen der CSU, 56 Nominierungen der Linken in Ostdeutschland. Nominierungen der FDP, Bündnis90/Die Grünen und Linkspartei in Westdeutschland sind von der Analyse ausgeschlossen.

dat/innen im Vorhinein feststehen. Zu einem vergleichbaren Ergebnis kommt Reiser (2011), die auch die Konkurrenzsituation bei Nominierungsveranstaltungen untersuchte und mit der Frage verbindet, ob in diesen Nominierungsveranstaltungen tatsächlich die Wahlkreiskandidat/innen ausgewählt werden oder ob sie vielmehr benannt werden und keine Gegenkandidat/innen antreten. In nur 23 Prozent der Wahlkreiskonferenzen wurde tatsächlich zwischen zwei oder mehr Kandidat/innen ausgewählt. Wie nicht anders zu erwarten haben 91,5 Prozent der Amtsinhaber, die erneut in einem Wahlkreis antreten oder bei der vergangenen Wahl über die Liste in den Bundestag gekommen sind, keine Gegenkandidat/innen. Erstaunlicherweise zeigt sich jedoch, dass auch in 57,1 Prozent der vakanten Wahlkreise kein Wettbewerb stattfindet und nur ein Kandidat zur Auswahl steht.

Die Nominierung der Wahlkreiskandidat/innen ist vornehmlich für die sogenannten „großen" Parteien CDU/CSU und SPD von hervorgehobener Bedeutung. Zwar gewinnen auch die kleinen Parteien, wie die Linke oder das Bündnis 90/Die Grünen, in manchen Wahlkreisen Direktmandate, jedoch ist dies vergleichsweise selten der Fall. Z.T. werden jedoch die Wahlkreiskandidat/innen in eher als „umkämpft" einzuordnenden Wahlkreisen auch durch die Zuteilung von vorderen Listenplätzen abgesichert.

> Somit ist auch für die Listenwahl nicht so sehr der allgemeine Wahltag entscheidend, sondern vielmehr die Nominierung der Listenkandidaten und die Bestimmung der Listenreihenfolge innerhalb der Partei.   (Hong 2005: 24)

Sontheimer und Bleek (2002) und auch Kremer (1984) haben Kriterien formuliert, die von den Parteien bei der Zusammenstellung von Listen in unterschiedlichem Maße berücksichtigt werden – aber keinesfalls berücksichtigt werden müssen. So würden Personen mit angestammten Ansprüchen, aus zentralen Regionen des Landes und von zentralen Interessensgruppen innerhalb der Landespartei berücksichtigt werden. In Bezug auf Letzteres weist beispielsweise die CDU/CSU verschiedenen Interessensgruppen feste Plätze zu und die SPD berücksichtigt die regionale Untergliederung der Kandidat/innen (Sontheimer/Bleek 2002). Ebenso werden teilweise die Frauenquoten bei der Zusammenstellung der Listen berücksichtigt. Nach Sontheimer und Bleek (2002) spielt im Rahmen der Kandidat/innennominierung die parlamentarische Qualität der Kandidat/innen keine besonders große Rolle. Vielmehr sollten die Kandidat/innen – insbesondere wenn sie im Wahlkreis antreten möchten – über gute Kontakte zur örtlichen Parteiorganisation verfügen und eine gewisse Verbundenheit mit dem Wahlkreis haben. Vergleichbares beobachtet auch Reiser (2011) für Wahlkreiskandidat/innen.

Schließlich kann an dieser Stelle festgehalten werden, dass die Parteizentralen auf Bundesebene einen relativ geringen Einfluss auf den Prozess der Kandidatennominierung haben und die Wahlkreise bzw. Landesebene großen Einfluss ausüben. Daher scheint in Bezug auf die Parteien in der folgenden Untersuchung besonders interessant zu sein, ob geschlechtsspezifische Unterschiede bei der Nominierung in Bezug auf „aussichtsreiche" und „aussichtslose" bzw. „umkämpfte" Listen- und Wahlkreisplätze zu identifizieren sind, was sowohl bei den großen als auch den kleinen Parteien interessant sein dürfte. Ebenso stellt sich die Frage nach geschlechtsspezifischen Unterschieden bei der Platzierung auf der Landesliste: Werden Frauen in stärkerem Maße auf die hinteren Plätze gesetzt als Männer und fungieren so daher in stärkerem Maße als „Listenfüller*innen*"? Zudem stellt sich die Frage, ob geschlechtsspezifische Unterschiede bezüglich der Nominierung entlang der ideologischen Positionen der Parteien zu finden sind: Werden Frauen in Parteien des linken Spektrums häufiger und auf aussichtsreicheren Plätzen nominiert? Schließlich sei noch der Einfluss von Quotenregelungen auf die Nominierung und den Wahlerfolg von Frauen zu berücksichtigen.

5 Hypothesen

Nun werden auf der Grundlage des bereits dargestellten Analyseschemas Hypothesen für die Untersuchung von geschlechtsspezifischen Einflussfaktoren auf
die Nominierung und den Erfolg von Wahlbewerber*innen* bei Bundestagswahlen
in Deutschland vorgestellt. Diese wurden in Anbetracht der dargestellten theoretischen und empirischen Grundlagen, der in Deutschland geltenden Einflussfaktoren und unter Berücksichtigung verfügbarer bzw. herstellbarer Daten entwickelt.

Hypothesen zum persönlichen Hintergrund:

- *Alter:* Kandidat*innen* sind älter als Kandidat*en*, insbesondere die erfolgreichen Kandidat*innen*.
- *Bildung:* Kandidat*innen* sind höher gebildet als Kandidat*en*, insbesondere
  die erfolgreichen Kandidat*innen*.
- *Beruf:* Kandidat*innen* haben häufiger typisch „weibliche" Berufe, insbesondere erfolglose Kandidat*innen*.
- *Familienstand:* Kandidat*innen* sind seltener verheiratet als Kandidat*en*,
  insbesondere erfolgreiche Kandidat*innen*.
- *Konfession:* Kandidat*innen* weisen seltener eine katholische Religionszugehörigkeit auf als Kandidat*en*, insbesondere die erfolgreichen Kandidat*innen*.

Hypothesen zum politischen Hintergrund:

- *Zeitpunkt des Parteieintritts:* Kandidat*innen* treten zu einem späteren Zeitpunkt in die Partei ein als Kandidat*en*, insbesondere erfolglose Kandidat*innen* (d.h. ein früher Parteieintritt erhöht die Erfolgschancen).
- *Interesse für politische Sachthemen:* Kandidat*innen* interessieren sich in
  stärkerem Maße für „weiche" Politikfelder wie Sozial- oder Umweltpolitik,
  während sich Kandidat*en* eher für „harte" Felder wie Außen- und Sicherheitspolitik interessieren. Das Interesse für „weiche" Politikfelder verringert
  die Erfolgsaussichten; das Interesse für harte Themenfelder wirkt sich positiv auf den Wahlerfolg aus.

Hypothesen zu Persönlichkeitseigenschaften:

▪ *Geschlechterstereotype Kandidat/inneneinschätzung seitens der Wähler/innen:* Kandidat*innen* werden von den Wähler/innen in stärkerem Maße „typisch weibliche" Eigenschaften (z.B. Teamfähigkeit, Naivität) zugeschrieben als Kandidat*en*, denen eher typisch männliche Eigenschaften (z.b. Durchsetzungsfähigkeit, Risikobereitschaft) zugeschrieben werden.

▪ *Männliche Eigenschaften führen zu höheren Wahlerfolgschancen:* Die Zuschreibung von männlichen Eigenschaften erhöht die Wahlchancen sowohl bei den Kandidat*innen* als auch den Kandidat*en*.

Hypothesen zur politischen Kultur:

▪ *Herkunft aus katholischen Bundesländern:* Kandidat*innen* werden seltener im katholischen Teil der Republik nominiert und gewählt als im restlichen Teil der Republik.

▪ *Herkunft aus östlichen Bundesländern:* Kandidat*innen* werden häufiger im östlichen Teil der Republik nominiert und gewählt als im westlichen Teil der Republik.

Hypothesen zum Wahlsystem:

▪ *Nominierung im Mehrheits- und Verhältniswahlsystem:* Kandidat*innen* werden in stärkerem Maße im Rahmen des Verhältniswahlsystems (Landesliste) nominiert als im Rahmen des Mehrheitswahlsystems (Wahlkreis).

▪ *Erfolgschancen im Mehrheits- und Verhältniswahlsystem:* Kandidat*innen* haben höhere Wahlchancen im Rahmen einer Listenkandidatur als im Rahmen einer Wahlkreiskandidatur.

▪ *Doppelte Absicherung:* Wahlkreisbewerber*innen* werden seltener durch aussichtsreiche Listenplätze abgesichert als Wahlkreisbewerb*er* (sogenannte „Doppelkandidatur").

▪ *Qualität der Platzierung bzw. Nominierung:* Kandidat*innen* werden häufiger in „umkämpften" Wahlkreisen und auf „aussichtslosen" Listenplätzen nominiert.

Hypothesen zu Parteien:

▪ *Ideologie:* Kandidat*innen* werden häufiger von Parteien des linken Spektrums nominiert als von Parteien des rechten Spektrums. In Parteien des linken Spektrums haben Frauen darüber hinaus höhere Aussichten auf Wahlerfolge. Diese ideologischen Unterschiede sind sowohl bei Listen- als auch Wahlkreisnominierungen und -erfolgen zu beobachten

▪ *Quotierungsregel:* In Parteien mit Quotierungsregelungen werden Frauen häufiger nominiert und sind erfolgreicher als in Parteien ohne Quotierungsregeln.

6 Daten und Methoden

6.1 Daten

Es gibt einige Datensätze, mittels derer die Untersuchungen von verschiedenen Einflussfaktoren auf die Unterrepräsentation von Frauen in der deutschen Bundespolitik möglich sind. Diese weisen jedoch auch gewisse Schwächen auf: So gibt es zahlreiche Bevölkerungsbefragungen in Deutschland, in denen Meinungen und Einstellungen von Bürger/innen enthalten sind und die Auskunft über die Meinung der Befragten über Spitzenkandidat/innen abbilden (siehe hierzu folgende Datensätze: GLES 2011a, 2011b, 2011c, 2011d; Forschungsgruppe Wahlen 2007; Kühnel et al. 2005; siehe auch Oberreuter 2003, Wüst 2003). Das Problem hierbei ist jedoch, dass zumeist nur Eigenschaften und Einschätzungen bezüglich der führenden Politiker/innen – der sogenannten „Spitzenkandidat/innen", wie z.B. bei der Wahl 2009 über Frank-Walter Steinmeier und Angela Merkel – eingeholt werden. Die zahlreichen anderen Wahlkreiskandidat/innen werden zumeist in geringem Maße bei den Befragungen berücksichtigt[19]. Jedoch kann von einem Einzelfall „Merkel" keinesfalls auf die Gesamtheit aller Kandidat*innen* geschlossen werden. Daher sind diese Daten im Rahmen des vorliegenden Untersuchungsinteresses nicht zu verwenden. Um mit Bevölkerungsbefragungen arbeiten zu können, müssten die Befragten in stärkerem Maße über verschiedene weibliche und männliche Politiker/innen befragt werden.

Neben diesem Fallzahlproblem sind darüber hinaus allgemeine Bevölkerungsumfragen auch nur in eingeschränktem Maße geeignet, um die Ursachen für die Unterrepräsentation von Frauen in der Politik zu untersuchen. Schließlich kann hierbei nur die Sichtweise und die Einstellungen der *Wähler/innen* betrachtet werden, deren Meinung nicht nur vom Kandidat/innengeschlecht, sondern auch von zahlreichen weiteren Faktoren, wie z.B. von der parteipolitischen Einstellung, der aktuellen Meinungen oder der Parteizugehörigkeit der abgefragten Kandidat/innen, beeinflusst sein kann.

---

[19] Eine Ausnahme hierzu bildet die Vorwahlbefragung im Rahmen der German Longitudinal Election Study (GLES 2011a) bei der auch – insofern der/die Wahlkreiskandidat/in bekannt war – dessen Bewertung und Rechts-Links-Einstufung aus Sicht der Befragten abgefragt wurde. Geschlechtsspezifische Differenzierungsmöglichkeiten wurden jedoch nicht berücksichtigt.

Neben diesen Bevölkerungsumfragen wurden bereits einige qualitative Studien durchgeführt, die über die Situation, die Probleme und die Erfolgschancen von Frauen in der Politik Auskunft geben (vgl. Foster et al. 2000; Geißel 1999; Holzhauer/Steinbauer 1994; Jebens-Ibs/Zachow-Ortmann 1994; Kahlweit 1994; Meyer 1997; Penrose 1993; Schöler-Macher 1994; Volk 1992). Problem dieser Studien ist jedoch, dass meistens nur sehr wenige Politiker*innen* – häufig auf lokaler Ebene – befragt wurden und diese Befragungen in starkem Maße von den spezifischen Interessen und Vorannahmen der Forscher/innen beeinflusst waren. Ebenso umfassen zahlreiche dieser Studien ausschließlich Politiker*innen*. Die Vergleichsgruppe der männlichen Politiker wird häufig vernachlässigt, was zwar Aussagen über die Sichtweise und Situation der Politiker*innen* ermöglicht, jedoch nicht ausschließt, dass Politik*er* die gleiche Meinung, Einstellung und Erfahrungen haben wie die Politiker*innen* und daher nicht die Schlussfolgerung gezogen werden kann, dass geschlechtsspezifische Unterschiede zu identifizieren sind. Zudem ist hierbei keine Studie in Deutschland bekannt, die einen Schwerpunkt auf den speziellen Schnittpunkt zwischen Kandidat*innen* und erfolgreiche Politiker*innen* legt. Die *erfolglosen* Kandidat*innen* und auch die *erfolgreichen* Kandidat*en* fehlen als Kontrollgruppe meistens vollkommen (vgl. hierzu Foster et al. 2000; Hoecker 1998, 1999; Hoecker/Fuchs 2004; Ingler-Detken 2007; Lemke-Müller 1999; Schnitger 1990; Scholz 2007).

Datensätze, die direkte Auskunft über die Kandidat/innen selbst geben und sowohl gewählte als auch nichtgewählte Kandidat/innen zum Deutschen Bundestag umfassen, gibt es in Deutschland nur wenige. Zu nennen ist hierbei insbesondere die Deutsche Kandidatenstudie, die 2002 erstmals von Hermann Schmitt und Andreas M. Wüst durchgeführt wurde (vgl. hierzu Gschwend et al. 2009; Gschwend et al. 2005; Schmitt/Wüst 2002). Mit diesen Daten lassen sich – was im Folgenden auch noch geschehen wird – insbesondere Einflussfaktoren auf der Mikroebene, aber auch der Makroebene untersuchen. Dennoch fehlen bei diesen Studien auch einige Items, die eine Analyse der spezifischen Situation von Kandidat*innen* ermöglicht. Zudem können mittels der Daten nur Analysen seit 2002 durchgeführt werden. Eine longitudinale Analyse der Wirkungsfaktoren seit der Gründung der Bundesrepublik Deutschland ist somit nicht zu leisten. Ferner ermöglichen diese Daten auch keine Untersuchung der biologischen, kognitiven und persönlichkeitsbezogenen Eigenschaften der Kandidat/innen.

Es ist auch sehr schwierig an Daten über die biologischen, kognitiven und persönlichkeitsbezogenen Eigenschaften der Bundestagskandidat/innen zu kommen. Sicherlich würden sich nur sehr wenige Kandidat/innen finden lassen, die bereit wären, sich zu Forschungszwecken einem Kognitionstest, der im Aufbau ähnlich einem Intelligenztest sein könnte, zu unterziehen. Dies stellen jedoch Möglichkeiten dar, die in der Zukunft verfolgt werden können. Um dennoch zumindest der Frage nach der Wirkung von geschlechtsspezifischen Eigenschaft-zuschreibungen auf die Spur zu gelangen, wurden Daten eines im Rahmen der German Longitudinal Election Study durchgeführten Online-Experiments aus-gewertet.

Eine Datenbasis, die Aussagen über die Kandidat/innen im Längsschnitt ermöglicht, lag bislang nicht vor. Analoge und digitale Daten des Statistischen Bundesamtes unterschiedlichster Quellen ermöglichen es jedoch, einen derarti-gen Datensatz zusammenzustellen, was im Rahmen dieser Dissertation geleistet wurde, um erstmals einen longitudinalen Einblick auf die Ursachen der Unterre-präsentation von Frauen in der deutschen Politik erhalten zu können. Darüber hinaus eignet sich der Datensatz auch für allgemeine, longitudinale Untersu-chungen der Situation von Kandidat/innen zur Wahl des Deutschen Bundestages.

Somit wird sich die nachfolgende Analyse insbesondere auf die zwei bereits bestehenden Datensätze (Deutsche Kandidatstudie und das GLES-Kandidat/innenexperiment) stützen. Darüber hinaus wurde drittens ein Längs-schnittdatensatz von 1953 bis 2009 zusammengestellt, der einen grundlegenden Einblick und Auskunft über die zeitlichen Änderungen bei der Nominierung und dem Wahlerfolg von Frauen liefert. Alle drei Datenquellen werden nun detailliert vorgestellt.

6.1.1 Deutsche Kandidatenstudie 2009

Die Deutsche Kandidatenstudie ist seit 2009 Teil der German Longitudinal Elec-tion Study (vgl. hierzu Gschwend et al. 2009; Rattinger et al. 2011; Schmitt-Beck et al. 2010). Sie steht darüber hinaus in Kooperation mit dem Comparative Candidates Survey, einem international vergleichenden Projekt zu Kandi-dat/innen in Wahlkämpfen. Ein identischer Kernfragebogen bildet hierbei die Ausgangsbasis, dessen Fragen auch bei Kandidat/innenenstudien in Australien, Finnland, Irland, Österreich, der Schweiz, Kanada und Belgien gestellt werden (Gschwend et al. 2009).

Vorliegende Untersuchung verwendet ausschließlich die Daten der 2009er Kandidatenstudie. Die Grundgesamtheit dieser Befragung bilden alle Kandi-dat/innen der im Bundestag vertretenen Parteien (N=2077), die ab der 45. Kalen-derwoche 2009 postalisch befragt wurden, jedoch zusätzlich auch eine Möglich-keit hatten, den Fragebogen online auszufüllen. Das Feldende war der 21. April 2010. Insgesamt wurden 790 ausgefüllte Fragebögen an die Primärforscher/innen zurückgesandt, was einer Ausschöpfungsquote von ca. 38 Prozent entspricht.

Schwerpunkt der nachfolgenden Untersuchung bilden die Kandidat*innen* im Vergleich zu den Kandidat*en*. Insgesamt haben 537 Kandidat*en* und 236 Kandidat*innen* an der Befragung teilgenommen, was im Vergleich zum Frauenanteil im Bundestag als leicht unterdurchschnittlich zu werten ist. Da sich vorliegende Untersuchung für die erfolgreichen Kandidat/innen im Vergleich zu den erfolglosen Kandidat/innen aus geschlechtsspezifischer Sicht interessiert, sind diese in folgender Tabelle anteilig in einem Vier-Felder-Schema dargestellt.

		Geschlecht		
		Männlich	*Weiblich*	
Wahlerfolg	*Erfolglos*	408 (76,0%)	172 (72,9%)	580 (75,0%)
	Erfolgreich	129 (24,0%)	64 (27,1%)	193 (25,0%)
		537 (100%)	236 (100%)	773 (100%)

Quelle: Kandidatenstudie 2009, eigene Berechnungen.

Tabelle 2: Teilnehmer/innen an der Kandidatenstudie 2009 nach Geschlecht und Wahlerfolg in absoluten und prozentualen Anteilen

Thematisch werden den Kandidat/innen Fragen zu ihrem soziodemographischen Hintergrund, ihrer politischen Rekrutierung, ihrem Kommunikationsverhalten im Wahlkampf und ihren Einstellungen zu Themen der materiellen Politik gestellt. Vorliegende Arbeit wird sich im Rahmen des beschriebenen Analyseschemas auf die Analyse der sozialstrukturellen Variablen (Geschlecht, Alter, Bildung, Beruf, Familienstand, Religion), auf die politischen Hintergrundvariablen (Parteizugehörigkeit, Zeitpunkt des Parteieintritts, politisches Interesse) und auf wahlsystematische Faktoren (Wahlkreis- oder Listenmandat) konzentrieren.

6.1.2 Datensatz der Wahlbewerber/innen zum Deutschen Bundestag (1953-2009)

Da bisher weder eine Stichprobe noch eine Vollerhebung aller Wahlbewerber/innen zum Deutschen Bundestag in einer quantitativ auswertbaren Form vorliegt, wurde ein Datensatz aller Wahlbewerber/innen zum Deutschen Bundestag von 1953 bis 2009 aus verschiedenen Quellen des Statistischen Bundesamtes zusammengestellt[20], der der Forschungsgemeinschaft zukünftig auch als Kollektivgut zur Verfügung stehen soll.

Die grundlegende Erstellung des Datensatzes erfolgte aus veröffentlichten Angaben des Statistischen Bundesamtes über die Wahlbewerber/innen. Details zur grundlegenden Datenerhebung und dem Codeplan sind dem Methodenbericht des Anhangs zu entnehmen (Anhang 1). Der Datensatz umfasst alle Wahl-

---

[20] Die Einbeziehung der Wahl von 1949 ist aufgrund fehlenden Datenmaterials nicht möglich.

bewerber/innen zu den Wahlen zum Deutschen Bundestag von 1953 bis 2009 der erfolgreichen Parteien mit Mandatsgewinn, ausgeschlossen der nur 1953 und 1957 erfolgreichen Parteien GB/BHE und DP.

Die grundlegende Erstellung des Datensatzes erfolgte aus veröffentlichten Angaben des Statistischen Bundestages über die Wahlbewerber/innen. Diese Angaben liegen von 1953 bis 1976 in Printform vor und mussten manuell im Rahmen einer digitalen Datenaufbereitung erfasst werden (Statistisches Bundesamt 1953, 1957, 1961, 1965, 1969, 1972, 1976). Seit 1980 liegen die Daten in digitalisierter Weise vor[21], die ebenso aufbereitet werden mussten. In diesen Dokumenten sind Angaben zu folgenden Merkmalseigenschaften der Kandidat/innen enthalten bzw. herstellbar, die entsprechend aufgenommen wurden: Wahljahr bzw. Legislaturperiode, Name, Geschlecht, Titel, Geburtsjahr, Beruf, Bundesland, Parteizugehörigkeit, Wahlkreisnummer, Listennummer.

Die Daten des Statistischen Bundesamtes enthalten keine Angaben über den Wahlerfolg der Kandidat/innen. Aus diesem Grund mussten die Informationen recherchiert und händisch in den Datensatz eingegeben werden (Wissenschaftliche Dienste des Deutschen Bundestages 1998; Der Bundeswahlleiter 2004, 2009a, 2009b).

Um den Analysespielraum zu erweitern, wurde die Qualität der Wahlkreise und der Listenplatzierung identifiziert. In Anlehnung an die gängige Forschungsliteratur wurde als Kriterium für die Unterscheidung von „aussichtsreichen" und „umkämpft" Wahlkreisen die sogenannte „10-Prozentregel" herangezogen (vgl. hierzu Zittel/Gschwend 2007, Schmitt/Wüst 2004). Nach Schmitt und Wüst (2004) gilt ein Wahlkreis dann als aussichtsreich, wenn der Abstand des erstplatzierten Wahlkreisgewinners von dem Zweitplatzierten mindestens 10 Prozentpunkte beträgt[22].

Um jedoch überhaupt von aussichtsreichen bzw. umkämpften Wahlkreisen sprechen zu können, muss zusätzlich sichergestellt werden, dass sich das Wahlgebiet von Bundestagswahl zu Bundestagswahl hinsichtlich des Wahlkreiszuschnittes nicht verändert hat (vgl. hierzu auch Kapitel 2.3.3.1)[23]. Die Sichtung

---

[21] Das Büro des Bundeswahlleiters unterstützte die Arbeit in besonderem Maße, wofür ich sehr dankbar bin. Insbesondere Frau Schömel möchte ich an dieser Stelle danken, die die digitalisierten Datensätze seit 1980 in einzelnen CSV-Dateien zusammengestellt und zugeschickt hat.

[22] Als Grundlage für die Berechnung dieses 10-Prozent-Kriteriums für die Wahljahre 1953 bis 1998 wurden die auf CD-ROM erhältlichen Wahlergebnisse von Caramani (2000) verwendet. Für die Jahre 2002, 2005 und 2009 wurden Veröffentlichungen des Statistischen Bundesamtes herangezogen (Der Bundeswahlleiter 2002a, 2005a, 2009c).

[23] Die Einteilung der Wahlkreise wird zwischen zwei Bundestagswahlen von einer Wahlkreiskommission überwacht, die darauf achtet, dass in jedem Wahlkreis ungefähr gleich viele Bürger/innen leben. Die maximale Abweichgrenze vom Durchschnitt liegt bei 15 Prozent. Sobald die Bevölkerungsgröße größer oder kleiner als der Durchschnitt ist, muss ein Wahlkreis neu eingeteilt werden (Bundeswahlgesetz 2011, §3, Nr. 3, vgl. hierzu auch Kapitel 2.3.3.1). Leider sind über das Büro des

und Überprüfung des Wahlkreiszuschnittes erfolgte anhand einer inhaltlichen Prüfung: Grundlage dieser waren die Veränderungen des Wahlkreiszuschnittes, bekanntgegeben durch das Bundesgesetzblatt. So wurden die Wahlkreisbeschreibungen von zwei aufeinander folgenden Wahljahren detailliert miteinander verglichen[24]. In diesem Prozess wurden die Wahlkreise dann als verändert oder unverändert klassifiziert. Mittels dieser Variablen und den Angaben zur 10 Prozent-Regelung konnte eine weitere Variable erstellt werden, die Auskunft über die Aussicht auf Wahlerfolg im jeweiligen Wahlkreis gibt und diesen somit in „aussichtsreich" bzw. „umkämpft" kategorisiert.

Auch bei der Identifikation von aussichtsreichen und weniger aussichtsreichen Listenplätzen wurde auf ein in der Literatur gängige Verfahren zurückgegriffen: Bei einem von Kaack (Kaack 1969) vorgeschlagen Verfahren werden die ersten zwei Drittel der bei der letzten Bundestagswahl gewonnen Listenplätze als aussichtsreich betrachtet, während das letzte Drittel als aussichtslos kategorisiert wird. Manow und Nistor (2009) haben ein etwas komplizierteres, jedoch messgenaueres und metrisches Verfahren entwickelt: Sie bestimmen die „(...) *Sicherheit von Listenplätzen über die Häufigkeit (...) mit der ein bestimmter Listenrang in einem bestimmten Bundesland für eine Partei zu einem Abgeordnetenmandat (...)"* führt (612). Das bedeutet, dass auf der Grundlage aller vorherigen Bundestagswahlen für einen bestimmten Listenplatz einer bestimmten Partei die Wahrscheinlichkeit ermittelt wird, einen Parlamentsplatz zu bekommen. Manow und Nistor (2009) sprechen in diesem Kontext von „Erfolgswahrscheinlichkeit" und berechnen diese mit folgender Formel:

$$P_{Rang\,i} = H_{Rang\,i} / N_W$$

P= Wahrscheinlichkeit, dass ein bestimmter Listenplatz für eine Partei in einem Bundesland in den Bundestag gelangt
$Rang_i$: Listenplatz auf der Landesliste der Partei i
H: Absolute Häufigkeit mit der dieser Listenplatz über alle betrachteten Wahlperioden hinweg in den Bundestag gelangte
N_w=Anzahl der in die Analyse einbezogenen Wahlen.

Bundeswahlleiters keine zusammenfassenden Dokumente zu erhalten, die Auskunft über die verschiedenen Wahlkreisveränderungen geben. Dies musste daher in intensiver Eigenleistung identifiziert und implementiert werden.
[24] Die Wahlkreisbeschreibungen sind teilweise uneinheitlich, z.B. erfolgt die Eingrenzung von Stadtbezirken teilweise nach Bezirksnummer, teilweise nach Straßen. Außerdem kommt es häufig zu Namensänderung von Gemeinden oder Umstrukturierungen von Ortschaften – an dieser Stelle war stets eine ausführliche Recherche notwendig, da die Gebietsbeschreibungen alleine nicht immer aufschlussreich genug waren.

Die Erfolgswahrscheinlichkeit kann dann für jeden Listenplatz in jedem Jahr in jeder Partei mittels einer Wahrscheinlichkeit von 0 bis 1 angegeben werden. 0 bedeutet, dass die Wahrscheinlichkeit gleich null geht, dass ein Kandidat, der auf diesem Listenplatz kandidiert, ein Mandat für den Bundestag bekommt. Bei einer Wahrscheinlichkeit von 1 liegen die Erfolgsaussichten des/der Kandidat/in bei 100 Prozent.

Insgesamt umfasst der Datensatz 27.889 Kandidat/innen, wovon 5910 weiblichen Geschlechts sind. Darunter sind 1526 erfolgreiche Kandidat*innen* zu finden, was einem Gesamtanteil von 17,5 Prozent entspricht. Wie der nachfolgenden Tabelle zu entnehmen ist, hat sich die Anzahl an weiblichen Kandidaturen und Wahlerfolgen über die Jahre hinweg positiv entwickelt: Während 1953 nur 11,2 Prozent der Kandidat/innen weiblich waren, sind es bei der Wahl 2009 immerhin 31,9 Prozent gewesen. Ebenso positiv hat sich der Anteil an Wahlsieger*innen* entwickelt: Waren 1953 nur 8,8 Prozent weiblich, sind es 2009 bereits 32,8 Prozent.

Wahljahr	Kandidat/innen	Kandidatinnen		Wahlsiegerinnen	
		absolut	Frauenanteil	absolut	Frauenanteil
1953	1207	135	11,2	39	8,8
1957	1270	124	9,8	42	8,8
1961	1310	136	10,4	40	8,0
1965	1361	145	10,7	34	6,9
1969	1379	136	9,9	31	6,2
1972	1713	154	9,0	27	5,4
1976	1751	181	10,3	35	7,1
1980	1433	224	15,6	41	8,3
1983	1663	258	15,5	49	9,8
1987	1594	388	24,3	77	15,5
1990	2136	576	27,0	136	20,5
1994	2119	619	29,2	176	26,2
1998	2308	736	31,9	207	30,9
2002	2227	703	31,6	194	32,2
2005	2341	732	31,3	194	31,7
2009	2077	663	31,9	204	32,8
GESAMT	27889	5910	21,2	1526	17,5

Quelle: Längsschnittdatensatz, eigene Berechnungen.

Tabelle 3: Kandidat/innen, Kandidat*innen* und Wahlsieger*innen* nach Wahljahr (absolute Zahlen und prozentuale Anteile).

6.1.3 GLES-Kandidatenexperiment 2009

Das Online-Experiment wurde im Rahmen des 7. Online-Trackings (T7) der German Longitudinal Election Study vom 8. bis zum 25. Oktober 2009 durchge-

führt (GLES 2011e)[25]. Hierbei wurden die Teilnehmer/innen des 7. Online-
Trackings, die bereits im Zeitraum vom 29. September bis zum 8. Oktober 2009
befragt wurden, im Anschluss an diese Befragung gebeten, an einem weiteren,
ca. 10-minütigen Experiment teilzunehmen.
Von den 1147 Teilnehmer/innen der 7. Tracking-Erhebung nahmen 90,8
Prozent am Online-Experiment teil. Abzüglich der sogenannten „Mutanten"[26]
beläuft sich die Befragtenzahl auf 928 Personen. Diese wurden zufällig in zwei
Untersuchungsgruppen eingeteilt. Zunächst wurden Fragen nach der Sozialstruktur, der Meinung und der Einstellung des Befragten gestellt, bevor das Experiment – je nach Untersuchungsgruppe – mit folgendem Text eingeleitet wurde[27]:

*Version 1: 50 Prozent der Befragten bekommen eine Kandidatin und folgenden Text
präsentiert:*

Wir zeigen Ihnen nun einen Steckbrief und einen kleinen Interviewauszug von einer
Bewerberin für den Deutschen Bundestag.
Sie hat sich in einem Wahlkreis um ein Mandat beworben.
Bitte lesen Sie nun sowohl den Steckbrief wie den Interviewauszug sehr sorgfältig
durch. Danach werden Ihnen mehrere Fragen zu der Bewerberin gestellt.

*Version 2: 50 Prozent der Befragten bekommen einen Kandidaten und folgenden
Text präsentiert:*

Wir zeigen Ihnen nun einen Steckbrief und einen kleinen Interviewauszug von einem Bewerber für den Deutschen Bundestag.
Er hat sich in einem Wahlkreis um ein Mandat beworben.
Bitte lesen Sie nun sowohl den Steckbrief wie den Interviewauszug sehr sorgfältig
durch. Danach werden Ihnen mehrere Fragen zu dem Bewerber gestellt.

Auf dem darauf folgenden Bildschirmscreen wurde den Befragten ein Steckbrief
mit Foto und ein kurzer Interviewauszug des fiktiven Wahlbewerb*ers* bzw. der

---

[25] Dieser Teil der Studie wurde von GESIS finanziert. Die Grundgesamtheit bildet das von der
Respondi AG betriebene Online-Access-Panel, welches 2009 ca. 65.000 aktive Panelisten umfasst.
Ausgewählt wurden nur deutsche Staatsbürger/innen über 18 Jahren. Eine detaillierte Beschreibung
ist dem Methodenbericht zu T7 zu entnehmen, der bei GESIS mit den Daten heruntergeladen werden
kann (GLES 2011e).
[26] Es mussten bei der Datenbereinigung 106 Personen ausgeschlossen werden, da diese Veränderungen bei zentralen sozialstrukturellen Variablen von der ersten zur zweiten Erhebungswelle aufwiesen
und daher davon auszugehen ist, dass es sich hierbei nicht um dieselben Personen handelt.
[27] Die Erhebung dieser Merkmale nach der Präsentation der experimentellen Versuchsbedingung
hätte vermutlich zu verzerrtem Antwortverhalten in Folge des spezifischen Treatments geführt. Bei
der Abfrage dieser Merkmale vor der Präsentation der experimentellen Bedingung wurde versucht,
diesen Ausstrahlungseffekt zu vermeiden.

Wahlbewerb*erin* zum Deutschen Bundestag präsentiert. Der Steckbrief beinhaltete sozialstrukturelle Angaben, die allen Experimentalgruppen gleichermaßen präsentiert wurden:

Alter:	40 Jahre
Familienstand:	verheiratet, 2 Kinder (10 und 12 Jahre)
Bildung:	Fachhochschulreife
Beruf:	Verwaltungsleiter[in] im öffentlichen Dienst
Hobbys:	Reisen, Musik, Familie
Parteieintritt:	vor ca. 15 Jahren
Höchstes politisches Amt:	seit 3 Jahren im Landtag

Das Foto, die Namen und der Interviewauszug variierten je nach Untersuchungsgruppe. In Einklang mit dem einleitenden Text wurde 50 Prozent der Befragten ein Foto einer Frau und den anderen 50 Prozent eines Mannes präsentiert. Bei der Auswahl der Fotos wurde neben dem Geschlecht darauf geachtet, dass die Personen ein ähnliches Alter, ähnliches Aussehen und ein leicht überdurchschnittliches Attraktivitätsniveau aufweisen[28].

Zusätzlich – im Rahmen der vorliegenden Untersuchung jedoch weniger interessant – wurde zudem hinsichtlich des Migrationshintergrundes und der Art der Kandidatendarstellung variiert[29]. Somit handelt es sich hierbei um einen klassischen 2*2*2-Versuchsplan, bei welchem der Einfluss der drei unabhängigen Variablen (Geschlecht, Herkunft, persönlich/berufliche Kandidatendarstellung) unter Konstanthaltung weiterer unabhängiger Variablen (Alter, Bildung, Familienstand, Beruf, Hobbys, Parteieintritt, höchstes bisheriges politisches Amt) untersucht werden kann. Die Aufteilung der Befragten in die acht Gruppen ist folgender Matrixdarstellung zu entnehmen. Ebenso wird die genaue Fallzahl der Gruppen aufgeführt. Die zweite Fallzahl beinhaltet die Anzahl der Personen,

---

[28] Die Fotos mit bereits erfasstem Attraktivitätsniveau haben dankenswerterweise Ulrich Rosar und Markus Klein zur Verfügung gestellt.

[29] *Migrationshintergrund:* So wurde einerseits ein deutsch klingender Namen (Anna und Andreas Kramer) und andererseits ein fremdländisch klingender Namen (Ayla und Ali Celik) präsentiert. Dies hat den Hintergrund, dass mittels der Daten nicht nur die Auswirkung des Geschlechts, sondern auch des Migrationshintergrundes auf die Wahlchancen untersucht werden kann. Dieses Forschungsinteresse wurde auch bei der Auswahl des Fotos berücksichtigt.
Kandidatendarstellung: Um herauszufinden, welchen Einfluss eine eher private oder eher berufliche Kandidat/innenpräsentation auf die Erfolgschancen hat, wurden jeweils eher private bzw. eher berufliche Interviewauszüge präsentiert, bei denen die Kandidat/innen Auskunft darüber geben, warum sie sich um ein politisches Amt bewerben.

die mindestens 60 Prozent der durchschnittlichen Bearbeitungszeit aller Befragten benötigt haben, um das Experiment durchzuführen[30].

		Geschlecht			
		Frau		Mann	
		Migrationshintergrund			
		ohne	mit	ohne	mit
Kandidaten-	privat	Gruppe 1	Gruppe 2	Gruppe 5	Gruppe 6
präsentation		n=115 (104)	n=116 (105)	n=116 (104)	n=117 (105)
	beruf-	Gruppe 3	Gruppe 4	Gruppe 7	Gruppe 8
	lich	n=123 (113)	n=110 (96)	n=122 (106)	n=109 (101)

Abbildung 12: Versuchsplan

Nach der Präsentation dieser unterschiedlichen Screens wurden in allen Untersuchungsgruppen Fragen gestellt, mittels derer die Wirkung des Kandidatengeschlechts bzw. der Kandidatenherkunft auf Parteizugehörigkeit[31], Eigenschaftseinschätzung[32] und Wahlerfolgschancen[33] gemessen werden sollte.

Im Rahmen der nachfolgenden Studie liegt der Interessensschwerpunkt auf der Auswertung der geschlechtsspezifischen Persönlichkeitseigenschaften und der Frage, ob und inwiefern Frauen hier andere, geschlechterstereotype Eigenschaftszuschreibungen erfahren und ob sich diese auf ihre Wahlerfolgschancen auswirken. Hier wurden die Befragten aufgefordert, in mehreren Fragen möglichst spontan anzugeben, inwiefern verschiedene Eigenschaften auf die präsentierten Kandidat/innen zutreffen oder nicht. Bei der Auswahl der Eigenschaften

---

[30] Dadurch werden die Personen, die besonders schnell bei der Beantwortung der Fragen waren, ausgeschlossen. In den folgenden Analysen wurden die Berechnungen mit den Zeitunterschreitern durchgeführt, da keine signifikanten Unterschiede festgestellt werden konnten und die Fallzahl der einzelnen Gruppen dadurch erhöht werden kann.

[31] *Frage zu Parteizugehörigkeit:* Was denken Sie, welche Partei gehört [Name des/der Kandidat/in] an? –CDU, CSU, SPD, Bündnis 90/Die Grünen, FDP, Die Linke, Andere Partei, und zwar … .

[32] *Frage zu politischen Eigenschaften:* Nun folgen mehrere Fragen zu den Eigenschaften von [Name des/der Kandidat/in]. Antworten Sie möglichst spontan und benutzen dazu bitte die Skala von 1 bis 5. Geben Sie nun bitte an, in welchem Maße folgende Eigenschaften Ihrer Meinung nach auf [Name des/der Kandidat/in] zutreffen. (A) ist durchsetzungsfähig und führungsstark, (B) ist vertrauenswürdig, (C) ist als Mensch sympathisch, (D) hat vernünftige Vorstellungen, die Wirtschaft anzukurbeln. *Fragen zu geschlechtsspezifischen Eigenschaften:* Und inwiefern treffen folgende Eigenschaften Ihrer Meinung nach auf [Name des/der Kandidat/in] zu? (A) ist selbstbewusst, (B) ist leichtgläubig, (C) ist kindlich, naiv, (D) ist zuverlässig, (E) ist entscheidungsstark, (F) ist schüchtern, (G) ist risikobereit, (H) ist hilfsbereit, (I) ist fleißig, (J) ist glaubwürdig, (K) hat eine starke Persönlichkeit, (O) ist mitfühlend, verständnisvoll.

[33] *Frage zu Erfolgschancen:* Wie schätzen Sie die Chancen von [Name des/der Kandidat/in] ein, [ihren/seinen] Wahlkreis zu gewinnen? - Sehr gut, Gut, Mittelmäßig, Schlecht, Sehr schlecht, weiß nicht.

wurde der Fokus sowohl auf Eigenschaften gelegt, die im Rahmen der Geschlechterstereotypforschung von Bedeutung sind (vgl. Kapitel 2.2.2), als auch auf Eigenschaften, die für den politischen Bereich Relevanz besitzen (vgl. Kapitel 2.1).

6.2 Methoden

Wie die Beschreibung der Daten bereits gezeigt hat, werden aufgrund Datenmangels nicht alle Hypothesen sowohl im Längs- als auch im Querschnitt analysiert werden können. Daher liefert folgende Tabelle zunächst einen Überblick darüber, welche Erklärungsfaktoren in welchen Datensätzen verfügbar sind und somit analysiert werden können und sollen.

		Deutsche Kandidatenstudie	Längsschnittdatensatz	Online-Experiment
Persönlicher	Alter	+	+	
Hintergrund	Bildung	+	+ [1]	
	Beruf (Männer- bzw. Frauenberufe)	+	+ [2]	
	Familienstand	+		
	Religionszugehörigkeit	+		
Politischer	Parteieintritt	+		
Hintergrund	Politisches Interesse	+		
Persönl.	Männliche Eigenschaften			+
Eigenschaften	Weibliche Eigenschaften			+
Politische	Herkunft aus kath. Bundesland [3]	+	+	
Kultur	Ost-West-Sozialisation	+	+ [4]	
Wahlsystem	Mehrheits- & Verhältniswahlsystem	+	+	
	Wahlkreiskandidaturen	+	+	
	Listenkandidaturen	+	+	
	Doppelkandidaturen	+	+	
Parteien	Ideologische Parteizugehörigkeit	+	+	
	Quotierung	+	+	

+ : Erklärungsfaktor vorhanden
[1] Operationalisiert über Titelvariable.
[2] In den Jahren 1953, 1969, 1980 bis 2009 vorhanden.
[3] Einteilung operationalisiert über katholischen Konfessionsanteil in den einzelnen Bundesländern.
[4] Aufgrund der Wiedervereinigung erst ab 1990 möglich.

Tabelle 4: Überblick über Erklärungsfaktoren in dem Datensätzen

Um sich der Situation von Kandidat*innen* im Vergleich zu Kandidat/innen unter Berücksichtigung ihrer Erfolgschancen zu nähern, erfolgen zunächst grundlegende deskriptive Analysen. Hier werden die Kandidat*innen* mit den Kandidat*en* hinsichtlich der verschiedenen Einflussfaktoren – je nach Datenlage – im Längs-

und im Querschnitt betrachtet und in Abhängigkeit zu ihrem Wahlerfolg gesetzt. Insbesondere die Darstellung der Ergebnisse des Längsschnittdatensatzes ist umfangreich, da bisher keinerlei Datenmaterial über die geschlechtsspezifische Verteilung von weiblichen und männlichen Kandidatenmerkmalen bei der Wahl zum Deutschen Bundestag im Längsschnitt verfügbar ist. So beinhalten bereits die deskriptiven Analysen enormes Innovationspotential und sollen daher in angemessener Weise betrachtet werden.

Auf dieser Basis aufbauend erfolgen dann jeweils multivariate Analysen, um die tatsächliche Wirkungskraft der Erklärungsfaktoren unter Kontrolle weiterer Faktoren identifizieren und bewerten zu können. Hierbei kommen insbesondere logistische Regressionen, jedoch auch lineare Regressionen, multinomiale Regressionen und Faktorenanalysen zum Einsatz. Die detaillierte methodische Vorgehensweise wird jeweils im entsprechenden Abschnitt dargestellt.

7 Ergebnisse

Bevor nun auf die einzelnen Erklärungsfaktoren empirisch eingegangen wird, wird ein Blick auf die allgemeine Verteilung von weiblichen und männlichen Wahlbewerber/innen in Abhängigkeit des Wahljahrs und des Wahlerfolgs geworfen. Folgende Abbildung 13 zeigt den prozentualen Anteil von weiblichen und männlichen Kandidaturen im Zeitverlauf.

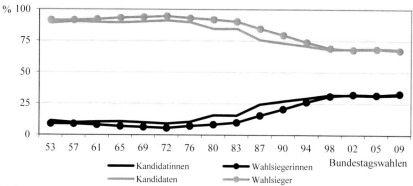

Quelle: Längsschnittdatensatz, eigene Berechnungen.
Anmerkungen: Ergebnisse von Kreuztabellen (Geschlecht*Wahlerfolg) je Wahljahr. Signifikante geschlechtsspezifische Unterschiede (Chi²-Test): 1953[*], 1961[*], 1965[**], 1969[**], 1972[**], 1976[**], 1980[***], 1983[***], 1987[***], 1990[***], 1994[*]. Signifikanzniveau: [*] p< .05, [**] p < .01, [***] p < .001.

Abbildung 13: Anteil an Kandidat/innen und Wahlsieger/innen im Zeitverlauf nach Geschlecht (in %)

Es ist zu erkennen, dass bis Anfang der 1980er Jahre neun von zehn Wahlbewerber/innen männlich sind. Erst seit Ende der 1980er Jahre steigt der Frauenanteil kontinuierlich an. 1998 erreichte er ein Niveau von ca. einem Drittel und stagniert auf diesem Niveau seither. Ein Blick auf die „erfolgreichen" Kandidaturen – also die Wahlsieger/innen – im Geschlechtervergleich zeigt darüber hinaus, dass von 1953 bis 1994 der Anteil der Wahlsieg*ern* deutlich höher liegt als der der Kandidat*innen*. Dies bedeutet, dass die Kandidat*innen* im Vergleich zu den

Kandidat*en* häufiger erfolglos aus dem Wahlkampf gingen und kein Mandat im Bundestag erhalten haben. So liegt die Vermutung nahe, dass Frauen bis 1994 eher als „Listenfüllerinnen" und „Quotenfrauen" auf weniger erfolgsversprechenden Plätzen nominiert waren und daher nicht gewählt wurden. Seit 2002 kann beobachtet werden, dass der Anteil an erfolgreichen weiblichen Bewerbungen in geringfügigem, jedoch nicht signifikantem Maße höher ausfällt als bei den Kandidat*en*. In den nachfolgenden Kapiteln wird zu klären sein, ob und welche Einflussfaktoren die Wahlchancen der Kandidat*innen* verringern bzw. erhöhen.

7.1 Persönlicher Hintergrund

Eine bedeutende Argumentationslinie zur Erklärung der Unterrepräsentation von Frauen in der Politik stützt sich auf den persönlichen Hintergrund. Verschiedene Faktoren, wie beispielsweise das Alter, die Bildung, die Berufstätigkeit, der Familienstand oder die Konfession der Frauen stehen dem Grundlagenteil zu Folge in einem engen Zusammenhang zum Wahlerfolg. Hierbei seien – so die Vermutung – signifikante geschlechtsspezifische Unterschiede zwischen Kandidat*en* und Kandidat*innen* und insbesondere zwischen den Wahlsieger*n* und den Wahlsieger*innen* zu identifizieren. Ob das tatsächlich bestätigt werden kann, zeigt folgender Teil, der sich mit dem persönlichen Hintergrund der Kandidat/innen befasst.

7.1.1 Deskriptive Analysen

7.1.1.1 Alter

Zunächst ist nach dem Alter der Kandidat/innen zu fragen: Wie alt sind die Kandidat*innen* im Vergleich zu den Kandidat*en*? Und wie alt sind die erfolgreichen Kandidat*innen* im Vergleich zu den erfolgreichen Kandidat*en*? Grundsätzlich wird hier vermutet, dass Kandidat*innen* deutlich älter sind als ihre männlichen Kollegen und das dies noch in verstärktem Maße bei den Wahlsieger/innen zu finden ist. Als Ursache wird hierbei die Unvereinbarkeit der politischen Tätigkeit mit Familienarbeit genannt und eine erhöhte politische Aktivität der Frauen beschrieben, sobald die „Kinder aus dem Gröbsten raus sind".

Wie folgende Abbildung 14 – die das durchschnittliche Alter von weiblichen und männlichen Kandidat/innen im Zeitverlauf und hinsichtlich der Wahlsieger/innen darstellt – zeigt, waren Kandidat*innen* bis 1983 älter als Kandidat*en*

und dies zwischen 1957 und 1969 sogar auf signifikantem Niveau. Die Altersunterschiede zwischen den Geschlechtern haben sich in den 1970er Jahren angeglichen. Bei der Wahl 1987 ist erstmalig zu beobachten, dass die Kandidat*innen*
jünger als die Kandidat*en* sind. Diese Differenz verstärkt sich noch 1990 und
bleibt ebenso 1994 auf signifikantem Niveau bestehen. Seit 1998 gleichen sich
die Altersunterschiede wieder an: So sind 2009 die Kandidat*en* nur in geringfügigem Maße älter als die Kandidat*innen*. Seit 1998 unterscheidet sich das Alter
der Kandidat/innen jedoch nicht mehr auf signifikantem Niveau. Doch wie verhält es sich mit den erfolgreichen Wahlbewerber/innen? Sind Wahlsieger*innen*
älter als Wahlsieg*er*?

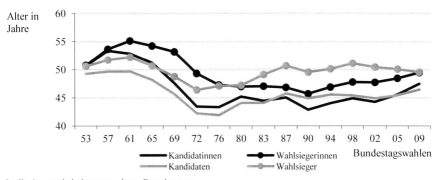

Quelle: Längsschnittdatensatz, eigene Berechnungen.
Anmerkungen: Ergebnisse von Mittelwertvergleichen des Alters nach Geschlecht von Kandidat/innen und Wahlsie-
ger/innen je Wahljahr. Signifikante geschlechtsspezifische Unterschiede (zweiseitiger t-Test) bei Kandidat/innen:
1957***, 1961***, 1965***, 1969*, 1976*, 1990***, 1994**; bei Wahlsieger/innen: 1965*, 1969***, 1987**, 1990***,
1994***, 1998***, 2002***, 2005*. Signifikanzniveau: * p< .05, ** p < .01, *** p < .001.

Abbildung 14: Durchschnittliches Alter im Zeitverlauf von Kandidat/innen und
Wahlsieger/innen nach Geschlecht (Mittelwerte)

Zunächst kann für beide Geschlechter festgehalten werden, dass Wahlsieger/in-
nen deutlich älter sind als die Kandidat/innen. Dies verwundert nicht, da zu vermuten ist, dass die Wahlbewerber/innen mit steigendem Alter möglicherweise in
Folge von Erfahrung und vorherigen Wahlerfolgen höhere Erfolgsaussichten
haben. Wie bei allen Kandidat*innen* kann auch bei den Wahlsieger*innen* bis 1972
festgestellt werden, dass diese deutlich älter als die Wahlsieg*er* sind, wobei nur
1965 und 1969 tatsächlich von einem signifikanten Unterschied gesprochen
werden kann. In den Wahljahren 1976 und 1980 sind die Wahlsieg*er* nahezu
gleich alt wie Wahlsieger*innen*. Danach dreht sich – ähnlich wie bei den Kandi-
dat/innen insgesamt, nur zeitlich etwas zuvor – die Altersstruktur der erfolgrei-

chen Wahlsieger/innen ebenso um: Erstmals sind die Wahlsieg*er* deutlich älter als die Wahlsieger*innen*, was der vermuteten Hypothese entgegensteht. Dieses Phänomen kann zwischen 1987 und 2002 auf höchst signifikantem Niveau beobachtet werden. Bei der Wahl 2005 hat sich dieser geschlechtsspezifische Unterschied wiederum angeglichen und 2009 kann ein nahezu identisches Durchschnittsalter von circa 45 Jahren festgestellt werden.

Zusammenfassend sei nun festgestellt, dass sowohl die Wahlbewerber*innen* als auch die Wahlsieger*innen* bis in die 1970er Jahre älter und ab 1983 jünger sind als die Kandidat*en*. Beobachtet werden kann ferner, dass die Niveauunterschiede zwischen Kandidat/innen und Wahlsieger/innen größer sind, d.h. dass Wahlsieger/innen älter als die Kandidat/innen sind. Welchen Einfluss das Alter der Kandidat/innen auf den Wahlerfolg hat und inwiefern hier ein geschlechtsspezifischer Effekt zu identifizieren ist, werden die nachfolgenden multivariaten Analysen zeigen. Doch zuvor sollen weitere persönliche Hintergrundfaktoren deskriptiv betrachtet werden.

7.1.1.2 Bildung

Die Bildung ist ein weiterer Faktor, der herangezogen wird, um die geringere Repräsentation von Frauen in der Politik zu erklären. Mittels der Langfristdaten ist ein detaillierter geschlechtsspezifischer Vergleich hier jedoch nicht möglich, da keine Informationen über die absolvierte Schulbildung der Kandidat/innen vorliegen. Die Berücksichtigung der Wirkung der starken bildungsspezifischen Veränderungen in Deutschland seit den 1950er Jahren ist im Rahmen der anschließenden multivariaten longitudinalen Analyse daher nur in eingeschränktem Maße durchführbar. An dieser Stelle wird dennoch ein Blick auf die Bildungssituation der Wahlbewerber/innen 2009 geworfen und auch bei der multivariaten Querschnittsanalyse berücksichtigt. Folgende Abbildung 15 zeigt den höchsten erreichten Bildungsabschluss der Teilnehmer/innen der Deutschen Kandidatenstudie 2009 nach Geschlecht.

Über die Geschlechtergrenzen hinweg ist hierbei zu erkennen, dass der Hochschulabschluss der am häufigsten repräsentierte Abschluss der Kandidat/innen ist, gefolgt von der Hochschulreife. Bezüglich der geschlechtsspezifischen Verteilungen fällt auf, dass mehr Frauen als Männer einen Hochschulabschluss aufweisen, wohingegen der Anteil der Männer mit Promotion höher liegt. Dies verwundert jedoch nicht in Anbetracht der deutlich geringeren Promotionsraten der Frauen in Deutschland insgesamt (vgl. Kapitel 2.2.2.2). Auffallend ist zudem die Kategorie der Personen mit niedrigem Bildungsabschluss. Hier sind Kandidat*innen* in geringerem Maße vertreten als Kandidat*en*. Dieses Ergeb-

nis deutet insgesamt darauf hin, dass Kandidat*innen* häufiger einen Hochschulabschluss aufweisen, jedoch bei Promotionen weniger stark vertreten sind. Doch
wie verhält es sich mit dem Bildungsgrad bei den Wahlsieger/innen?

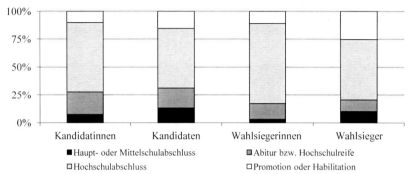

Quelle: Deutsche Kandidatenstudie 2009, eigene Berechnungen.
Anmerkung: Ergebnisse von Kreuztabellen (Geschlecht*Bildungsabschluss) für Kandidat/innen und Wahlsie-
ger/innen. Signifikante geschlechtsspezifische Unterschiede (Chi²-Test) bei Kandidat/innen und Wahlsieger/innen
auf .05-Signifikanzniveau.

Abbildung 15: Bildungsabschlüsse von Kandidat/innen und Wahlsieger/innen
nach Geschlecht (in %)

Ob bei Frauen oder bei Männern: Wahlsieger/innen weisen grundsätzlich einen
höheren Bildungsabschluss auf als Kandidat/innen. 25,2 Prozent der Wahlsieg*er*
haben promoviert oder habilitiert und 54,3 Prozent haben eine Hochschule erfolgreich abgeschlossen. Dies bedeutet, dass insgesamt über 79,5 Prozent der
Wahlsieg*er* einen sehr hohen Bildungsabschluss aufweisen. Bei den Wahlsieger-
innen verhält es sich ähnlich: 71,9 Prozent haben einen Hochschulabschluss und
10,9 Prozent sind habilitiert oder promoviert, was bedeutet, dass 82,8 Prozent der
Wahlsieger*innen* einen sehr hohen Bildungsgrad aufweisen. Somit ist der Anteil
der sehr hoch gebildeten Personen bei den Wahlsieger*innen* zusammengenom-
men um 3,3 Prozentpunkte höher als bei den Wahlsieg*ern*, wobei der Unterschied zwischen diesen beiden Kategorien nicht signifikant ist. Hinzuweisen ist
auch auf die deutlichen Unterschiede in der geringer gebildeten Gruppe: Nur 3,1
Prozent der Wahlsieger*innen* ordnen sich diesem Bereich zu, im Vergleich zu
10,2 Prozent der Wahlsieg*er*. So kann an dieser Stelle grundlegend festgehalten
werden, dass Bildung zwar die Chancen, ein Mandat im Bundestag zu bekommen, bei Frauen wie bei Männern scheinbar erhöht, Wahlsieger*innen* insgesamt
jedoch seltener einen niedrigen Bildungsabschluss aufweisen.

Wie bereits erwähnt, ist eine longitudinale Analyse der Schulbildungssituation aufgrund fehlender Daten nicht möglich. Was jedoch im Längsschnitt vorliegt, und auch in der multivariaten Analyse berücksichtigt werden kann, sind Informationen darüber, ob die Kandidat/innen einen Doktor- oder Professortitel haben. Wie jedoch die bisherige Darstellung der aktuellen Bildungssituation gezeigt hat, ist der Anteil der Promotionen bei Frauen deutlich niedriger als bei Männern, wobei demgegenüber der prozentuale Anteil der Frauen mit Hochschulabschluss höher als bei den Männern liegt. Dies ist auch der folgenden Abbildung 16 zu entnehmen, die die Anteile der Kandidat/innen mit Promotion oder Habilitation im Längsschnitt für die Kandidat/innen und die Wahlsieger/innen nach Geschlecht darstellt.

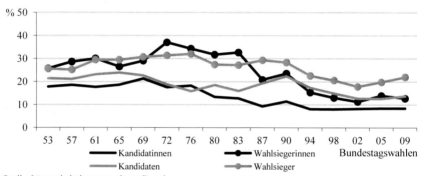

Quelle: Längsschnittdatensatz, eigene Berechnungen.
Anmerkungen: Ergebnisse von Kreuztabellen (Geschlecht*Titel) von Kandidat/innen und Wahlsieger/innen. Signifikante geschlechtsspezifische Unterschiede (Chi²-Test) bei Kandidat/innen: 1987***, 1990***, 1994***, 1998***, 2002**, 2005**, 2009**; bei Wahlsieger/innen: 1994*, 1998*, 2002*, 2009**. Signifikanzniveau: * p< .05, ** p < .01, *** p < .001.

Abbildung 16: Anteil an Kandidat/innen und Wahlsieger/innen mit Doktor- oder Professortitel im Zeitverlauf nach Geschlecht (in %)

Wie erwartet wurde, ist der Anteil der Kandidat*en* mit Doktor- oder Professortitel, mit Ausnahme von 1976 höher als bei den Kandidat*innen*. Seit 1987 kann dies sogar auf einem signifikanten Niveau beobachtet werden. Somit kann hier allgemein das bestätigt werden, was auch in anderen Forschungsarbeiten bereits festgestellt werden konnte: Unter den am höchsten gebildeten Personen sind weniger Frauen zu finden. Diese Unterschiede bei den Promotions- und Habilitationsraten sind jedoch nicht politikspezifisch sondern vielmehr in nahezu allen wissenschaftlichen Disziplinen in unterschiedlichem Ausmaß zu finden (vgl. Bieber 2009, BLK 2007).

Bei dem zeitlichen Verlauf der Anteile an weiblichen Promotionen und Habilitationen unter den Wahlsieger/innen kann auf den ersten Blick kein eindeutiges Bild identifiziert werden: Bei der zweiten Wahl des Deutschen Bundestages 1953 sind nur geringfügige Unterschiede zu identifizieren. Zwischen 1972 und 1983 haben prozentual mehr Frauen einen Titel als Männer, was sich ab 1987 wiederum umkehrt. An dieser Stelle muss aber auf die vorsichtige Interpretation der Daten hingewiesen werden, da insbesondere in den 1950er und 1960er Jahre wenige Frauen für ein Amt kandidierten, noch weniger Frauen hierbei erfolgreich waren und darüber hinaus nur wenige Frauen promoviert oder habilitiert waren. Somit basieren diese Ergebnisse auf einer sehr kleinen Fallanzahl, was zu statistischen Problemen führt und sich nicht zuletzt auch in der Signifikanz widerspiegelt. Dennoch kann grundlegend die im Rahmen dieser Auszählung formulierte These, dass Frauen höher gebildet sein müssen, um ein Mandat im Bundestag zu bekommen, in Anbetracht von Promotions- und Habilitationsraten nicht bestätigt werden.

Zusammenfassend kann festgehalten werden, dass Frauen 2009 – sowohl Kandidat*innen* als auch Wahlsieger*innen* – eine geringfügig höhere Bildung aufweisen, wenn man die Anzahl an Hochschulabschlüssen betrachtet, jedoch der Männeranteil in der Gruppe mit Promotion oder Habilitation höher ausfällt. Letzteres ist auch im Längsschnitt zu beobachten. Im Rahmen der multivariaten Analyse ist zu klären, welche Erklärungskraft der Bildungsabschluss im Rahmen der Querschnittsanalyse 2009 hat und inwiefern ein Doktor- oder Professortitel bei den Wahlbewerber/innen Effekte auf den Wahlerfolg ausüben.

7.1.1.3 Berufstätigkeit bzw. berufliche Ausbildung

Bezüglich der Berufstätigkeit wurde die Hypothese aufgestellt, dass sich die Kandidat/innen hinsichtlich ihrer bisherigen Berufstätigkeit darin unterscheiden, dass die Kandidat*innen* typisch weibliche Berufe und die Kandidat*en* typisch männliche Berufe ausüben und Frauenberufe zu geringeren Erfolgsaussichten führen.

Grundsätzlich kann die Berufstätigkeit bzw. die berufliche Ausbildung mittels der Längsschnittdaten erfasst werden. In den digitalen und auch analogen Dokumenten des Statistischen Bundesamtes ist der Beruf aufgeführt, den die Kandidat/innen zum Zeitpunkt der Wahlbewerbung ausüben. Da die Daten seit 1980 in digitalisierter Form vorliegen, ist es problemlos möglich, ab diesem Zeitpunkt die Entwicklung der Berufstätigkeit der Kandidat/innen abzubilden und zu analysieren. Um auch die Berufstätigkeit der Kandidat/innen vor 1980 bei der Analyse berücksichtigen zu können, wurde eine zeitintensive Berufscodierung, in Anlehnung an die Berufsvercodung des Statistischen Bundesamtes der Kandidat/innen, für die Jahre von 1953 und 1969 vorgenommen und in den Datensatz implementiert[34].

In folgender Abbildung 17 sind – differenziert nach Geschlecht – die jeweiligen Anteile für die fünf zentralen Berufssektoren, (1) Land-, Tier-, Forstwirtschaft und Gartenbau, (2) Fertigungsberufe, (3) Technische Berufe, (4) Dienstleitungsberufe und (5) sonstige Arbeitskräfte dargestellt[35].

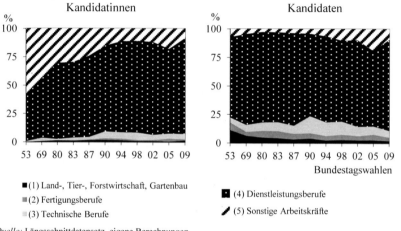

■(1) Land-, Tier-, Forstwirtschaft, Gartenbau

■(2) Fertigungsberufe

■(3) Technische Berufe

■ (4) Dienstleistungsberufe

✔ (5) Sonstige Arbeitskräfte

Quelle: Längsschnittdatensatz, eigene Berechnungen.
Anmerkungen: Ergebnisse von Kreuztabellen (Geschlecht*Berufsgruppe) je Wahljahr. Signifikante geschlechtsspezifische Unterschiede (Chi²-Test): 1953***, 1969***, 1983***, 1987***, 1990***, 1994***, 1998***, 2002***, 2005***, 2009*. Signifikanzniveau: * p< .05, ** p < .01, *** p < .001.

Abbildung 17: Berufsgruppen von Kandidat/innen 1953, 1969 und von 1980 bis 2009 nach Geschlecht (in %)

Sowohl bei den Kandidat*innen* als auch bei den Kandidat*en* kann beobachtet werden, dass besonders viele Personen im Bereich der Dienstleitungsberufe zu finden sind, insbesondere im Vergleich zu den Berufssektoren (1) bis (3) – also Land-, Tier-, Forstwirtschaft und Gartenbau, Fertigungsberufe und technische

---

[34] Die detaillierte Berufsvercodung ist dem Methodenbericht im Anhang 1 zu entnehmen. Außerdem muss darauf hingewiesen werden, dass über die Art und Weise der Vercodung seitens des Statistischen Bundesamtes keine Dokumentation vorliegen. Ob und inwiefern hier Inter- und Intrareliabilitätstests durchgeführt wurden, ist nicht bekannt.
[35] Auf die Darstellung der minimalen Anteile der Gruppe „Bergbau/Mineralgewinnung" wurde aus Gründen der Anschaulichkeit verzichtet.

Berufe. In diesen drei zuletzt genannten Berufssektoren sind zudem die Kandida-
t*innen* über die Zeit hinweg deutlich weniger präsent als die Kandidat*en*, was
jedoch auch in der Allgemeinbevölkerung beobachtet werden kann.
Auffällig ist jedoch der hohe Frauenanteil in der Gruppe der „sonstigen Arbeitskräfte" in den 1950er und 1960er Jahren. Dieses Phänomen kann jedoch
sehr einfach erklärt werden: Unter die „sonstigen Arbeitskräfte" werden neben
„Arbeitskräfte mit (noch) nicht bestimmtem Beruf" auch „Hausfrauen" kategorisiert. So ist es nicht erstaunlich, dass über 60 Prozent der 1953 angetretenen
Kandidat*innen* dies als ihren Beruf angaben. Gut zu beobachten ist zudem, dass
im Zeitverlauf diese Anteile bei den Kandidat*innen* auf ein mit den Kandidat*en*
vergleichbares Niveau gesunken sind. Dies ist sicherlich auf die veränderte Rolle
der Frau in der Gesellschaft und der zunehmenden aktiven Beteiligung der Frau-
en am Erwerbsleben zurückzuführen. Eine empirisch fundierte Begründung kann
infolge von Datenmangel jedoch nicht geliefert werden.
Nun stellt sich auch hier die Frage, inwiefern Unterschiede zwischen den
Kandidat/innen und den *Wahlsieger/innen* festgestellt werden können. Da die
Kandidat/innen in besonderem Maße „Dienstleistungsberufe" ausüben und bei
den „sonstigen Tätigkeiten" beschriebenes Phänomen zu beobachten ist, fokus-
siert sich die folgende Betrachtung auf diese beiden Kategorien. Folgende Abbildung 18 zeigt die Anteile von Wahlsieger*n* und Wahlsieger*innen* nun nur
hinsichtlich der Dienstleistungsberufe und sonstigen Tätigkeiten nach Geschlecht.
Knapp 50 Prozent der Wahlsieger*innen* übten 1953 eine „sonstige" Tätigkeit aus im Gegensatz zu 9,2 Prozent der Wahlsieger. Dies lässt vermuten, dass
unter den 50 Prozent in dieser Kategorie besonders viele Hausfrauen zu finden
sind. Tendenziell ähnlich, jedoch bereits leicht abgeschwächt, verhält es sich
1969: Auch stammen dort viele Wahlsieger*innen* aus dem Bereich der „sonstigen
Tätigkeit", während Wahlsieger*n* hierin deutlich seltener vertreten sind. Bereits
1980 ist jedoch zu beobachten, dass diese geschlechtsspezifischen Unterschiede
hinsichtlich der „sonstigen Tätigkeit" in deutlich geringerem Maße ausfallen.
Zwar üben noch immer mehr Wahlsieger*innen* als Wahlsieger eine Tätigkeit aus
dieser Gruppe aus, jedoch sind die geschlechtsspezifischen Unterschiede deutlich
geringer.
Nun zu den Unterschieden der Wahlsieger/innen im Dienstleistungsbereich:
Hier ist zu beobachten, dass die Unterschiede in geringem Maße und zudem in
umgekehrter Weise ausfallen: So ist zu erkennen, dass 1953 und 1969 Wahlsieger*innen* seltener „Dienstleistungsberufe" ausübten als Wahlsieger. Ab 1980
sind hierbei nur noch sehr geringe geschlechtsspezifische Unterschiede zu beobachten. Der Chi^2-Test bei der Kreuztabellierung aller Wahlsieger/innen von
Geschlecht und Berufstätigkeit weist darüber hinaus darauf hin, dass ge-

schlechtsspezifische Unterschiede bei der beruflichen Tätigkeit bis 1994 auf signifikantem Niveau beobachtet werden können, seither aber nicht mehr. Dies kann als Indiz dafür betrachtet werden, dass die berufliche Tätigkeit lange Zeit Einfluss auf den Erfolg bzw. Nichterfolg von Wahlbewerber*innen* gehabt haben könnte, inzwischen jedoch nicht mehr.

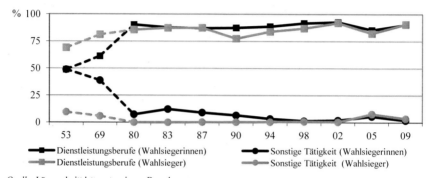

Quelle: Längsschnittdatensatz, eigene Berechnungen.
Anmerkungen: Ergebnisse aus Kreuztabellen (Geschlecht*Berufsgruppe) je Wahljahr von Wahlsieger/innen (nur Ergebnisse der Dienstleistungsberufe und Sonstige Tätigkeiten dargestellt). Signifikante geschlechtsspezifische Unterschiede (Chi²-Test): 1953***, 1969***, 1980***, 1983***, 1987***, 1990***, 1994**. Signifikanzniveau: * p< .05, ** p < .01, *** p < .001.

Abbildung 18: Anteile an Dienstleistungsberufen und sonstigen Tätigkeiten von Wahlsieger/innen nach Geschlecht im Zeitverlauf (in %)

Im Rahmen des Analyseschemas und der Hypothesenformulierung wurde jedoch die Vermutung aufgestellt, dass Kandidat*innen* in signifikant höherem Maße sogenannte „Frauenberufe" ausüben, während Kandidat*en* eher in „Männerberu-fen" tätig sind und diese eher zum Wahlerfolg führen. Für die Durchführung einer derartigen Berechnung müssen zunächst die Berufe in „typisch weibliche" und „typisch männliche" Berufe eingeteilt werden. Hierzu muss anhand von Daten des Statistischen Bundesamtes über die Allgemeinbevölkerung identifi-ziert werden, welche Berufe in der Gesamtbevölkerung in stärkerem Maße von Männern und welche Berufe in stärkerem Maße von Frauen über die Jahre hin-weg ausgeübt wurden. Das Statistische Bundesamt verwendet bei der Codierung der Erwerbstätigen in der Allgemeinbevölkerung und der Kandidat/innen zum Deutschen Bundestag seit 1975 dasselbe Codierschema, sodass dieses zur Identi-fikation von typisch weiblichen und typisch männlichen Berufen problemlos herangezogen und auf die Berufscodierung der Kandidat/innen übertragen wer-den kann. Die Einteilung der Kandidat/innenberufe in typisch weibliche und typisch männliche Berufe erfolgte entlang des Frauenanteils der Bevölkerung in den entsprechenden Berufsgruppen zum Zeitpunkt der jeweiligen Wahlen ab 1980[36]. Wenn in der Bevölkerung der Frauenanteil in einem bestimmten Beruf über dem Frauenanteil über alle Berufsgruppen hinweg lag, dann wurde dieser Beruf als „Frauenberuf" klassifiziert. Lag der Frauenanteil in einem bestimmten Beruf unter dem durchschnittlichen Frauenanteil wurde er als „Männerberuf" codiert[37]. Beispielsweise lag der Frauenanteil bei den „Sozialen Berufen" 2009 bei 83,2 Prozent. Der Frauenanteil aller Berufsgruppen lag bei 45,8 Prozent, weshalb dieser Beruf als „typisch weiblicher Beruf" klassifiziert wurde. Als Datengrundlage für die Repräsentation der verschiedenen Berufsgruppen in der Bevölkerung wurden Angaben aus den Statistischen Jahresbüchern verwendet[38]. Grundsätzlich kann an dieser Stelle festgehalten werden, dass der Beruf des Abgeordneten bzw. administrativ entscheidende Berufstätige in allen Jahren als typischer Männerberuf codiert wurde. Da es sich hierbei um den Beruf handelt, der im Mittelpunkt der vorliegenden Analyse liegt, wurden die Berechnungen sowohl mit als auch ohne den Abgeordnetenberuf durchgeführt, wobei die Unterschiede als vergleichsweise gering einzustufen sind. Der folgenden Abbildung 19 im Zeitverlauf zeigen, dass die Kandidat*innen* zum Deutschen Bundestag erwartungsgemäß im Vergleich zu den Kandidat*en* verstärkt Frauenberufe ausgeübt haben.

Zunächst zur Betrachtung der Anteile der Kandidat/innen mit Frauenberufen unter Einschluss der Kandidat/innen mit Abgeordnetentätigkeit: Mit Ausnahme von 1983 beläuft sich der Anteil der Kandidat*innen* mit einem Frauenberuf bis 1990 auf über 50 Prozent. Danach sinken die Anteile. Somit scheint hier ein Wandel stattgefunden zu haben: Mit zunehmendem Bundestagswahljahr üben Kandidat*innen* häufiger typische Männerberufe aus. Bei den Kandidat*en* ist zu beobachten, dass der Anteil sich von 1980 bis 1994 gleichmäßig auf dem Niveau von ca. 32 Prozent hält. Das bedeutet, dass 32 Prozent der männlichen Abgeordneten einem frauentypischen Beruf zuzuordnen sind. Von 1994 bis 2005 fällt dieser Anteil ab und erreicht 2002 einen Anteil von knapp 20 Prozent. Bei Kandidat*innen* wie Kandidat*en* ist 2009 ein Rückgang von männertypischen Berufen zu identifizieren.

Interessant ist an dieser Stelle die Frage, wie es um die frauen- bzw. männertypischen Berufe bestellt ist, wenn man die Personen, die eine Abgeordnetentätigkeit angaben, nicht berücksichtigt. Hier ist erwartungsgemäß ein höherer

---

[36] Ab 1980 liegen die Vercodungen des Statistischen Bundesamtes für die Kandidat/innen vor.
[37] Die detaillierte Einteilung in Männer- und Frauenberufe in Abhängigkeit zum Wahljahr sind dem Anhang 2 zu entnehmen.
[38] Statistisches Bundesamt 2010: 93; 2006: 87; 2003: 110; 1999: 109; 1995: 113; 1992: 119; 1990a: 98; 1984: 102; 1982: 100.

Anteil an Frauenberufen zu verzeichnen, der sich sowohl bei den Kandidat*en* als auch den Kandidat*innen* abzeichnet. Auch hier ist bei den Kandidat*innen* ein Abfall an Frauenberufen seit 1987 und bei den Kandidat*en* verstärkt seit 1994 zu verzeichnen.

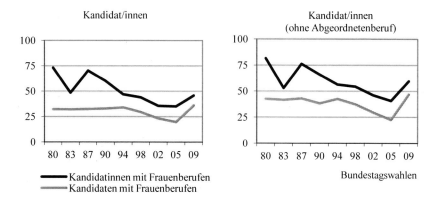

Quelle: Längsschnittdatensatz, eigene Berechnungen.
Anmerkungen: Ergebnisse von Kreuztabellen (Geschlecht*Frauenberuf) von allen Kandidat/innen und mit keinem Abgeordnetenberuf. Signifikante geschlechtsspezifische Unterschiede (Chi²-Test) bei Kandidat/innen mit und ohne Abgeordnetenberuf in allen Jahren auf .001 Signifikanzniveau.

Abbildung 19: Kandidat/innen mit Frauenberuf nach Geschlecht (insgesamt und ohne Kandidat/innen mit Abgeordnetentätigkeit) im Zeitverlauf (in %)

Doch die entscheidende Frage ist auch hier: Führen Männerberufe tatsächlich eher zum Wahlerfolg als Frauenberufe? Nachfolgende Abbildung 20 liefert hierüber Erkenntnisse. Es ist deutlich zu erkennen, dass Personen mit Frauenberufen – seien nun die Abgeordnetenberufe mitgerechnet oder nicht – tendenziell weniger erfolgreich sind. Doch nun zunächst zu der Berechnung mit Abgeordneten: Hier ist ein deutlicher Abstand zwischen den Linien der Kandidat/innen und den Linien der Wahlsieger/innen sowohl bei Männern wie auch bei Frauen zu beobachten. Die Linien laufen geschlechtsspezifisch nahezu synchron. Hinzuweisen ist jedoch darauf, dass sich die Linien der Wahlsieg*er* und Wahlsieger*innen* 2005 und 2009 sehr stark angenähert haben und nahezu kein Unterschied mehr zu beobachten ist. Das bedeutet, dass auch die Wahlsieger*innen* sehr häufig männertypische Berufe haben und zwar in einem Ausmaß, das mit den Wahlsieg*ern* vergleichbar ist. Somit ist es in den letzten Jahren für Frauen bedeutend wichtiger geworden ist, einen männertypischen Beruf zu haben. Möglicherweise liegt dies jedoch zu einem großen Teil an der Gruppe der Personen mit der Berufsbezeichnung „Abgeordneter".

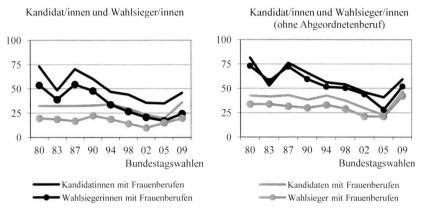

Quelle: Längsschnittdatensatz, eigene Berechnungen.
Anmerkungen: Ergebnisse von Kreuztabellen (Geschlecht*Frauenberuf) von allen Kandidat/innen und von Kandidat/innen ohne Abgeordnetenberuf. Signifikante geschlechtsspezifische Unterschiede (Chi²-Test) bei Kandidat/innen (mit Abgeordnetenberufe): 1980***, 1983***, 1987***, 1990***, 1994***, 1998***, 2002***; bei Personen ohne Abgeordnetenberuf: 1980***, 1983***, 1987***, 1990***, 1994***, 1998***, 2002***. Signifikanzniveau: * p< .05, ** p < .01, *** p < .001.

Abbildung 20: Kandidat/innen und Wahlsieger/innen mit Frauenberuf nach Geschlecht (insgesamt und ohne Kandidat/innen mit Abgeordnetentätigkeit) im Zeitverlauf (in %)

Nimmt man aus den Berechnungen die Personen mit Abgeordnetentätigkeit heraus, so ist auch hier ein deutlich höheres Ausmaß der Kandidat/innen bzw. Wahlsieger/innen mit Frauenberufen zu beobachten. Zudem liegen die Werte der Wahlsie*ger* zumeist unter den Werten der Kandidat*en* (was jedoch auch bei den Berechnungen mit den Abgeordneten beobachtet werden konnte).

Dies kann bei den Wahlsieger*innen* bzw. Kandidat*innen* mit Ausnahme von 1983 zwar auch beobachtet werden, jedoch auf einem deutlich niedrigeren Niveau, d.h. die beiden Linien laufen deutlich enger zusammen. Dennoch sind die geschlechtsspezifischen Unterschiede zwischen den Wahlsieger/innen bis auf 2005 und 2009 auf einem signifikanten Niveau. Fraglich ist somit an diesem Punkt der Untersuchung, inwiefern Frauenberufe tatsächlich zu geringeren Erfolgsaussichten der Kandidat/innen führen, insbesondere dann, wenn der Frauenberuf durch andere Variablen kontrolliert wird.

7.1.1.4 Familienstand

Bezüglich des Familienstandes wurde im Theorieteil die Vermutung aufgestellt, dass eine politische Tätigkeit für Frauen problematischer mit einer Familie zu verbinden ist, als für Männer. In der Konsequenz bedeutet dies, dass politisch tätige Frauen weniger häufig verheiratet sind bzw. in Partnerschaft leben oder Kinder haben als politisch tätige Männer. Begründet wird dies insbesondere mit der auch heute noch häufig gelebten traditionellen Rollenaufteilung im Familienleben, bei der Männer idealtypisch das Geld verdienen und Frauen für die Kinder und den Haushalt zuständig sind, zum Teil auch verbunden mit einer Doppelbelastung von Beruf und Familie.

Verständlicherweise ist bei einer Tätigkeit als Abgeordnete im Bundestag für eine Frau diese traditionelle Familienaufteilung nicht mehr möglich, während männliche Abgeordnete – ob traditionell oder nicht – gleichermaßen ihre berufliche Karriere forcieren können. Ebenso ist die Tätigkeit in politischen Parteien bereits auf lokalen und kommunalen Ebenen mit zahlreichen Abendterminen verbunden, welche für Frauen mit Kindern – insbesondere auf dem Land, wo die traditionellen Muster noch stärker vorherrschen – schwer zu verbinden ist. So stellt sich für vorliegende Untersuchung die Frage, welchen Familienstand die Wahlbewerber*innen* für ein Bundestagsmandat haben: Können auch hier Unterschiede zum männlichen Geschlecht gefunden werden und inwiefern lassen sich diese Unterschiede bei erfolgreichen Kandidaturen verstärkt finden?

Ähnlich wie bei der Bildung ist auch hier in Folge von Datenmangel ein longitudinaler Blick auf die Kandidaten/innensituation nicht möglich. Um dennoch einen ersten Eindruck auf die Familiensituation im Zeitverlauf zu gewinnen, soll zunächst ein Blick auf die Abgeordnetenstatistik des Deutschen Bundestages geworfen werden. Hierbei kann jedoch nur der Familienstand der *erfolgreichen* Wahlbewerber/innen dargestellt werden. Diese Zahlen bestätigt die soeben skizzierten Annahmen im Längsschnitt für den Fall Deutschlands, was auch der folgenden Abbildung 21 zu entnehmen ist. Diese beschreibt die prozentualen Unterschiede zwischen dem Familienstand der weiblichen und der männlichen Abgeordneten. Werte, die über der Nulllinie liegen, bedeuten, dass dieser Familienstand in höherem Maße von Frauen angegeben wird, während Werte darunter bedeuten, dass mehr männliche Abgeordnete diesen Familienstand aufweisen.

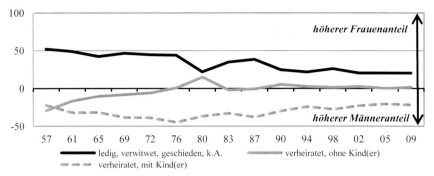

Quelle: Schindler 2000: 664; Feldkamp 2005:161, 2010a.

Abbildung 21: Familienstand der Abgeordneten im Deutschen Bundestag von 1949 bis 2009, Differenz des prozentualen Anteils (Frauenanteil minus Männeranteil)

Auf den ersten Blick sind hierbei deutliche, geschlechtsspezifische Unterschiede zu erkennen. Seit Bestehen der Bundesrepublik Deutschland weisen proportional deutlich mehr weibliche Abgeordnete einen ledigen, verwitweten oder geschiedenen Familienstand auf als männliche. Die Unterschiede belaufen sich 1957 auf über 50 Prozentpunkte und auch heute sind noch 20 Differenzpunkte zu beobachten. So sind im 17. Bundestag fast die Hälfte der weiblichen Abgeordneten (49 Prozent) ledig, verwitwet, geschieden oder geben keinen Familienstand an, im Gegensatz zu 28,5 Prozent der männlichen.

Nahezu spielgelbildlich verhält es sich bei den Verheirateten und insbesondere bei den Verheirateten mit Kindern: Bis 1972 waren hier sowohl bei den Verheirateten mit und ohne Kindern höhere Männerraten zu verbuchen. Seit 1983 ist der Anteil der Verheirateten ohne Kinder bei weiblichen wie männlichen Abgeordneten nahezu gleich hoch, was einerseits die Erfolge der Emanzipationsbestrebungen zu zeigen scheint und andererseits darauf hinweist, wie bedeutend der Einfluss von Kindern in diesem Prozess ist. Denn obwohl unter den Verheirateten ohne Kinder kaum noch geschlechtsspezifische Differenzen zu beobachten sind, sind diese zwischen den verheirateten Abgeordneten mit Kindern deutlich zu finden: So sind 60,8 Prozent der männlichen Abgeordneten im 17. Deutschen Bundestag verheiratet und haben Kinder. Diesen Familienstand weisen nur 38,7 Prozent der weiblichen Abgeordneten auf.

Neben der Darstellungen der longitudinalen Zahlen der Abgeordneten soll nun auch ein Blick auf die Deutsche Kandidatenstudie 2009 geworfen werden, die sowohl Auskunft über die erfolglosen wie erfolgreichen Kandidat/innen gibt.

Ähnlich wie die Ergebnisse in Bezug auf die Abgeordneten, kann auch hier festgehalten werden, dass Kandidat*en* häufiger verheiratet sind bzw. in lebenspart-
nerschaftlichen Gemeinschaften leben als Kandidat*innen*. So ist auch bei den
Kandidat*innen* der Anteil der getrennt lebenden, geschiedenen bzw. verwitweten
Personen deutlich höher, wie auch die nachfolgende Abbildung 22 zeigt.

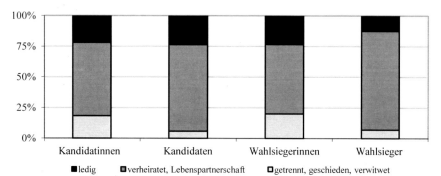

Quelle: Kandidatenstudie 2009, eigene Berechnungen.
Anmerkungen: Ergebnisse von Kreuztabellen (Geschlecht*Familienstand) der Kandidat/innen und Wahlsie-
ger/innen. Signifikante geschlechtsspezifische Unterschiede (Chi²-Test) bei Kandidat/innen: ***; Wahlsie-
ger/innen:**. Signifikanzniveau: * p< .05, ** p < .01, *** p < .001.

Abbildung 22: Familienstand von Kandidat/innen und Wahlsieger/innen 2009
nach Geschlecht (in %)

Bereits beim alleinigen Vergleich der Kandidat/innen fällt auf, dass deutlich
mehr Kandidat*en* einen verheiraten Familienstand aufweisen, während viele
Kandidat*innen* zwar bereits verheiratet waren, jedoch eine Trennung, Scheidung
oder den Tod des Partners hinter sich haben. Die geschlechtsspezifischen Unterschiede zwischen dem ledigen Familienstand bei den Kandidat/innen sind jedoch
als gering einzustufen. Dies deutet darauf hin, dass bei Frauen der verheiratete
Familienstand sich eher negativ auf die Nominierung auswirkt als bei Männern
und möglicherweise sogar das Risiko einer Trennung erhöht. Dies sind jedoch
nur Vermutungen, denen das empirische Fundamt fehlt.

Vergleicht man zudem die Wahlsieger*innen* mit den Wahlsieger*n* fällt erneut der immense Unterschied zwischen den getrennt Lebenden, Verwitweten
bzw. Geschiedenen auf, dessen Anteil bei den Wahlsieger*innen* deutlich höher
ist. Darüber hinaus ist unter den Erfolgreichen zu beobachten, dass hier die
Wahlsieger*innen* durchaus häufiger einen ledigen Familienstand aufweisen und
(noch) nicht verheiratet bzw. in einer lebenspartnerschaftähnlichen Beziehung
sind als Wahlsieger, was nicht zuletzt in Einklang mit der referierten Abgeordne-

tenstatistik steht. Unter den Wahlsieger*innen* sind knapp 55 Prozent verheiratet, während über 80 Prozent der Wahlsieg*er* diesen Familienstand aufweisen.

Dies bestätigt die Vermutung, dass Partnerschaft und Heirat dem Abgeordnetenberuf bei Frauen eher im Wege stehen und ihn bei Männern eher fördern. Besonders interessant wäre es an dieser Stelle, die partnerschaftliche Rollenaufteilung bei den Kandidat/innen und insbesondere bei den Wahlsieger/innen zu betrachten, da sich hier gegebenenfalls deutlich geschlechtsbedingte Unterschiede und somit auch Erklärungsfaktoren identifizieren lassen. Im dargestellten Analyseschema wurde zudem auch auf die Kinder und die Anzahl der Kinder als mögliche „Karrierehemmnisse" für Frauen eingegangen. Da aber sowohl der Langfristdatensatz als auch die Deutsche Kandidatenstudie 2009 keine Daten zu Rollenaufteilung, Elternschaft, Kinderanzahl oder Kinderalter der Kandidat/innen enthält, sind derartige Analysen zum jetzigen Zeitpunkt nicht möglich.

7.1.1.5 Konfession

Bezüglich der Konfession wurde im Theorieteil vermutet, dass der Anteil der katholischen Frauen in der Politik geringer ist, als der von Frauen mit einer anderen oder keiner Konfession. Wegen Datenmangels muss auch hier für die longitudinale Analyse ein Blick auf die Abgeordnetenstatistik genügen. Es zeigt sich, dass dieses Phänomen durchaus auch in Deutschland vorzufinden ist. In folgender Abbildung 23 wurde vom Frauenanteil der katholischen bzw. evangelischen Abgeordneten der Gesamtanteil an katholischen bzw. evangelischen Abgeordneten abgezogen[39]. Eine positive Zahl bedeutet also, dass Frauen in der jeweiligen Konfession überrepräsentiert sind. Eine negative Zahl bedeutet, dass Frauen unterrepräsentiert sind.

Wie deutlich zu erkennen ist, liegt der Anteil der weiblichen katholischen Abgeordneten von 1953 bis heute deutlich unter dem der männlichen Abgeordneten. Dies ist auch nicht weiter verwunderlich, da dies mit dem in der katholischen Kirche propagierten Familienbild und der Rolle der Frauen im Berufsleben in Einklang steht. Auch bei der evangelischen Konfessionszugehörigkeit kann ein höherer Männeranteil festgestellt werden, jedoch auf deutlich niedrigerem Niveau. In den Jahren 1953, 1965, 1980, 1987 und 2002 übersteigt der weibliche Anteil den gesamten Anteil der evangelischen Personen[40].

---

[39] Eine andere Vorgehensweise war infolge Datenmangels nicht möglich.
[40] Hinzuweisen ist hier auf die Probleme der Statistik des Deutschen Bundestages. Hier ist beispielsweise für 2009 aufgeführt, dass 35,9 Prozent der Abgeordneten „keine Angabe" zu ihrer Konfession machen, obwohl die Kategorien „sonstiges", „konfessionslos", „Islam" und „Atheist" zur Verfügung

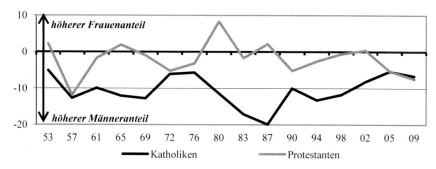

Quelle: Schindler 2000: 644, 666; Feldkamp 2005:160, 170; Feldkamp 2010b.

Abbildung 23: Konfessionszugehörigkeit der Bundestagsabgeordneten im Zeitverlauf (Frauenanteil minus Gesamtanteil)

Doch wie auch beim Familienstand ist es mittels der Abgeordnetenstatistik nicht
möglich, die Diskrepanz zwischen erfolgreichen und erfolglosen Kandidat/innen
zu ermitteln, was jedoch durch die Auswertung der Deutschen Kandidatenstudie
2009 ausführbar ist. Folgende Tabelle listet die Konfessionszugehörigkeit sowohl der Kandidat/innen wie auch der Wahlsieger/innen nach Geschlecht auf.

	Kandidat/innen		*Wahlsieger/innen*	
	Frauen	*Männer*	*Frauen*	*Männer*
evangelisch/protestantisch	37,0	36,0	30,2	34,6
katholisch	26,8	27,2	31,7	37,8
andere Konfession	0,9	2,1	1,6	0,8
keine Konfession	35,3	34,7	36,5	26,8
Gesamt	100	100	100	100
N	235	530	63	127

Quelle: Kandidatenstudie 2009, eigene Berechnungen.
Anmerkungen: Ergebnisse von Kreuztabellen (Geschlecht*Konfessionszugehörigkeit) von Kandidat/innen und
Wahlsieger/innen. Keine signifikanten geschlechtsspezifischen Unterschiede.

Tabelle 5: Konfessionszugehörigkeit der Kandidat/innen und Wahlsieger/innen
2009 nach Geschlecht (in %)

Auf den ersten Blick ist hier zu erkennen, dass der Frauenanteil der evangelischen und der katholischen Kandidat/innen aus geschlechtsspezifischer Sicht
vergleichbar ausfällt. Und auch der Anteil der Personen mit „keiner Konfession"

stehen. In anderen Jahren verhält es sich hier proportional geringer. Infolge dieser mangelhaften
Daten ist von einer verzerrten Datenlage bzw. großen Messfehlern auszugehen.

weist nur eine Differenz von 0,6 Prozentpunkten auf. Der zweite Blick zeigt jedoch, dass sowohl katholische als auch evangelische Frauen deutlich seltener *erfolgreich* sind als Männer: Nur 30,2 Prozent der evangelischen Frauen sind im Vergleich zu 34,6 Prozent der Männer erfolgreich. Bei den Katholischen sind es 37,8 Prozent im Vergleich zu 31,7 Prozent der Frauen. Bei den katholischen Personen muss jedoch darauf hingewiesen werden, dass sowohl der Anteil der Wahlsieger*innen* als auch der Wahlsieg*er* höher liegt als bei den anderen Konfessionen. Schließlich soll noch ein Blick auf die Personen ohne Konfession geworfen werden: Hier ist deutlich zu erkennen, dass „keine Konfessionszugehörigkeit" einen positiven Effekt auf den Wahlerfolg der Frauen zu haben scheint, wie der Blick auf die Wahlsieger*innen* zeigt. Im Vergleich zu diesen sind bei 34,7 Prozent an konfessionslosen Kandidat*en* nur 26,8 Prozent Konfessionslose unter den Wahlsieg*ern* zu finden.

Anzumerken ist jedoch, dass weder bei den Kandidat/innen noch bei den Wahlsieger/innen die Unterschiede signifikant sind. Ferner muss auch auf die deutlichen Unterschiede zwischen den Ergebnissen der Deutschen Kandidatenstudie 2009 und der zuvor referierten Abgeordnetenstatistik hingewiesen werden[41]. Daher ist auch an dieser Stelle eine multivariate Analyse notwendig. Diese soll nun im folgenden Teil mit den hier vorgestellten Einflussfaktoren des persönlichen Hintergrundes geschehen.

7.1.2 Multivariate Analysen

Nach der deskriptiven Darstellung der persönlichen Hintergrundfaktoren werden nun in einem zweiten Teil die Ergebnisse der multivariaten Analysen präsentiert. Diese verfolgen das Ziel, die einzelnen Hypothesen in multivariaten Modellen unter der Kontrolle von alternativen Erklärungsfaktoren zu testen. Von zentralem Interesse ist hierbei, inwiefern die einzelnen Faktoren bei Frauen und bei Männern die Wahlerfolgschancen erhöhen. In Abhängigkeit zu den drei Datenquellen werden die multivariaten Analysen auf unterschiedliche Weise durchgeführt. Mit Ausnahme der Persönlichkeitsfaktoren werden jeweils zunächst Analysen der Daten der Deutschen Kandidatenstudie 2009 durchgeführt: Es wird untersucht, inwiefern die formulierten Thesen mittels Daten der Kandidatenstudie 2009 bestätigt werden können oder nicht und somit inwiefern die einzelnen Faktoren bei der Bundestagswahl 2009 einen Einfluss hatten. Die identifizierten Ergebnis-

---

[41] Sowohl der Anteil der erfolgreichen evangelischen als auch der Anteil der erfolgreichen katholischen Frauen ist in der Deutschen Kandidatenstudie deutlich höher als bei der Abgeordnetenstatistik. Dies kann möglicherweise durch die hohe Anzahl an „keine Angabe" bei der Abgeordnetenstatistik erklärt werden.

se werden dann – insofern möglich – in der darauf aufbauenden längsschnittlichen Untersuchung berücksichtigt. Mittels verschiedener Modelle soll hier auf einer breiten, longitudinalen Datenbasis die Frage untersucht werden, welchen Einfluss das Geschlecht in Kombination mit weiteren Erklärungsfaktoren auf den Wahlerfolg der Frauen und Männer hat bzw. hatte. Denn möglicherweise sind Unterschiede zwischen den Geschlechtern bei der Wahl zum Deutschen Bundestag nicht mehr 2009 vorhanden und daher mittels der Daten der Deutschen Kandidatenstudie 2009 nicht zu erkennen. Bei einem Blick auf die longitudinalen Daten treten diese Unterschiede möglicherweise auf. Bei der Frage nach dem Einfluss der Persönlichkeitsfaktoren werden die Daten des Online-Experiments verwendet. Die Modelle und Berechnungsverfahren werden an gegebener Stelle vorgestellt und erläutert.

7.1.2.1 Querschnittsanalyse: Bundestagswahl 2009

Ein Vorteil des Datensatzes der Kandidatenstudie 2009 liegt darin, dass deutlich mehr Variablen erhoben wurden als dies bei der längsschnittlichen Datenerhebung möglich war. So können die Ergebnisse einen Hinweis darauf geben, welche Faktoren aktuell einen stabilen Einfluss auf die Erfolgschancen von Kandidat*innen* haben und welche zum aktuellen Zeitpunkt keine Rolle (mehr) spielen.

Wie bisher im theoretischen und im grundlegenden empirischen Teil beobachtet werden konnte, weisen Kandidat*en* wie Kandidat*innen* zum Teil unterschiedliche persönliche Hintergründe auf, was in manchen Fällen einen Einfluss auf den Wahlerfolg zu haben scheint: So waren die Kandidat*innen* zu Beginn der Bundesrepublik häufig älter als die Kandidat*en*. Erfolgreiche Kandidat*innen* haben zudem proportional seltener einen Titel. Ebenso deuten Daten der Deutschen Kandidatenstudie darauf hin, dass erfolgreiche Kandidat*innen* seltener verheiratet sind oder in einer eheähnlichen Partnerschaft leben als ihre männlichen Kollegen. Und auch die katholische Religionszugehörigkeit scheint sich proportional stärker auf den Wahlerfolg der Kandidat*en* als der Kandidat*innen* auszuwirken. Ob diese Beobachtungen jedoch auch in multivariaten Modellen und somit unter kontrollierten Bedingungen nachzuweisen sind, soll nachfolgend im Mittelpunkt stehen.

Hierzu wurden verschiedene Modelle berechnet: Die abhängige Variable einer logistischen Regression bildet hierbei stets der Wahlerfolg, also die Frage, ob der Kandid*at* bzw. die Kandidat*in* bei der Bundestagswahl 2009 ein Mandat gewinnen konnte oder nicht[42]. Inwiefern die Kandidat/innen über einen Listen-

---

[42] Der Wahlerfolg wurde codiert mit 0 („nicht gewählt") und mit 1 („gewählt").

platz oder eine Wahlkreiskandidatur in den Bundestag gekommen sind, spielt somit an dieser Stelle (noch) keine Rolle. Die erklärenden Variablen eines grundlegenden Modells, im Folgenden auch als *Basismodell* bezeichnet, sind neben der zentralen Variablen „Geschlecht", das Alter der Kandidat/innen in Jahren und der Schulabschluss[43]. Zur besseren Einschätzung der Modellverbesserung ist ebenso das *Nullmodell* dargestellt.

An dieser Stelle muss auch darauf hingewiesen werden, dass im Rahmen der nachfolgenden Modelle sogenannte Odds Ratio dargestellt werden und daher ein Wert über 1.00 bedeutet, dass die Wahlchancen bei Kandidat/innen, die die jeweilige Eigenschaftsausprägung der erklärenden Variablen haben, höhere Chancen haben, gewählt zu werden. Beispielsweise wurde die Variable Geschlecht mit 1 für „weiblich" und 0 für „männlich" codiert. Daher bedeuten hierbei Odds Ratio über 1.00, dass Frauen im Rahmen dieses Modells höhere Chancen haben, gewählt zu werden, und Odds Ratios unter 1.00, dass sie geringere Chancen haben, gewählt zu werden als Männer (vgl. hierzu Andreß et al. 1997, Backhaus et al. 2006: 425-487, Long/ Freese 2006).

	Nullmodell	*Basismodell*	*Basismodell (m.I.)*
Geschlecht		1.14(0.24)	0.21(0.28)
Alter in J.		1.05(0.01)***	1.05(0.01)***
Bildung		2.03(0.48)**	1.89(0.52)*
♀ * Alter			1.03(0.03)
♀ * Bildung			1.34(0.71)
Pseudo-R² (MF)	.00	.06	.06
LL	-341.93	-322.28	-321.42
AIC	685.87	652.55	654.85
BIC	690.29	670.22	681.35
N	612	612	612

Quelle: Deutsche Kandidatenstudie 2009, eigene Berechnungen.
Anmerkungen: Die Zellen enthalten Odds Ratio logistischer Regressionen (Standardfehler in Klammern). Referenzkategorien: Mann, niedrige Bildung. Alter wurde zentriert. Signifikanzniveau: *p< .05, ** p < .01, *** p < .001.

Tabelle 6: Null- und Basismodell (Querschnitt 2009)

Der Darstellung des Basismodells ohne Interaktionen ist zunächst zu entnehmen, dass kein signifikanter Einfluss des Geschlechts auf den Wahlerfolg identifiziert werden kann. Im Vergleich zum Nullmodell kann durch das Hinzufügen der drei sozialstrukturellen Variablen das Modell zwar deutlich verbessert werden, jedoch liefern nur die Faktoren „Alter" und „Bildung" einen signifikanten Einfluss

---

[43] Der Schulabschluss wurde codiert mit 0 („niedriger oder mittlerer Schulabschluss") und 1 („Hochschulabschluss und/oder Promotion bzw. Professur").

für die Erklärung des Wahlerfolgs. Beim Alter verhält es sich so, dass mit jedem
Jahr, dass die Kandidat/innen älter werden, die Wahlerfolgschancen um das
1.05-fache steigen, was auch in Einklang mit den deskriptiven Daten steht. So
liegen die vorhergesagten Erfolgswahrscheinlichkeiten eines 20-Jährigen bei 7,5
Prozent im Vergleich zu einer 36,8-prozentigen Chance von 60-Jährigen Kandi-
dat/innen[44]. Und auch die Hochschulbildung bzw. eine Promotion oder Habilitation erhöhen die Erfolgschancen um das Doppelte im Vergleich zu einer niedrigen bzw. mittleren Bildung: Ein/e Kandidat/in mit einer niedrigen Bildung hat
eine 15,2-prozentige vorhergesagte Erfolgswahrscheinlichkeiten im Vergleich zu
einer 26,7-Prozentigen von Kandidat/innen mit höherer Bildung. Ein Blick auf
das Pseudo-R^2 mit .06 verrät jedoch, dass das Modell insgesamt wenig Erklärungskraft besitzt und zentrale Faktoren (noch) fehlen.

Der Effekt, der von der Geschlechtervariablen ausgeht, ist nicht signifikant.
Möglicherweise kann jedoch ein Interaktionseffekt des Geschlechts identifiziert
werden. Grundlegend wird bei Interaktionseffekten angenommen, dass die Ausprägung einer Variablen von der Ausprägung einer anderen Variablen abhängt.
Dadurch kann beispielsweise die These untersucht werden, ob das Alter der
Kandidat/innen hinsichtlich des Wahlerfolgs einen Unterschied macht, also ob
Kandidat*innen* tatsächlich älter sein müssen, um in der Politik erfolgreich zu
sein. Dieser geschlechtsspezifische Interaktionseffekt soll zunächst in Bezug auf
die Bildung und das Alter untersucht werden. So wurde das Basismodell mit
geschlechtsspezifischen Interaktionseffekten berechnet[45]. Wie die Tabelle 6
zeigt, hat sich das Modell dadurch jedoch nicht signifikant verbessert, was der
Blick auf das Log-Likelihood (LL) und insbesondere das Akaike Informationskriterium (AIC) und Bayesianische Informationskriterium (BIC) zeigt[46]: Weder
die Interaktion des Geschlechts mit dem Alter noch die mit der Bildung sind
signifikant. Folglich besitzt bei der Bundestagswahl 2009 das Geschlecht in
Interaktion mit Alter oder Bildung keine Erklärungskraft und bedarf daher keiner
näheren Betrachtung.

Doch wie bereits erwähnt, ist dies nur ein Basismodell mit wenig Erklärungskraft. Daher werden nun theoriegeleitet weitere, sozialstrukturelle Faktoren

---

[44] Im Rahmen der Modellberechnungen wurden auch die vorhergesagten Wahrscheinlichkeiten
(predicted probabilities) berechnet. Diese werden tabellarisch zumeist nicht dargestellt und nur an
gegebener Stelle prozentual im Text aufgeführt.
[45] Bei der Interpretation von Interaktionseffekten in logistischen Regressionen ist zweierlei zu berücksichtigen: Erstens können die Haupteffekte nicht länger als Haupteffekt interpretiert werden.
Zweitens sind logistische Regressionen weniger sensibel bei der Identifikation von Interaktionseffekten und komplexer bei der Interpretation als OLS-Regressionen (Best/Wolf 2010).
[46] Das Akaike Informationskriterium (AIC) und das Bayesianische Informationskriterium (BIC) sind
neben dem Bestimmtheitsmaß Kriterien bei der Auswahl von Modellen (vgl. hierzu Bühner 2011): Je
niedriger das AIC bzw. BIC, desto besser das Modell.

den Modellen hinzugefügt, da zunächst die grundlegende potentielle Wirkungskraft einer jeden Variablen einzeln betrachtet werden soll, ohne weitere inter-
venierende Variablen. Diese Modelle werden im Folgenden als *Einzelmodelle*
bezeichnet.

Zunächst soll mit der Variablen „Beruf" aufgedeckt werden, ob Kandidat*in-
nen* mit weiblichen Berufen besonders schlechte Chancen auf ein Mandat haben.
Hierbei wurde eine Variable gebildet, die Auskunft darüber gibt, ob der ausgeüb-
te Beruf ein typischer Frauenberuf ist oder nicht[47]. Anhand der Variable „Familienstand" soll untersucht werden, ob der verheiratete Familienstand bzw. der
Eintrag einer eheähnlichen Partnerschaft einen positiven Einfluss auf einen
Mandatsgewinn ausübt und ob er bei Frauen die Wahlchancen verringert[48].
Schließlich soll die Variable „Konfession" der These auf die Spur kommen, ob
die Zugehörigkeit zu der katholischen Religionsgemeinschaft die Wahlerfolgschancen der Kandidat*innen* tatsächlich verringert[49]. Der nachfolgenden Tabelle 7
sind die Ergebnisse der Haupteffekte zu entnehmen.

	Basismodell	Berufs-modell	Berufsmodell (ohne Abge-ordnete)	Familien-modell	Religions-modell
Geschlecht	1.14(0.24)	1.26(0.27)	1.36(0.30)	1.11(0.24)	1.15(0.24)
Alter in J.	1.05(0.01)***	1.05(0.01)***	1.05(0.01)***	1.05(0.01)***	1.05(0.01)***
Bildung	2.03(0.48)**	2.04(0.48)**	2.19(0.58)**	2.04(0.48)**	2.04(0.48)**
Beruf		0.54(0.11)**	0.64(0.14)*		
Familienstand				0.83(0.19)	
Konfession					1.93(0.41)**
Pseudo-R² (MF)	.06	.07	*.07*	.06	.07
LL	-322.28	-317.61	*-281.13*	-321.93	-317.49
AIC	652.55	645.21	*572.26*	653.86	644.98
BIC	670.22	667.29	*593.94*	675.94	667.07
N	612	612	*565*	612	612

Quelle: Deutsche Kandidatenstudie 2009, eigene Berechnungen.
Anmerkungen: Die Zellen enthalten Odds Ratio logistischer Regressionen (Standardfehler in Klammern). Referenz-
kategorien: Mann, niedrige Bildung, Männerberuf, nicht verheirateter Familienstand, nicht-katholische Konfession.
Alter wurde zentriert. Signifikanzniveau: *p< .05, ** p < .01, *** p < .001.

Tabelle 7: Modelle zum persönlichen Hintergrund (Querschnitt 2009)

---

[47] Die geschlechtertypische Berufscodierung im Rahmen der Querschnittdaten wurde in Einklang mit
der Codierung der Längsschnittdaten vollzogen (vgl. hierzu Kapitel 7.1.1.3 und Anhang 2).
[48] Codiert wurde der Familienstand mit 1 (verheiratet oder in eheähnliche Partnerschaft) und 0 (ledig,
getrennt, geschieden, verwitwet).
[49] Codiert wurde die katholische Religionszugehörigkeit mit 1 (zugehörig zur katholischen Konfessionsgemeinschaft) und 0 (nicht zugehörig zur katholischen Konfessionsgemeinschaft).

Die erste Spalte der Tabelle gibt Auskunft über das Basismodell. Dieses wird nachfolgend in allen Tabellen aufgeführt, damit ersichtlich ist, ob und inwiefern sich die Einzelmodelle aufgrund der neu hinzugefügten Variablen verbessern oder nicht. Beim Berufsmodell wurde die Variable „Beruf" hinzugefügt, die darüber Auskunft gibt, ob eine Tätigkeit im Rahmen eines typischen Frauenberufs die Wahlchancen signifikant verschlechtert: Kandidat/innen ohne typischen Frauenberuf haben eine 27,8-prozentige Wahlchance im Vergleich zu Kandidat/innen mit Frauenberuf, die eine 17,3-Prozentige haben. Es ist sichtlich zu erkennen, dass Kandidat/innen mit einem Frauenberuf fast nur halb so große Chancen haben ein Mandat in der Politik zu erzielen als Personen mit einem Männerberuf. Ferner sind geringfügige Modellverbesserungen zu erkennen. Dieser Effekt bleibt auch erhalten, wenn man die Personen, die eine Abgeordnetentätigkeit bzw. eine administrative Tätigkeit angegeben haben, nicht einbezieht[50].

Anders verhält es sich bei dem Familienstand. Hier kann kein signifikanter Einfluss auf die Erfolgsaussichten der Kandidat/innen beobachtet werden. Auch der Blick auf das AIC und BIC zeigt keine Modellverbesserung. Somit führt ein verheirateter Familienstand im Gegensatz zu den deskriptiven Ergebnissen nicht zu besseren Erfolgsaussichten. Anders verhält es sich bei der katholischen Religionszugehörigkeit: Hier kann durchaus ein Effekt dieser Variablen auf den Wahlerfolg identifiziert werden: Kandidat/innen mit katholischer Konfession haben eine vorhergesagte Wahlwahrscheinlichkeit von 31,9 Prozent im Vergleich zu einer 19,5-Prozentigen der Kandidat/innen mit einer anderen oder keiner Konfession. Dies deutet darauf hin, dass die Zugehörigkeit zu einer katholischen Religionsgemeinschaft die Erfolgschancen der Kandidat/innen grundsätzlich 2009 signifikant erhöht hat. Entsprechend verbessert sich auch die Modellanpassung.

Vorliegende Arbeit interessiert sich jedoch insbesondere für die Erfolgschancen von Frauen in Abhängigkeit unterschiedlicher Einflussfaktoren wie beispielsweise des ausgeübten Berufs. So stellt sich die Frage, ob ein Frauenberuf oder der ledige Familienstand die Erfolgsaussichten der Kandidat*innen* begünstigt oder ob katholische Kandidat*innen* es besonders schwer haben, in der Politik erfolgreich zu sein. Die bisherigen Modelle ohne geschlechtsspezifische Interaktionseffekte haben nur über den Haupteffekt der Geschlechtsvariablen Auskunft gegeben. Daher wurde darauf aufbauend ein Gesamtmodell unter Berücksichtigung geschlechtsspezifischer Interaktionseffekte berechnet. Nachfolgende Tabelle 8 zeigt die Ergebnisse der Berechnungen mit und ohne Interaktionseffekte.

---

[50] Hinzuweisen ist, dass dieses Modell mit den restlichen Modellen in dieser Tabelle nicht direkt vergleichbar ist, da durch den Ein- bzw. Ausschluss der Abgeordneten die Fallzahlen variieren.

	Basismodell	Gesamtmodell	Gesamtmodell (m.I.)
Geschlecht	1.14(0.24)	1.22(0.27)	2.30(2.75)
Alter in J.	1.05(0.01)***	1.06(0.01)***	1.06(0.01)***
Bildung	2.03(0.48)**	2.07(0.50)**	2.10(0.57)**
Beruf		0.54(0.11)**	0.75(0.18)
Familienstand		0.76(0.18)	0.54(0.14)*
Konfession		1.94(0.41)**	2.38(0.61)**
♀ * Alter			1.04(0.03)
♀ * Bildung			1.03(0.33)
♀ * Frauenberuf			0.99(0.43)
♀ * Familienstand			0.75(0.25)
♀ * Konfession			0.47(0.23)
Pseudo-R^2 (MF)	0.06	.09	.09
LL	-322.28	-312.35	-310.08
AIC	652.55	638.70	644.16
BIC	670.22	669.62	697.16
N	612	612	612

Quelle: Deutsche Kandidatenstudie 2009, eigene Berechnungen.
Anmerkungen: Die Zellen enthalten Odds Ratio logistischer Regressionen (Standardfehler in Klammern). Referenzkategorien: Mann, niedrige Bildung, Männerberuf, nicht-verheirateter Familienstand, nicht-katholische Konfession. Alter wurde zentriert. Signifikanzniveau: * $p < .05$, ** $p < .01$, *** $p < .001$.

Tabelle 8: Modelle zum persönlichen Hintergrund – Gesamtmodell (Querschnitt 2009)

Bei dem Gesamtmodell ohne Interaktionseffekte verändern sich die Einflussfaktoren im Vergleich zu den zuvor dargestellten Einzelmodellen nur marginal. Bei dem Gesamtmodell mit Interaktionseffekten ist zudem zu erkennen, dass kein geschlechtsspezifischer Interaktionseffekt signifikant ist, folglich die Erfolgschancen von Frauen in Interaktion mit diesen Variablen nicht erhöht oder verringert werden und somit keiner detaillierten Betrachtung bedürfen. Durch das Hinzufügen der Interaktionseffekte verschlechtert sich ferner das AIC und BIC deutlich, was dagegen spricht, diese Interaktionseffekte zu berücksichtigen.

Infolgedessen kann zusammenfassend festgestellt werden, dass weder die Variable „Geschlecht" noch entsprechende geschlechtsspezifische Interaktionseffekte der vermuteten persönlichen Hintergrundfaktoren wie Alter, Bildung, Frauenberuf, Familienstand oder die katholische Religionszugehörigkeit einen signifikanten Effekt auf die Wahlchancen von Kandidat*innen* bei der Bundestagswahl 2009 hatten. Möglicherweise liegt mehr Erklärungspotential des persönlichen Hintergrundes in einer längsschnittlichen Betrachtung.

7.1.2.2 Längsschnittanalyse: Bundestagswahlen von 1957 bis 2009

Bevor auf die Ergebnisse der Längsschnittanalyse eingegangen wird, müssen zunächst noch einige Eigenschaften des verwendeten Datensatzes beschrieben und daraus resultierende Analyseverfahren vorgestellt werden. Grundsätzlich beruhen die längsschnittlichen Analysen auf dem unter 6.1.2 beschriebenen Datensatz. Dieser hat – wie bereits angedeutet – gewisse Vor- und Nachteile: Er zeichnet sich dadurch aus, dass er eine Vollerhebung ist und daher alle Wahlbewerber/innen zum Deutschen Bundestag umfasst, deren Parteien bei mindestens drei Bundestagswahlen erfolgreich waren und beinhaltet dadurch 27.889 Fälle. Eine Gewichtung der Fälle ist daher nicht notwendig. Da der Datensatz jedoch auf Publikationen des Statistischen Bundesamtes beruht, beinhaltet er nur limitierte Angaben zu den Kandidat/innen (z.B. Alter, Geschlecht, Titel, Parteizugehörigkeit, ...), weshalb auch die nachfolgenden multivariaten Analysen nur diese und davon ableitbare Variablen umfassen können. Nicht betrachtet werden können beispielsweise der Familienstand oder die Konfessionszugehörigkeit. Dieses Fehlen der Variablen kann aus heutiger und zukünftiger Sicht als weniger problematisch eingestuft werden, da die Ergebnisse der Querschnittuntersuchung zeigen, dass diese Variablen keinen zentralen Einfluss (mehr) haben.

Größere Probleme bereitet die Datensituation infolge der historischen Entwicklung der Bundesrepublik Deutschland: Durch die Neugründung der Parteien und die Wiedervereinigung sind für die vorherigen Datenzeitpunkte im Rahmen dieser Variablen systematische und systembedingte Missings zu beziffern, die entsprechend bei der Analyse berücksichtigt werden müssen. Um einerseits die longitudinale Perspektive seit 1953 nicht zu verlieren, aber andererseits dennoch die Wirkungsweisen der neuen Parteien und der Wiedervereinigung zu erfassen, werden im Rahmen der nachfolgenden longitudinalen Analysen jeweils zwei verschiedene Berechnungen mit unterschiedlichen Kandidat/innensamples durchgeführt, ausgewertet und interpretiert. Dadurch können die im Rahmen des Analyseschemas identifizierten Erklärungsfaktoren möglichst umfassend berücksichtigt werden: Erstens sogenannte *Trendberechnungen seit 1957 (Trend 1957)*, welche für alle Bundestagswahlen seit 1957 berechnet werden können. Die Analysen beginnen mit 1957, da die Berechnung einer zentralen Variablen (Kandidaturqualität) erst auf Basis des Wahljahrs 1953 möglich ist und dieses Jahr deshalb von der multivariaten Analyse ausgeschlossen werden muss. Die Trendberechnungen seit 1957 können jedoch die Kandidat/innen der neu entstandenen Parteien Bündnis 90/Die Grünen und die PDS/Die Linke nicht berücksichtigen, da hier erst ab 1983 bzw. 1990 Daten vorliegen. Ebenso kann die These der unterschiedlichen politischen Kultur in Ost- und Westdeutschland aufgrund fehlender Vergleichbarkeit für die Jahre vor 1990 nicht berücksichtigt werden. Aufgrund wechselnder Berufscodierungen seitens des Statistischen Bundesamtes kann ferner keine Variable entwickelt werden, die vor 1980 angibt, ob es sich beim jeweiligen Beruf um einen Männer- oder Frauenberuf handelt (vgl. hierzu Anhang 1).

Diese Faktoren können jedoch zweitens im Rahmen sogenannter *Trendberechnungen seit 1990 (Trend 1990)* berücksichtigt werden: Dieses umfasst die Kandidat/innen seit der Bundestagswahl 1990. Hier werden alle Parteien sowie die politische Ost-West-Kultur und auch die Berufstätigkeit der Kandidat/innen berücksichtigt. Diese zwei inhaltlichen Grundtypen und die jeweils zur Verfügung stehenden erklärenden Variablen sind der nachfolgenden Tabelle 9 zu entnehmen.

		Trend 1957	*Trend 1990*
Erhebungszeitraum:		1957 bis 2009	1990 bis 2009
Abhängige Variable:			
Wahlerfolg	gesamt	+	+
	im Wahlkreis	+	+
	auf der Landesliste	+	+
Erklärungsfaktoren:			
Persönlicher	Geschlecht	+	+
Hintergrund	Alter	+	+
	Bildung (Titel)	+	+
	Beruf (Frauen- bzw. Männerberuf)		+
Politische	Herkunft aus katholischem Bundesland	+	+
Kultur	Ost-West-Sozialisation		+
Wahlsystem	Wahlkreiskandidatur	+	+
	Listenkandidatur	+	+
	Doppelkandidatur	+	+
	Kandidaturqualität (Aussichtsreiche Platzierung bzw. Nominierung)	+	+
Parteien	Parteien		
	Die Linke		+
	Bündnis 90/ Die Grünen		+
	SPD	+	+
	FDP	+	+
	CDU	+	+
	CSU	+	+
	Quotierung	+	+
Trendvariablen: Erfassung der zeitlichen Entwicklung			
	Trend von 1957 bis 2009	+	
	Trend von 1990 bis 2009		+

Anmerkung: Eigene Darstellung. + bedeutet, dass die Variable in den jeweiligen Trendberechnungen verfügbar sind und analysiert werden. Leere Felder bedeuten, dass die Variablen nicht verfügbar sind und nicht analysiert werden.

Tabelle 9: Grundtypen und Variablen in Längsschnittanalysen

Analog zu den Berechnungen der Deutschen Kandidatenstudie 2009 wird zunächst ein Basismodell – welches erneut aus Alter, Geschlecht und einer modifizierten Bildungsvariablen[51] besteht – und dann weitere Einzelmodelle mittels logistischer Regressionen analysiert. Neben der zentralen Variable Geschlecht und den Kontrollvariablen „Alter" und „Titel" wurde zudem eine „Trendvariable" ins Basismodell aufgenommen, die für den längsschnittlichen Charakter der Studie kontrolliert. Hierbei wurde jedes Wahljahr von 1957 bis 2009 aufsteigend mit 1 bis 15 codiert. Die Zahl 1 steht folglich für das Jahr 1957, die 2 für das Jahr 1961 usw. Diese Variable gibt an, welchen Effekt das zunehmende Wahljahr auf die Erfolgsaussichten hat und kontrolliert somit den zeitliche Einfluss[52]. Die abhängige Variable besteht aus der dichotomen Kategorisierung „gewählt" (codiert mit 1) und „nicht gewählt" (codiert mit 0).

Zunächst zu dem *Basismodell der Trendberechnung seit 1957*, welches die Kandidat/innen der SPD, der Unionsparteien und der FDP von 1957 bis 2009 umfasst. Die Ergebnisse sind der nachfolgenden Tabelle 10 zu entnehmen.

	Nullmodell	*Basismodell*	*Basismodell (m.I.)*
Geschlecht		0.65(0.03)***	0.59(0.03)***
Alter in J.		1.06(0.01)***	1.06(0.00)***
Titel		1.83(0.07)***	1.78(0.07)***
Trend		1.02(0.00)***	1.02(0.00)***
♀ * Alter			0.99(0.00)
♀ * Titel			1.30(0.14)*
♀ * Trend			1.05(0.01)***
Pseudo-R² (MF)	.00	.07	.07
LL	-13992.53	-13042.76	-13026.65
AIC	27987.06	26095.51	26069.30
BIC	27995.03	26135.40	26133.12
N	21525	21525	21525

Quelle: Längsschnittdaten, eigene Berechnungen.
Anmerkungen: Die Zellen enthalten Odds Ratio logistischer Regressionen (Standardfehler in Klammern). Referenzkategorien: Mann, kein Titel. Alter wurde zentriert. Signifikanzniveau: *p< .05, ** p < .01, *** p < .001.

Tabelle 10: Modelle zum persönlichen Hintergrund (Trend 1957)

---

[51] Bei der modifizierten Bildungsvariablen handelt es sich um die Titelvariable, also die Frage, ob die Kandidat/innen einen Doktor- oder Professortitel führen oder nicht. Die Variable ist codiert mit 1 (Doktor- oder Professortitel) und 0 (keinen Titel).
[52] Zunächst wurde jedes Wahljahr als Dummy-Variable in den Modellen verwendet. Hierbei stellte sich jedoch heraus, dass die einzelnen Wahljahre keinen signifikanten Effekt auf die abhängige Variable haben, weshalb das Modell reduziert und die zeitliche Entwicklung durch eine fortlaufende Trendvariable erfasst wurde.

Bereits in den Ergebnissen des Basismodells kann ein deutlicher negativer Einfluss des Kandidat/innengeschlechts auf die Wahlerfolgschancen identifiziert werden. Das bedeutet, dass Kandidat*innen* seltener einen Wahlsieg mit nach Hause tragen als ihre männlichen Kollegen, da der Effektkoeffizient nur bei 0.65 liegt. In vorhergesagten Wahrscheinlichkeiten ausgedrückt, erzielen Kandidat*innen* in 26,7 Prozent und Kandidat*en* in 36,0 Prozent einen Wahlsieg. Zur Erinnerung: Dieser Effekt war bei der Deutschen Kandidatenstudie 2009 nicht signifikant und im positiven Bereich angesiedelt. Somit zeigt sich im Gegensatz zu den Ergebnissen der Analyse aktueller 2009er Daten bei einer longitudinalen Betrachtung von 1957 bis 2009 mit den Kandidat/innen von SPD, Union und FDP durchaus ein direkter Einfluss des Geschlechts auf den Wahlerfolg.

Ähnlich wie bei der Kandidatenstudie 2009 kann auch ein positiver Haupteffekt des Alters festgestellt werden: Das bedeutet, dass mit steigendem Alter die Kandidat/innen höhere Chancen auf den Wahlerfolg haben: 20-Jährige Kandidat/innen haben eine vorhergesagte Wahlwahrscheinlichkeit von 11,5 Prozent. Im Vergleich dazu haben 60-Jährige Kandidat/innen eine Chance von 52,3 Prozent. Gleiches kann auch beim „Titel" beobachtet werden: Die Wahlchancen für Personen mit Titel sind annähernd doppelt so hoch wie für Personen ohne Doktor- oder Professortitel (Wahlwahrscheinlichkeit von 46,1 Prozent für Kandidat/innen mit Titel im Vergleich zu 31,8 Prozent für Personen ohne Titel).

Doch wie verhält es sich bei den geschlechtsspezifischen Interaktionseffekten? Im Rahmen des Alters kann kein signifikanter geschlechtsspezifischer Interaktionseffekt festgestellt werden. Das bedeutet, dass es besonders junge oder besonders alte Kandidat*innen* in der längsschnittlichen Betrachtung nicht besonders leicht oder besonders schwer haben bzw. hatten, gewählt zu werden. Dies ist jedoch in Anbetracht der deskriptiven Auszählungen nicht erstaunlich, da hier im Zeitverlauf sowohl bei den Kandidat/innen als auch den Wahlsieger/innen ein tendenzieller Wandel von einem höheren Alter der Frauen zu einem höheren Alter der Männer zu beobachten war. Möglicherweise ist dieser Effekt dagegen bei den Trendberechnungen seit 1990 zu identifizieren, die erst den Zeitraum nach der Wiedervereinigung umfassen, in dem Kandidat*en* tendenziell älter waren als Kandidat*innen*.

Indes kann ein signifikanter Interaktionseffekt der Geschlechter- mit der Titelvariablen beobachtet werden. Da Interaktionseffekte jedoch nicht problemlos in der Richtungsinterpretation sind und Odds Ratio kleiner als 1 auch ein positiven Effekt bedeuten können (Best/Wolf 2010), werden im Folgenden bei signifikanten geschlechtsspezifischen Interaktionseffekten sogenannte „*Zusatzmodelle*" berechnet, um eine Aussage über die Richtung des geschlechtsspezifischen Effekts machen zu können. Hierzu werden modifizierte Modelle kalkuliert, in denen die dem Interaktionseffekt zugrundeliegenden Variablen indirekt berücksichtigt. Wenn beispielsweise die Interaktion zwischen Geschlecht und Titel betrachtet werden soll, so werden diese beiden Variablen im Modell nicht als Haupteffekt betrachtet. Anstelle dieser beiden Variablen werden vier weitere Dummy-Variablen gebildet: In der ersten Dummy-Variablen werden alle Frauen mit Titel mit 1 codiert; in der zweiten erhalten alle Frauen ohne Titel die 1, in der dritten bekommen alle Männer mit Titel die 1 und in der vierten alle Männer ohne Titel. Im Zusatzmodell werden dann die beschriebene zweite (Frauen ohne Titel), dritte (Männer mit Titel) und vierte Variable (Männer ohne Titel) integriert, die erste Variable – welche alle Frauen mit Titel umfasst – wird zur Referenzkategorie. Dadurch können Aussagen über die Wirkung des geschlechtsspezifischen Interaktionseffektes getroffen werden.

Exemplarisch ist nun ein solches *Zusatzmodell* dargestellt. Im folgenden Teil wird jedoch auf die tabellarische Darstellung der Zusatzmodelle verzichtet und nur die Richtungen des Interaktionseffektes im Text beschrieben. Wie die nachfolgende Tabelle 11 illustriert, übt der Titel bei allen drei neu formierten Variablen einen signifikanten Effekt aus.

	Unstandardisierte Effektkoeffizienten	*Standardisierte Effektkoeffizienten*
Alter in J.	1.06(0.00)	1.75
Trend	1.02(0.00)***	1.11
Frauen ohne Titel	0.47(0.05)***	0.75
Männer mit Titel	1.34(0.14)**	1.11
Männer ohne Titel	0.75(0.07)**	0.87
Pseudo-R² (MF)		.07
LL		-13041.49
AIC		26094.99
BIC		26142.85
N		21525

Quelle: Längsschnittdaten, eigene Berechnungen.
Anmerkungen: Die Zellen enthalten Odds Ratio logistischer Regressionen (Standardfehler in Klammern). Referenzkategorien: Frau mit Titel. Alter zentriert. Signifikanzniveau: * p< .05, ** p < .01, *** p < .001.

Tabelle 11: Zusatzmodell zur Identifikation der geschlechtsspezifischen Interaktionsrichtung von Geschlecht und Titel (Trend 1957)

So ist der Tabelle, die auch die standardisierten Effektkoeffizienten und damit einen Vergleich der Effektstärke zulässt, zu entnehmen, dass die Erfolgschancen von Frauen mit Titel zwar höher sind als die der Frauen und Männern ohne Titel. Allerdings ist auch ersichtlich, dass die Erfolgschancen der Männer mit Titel noch höher sind als die der Frauen mit Titel. Somit kann an dieser Stelle festgestellt werden, dass sich ein Titel positiv auf die Erfolgschancen auswirkt, dieses Phänomen jedoch in stärkerem Maße bei Männern zu beobachten ist. Allerdings ist der Tabelle auch zu entnehmen, dass Frauen ohne Titel nicht die gleichen Wahlchancen wie Männer ohne Titel haben und hierin ebenso ein geschlechtsspezifischer Unterschied zu identifizieren ist.

Interessanterweise kann auch ein Interaktionseffekt bei der Trendvariablen identifiziert werden: Mittels Zusatzberechnungen konnte herausgefunden werden, dass Kandidat*innen*, die vor 1983 kandidierten deutlich geringere Wahlerfolgschancen hatten als Kandidat*en* vor 1983 (Erfolgswahrscheinlichkeit von 19,9 Prozent [Kandidat*innen*] im Vergleich zu 34,1 Prozent [Kandidat*en*]). Diese geschlechtsspezifischen Unterschiede haben sich im Zeitverlauf verringert, aber auch heute sind noch Unterschiede zugunsten der Männer zu beobachten.

Doch wie verhält es sich bei den *Trendberechnungen seit 1990*, die nur die Bundestagswahlen von 1990 bis 2009 umfassen? Fallen hier die Effekte gleichermaßen und in gleichstarker Weise aus? Hierbei kann neben dem Geschlecht, dem Alter und dem Titel noch der Beruf als weitere erklärende Variable herangezogen werden. Wie auch bei den deskriptiven und im Rahmen der Deutschen Kandidatenstudie 2009 durchgeführten Berechnungen wurde eine Dummy-Variable verwendet, die Kandidat/innen mit frauentypischem Beruf mit 1 und Kandidat/innen mit Männerberuf mit 0 kennzeichnet[53]. In nachfolgender Tabelle 12 sind die Ergebnisse der verschiedenen Modelle abgebildet.

	Nullmodell	Basismodell	Berufsmodell	Berufsmodell (m.I.)	Gesamtmodell (m.I.)
Geschlecht		0.97(0.04)	1.13(0.05)**	0.87(0.11)	0.87(0.11)
Alter in J.		1.05(0.00)***	1.05(0.00)***	1.06(0.00)***	1.06(0.00)***
Titel		1.60(0.09)***	1.52(0.09)***	1.43(0.09)***	1.51(0.09)***
Trend		0.95(0.01)***	0.94(0.01)***	0.92(0.01)***	0.92(0.01)***
Beruf			0.38(0.02)***	0.40(0.02)***	0.38(0.02)***
♀ * Alter				0.99(0.01)**	0.99(0.00)**
♀ * Titel				1.26(0.18)	
♀ * Trend				1.07(0.03)*	1.07(0.03)*
♀ * Beruf				0.90(0.09)	
Pseudo-R² (MF)		.06	.09	.09	.09
LL	-7641.84	-7204.39	-6984.80	-6976.62	-6978.75
AIC	15285.67	14418.77	13980.98	13973.24	13973.50
BIC	15293.12	14456.01	14025.66	14047.71	14033.08
N	12671	12671	12671	12671	12671

Quelle: Längsschnittdaten, eigene Berechnungen.
Anmerkungen: Die Zellen enthalten Odds Ratio logistischer Regressionen (Standardfehler in Klammern). Referenzkategorien: Mann, kein Titel, Männerberuf. Alter wurde zentriert. Signifikanzniveau: *p< .05, ** p < .01, *** p < .001.

Tabelle 12: Modelle zum persönlichen Hintergrund (Trend 1990)

---

[53] Für eine detaillierte Beschreibung der Vorgehensweise bei der Codierung siehe Kapitel 7.1.1.3 und Anhang 1.

Bereits der Blick auf die Variable „Geschlecht" zeigt deutliche Unterschiede zu den vorherigen Berechnungen: Der Geschlechtereffekt ist nicht signifikant, was bedeutet, dass die Variable „Geschlecht" bei den Wahlen 1990 bis 2009 keinen signifikanten Einfluss hat, während bei einer Berechnung seit 1957 durchaus ein hochsignifikanter negativer Haupteffekt zu beobachten war. Dabei muss allerdings angemerkt werden, dass hier nun alle Parteien, d.h. auch das Bündnis 90/Die Grünen und die PDS/Die Linke berücksichtigt werden, die bekanntlich eine höhere Repräsentationsrate von Frauen haben und möglicherweise die Frauenraten der anderen Parteien kompensieren.

Beim Alter und bei der Bildung sind die Effekte vergleichbar mit den Trendberechnungen seit 1957: Sie sind signifikant und positiv. Interessant sind auch die Ergebnisse im Rahmen der Berufsvariablen. Hier ist deutlich zu erkennen, dass frauentypische Berufe einen negativen Effekt auf die Erfolgschancen der Kandidat/innen haben: Kandidat/innen mit einem Frauenberuf haben eine 16,0-prozentige Chance, gewählt zu werden. Demgegenüber haben Kandidat/innen mit einem Männerberuf eine Chance von 33,6 Prozent. Interessanterweise wird die Variable Geschlecht im Berufsmodell signifikant positiv: Dieses Modell zeigt, dass Frauen geringfügig höhere Chancen haben, gewählt zu werden, als Männer.

Doch wie verhält es sich mit dem geschlechtsspezifischen Interaktionseffekt der Variablen „Beruf" und „Geschlecht"? Wie das Berufsmodell mit Interaktionen zeigt, kann kein signifikant negativer geschlechtsspezifischer Effekt beobachtet werden. Das bedeutet, dass Kandidat*innen* mit typischen Frauenberufen nicht signifikant geringere Chancen haben, ein Mandat zu erzielen. Folglich sind mittels der Berufsvariablen die geringeren Repräsentationsraten von Frauen im Bundestag nicht zu erklären.

Demgegenüber sind die geschlechtsspezifischen Interaktionseffekte mit Alter und Trend signifikant: Beim Alter stellt sich auf der Grundlage von Zusatzberechnungen heraus, dass Kandidat*en* unter 40 Jahren deutlich geringere Chancen haben, gewählt zu werden als Kandidat*innen* in dieser Altersgruppe. Bei den Kandidat/innen über 40 Jahren konnte ein derartiger geschlechtsspezifischer Effekt nicht mehr beobachtet werden. Sie haben in etwa die gleichen Wahlwahrscheinlichkeiten. Ein derartiger Alterseffekt konnte in den Trendberechnungen seit 1957 nicht identifiziert werden und widerspricht auch der grundsätzlichen Annahme, dass Frauen im Vergleich zu Männern älter sein müssen, um in der Politik erfolgreich zu sein. Vielmehr deutet dieses Ergebnis darauf hin, dass junge Kandidat*innen* höhere Erfolgschancen als junge Kandidat*en* haben.

Gleichermaßen wie bei den Trendberechnungen seit 1957 kann auch ein positiver geschlechtsspezifischer Interaktionseffekt der Trendvariablen beobachtet werden. Mittels Zusatzberechnungen konnte identifiziert werden, dass es Kandidaten in jüngerer Zeit (2002 bis 2009) deutlich schwieriger haben, ein Mandat zu erreichen, als Kandidaten vor 2002 und auch Kandidatinnen insgesamt (d.h. von 1990 bis 2009). Ein weiterer Hinweis darauf, dass Kandidaten möglicherweise zunehmend benachteiligt werden, was im Rahmen weiterer Berechnungen mit mehr Variablen noch zu prüfen ist. Doch der persönliche Hintergrund ist nur eine Variable zur Erklärung der weiblichen Repräsentation im Bundestag. Welchen Einfluss übt der politische Hintergrund aus?

7.2 Politischer Hintergrund

Im Rahmen der Untersuchung des politischen Hintergrundes stehen zwei Hypothesen im Mittelpunkt der Betrachtung: Erstens, der Zeitpunkt des Parteieintritts, mit der Vermutung, dass Frauen zu einem späteren Zeitpunkt in die Parteien eintreten und zweitens, das politische Interesse, verknüpft mit der Annahme, dass sich Kandidatinnen in stärkerem Maße für „weiche" Politikfelder interessieren als Kandidaten, die eher „harte" Politikfelder präferieren. Darüber hinaus wurde vermutet, dass sowohl ein früher Zeitpunkt des Parteieintritts als auch ein Interesse an „harten" Politikfeldern die Wahlerfolgschance erhöhen und somit dies Faktoren sind, die die Unterrepräsentation von Frauen in der Politik erklären können. Hier liegen nur Daten zur Analyse des aktuellen Standes vor. Eine Längsschnittuntersuchung ist für die politische Dimension daher leider nicht möglich.

7.2.1 Deskriptive Analysen

7.2.1.1 Zeitpunkt des Parteieintritts

Bezüglich des Parteieintritts wurde vermutet, dass Frauen grundsätzlich zu einem späteren Zeitpunkt als Männer in die Parteien eintreten, da sie durch Mutterschaft und Kindererziehung an der Parteiarbeit gehindert werden. Neben der Frage nach dem Zeitpunkt des Parteieintritts von Frauen – der als Indikator für die beginnende politische Aktivität und das Interesse betrachtet werden – ist darüber hinaus interessant zu fragen, ob und inwiefern Unterschiede bezüglich des Zeitpunktes des Parteieintritts bei Kandidat/innen im Vergleich zu Wahlsieger/innen zu identifizieren sind. Folgende Tabelle 13 gibt hierüber Auskunft.

Wie deutlich zu erkennen ist, kann bereits mittels dieser Daten die These gestützt werden, dass sowohl die Kandidatinnen als auch verstärkt die Wahlsieger*innen* beim Parteieintritt deutlich älter sind als die Kandidat*en* bzw. Wahlsie-ger. Zu einem ähnlichen Ergebnis kommt auch der Mittelwertvergleich: Für die Kandidat*en* beträgt das durchschnittliche Eintrittsalter 30,6 Jahre während das der Kandidat*innen* bei 32,9 Jahren liegt. Wie auch der Tabelle zu entnehmen ist, fällt der Unterschied noch gravierender aus, wenn das durchschnittliche Alter der Wahlsieger/innen betrachtet wird: Die Wahlsieger*innen* sind durchschnittlich mit 30,3 Jahren in die Partei eingetreten, und somit rund vier Jahre später als die Wahlsieg*er*.

	Kandidat/innen		*Wahlsieger/innen*	
	Frauen	*Männer*	*Frauen*	*Männer*
15 bis 19 Jahre	11,1	24,0	11,5	40,0
20 bis 29 Jahre	31,5	32,9	39,3	33,3
30 bis 39 Jahre	26,7	18,5	29,5	13,3
40 bis 49 Jahre	24,0	13,7	16,4	6,7
50 Jahre und älter	6,7	10,9	3,3	6,7
Chi²-Test (Kategorien)	***		***	
Mittelwert	32,9	30,6	30,3	26,2
t-Test	*		**	
N	225	513	61	120

Quelle: Kandidatenstudie 2009, eigene Berechnungen.
Anmerkungen: Ergebnisse von Kreuztabellen (Geschlecht*gruppiertes Alter) von Kandidat/innen und Wahlsie-ger/innen. Ergebnisse von Mittelwertvergleichen des Alters nach Geschlecht von Kandidat/innen und Wahlsie-ger/innen. Signifikanzniveau: ***p<0.001, **p <0.01, *p<0.05.

Tabelle 13: Alter bei Parteieintritt nach Geschlecht und Wahlerfolg (in %)

Zusammenfassend ergibt sich somit sowohl für die Kandidat*innen* als auch die Wahlsieger*innen*, dass sie zu einem deutlich späteren Zeitpunkt in die Parteien eintreten, auch dann, wenn sie politisch ambitioniert sind und 2009 ein erfolgrei-ches Bundestagsmandat gewinnen konnten. Ob und inwiefern dies nun auf Kin-der oder Familientätigkeit zurückzuführen ist, kann infolge von Datenmangel an dieser Stelle nicht untersucht werden.

7.2.1.2   Interesse für politische Sachthemen

Zahlreiche Studien haben sich bereits der Untersuchung des politischen Interes-ses von Frauen gewidmet (vgl. hierzu Bieber 2011; Dolan 2005; Holtz-Bacha 2009; Smith/Fox 2001). Grundlegend konnte hierbei ein geringeres politisches Interesse der Frauen im Vergleich zu den Männern festgestellt werden, welches auch im Zeitverlauf konstant zu identifizieren ist (vgl. hierzu Kapitel 2.2.2.2).

Dass sowohl die Kandidat*innen* wie die Kandidat*en* politisch interessiert sind, steht außer Frage, da sie sich ansonsten vermutlich nicht in der Politik engagieren und um ein politisches Mandat bewerben würden. Interessant im Kontext vorliegender Untersuchung ist jedoch die Frage, ob sich die Art des politischen Interesses der Kandidat*innen* von dem der Kandidat*en* unterscheidet. In Anlehnung an den theoretischen Teil und die Entwicklung des Analyseschemas ist davon auszugehen, dass sich Kandidat*innen* für „weichere", der typisch weiblichen Rolle als Hausfrau und Mutter eher entsprechenden Politikfelder wie Sozial-, Umwelt- und Bildungspolitik interessieren, während sich Kandidat*en* eher auf „härtere", der typisch männlichen Rolle entsprechende Interessen, wie Außen- oder Verteidigungspolitik, fokussieren.

Im Rahmen der Deutschen Kandidatenstudie 2009 wurden die Kandidat/innen gefragt, welches politische Problem in Deutschland sie derzeit als Wichtigstes, Zweitwichtigstes bzw. Drittwichtigstes erachten. Grundlegend ist davon auszugehen, dass die Sozial-, Umwelt- und Bildungspolitik typisch weibliche Themenfelder sind und daher auch in stärkerem Maße Interessensfelder der Kandidat*innen* sind, wobei Arbeitsmarkt-, Wirtschaft-, Finanz-, Außen- und Sicherheitspolitik typisch männliche Felder sind und sich hierfür eher Kandidat*en* interessieren und diese als wichtigste Probleme nennen. Nachfolgende Abbildung 24 zeigt je Themenfeld die Differenz aus dem prozentualem Anteil an Kandidat*innen*, die das jeweilige Themenfeld als Problem genannt haben *minus* dem Anteil an Kandidat*en*, unterteilt nach der Nennung als wichtigstes, zweitwichtigstes und drittwichtigstes Problem. Somit wird abgebildet, welche Politikfelder stärker im Interesse der Kandidat*innen* bzw. der Kandidat*en* liegen.

Beim wichtigsten Problem unterscheiden sich die Frauen und Männer in geringem Maße. Darüber hinaus ist hier zu beobachten, dass das typisch weibliche Themenfeld „Soziales" bei der Erstnennung sogar häufiger von Kandidat*en* und die Wirtschafts- und Finanzpolitik häufiger von Kandidat*innen* genannt wird, also entgegen der vermuteten geschlechtsspezifischen Richtung. Bei der Umwelt-, der Außen- und Sicherheitspolitik ist die vermutete geschlechtertypische Zuordnung erfolgt: Die Kandidat*innen* interessieren sich – zumindest bei dem wichtigsten und zweitwichtigsten Problem – für Umweltpolitik, während sich die Kandidat*en* geringfügig stärker für Außen- und Sicherheitspolitik interessieren.

Betrachten wir zunächst die frauentypischen Politikfelder etwas detaillierter: „Soziales" wird zwar in unwesentlich häufigerem Ausmaß von den Kandidat*en* als wichtigstes Problem genannt, jedoch es von den Frauen öfter als zweit- und drittwichtigstes Problem aufgeführt und entspricht somit tendenziell den Erwartungen. Auch nennen Frauen häufiger die Umweltpolitik als wichtigstes bzw. zweitwichtigstes Problem, während dies bei den Drittnennungen auch überdurchschnittlich viele Männer für besonders wichtig erachten. Unerwartet

verhält es sich bei der Bildungs- und Kulturpolitik, die häufiger von den Männern als wichtigstes und zweitwichtigstes Problem angeführt werden, wobei auch
hier besonders viele der Kandidat*innen* dies als drittwichtigstes Problem nennen.

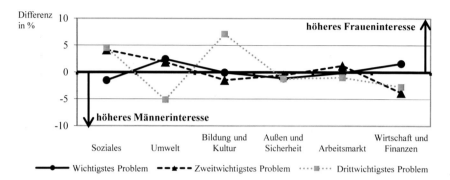

Quelle: Deutsche Kandidatenstudie 2009, eigene Berechnungen[54].
Anmerkungen: Kreuztabellen (Geschlecht*Politikfeld) von Kandidat/innen. Frauenanteile minus Männeranteile des
jeweiligen Politikfeldes. Keine signifikanten geschlechtsspezifischen Unterschiede.

Abbildung 24: Politikfelder – Differenz zwischen Kandidat*innen* minus Kandidaten* (in %)

Bei den drei männertypischen Politikfeldern können grundlegende Tendenzen
zugunsten der Männer identifiziert werden: Diese Themenfelder werden häufiger
von Kandidat*en* angeführt, jedoch sind auch bei der Arbeitsmarkt- und der Wirtschaftspolitik Präferenzen zugunsten der Frauen zu identifizieren. Insgesamt ist
zu beobachten, dass die Unterschiede bei den drei „Männerthemen" – v.a. was
die Drittnennungen betrifft – in deutlich geringerem Maße ausfallen als bei den
„Frauenthemen". Jedoch sind die geschlechtsspezifischen Unterschiede weder
für das wichtigste, noch für das zweitwichtigste oder drittwichtigste Problem
signifikant.

   Wie bei den anderen Einflussfaktoren stellt sich auch beim politischen Interesse die Frage, inwiefern Unterschiede zwischen dem Interesse der Kandi-
dat/innen und den Wahlsieger/innen zu identifizieren sind. Wie folgende Abbil-

---

[54] Prozentuale Anteile der verschiedenen Politikfelder gesamt: *Wichtigstes Problem:* Arbeitsmarkt:
15,9; Wirtschaft und Finanzen: 48,9; Außen- und Sicherheitspolitik: 0,8; Soziales: 18,1; Umwelt: 9,9;
Bildung: 3,0; Sonstiges: 3,4. *Zweitwichtigstes Problem:* Arbeitsmarkt: 14,6; Wirtschaft und Finanzen: 24,1; Außen- und Sicherheitspolitik: 5,5; Soziales: 24,6; Umwelt: 13,3; Bildung: 11,3; Sonstiges: 6,6. *Drittwichtigstes Problem:* Arbeitsmarkt: 6,8; Wirtschaft und Finanzen: 12,8; Außen- und
Sicherheitspolitik: 8,2; Soziales: 31,2; Umwelt: 13,6; Bildung: 14,2; Sonstiges: 13,2.

dung 25 zeigt, können zum Teil sehr deutliche, geschlechtsspezifische Effekte identifiziert werden, diese sind jedoch nur für das wichtigste Problem auf signifikantem Niveau zu finden[55].

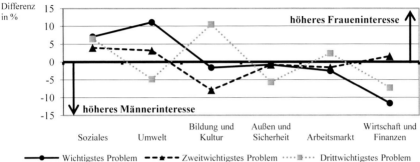

Quelle: Deutsche Kandidatenstudie 2009, eigene Berechnungen[56].
Anmerkungen: Kreuztabellen (Geschlecht*Politikfelder) von Wahlsieger/innen. Frauenanteile minus Männeranteile des jeweiligen Politikfeldes. Signifikante geschlechtsspezifische Unterschiede beim wichtigsten Problem auf 0.05-Niveau.

Abbildung 25: Politikfelder – Differenz zwischen Wahlsieger*innen* minus Wahlsieg*er* (in %)

So wird die Sozialpolitik von den Wahlsieger*innen* deutlich häufiger sowohl als wichtigstes, zweitwichtigstes und drittwichtigstes Problem genannt als von den Wahlsieg*ern*. Und auch die Umweltpolitik wird von den Wahlsieger*innen* häufiger als wichtigstes bzw. zweitwichtigstes Problem angeführt. Entgegengesetzt verhält es sich jedoch bei den Themen Bildungs- und Kulturpolitik, die häufiger von den Wahlsieg*ern* angegeben werden.

Bei den „Männerthemen" fallen die geschlechtsspezifischen Unterschiede in geringerem Maße aus. Die Außen- und Sicherheitspolitik wird bei allen drei Nennungen häufiger von den Wahlsieg*ern* angeführt. Und auch bei der Wirtschafts- und Finanzpolitik sind die Erst- und Drittnennungen der Männer höher.

---

[55] Die Fallzahlen sind jedoch niedrig: 188 Personen haben ein wichtigstes Problem genannt, 189 ein zweitwichtigstes Problem und 186 ein drittwichtigstes Problem.
[56] Prozentuale Anteile der verschiedenen Politikfelder: *Wichtigstes Problem:* Arbeitsmarkt: 17,5; Wirtschaft und Finanzen: 61,7; Außen- und Sicherheitspolitik: 0,5; Soziales: 11,2; Umwelt: 6,9; Bildung: 1,1; Sonstiges: 1,1. *Zweitwichtigstes Problem:* Arbeitsmarkt: 15,3; Wirtschaft und Finanzen: 27,5; Außen- und Sicherheitspolitik: 5,3; Soziales: 30,7; Umwelt: 7,4; Bildung: 8,5; Sonstiges: 5,3. *Drittwichtigstes Problem:* Arbeitsmarkt: 6,5; Wirtschaft und Finanzen: 12,9; Außen- und Sicherheitspolitik: 8,6; Soziales: 32,8; Umwelt: 12,9; Bildung: 17,2; Sonstiges: 9,1.

Interessanterweise wurde die Arbeitsmarktpolitik – ein männertypisches Feld – auch bei den Drittnennungen häufig von den Wahlsieger*innen* angeführt. Signifikant sind die Unterschiede jedoch nur für das wichtigste Problem. Zusammenfassend kann bezüglich des politischen Interesses festgehalten werden, dass gewisse geschlechtsspezifische Unterschiede der Geschlechter zu identifizieren sind, jedoch nur wenige dieser Unterschiede auf einem signifikanten Niveau nachzuweisen sind, was die Vermutung abschwächt, dass das unterschiedliche politische Interesse die Ursache für die geringere Repräsentation von Frauen in der Politik ist. Doch detailliertere Ergebnisse für diese Fragen liefern die nun folgenden multivariaten Analysen des parteilichen Hintergrundes.

7.2.2 Multivariate Analyse

Die Ergebnisse des deskriptiven Teils lassen zweifeln, ob durch den Zeitpunkt des Parteieintritts und das geschlechtsspezifische Interesse an politischen Themenfeldern die Unterrepräsentation von Frauen multivariat erklärt werden kann. Nachfolgende Tabelle 14 führt hierzu Ergebnisse logistischer Regressionen auf.

	Basismodell	Eintrittmodell	Frauen-interessen-modell	Gesamt-modell (m.I.)
Geschlecht	1.14(0.24)	1.37(0.30)	1.15(0.24)	1.17(0.36)
Alter in J.	1.05(0.01)***	1.09(0.01)***	1.05(0.01)***	1.10(0.01)***
Bildung	2.03(0.48)**	1.72(0.42)*	2.00(0.47)**	1.71(0.42)*
Alter bei Parteieintritt		0.93(0.01)***		0.92(0.01)***
Fraueninteresse			0.71(0.14)	0.62(0.16)
♀ * Parteieintritt				1.03(0.02)
♀ * Fraueninteresse				1.47(0.65)
Pseudo-R² (MF)	0.06	.14	.06	.15
LL	-322.28	-293.72	-320.25	-290.65
AIC	652.55	597.45	651.60	597.30
BIC	670.22	619.53	673.68	632.64
N	612	612	612	612

Quelle: Deutsche Kandidatenstudie 2009, eigene Berechnungen.
Anmerkungen: Die Zellen enthalten Odds Ratio logistischer Regressionen (Standardfehler in Klammern). Referenzkategorien: Mann, niedrige Bildung, Männerinteressen. Alter und Parteieintrittsalter wurde zentriert. Signifikanzniveau: *p< .05, ** p < .01, *** p < .001.

Tabelle 14: Modelle zum politischen Hintergrund (Querschnitt 2009)

Das Alter beim Parteieintritt wurde als metrische Variable im Modell verwendet. Sie gibt Auskunft darüber, mit wie vielen Jahren ein/e Kandidat/in in die Partei eingetreten ist. Zur Berechnung der „Frauen- bzw. Männerthemen" wurde ein Index erstellt, der darüber Auskunft gibt, ob die Kandidat/innen besonderes Interesse an Frauenthemen haben oder nicht[57]. Die Berechnungen zeigen, dass der Parteieintritt einen signifikanten Effekt auf die Wahlerfolgschancen hat: Je früher eine Person einer politischen Partei beitritt, desto größer sind die Chancen, dass er bzw. sie ein Mandat gewinnt. Beispielsweise haben Kandidat/innen, wenn sie mit 20 Jahren in die Partei eingetreten sind eine Wahlwahrscheinlichkeit von 38,0 Prozent. Personen, die mit 60 Jahren eingetreten sind, haben eine Wahrscheinlichkeit von 3,2 Prozent. Ein derartig signifikanter Effekt kann bei der Fraueninteressevariable nicht identifiziert werden: Das Interesse an „Frauenthemen" erhöht oder verringert die Chancen auf Wahlerfolg nicht in signifikanter Weise.

Doch besonders wichtig im Rahmen des Untersuchungsinteresses ist die Geschlechtsvariable und die geschlechtsspezifischen Interaktionseffekte: Wie verhält es sich bei diesen? Haben Frauen, die sehr früh in die Parteien eingetreten sind, besonders gute Chancen auf ein Mandat? Oder haben Frauen mit Fraueninteressen besonders schlechte Chancen einen Platz in der Politik zu bekommen? Zunächst zeigen das Eintritts- und Fraueninteressenmodell keinen signifikanten Effekt der Geschlechtsvariablen. Das deutet darauf hin, dass die Erfolgsaussichten für die Kandidat*innen* nicht signifikant schlechter sind als für die Kandidat*en*. Ebenso sind auch die geschlechtsspezifischen Interaktionseffekte nicht signifikant. Daher ist nicht nachzuweisen, dass Frauen infolge eines späteren Parteieintritts oder frauenspezifischer Interessen bessere oder schlechtere Chancen auf einen Mandatsgewinn haben. Somit müssen die formulierten Thesen bezüglich des parteilichen Hintergrundes an dieser Stelle auf der Grundlage vorliegender Daten falsifiziert werden. Möglicherweise sind es doch eher Persönlichkeitseigenschaften, die die Unterrepräsentation von Frauen in der Politik erklären können. Wie verhält es sich mit dem Einfluss dieser Eigenschaften auf die Erfolgschancen der Frauen? Dieser Frage soll im folgenden Teil nachgegangen werden.

---

[57] Damit Kandidat/innen als „besonders interessiert an Frauenthemen" codiert wurden, mussten sie bei mindestens zwei politischen Themenfeldern ein typisch weibliches Themenfeld angeben und wurden mit 1 codiert. Anderenfalls erhielten die Kandidat/innen eine 0 für „weniger interessiert an Frauenthemen".

7.3 Persönlichkeitseigenschaften

Wie der theoretische Teil und die Darstellung des Analyseschemas bereits gezeigt haben, wird bezüglich der Persönlichkeitseigenschaften von Kandidat/in-
nen vermutet, dass hier geschlechtsspezifische Unterschiede existieren. Wie im
Daten- und Methodenteil bereits dargestellt, wurde zur Analyse der Persönlichkeitseigenschaften auf Daten eines GLES-Kandidatenexperiments zurückgegriffen (Kapitel 6.1.3), bei dem Bürger/innen danach gefragt wurden, wie die Befragten eine bzw. einen im Experiment dargestellten Kandidaten/in hinsichtlich
verschiedener Persönlichkeitseigenschaften einschätzen und ob sie diese/n Kan-
didaten/in bei einer Wahl wählen würden. Da es sich hierbei um eine/n unbe-
kannte/n bzw. nicht existierende/n Kandidaten/in gehandelt hat, konnten sonstige
Kontextfaktoren (wie z.B. Parteizugehörigkeit, Bildung, ...) konstant gehalten
werden und somit ausschließlich der Effekt des Kandidatengeschlechts auf die
Persönlichkeitseinschätzung und die Wahlchancen analysiert werden.

In Anlehnung an die dargestellte Theorie wurde vermutet, dass die Kandidat*in* im Rahmen dieser Eigenschaftseinschätzung weiblichere Persönlichkeitseigenschaften zugeschrieben bekommt als der Kandid*at*. Ferner wurde vermutet,
dass der/die Kandidat/in mit einer männlichen Persönlichkeitszuschreibung höhere Aussichten auf einen Wahlerfolg hat. Die geringere weibliche Repräsentation in der Politik würde dann dadurch erklärt werden, dass Frauen erstens eher
über weibliche Persönlichkeitseigenschaften verfügen, die dann zweitens zu
geringeren Wahlerfolgschancen führen. Damit könnte die Unterrepräsentation
von Frauen in der Politik dadurch erklärt werden, dass Kandidat*innen* weiblichere Persönlichkeitseigenschaften zugeschrieben bekommen als Kandidat*en,* sich
jedoch männliche Persönlichkeitseigenschaften positiv auf den Wahlerfolg auswirken. In Analogie zur bisherigen Darstellungsweise werden hier zunächst
deskriptive Auszählungen vorgenommen, bevor dann multivariate Analysen im
Hinblick auf den Wahlerfolg durchgeführt werden.

7.3.1 Deskriptive Analysen

Zunächst zu der Verteilung der Eigenschaftseinschätzung der Kandidat*innen* im
Vergleich zu den Kandidat*en*: Beim Experiment wurden verschiedene Persönlichkeitseigenschaften abgefragt, von denen im Rahmen der internationalen Forschung bekannt ist, dass sich hinter ihnen sogenannte Geschlechterstereotype
verbergen und Frauen und Männer hier unterschiedliche Zuschreibungen erfahren (vgl. Kapitel 2.2.2.1 und 2.2.2.2). Gemeinhin gelten Selbstbewusstsein, Entscheidungsstärke, Risikobereitschaft und eine starke Persönlichkeit als typisch

männliche Eigenschaften. Zu typisch weiblichen Eigenschaften zählen Leichtgläubigkeit, Kindlichkeit, Schüchternheit, Hilfsbereitschaft und Mitgefühl. Im
Rahmen dieser Geschlechterstereotypisierung existieren auch neutrale Kategorien wie Zuverlässigkeit, Fleiß und Glaubwürdigkeit, wobei diese in manchen
Geschlechterstereotypisierungen eher den Frauen zugeordnet werden. Darüber
hinaus wurde im Rahmen der Studie nach den in der empirischen Wahlforschung
zur Charakterisierung von Politiker/innen zentralen Eigenschaften Durchsetzungsfähigkeit, Fähigkeit die Wirtschaft anzukurbeln, Vertrauenswürdigkeit und
Sympathie gefragt, wobei die beiden ersten als typisch „männliche" und die
beiden letzten als „weibliche" Eigenschaft kategorisiert werden können. Schließlich stellen auch die sogenannten „Big-Five" im Rahmen der Wahlforschung
zentrale Merkmale zur Messung der Persönlichkeitseigenschaften dar, die ebenso
im Rahmen des Experiments abgefragt wurden und zur geschlechterstereotypen
Persönlichkeitsanalyse der Kandidat/innen nun herangezogen werden sollen.
Diese Eigenschaften sind gemeinhin eher dem weiblichen Geschlecht zuzuordnen. Insbesondere handelt es sich hierbei um Zurückhaltung, Gutgläubigkeit,
Gründlichkeit, Phantasie und Unsicherheit.

    Nachfolgende Abbildung 26 zeigt zunächst alle Persönlichkeitseigenschaf-
ten hinsichtlich ihrer Mittelwerte, differenziert zwischen der Einschätzung des
Kandidaten und der Kandidatin. Die grauen Punkte geben die Einschätzungen
derjenigen Befragten an, die einen Kandidaten präsentiert bekommen haben, die
schwarzen Punkte die Einschätzungen jener, die eine Kandidatin einschätzen
sollten. Die Abbildung ist so angeordnet, dass zunächst die typisch weiblichen
und schließlich die typisch männlichen Eigenschaften aufgelistet sind.

    Auf den ersten Blick ist zu erkennen, dass bei der Einschätzung auf dem
Kontinuum zwischen 1 („trifft überhaupt nicht zu") und 5 („trifft voll und ganz
zu") die unterschiedlichen Einstufungen von der Kandidatin und dem Kandidaten nicht besonders weit auseinanderliegen. Dennoch können einige Unterschiede zwischen der Kandidatin und dem Kandidaten beobachtet werden. Hinzuzufügen ist an dieser Stelle jedoch, dass nur bei den Eigenschaften, bei welchen die
dargestellten Punkte eine Innenfarbe haben und somit ausgefüllt sind, auch signifikante Unterschiede vorzufinden sind. Somit können bei den Eigenschaften
Schüchternheit, Leichtgläubigkeit, Zurückhaltung, Gründlichkeit, Vertrauenswürdigkeit, Sympathie, Zuverlässigkeit, Fleiß, starke Persönlichkeit, Entscheidungsstärke und Selbstbewusstsein aus geschlechtsspezifischer Sicht keine signifikanten Unterschiede festgestellt werden. Dennoch sind bei einigen Persönlichkeitseigenschaften deutliche und signifikante Differenzen abzulesen: So wird die
Kandidatin – wie vermutet – in stärkerem Maße als naiv, unsicher, gutgläubig,
phantasievoll, mitfühlend, glaubwürdig und hilfsbereit eingeschätzt. Dem Kan-

didat*en* wird in stärkerem Maße Risikobereitschaft, die Fähigkeit die Wirtschaft anzukurbeln und Durchsetzungsstärke zugeschrieben.

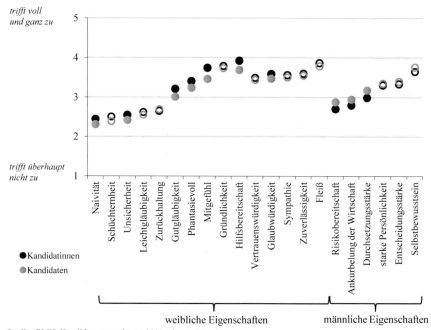

Quelle: GLES-Kandidatenexperiment 2009, eigene Berechnungen.
Anmerkungen: Punkte ohne Füllung bedeuten, dass hier kein signifikanter Unterschied auf dem .05-Signifikanz-niveau festgestellt werden konnte (zweiseitiger t-test).

Abbildung 26: Eigenschaftseinschätzung von Kandidatin und Kandidat (Mittel-werte)

Eine gängige These in der Diskussion ist darüber hinaus die unterschiedliche, geschlechtsspezifische Einschätzung in Abhängigkeit vom Geschlecht des Be-fragten. Demnach würden weibliche Befragte die Kandidat*in* besser einschätzen als den Kandidat*en*. Diese Frage soll nun ebenfalls kurz betrachtet werden. Hier-zu wurden die Mittelwerte der zuvor als signifikant identifizierten Eigenschaften nach dem Geschlecht der Befragten ermittelt. Da sich vorliegende Untersuchung insbesondere für die Kandidat*innen* interessiert, sind in der nachfolgenden Ab-bildung 27 nur die Eigenschaftseinschätzungen der Kandidat*in* nach Geschlecht der Befragten abgebildet.

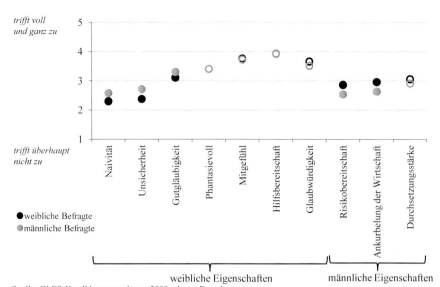

Quelle: GLES-Kandidatenexperiment 2009, eigene Berechnungen.
Anmerkungen: Punkte ohne Füllung bedeuten, dass hier kein signifikanter Unterschied auf dem .05-Signifikanzniveau festgestellt werden konnte (zweiseitiger t-test).

Abbildung 27: Eigenschaftseinschätzung der Kandidatin nach Befragten-geschlecht (Mittelwerte)

In dieser Abbildung ist erneut zu erkennen, dass nicht bei allen Eigenschaften signifikante Unterschiede auftreten. Bei der Zuschreibung von Phantasie, Mitge-fühl, Hilfsbereitschaft, Glaubwürdigkeit und Durchsetzungsstärke antworten weibliche und männliche Befragte in vergleichbarer Weise. Bei den anderen Eigenschaften können jedoch signifikante geschlechtsspezifische Unterschiede beobachtet werden: So wird die Kandidatin von den *weiblichen* Befragten in geringerem Maße als unsicher, gutgläubig und naiv im Vergleich zu den *männli-chen* Befragten eingestuft und sie erfährt somit eine positivere Einschätzung seitens der Frauen. Entgegengesetzt verhält es sich bei den männlichen Eigen-schaften: Hier schätzen die *weiblichen* Befragten die Kandidatin als deutlich risikobereiter und fähiger, die Wirtschaft anzukurbeln, ein, als dies die männli-chen Befragten tun, was ebenso als positivere Einschätzung der Kandidatin sei-tens der weiblichen Befragten zu werten ist.

Eine entsprechende Analyse wurde auch mit dem Kandidaten durchgeführt (hier nicht explizit dargestellt). Es konnten erstens geringere geschlechtsspezifi-sche Unterschiede identifiziert werden. Zweitens konnten nur bei den Eigen-

schaften Risikobereitschaft und Glaubwürdigkeit signifikante Unterschiede festgestellt werden, wobei hier die Kandidat*en* hinsichtlich dieser beiden Eigenschaften von den Frauen positiver eingestuft wurden. Dies bedeutet, dass Frauen
nicht nur Kandidat*innen* positiver eingestuft haben, sondern auf signifikantem
Niveau bei den Eigenschaften Risikobereitschaft und Glaubwürdigkeit auch die
Kandidat*en*.

An dieser Stelle kann – wie das ansonsten im Rahmen dieser Untersuchung
der Fall ist – kein Vergleich zwischen den Kandidat/innen und den Wahlsie-
ger/innen erfolgen. Jedoch werden nun im Rahmen der multivariaten Analyse
auch hier die Eigenschaftszuschreibungen in Bezug zu den Wahlerfolgschancen
der Kandidat/innen gesetzt, damit die Frage beantwortet werden kann, ob Kandidat*innen* über männliche Eigenschaften verfügen müssen, um in der Politik erfolgreich zu sein.

7.3.2 Multivariate Analyse

Interessant ist nun die Abhängigkeit der Wahlerfolgschancen der Kandidat/innen
von diesen Eigenschaftszuschreibungen: Müssen Kandidat*innen* über männliche
Eigenschaften verfügen, um in der Politik erfolgreich zu sein? Oder müssen nur
Kandidat*en* männliche Eigenschaften und Kandidat*innen* weibliche Eigenschaf-
ten haben, um erfolgreich zu sein? Oder sind sogar weibliche Eigenschaften für
Kandidat*innen* und Kandidat*en* gleichermaßen karriereförderlich?

Neben der Frage nach der Eigenschaftseinschätzung wurden die Experi-
mentteilnehmer/innen auch aufgefordert, anzugeben, ob sie sich vorstellen könnten, die präsentierte Kandidat*in* bzw. den präsentierten Kandidat*en* zu wählen.
Hierbei konnten sich 61,8 Prozent gut oder sehr gut vorstellen die Kandidat*in* zu
wählen, während sich dies 38,2 Prozent nicht oder eher nicht vorstellen konnten.
Beim Kandidat*en* verhielt es sich ähnlich: 61,4 Prozent konnten es sich vorstellen, während 38,6 Prozent dies nicht konnten. Daher sind die Unterschiede nicht
signifikant. Doch nun soll die Wirkung der Kandidateneigenschaften auf den
Wahlerfolg der/des Kandidatin/en untersucht werden. Hierzu wurden lineare
Regressionen mit der abhängigen Variablen „Wahlerfolg" durchgeführt[58]. Die
erklärenden Variablen sind soeben ausgewertete Persönlichkeitseigenschaften,
bei denen ein signifikanter Unterschied zwischen der Beurteilung des Kandida-
t*en* und der Kandidat*in* festgestellt werden konnte. Um die Anzahl der Variablen
der Persönlichkeitseigenschaften zu reduzieren und Multikollinearitätsproblemen

---

[58] *Fragetext:* Könnten Sie sich vorstellen [Name des/der Kandidaten/in] zu wählen, wenn [sie/er] in
Ihrem Wahlkreis antreten würde? *Antwortoptionen:* Kann ich mir (1) sehr gut vorstellen, (2) gut
vorstellen, (3) weniger gut vorstellen und (4) nicht vorstellen.

zuvorzukommen, wurde zunächst eine rotierte Hauptkomponentenanalyse durchgeführt. Dabei konnten die zehn geschlechtsspezifischen, signifikanten Persönlichkeitseigenschaften in drei zentrale Faktoren gebündelt werden. Die drei Faktoren und die Faktorenladungen über 0.5 sind in der nachfolgenden Tabelle 15 aufgeführt.

	Faktor 1	Faktor 2	Faktor 3
Hilfsbereitschaft	0.8635		
Glaubwürdigkeit	0.7747		
Mitgefühl	0.8871		
Phantasie	0.6487		
Durchsetzungsfähigkeit		0.6527	
Fähigkeit die Wirtschaft anzukurbeln		0.7633	
Risikobereitschaft		0.8082	
Naivität			0.8228
Gutgläubigkeit			0.6189
Unsicherheit			0.7859

Quelle: GLES-Kandidatenexperiment 2009, eigene Berechnungen.
Anmerkung: Rotierte Hauptkomponentenanalyse; nur Faktorenladungen mit 0.5 und größer sind dargestellt.

Tabelle 15: Faktorenladungen der Persönlichkeitseigenschaften

Grundlegend kann bei dieser empiriegeleiteten Faktorenbündelung eine Einteilung zwischen typisch männlichen und typisch weiblichen Faktoren identifiziert werden. Zunächst befinden sich unter dem Faktor 2 die als „typisch männlich" eingeschätzten Faktoren Durchsetzungsstärke, Fähigkeit, die Wirtschaft anzukurbeln und Risikobereitschaft. Unter dem Faktor 1 und 3 sind die als eher „weiblich" bezeichneten Eigenschaften zu finden. Diese beiden Gruppierungen können jedoch dahingehend unterschieden werden, dass es sich beim Faktor 1 – und nun sei erinnert an die Persönlichkeitsdarstellung im Theorieteil (vgl. Kapitel 2.2.2.1) – um eher positive, weibliche Faktoren wie Hilfsbereitschaft, Glaubwürdigkeit, Mitgefühl und Phantasie handelt, während es sich bei den unter Faktor 3 aufgeführten Eigenschaften eher um negativ weibliche Eigenschaften wie Naivität, Gutgläubigkeit oder Unsicherheit handelt.

In Anbetracht der bisherigen Ergebnisse und der theoretischen Darstellungen ist an dieser Stelle eine Neuformulierung der Hypothese in Betracht zu ziehen: Möglicherweise haben positive und negative weibliche Eigenschaften einen unterschiedlichen Einfluss auf den Wahlerfolg. Somit würden Eigenschaften wie Hilfsbereitschaft, Glaubwürdigkeit, Mitgefühl und Phantasie für eine Karriere in der Politik förderlich sein, während es nur die negativen, weiblichen Eigenschaften, wie z.B. Naivität sind, die einer politischen Karriere im Wege stehen.

Bei der linearen Regression wurden neben diesen drei Persönlichkeitsfakto-ren – die im Folgenden „männliche PF (Persönlichkeitsfaktor)", „weibl. negative PF" und „weibl. positive PF" genannt werden – zur Kontrolle auch das Ge-schlecht des Befragten und die Übereinstimmung zwischen der vermuteten Par-teizugehörigkeit des/der präsentierten Kandidatin/en und der Parteiidentifikation des Befragten implementiert. Bei Letzterem wird davon ausgegangen, dass die Befragten eine/en Kandidatin/en der eigens präferierten Partei eher wählen als eine/en Kandidatin/en einer anderen Partei. In nachfolgender Tabelle sind die Ergebnisse der Analyse aufgeführt.

	Modell I	Modell II
Geschlecht des Befragten		$0.11(0.04)^{**}$
Parteizuordnung im Experiment entspricht Partei-identifikation des Befragten		$0.33(0.06)^{***}$
Männliche PF	$0.30(0.02)^{***}$	$0.28(0.02)^{***}$
Weibl. positive PF	$0.41(0.02)^{***}$	$0.20(0.02)^{***}$
Weibl. negative PF	$-0.25(0.02)^{***}$	$-0.16(0.02)^{***}$
Korrigiertes R^2	.32	.35
N	733	733

Quelle: GLES-Kandidatenexperiment 2009, eigene Berechnungen.
Anmerkungen: Die Zellen enthalten Beta-Koeffizienten linearer Regressionen (Standardfehler in Klammern). Referenzkategorie: Mann. Signifikanzniveau: * p< .05, ** p < .01, *** p < .001.

Tabelle 16: Modelle zu Persönlichkeitseigenschaften (Experiment 2009)

In der Tabelle ist zunächst ein Modell I mit der abhängigen Variablen „Wahler-folg" und den mittels der Faktorenanalyse gewonnen Persönlichkeitsfaktoren abgebildet. Es ist deutlich zu erkennen, dass alle drei Persönlichkeitsfaktoren hochsignifikant auf den Wahlerfolg wirken. Es ist ersichtlich, dass sowohl die weiblichen wie auch die männlichen Persönlichkeitsfaktoren einen signifikanten Einfluss auf die Wahlerfolgschancen haben: Wenn der/dem präsentierten Kandi-daten/in *männliche* Persönlichkeitseigenschaften zugeschrieben wurden, dann erhöhen sich dessen/deren Wahlchancen signifikant. Ebenso verringern sich die Wahlchancen, wenn *weibliche negative* Eigenschaften, wie Naivität, Unsicher-heit oder Gutgläubigkeit, zugeschrieben werden. Besonders interessant ist in diesem Kontext jedoch, dass die *positiven weiblichen* Eigenschaften die Wahler-folgschancen deutlich erhöhen. Das bedeutet, dass Kandidat/innen, denen Hilfs-bereitschaft, Glaubwürdigkeit, Mitgefühl oder Phantasie in erhöhtem Maße zu-geschrieben wird, auch größere Chancen haben, gewählt zu werden. Somit scheint die modifizierte Hypothesenformulierung an dieser Stelle durchaus an-gebracht zu sein, wonach typisch weibliche Eigenschaften nicht zwangsläufig zu einer Verringerung der Wahlchancen führen. Von besonderer Bedeutung scheint hier vielmehr die Frage zu sein, ob und inwiefern die Persönlichkeitsfaktoren positiv oder negativ sind.

Ähnliche Effekte sind bei dem kontrollierenden Modell II zu erkennen. Hier wurden das Geschlecht des Befragten und die Parteizugehörigkeit als Kontrollvariablen aufgenommen. Die Richtung und die Stärke der Beta-Koeffizienten der drei Persönlichkeitsfaktoren verändern sich – mit Ausnahme der weiblichen positiven Eigenschaften – nur marginal. Interessenterweise ist zu erkennen, dass das Befragtengeschlecht einen signifikanten Einfluss auf den Wahlerfolg des/der Kandidaten/in hat: Weibliche Befragte geben somit häufiger an, dass sie die Kandidat*in* bzw. den Kandidat*en* wählen würden und sind somit grundsätzlich positiver gegenüber den fiktiv präsentierten Kandidaten/innen eingestellt. Und auch die Kontrollvariable der Übereinstimmung der Parteiidentifikation mit der Zuordnung des präsentierten Kandidaten/in zu der vermuteten Partei zeigt einen positiven, signifikanten Einfluss: Wenn der präsentierte Kandid*at* bzw. Kandida-*tin* somit der Partei zugeordnet wurde, zu der der Befragte sich selbst zugehörig fühlt, dann erhöht dies die Chancen, dass diese/r Kandidat/in auch gewählt wird.

Doch der Fokus der Untersuchung liegt auf der Betrachtung der Auswirkung des Kandidatengeschlechts auf den Wahlerfolg. Aus diesem Grund wurden lineare Regressionen getrennt für die Teilnehmergruppe – diejenigen, denen eine Kandidat*in* gezeigt wurde im Vergleich zu der Gruppe, die einen Kandidat*en* präsentiert bekamen – berechnet. Die Ergebnisse sind der nachfolgenden Tabelle 17 zu entnehmen.

	Untersuchungsgruppe I *mit präsentiertem* *Kandidaten*	*Untersuchungsgruppe II* *mit präsentierter* *Kandidatin*
Geschlecht des Befragten	0.09(0.07)	0.14(0.06)[*]
Parteizuordnung im Experiment entspricht Parteiidentifikation des Befragten	0.33(0.09)[***]	0.33(0.08)[***]
Männliche PF	0.29(0.03)[***]	0.30(0.03)[***]
Weibliche positive PF	0.16(0.03)[***]	0.23(0.03)[***]
Weibliche negative PF	-0.13(0.03)[***]	-0.17(0.03)[***]
Korrigiertes R²	.31	.39
N	356	377

Quelle: GLES-Kandidatenexperiment 2009, eigene Berechnungen.
Anmerkungen: Die Zellen enthalten Beta-Koeffizienten linearer Regressionen (Standardfehler in Klammern). Referenzkategorie: Mann. Signifikanzniveau: [*] p< .05, [**] p < .01, [***] p < .001.

Tabelle 17: Modelle zu Persönlichkeitseigenschaften nach Untersuchungsgruppen (Experiment 2009)

Betrachten wir zunächst die Beta-Koeffizienten, so ist ersichtlich, dass das Befragtengeschlecht nur bei denjenigen Befragten einen signifikanten Einfluss auf die Wahlerfolgschancen hat, die eine Kandidat*in* präsentiert bekommen haben und dies nur auf dem .05-Signifikanzniveau. Das bedeutet, dass weibliche Befragte, die eine Kandidat*in* präsentiert bekommen haben, eher bereit sind, die Kandidat*in* auch zu wählen als männliche Befragte. Ebenso kann – sowohl bei der Gruppe des Kandidat*en* wie der Kandidat*in* – ein positiver vergleichbarer Effekt der Parteizuordnung in Einklang mit der eigenen Parteiidentifikation gefunden werden. Das bedeutet, dass Wähler/innen eine/n Kandidat*in*/en eher wählen, wenn dieser der eigens präferierten Partei zugeordnet wird.

Doch wie verhält es sich bei den präsentierten Persönlichkeitseigenschaften? Führen männliche Persönlichkeitseigenschaften bei der Gruppe mit der Kandidat*in* zu höheren Wahlerfolgen als bei der Gruppe, die einen Kandidat*en* präsentiert bekommen haben? Oder führen weibliche Eigenschaften gar bei Frauen zu höheren Wahlchancen? Der Blick auf die Persönlichkeitsfaktoren offenbart interessante Erkenntnisse: Die männlichen Eigenschaften haben auf den Wahlerfolg der Kandidat*in* einen nahezu gleich hohen Einfluss wie auf den der Kandidat*en*. Somit kann die Vermutung, dass sich männliche Eigenschaften auf die Wahlchancen der Frauen negativ auswirken, nicht gehalten werden. Männliche Persönlichkeitseigenschaften sind auch für den Wahlerfolg von Frauen sehr bedeutend. Allerdings muss an dieser Stelle erneut darauf hingewiesen werden, dass der Kandidat*in* männliche Eigenschaften in signifikant geringerem Maße zugesprochen wurden und somit über diesen Transmissionsriemen durchaus eine Benachteiligung der Frauen zu erkennen ist.

Bei den weiblichen positiven Persönlichkeitseigenschaften (Hilfsbereitschaft, Glaubwürdigkeit, Mitgefühl, Phantasie) haben wir zwar sowohl bei der Gruppe mit Kandidat*in* als auch mit Kandidat*en* positive Effekte, jedoch in unterschiedlicher Stärke: Der Effekt dieser Persönlichkeitseigenschaften ist bei Frauen geringfügig höher. Wenn eine Kandidat*in* somit diese positiv-weiblichen Eigenschaften zugeschrieben bekommt, dann wachsen ihre Erfolgschancen stärker an als bei Kandidat*en* mit der selbigen Zuschreibung dieser Persönlichkeitseigenschaften. Auch hier muss darauf hingewiesen werden, dass aufgrund einer geschlechtsspezifischen Zuordnung – d.h. dem Kandidat*en* wurden positive weibliche Eigenschaften deutlich seltener zugeschrieben als der Kandidat*in*, und positive weibliche Eigenschaften erhöhen die Wahlchancen – indirekt zu einer Benachteiligung der Kandidat*en* zu führen scheint. Bei den weiblichen negativen Eigenschaften sind ähnlich hohe negative Werte bei Kandidat*in* wie Kandidat*at* auf signifikantem Niveau zu erkennen: Wenn den Kandidat/innen Naivität, Gutgläubigkeit oder Unsicherheit in stärkerem Maße zugeschrieben wird, dann verringern sich die Erfolgsaussichten.

Somit kann an dieser Stelle durchaus festgehalten werden, dass erstens Kandidat*innen* vermehrt weibliche Persönlichkeitseigenschaften zugeschrieben werden und zweitens männliche Eigenschaften in starkem Maße zum Wahlerfolg sowohl der Kandidat*in* wie des Kandidat*en* beitragen. Allerdings konnten drittens auch positive weibliche Eigenschaften identifiziert werden, die insbesondere die Erfolgsaussichten der Kandidat*in* ansteigen ließen und es somit diese Persönlichkeitseigenschaften sein können, mit denen Kandidat*innen* besonders schnell und besonders gut Fuß in der Politik fassen. Der Trick liegt möglicherweise in einer angemessenen Kombination von weiblich positiven und männlichen Persönlichkeitseigenschaften. Schließlich konnte viertens beobachtet werden, dass Frauen tatsächlich in stärkerem Maße der Kandidat*in* eine Chance in der Politik geben und somit für Kandidat*innen* der Kampf um weibliche Stimmen besonders erfolgversprechend zu sein scheint. Allerdings muss im Rahmen dieser Ergebnisse darauf hingewiesen werden, dass es sich im Experiment um fiktive Kandidat/innen gehandelt hat und die Bedingungen von weiblichen Kandidaturen in der Wirklichkeit hiervon zu unterscheiden sind.

7.4 Politische Kultur

Wie bereits bei den Hypothesen dargestellt, stellt sich bezüglich der politischen Kultur die Frage, welchen Einfluss diese auf die Nominierung und den Erfolg von Frauen in der Politik hat: Sind in traditionellen Kulturen tatsächlich geringere Erfolgsraten der Frauen zu beobachten als in egalitären Kulturen? Zweierlei wird vermutet: Erstens, dass Unterschiede in der politischen Sozialisation und der politischen Kultur in katholischen Gegenden im Vergleich zum restlichen Teil Deutschlands zu beobachten sind. Ursache hierfür sind unterschiedliche traditionelle Werte, Frauenrollen und die Emanzipationsentwicklungen in katholischen Gegenden im Vergleich zu eher protestantischen oder konfessionslosen Gegenden. Zweitens wird vermutet, dass die Nominierungs- und Erfolgsraten von Frauen im östlichen Teil der Republik seit der Wiedervereinigung infolge einer anderen politischen Sozialisation und der damit einhergehenden egalitären politischen Kultur höher sind als im westlichen Teil der Republik. Zunächst zu den deskriptiven Analysen.

7.4.1 Deskriptive Analysen

Bei den deskriptiven Analysen wird zunächst der Einfluss von katholischem Klima, in dem Kandidat/innen leben, betrachtet, bevor dann die Wirkungsweise der Ost-West-Zugehörigkeit analysiert wird.

7.4.1.1   Herkunft aus katholischen Bundesländern

Im Folgenden werden die Frauenanteile der Kandidat/innen und der Wahlsieger/innen differenziert nach Geschlecht von 1953 bis 2009 in katholischen Bundesländern im Vergleich zu den restlichen Bundesländern dargestellt. Dazu müssen zunächst Bundesländer mit katholischem Klima identifizieret werden: In Anlehnung an die Forschungsgruppe Weltanschauungen in Deutschland (fowid 2005) und eigenen Berechnungen mittels Allbus-Daten (Allbus 1980-2008) konnten die Anteile an katholischen Konfessionsmitgliedern je Bundesland identifiziert bzw. berechnet werden. Darauf aufbauend wurde eine kontinuierliche Variable von 0 bis 1 entwickelt, die für alle Kandidat/innen nach Wahljahr die prozentualen Anteile der katholischen Konfessionsmitglieder im jeweiligen Bundesland angibt[59] (siehe hierzu Anhang 3). Für die Berechnungen der nachfolgenden multivariaten Analysen wurde diese kontinuierliche Variable verwendet. Für die nun folgenden deskriptiven Auszählungen wurde eine Dummy-Variable gebildet, nach der alle Kandidat/innen, deren Bundesland durchschnittlich einen katholischen Bevölkerungsanteil von mindestens 40 Prozent aufwiesen, mit 1 und diejenigen, bei denen der katholische Bevölkerungsanteil unter 40 Prozent lag, mit 0 codiert wurden[60]. Nachfolgende Abbildung 28 zeigt die Frauenanteile in den entsprechend katholisch identifizierten Ländern im Vergleich zu den restlichen Ländern in Abhängigkeit zum Wahlerfolg im Zeitverlauf auf.

Zunächst zu den Kandidat/innen: Hier ist zu beobachten, dass sich bis 1965 die Unterschiede der geschlechtsspezifischen Anteile in katholischen in Vergleich zu den restlichen Ländern deutlich unterscheiden: Verhältnismäßig stammten mehr Kandidat*en* aus katholischen Ländern als Kandidat*innen*. 1961 und 1965 sind die Anteile der Kandidat*en* in katholischen Ländern sogar auf signifikantem Niveau höher. Demgegenüber sind von 1969 bis 1976 kaum Unterschiede zu identifizieren. Ab 1980 ist dann zumeist wieder der Anteil der Kandidat*innen* in den katholischen Bundesländern geringfügig niedriger als in den restlichen (mit Ausnahme von 1998), jedoch sind die Unterschiede nur 2002 auf signifikantem Niveau zu finden. Somit kann an dieser Stelle tendenziell festgestellt werden, dass die Kandidat*innen* in katholischen Ländern seltener nominiert werden als in den restlichen Bundesländern, jedoch nur punktuell auf signifikantem

---

[59] Berlin wurde von der Berechnung dieser Variablen ausgeschlossen, da im Langzeitdatensatz von 1953 bis 1990 auf die Aufnahme der Berliner Abgeordneten verzichtet wurde (siehe hierzu auch Methodenbericht im Anhang 1).

[60] Katholische Bundesländer: Baden-Württemberg, Bayern, Nordrhein-Westfalen, Rheinland-Pfalz, Saarland; Nicht katholische Bundesländer: Brandenburg, Bremen, Hamburg, Hessen, Mecklenburg-Vorpommern, Niedersachsen, Sachsen, Sachsen-Anhalt, Schleswig-Holstein, Thüringen.

Niveau. Doch wie verhält es sich bei den Wahlsieger/innen? Stammen die Wahl-sieger*innen* vermehrt aus nicht-katholischen Bundesländern?

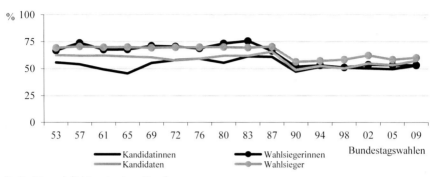

Quelle: Längsschnittdatensatz, eigene Berechnungen.
Anmerkungen: Ergebnisse von Kreuztabellen (Geschlecht*katholische Bundesländer) je Wahljahr von Kandi-dat/innen und Wahlsieger/innen. Signifikante geschlechtsspezifische Unterschiede (Chi²-Test) bei Kandidat/innen: 1961**, 1965***, 2002*; bei Wahlsieger/innen: 2002*. Signifikanzniveau: *p< .05, ** p < .01, *** p <.001.

Abbildung 28: Anteile an Kandidat/innen und Wahlsieger/innen in katholischen Ländern im Zeitverlauf nach Geschlecht (in %)

Bei den Wahlsieger/innen liegen die Linien, insbesondere bis 1980, sehr eng beieinander und es ist kein allgemeiner Trend zu beobachten: 1957, 1969, 1972, 1980 und 1983 fällt sogar der Anteil an Wahlsieger*innen* in katholischen Län-dern höher aus als in den restlichen Bundesländern, jedoch nicht auf signifikan-tem Niveau. Seit 1987 ist der Anteil an Wahlsieg*ern* stets in den katholischen Bundesländern höher und somit scheint sich die These, dass in katholischen Gebieten die Chancen von Kandidat*en* höher sind, seither zu manifestieren. Die geschlechtsspezifischen Unterschiede zwischen den Wahlsieger/innen sind je-doch – bis auf 2002 – auf nicht signifikantem Niveau.

Somit ist zusammenfassend fraglich, ob sich dieser Faktor im multivariaten Modell anbietet, um die Unterrepräsentation von Frauen in der Politik zu erklä-ren, wobei hierbei – wie angekündigt – mit einer kontinuierlichen Variablen gearbeitet wird, die möglicherweise ein höheres Erklärungspotential liefert. In Anbetracht dieser deskriptiven Darstellungen ist es auch möglich, dass die Un-terschiede insbesondere bei den sogenannten Trendberechnungen seit 1990 in vermuteter Richtung identifiziert werden können. Doch zuvor zu den deskripti-ven Auszählungen der Ost-West-Variablen verbunden mit der Frage, ob Frauen aus den neuen Bundesländern höhere Aussichten auf Wahlerfolge haben als in den alten Bundesländern, da in der Geschichte und Gesellschaft der ehemaligen DDR die Frauen eine stärkere Stellung im Berufsleben hatten.

7.4.1.2 Herkunft aus östlichen Bundesländern

Wie bereits dargestellt, liegt die Vermutung nahe, dass die systematisch unterschiedlichen Verhältnisse im östlichen und im westlichen Teil der Republik zu einer unterschiedlichen politischen Kultur geführt haben und sich möglicherweise auch in der Unterrepräsentation von Frauen im Bundestag im westlichen Teil der Republik ausdrücken könnten. Zumindest ist dies nach 40 Jahren unterschiedlicher politischer Sozialisation, in der egalitäre Vorstellungen eine unterschiedliche Rolle gespielt haben, theoretisch zu erwarten.

Im Rahmen der nachfolgenden Untersuchung wird Berlin von der Analyse ausgeschlossen, da es einen Sonderfall darstellt und im Rahmen des verwendeten Datensatzes nicht eindeutig zum östlichen oder westlichen Teil gezählt werden kann (siehe Kapitel 6.1.2). Als östlicher Teil werden die Bundesländer der ehemaligen DDR betrachtet: Brandenburg, Mecklenburg-Vorpommern, Sachsen, Sachsen-Anhalt und Thüringen. Demgegenüber werden die Bundesländer der alten BRD als westlicher Teil betrachtet (Baden-Württemberg, Bayern, Bremen, Hamburg, Hessen, Niedersachsen, Nordrhein-Westfalen, Rheinland-Pfalz, Saarland, Schleswig-Holstein).

Auch hier werfen wir zunächst einen Blick auf die Anteile der Kandidat/innen. Wie die Abbildung 29 zeigt, sind geringfügige Unterschiede zwischen der Nominierungsrate von Kandidat*innen* und Kandidat*en* von 1990 bis 1998 zu identifizieren, wobei auch hier nur 1990 von einem signifikanten Unterschied gesprochen werden kann. Danach gleichen sich die Nominierungsraten im östlichen und westlichen Teil der Republik an.

Der Blick auf die Frauenanteile der Wahlsieger/innen zeigt jedoch, dass zwar 1990 und 1994 kaum Unterschiede zwischen den geschlechtsspezifischen Erfolgsanteilen zu identifizieren sind, die Schere jedoch 1998 aufgeht und deutliche Differenzen zu erkennen sind: Wahlsieger*innen* aus den neuen Bundesländern sind deutlich erfolgreicher als Wahlsieg*er*. Jedoch muss auch an dieser Stelle festgehalten werden, dass der Unterschied ausschließlich 1998 signifikant ist. Diesen Ergebnissen zur Folge scheint diese Variable einen, wenn auch kleinen Beitrag zur Erklärung der Erfolgsraten von Frauen bei der Wahl zum Deutschen Bundestag einzunehmen und soll nun multivariat hinsichtlich der Erklärungskraft auf den Prüfstand gestellt werden.

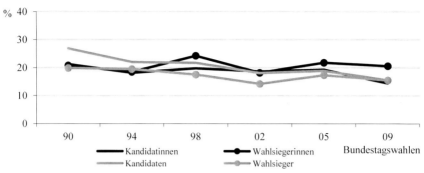

Quelle: Längsschnittdatensatz, eigene Berechnungen.
Anmerkungen: Ergebnisse von Kreuztabellen (Geschlecht*östliche Bundesländer) je Wahljahr von Kandidat/innen und Wahlsieger/innen. Signifikante geschlechtsspezifische Unterschiede (Chi²-Test) bei Kandidat/innen: 1990* ; bei Wahlsieger/innen: 1998*. Signifikanzniveau: *p< .05, ** p < .01, *** p < .001.

Abbildung 29: Anteile an Kandidat/innen und Wahlsieger/innen in östlichen Bundesländern nach Geschlecht im Zeitverlauf (in %)

7.4.2 Multivariate Analyse

Im Rahmen der deskriptiven Analyse über die Zeit konnte kein durchgehender signifikanter geschlechtsspezifischer Unterschied in Bezug auf die politische Kultur festgestellt werden. So liegt es nahe, dass auch die logistischen Regressionen zu keinen signifikanten Ergebnissen führen.

7.4.2.1 Querschnittsanalyse: Bundestagswahl 2009

In Analogie zu den vorherigen Berechnungen werden nun die Ergebnisse entsprechender logistischer Regressionen vorgestellt. Hierzu wurden zwei Variablen gebildet, die Auskunft über die geographische Herkunft bzw. den Katholikenanteil im jeweiligen Bundesland geben. Erstens wurden in analoger Weise die Bundesländer in Ost und West eingeteilt[61]. Wie auch im deskriptiven Teil angekündigt, wurde zweitens eine kontinuierliche Variable in Bezug auf den Anteil an Katholiken im jeweiligen Bundesland entwickelt (vgl. hierzu 7.4.1.1, Anhang 3). Auch hier wurden geschlechtsspezifische Interaktionseffekte berechnet. Die Ergebnisse sind in nachfolgender Tabelle 18 dargestellt.

---

[61] Die östlichen Bundesländer wurden mit 1 codiert und die Westlichen mit 0.

	Basismodell	Katholiken-modell	Ostmodell	Gesamtmodell (m.I.)
Geschlecht	1.14(0.24)	1.14(0.24)	1.14(0.24)	1.02(0.24)
Alter in J.	1.05(0.01)***	1.05(0.01)***	1.05(0.01)***	1.05(0.01)***
Bildung	2.03(0.48)**	2.07(0.49)**	2.04(0.48)**	2.06(0.49)**
Kath. Bundesländer		1.49(0.71)		1.51(1.11)
Östl. Bundesländer			0.89(0.25)	0.81(0.36)
♀ * kath. Bundesländer				0.87(1.13)
♀ * östl. Bundesländer				2.14(1.61)
Pseudo-R² (MF)	.06	.06	.06	.06
LL	-322.28	-321.92	-322.19	-321.16
AIC	652.55	653.83	654.37	658.31
BIC	670.22	675.91	676.46	693.65
N	612	612	612	612

Daten: Deutsche Kandidatenstudie 2009, eigene Berechnungen.
Anmerkungen: Die Zellen enthalten Odds Ratio logistischer Regressionen (Standardfehler in Klammern). Referenz-kategorien: Mann, niedrige Bildung, westliche Bundesländer. Alter und katholisches Bundesland zentriert. Signifikanzniveau: * p<.05, ** p <.01, *** p <.001.

Tabelle 18: Modelle zur politischen Kultur (Querschnitt 2009)

Wie hier zu sehen ist, steigt weder im Katholiken- noch im Ostmodell das Pseudo-R² an, noch erhöht sich das AIC oder BIC, was gegen den Einfluss der politischen Kultur spricht. Und auch beim Blick auf die Signifikanzen der katholischen bzw. östlichen Bundesländer zeigt sich, dass diese keine signifikante Erklärungskraft in Bezug auf die Wahlchancen der Kandidat/innen bei der Wahl 2009 haben. Ein Ergebnis, mit dem in Anbetracht der deskriptiven Analysen jedoch zu rechnen war.

Bei der Berechnung der geschlechtsspezifischen Interaktionseffekte im Gesamtmodell zeigt sich zwar, dass die Odds Ratio insbesondere in Interaktion mit der Ostvariablen hohe Werte annehmen, jedoch nicht auf signifikantem Niveau. Dies widerlegt die These, dass die geographische Herkunft und die damit verbundene unterschiedliche politische Kultur Einfluss auf die Wahlerfolgschancen von Frauen bei der Bundestagswahl 2009 hatte. Ob diese Beobachtungen auch in den Längsschnittberechnungen zu finden sind, ist fraglich und soll nun geklärt werden. Möglicherweise tragen diese Variablen 2009 nicht mehr dazu bei, die Wahlchancen der Frauen zu erklären, jedoch in früherer Zeit.

7.4.2.2 Längsschnittanalyse: Bundestagswahlen von 1957 bis 2009

Im Rahmen der sogenannten *Trendberechnungen seit 1957* kann nur die Unterscheidung zwischen Bundesländern mit katholischem Klima und anderen Bundesländern berücksichtigt werden, während bei den Trendberechnungen seit 1990 auch der Ost-West-Vergleich betrachtet werden kann.

Zunächst sollen die Ergebnisse der Trendberechnungen seit 1957 betrachtet und die Frage beantwortet werden, wie es um die politische Repräsentation von Frauen aus Bundesländern mit einem hohen Anteil an katholischen Konfessionszugehörigen steht. Wirkt sich das katholische Klima tatsächlich auf die Repräsentationschancen der Kandidat*innen* aus? Hierüber gibt nachfolgende Tabelle 19 Auskunft.

	Basismodell	Katholikenmodell	Katholikenmodell (m.I.)
Geschlecht	0.65(0.03)***	0.65(0.03)***	0.65(0.03)***
Alter in J.	1.06(0.00)***	1.06(0.00)***	1.06(0.00)***
Titel	1.83(0.07)***	1.83(0.07)***	1.83(0.07)***
Trend	1.02(0.00)***	1.03(0.00)***	1.03(0.00)***
Kath. Bundesländer		1.98(0.14)***	2.05(0.16)***
♀ * kath. Bundesländer			0.82(0.16)
Pseudo-R² (MF)	.07	.07	.07
LL	-13042.76	-12997.81	-12997.25
AIC	26095.51	26007.61	26008.50
BIC	26135.40	26055.47	26064.34
N	21525	21525	21525

Quelle: Längsschnittdaten, eigene Berechnungen.
Anmerkungen: Die Zellen enthalten Odds Ratio logistischer Regressionen (Standardfehler in Klammern). Referenzkategorie: Mann, kein Titel. Alter und kath. Bundesländer zentriert. Signifikanzniveau: * p< .05, ** p < .01, *** p < .001.

Tabelle 19: Modelle zur politischen Kultur (Trend 1957)

Beim Blick auf das Pseudo-R² und das AIC und BIC ist zu sehen, dass das Modell durch das Hinzufügen der Variablen in geringfügiger Weise verbessert wurde. Außerdem kann ein hoch signifikanter Einfluss der Variablen „katholische Bundesländer" auf die Erfolgsaussichten der Kandidat/innen identifiziert werden: Kandidat/innen aus katholischen Bundesländern haben bessere Chancen als Kandidat/innen aus dem restlichen Teil der Republik, ein Mandat im Bundestag zu erhalten. In Prozenten ausgedrückt, haben Personen aus Bundesländern mit einem 0-prozentigen Anteil an Katholiken eine Wahlwahrscheinlichkeit von 28,3 Prozent, im Gegensatz zu Kandidat/innen aus Ländern mit einem 60-prozentigen Katholikenanteil, die eine Chance von 37,3 Prozent haben. Nun stellt sich die Frage, welchen Einfluss das Geschlecht im Rahmen der Modelle ausübt.

Wie auch beim Basismodell ist der Haupteffekt der Variablen Geschlecht im Katholikenmodell signifikant negativ (Odds Ratio 0.65): D.h. Frauen geringere Aussichten auf einen Wahlerfolg. Der geschlechtsspezifische Interaktionseffekt ist nicht signifikant und trägt zu einer Modellverschlechterung bei. Somit scheint auch bei diesem Modell kein geschlechtsspezifischer Effekt der Zugehörigkeit zu einem katholischen Bundesland und der damit einhergehenden negativen Repräsentationschancen im Bundestag zu identifizieren sein. Doch möglicherweise ist ein größerer Effekt im Rahmen der Trendberechnungen seit der Wiedervereinigung zu identifizieren.

Einen ersten Eindruck im Rahmen der *Trendberechnungen seit 1990* gibt nachfolgende Analyse: So wurde für diese Trendberechnungen die katholische Bundeslandvariable und nun auch die Ost-West-Variable integriert. Folgend sind die Modelle tabellarisch dargestellt.

	Basis-modell	Katholi-kenmodell	Katholi-kenmodell (m.I.)	Ostmodel	Ostmodell (m.I.)	Gesamt-modell (m.I.)
Geschlecht	0.97(0.04)	0.97(0.04)	0.95(0.04)	0.97(0.04)	0.87(0.04)**	0.87(0.04)**
Alter in J.	1.05(0.00)***	1.05(0.00)***	1.05(0.00)***	1.05(0.00)***	1.05(0.00)***	1.05(0.00)***
Titel	1.60(0.09)***	1.63(0.09)***	1.62(0.09)***	1.62(0.09)***	1.62(0.09)***	1.62(0.09)***
Trend	0.95(0.01)***	0.95(0.01)***	0.95(0.01)***	0.95(0.01)***	0.95(0.01)***	0.95(0.01)***
Kath. BL		1.69(0.16)***	1.99(0.23)***			1.69(0.26)**
Östl. BL				0.86(0.04)**	0.72(0.04)***	0.88(0.08)
♀ * kath. BL			0.58(0.12)**			1.33(0.37)
♀ * östl. BL					1.80(0.20)***	1.98(0.30)***
Pseudo-R²	.06	.06	.06	.06	.06	.06
LL	-7204.39	-7188.84	-7185.43	-7199.87	-7186.43	-7174.67
AIC	14418.77	14389.67	14384.87	14411.74	14386.85	14367.34
BIC	14456.01	14434.36	14436.99	14456.42	14438.98	14434.37
N	12671	12671	12671	12671	12671	12671

Quelle: Längsschnittdaten, eigene Berechnungen.
Anmerkungen: Die Zellen enthalten Odds Ratio logistischer Regressionen (Standardfehler in Klammern). Referenzkategorien: Mann, kein Titel, westl. Bundesländer. Alter und kath. Bundesländer zentriert. Signifikanzniveau: * p< .05, ** p < .01, *** p < .001.

Tabelle 20: Modelle zur politischen Kultur (Trend 1990)

Auch hier geht von der katholischen Religionszugehörigkeit ein positiver Effekt auf die Erfolgsaussichten der Kandidat/innen insgesamt aus, allerdings in abgeschwächter Form, was die vorhergesagten Erfolgswahrscheinlichkeiten zeigen: 24,2 Prozent der Kandidat/innen mit einem Katholikenanteil von 0 Prozent werden dem Modell zu Folge gewählt im Vergleich zu 30,4 Prozenten in einem Bundesland mit einem Katholikenanteil von 60 Prozent.

Das Katholikenmodell zeigt ferner, dass sich die Zugehörigkeit zum katholisch geprägten Landesteil spezifisch auf die Wahlchancen von Frauen und Männern auszuwirken, worauf der geschlechtsspezifische Interaktionseffekt hinweist: Dieser Effekt ist signifikant und konnte in den Trendberechnungen seit 1957

nicht identifiziert werden. Er ist ein Phänomen seit 1990, möglicherweise bedingt durch die neu hinzugekommenen Parteien. Bei Zusatzberechnungen konnte
herausgefunden werden, dass Kandidat*en* aus katholischen Bundesländern die
höchsten vorhergesagten Wahrscheinlichkeiten haben (31,6 Prozent), gefolgt von
Kandidat*innen* aus katholischen Bundesländern (28,5 Prozent)[62]. Kandidat*innen*
aus nicht katholischen Bundesländern haben jedoch höhere Chancen als Kandidat*en* aus nicht katholischen Bundesländern: Bei Kandidat*innen* liegen die Chancen bei 25,9 Prozent im Vergleich zu 23,6 Prozent bei den Kandidat*en*. Dieses
Ergebnis ist nicht vollkommen überraschend, da die deskriptiven Analysen bereits darauf hingedeutet haben. Doch wie ist es demgegenüber um die Repräsentationschancen der Frauen im östlichen Teil der Republik seit der Wiedervereinigung bestellt?

Einerseits zeigt das Ostmodell, dass es Personen aus dem östlichen Teil der
Republik tendenziell schwerer haben, ein Mandat für den Bundestag zu erzielen,
als Personen aus dem Westen: Die Wahlwahrscheinlichkeiten der Kandi-
dat/innen im Westen liegen bei 28,2 Prozent im Vergleich zu 25,2 Prozent im
Osten. Doch insbesondere ist der geschlechtsspezifische Interaktionseffekt interessant, welcher hoch signifikant ist. Kandidat*innen* aus dem Osten haben den
Zusatzberechnungen zu Folge die höchsten Chancen (31,5 Prozent). Kandidat*en*
aus dem Osten haben deutlich geringere Chancen gewählt zu werden (22,8 Prozent)[63]. Somit scheint sich die These, dass Kandidat*innen* aus dem Osten hohe
Chancen auf einen Wahlgewinn haben, zu bestätigen.

Betrachtet man nun zuletzt das Gesamtmodell, so fällt auf, dass nur noch
die Interaktion des Geschlechts mit den östlichen Bundesländern zu einem signifikanten Effekt führt und somit beim Trend seit 1990 die These, dass Frauen
verstärkt in Ländern gewählt werden, in denen das katholische Klima weniger
vorherrschend ist, kein empirisches Fundament gewinnt, da mit zunehmender
Komplexität des Modells der Effekt verschwindet. Jedoch kann bestätigt werden,
dass Kandidat*innen* aus den östlichen Bundesländern höhere Chancen auf einen
Wahlsieg haben, sowohl als Kandidat*innen* aus dem Westen und auch als Kandidat*en* aus dem Osten. Im Rahmen der nachfolgenden Untersuchung stellt sich die
Frage, ob die soeben beobachteten Gendereffekte in Trendanalysen gehalten
werden können, wenn weitere Makrovariablen – wie das Wahlsystem oder das
Parteiensystem – hinzugefügt werden. Der Betrachtung dieser Makrovariablen
widmet sich der folgende Teil.

---

[62] Zur Identifikation der Wirkungsweise geschlechtsspezifischer Interaktionseffekte wurden Zusatzmodelle berechnet. Die Vorgehensweise wurde in Kapitel 7.1.2.2 beschrieben.
[63] Zur Identifikation der Wirkungsweise geschlechtsspezifischer Interaktionseffekte wurden Zusatzmodelle berechnet. Die Vorgehensweise wurde in Kapitel 7.1.2.2 beschrieben.

7.5 Wahlsystem

Wie bei der Darstellung der Hypothesen bereits angeführt, können vom Wahlsystem immense Wirkungen auf die Nominierung und Repräsentation von Frauen in der Politik ausgehen. Im Rahmen dieser Arbeit wurden diesbezüglich insbesondere vier Dinge vermutet: Erstens, dass Mehrheitswahlsysteme einen negativen Effekt auf die Nominierungs- und Erfolgschancen von Frauen in der Politik haben, während Verhältniswahlsysteme zu einer Erhöhung der Nominierungs- und Wahlerfolgschancen der Frauen beitragen. Zweitens und drittens kann auch die Qualität der Wahlkreis- bzw. Listenkandidatur betrachtet werden, d.h. inwiefern eine Kandidatur aussichtsreich oder nicht ist. Viertens werden einige Kandidat/innen nur auf der Liste oder nur im Wahlkreis nominiert, während andere Kandidat/innen sowohl auf der Liste wie auch im Wahlkreis nominiert werden („Doppelkandidatur") und dadurch höhere Chancen auf einen Mandatsgewinn haben.

7.5.1 Deskriptive Analysen

7.5.1.1 Mehrheits- und Verhältniswahlsystem

Zunächst stellt sich die Frage, ob Kandidat*innen* im Vergleich zu den Kandidat*en* eher im Rahmen des Verhältniswahlsystems oder des Mehrheitswahlsystems aufgestellt werden. Daher gibt folgende Abbildung 30 einen grundlegenden Überblick über die absolute Anzahl an Listen- und Wahlkreiskandidaturen von 1953 bis 2009 differenziert nach Geschlecht.

Auf den ersten Blick ist zunächst der hohe Anteil an Kandidat*en* im Vergleich zu Kandidat*innen* zu erkennen, was prozentual bereits die einführenden Daten gezeigt haben. Darüber hinaus zeigt diese Abbildung bis 1983 sehr geringe Anteile an weiblichen Nominierungen in Wahlkreisen. Demgegenüber fällt der Anteil an weiblichen Nominierungen auf den Listen deutlich höher aus, ist jedoch im Vergleich zu den Männern bis 1990 dennoch als gering einzustufen. Nicht unerwartet zeigt sich auch, dass – sowohl bei den Kandidat*innen* wie den Kandidat*en* – die Anzahl der Listennominierungen die Anzahl der Wahlkreisnominierungen deutlich übersteigt, wobei hier immense geschlechtsspezifische Unterschiede zu identifizieren sind: Die Unterschiede zwischen weiblichen und männlichen Wahlbewerber/innen sind von 1953 bis 2009 sowohl bei den Listen- als auch den Wahlkreiskandidaturen signifikant.

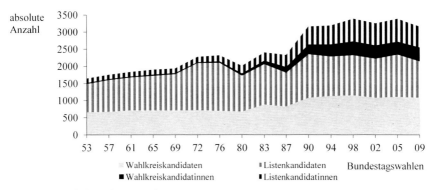

Quelle: Längsschnittdaten, eigene Berechnungen.
Anmerkungen: Ergebnisse von Kreuztabellen (Geschlecht*Wahlkreiskandidatur; Geschlecht*Listenkandidatur) je Wahljahr in absoluten Zahlen. Signifikante geschlechtsspezifische Unterschiede (Chi²-Test) bei Wahlkreisbewerber/innen: von 1953 bis 2009 auf .001-Signifikanzniveau; bei Listenbewerber/innen: 1953***, 1957***, 1961***, 1965***, 1969***, 1972***, 1976**, 1980***, 1983**, 1987***, 1990***, 1994***, 1998***, 2002***, 2005***, 2009***. Signifikanzniveau: *p< .05, ** p < .01, *** p < .001.

Abbildung 30: Anzahl an Listen- und Wahlkreiskandidaturen im Zeitverlauf nach Geschlecht (absolute Anzahl)

Die geschlechtsspezifische Darstellung der Kandidaturen differenziert nach Liste und Wahlkreis ist auf den ersten Blick sehr beeindruckend, jedoch verliert man aufgrund der absoluten Zahlen auch schnell den Überblick und die Vergleichbarkeit. Aus diesem Grund und um herauszufinden, ob und inwiefern Frauen durch das Element des Mehrheitswahlsystems oder des Verhältniswahlsystems im Rahmen des deutschen Wahlsystems bevorzugt oder benachteiligt werden, wird nun die bisherige Darstellungsweise gewählt: Es wird ein Blick auf die Frauenanteile in Wahlkreisen und auf Landeslisten über die Zeit hinweg und in Anbetracht der Erfolgsraten geworfen. Nachfolgende Abbildung 31 illustriert dies.

Wie bereits der Blick auf die absoluten Zahlen gezeigt hat, ist auch hier zu erkennen, dass grundsätzlich seit Bestehen der Bundesrepublik mehr Frauen im Rahmen der Listen nominiert worden sind als im Rahmen der Wahlkreise: Während die Anteile der Nominierungen im Wahlkreis bis 1972 nur bei ca. fünf Prozent liegen, sind die Listennominierung der Frauen im gleichen Zeitraum mehr als doppelt so hoch und beziffern sich zumeist auf über zehn Prozent. Nahezu synchron steigen die Anteile sowohl im Rahmen der Listennominierung wie auch der Wahlkreisnominierung ab 1976 und verstärkt seit 1983 an und pendeln sich seit 1998 – jedoch auf unterschiedlichen Niveaus – ein: 2009 beläuft sich der Frauenanteil der Listennominierungen auf 36,2 Prozent während der Anteil der Wahlkreisnominierungen bei 27,3 Prozent liegt. Somit ist noch immer eine

Differenz um knapp neun Prozentpunkte zwischen weiblichen Listen- und Wahlkreisnominierungen zu beobachten und der Verdacht der Benachteiligung von Frauen bei der Nominierung erhärtet sich.

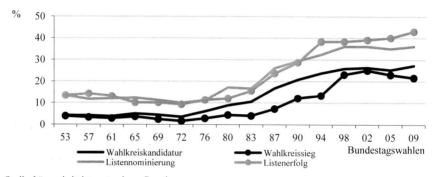

Quelle: Längsschnittdatensatz, eigene Berechnungen.
Anmerkungen: Ergebnisse von Kreuztabellen (Geschlecht*Wahlkreiskandidatur; Geschlecht*Listenkandidatur) je Wahljahr von Kandidat/innen und Wahlsieger/innen. Signifikante geschlechtsspezifische Unterschiede (Chi²-Test) bei Wahlkreisbewerber/innen und Wahlkreisgewinnerinnen von 1953 bis 2009: ***; bei Listenkandidat/innen von 1953 bis 1972, 1980, 1987 bis 2009: ***, 1976 und 1983: **. Signifikanzniveau: * p< .05, ** p < .01, *** p < .001.

Abbildung 31: Frauenanteile an Nominierungen und Wahlerfolgen differenziert nach Wahlkreis- und Listenkandidatur im Zeitverlauf (in %)

Etwas komplexer fällt die Analyse der Wahlerfolge im Rahmen der Wahlkreis- und der Listenmandate aus: Zunächst zu den Wahlkreisen: Hier ist festzustellen, dass die Zahl an Wahlsieger*innen* in den Wahlkreisen immer unter der Anzahl an Wahlkreiskandidat*innen* liegt. Dies bedeutet nicht nur, dass sehr wenige Frauen in den Wahlkreisen nominiert werden, sondern darüber hinaus, das noch weniger Frauen in den Wahlkreisen gewählt werden. Erstmalig 1998 wurden 23,2 Prozent der Wahlkreise von Frauen gewonnen. Zuvor belaufen sich die Frauenanteile in den Wahlkreisen auf unter 14 Prozent. Nach einem erneuten Ansteigen der Frauenanteile 2002 auf 25,1 Prozent sind die Anteile bei den nachfolgenden Wahlen wieder gesunken: 2009 wurden nur 21,7 Prozent der Wahlkreise von Frauen gewonnen. Dies bedeutet, dass unter fünf Wahlkreisgewinner/innen auch 2009 nur eine Frau zu finden ist. Diese Beobachtung erhärtet den Verdacht, dass es Frauen erstens grundsätzlich schwerer haben, im Rahmen der Wahlkreise nominiert zu werden. Darüber hinaus sind zweitens die Erfolgschancen der Frauen in Wahlkreisen geringer. Ursachen hierfür können einerseits die geringeren Wahlchancen von Frauen bei den Wähler/innen sein. Jedoch könnte eine weitere zentrale Ursache auch in der Nominierung von Frauen in weniger aussichtsrei-

chen Wahlkreisen liegen, was demgegenüber aber allein auf die Nominierungsstrategie der Parteien zurückzuführen ist.

Deutlich anders verhält es sich bei den Wahlerfolgen im Rahmen der Listenmandate: Bereits 1953, 1957 und 1961 wurden proportional mehr Frauen über
einen Listenplatz gewählt, als dies die Anzahl an Nominierungen vermuten ließ.
Mit der Ausnahme 1980, wo die Nominierungsraten die Erfolgsraten in beträchtlicher Weise überschritten haben, können jedoch von 1953 bis 1990 nur geringfügige, unter 3 Prozentpunkte liegende Differenzen zwischen Listennominierung
und Listenwahl beobachtet werden. Da die Wahlchancen im Rahmen der Listennominierung ausschließlich auf die Nominierungsstrategien der Parteien zurückzuführen sind, kann vermutet werden, dass bis 1990 Frauen gleichermaßen wie
Männer auch auf vorderen Listenplätzen zu finden sind und eher nicht als Listenfüller*innen* dienen mussten. Nach 1990 ist ein Wandel zu beobachten: Die Frauenanteile fallen bei den Wahlerfolgen deutlich höher aus als bei den Nominierungen. Das bedeutet, dass seit 1994 deutlich mehr Frauen über die Liste gewählt
werden, als es die Nominierungsraten haben erwarten lassen. Dies lässt vermuten, dass Frauen seither aussichtsreichere Listenplätze inne haben als Männer.
Sicherlich sind hier auch parteiliche Unterschiede zu vermuten, die im folgenden
Kapitel noch detaillierter betrachtet werden sollen.

Zuletzt sei nochmals auf die Differenz zwischen erfolgreicher weiblicher
Listen- und Wahlkreiskandidatur hingewiesen: Während 2009 43,0 Prozent der
Listenwahlsieger/innen weiblich waren, beläuft sich der Frauenanteil bei den
Wahlkreiserfolgen auf nur 21,7 Prozent. Dies zeigt nun auch aus empirischer
Sicht auf, wie wichtig die differenzierte Berücksichtigung ist. Darüber hinaus
deutet es auch auf den enormen Einfluss der Wahlsysteme auf die Nominierung
und die Erfolgsaussichten von Frauen hin. Insbesondere bei der Betrachtung der
hohen Erfolgschancen in Bezug auf die Listen scheint seit 1994 keinesfalls von
„Frauen als Listenfüllerinnen" mehr die Rede zu sein. Vielmehr ist eine bevor-
zugte Platzierung der Frauen auf aussichtsreichen Listenplätzen zu erkennen, die
aus geschlechtstheoretischer Sicht ebenso als problematisch einzustufen ist und
einer systematischen Benachteiligung von Männern gleichkommt.

7.5.1.2   Wahlkreiskandidaturen

Wie soeben gezeigt wurde, kandidiert in gut jedem vierten Wahlkreis eine Frau,
jedoch wird nur jeder fünfte Wahlkreis von einer Frau gewonnen. Eine Ursache
für die unterdurchschnittlichen Gewinnchancen von Frauen in den Wahlkreisen
kann – wie erwähnt – daran liegen, dass die Parteien als Gatekeeper fungieren
und Frauen in eher umkämpften Wahlkreisen nominieren oder, dass Wähler/in-

nen weniger geneigt sind, Kandidat*innen* zu wählen. Im Folgenden soll nun die erste Vermutung, dass Frauen tendenziell in weniger erfolgsversprechenden Wahlkreisen nominiert werden als Männer, untersucht werden.

Hierzu muss zunächst definiert werden, ab wann von einem „aussichtsreichen" Wahlkreis gesprochen werden kann[64]. Die Identifikation von aussichtsreichen und umkämpften Wahlkreisen wurde bereits im Kapitel 6.1.2 dargestellt. Demnach wird im Rahmen vorliegender Arbeit ein Wahlkreis als aussichtsreich definiert, wenn er bei der vorherigen Wahl mit *„mehr als zehn Prozentpunkte[n] Stimmenabstand zum zweitplatzierten Kandidaten gewonnen"* wurde (Manow/Nistor 2009: 615). Folgende Abbildung 32 gibt daher zunächst einen Überblick über die Anzahl an aussichtsreichen und umkämpften Wahlkreiskandidaturen nach der 10-Prozentregel im Längsschnitt.

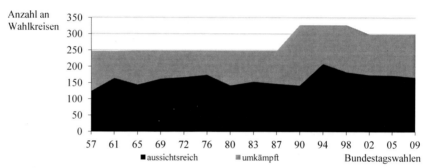

Quelle: Längsschnittdatensatz, eigene Berechnungen.

Abbildung 32: Aussichtsreiche und umkämpfte Wahlkreise (nach 10-Prozentregel) im Zeitverlauf

Hier ist deutlich zu erkennen, dass die Anzahl der aussichtsreichen Wahlkreiskandidaturen zwischen 124 und 208 schwankt, wobei darauf hingewiesen werden muss, dass bis zur Wahl 1987 nur in 247 bzw. 248 Wahlkreisen gewählt werden konnte, von 1990 bis 1998 in 328 und seit 2002, in 299 Wahlkreisen gewählt wird. In Prozent ausgedrückt kann festgestellt werden, dass 1957

---

[64] In der Literatur wird in dieser Diskussion häufig der Begriff des „sicheren" Wahlkreises bzw. Listenplatzes verwendet. Kaack (1969) wies jedoch bereits 1969 darauf hin, dass der Begriff „sicherer Wahlkreis" irreführend und nicht korrekt sei, weshalb er vorschlägt den Begriff „stabil" zu wählen. Jedoch weist sowohl der Begriff „stabil" als auch „sicher" in Zeiten fluktuierender Wählermärkte Mängel auf. In diesem Kontext scheint das Begriffspaar „aussichtsreich und umkämpft" im Rahmen der Wahlkreiskandidatur und „aussichtsreich und aussichtslos" im Rahmen der Listenkandidatur angemessener zu sein und soll daher im folgenden Teil verwendet werden.

genau 50,2 Prozent der Wahlkreise bereits vorab für eine/n Kandidaten/in einer Partei aussichtsreich war. Durchschnittlich beläuft sich dieser Anteil sogar auf 59,3 Prozent. Das bedeutet, dass in knapp 60 Prozent der Wahlkreisen bereits vor der Wahl ein/e Kandidat/in als Favorit/in gehandelt wird und die anderen Kandidat/innen geringe Chancen auf Wahlerfolge hatten.

Jedoch wird diese technische Regelung der Identifikation von aussichtsreichen Wahlkreisen durch weitere wahlsystembedingte Veränderungen durchkreuzt. Wie in 2.3.3 und 4.2.2 angedeutet, werden die Zuschnitte der Wahlkreise bei jeder Wahl neu überprüft und gegebenenfalls angepasst. Daher können nur dann Wahlkreise als aussichtsreich definiert werden, wenn nicht nur die 10-Prozentregel auf die Kandidat/innen einer Partei in einem bestimmten Wahlkreis zutrifft, sondern darüber hinaus von der vorherigen Wahl bis zur untersuchten Wahl auch keine Änderungen des Wahlkreiszuschnittes stattgefunden hat. Dieser Sachverhalt wurde im Rahmen vorliegender Studie ebenso berücksichtigt (vgl. Kapitel 6.1.2, Anhang 1). Folgende Tabelle gibt Auskunft über die Anzahl der Wahlkreise mit und ohne Änderungen im Wahlkreiszuschnitt im Zeitverlauf. Dieser Tabelle ist deutlich zu entnehmen, dass – je nach Wahljahr – die Anteile an Wahlkreisen, in denen eine Änderung stattgefunden hat, variieren. Während 1957, 1961, 1969, 1983, 1987, 1994, 2005 und 2009 geringfügige Veränderungen stattgefunden haben, veränderten sich 1965, 1976, 1980 und 2002 in über der Hälfte der Wahlkreise die Zuschnitte und auch 1972, 1990 und 1998 liegt der Anteil an veränderten Wahlkreisen zwischen 27,1 und 46,4 Prozent.

Jahr	Anzahl an Wahlkreisen	Änderung (absolute Zahlen)	Änderung (in Prozent)
1957	247	16	6,5
1961	247	0	0,0
1965	248	157	63,3
1969	248	0	0,0
1972	248	115	46,4
1976	248	206	83,1
1980	248	170	68,6
1983	248	2	0,8
1987	248	7	2,8
1990	328	89	27,1
1994	328	43	13,1
1998	328	101	30,8
2002	299	167	55,9
2005	299	32	10,7
2009	299	38	12,7

Quelle: Längsschnittdaten, eigene Berechnungen.

Tabelle 21: Anzahl und Änderungen von Wahlkreisen im Zeitverlauf

Diese Ergebnisse müssen mit den zuvor dargestellten aussichtsreichen und umkämpften Wahlkreisen kombiniert betrachtet werden. Daher zeigt folgende Abbildung 33 erneut die aussichtsreichen Wahlkreise berechnet nach der 10-Prozentregel insgesamt (schwarze Fläche). Darüber hinaus ist auch die Anzahl der Wahlkreise dargestellt, bei der erstens die 10-Prozentregelung Anwendung findet und zweitens keine Wahlkreisänderungen stattgefunden haben (graue Linie).

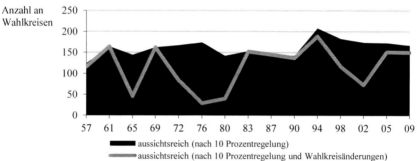

Quelle: Längsschnittdaten, eigene Berechnungen.

Abbildung 33: Aussichtsreiche Wahlkreise mit und ohne Berücksichtigung der Wahlkreisänderungen

Wie dieser Abbildung zu entnehmen ist, können in einigen Wahljahren, wie z.b. 1957, 1961, 1969, 1983, 1987, 1990, 1994, 1998, 2005 und 2009, ca. die der Hälfte der Wahlkreise – auch unter Berücksichtigung der Wahlkreisveränderung – als „aussichtsreich" angesehen werden. Infolge von geografischen Wahlkreisveränderungen waren jedoch in den Wahljahren 1965, 1976, 1980 und 2002 deutlich weniger Wahlkreise erfolgsversprechend als es die einfache Anwendung der 10-Prozentregel hätte vermuten lassen. Diese Unterschiede müssen an dieser Stelle als äußerst problematisch eingestuft und entsprechend in den multivariaten Analysen berücksichtigt werden.

Nach dieser detaillierten Darstellung der Berechnung erfolgreicher Wahlkreise unter Berücksichtigung der Wahlkreiszuschnittsänderungen erfolgt nun der geschlechtsspezifische Vergleich. Hier werden zunächst – wie gewohnt – einfache Häufigkeitsverteilungen dargestellt, um einen ersten Eindruck über die Anzahl und die Anteile der Frauen bei der Nominierung in aussichtsreichen und umkämpften Wahlkreisen zu erhalten. Eingangs muss an dieser Stelle festgehalten werden, dass diese Betrachtung auf sehr geringer Fallzahl basiert, da nur sehr wenige Frauen in aussichtsreichen Wahlkreisen nominiert wurden, wie folgende Tabelle 22 zeigt.

	Insgesamt	Aussichtsreiche Wahlkreise	Umkämpfte Wahlkreisen (inkl. veränderte WK)
1957	4,1	3,5	4,3
1961	3,8	1,8	4,3
1965	5,0	4,4	5,0
1969	4,4	0,6	5,5
1972	3,5	2,4	3,6
1976	6,1	0,0	6,3
1980	8,9	0,0	9,4
1983	10,5	2,6	12,0
1987	16,9	3,5	19,2
1990	20,8	8,0	22,2
1994	23,8	8,5	26,0
1998	25,9	7,7	27,4
2002	26,4	17,8	26,8
2005	25,3	23,2	25,6
2009	27,3	18,0	28,4

Quelle: Längsschnittdaten, eigene Berechnungen.
Anmerkungen: Signifikante Unterschiede (Chi²-Test): 1969 **, 1980*, 1983**, 1987***, 1990***, 1994***, 1998***, 2009**. Signifikanzniveau: * p< .05, ** p < .01, *** p < .001.

Tabelle 22: Frauenanteile an Wahlkreisnominierungen insgesamt, in aussichtsreichen und in umkämpften Wahlkreisen (in %)

Die Anteile der Frauen an Nominierungen in aussichtsreichen Wahlkreisen sind – wie vermutet – sehr gering. Bis einschließlich der Bundestagswahl 1987 wurden maximal fünf Frauen in einem aussichtsreichen Wahlkreis nominiert. Das entspricht einem maximalen Anteil von 4,4 Prozent. In den Jahren ab 1990 kann ein Anstieg auf ca. acht Prozentpunkte verzeichnet werden. Die höchste Anzahl an weiblichen Nominierungen in Wahlkreisen wurde 2005 erreicht: 35 Frauen wurden in den insgesamt 151 aussichtsreichen Wahlkreisen nominiert, was einem Anteil von 23,2 Prozent entspricht. Dass diese Zahl vorerst keine wegweisende Marke darstellt, kann bereits 2009 beobachtet werden, bei der dieser auf 18,0 Prozent datiert werden kann. Im Vergleich dazu erreichten Männer 1994 mit 173 aussichtsreichen Wahlkreisen das Höchstmaß an männlichen Kandidaturen in aussichtsreichen Wahlkreisen und auch 2009 konnten von den insgesamt 299 Wahlkreisen 123 erfolgversprechende Wahlkreise identifiziert werden, in denen Männer nominiert waren im Vergleich zu 27 Frauen.

Zusammenfassend kann somit an dieser Stelle festgehalten werden, dass Frauen aus Sicht präsentierter Daten durchaus eine deutliche Benachteiligung bei der Nominierung in aussichtsreichen Wahlkreisen hatten und noch immer haben. Diese Beobachtungen erhärten den Verdacht, dass bei den weiblichen Nominierungen im Wahlkreis weniger Quotenfrauen, d.h. Frauen die den Frauenanteil im Bundestag erhöhen sollen, vorkommen, als vielmehr Symbolfrauen, die zwar von ihren Parteien als emanzipiertes Symbol in Wahlkreisen aufgestellt und teilweise umworben werden, jedoch mit geringer Chance auf Erfolg. Für die nachfolgende multivariate Analyse ist die geringe Fallzahl an weiblichen Nominierungen und Wahlerfolgen zu Beginn der Bundesrepublik Deutschland und die hohe Zahl an fehlenden Werten (sog. missings) aufgrund von Wahlkreisänderungen höchst problematisch und der detaillierte Umgang hiermit wird an gegebener Stelle geklärt. Doch nun zunächst zu den aussichtsreichen und den aussichtslosen Listenkandidaturen.

7.5.1.3 Listenkandidaturen

Der Theorie zu Folge fungieren Frauen auch gerne als „Listenfüllerinnen", was bedeutet, dass sie eher ans Ende der Landeslisten gesetzt werden. Auf diese Weise würden die Parteien einerseits einer geschlechtergleichen Nominierung nachkommen, andererseits wären die Chancen der Männer, einen erfolgsversprechenden Listenplatz und somit ein Mandat zu erzielen, höher.

Um die Qualität der Listenplatzierung zu berechnen wurden die Erfolgswahrscheinlichkeit der verschiedenen Listenplätze in Anlehnung an Manow und Nister (2009) ermittelt. Details hierzu sind ebenso Kapitel 6.1.2 und dem Anhang 1 zu entnehmen. An dieser Stelle nur so viel: Es wurde die Erfolgswahrscheinlichkeit als metrische Variable berechnet, die für jeden Listenplatz in jedem Jahr in jeder Partei eine Wahrscheinlichkeit von 0 bis 1 angibt, inwiefern der Listenplatz einem Wahlsieg zuträglich ist. 0 bedeutet, dass die Wahrscheinlichkeit gleich null geht, dass ein/e Kandidat/in, die/der auf diesem Listenplatz kandidiert, ein Mandat für den Bundestag bekommt. Bei einer Wahrscheinlichkeit von 1 sind die Erfolgsaussichten der Kandidat/innen sehr hoch. Folgende Abbildung 34 zeigt die Mittelwerte der Erfolgswahrscheinlichkeiten von 1957 bis 2009, differenziert nach Geschlecht[65].

Der Abbildung ist deutlich zu entnehmen, dass Frauen von 1961 bis 1990 auf Listenplätzen mit deutlich geringeren Erfolgswahrscheinlichkeiten kandidiert haben. 1994 kreuzt sich die Linie der Kandidat*innen* mit der Kandidat*en* und die Erfolgsaussichten für Kandidat*innen* liegen höher. Wahrscheinlich ist dies beeinflusst durch Emanzipationsbestrebungen und Quotierungsregelungen der einzelnen Parteien. Dass hierbei jedoch deutliche parteiliche Unterschiede zu

---

[65] Erst auf der Grundlage des Wahljahres 1953 konnten die Erfolgswahrscheinlichkeiten für 1957 berechnet werden.

erwarten sind, ist sehr naheliegend und soll auch im nachfolgenden Teil differenziert betrachtet werden.

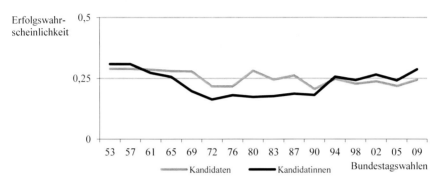

Quelle: Längsschnittdaten, eigene Berechnungen.
Anmerkungen: Erfolgswahrscheinlichkeit (Mittelwerte nach Geschlecht) je Wahljahr. Signifikante geschlechtsspezifische Unterschiede (zweiseitiger t-Test): 1969*, 1980***, 1983*, 1987**, 2009*. Signifikanzniveau: * p< .05, ** p <
.01, *** p < .001.

Abbildung 34: Erfolgswahrscheinlichkeit im Zeitverlauf nach Geschlecht

Zwar gibt diese Statistik Auskunft darüber, inwiefern Frauen hinsichtlich der
Qualität der Plätze begünstigt oder benachteiligt werden, jedoch ist nicht eindeutig ersichtlich, wie sich dies quantitativ auswirkt bzw. wie hoch sich der Anteil
der Frauen an erfolgsversprechenden Listenplätzen beläuft. Daher wurden auch
die Frauenanteile an erfolgsversprechenden Platzierungen berechnet. Als erfolgsversprechend werden im Kontext dieser Darstellung alle Listenplätze betrachtet die eine Erfolgswahrscheinlichkeit nach Manow/Nister (2009) größer
und gleich 0,7 haben.

Der nachfolgenden Abbildung 35 ist deutlich zu entnehmen, dass zu Beginn
der Bundesrepublik (mit Ausnahme von 1957) vornehmlich die Kandidat*en* auf
den aussichtsreichen Listenplätzen kandidierten. Während diese Tendenz noch
1961 und 1965 auf relativ geringem Niveau zu beobachten war, ist dies 1969
erstmals auf signifikantem Niveau zu beobachten und hielt bis Ende der 1980er
Jahre an (wobei in den Jahren 1972 und 1976 die Unterschiede nicht signifikant
waren). 1990 und 1994 wurden die Unterschiede hierbei zwar schon geringer,
allerdings bekamen Kandidat*en* noch immer häufiger erfolgsversprechende Listenplätze. Seit 1998 ist jedoch auch ersichtlich, dass erstmals mehr Kandidat*innen* erfolgsversprechende Listenplatzierungen erhalten haben als Kandidat*en* und
somit auch hier eine Verschiebung der Listennominierungen zu verzeichnen ist.
2009 vergrößerten sich die Chancen sogar zugunsten der Kandidat*innen*.

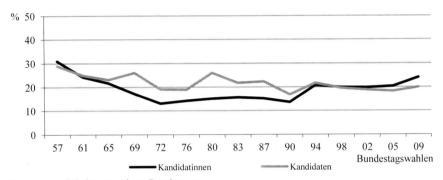

Quelle: Längsschnittdatensatz, eigene Berechnungen.
Anmerkungen: Ergebnisse von Kreuztabellen (Geschlecht*Listenplatzierung) je Wahljahr. Signifikante geschlechtsspezifische Unterschiede (Chi²-Test): 1969*, 1980**, 1983*, 1987**. Signifikanzniveau: * p< .05, ** p < .01, *** p <
.001.

Abbildung 35: Anteile an erfolgreichen Listenplätzen nach Geschlecht im Zeitverlauf (in %)

Am Ende dieses Kapitels stellt sich die Frage, wie es – nach der getrennten Berechnung der Wahlkreis- und Listenaussichten – um die Platzierungsaussichten
insgesamt bestellt ist. Hierzu wurde aus den beiden beschriebenen Variablen eine
weitere Variable konstruiert, die darüber Auskunft gibt, ob die Kandidat/innen
entweder über eine „aussichtsreiche" Wahlkreisplatzierung oder eine Listenplatzierung größer der Wahrscheinlichkeit von 0.69 verfügen oder sowohl im Wahlkreis wie auch auf der Liste aussichtsreich platziert sind. In nachfolgender Abbildung 36 sind die prozentualen Anteile aussichtsreicher Kandidaturen insgesamt nach Geschlecht im Zeitverlauf dargestellt.

Wie dieser Abbildung deutlich zu entnehmen ist, haben die Kandidat*en* bis
1998 eine aussichtsreichere Platzierung als Kandidat*innen*, wenn man sowohl die
Platzierung der Listen wie auch der Wahlkreise betrachtet. 1969, 1972, 1980 bis
1994 sogar auf signifikantem Niveau. Ab 2002 ist jedoch auch hier eine Veränderung (auf nicht signifikantem Niveau) zu erkennen: Erstmalig scheinen Frauen
häufiger erfolgversprechende Platzierungen innen zu haben im Vergleich zu
Männern. Von enormer Bedeutung für die Chancen, einen Platz zu gewinnen –
ob Listenkandidatur oder Wahlkreiskandidatur – ist jedoch neben der Frage des
Kandidaturqualität auch, ob ein Kandidat nur im Rahmen der Liste, des Wahlkreises oder sowohl der Liste wie auch des Wahlkreises kandidiert. Dies soll nun
betrachtet werden.

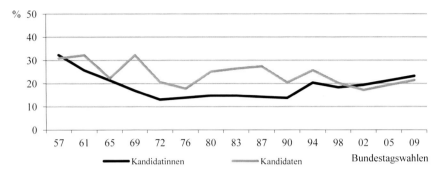

Quelle: Längsschnittdatensatz, eigene Berechnungen.
Anmerkungen: Ergebnisse von Kreuztabellen (Geschlecht*Kandidaturqualität) je Wahljahr. Signifikante geschlechtsspezifische Unterschiede (Chi²-Test): 1969***, 1972**, 1980**, 1983***, 1987***, 1990***, 1994**. Signifikanzniveau: * p< .05, ** p < .01, *** p <.001.

Abbildung 36: Anteile an aussichtsreichen Nominierungen nach Geschlecht im Zeitverlauf (in %)

7.5.1.4 Doppelkandidaturen

Wie erwähnt schließt eine Kandidatur auf der Liste eine Kandidatur im Wahlkreis nicht aus. In diesem Falle wird im Allgemeinen von „Doppelkandidatur" gesprochen. Denn es ist bekanntermaßen häufig der Fall, dass Kandidaturen im Wahlkreis mit einer Kandidatur auf der Liste „abgesichert" werden. D.h. Personen, die im Wahlkreis nicht gewählt werden, haben eine Absicherung über zumeist vordere, aussichtsreiche Listenplätze. Wie folgende Abbildung 37 deutlich zeigt, fällt die Anzahl der Doppelkandidaturen im geschlechtsspezifischen Vergleich für die Frauen verhältnismäßig gering aus.

So kann dieser Abbildung deutlich entnommen werden, dass der Anteil an weiblichen Doppelkandidaturen lange Zeit signifikant unter dem Anteil an männlichen Doppelkandidaturen lag und somit Kandidat*innen* hinsichtlich Doppelkandidaturen deutlich benachteiligt wurden bzw. sich nicht haben im Rahmen der Listen- und der Wahlkreismandate aufstellen lassen. Seit Anfang der 1990er Jahre kann jedoch eine Angleichung der Linien identifiziert werden, die einen klaren Trend dahingehend aufzeichnet, dass Doppelkandidaturen nicht länger überdurchschnittlich häufig von Männern praktiziert werden. Ob dies nun eine Übergangsphase von der Benachteiligung von Frauen zu einer Benachteiligung von Männern ist, kann an dieser Stelle nicht geklärt werden. Jedoch kann die seit drei Wahlperioden andauernde, bei beiden Geschlechtern gleichbleibende Rate, als stabiles Ergebnis gewertet werden.

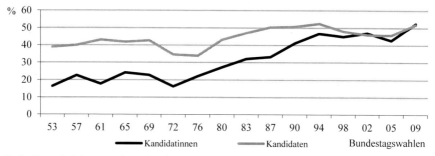

Quelle: Längsschnittdatensatz, eigene Berechnungen.
Anmerkungen: Ergebnisse von Kreuztabellen (Geschlecht*Doppelkandidatur) von Kandidat/innen je Wahljahr.
Signifikante geschlechtsspezifische Unterschiede (Chi²-Test): 1953***, 1957***, 1961***, 1965***, 1969***, 1972***, 1976**, 1980***, 1983***, 1987***, 1990***, 1994*. Signifikanzniveau: *p< .05, **p < .01, ***p < .001.

Abbildung 37: Anteile an Doppelkandidaturen nach Geschlecht im Zeitverlauf (in %)

Schließlich stellt sich noch die Frage, wie hoch die Frauenanteile an Doppelkandidaturen im Vergleich zu den Frauenanteilen an ausschließlich auf der Liste bzw. im Wahlkreis kandidierenden Personen sind. Hierüber gibt nachfolgende Abbildung 38 Auskunft.

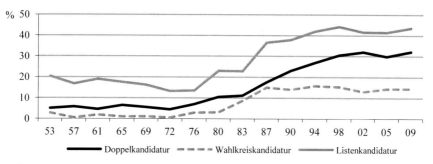

Quelle: Längsschnittdatensatz, eigene Berechnungen.
Anmerkungen: Ergebnisse von Kreuztabellen (Geschlecht*Kandidaturart) je Wahljahr. Signifikante geschlechtsspezifische Unterschiede (Chi²-Test): 1953 bis 2009 *** auf .001-Signifikanzniveau.

Abbildung 38: Frauenanteile an Wahlkreis-, Listen- und Doppelkandidaturen im Zeitverlauf (in %)

Dieser Abbildung kann deutlich entnommen werden, dass der Frauenanteil an Doppelkandidaturen zwar höher lag als der Frauenanteil an Personen, die ausschließlich in einem Wahlkreis kandidiert haben, jedoch deutlich niedriger als an Personen, die nur auf der Liste kandidiert haben. Zudem ist zu erkennen, dass bis 1987 die beiden Linien der Doppelkandidatur und der Wahlkreiskandidatur zunächst ein vergleichbares Niveau aufweisen und sich danach bis 2002 immer stärker voneinander entfernten. Während die weiblichen Anteile an Doppelkandidaturen und Listenkandidaturen gewachsen sind, verharrten die Anteile weiblicher Kandidaturen in Wahlkreisen auf gleichem Niveau. Die geschlechtsspezifischen Unterschiede zwischen diesen drei Gruppierungen sind zu jeder Zeit signifikant und müssen daher in der multivariaten Analyse berücksichtigt werden.

Nach dieser detaillierten Darstellung des Wahlsystems drängt sich die Frage auf, welche Rolle das Wahlsystem in den multivariaten Analysen spielt. Kann eine Benachteiligung der Frauen in Folge des Wahlsystems auf statistisch signifikantem Niveau nachgewiesen werden?

7.5.2 Multivariate Analysen

Im Mittelpunkt der nachfolgenden Analyse steht die Frage, inwiefern das deutsche Wahlsystem auf die Nominierung und den Wahlerfolg von Frauen in der Politik Einfluss nimmt. Dieser Einfluss wird nun durch die Analyse der Querschnitt- und Längsschnittdaten untersucht. Hierzu wurden erneut Einzelmodelle mit einer der drei vorgestellten Kandidaturmöglichkeiten durchgeführt: Erstens Kandidaturen nur im Wahlkreis, zweitens Kandidaturen nur auf der Liste und drittens Kandidaturen sowohl auf den Landeslisten als auch in Wahlkreisen.

7.5.2.1 Querschnittsanalyse: Bundestagswahl 2009

Zunächst kurz zur allgemeinen Ausgangslage bei der Deutschen Kandidatenstudie 2009: Der Datensatz beinhaltet 28 Frauen die nur in Wahlkreisen, 78 Frauen die nur auf der Listen und 130 Frauen die sowohl in Wahlkreisen als auch auf Listen nominiert wurden. Gewählt wurden jedoch keine der ausschließlichen Wahlkreiskandidat*innen*, zwei der alleinigen Listenkandidat*innen* und 62 der Doppelkandidat*innen*.

Für die nachfolgende Analyse ist besonders wichtig, dass *keine* Frauen ausschließlich über eine Wahlkreiskandidatur in den Bundestag gekommen sind, weshalb hier die Berechnung von geschlechtsspezifischen Interaktionseffekten nicht durchgeführt werden kann. Nachfolgende Tabelle 23 gibt Auskunft über

die Wirkungsweise einer ausschließlichen Listen-, einer ausschließlichen Wahl-
kreis- und einer Doppelkandidatur auf den Wahlerfolg ohne Berücksichtigung
von geschlechtsspezifischen Interaktionseffekten.

	Basismodell	Listenmodell	Wahlkreis-modell	Doppel-kandidatur-modell
Geschlecht	1.14(0.24)	1.43(0.32)	0.99(0.21)	0.99(0.23)
Alter in J.	1.05(0.01)***	1.05(0.01)***	1.05(0.01)***	1.06(0.01)***
Bildung	2.03(0.48)**	1.91(0.47)**	1.94(0.46)**	1.70(0.43)*
Listenkandidatur		0.03(0.02)***		
Wahlkreiskandidatur			0.40(0.11)**	
Doppelkandidatur				8.45(2.18)***
Pseudo-R²(MF)	.06	.17	.08	.19
LL	-322.28	-283.57	-316.09	-277.03
AIC	652.55	577.13	642.18	564.06
BIC	670.22	599.22	664.27	586.14
N	612	612	612	612

Daten: Deutsche Kandidatenstudie 2009, eigene Berechnungen.
Anmerkungen: Die Zellen enthalten Odds Ratio logistischer Regressionen (Standardfehler in Klammern). Referenzkategorien: Mann, niedrige Bildung, keine ausschließliche Listenkandidatur, keine ausschließliche Wahlkreiskandidatur, keine Doppelkandidatur. Alter wurde zentriert. Signifikanzniveau: * p< .05, ** p < .01, *** p < .001.

Tabelle 23: Modelle zum Wahlsystem (Querschnitt 2009)

Betrachtungen der Modelle hinsichtlich der Erklärungskraft ergeben, dass das
Doppelkandidaturmodell gefolgt von dem Listenmodell mit .19 Pseudo-R² am
meisten Erklärungskraft besitzt. Ein derartig hoher Wert konnte bisher noch in
keinem Modell erreicht werden, was für eine starke Wirkung wahlsystematischer
Faktoren bei der Erklärung des Wahlerfolgs spricht. Ebenso weist das LL, AIC
und BIC deutlich niedrigere Werte als im Basismodell auf, was für eine deutliche
Verbesserung des Modells durch die Doppel- oder Listenkandidatur spricht.
Geringerer Erklärungszuwachs ist durch die Wahlkreisvariable zu beobachten.
       Doch nun zu der Wirkung der einzelnen Variablen: Das Listenmodell zeigt,
dass die Erfolgsaussichten für Personen, die *nur* auf der Liste antreten, vergleichsweise gering sind: Hier liegen die vorhergesagten Wahlchancen bei einer
reinen Listenkandidatur bei 1,2 Prozent (andere Kandidaturen: 30,2 Prozent).
Die Chancen bei einer *reinen* Wahlkreiskandidatur liegen ebenso bei 1,2 Prozent.
Besonders hoch fallen die Wahlchancen dann aus, wenn ein/e Kandidat/in eine
Doppelkandidatur inne hat: Sie liegen bei 37,8 Prozent. Hinzuzufügen ist an
dieser Stelle noch, dass alle Effekte des Wahlsystems höchst signifikant sind und
somit im Wahlsystem eine große Erklärungskraft liegt.
       Doch wie verhält es sich mit dem Einfluss des Geschlechts? Werden Frauen
im Rahmen des Wahlsystems in spezifischer Weise eingesetzt und kann dadurch

die Unterrepräsentation von Frauen im Bundestag erklärt werden? Besonders hervorgehoben werden muss an dieser Stelle, dass das Geschlecht im Rahmen des Listenmodells zwar keinen signifikanten Haupteffekt hat, jedoch einen positiven Wert besitzt. Bisher lagen die Effekte der Geschlechtervariablen in den Querschnittsanalysen stets um den 1.0-Wert und waren somit weder positiv noch negativ. Um der Wirkung des Geschlechts nachzugehen wurden auch hier die geschlechtsspezifischen Interaktionseffekte berechnet.

Ein signifikanter geschlechtsspezifischer Interaktionseffekt mit dem Geschlecht kann nur bei der Doppelkandidatur beobachtet werden, wie nachfolgende Tabelle 24 zeigt.

	Basismodell	Listenmodell (m.I.)	Wahlkreis-modell (m.I.)	Doppel-kandidatur-modell (m.I.)
Geschlecht	1.14(0.24)	1.42(0.33)		0.13(0.13)*
Alter in J.	1.05(0.01)***	1.05(0.01)***	konnte nicht	1.06(0.01)***
Bildung	2.03(0.48)**	1.91(0.47)**	berechnet wer-	1.72(0.44)*
Listenkandidatur		0.03(0.03)***	den, da keine	
Wahlkreiskandidatur			Frau im Wahl-	
Doppelkandidatur			kreis gewählt	5.82(1.63)***
			wurde	
♀ * Listenkandidatur		1.16(1.68)		
♀ * Doppelkandidatur				10.20(10.87)*
Pseudo-R² (MF)	.06	.17		.20
LL	-322.28	-283.56		-272.87
AIC	652.55	579.12		557.74
BIC	670.22	605.62		584.24
N	612	612		612

Daten: Deutsche Kandidatenstudie 2009, eigene Berechnungen.
Anmerkungen: Die Zellen enthalten Odds Ratio logistischer Regressionen (Standardfehler in Klammern). Referenzkategorien: Mann, niedrige Bildung, keine ausschließliche Listenkandidatur, keine ausschließliche Wahlkreiskandidatur, keine Doppelkandidatur. Alter wurde zentriert. Signifikanzniveau: * p< .05, ** p < .01, *** p < .001.

Tabelle 24: Modelle zum Wahlsystem mit Interaktionen (Querschnitt 2009)

Die Wahlchancen von Kandidat*innen* mit Doppelkandidatur scheinen signifikant höher als die Wahlchancen der Kandidat*en* mit Doppelkandidatur zu sein. Dies kann auch mittels zusätzlicher Modellberechnungen bestätigt werden[66]. Demnach haben Kandidat*innen* mit einer Doppelkandidatur die höchste Wahlchance von 42,3 Prozent (Kandidat*en:* 35,8 Prozent). Demgegenüber fällt jedoch auf, dass die vorhergesagten Erfolgswahrscheinlichkeiten der Kandidat*en* ohne Doppelkandidatur deutlich höher sind als die der Kandidat*innen* ohne Doppelkandi-

---

[66] Zur Identifikation der Wirkungsweise geschlechtsspezifischer Interaktionseffekte wurden Zusatzmodelle berechnet. Die Vorgehensweise wurde in Kapitel 7.1.2.2 beschrieben.

datur. Diese liegen bei 8,7 Prozent im Vergleich zu 1,2 Prozent bei Kandidat*innen*. Dies deutet darauf hin, dass die Erfolgswahrscheinlichkeit von Frauen ohne Doppelkandidatur extrem niedrig ist und an dieser Stelle von einer weiblichen Benachteiligung gesprochen werden kann. Eine geschlechtsspezifische Interaktion mit dem Wahlkreis konnte leider nicht berechnet werden, da keine Frau, die nur in einem Wahlkreis nominiert wurde, auch ein Mandat erringen konnte. Bei dem Listenmodell konnte kein signifikanter geschlechtsspezifischer Interaktionseffekt identifiziert werden. Folglich ist im Rahmen der Deutschen Kandidatenstudie ausschließlich der geschlechtsspezifische Interaktionseffekt der Doppelkandidatur signifikant.

Zusammenfassend kann somit festgestellt werden, dass das Wahlsystem durchaus einen Beitrag in Bezug auf die Wahlerfolgschancen von Kandidat*innen* erbringt, wobei eine Doppelkandidatur die Erfolgsaussichten von Kandidat*innen* im Vergleich zu Kandidat*en* bei der Wahl 2009 signifikant erhöht. Allerdings ist im Rahmen dieser Modelle nur ersichtlich, wie die Frauen nominiert wurden. Grundsätzlich ist jedoch zu berücksichtigen, dass zwar eine Doppelkandidatur für den Wahlerfolg von Frauen besonders bedeutend sein kann und eine Art Eintrittskarte in die Politik darstellt, Mandate jedoch über Listenplätze oder über Wahlkreise gewonnen werden. Daher ist es von entscheidender Bedeutung, ob und inwiefern die Kandidat/innen eine *aussichtsreichen* Wahlkreis bzw. Listenplatz haben. In Anlehnung an die Identifikation von aussichtsreichen und weniger aussichtsreichen Listen- und Wahlkreiskandidaturen wurde auch im Rahmen dieses Querschnittsdatensatzes in analoger Weise die Variable „Kandidaturqualität" gebildet, welche darüber Auskunft gibt, ob es sich eher um einen aussichtsreichen oder aussichtslosen Listenplatz bzw. einen umkämpften Wahlkreis handelt[67]. Es wurden ebenso logistische Regressionen mit der abhängigen Variablen „gewählt" (1) und „nicht gewählt" (0), den erklärenden Variablen des Basismodells und der Kandidaturqualitätsvariablen berechnet. In nachfolgender Tabelle 25 sind die Ergebnisse dargestellt.

Wie nicht anders zu erwarten war, übt die Variable „Kandidaturqualität" einen immensen Einfluss auf die Wahlchancen der Kandidat/innen aus und steigert die Erklärungskraft des Basismodells in beeindruckender Weise: Wenn ein Kandid*at* bzw. eine Kandidat*in* einen aussichtsreichen Listenplatz oder Wahl-

---

[67] Wie bei den deskriptiven Längsschnittuntersuchungen wurde auch hier ein Wahlkreisplatz als aussichtsreich kategorisiert, wenn eine Partei bei der vorherigen Wahl mit einem Vorsprung von zehn oder mehr Prozentpunkten Differenz zu einer anderen Partei gewonnen werden konnte. Bei den Listenmandaten wurde ebenso die Formel von Manow/Nister (2009) angewandt. Wenn die Erfolgswahrscheinlichkeit größer oder gleich .70 war, dann wurde der Listenplatz als aussichtsreich kategorisiert. Schließlich wurde aus diesen beiden Variablen eine Dummy-Variable „Kandidaturqualität" gebildet, wobei diese mit (1) codiert wurde, wenn der Listenplatz und/ oder der Wahlkreis aussichtsreich waren.

kreis innehat, dann erhöhen sich die Wahlchancen besonders stark im Vergleich dazu, wenn er bzw. sie in keinem aussichtsreichen Wahlkreis oder auf keinem aussichtsreichen Listenplatz nominiert ist. In Prozenten ausgedrückt bedeutet dies, dass Kandidat/innen mit aussichtsreicher Platzierung eine vorhergesagte Wahlwahrscheinlichkeit von 77,2 Prozent haben im Vergleich zu einer 13,2-prozentigen Chance für Kandidat/innen, die nicht auf einem aussichtsreichen Listenplatz bzw. in einem aussichtsreichen Wahlkreis nominiert sind. Somit hat dieser Faktor bisher die höchste Erklärungskraft.

	Basismodell	Kandidatur-qualitätsmodell	Kandidatur-qualitätsmodell (m.I.)
Geschlecht	1.14(0.24)	0.99(0.25)	1.11(0.32)
Alter in J.	1.05(0.01)***	1.04(0.01)**	1.04(0.01)**
Bildung	2.03(0.48)**	1.88(0.52)*	1.90(0.53)*
Kandidaturqualität		22.26(6.35)***	16.29(7.71)***
♀ * Kandidaturqualität			1.61(0.96)
Pseudo-R² (MF)	.06	.28	.28
LL	-322.28	-246.28	-245.96
AIC	652.55	502.55	503.91
BIC	670.22	524.63	530.42
N	612	612	612

Daten: Deutsche Kandidatenstudie 2009, eigene Berechnungen.
Anmerkungen: Die Zellen enthalten Odds Ratio logistischer Regressionen (Standardfehler in Klammern). Referenzkategorien: Mann, niedrige Bildung, schlechte Kandidaturqualität. Alter wurde zentriert. Signifikanzniveau: * p< .05, ** p < .01, *** p < .001.

Tabelle 25: Modelle zum Wahlsystem – Kandidaturqualität (Querschnitt 2009)

Im Rahmen der vorliegenden Untersuchung interessiert insbesondere die Interaktion zwischen aussichtsreichen Kandidatur und der Zugehörigkeit zum weiblichen Geschlecht. Vermutet wurde hierbei, dass Kandidat*innen* deutlich seltener aussichtsreiche Kandidaturen erhalten als Kandidat*en*. Dies kann jedoch im Rahmen vorliegender Ergebnisse für die Bundestagswahl 2009 nicht bestätigt werden: Die geschlechtsspezifischen Effekte sind einerseits nicht signifikant und darüber hinaus positiv. Ebenso verschlechtern sich auch das AIC und das BIC durch das Hinzufügen des geschlechtsspezifischen Interaktionseffektes.

Zusammenfassend bietet das Wahlsystem somit zentrale Faktoren zur Erklärung der Erfolgsaussichten von Frauen und Männern bei der Bundestagswahl 2009 bezüglich der Listen- und Doppelkandidatur an, die jedoch aufgrund der Datenqualität hinsichtlich der Wirkung von Wahlkreiskandidaturen nicht genau erfasst werden konnten. Ebenso konnte kein signifikanter geschlechtsspezifischer Effekt bei der Kandidaturqualität identifiziert werden. Nun stellt sich die

Frage, inwiefern Wirkungen des Wahlsystems und der Kandidaturqualität bei den längsschnittlichen Betrachtungen zu identifizieren sind.

7.5.2.2 Längsschnittanalyse: Bundestagswahlen von 1957 bis 2009

Im Gegensatz zu den Darstellungen der Querschnittdaten werden nun die einzelnen Einflussfaktoren (Wahlkreiskandidatur, Listenkandidatur, Doppelkandidatur, Kandidaturqualität) nacheinander dargestellt. Bei jedem Einflussfaktor werden beide Trendberechnungen (1957, 1990) und die jeweiligen geschlechtsspezifischen Interaktionseffekte betrachtet.

Wahlkreiskandidatur

Zunächst wird die Erklärungskraft der Variablen „ausschließlich über Wahlkreis kandidiert" untersucht. Die nachfolgende Tabelle 26 zeigt die Ergebnisse für die *Trendberechnungen seit 1957.*

	Basismodell	*Wahlkreismodell*	*Wahlkreismodell (m.I.)*
Geschlecht	0.65(0.03)***	0.72(0.03)***	0.74(0.03)***
Alter in J.	1.06(0.01)***	1.05(0.00)***	1.05(0.00)***
Titel	1.83(0.07)***	1.76(0.07)***	1.77(0.07)***
Trend	1.02(0.00)***	1.03(0.00)***	1.03(0.00)***
Wahlkreiskandidatur		2.79(0.13)***	2.93(0.14)***
♀ * Wahlkreiskandidatur			0.34(0.08)***
Pseudo-R² (MF)	.07	.09	.09
LL	-13042.76	-12802.00	-12791.45
AIC	26095.51	25616.01	25596.90
BIC	26135.40	25663.87	25652.74
N	21525	21525	21525

Quelle: Längsschnittdaten, eigene Berechnungen.
Anmerkungen: Die Zellen enthalten Odds Ratio logistischer Regressionen (Standardfehler in Klammern). Referenzkategorien: Mann, kein Titel, keine ausschließliche Wahlkreiskandidatur. Alter wurde zentriert. Signifikanzniveau: *p< .05, ** p < .01, *** p < .001.

Tabelle 26: Modelle zum Wahlsystem – Wahlkreiskandidatur (Trend 1957)

Zunächst zu der Erklärungskraft des Modells: Das Pseudo-R² steigt durch das Hinzufügen der Wahlkreiskandidaturvariablen nur geringfügig an und auch das AIC und BIC verbessern sich nur marginal. Dies deckt sich auch mit den Ergebnissen der Querschnittsanalyse. Zudem ist der Tabelle deutlich zu entnehmen, dass Kandidat/innen, die nur im Wahlkreis antreten, deutlich höhere Chancen haben, gewählt zu werden als alle anderen Kandidat/innen (Odds Ratio 2.79; Referenzgruppe: ausschließlich Listenkandidat/innen und Wahlkreiskandidat/innen): Wahlkreisbewer*er* haben eine 56,3-prozentige Wahlchance (Referenzgruppe: 31,6 Prozent). Doch wie ist es um die Wahlkreiskreisbewerber*innen* bestellt, die nur im Wahlkreis angetreten sind?

Wie bereits im Rahmen der Hypothesenformulierung vermutet, haben Wahlkreiskandidat*innen* deutlich geringere Chancen auf einen Wahlkreissieg als es Kandidat*en* haben, die ebenso nur in einem Wahlkreis kandidieren. Dies zeigt der geschlechtsspezifische Interaktionseffekt, der nicht nur hinsichtlich der Effektstärke stark ausgeprägt, sondern auch hoch signifikant ist: Zusatzberechnungen offenbaren das Vermutete[68]: Kandidat*en* in Wahlkreisen haben die höchsten Erfolgsaussichten (58,8 Prozent). Die Erfolgsaussichten von ausschließlichen Wahlkreiskandidat*innen* liegen bei 26,5 Prozent. Somit haben Frauen deutlich geringe Chancen auf einen Wahlerfolg, wenn Sie nur in einem Wahlkreis antreten. Zur Erinnerung: Dieser Effekt konnte mittels der Deutschen Kandidatenstudie nicht berechnet werden, da keine Frau die nur im Wahlkreis angetreten ist, einen Wahlkreis gewinnen konnte.

Fraglich ist an dieser Stelle nun, ob dieser geschlechtsspezifische Effekt in gleichem Maße auch in der Trendberechnung seit 1990 festgestellt werden kann oder vielmehr aufgrund des langen Untersuchungszeitraums der Trendberechnungen seit 1957 entstanden ist. Wie nachfolgender Tabelle 27 zu entnehmen ist, unterscheiden sich die Ergebnisse zwischen Trendberechnungen seit 1957 und denen seit 1990 in entscheidendem Maße: Während bei den Berechnungen seit 1957 positive Haupteffekte der Wahlkreiskandidatur identifiziert werden konnten, sind diese in den Trendberechnungen seit 1990 negativ und ebenso hoch signifikant. Kandidat/innen mit einer ausschließlichen Wahlkreiskandidatur haben vorhergesagte Wahlchancen von 16,5 Prozent im Vergleich zu 30,2 Prozent für alle anderen Kandidat/innen (Wahlkreismodell). Dies erklärt auch die Diskrepanz zwischen den Ergebnissen der Querschnittsberechnungen und der Trendberechnung seit 1957.

Demnach scheint es eine Veränderung in der Wirkungsweise der Wahlkreisvariablen über die Jahre dahingehend gegeben zu haben, dass vor 1990 mit einer Wahlkreiskandidatur hohe Erfolgschancen einhergingen, während sich die Chancen in den 1990er Jahren über eine ausschließliche Wahlkreiskandidatur deutlich verschlechtert haben. Möglicherweise liegt dies auch daran, dass im Laufe der Zeit die Wahlkreiskandidaturen zunehmend durch vordere Listenplätze abgesichert wurden und diese Kandidat/innen daher nun zu den „Doppelkandida-

---

[68] Zur Identifikation der Wirkungsweise geschlechtsspezifischer Interaktionseffekte wurden Zusatzmodelle berechnet. Die Vorgehensweise wurde in Kapitel 7.1.2.2 beschrieben.

turen" zählen. Darüber hinaus kann dieser Effekt auch durch die parteiliche Neugründung erklärt werden, da aufgrund des personalisierten Verhältniswahlrechts
zwar auch bei diesen beiden „kleineren" Parteien Kandidat/innen im Wahlkreis
aufgestellt werden, diese jedoch selten einen Wahlkreissieg erringen können.

	Basismodell	Wahlkreismodell	Wahlkreismodell (m.I.)
Geschlecht	0.97(0.04)	0.88(0.04)**	0.95(0.04)
Alter in J.	1.05(0.00)***	1.05(0.00)***	1.05(0.00)***
Titel	1.60(0.09)***	1.58(0.09)***	1.58(0.09)***
Trend	0.95(0.01)***	0.96(0.01)***	0.95(0.01)***
Wahlkreiskandidatur		0.46(0.03)***	0.53(0.03)***
♀ * Wahlkreiskandidatur			0.22(0.06)***
Pseudo-R^2 (MF)	.06	.07	.07
LL	-7204.39	-7107.50	-7082.78
AIC	14418.77	14227.00	14179.55
BIC	14456.01	14271.68	14231.68
N	12671	12671	12671

Quelle: Längsschnittdaten, eigene Berechnungen.
Anmerkungen: Die Zellen enthalten Odds Ratio logistischer Regressionen (Standardfehler in Klammern). Referenzkategorien: Mann, kein Titel, keine ausschließliche Wahlkreiskandidatur. Alter wurde zentriert. Signifikanzniveau:
*p<.05, **p<.01, ***p<.001.

Tabelle 27: Modelle zum Wahlsystem – Wahlkreiskandidatur (Trend 1990)

Allerdings interessiert sich die vorliegende Studie insbesondere für das Geschlecht und den geschlechtsspezifischen Interaktionseffekt. Im Wahlkreismodell ist der Haupteffekt der Geschlechtervariablen signifikant negativ. Das bedeutet, dass die Wahlchancen der Kandidat*innen* insgesamt signifikant niedriger
sind als die der Kandidat*en*. Ein ähnliches Bild zeigt sich auch bei den Berechnungen mit geschlechtsspezifischem Interaktionseffekt: Der Effektkoeffizient
beläuft sich auf 0.22 und deutet auf sehr geringe Erfolgschancen der Kandidat*innen* hin, wenn sie nur im Wahlkreis zur Wahl stehen. Mittels Zusatzberechnungen konnte herausgefunden werden, dass die Wahlchancen der Kandidat*en* und
Kandidat*innen* mit ausschließlicher Wahlkreiskandidatur sehr unterschiedlich
sind[69]: Kandidat*innen* haben gerade einmal eine Wahlchance von 4,6 Prozent im
Vergleich zu Kandidat*en*, die eine 18,8-Prozentige aufweisen. Somit kann man
zusammenfassend sagen, dass Kandidat*innen* bei ausschließlichen Wahlkreiskandidaturen geringere Erfolgschancen haben – zumindest im Rahmen der
Trendberechnungen seit 1957 und denen seit 1990.

---

[69] Zur Identifikation der Wirkungsweise geschlechtsspezifischer Interaktionseffekte wurden Zusatzmodelle berechnet. Die Vorgehensweise wurde in Kapitel 7.1.2.2 beschrieben.

Listenkandidatur

Nun stellt sich die Frage, wie sich die Situation der Kandidat/innen darstellt, die nur auf einer Liste kandidieren. Nachfolgende Tabelle 28 gibt zunächst Auskunft über das Listenmodell mit und ohne Interaktionseffekte im Rahmen der Trendberechnungen seit 1957.

Zunächst ist positiv zu erwähnen, dass sich durch das alleinige Hinzufügen dieser Erklärungsvariablen das Modell in starker Weise verbessert: Das Pseudo-R^2 steigt von .07 auf .32 an und auch das AIC und BIC nehmen deutlich niedrigere Werte als zuvor an. Nun zu den Haupteffekten: Es ist zu erkennen, dass bei einer ausschließlichen Listenkandidatur die Wahlchancen der Kandidat/innen sehr gering sind. Die vorhergesagte Wahrscheinlichkeit, dass ein/e Kandidat/in mit ausschließlicher Listenkandidatur erfolgreich ist, liegt bei 4,7 Prozent im Gegensatz zu anderen Kandidaturen, für die sie bei 57,8 Prozent liegt. Interessanterweise verändert sich auch im Listenmodell der Wert der Variablen „Geschlecht" in entscheidender Weise: Er nimmt einen signifikant positiven Wert an. Bei den vorausgegangenen Trendanalysen seit 1957 war er stets negativ. Das bedeutet, dass Kandidat*innen* unter Kontrolle der Variablen „ausschließliche Listenkandidatur" höhere Chancen haben, ein Mandat im Bundestag zu erzielen, als Kandidat*en*. Bei der Betrachtung des geschlechtsspezifischen Interaktionseffekts fällt auf, dass dieser negativ, jedoch nicht signifikant ist.

	Basismodell	Listenmodell	Listenmodell (m.I.)
Geschlecht	0.65(0.03)***	1.28(0.07)***	1.32(.08)***
Alter in J.	1.06(0.01)***	1.05(0.00)***	1.05(0.00)***
Titel	1.83(0.07)***	1.38(0.06)***	1.38(0.06)***
Trend	1.02(0.00)***	0.98(0.00)***	0.98(0.00)
Listenkandidatur		0.04(0.00)***	0.04(0.00)***
♀ * Listenkandidatur			0.87(0.11)
Pseudo-R^2 (MF)	.07	.32	.32
LL	-13042.76	-9577.17	-9576.47
AIC	26095.51	19166.34	19166.93
BIC	26135.40	19214.20	19222.77
N	21525	21525	21525

Quelle: Längsschnittdaten, eigene Berechnungen.
Anmerkungen: Die Zellen enthalten Odds Ratio logistischer Regressionen (Standardfehler in Klammern). Referenzkategorien: Mann, kein Titel, keine ausschließliche Listenkandidatur. Alter wurde zentriert. Signifikanzniveau: *p< .05, **p < .01, ***p < .001.

Tabelle 28: Modelle zum Wahlsystem – Listenkandidatur (Trend 1957)

Möglicherweise liefern die Ergebnisse der *Trendberechnungen seit 1990* tiefergehende und eindeutigere Einblicke in die Wirkungsweise dieser Variablen. Folgende Tabelle 29 zeigt die Ergebnisse der Berechnungen. Es können vergleichbare Effekte in noch ausgeprägterer Weise beobachtet werden: Auch hier verbessert sich das Pseudo-R^2 und das AIC und BIC deutlich. Ebenso steigen die Wahlchancen der Frauen beträchtlich an. Dies gibt der Odds-Ratio-Wert von 1.46 im Rahmen der Geschlechtervariablen an. Und auch der Blick auf den geschlechtsspezifischen Interaktionseffekt im Listenmodell (m.I.) zeigt, dass der Erfolg über ein Listenmandat auch bei einer Betrachtung seit 1990 im Rahmen dieses Modells nicht signifikant ist.

Zusammenfassend lässt sich somit feststellen, dass Wahlerfolge über reine Wahlkreiskandidaturen tendenziell eher von Kandidaten erzielt werden. In den Listenmodellen jeweils der geschlechtsspezifische Interaktionseffekt nicht signifikant ist. Allerdings muss an dieser Stelle darauf hingewiesen werden, dass diese Aussagen nur diejenigen Kandidaturen betrifft, die *ausschließlich* auf der Liste oder *ausschließlich* im Wahlkreis angetreten sind. Ungeklärt ist bislang die Frage, wie es um die sogenannten Doppelkandidat/innen bestellt ist, die im Folgenden betrachtet werden.

	Basismodell	*Listenmodell*	*Listenmodell (m.I.)*
Geschlecht	0.97(0.04)	1.46(0.07)***	1.49(0.08)***
Alter in J.	1.05(0.00)***	1.05(0.00)***	1.05(0.00)***
Titel	1.60(0.09)***	1.39(0.09)***	1.39(0.08)***
Trend	0.95(0.01)***	0.93(0.01)***	0.93(0.01)***
Listenkandidatur		0.04(0.00)***	0.05(0.01)***
♀ * Listenkandidatur			0.79(0.15)
Pseudo-R^2 (MF)	.06	.22	.22
LL	-7204.39	-5998.93	-5998.18
AIC	14418.77	12009.86	12010.37
BIC	14456.01	12054.54	12062.49
N	12671	12671	12671

Quelle: Längsschnittdaten, eigene Berechnungen.
Anmerkungen: Die Zellen enthalten Odds Ratio logistischer Regressionen (Standardfehler in Klammern). Referenzkategorien: Mann, kein Titel, keine ausschließliche Listenkandidatur. Alter wurde zentriert. Signifikanzniveau: * p< .05, ** p < .01, *** p < .001.

Tabelle 29: Modelle zum Wahlsystem – Listenkandidatur (Trend 1990)

Doppelkandidatur

Den dargestellten deskriptiven Analysen der Doppelkandidatur ist zu entnehmen, dass sich erstens die Anzahl an Doppelkandidaturen im Laufe der Zeit erhöht hat. Zweitens konnte festgestellt werden, dass über die Jahre hinweg auch der Anteil an Doppelkandidat*innen* angewachsen ist. Daher stellt sich nun die Frage, welchen Einfluss derartige Doppelkandidaturen auf den Wahlerfolg von Frauen haben. Nachfolgende Tabelle 30 zeigt die Ergebnisse im Rahmen der *Trendberechnungen seit 1957.*

	Basismodell	Doppel-kandidaturmodell	Doppelkandidatur-modell (m.I.)
Geschlecht	$0.65(0.03)^{***}$	$0.80(0.04)^{***}$	$0.30(0.03)^{***}$
Alter in J.	$1.06(0.01)^{***}$	$1.05(0.00)^{***}$	$1.05(0.00)^{***}$
Titel	$1.83(0.07)^{***}$	$1.66(0.07)^{***}$	$1.64(0.07)^{***}$
Trend	$1.02(0.00)^{***}$	$0.98(0.00)^{***}$	$0.98(0.00)^{***}$
Doppelkandidatur		$7.36(0.25)^{***}$	$5.85(0.21)^{***}$
♀ * Doppelkandidatur			$4.89(0.52)^{***}$
Pseudo-R² (MF)	.07	.21	.22
LL	-13042.76	-11112.86	-10981.61
AIC	26095.51	22237.73	21977.21
BIC	26135.40	22258.59	22033.05
N	21525	21525	21525

Quelle: Längsschnittdaten, eigene Berechnungen.
Anmerkungen: Die Zellen enthalten Odds Ratio logistischer Regressionen (Standardfehler in Klammern). Referenzkategorien: Mann, kein Titel, keine Doppelkandidatur. Alter wurde zentriert. Signifikanzniveau: * p< .05, ** p < .01, *** p < .001.

Tabelle 30: Modelle zum Wahlsystem – Doppelkandidatur (Trend 1957)

Hier ist deutlich zu erkennen, dass eine Doppelkandidatur die Erfolgschancen in sehr starkem Maße erhöht. Personen, die eine Doppelkandidatur innehaben werden um das Siebenfache häufiger gewählt als Personen, die nur auf der Liste oder nur in einem Wahlkreis kandidieren. In vorhergesagten Wahrscheinlichkeiten bedeutet dies, dass Kandidat/innen mit Doppelkandidatur eine 57,2-prozentige Erfolgschance haben im Vergleich zu einer 15,4-Prozentigen für Kandidat/innen ohne Doppelkandidatur.

Im Gegensatz zum Listenmodell ist hier die Geschlechtsvariable wiederum negativ und hoch signifikant. Das bedeutet, dass Kandidat*innen* niedrigere Chancen haben, gewählt zu werden, als Kandidat*en*. Berücksichtigt man jedoch den geschlechtsspezifischen Interaktionseffekt, haben Kandidat*innen*, die eine Doppelkandidatur inne haben, höhere Chancen auf einen Wahlsieg als Kandidat*en* mit einer Doppelkandidatur, was durch Zusatzberechnungen bestätigt werden konnte[70]: Doppelkandidat*en* haben eine vorhergesagte Wahrscheinlichkeit von 55,9 Prozent im Vergleich zu einer 64,9-prozentigen von Doppelkandidat*innen*. Dies widerspricht der ursprünglich formulierten Hypothese. Auch der Blick auf das Pseudo-R^2 und das AIC und BIC zeigt, dass die Erklärungskraft des Modells in beträchtlicher Weise ansteigt. Somit trägt eine Doppelkandidatur in deutlicher Weise dazu bei, die Wahlchancen der Kandidat/innen zu erklären.

    Doch wie ist es um die Wahlchancen der Doppelkandidat/innen bei den *Trendberechnungen seit 1990* bestellt? Nimmt hier der Effekt „Doppelkandidatur" im Vergleich zu den Trendberechnungen seit 1957 besonders hohe oder besonders niedrige Werte an? Das Doppelkandidaturmodell ohne Interaktionseffekt in der nachfolgenden Tabelle 31 zeigt zunächst, dass eine Doppelkandidatur die Erfolgsaussichten besonders erhöht. Doppelkandidat/innen haben in diesem Modell eine 48,7-prozentige vorhergesagte Wahlwahrscheinlichkeit (Referenzgruppe: 8,0 Prozent). Dies mag an dieser Stelle im Vergleich zu den Erfolgschancen bei den Trendberechnungen seit 1957 als geringer erscheinen, allerdings ist darauf hinzuweisen, dass hier auch die zusätzlichen Kandidat/innen vom Bündnis 90/Die Grünen und der PDS/Die Linke zu finden sind, was dazu führt, dass die Erfolgschancen bei den Trendanalysen seit 1990 insgesamt deutlich geringer ausfallen.

	Basismodell	Doppelkandidatur-modell	Doppelkandidatur-modell (m.I.)
Geschlecht	0.97(0.04)	1.03(0.05)	0.31(0.04)***
Alter in J.	1.05(0.00)***	1.05(0.00)***	1.05(0.00)***
Titel	1.60(0.09)***	1.34(0.08)***	1.32(0.08)***
Trend	0.95(0.01)***	0.95(0.01)***	0.94(0.01)***
Doppelkandidatur		10.88(0.57)***	7.53(0.44)***
♀ * Doppelkandidatur			4.72(0.67)***
Pseudo-R^2 (MF)	.06	.24	.25
LL	-7204.39	-5843.46	-5770.32
AIC	14418.77	11698.92	11554.63
BIC	14456.01	11743.60	11606.76
N	12671	12671	12671

Quelle: Längsschnittdaten, eigene Berechnungen.
Anmerkungen: Die Zellen enthalten Odds Ratio logistischer Regressionen (Standardfehler in Klammern). Referenzkategorien: Mann, kein Titel, keine Doppelkandidatur. Alter wurde zentriert. Signifikanzniveau: * p< .05, ** p < .01, *** p < .001.

Tabelle 31: Modelle zum Wahlsystem – Doppelkandidatur (Trend 1990)

---

[70] Zur Identifikation der Wirkungsweise geschlechtsspezifischer Interaktionseffekte wurden Zusatzmodelle berechnet. Die Vorgehensweise wurde in Kapitel 7.1.2.2 beschrieben.

Daher scheint der Verdacht begründet zu sein, dass seit den 1990er Jahren Doppelkandidaturen auf den Wahlerfolg besonders erfolgsversprechend wirken, was sich mit den Ergebnissen der deskriptiven Auszählungen deckt. Doch im Rahmen dieser Untersuchung ist das Interesse auf den Einfluss des Geschlechts auf den Wahlerfolg gerichtet und auch hier ist kein signifikanter Haupteffekt der Geschlechtervariablen zu entdecken. Jedoch ist – in Übereinstimmung mit den Trendberechnungen seit 1957 – ein geschlechtsspezifischer Interaktionseffekt zu erkennen: Die Chancen von Kandidat*innen,* im Rahmen einer Doppelkandidatur erfolgreich zu sein, sind signifikant und deutlich höher als die der Kandidat*en* (55,5 Prozent für Doppelkandidat*innen;* 46,2 Prozent für Doppelkandidat*en*).

Kandidaturqualität

Es ist offensichtlich, dass eine Doppelkandidatur die Wahlerfolgschancen von Frauen in beträchtlicher Weise erhöhen kann. Allerdings ist eine Grundvoraussetzung immer auch, dass entweder der Wahlkreis – in welchem der/die Kandidat/in antritt – oder der Listenplatz tendenziell aussichtsreich ist. Denn eine Doppelkandidatur oder eine Listenkandidatur führt selten zu einem Wahlsieg, wenn die Partei noch niemals diesen Wahlkreis gewonnen hat oder man auf dem letzten Platz der Landesliste platziert ist. Aus diesem Grund wurde hier in Analogie zu den Querschnittberechnungen eine Variable „Kandidaturqualität" gebildet, die angibt, ob der Listenplatz bzw. der Wahlkreis aussichtsreich ist oder nicht[71]. Nachfolgende Tabelle 32 listet die Ergebnisse mit und ohne Interaktionseffekte auf.

Wie nicht anders zu erwarten war, übt diese Variable einen immensen Einfluss auf den Wahlerfolg der Kandidat/innen aus. Ein Kandid*at* bzw. eine Kandidat*in*, die einen aussichtsreichen Wahlkreis oder Listenplatz erzielt hat, besitzt eine um das 98-fache höhere Chance, einen Wahlsieg nach Hause zu tragen, als jemand, der dies nicht hat. Ein derartig hoher Effektkoeffizient ist in soziologischen oder politikwissenschaftlichen Untersuchungen selten zu finden, weshalb die Variable einer intensiven Güteprüfung unterzogen wurde. Diese ergab, dass

---

[71] Bereits in Kapitel 7.5.1.2 wurde das Problem der hohen Zahl an fehlenden Werten aufgrund der Wahlkreisänderungen beschrieben: Im Vorfeld einiger Bundestagswahlen (1965, 1976, 1980, 2002) wurden zahlreiche Wahlkreise neu gebildet, was bei der Berechnung der Kandidaturqualitätsvariablen dazu geführt hat, dass diese Wahlkreise nicht als „aussichtsreich" kategorisiert werden konnten und daher als „umkämpft" in die Berechnungen aufgenommen wurden. Eine andere Möglichkeit wäre es gewesen, diese Wahljahre komplett aus den Berechnungen zu eliminieren, was jedoch den Langzeitcharakter der Untersuchungen unterlaufen hätte. Darüber hinaus gibt die Variable Kandidaturqualität im Rahmen der längsschnittlichen Betrachtung, wie bei der Querschnittbetrachtung, darüber Auskunft, inwiefern der Wahlkreis und/oder der Listenplatz aussichtsreich waren.

die Variable „Kandidaturqualität" aus mathematisch-statistischer Sicht problemlos verwendet werden kann und der sehr hohe Wert durchaus die hohe Aussagekraft der Variablen widerspiegelt.

	Basismodell	Kandidatur-qualitätsmodell	Kandidatur-qualitätsmodell (m.I.)
Geschlecht	$0.65(0.03)^{***}$	$0.60(0.04)^{***}$ [0.82]	$0.59(0.04)^{***}$ [0.81]
Alter in J.	$1.06(0.01)^{***}$	$1.03(0.00)^{***}$ [1.41]	$1.03(0.00)^{***}$ [1.41]
Titel	$1.83(0.07)^{***}$	$1.68(0.09)^{***}$ [1.22]	$1.68(0.09)^{***}$ [1.22]
Trend	$1.02(0.00)^{***}$	$1.02(0.01)^{***}$ [1.10]	$1.02(0.01)^{***}$ [1.10]
Kandidaturqualität		$98.97(6.44)^{***}$ [7.55]	$96.95(7.07)^{***}$ [7.48]
♀ * Kandidaturqualität			$1.10(0.18)$ [1.02]
Pseudo-R² (MF)	.07	.47	.47
LL	-13042.76	-7421.22	-7421.03
AIC	26095.51	14854.43	14856.05
BIC	26135.40	14902.29	14911.89
N	21525	21525	21525

Quelle: Längsschnittdaten, eigene Berechnungen.

Anmerkungen: Die Zellen enthalten Odds Ratio logistischer Regressionen (Standardfehler in Klammern), standardisierte Effektkoeffizienten sind *kursiv* in eckigen Klammern dargestellt. Referenzkategorien: Mann, kein Titel, schlechte Kandidaturqualität. Signifikanzniveau: * p< .05, ** p < .01, *** p < .001.

Tabelle 32: Modelle zum Wahlsystem – Kandidaturqualität (Trend 1957)

Betrachtet man jedoch das Zustandekommen dieser Variablen detailliert, so ist ersichtlich, woher diese enorm hohe Erklärungskraft stammt: Es wurden nur diejenigen Wahlkreise, die bei der vorherigen Wahl mit einem Vorsprung von mindestens zehn Prozentpunkten gewonnen wurden, als „aussichtsreich" kategorisiert. Ebenso wurde für die Berechnung der Listenqualität eine detaillierte Berechnung für jeden Listenplatz in jedem Bundesland einer jeden Partei vorgenommen, die die Erfolge dieser Listenplätze bei den vorherigen Wahlen berücksichtigt. Aus dieser Sicht macht auch die Aussage Sinn, dass ein Kandidat, der auf einem sehr aussichtsreichen Listenplatz bzw. in einem sehr aussichtsreichen Wahlkreis kandidiert, 98 Mal häufiger ein Mandat für den Bundestag erzielt, als jemand, der keinen aussichtsreichen Listenplatz hat bzw. in einem nicht aussichtsreichen Wahlkreis kandidiert. Eine relativierte Interpretation ermöglichen die standardisierten Effektkoeffizienten (nach Long/Freese 2006) die im Rahmen dieser Berechnungen kursiv dargestellt wurden. Sie ermöglichen die Vergleichbarkeit der einzelnen Effektkoeffizienten untereinander und unterstreichen die hohe Effektstärke der Koeffizienten. In Wahrscheinlichkeiten bedeutet dies, dass im Rahmen der Trendberechnungen seit 1957 Kandidat/innen mit aussichtsreicher Platzierung eine 94,3-prozentige Wahlwahrscheinlichkeit haben im Vergleich zu einer 14,3-prozentigen Chance von Kandidat/innen ohne aussichtsreiche Platzierung. Und auch der Blick auf das BIC, das AIC und das Pseudo-R²-Wert zeigt, dass allein von dieser Variablen eine enorme Erklärungskraft für das Modell ausgeht: Von einem Pseudo-R² von .07 erhöht es sich auf .47.

Doch diese Untersuchung interessieren sich für das Geschlecht: Auch im Rahmen dieses Modells weist die Geschlechtsvariable einen negativen Wert auf und zeigt somit die geringeren Wahlchancen von Frauen an. Kaum Unterschiede hierzu sind im Modell mit geschlechtsspezifischen Interaktionseffektes zu erkennen und das verschlechterte AIC und BIC sprechen gegen das Modell: Somit haben sowohl Kandidat*innen* als auch Kandidat*en* mit einem aussichtsreichen Platz verbesserte Chancen, ein Mandat in der Politik zu erzielen.

Doch fraglich ist an dieser Stelle, wie sich dieser Effekt im Rahmen der *Trendberechnungen seit 1990* verhält: Haben Frauen im Vergleich zum Gesamtmodell ebenso geringere Chancen? Und wie ist es hier um den geschlechtsspezifischen Interaktionseffekt bestellt? Zunächst ist festzuhalten, dass sich die Trendberechnungen seit 1957 und die seit 1990 in geringem Maße unterscheiden, wie der folgenden Tabelle zu entnehmen ist. Auch bei den Trendberechnungen seit 1990 zeigt sich ein enormer Effekt der Kandidaturqualität mit Odds Ratios von 80.72. In vorhergesagten Wahrscheinlichkeiten ergeben sich für Kandidat/innen mit einer aussichtsreichen Kandidatur 92,0-prozentige Wahlchancen im Vergleich zu 12,5-prozentigen Chancen von Kandidat/innen ohne aussichtsreiche Platzierung. Daher können auch in diesem Modell die bisherigen Ergebnisse bestätigt werden, dass es für den Wahlsieg bei Bundestagswahlen von enormer Bedeutung ist, entweder einen aussichtsreichen Wahlkreis oder einen aussichtsreichen Listenplatz zu haben und im besten Falle beides zusammen.

Interessant an diesem Modell ist der geschlechtsspezifische Interaktionseffekt, der auf dem .05-Niveau signifikant ist. Bei den Trendberechnungen seit 1957 war dies nicht der Fall. Durch Zusatzberechnungen konnte herausgefunden werden, dass Kandidat*innen* mit einer aussichtsreichen Kandidatur geringfügig schlechtere Chancen haben, ein Mandat zu erreichen, als Kandidat*en* (94,7 Prozent Wahlwahrscheinlichkeit bei Kandidat*en* im Vergleich zu 92,1 Prozent bei Kandidat*innen*)[72]: Allerdings muss auch darauf hingewiesen werden, dass Frauen, die keine aussichtsreiche Platzierung haben, im Vergleich zu Männern, die keine aussichtsreiche Platzierung haben, deutlich geringere Wahlchancen haben (9,8 Prozent im Vergleich zu 15,5 Prozent). Dies bedeutet, dass Kandidat*innen* tendenziell eine schlechtere Kandidaturqualität haben als Kandidat*en*, womit dadurch bedingt geringere Erfolgswahrscheinlichkeiten einhergehen. Durch das

---

[72] Zur Identifikation der Wirkungsweise geschlechtsspezifischer Interaktionseffekte wurden Zusatzmodelle berechnet. Die Vorgehensweise wurde in Kapitel 7.1.2.2 beschrieben.

Hinzufügen des Interaktionseffektes erhöht sich die Erklärungskraft des Modells nur geringfügig, der BIC verschlechtert sich.

	Basismodell	Kandidatur-qualitätsmodell	Kandidatur-qualitätsmodell (m.I.)
Geschlecht	0.97(0.04)	0.94(0.06) *[0.97]*	0.99(0.07) *[1.00]*
Alter in J.	1.05(0.00)***	1.03(0.00)*** *[1.40]*	1.03(0.00)*** *[1.40]*
Titel	1.60(0.09)***	1.51(0.12)*** *[1.15]*	1.51(0.12)*** *[1.15]*
Trend	0.95(0.01)***	0.93(0.02)*** *[0.88]*	0.93(0.02)*** *[0.88]*
Kandidaturqualität		80.72(6.70)*** *[5.88]*	91.77(9.63)*** *[6.19]*
♀ * Kandidaturqualität			0.69(0.12)* *[0.92]*
Pseudo-R² (MF)	.06	.43	.43
LL	-7204.39	-4388.89	-4386.60
AIC	14418.77	8789.79	8787.20
BIC	14456.01	8834.47	8839.33
N	12671	12671	12671

Quelle: Längsschnittdaten, eigene Berechnungen.
Anmerkungen: Die Zellen enthalten Odds Ratio logistischer Regressionen (Standardfehler in Klammern). Standardisierte Effektkoeffizienten sind *kursiv* dargestellt. Referenzkategorien: Mann, kein Titel, schlechte Kandidaturqualität. Alter wurde zentriert. Signifikanzniveau: * p< .05, ** p < .01, *** p < .001.

Tabelle 33: Modelle zum Wahlsystem – Kandidaturqualität (Trend 1990)

Zusammenfassend kann an dieser Stelle festgestellt werden, dass das Wahlsystem und die Platzierung im Rahmen des Wahlsystems einen entscheidenden Beitrag zur Erklärung der Wahlchancen von Kandidat/innen beinhalten. Insbesondere fallen die Wahlchancen für Kandidat*innen* und Kandidat*en* deutlich unterschiedlich – je nach Berechnungsgrundlage – im Rahmen von Listen- und Wahlkreismandaten aus: Während Frauen insbesondere seit den 1990er Jahren offensichtlich durch Doppelkandidaturen bevorzugt wurden, haben sie auch heute noch enorme Nachteile, über einen Wahlkreis ein Mandat im Bundestag zu erzielen. Allerdings wurde in den bisherigen Analysen ein zentraler Faktor vernachlässigt: Die Rolle der Parteien bei der Nominierung und der Kandidatenauswahl, was im Folgenden betrachtet werden soll.

7.6 Parteien

Bereits bei der Darstellung des politischen Hintergrundes wurde vermutet, dass geschlechtsspezifische Unterschiede in Abhängigkeit zur parteipolitischen Zugehörigkeit zu identifizieren sind, die nun betrachtet werden.

7.6.1 Deskriptive Analysen

Bei der Untersuchung der Nominierungsstrategien der Parteien auf deskriptiver
Ebene werden zunächst die Nominierungs- und Erfolgsraten differenziert nach
parteilichem Spektrum betrachtet. Darauf aufbauend folgen dann detailliertere
Untersuchungen der Wahlkreis-, Listen- und Doppelkandidatur. Abschließend
wird der Einfluss von Frauenquoten analysiert.

7.6.1.1 Ideologische Parteipositionierung

Zunächst zur ideologischen Parteipositionierung. Wie dem Theorieteil zu entnehmen ist, wird hierbei vermutet, dass ideologisch eher im linken Parteispektrum zu verortende Parteien wie die Grünen, die PDS/Die Linke und auch die
SPD höhere Frauenanteile bei den Nominierungen und den Wahlerfolgen aufweisen als die eher im rechten Spektrum gelegenen Parteien wie FDP, CDU und
CSU. Um einen ersten Eindruck zu gewinnen, werden zunächst die Frauenanteile der Kandidat/innen zum Deutschen Bundestag in Abhängigkeit zu ihrer parteilichen Zugehörigkeit im Zeitverlauf in nachfolgender Abbildung 39 dargestellt.

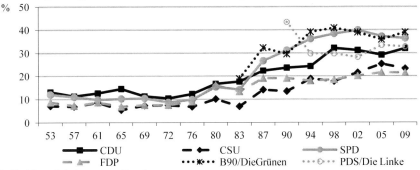

Quelle: Längsschnittdaten, eigene Berechnungen.
Anmerkungen: Ergebnisse von Kreuztabellen (Geschlecht*Parteizugehörigkeit) von Kandidat/innen je Wahljahr.
Signifikante geschlechtsspezifische Unterschiede (Chi²-Test): 1965[**], 1983[*], 1987[***], 1990[***], 1994[***], 1998[***],
2002[***], 2005[***], 2009[***]. Signifikanzniveau: [*]$p<0.05$, [**]$p<0.01$. [***]$p<0.001$.

Abbildung 39: Frauenanteil nach Parteien im Zeitverlauf (in %)

Es ist grundsätzlich zu erkennen, dass der Anteil der Kandidat*innen* über alle
Parteien hinweg bis 1983 auf unter 20 Prozent zu beziffern ist und somit partei-
übergreifend ein sehr niedriges Niveau aufweist. Erstmalig wurde 1987 von den
Grünen, der SPD und der CDU die 20 Prozentmarke überschritten. Interessant an

dieser zeitlichen Betrachtung ist zudem, dass zwischen 1953 und 1972 die CDU, gefolgt von der SPD, den höchsten Frauenanteil hatte. Bei der FDP und der CSU beläuft sich der Frauenanteil bis 1976 auf unter 10 Prozent. Bei der Wahl 1980 steigt der Frauenanteil in allen Parteien in stärkerem Maße an, sinkt jedoch bei der darauffolgenden Wahl wieder etwas. Ein deutlicher Anstieg des Frauenanteils ist auch zur Wahl 1987 zu beobachten, jedoch erneut gefolgt von einem Sinken bzw. Stagnieren.

Seit 1983 sind auch deutliche Unterschiede zwischen den Parteien zu beobachten, wobei die Grünen und die SPD die höchsten Frauenanteile aufweisen und die CSU und FDP erneut auf den beiden letzten Plätzen zu finden sind. Mittelmäßig verhält es sich bei der PDS/Die Linke und der CDU, wobei bei der PDS/Die Linke beobachtet werden kann, dass der Frauenanteil 1990 den höchsten Wert insgesamt erreichte. Somit kann die These, dass Frauen insbesondere in den linkeren Parteien kandidieren, tendenziell über die Zeit hinweg beobachtet werden: So weisen die SPD, die Grünen und die PDS/Die Linken den höchsten Frauenanteil auf. Allerdings muss an dieser Stelle auch auf den vergleichsweise hohen Anteil bei der CDU hingewiesen werden, insbesondere seit der Wahl 1998.

Doch bisher wurden nur die Frauenanteile der Kandidat/innen dargestellt und nicht die der Wahlsieger/innen. Wenn man den Anteil der Wahlsieger*innen* betrachtet, so ist schnell zu erkennen, dass der Anteil der nominierten Frauen in nahezu allen Parteien deutlich höher war bzw. noch immer ist als der Anteil der Wahlsieger/innen. In den folgenden beiden Schaubildern sind die Frauenanteile der Kandidat/innen und der Wahlsieger/innen differenziert – zunächst für die sogenannten Volksparteien und anschließend für die sogenannten „kleinen" Parteien – dargestellt.

Zuerst zeigt sich für die drei Volksparteien deutlich, dass – mit Ausnahme der SPD im Jahre 2009 – der Anteil an Kandidat*innen* zumeist die Anzahl an Wahlsieger*innen* übersteigt. Dies bedeutet, dass im Verhältnis zu den Frauenanteilen an Kandidaturen prozentual in allen Parteien weniger Frauen erfolgreich waren. Besonders deutlich fällt zudem die Differenz bei den Unionsparteien aus, die auch noch seit den 1990er Jahren auf relativ hohem Niveau zu finden ist. Vergleichsweise gering ist die Differenz seit den 1990er Jahren in der SPD.

Da Parteien sowohl auf die Nominierung der Wahlkreiskandidat/innen als auch auf die Zusammenstellung der Landeslisten großen Einfluss nehmen und es hier in hohem Maße um die parteiinterne Machtaufteilung geht, erhärtet sich in Anbetracht dieser Zahlen die Vermutung, dass Kandidat*innen* besonders gerne als „Quotenfrauen" auf weniger aussichtsreichen Wahlkreisplätzen nominiert oder als „Listenfüller*innen*" am Ende der Landesliste verwendet werden.

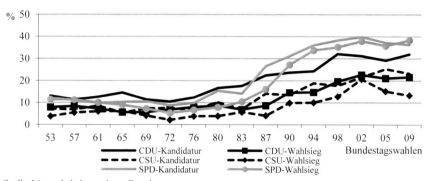

Quelle: Längsschnittdaten, eigene Berechnungen.

Anmerkungen: Ergebnisse von Kreuztabellen (Geschlecht*Parteizugehörigkeit) von Kandidat/innen und Wahlsieger/innen der CDU, CSU und SPD je Wahljahr. Signifikante geschlechtsspezifische Unterschiede (Chi²-Test) bei Kandidat/innen: 1965**, 1983*, 1987***, 1990***, 1994***, 1998***, 2002***, 2005***, 2009***; bei Wahlsieger/innen: 1983***, 1987***, 1990***, 1994***, 1998***, 2002***, 2005***, 2009***. Signifikanzniveau: *p<0.05, ***p<0.001, **p <0.01.

Abbildung 40: Frauenanteil von Kandidat/innen und Wahlsieger/innen in „Volksparteien" im Zeitverlauf (in %)

Doch bei der Darstellung der Listenkandidaturen im Rahmen des Wahlsystems konnte soeben festgestellt werden, dass insbesondere seit 1990 Frauen durchaus auf den vorderen Listenplätzen zu finden sind. Möglicherweise ist dies daher nur ein Phänomen der Volksparteien und bei den sogenannten „kleinen" Parteien ist es anders bestellt. Deshalb erfolgt nun die Betrachtung der kleineren Parteien FDP, die Grünen und PDS/Die Linke in der nachfolgenden Abbildung.

Bezüglich der FDP ist zunächst festzustellen, dass der Anteil der erfolgreichen Kandidaturen auch in dieser Partei bis 1987 den Anteil an Nominierungen zumeist unterschritt. Jedoch ist von 1994 bis 1998 von einem ähnlich hohen Niveau zu sprechen und seit 1998 sind prozentual mehr Frauen erfolgreich im Verhältnis zu den Nominierungen. Jedoch muss auch darauf hingewiesen werden, dass nur ca. jeder vierte Bundestagsmandatsträger der FDP weiblich ist und somit die FDP insgesamt sehr geringe Ausgangswerte aufweist. Ganz anders verhält es sich demgegenüber bei dem Bündnis 90/Die Grünen und der PDS/Die Linke: Hier werden prozentual immer deutlich mehr Frauen gewählt, als dass sie nominiert werden. Bei den vergangenen Bundestagswahlen lagen die Anteile der Wahlsieger*innen* in diesen Parteien um die 50 Prozentmarke und können somit als bevölkerungsrepräsentativ betrachtet werden[73]. Insbesondere bei der PDS/Die

---

[73] Der sehr hohe Wert der PDS/Die Linke 2002 muss auch hier relativiert werden. Hier handelt es sich um den 100-prozentigen Frauenanteil in Folge dem ausschließlichen Gewinn von zwei Direktmandaten und dem damit verbundenen Einzug von zwei Frauen in den Deutschen Bundestag.

Linken und dem Bündnis 90/Die Grünen stellt sich der Verdacht ein, dass möglicherweise zum ersten Mal in der Geschichte der Bundesrepublik Männer benachteiligt und in diesen Parteien geringere Chancen haben, gewählt zu werden, da sie möglicherweise als Listenfüll*er* oder Quoten*männer* eingesetzt werden. Nicht zuletzt aus diesem Grund ist es sehr wichtig die Analyse der aussichtsreichen und aussichtslosen bzw. umkämpften Wahlkreis- und Listenplatzierungen stets auch in Anbetracht der parteipolitischen Zugehörigkeit durchzuführen.

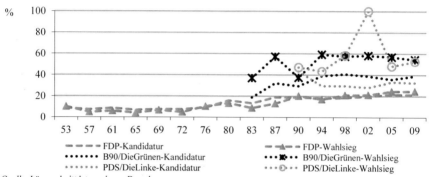

Quelle: Längsschnittdaten, eigene Berechnungen.

Anmerkungen: Ergebnisse von Kreuztabellen (Geschlecht*Parteizugehörigkeit) von Kandidat/innen und Wahlsieger/innen der CDU, CSU und SPD je Wahljahr. Signifikante geschlechtsspezifische Unterschiede (Chi²-Test) bei Kandidat/innen: 1965[**], 1983[*], 1987[***], 1990[***], 1994[***], 1998[***], 2002[***], 2005[***], 2009[***]; bei Wahlsieger/innen: 1983[***], 1987[***], 1990[***], 1994[***], 1998[***], 2002[***], 2005[***], 2009[***]. Signifikanzniveau: [*]$p<0.05$, [***]$p<0.001$, [**]$p<0.01$.

Abbildung 41: Frauenanteil von Kandidat/innen und Wahlsieger/innen in „kleinen" Parteien im Zeitverlauf (in %)

7.6.1.2   Wahlkreiskandidaturen der Parteien

Die Darstellung der Frauenanteile der Kandidat/innen und der Wahlsieger/innen differenziert nach Parteien lässt vermuten, dass auch mit parteilichen Unterschieden bei der Nominierung von Wahlkreisen zu rechnen ist. Hier spiegelt sich die enorme Wirkung des Mehrheitswahlrechts wieder, welches kleinen Parteien, wie der FDP, das Bündnis 90/Die Grünen und die PDS/Die Linken, geringere Chancen auf Erfolge im Wahlkreis einräumt. So kann im Rahmen dieser Arbeit die Vermutung aufgestellt werden, dass in den Wahlkreisen von den kleinen, eher erfolglosen Parteien in stärkerem Maße Frauen nominiert werden, da diese Wahlkreise ohnehin aussichtslos sind und zudem der Genderfaktor von einigen Parteien kampagnenträchtig inszeniert werden kann. Bei den sogenannten Volksparteien ist dagegen sehr genau darauf zu achten, wer in welchem Wahlkreis nominiert wurde und in welchem Ausmaß Frauen berücksichtigt werden, da hier durchaus mit Benachteiligungen der Frauen zu rechnen ist, insbesondere bei der Nominierung von „aussichtsreichen" und „umkämpften" Wahlkreisen. Zunächst werfen wir daher einen Blick auf die Frauenanteile an Nominierungen in den Wahlkreisen differenziert nach Parteien von 1953 bis 2009. Folgende Abbildung 42 gibt hierüber Auskunft.

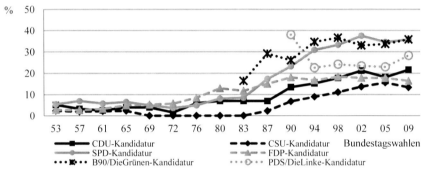

Quelle: Längsschnittdaten, eigene Berechnungen.
Anmerkungen: Ergebnisse von Kreuztabellen (Geschlecht*Parteizugehörigkeit) in Wahlkreisen von Kandidat/innen je Wahljahr. Signifikante geschlechtsspezifische Unterschiede (Chi^2-Test): 1980*, 1983***, 1987***, 1990***, 1994***, 1998***, 2002***, 2005***, 2009***. Signifikanzniveau: *p<0.05, ***p<.001, **p <.01.

Abbildung 42: Frauenanteile an Wahlkreiskandidat/innen nach Parteien im Zeitverlauf (in %)

Der Abbildung ist deutlich zu entnehmen, dass sich die Anteile von Kandidat*innen* in den Wahlkreisen seitens der Parteien stark unterscheiden. Bei der ausschließlichen Betrachtung der sogenannten Volksparteien ist zu erkennen, dass die Nominierungsraten der SPD von 1953 bis 2009 – mit der Ausnahme von 1976 – höher liegen als in den beiden Unionsparteien. Bis 1987 überstieg der Frauenanteil in den beiden Volksparteien nicht die 10 Prozentmarke. Diese wurde von der SPD 1983 und von der Union dann 1990 durchbrochen. Zwischen 1983 und 2002 gingen die Frauenanteile in den Volksparteien scherenartig auseinander: Während in der SPD 2002 bereits 37,5 Prozent Frauen Wahlkreiskandidaturen inne hatten, waren dies zum gleichen Zeitpunkt bei der Union nur 21,2 Prozent. Zwischen 2002 und 2009 können bei der SPD und der CDU nahezu synchrone Verläufe beobachtet werden, jedoch auf unterschiedlichem Niveau. Das bedeutet auch, dass die SPD relativ hohe Werte bei der Kandidat*innen*nominierung im Wahlkreis hat, während bei der Union noch immer Werte um die 20

Prozentmarke zu verzeichnen sind. Da die CSU eine Regionalpartei des Bundes-
landes Bayern ist, hat sie im Rahmen der Wahlkreise hohe Chancen auf Wahlerfolg, was den geringen Anteil an weiblichen Nominierungen erklären kann.

Die Nominierungsrate in der FDP ist der Rate der CDU am ähnlichsten,
wobei die FDP als erste Partei die 10-Prozentmarke bei der Wahl 1980 durchbrochen hat. Jedoch konnte die FDP bis heute die 20-Prozentmarke an weiblichen Nominierungen im Wahlkreis nicht übersteigen. Dies legt die Schlussfolgerung nahe, dass von der FDP Frauen nicht in besonders starkem Maße im Rahmen der Wahlkreiskandidatur nominiert werden und sie somit nicht als Symbolfrauen eingesetzt werden. Ganz anders verhält es sich bei dem Bündnis 90/Die
Grünen und der PDS/Die Linke. Zwar liegt der Anteil an Frauen in Wahlkreisen
bei dem Bündnis 90/Die Grünen 1983 noch unter dem Frauenanteil der SPD,
steigt jedoch bereits 1987 auf knapp 30 Prozent an. Seither hat sich der Anteil an
weiblichen Nominierungen der Grünen auf einem mit der SPD vergleichbaren
Niveau von ca. 35 Prozent eingependelt. Die PDS/Die Linke steigen demgegenüber 1990 mit 38 Prozent Frauenanteil an Nominierungen im Wahlkreis sehr
stark ein, jedoch sank der Anteil bereits 1994 auf 22,5 Prozent ab und erreichte
bei der Wahl 2009 auch nur 28,3 Prozent. Um nun zu betrachten, wie sich die
Nominierungsrate im Wahlkreis im Verhältnis zur Nominierungsrate insgesamt
verhält, wurden diese beiden Frauenanteile voneinander abgezogen und die Ergebnisse in der nachfolgenden Abbildung 43 aufgelistet.

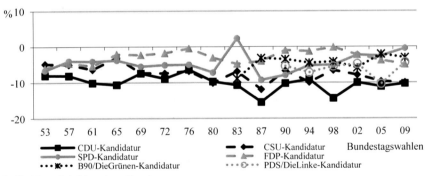

Quelle: Längsschnittdaten, eigene Berechnungen.

Abbildung 43: Frauenanteile an Kandidat/innen im Wahlkreis minus Frauenanteil an Kandidat/innen insgesamt nach Parteien im Zeitverlauf (in
%)

Hier ist deutlich zu erkennen, dass über alle Parteien hinweg der Frauenanteil an Wahlkreisnominierungen unter dem Anteil an Kandidaturen insgesamt liegt. Während die Unterschiede bei der FDP – die jedoch auch einen sehr niedrigen Frauenanteil insgesamt aufweist – geringer sind, fallen die Differenzen bei den beiden christlichen Parteien sehr hoch aus und lassen sich zum Teil auf über 10 Differenzpunkte beziffern. Auch bei der Wahl 2009 betrug der Unterschied bei den beiden Unionsparteien knapp 10 Differenzpunkte. Bei den anderen Parteien sind 2009 Werte unter 5-Prozentpunkte Differenz zu erkennen. Somit ist an dieser Stelle deutlich festzuhalten, dass bei der Nominierung in Wahlkreisen bei allen Parteien zu allen Zeitpunkten – mit Ausnahme der SPD 1983 – Frauen unterrepräsentiert sind und sich somit der Verdacht der Benachteiligung erhärtet. Jedoch muss bei der Nominierung der kleinen Parteien im Wahlkreis stets berücksichtigt werden, dass hierüber nur sehr wenige bzw. keine Mandate zu holen sind und daher dies eher als Symbol zu werten ist. Zu überlegen ist an dieser Stelle – insbesondere in Anbetracht der geringen Nominierungen im Bündnis 90/Die Grünen und der PDS/Die Linke, dass Frauen möglicherweise den offenen Kampf um die Stimmen der Wähler/innen scheuen und daher lieber im Rahmen von Listen aufgestellt werden. Grundsätzlich ist davon auszugehen, dass bei diesen Parteien – bei denen über 50 Prozent der Mandate bei der Bundestagswahl 2009 von Frauen gewonnen werden konnten – die Bereitschaft, Frauen im Wahlkreis zu nominieren, deutlich höher ist, jedoch in der Praxis dann nicht angemessen umgesetzt wird. Es wäre hierbei zu untersuchen, inwiefern die kleinen Parteien Schwierigkeiten haben, Frauen zu finden, die sich in (zumeist wenig erfolgversprechenden) Wahlkreisen dazu bereit erklären, zu kandidieren, und sich der breiten Öffentlichkeit zu stellen.

Bevor nun abschließend ein Blick auf die Unterschiede in der Nominierung in Abhängigkeit zur „Sicherheit" bzw. „Aussicht auf Wahlerfolg" des Wahlkreises geworfen wird, sollen nun noch die Unterschiede der Frauenanteile an Kandidat/innen und Wahlsieger/innen im Wahlkreis betrachtet werden. Hier soll die Betrachtung der SPD und der CDU/CSU genügen, da dies die Wahlkreise sind, in denen auch Erfolge zu beobachten sind. Grundsätzlich ist der Abbildung 44 zu entnehmen, dass die Unterschiede zwischen Nominierung und Wahlerfolg bei der SPD von 1953 bis 1980 relativ gering sind. Zwischen 1983 und 1994 klaffen diese beiden Linien jedoch beträchtlich auseinander und weisen auch heute noch Differenzen über fünf Prozentpunkte auf. Das bedeutet, dass in der SPD mehr Kandidat*innen* in den Wahlkreisen nominieren als gewählt werden. Eine Benachteiligung der Frauen bei der Wahlkreisnominierung ist daher naheliegend. Jedoch könnten die geringeren Werte auch durch eine Benachteiligung der Kandidat*innen* seitens der Wähler/innen resultieren. Wenn dem so wäre, würde die SPD Kandidat*innen* gleichermaßen in aussichtsreichen Wahlkreisen nominieren wie Kandidate*n*, jedoch würden Kandidat*innen* seltener gewählt werden. Dieser Frage wird direkt im Anschluss nachgegangen.

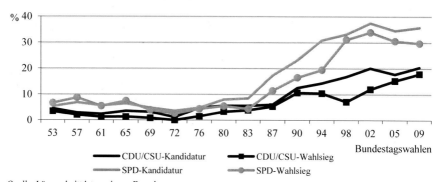

Quelle: Längsschnittdaten, eigene Berechnungen.
Anmerkungen: Ergebnisse von Kreuztabellen (Geschlecht*Parteizugehörigkeit) in Wahlkreisen von Kandidat/innen und Wahlsieger/innen je Wahljahr. Signifikante geschlechtsspezifische Unterschiede (Chi²-Test) bei Kandidat/innen: 1957*, 1972*, 1980*, 1983**, 1987 bis 2009: ***; bei Wahlkreissieger/innen: 1965*, 1998***, 2002***, 2005**, 2009*. Signifikanzniveau: *p<0.05, ***p<.001, **p <.01.

Abbildung 44: Frauenanteil an Wahlkreiskandidat/innen und Wahlkreissieger/innen in SPD und Unionsparteien im Längsschnitt (in %)

Bei der Union ist demgegenüber zu beobachten, dass der Anteil an Wahlsieger*innen* – insofern es sie überhaupt gab – den Anteil an Wahlkreiskandidat*innen* niemals übersteigt. Jedoch sind die Unterschiede bei der Union – mit Ausnahme von 1998 und 2002 – auf einem geringen Niveau zu verbuchen. Auch hier ist zu untersuchen, ob Frauen v.a. in umkämpften Wahlkreisen nominiert werden oder ob Frauen – trotz gleicher Aussicht auf Wahlerfolg – in geringerem Maße von den Wähler/innen gewählt werden, was nun betrachtet werden soll.

Der nachfolgenden Abbildung 45, die die Frauenanteile an aussichtsreichen Wahlkreisnominierungen im Zeitverlauf für die Union und die SPD darstellt, ist eine enorme Benachteiligung der Frauen zu entnehmen. In den Unionsparteien beläuft sich der Frauenanteil an aussichtsreichen Kandidaturen stets unter dem Anteil an weiblichen Wahlkreiskandidaturen insgesamt. Zwischen 1990 und 2005 ist die Schere in der Unionspartei sogar noch auseinandergegangen: Hier erhöhte sich zwar der Anteil an weiblichen Kandidaturen im Wahlkreis, jedoch blieb der Anteil an Nominierungen in erfolgsträchtigen Wahlkreisen bei unter zehn Prozent bestehen. In der SPD ist insbesondere zu Beginn der Republik zu erkennen, dass die Frauenanteile an aussichtsreichen Wahlkreisen relativ hoch waren. Dies beruht aber auch auf der geringen Anzahl an aussichtsreichen Wahl-

kreisen in der SPD insgesamt in diesen Jahren. Mit Ausnahme dieser Anfangs-
zeit ist jedoch auch in der SPD zu beobachten, dass Frauen seltener in aussichtsreichen Wahlkreisen kandidieren als Männer. Dahingegen kann bereits 1983 –
wahrscheinlich infolge der Emanzipationsbestrebungen der 1970er Jahre – beobachtet werden, dass die Anzahl an weiblichen Wahlkreiskandidaturen stetig bis
2002 ansteigt. Aber – ähnlich wie in der Union – ist bis 1998 auch in der SPD zu
beobachten, dass dies nur zu geringfügigen Änderungen der weiblichen Kandidatur in aussichtsreichen Wahlkreisen führt. Erst 2002 erhöht sich der Anteil der
weiblich aussichtsreichen Wahlkreise. Auch 2005 und 2009 kandidierten in 30
Prozent der aussichtsreichen SPD-Wahlkreise Frauen.

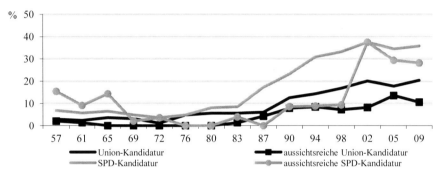

Quelle: Längsschnittdaten, eigene Berechnungen.
Anmerkungen: Ergebnisse von Kreuztabellen (Geschlecht*Parteizugehörigkeit) in erfolgreichen Wahlkreisen von
Kandidat/innen je Wahljahr. Signifikante geschlechtsspezifische Unterschiede (Chi²-Test): 1957*, 1965*, 2002**,
2005*, 2009*. Signifikanzniveau: *p<0.05, ***p<.001, **p <.01.

Abbildung 45: Frauenanteil an aussichtsreichen Wahlkreiskandidaturen in Union
und SPD im Zeitverlauf (in %)

Insgesamt deuten diese Zahlen somit eindeutig auf eine doppelte Benachteiligung von Frauen im Rahmen von Wahlkreiskandidaturen hin: Erstens werden
insbesondere in den Unionsparteien weniger Frauen nominiert und zweitens
geschieht dies noch seltener in aussichtsreichen Wahlkreisen. Eine Beobachtung,
die in den multivariaten Analysen einer detaillierten Untersuchung unterzogen
werden muss. Doch nun stellt sich zunächst die Frage, ob derartige parteispezifi-
sche Effekte auch bei der Zusammenstellung der Listen zu identifizieren sind.

7.6.1.3   Listenplatzierungen der Parteien

Bei der Betrachtung der Listenplatzierungen in Abhängigkeit der Parteien werden zunächst die Frauenanteile an Nominierungen auf der Liste insgesamt betrachtet. Folgende Abbildung gibt zunächst Auskunft über die parteilichen Unterschiede des Frauenanteils bei der Nominierung von Kandidat/innen.

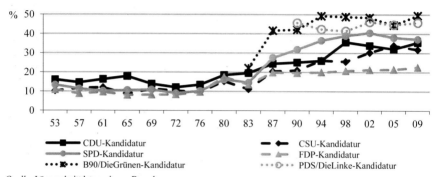

Quelle: Längsschnittdaten, eigene Berechnungen.
Anmerkungen: Ergebnisse von Kreuztabellen (Geschlecht*Parteizugehörigkeit) von Listenkandidaturen von Kandi-
dat/innen je Wahljahr. Signifikante geschlechtsspezifische Unterschiede (Chi^2-Test): 1961*, 1965** 1983*, 1987***,
1990***, 1994***, 1998***, 2002***, 2005***, 2009***. Signifikanzniveau: ***p<0.001, **p <0.01, *p<0.05.

Abbildung 46: Frauenanteile an Listenkandidaturen nach Parteien im Zeitverlauf
(in %)

Hier ist deutlich zu erkennen, dass es durchaus Unterschiede zwischen den weiblichen Nominierungsraten in den verschiedenen Parteien gibt. Relativ unerwartet
fällt auf, dass die CDU bis 1980 den höchsten Anteil an Kandidat*innen* aufweist,
der auch 1983 noch höher liegt als der Anteil bei der SPD. Jedoch sind mit Ausnahme von 1961 und 1965 die parteilichen Unterschiede nicht signifikant. Seit
1987 steigt der Frauenanteil bei der SPD jedoch in beträchtlichem Maße an und
erreicht 2002 die 40-Prozentmarke, das Ziel im Rahmen ihres 1988 verabschie-
deten Quotenprogramms, immerhin im Rahmen der Nominierungen. 2009 sank
die Rate wiederum auf 37,2 Prozent. Auch bei der Union ist ein nahezu kontinu-
ierlicher Anstieg zu verzeichnen, wobei die Union seit 1987 deutlich unter dem
Niveau der SPD liegt.
       Mit dem ersten Wahlerfolg des Bündnisses 90/Die Grünen im Jahr 1983
verändern sich die Unterschiede in besonderer Weise und sind seither höchst
signifikant. Mit Ausnahme der Wahl 1990 weist das Bündnis 90/Die Grünen die
höchsten Frauenanteile bei der Listennominierung auf. Dieser Wert pendelt sich

seit 1994 auf einem Niveau von knappen 50 Prozent ein, was auch dem paritätischen Anliegen des Parteistatutes entspricht. Auch die PDS/Die Linke haben auf ihrer Liste durchgehend mehr als 40 Prozent Frauenanteil und 2009 wurden ca. 45 Prozent Frauen im Rahmen der Listen nominiert.

Den geringsten Frauenanteil auf den Listen verzeichnet die FDP, welcher sogar deutlich unter dem Niveau der CSU liegt. Während die CSU 2009 mit knapp über 30 Prozent einen vergleichsweise hohen Frauenanteil aufweist, sind nur 22,5 Prozent der Kandidat/innen auf den Listen der FDP weiblichen Geschlechts. Hierbei sei nochmals darauf hingewiesen, dass auf die Listennominierungen der kleinen Parteien ein besonderer Blick geworfen werden muss, da hierüber die meisten Kandidat/innen rekrutiert werden. Und hierin scheint auch der Erklärungsfaktor für die unterschiedliche Nominierung in FDP und CSU zu liegen. Da in der CSU die meisten Mandate über den Wahlkreis gewonnen werden, ist es für das Wahlergebnis der CSU weniger relevant, wie viele Frauen auf der Liste nominiert sind. Frauen auf der Landesliste in der CSU können daher auch als Symbolfrauen betrachtet werden.

Doch bevor nun auf Parteiebene die Kandidat/innen und die Wahlsieger/innen miteinander verglichen werden, soll zunächst erfasst werden, in welchem Verhältnis die Frauennominierungen auf der Liste im Vergleich zu den Nominierungen insgesamt stehen. Nachfolgende Abbildung zeigt dies.

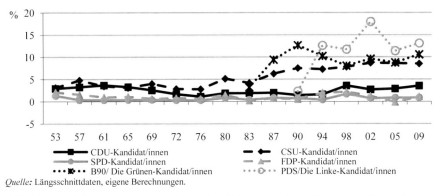

Quelle: Längsschnittdaten, eigene Berechnungen.

Abbildung 47: Frauenanteile an Listenkandidaturen minus Frauenanteil an Kandidat/innen insgesamt nach Parteien im Zeitverlauf (in %)

Auch hier wird der Frauenanteil im Rahmen der Listennominierungen von dem Frauenanteil an Nominierungen insgesamt abgezogen. Im Gegensatz zu der Darstellung der Wahlkreiskandidaturen kann der Abbildung deutlich entnommen

werden, dass Kandidat*innen* in allen Parteien in stärkerem Maße über die Listen
nominiert wurden (mit Ausnahme der FDP bei der Wahl 2005) und somit die
negativen Ergebnisse der Wahlkreisnominierung dadurch kompensieren. Hierbei
sind jedoch deutliche Unterschiede zwischen den verschiedenen Parteien auf
unterschiedlichen Niveaus zu erkennen: So liegen die SPD und die FDP in nahezu allen Jahren sehr dicht an der 0 Prozentmarke. Auch der Anteil der CDU
übersteigt niemals die 5 Prozentmarke. Insbesondere bei der PDS/Die Linke und
dem Bündnis 90/Die Grünen fallen die sehr hohen Unterschiedswerte auf, die
sicherlich darauf zurückzuführen sind, dass auf deren Listen Kandidat*innen* in
besonderer Weise berücksichtigt werden. Auch die Anteile der bayrischen CSU
liegen sehr hoch, wobei hier naheliegt, dass Frauen nominiert werden, da – wie
erwähnt – die meisten Mandate über den Wahlkreis gewonnen werden bzw.
zumeist wenige Listenplatzierungen den Weg ins Parlament finden und deswe-
gen hierunter insbesondere Listenfüller*innen* zu finden sind.

Aus diesem Grund sollen nun die Wahlerfolge der Listennominierten betrachtet werden. Um die graphische Darstellung hier ebenso zu vereinfachen,
wurden die Frauenanteile der Listensieger/innen und der Listenkandidat/innen
zunächst für die Volksparteien und dann für die kleinen Parteien in zwei separa-
ten Schaubildern dargestellt.

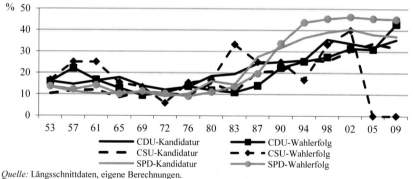

Quelle: Längsschnittdaten, eigene Berechnungen.
Anmerkungen: Ergebnisse von Kreuztabellen (Geschlecht*Parteizugehörigkeit) von Listenkandidat/innen und
Wahlsieger/innen je Wahljahr. Signifikante geschlechtsspezifische Unterschiede (Chi²-Test) bei Kandidat/innen:
1961[*], 1965[***], 1983[*], 1987[***], 1990[***], 1994[***], 1998[***], 2002[***], 2005[***], 2009[***]; bei Wahlsieger/innen: 1983[**],
1987[***], 1994[***], 1998[***], 2002[***], 2005[**], 2009[***]. Signifikanzniveau: [*]p<0.05, [***]p<.001, [**]p <.01.

Abbildung 48: Frauenanteil an Listenkandidat/innen und Listensieger/innen in
„Volksparteien" im Zeitverlauf (in %)

Vorab muss festgehalten werden, dass die Berechnungen der erfolgreichen Listenplätze auch immer von der Anzahl der gewonnenen Wahlkreise beeinflusst werden. Dies kann besonders gut bei der CSU beobachtet werden, bei der in manchen Jahren wenige und in manchen viele Mandate gewonnen werden konnten. Das war beispielsweise 1983 der Fall: Hier hat die CSU insgesamt neun Mandate über die Liste gewonnen und drei davon haben Frauen erzielt. Gleichermaßen können die geringen Zahlen 2005 und 2009 erklärt werden: 2005 haben nur zwei CSU-Männer ein Listenmandat erhalten und 2009 sogar keine einzige Person. Somit liegt der Frauenanteil der CSU sowohl 2005 wie 2009 an weiblichen Wahlerfolgen über dem der Landesliste bei 0 Prozent.

Etwas besser sind daher die Zahlen der CDU geeignet: Zwischen 1961 und 2005 ist der Frauenanteil an Wahlsieger*innen* bei der CDU – mit Ausnahme von 1976 – immer unterdurchschnittlich und das Argument von „Listenfüllerinnen" gewinnt hier an Überzeugungskraft. Zwar kann auch bei der SPD beobachtet werden, dass bis 1990 nur 1961 der Frauenanteil der erfolgreichen Kandidaturen den Frauenanteil an Listenkandidaturen in beträchtlicher Weise übersteigt, jedoch auf einem deutlich geringeren Niveau als dies bei der Union der Fall ist. Seit 1990 – und auch hier erhärtet sich der Verdacht, dass die Quotierungsregelung eine entscheidende Rolle bei der Listengestaltung spielt – übersteigt bei der SPD der Frauenanteil an Wahlsieger/innen den der Listenkandidat/innen deutlich. Demnach scheinen Frauen bei der Gestaltung der Listen in der SPD durchaus eine bessere, d.h. erfolgversprechendere Rolle einzunehmen. Doch wie verhält es sich bei den kleinen Parteien? Abbildung 49 gibt Auskunft.

Deutliche Unterschiede bei der Nominierungsstrategie zeigen sich auch bei den kleineren Parteien, wobei insbesondere bei den Anfangsjahren der Bundesrepublik auf die geringen Fallzahlen bei der Berechnung des Frauenanteils hinzuweisen ist. Bei der FDP ist zu beobachten, dass der Frauenanteil an Wahlsieger/innen den Anteil an Kandidat/innen zwar seit 1998 (leicht) übersteigt, zuvor jedoch nur sehr selten ein ähnliches Niveau aufweist und vielmehr eine mit der Union vergleichbare unterdurchschnittliche Linie zu beobachten ist. Ganz anders verhält es sich beim Bündnis 90/Die Grünen, wo mit Ausnahme von 1990 der Frauenanteil der Wahlsieger/innen in sehr starken Maße den Frauenanteil an Kandidat/innen übersteigt und sich somit der Verdacht einer bevorzugten Berücksichtigung von Frauen auch im Rahmen der Listengestaltung aufdrängt. Ähnliches ist auch bei der PDS/Die Linke zu beobachten. Auch hier scheinen Kandidat*innen* auf der Liste besonders hohe Erfolgsaussichten zu haben[74].

---

[74] Die PDS/Die Linke konnte 2002 weder männliche noch weibliche Listenmandate gewinnen.

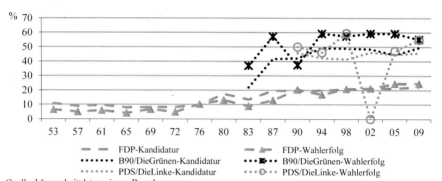

Quelle: Längsschnittdaten, eigene Berechnungen.
Anmerkungen: Ergebnisse von Kreuztabellen (Geschlecht*Parteizugehörigkeit) von Listenkandidat/innen und Wahlsieger/innen je Wahljahr. Signifikante geschlechtsspezifische Unterschiede (Chi²-Test) bei Kandidat/innen: 1961[*], 1965[**·] 1983[*], 1987[***], 1990[***], 1994[***], 1998[***], 2002[***], 2005[***], 2009[***]; bei Wahlsieger/innen: 1983[**], 1987[***], 1994[***], 1998[***], 2002[**], 2005[**], 2009[***]. Signifikanzniveau: [*]p<0.05, [***]p<.001, [**]p <.01.

Abbildung 49: Frauenanteil an Listenkandidat/innen und Listensieger/innen von „kleinen" Parteien im Zeitverlauf (in %)

Abschließend stellt sich noch die Frage, inwiefern Frauen auf aussichtsreichen Listenplätzen berücksichtigt werden. Wie auch bei der Darstellung der Listen-qualität im Rahmen des Wahlsystems werden hier zunächst die Mittelwerte der Erfolgswahrscheinlichkeit differenziert nach Geschlecht, Wahljahr und Parteizu-gehörigkeit bildlich dargestellt, um erkennen zu können, inwiefern Frauen bei Listenkandidaturen erfolgversprechendere Listenplätze erzielen. In der nachfol-genden Abbildung wurden zum Zwecke der Komplexitätsreduktion die Mittel-werte der Kandidaten von den Mittelwerten der Kandidatinnen der jeweiligen Partei im jeweiligen Jahr abgezogen. Ergebnisse im positiven Bereich bedeuten somit, dass die Kandidaten auf den Landeslisten in der jeweiligen Partei im je-weiligen Wahljahr bessere Plätze hatten als Kandidatinnen. Umgekehrt bedeuten negative Zahlen, dass mehr Kandidatinnen in der jeweiligen Partei im jeweiligen Wahljahr einen erfolgversprechenden Listenplatz hatten.

Bei der Betrachtung ist zunächst darauf hinzuweisen, dass insbesondere die Berechnungsgrundlage zu Beginn der Bundesrepublik von einem geringfügigen Frauenanteil geprägt war und somit die Ergebnisse weniger stabil sind. Dennoch kann man tendenziell erkennen, dass – mit Ausnahme der CSU 1965 – bis 1990 Kandidaten tendenziell bessere Listenplätze inne hatten als Kandidatinnen. Erst mit den Grünen 1987 verändert sich die Situation dahingehend, dass die Kandi-datinnen im Rahmen der Listenplatzierung bevorzugt werden und bessere Lis-tenplätze bekommen als Kandidaten. Ebenso sind auch bei der SPD und dem Bündnis 90/Die Grünen seit 1994 und bei der FDP seit 1998 tendenziell erfolgversprechendere Listenplatzierungen der Kandidat*innen* zu verbuchen. Ungebrochen haben die Kandidat*en* bei den Unionsparteien die besseren Listenplatzierungen inne als die Kandidat*innen*. Demgegenüber scheint die Listengestaltung der CSU durchaus frauenfreundlich gestaltet zu sein, dies muss – wie bereits mehrfach erwähnt – auch hier in Anbetracht der Tatsache, dass die CSU ihre Mandate hauptsächlich in den Wahlkreisen gewinnt, interpretiert werden.

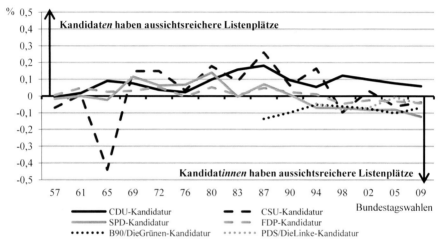

Quelle: Längsschnittdaten, eigene Berechnungen.
Anmerkungen: Ergebnisse von Mittelwertvergleichen (Listenerfolgswahrscheinlichkeit nach Manow/Nister* Geschlecht) je Wahljahr und Partei. Signifikante geschlechtsspezifische Unterschiede (zweiseitiger t-Test) bei CDU: 1980[*], 1983[**], 1987[***], 1990[*], 1998[**], 2002[*]; bei CSU: nicht signifikant; bei SPD: 1980[*], 2002[*], 2005[*], 2009[**]; bei FDP: nicht signifikant; bei B90/Die Grünen: 1987[*], 1990[*], 2005[*]; bei PDS/Die Linke: 1998[*]. Signifikanzniveau: [*]p<0.05, [***]p<.001, [**]p <.01.

Abbildung 50: Differenz der Mittelwerte der Erfolgswahrscheinlichkeit von Listenkandidat*en* minus Erfolgswahrscheinlichkeit von Listenkandidat*innen* nach Parteien im Zeitverlauf

Doch nun soll dieser Sachverhalt in prozentualen Werten betrachtet werden: Nachfolgende Abbildung 51 zeigt die aussichtsreichen Listenplätze in Abhängigkeit zum Geschlecht in prozentualen Werten. So kann abgelesen werden, dass die Nominierungsraten auf aussichtsreichen Listenplätzen bis Anfang der 1980er Jahre relativ niedrige Werte aufweisen. Die hohe Nominierungsrate in der CSU 1965 ist u.a. auf die geringe Zahl an erfolgversprechenden Listenplätzen der CSU insgesamt zurückzuführen. Grundsätzlich können drei Verläufe beobachtet werden: Erstens der Verlauf der Unionsparteien und der FDP, bei denen der

Anteil der Frauen im Rahmen erfolgversprechender Listenplätze bis Ende der 1980er Jahre nur knapp die 10 Prozentmarke erreicht, seither langsam ansteigt und 2005 die 20 Prozentmarke erreicht. Einen ähnlichen Verlauf zeigt zweitens die SPD nur bis 1983. Sodann steigt sie bis 1998 in beträchtlicher Weise an und pendelt sich inzwischen auf ca. 45 Prozent an weiblichen Kandidaturen auf aussichtsreichen Listenplätzen ein. Der dritte Verlauf ist bei dem Bündnis 90/Die Grünen und der PDS/Die Linke zu verzeichnen: Hier haben Kandidat*innen* schon immer in überdurchschnittlichem Maße erfolgversprechende Listenplatzierungen, was erneut den Verdacht erhärtet, dass Männer in diesen Parteien benachteiligt werden.

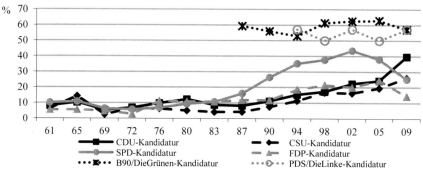

Quelle: Längsschnittdaten, eigene Berechnungen.
Anmerkungen: Ergebnisse von Kreuztabellen (Geschlecht*Parteizugehörigkeit) auf aussichtsreichen Listenplätzen von Kandidat/innen je Wahljahr berechnet nach Manow/Nistor (2009) wenn Erfolgswahrscheinlichkeit >=.07 ist. Signifikante geschlechtsspezifische Unterschiede (Chi^2-Test): 1987[*], 1990[***], 1994[***], 1998[***], 2002[***]. 2005[**], 2009[**]. Signifikanzniveau: [*]p<0.05, [***]p<.001, [**]p <.01.

Abbildung 51: Frauenanteil der Listenkandidat/innen auf aussichtsreichen Listenplätzen nach Parteien im Zeitverlauf (in %)

Wie bereits im Rahmen des Einflusses des Wahlsystems gezeigt wurde, ist eine Doppelkandidatur für einen erfolgreichen Wahlausgang besonders förderlich. Daher wird nun ein parteispezifischer Blick auf diese geworfen.

7.6.1.4 Doppelkandidaturen der Parteien

Im Rahmen der Wahlsystemdarstellung konnte bereits festgestellt werden, dass weibliche Doppelkandidaturen bis Anfang der 1980er Jahre in der Bundesrepublik sehr selten waren und von 1980 bis 1998 kontinuierlich angestiegen sind.

Seither stagniert die Zahl (vgl. Kapitel 7.5.1.4). In diesem Kapitel stehen nun die
Parteien im Mittelpunkt. Wie bereits bei der Hypothesenformulierung angekündigt, wird nicht nur vermutet, dass die Parteien Wahlkreisbewerber*innen* seltener
durch aussichtsreiche Listenplätze absichern, sondern auch, dass dies in Parteien
des rechten Spektrums weniger häufig der Fall ist als in Parteien des linken
Spektrums. Nachfolgende Abbildung 52 zeigt zunächst die Doppelkandidaturen
differenziert nach Geschlecht und Parteizugehörigkeit in prozentualen Anteilen.

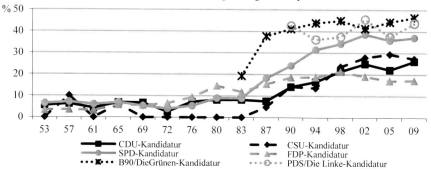

Quelle: Längsschnittdatensatz, eigene Berechnungen.
Anmerkungen: Ergebnisse von Kreuztabellen (Geschlecht*Parteizugehörigkeit) von Doppelkandidaturen je Wahl-
jahr. Signifikante Unterschiede (Chi²-Test): 1983**, 1987***, 1990***, 1994***, 1998***, 2002*** 2005***, 2009***.
Signifikanzniveau: *p<0.05, ***p<.001, **p <.01.

Abbildung 52: Frauenanteil an Doppelkandidaturen nach Parteien im Zeitverlauf
(in %)

Bis Anfang der 1980er Jahre beläuft sich der Frauenanteil an Doppelkandidaturen in nahezu allen Parteien auf unter 10 Prozent. Insbesondere bei dem Bündnis
90/Die Grünen seit 1983 und bei den restlichen Parteien ab 1987 sind deutlich,
unterschiedlich hohe Anteile an weiblichen Doppelkandidaturen zu beobachten:
So weist das Bündnis 90/Die Grünen bereits 1987 einen Frauenanteil an Doppelkandidaturen von knapp 40 Prozent auf, während die Unionsparteien damals
noch nicht die 10 Prozentmarke erreichen. Nach 1987 steigt der Anteil an weiblichen Doppelkandidaturen jedoch auch bei den beiden Unionsparteien an und
liegt 2009 zwischen 26 und 28 Prozent: Somit ist jede vierte Doppelkandidatur
in den Unionsparteien von einer Kandidat*in* besetzt. Einen niedrigeren Wert
weist nur die FDP auf: Im Verlauf der letzten acht Wahlen ist es der FDP nur
einmal, im Jahr 1998, gelungen, die 20 Prozentmarke an weiblichen Doppelkandidaturen zu erreichen. Seit 1998 verringern sich die Anteile an weiblichen FDP-
Doppelkandidaturen und belaufen sich 2009 auf gerademal 17,2 Prozent.

Deutlich anders verhält es sich bei den Parteien des linken Spektrums: Zwar weist die SPD auch 1983 noch einen Frauenanteil unter 10 Prozent auf, dieser steigt jedoch bereits 1987 auf 18,2 an und erreicht 2002 den vorläufigen Höhepunkt mit 38,6 Prozent. Auch 2009 waren 37,1 Prozent der SPD-Doppelkandidaturen weiblichen Geschlechts. Beim Bündnis 90/Die Grünen pendelt sich das Niveau von weiblichen Doppelkandidaturen in den 1990er Jahren auf ca. 45 Prozent ein und erreicht somit nicht die Höhe der von der Partei angestrebten Frauenquote von mindestens 50 Prozent. Vergleichbares ist bei der PDS/Die Linke zu beobachten. Hier pendelt sich der Frauenanteil ungefähr bei 40 Prozent ein. Dies ist eine interessante Beobachtung, da bisher Kandidat*innen* von diesen beiden Parteien sehr hohe Werte und Chancen, insbesondere bei der Listenkandidatur, erhielten und durchaus auch erfolgreicher als die Kandidat*en* sind. Doch es sei nochmals erwähnt, dass eine Kandidatur im Wahlkreis in diesen Parteien nicht so bedeutend ist und schließlich auch in den Wahlkreisen in diesen Parteien geringere Frauenanteile festzustellen waren.

Diese Beobachtung erhärtet den Verdacht, dass Frauen in Wahlkreisen nicht antreten *wollen*, obwohl sie *sollen* und *können*. Die Bereitschaft, die die Grünen und die PDS/Die Linke den Frauen bei der Nominierung insgesamt entgegenbringen, lässt vermuten, dass es auch den sehr emanzipierten und nach egalitären Verhältnissen strebenden Parteien Schwierigkeiten bereitet, ausreichend viele Kandidat*innen* zu finden, die nicht nur auf der Liste, sondern auch im Wahlkreis kandidieren *wollen*. Die Unterrepräsentation von Frauen in Wahlkreisen und bei Doppelkandidaturen könnte damit möglicherweise nicht durch eine Benachteiligung von Frauen seitens der Parteien festgemacht werden, sondern würde vielmehr auch durch ein mangelndes Interesse der Frauen, in einem Wahlkreis zu kandidieren, entstehen. Dies ist jedoch nur eine Vermutung ohne handfeste empirische Beweise.

7.6.1.5   Quotierungsregeln

Wie bereits im grundlegenden Teil dargestellt, unterscheiden sich die Parteien hinsichtlich der Quotierungsregelungen (Kapitel 4.2.3.1): Während die Grünen seit 1979 und die PDS/Die Linke seit 1991 eine Quotierungsregel von 50 Prozent haben, wurde diese in der SPD 1986 mit einem 33-prozentigen Niveau eingeführt und 1998 auf 40 Prozent erhöht. Auch die Union hat ein Frauenquorum von 33,3 Prozent im Jahr 1994 verankert, welches jedoch auch ausgehebelt werden kann. Seit 2010 besitzt schließlich die CSU eine Frauenquote von 40 Prozent.

In nachfolgender Abbildung 53 sind nun die Frauenanteile der Wahlsieger/innen abgebildet. Zusätzlich wurden auch die Zeitpunkte und die Höhe der

Einführung bzw. Erhöhung von Frauenquoten mit einem beschrifteten Pfeil markiert. Somit symbolisiert der Pfeil einerseits den Zeitpunkt, an dem die jeweiligen Parteien eine Quotierungsregelung eingeführt haben und andererseits die Höhe der Quotierung. Beispielsweise führte die SPD 1988 eine Quotierungsregelung mit dem Ziel von 33 Prozent ein und erhöhte dies 1998 auf 40 Prozent.

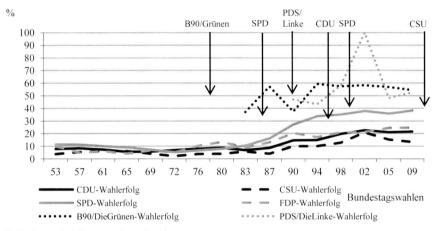

Quelle: Längsschnittdatensatz, eigene Berechnungen.
Anmerkungen: Ergebnisse von Kreuztabellen (Geschlecht*Parteizugehörigkeit) von Wahlsieger/innen je Wahljahr. Signifikante geschlechtsspezifische Unterschiede (Chi²-Test): 1983***, 1987***, 1990***, 1994***, 1998***, 2002***, 2005***, 2009***. Signifikanzniveau: *p<0.05, ***p<.001, **p <.01.

Abbildung 53: Frauenanteil an Wahlsieger/innen und Zeitpunkt und Höhe von Frauenquoten nach Parteien im Zeitverlauf (in %)

Bei der SPD fällt auf, dass bereits bei der Wahl nach der Einführung der Quotierungsregel der Anteil der gewählten Kandidat*innen* immens ansteigt. Diese Erhöhung ist sowohl im Verhältnis zu den Parteien insgesamt als auch innerhalb der SPD-Linie als besonders hoch zu verzeichnen und zeigt, dass die Einführung einer Quotierung sich positiv auf die Anzahl an weiblichen Mandaten auswirkt.

Diese Beobachtung scheint jedoch nicht auf alle Parteien gleichermaßen zuzutreffen: Bei der CDU kann nach der Einführung 1996 zwar eine Erhöhung bei den Nominierungen festgestellt werden, jedoch nur in geringfügigem Maße bei den gewählten Kandidat/innen. Dies lässt den Verdacht aufkommen, dass bei der Unionspartei durch die Quotierung zwar das Bewusstsein im Rahmen der Nominierung gestiegen ist, jedoch möglicherweise dann Kandidat*innen* auf weniger aussichtsreichen Plätzen nominiert wurden.

Bei den Grünen und den Linken fällt es schwieriger, Aussagen über die Wirkungsweisen der Quotierung zu machen, da diese einerseits bereits vor den ersten Wahlergebnissen vorhanden waren und andererseits ein vergleichsmäßig hohes Niveau an Frauenanteilen in den Parteien zu verzeichnen war und möglicherweise auch verstärkt darauf zu achten ist, dass die Männer in den Parteien nicht benachteiligt werden. Festzustellen ist für diese beiden Parteien jedoch, dass die Höhe der Quotierungsregel von jeweils 50 Prozent – zwar nicht im Rahmen der Kandidat*innen* aber bei den Wahlsieger*innen* – durchaus erreicht wird, ganz im Gegensatz zu der SPD und der CDU, die auch nach Jahren der Einführung der Quotierungsregel dies auf der Ebene der gewählten Abgeordneten noch immer nicht erreichen konnten. Daher scheint in stärkerem Maße die grundlegende Einstellung und Positionierung der Frauen in der Gesellschaft besonders bedeutend zu sein und Quotierungsregelungen – in einigen Parteien – nur sehr langsam zum intendierten Erfolg zu führen. Die Wirkung der Quotierungsregelung wird auch in den multivariaten Analysen berücksichtigt.

7.6.2   Multivariate Analyse

Im Rahmen der deskriptiven Analysen konnte herausgefunden werden, dass erstens die einzelnen Parteien einen Unterschied machen. Zweitens, dass ein deutlicher Unterschied bei der weiblichen Rekrutierung in den Parteien des linken im Vergleich zu den Parteien des rechten Spektrums zu verzeichnen ist. Schließlich wurden drittens mehr oder weniger starke Wirkungen von Frauenquotierungsregelungen identifiziert.

Diese drei Befunde sollen in den nachfolgenden multivariaten Analysen im Rahmen einzelner Modelle betrachtet werden. Daher werden in den anschließend Analysen jeweils drei verschiedene Grundmodelle betrachtet: Erstens ein *Parteienmodell*, welches die einzelnen Parteien in Form von Dummy-Variablen beinhaltet, zweitens ein sogenanntes *Linkes Parteienmodell*, indem die Parteien des linken Spektrums den Parteien des rechten Spektrums gegenübergestellt werden und schließlich drittens ein sogenanntes *Quotenmodell*, bei welchem die Parteien mit Frauenquotenregelung in Bezug zu den Parteien ohne Quotierungsregel gestellt werden. Alle Modelle werden mit und ohne geschlechtsspezifische Interaktionseffekte betrachtet. Zunächst werden die Ergebnisse im Rahmen der Querschnittsanalyse dargestellt, bevor dann die im Zeitverlauf folgen.

7.6.2.1   Querschnittsanalyse: Bundestagswahl 2009

Zunächst zu dem sogenannten Parteienmodell, bei der die Zugehörigkeit der Kandidat/innen zu einer spezifischen Partei berücksichtigt werden soll: Im Mittelpunkt steht die Frage, ob Kandidat/innen bestimmter Parteien höhere Erfolgschancen als Kandidat/innen anderer Parteien haben. Nachfolgende Tabelle 34 zeigt Ergebnisse logistischer Regressionen mit den verschiedenen Parteien, wobei die PDS/Die Linke die Referenzkategorie bildet. Ebenso ist ein Modell mit geschlechtsspezifischen Interaktionen dargestellt.

	Basismodell	*Parteienmodell*	*Parteienmodell (m.I.)*
Geschlecht	1.14(0.24)	1.09(0.24)	4.93(2.62)**
Alter in J.	1.05(0.01)***	1.06(0.01)***	1.06(0.01)***
Bildung	2.03(0.48)**	2.03(0.51)**	2.05(0.52)**
Union		4.19(1.32)***	11.01(4.59)***
SPD		1.88(0.63)	3.27(1.43)**
FDP		0.94(0.35)	1.75(0.78)
B90/Die Grünen		0.67(0.26)	0.44(0.28)
♀ * SPD			0.21(0.14)*
♀ * Union			0.06(0.04)***
♀ * FDP			0.12(0.12)*
♀ * Grüne			1.27(1.04)
Pseudo-R² (MF)	.06	.13	.17
LL	-322.28	-298.18	-283.78
AIC	652.55	612.35	591.55
BIC	670.22	647.68	644.55
N	612	612	612

Daten: Deutsche Kandidatenstudie 2009, eigene Berechnungen.
Anmerkungen: Die Zellen enthalten Odds Ratio logistischer Regressionen (Standardfehler in Klammern). Referenzkategorien: Mann, niedrige Bildung, Kandidat/innen aus PDS/Die Linke. Alter wurde zentriert. Signifikanzniveau: * p< .05, ** p < .01, *** p < .001.

Tabelle 34: Modelle zu Parteien (Querschnitt 2009)

Der Tabelle ist zu entnehmen, dass Kandidat/innen der SPD und der Unionsparteien signifikante und deutlich größere Chancen haben, gewählt zu werden als Kandidat/innen der anderen Parteien. So haben Kandidat/innen der Unionsparteien eine vorhergesagte Wahlwahrscheinlichkeit von 43,6 Prozent, während diejenigen der SPD eine 25,7-prozentige Wahrscheinlichkeit haben. Bei den Linken beläuft sie sich auf 15,6 Prozent, bei den Grünen auf 11,0 Prozent und bei der FDP auf 14,8 Prozent. Durch das Hinzufügen der Parteien steigt das Pseudo-R² von .06 auf .13 und auch das AIC und BIC steigen ebenso deutlich an. Auf dieses Ergebnis würde man jedoch auch tendenziell bei der Betrachtung des Wahlergebnisses kommen, bei dem die SPD und die Unionsparteien deutlich mehr Stimmen als die anderen Parteien erzielen konnten. Für die Frage, welche

Kandidat/innen welcher Parteien die größten Chancen haben, ein Mandat im Bundestag zu erzielen, interessiert sich vorliegende Arbeit jedoch nicht. Vorliegende Untersuchung möchte vielmehr herausfinden, ob Kandidat*innen* in bestimmten Parteien größere oder kleinere Chancen haben, gewählt zu werden als Kandidat*en*, weshalb geschlechtsspezifische Interaktionseffekte mit den verschiedenen Parteien berechnet wurden. Hier kristallisiert sich deutlich heraus, dass bis auf das Bündnis 90/Die Grünen in jeder Partei signifikante geschlechtsspezifische Effekte zu identifizieren sind, wobei das Ergebnis des Bündnisses 90/Die Grünen auf die gewählte Referenzkategorie (PDS/Die Linke) zurückzuführen ist. Detailliertere Berechnungen der Wirkungsweise der geschlechtsspezifischen Interaktionseffekte haben ergeben[75], dass Kandidat*innen* in der PDS/Die Linke und beim Bündnis 90/Die Grünen deutlich höhere Erfolgsaussichten haben als Kandidat*en*. Entgegengesetzt verhält es sich bei der FDP und der Union, wo die Wahlchancen der Frauen deutlich niedriger liegen. Bei der SPD haben Kandidat*innen* und Kandidat*en* in etwa die gleichen vorhergesagten Wahrscheinlichkeiten. Das bedeutet, dass die Wahlwahrscheinlichkeiten von Frauen in den Unionsparteien und in der FDP signifikant niedriger liegen als im Bündnis 90/Die Grünen und der PDS/Die Linke. Dieses Ergebnis kann auch als Indikator dafür gewertet werden, dass Frauen in Parteien, die eher im linken Parteispektrum angeordnet sind, höhere Wahlchancen. Allerdings muss dabei auch darauf hingewiesen werden, dass in diesem Modell die PDS/Die Linke als Referenzkategorie fungiert.

Ob dem wirklich so ist wurde nachfolgend untersucht. Es wurden logistische Regressionen mit Parteien des linken Spektrums (PDS/Die Linke, Bündnis 90/Die Grünen und SPD) in Abgrenzung zum rechten Spektrum (FDP, CDU, CSU) berechnet. In nachfolgender Tabelle 35 sind die Modelle mit und ohne Berücksichtigung geschlechtsspezifischer Interaktionseffekte dargestellt. Auf den ersten Blick zeigt sich jedoch, dass die Zugehörigkeit zu einer eher im linken Spektrum zu verortenden Partei die Wahlwahrscheinlichkeit sinken lässt: Vorhergesagte Wahrscheinlichkeiten von Kandidat/innen linker Parteien liegen bei 17,3 Prozent im Vergleich zu 30,7 Prozent in Parteien des rechten Spektrums. Dies ist jedoch in Anbetracht des Wahlergebnisses auch nicht weiter verwunderlich, aus dem die FDP und die Unionsparteien 2009 als Wahlsieger hervorgingen. Berechnet man jedoch geschlechtsspezifische Interaktionseffekte, so ist ein höchst signifikanter Effekt zugunsten der Frauen linker Parteien zu identifizieren: Mittels zusätzlicher Berechnungen konnte hierbei herausgefunden werden, dass Frauen den linken Parteien Wahlchancen von 26,7 Prozent haben im Ver-

---

[75] Zur Identifikation der Wirkungsweise geschlechtsspezifischer Interaktionseffekte wurden Zusatzmodelle berechnet. Die Vorgehensweise wurde in Kapitel 7.1.2.2 beschrieben.

gleich zu Männern, für die sie 12,8 Prozent beträgt[76]. Das bedeutet, dass Frauen in linkeren Parteien bei der Bundestagswahl 2009 eine deutlich höhere Chance hatten, gewählt zu werden. Die Ergebnisse des Parteienmodells deuten allerdings darauf hin, dass dieser Effekt insbesondere auf die PDS/Die Linke und das Bündnis 90/Die Grünen zurückzuführen ist.

	Basismodell	Linke Parteienmodell	Linke Parteienmodell (m.I.)
Geschlecht	1.14(0.24)	1.23(0.26)	0.48(0.17)*
Alter in J.	1.05(0.01)***	1.06(0.01)***	1.06(0.01)***
Bildung	2.03(0.48)**	1.93(0.46)**	1.87(0.45)**
Linke Parteien		0.47(0.09)***	0.28(0.07)***
♀ * Linke Parteien			5.17(2.33)***
Pseudo-R² (MF)	.06	.08	.10
LL	-322.28	-315.15	-308.16
AIC	652.55	640.30	628.32
BIC	670.22	662.38	654.82
N	612	612	612

Daten: Deutsche Kandidatenstudie 2009, eigene Berechnungen.
Anmerkungen: Die Zellen enthalten Odds Ratio logistischer Regressionen (Standardfehler in Klammern). Referenzkategorien: Mann, niedrige Bildung, Kandidat/innen aus CDU, CSU und FDP. Alter wurde zentriert. Signifikanzniveau: * p< .05, ** p < .01, *** p < .001.

Tabelle 35: Modelle zu Parteien – Linke Parteien (Querschnitt 2009)

Zuletzt stellt sich die Frage, welchen Einfluss die Frauenquote auf die Wahlerfolgschancen von Kandidat*innen* bei der Wahl zum Deutschen Bundestag 2009 hatte. Hierzu wurde eine Variable berechnet, die Auskunft über die Parteien gibt, bei denen eine Quotierungsregel bei der Wahl 2009 bestand. Über eine derartige Frauenquote verfügten die PDS/Die Linke, Bündnis 90/Die Grünen, die SPD und die CDU, die jeweils mit einer 1 codiert wurden. Über keine Frauenquote verfügten zu diesem Zeitpunkt die CSU und die FDP, die mit einer 0 codiert wurden. Nachfolgende Tabelle 36 zeigt die Wirkungen dieser Variablen mit und ohne geschlechtsspezifischen Interaktionseffekt.

Der Tabelle ist deutlich zu entnehmen, dass die Quotierung grundsätzlich keinen signifikanten Haupteffekt auf den Wahlerfolg hat, was zu erwarten war. Zu sehen ist indes der positive Effekt auf die Erfolgsaussichten der Kandidat*innen*, der jedoch nicht signifikant ist: In Parteien, die eine Frauenquote haben, scheinen die Erfolgschancen der Kandidat*innen* somit tendenziell positiv zu sein, jedoch nicht auf signifikantem Niveau. Somit hat die Quotierung der Parteien auf

---

[76] Zur Identifikation der Wirkungsweise geschlechtsspezifischer Interaktionseffekte wurden Zusatzmodelle berechnet. Die Vorgehensweise wurde in Kapitel 7.1.2.2 beschrieben.

der Grundlage vorliegender Berechnungen keine signifikante Wirkung auf eine Erhöhung des Frauenanteils bei der Bundestagwahl 2009 gehabt. Nun stellt sich die Frage, welche Ergebnisse in Bezug auf die Parteizugehörigkeit bei der Längsschnittuntersuchung zu beobachten sind.

	Basismodell	*Quotenmodell*	*Quotenmodell (m.I.)*
Geschlecht	1.14(0.24)	1.10(0.23)	0.33(0.25)
Alter in J.	1.05(0.01)***	1.05(0.01)***	1.05(0.01)***
Bildung	2.03(0.48)**	2.06(0.48)**	2.08(0.49)**
Quote		1.36(0.34)	1.09(0.30)
♀ * Quote			3.93(3.19)
Pseudo-R² (MF)	.06	.06	.07
LL	-322.28	-321.52	-319.73
AIC	652.55	653.04	651.45
BIC	670.22	675.13	677.95
N	612	612	612

Daten: Deutsche Kandidatenstudie 2009, eigene Berechnungen.
Anmerkungen: Die Zellen enthalten Odds Ratio logistischer Regressionen (Standardfehler in Klammern). Referenzkategorien: Mann, niedrige Bildung, Parteien ohne Frauenquote. Alter wurde zentriert. Signifikanzniveau: * p< .05, ** p < .01, *** p < .001.

Tabelle 36: Modelle zu Parteien – Frauenquoten (Querschnitt 2009)

7.6.2.2 Längsschnittanalyse: Bundestagswahlen von 1957 bis 2009

Im Rahmen der Trendberechnungen seit 1957 werden nur die Kandidat/innen der Union, der SPD und der FDP berücksichtigt. Die Trendberechnung seit 1990 umfasst dann alle fünf Parteien. Doch zunächst zu den *Trendberechnungen seit 1957:* Welche Chancen haben Kandidat*innen* der SPD und der Unionsparteien im Vergleich zur FDP, die in diesem Modell die Referenzkategorie darstellt? Die Ergebnisse sind der nachfolgenden Tabelle 37 zu entnehmen.Zunächst kann ein signifikanter Haupteffekt sowohl der SPD als auch der Unionsparteien auf den Wahlerfolg der Kandidat/innen bei den Bundestagswahlen beobachtet werden. Dies verwundert auch nicht, da die FDP die Referenzkategorie darstellt und die Odds Ratio in den direkten Vergleich zu den Wahlerfolgschancen der FDP zu setzen sind. Kandidat/innen der SPD haben Erfolgswahrscheinlichkeiten von 60,4 Prozent. Im Vergleich dazu liegen die vorhergesagten Erfolgswahrscheinlichkeiten der Unionskandidat/innen bei 56,9 Prozent.

Die Geschlechtervariable ist auch in diesem Modell – wie in zahlreichen anderen Modellen der Trendberechnungen seit 1957 – negativ und hoch signifikant, was erneut auf die geringeren Erfolgschancen der Kandidat*innen* hindeutet.

Besonders interessant ist auch hier der Blick auf die geschlechtsspezifischen Interaktionseffekte: In beiden Parteien konnte ein signifikanter Effekt beobachtet werden. Mittels Zusatzberechnungen konnten die Richtung und Stärke des Interaktionseffektes identifiziert werden[77]: In beiden Parteien haben Kandidat*innen* geringere Erfolgsaussichten als Kandidat*en*: In der Union liegen diese bei Kandidat*innen* bei 23,2 Prozent (Kandidat*en*: 46,2 Prozent) und bei der SPD bei 37,2 Prozent (Kandidat*en*: 44,7 Prozent). Somit haben es Kandidat*innen* insbesondere in der Union deutlich schwieriger, ein Mandat zu erzielen. Das hohe Pseudo-R^2- und das geringere AIC und BIC deuten darüber hinaus auf eine eindeutige Verbesserung des Modells durch das Hinzufügen der Parteien.

	Basismodell	*Parteienmodell*	*Parteienmodell (m.I.)*
Geschlecht	$0.65(0.03)^{***}$	$0.55(0.02)^{***}$	$1.06(0.12)$
Alter in J.	$1.06(0.01)^{***}$	$1.06(0.00)^{***}$	$1.06(0.00)^{***}$
Titel	$1.83(0.07)^{***}$	$2.11(0.09)^{***}$	$2.09(0.09)^{***}$
Trend	$1.02(0.00)^{***}$	$1.03(0.00)^{***}$	$1.03(0.00)^{***}$
Union		$5.59(0.27)^{***}$	$6.56(0.34)^{***}$
SPD		$6.11(0.30)^{***}$	$6.27(0.33)^{***}$
♀ * Union			$0.33(0.04)^{***}$
♀ * SPD			$0.68(0.09)^{**}$
Pseudo-R^2 (MF)	.07	.14	.14
LL	-13042.76	-12063.00	-12011.90
AIC	26095.51	24140.00	24041.80
BIC	26135.40	24195.84	24113.59
N	21525	21525	21525

Quelle: Längsschnittdaten, eigene Berechnungen.
Anmerkungen: Die Zellen enthalten Odds Ratio logistischer Regressionen (Standardfehler in Klammern). Referenzkategorien: Mann, kein Titel, Kandidat/innen aus FDP. Alter wurde zentriert. Signifikanzniveau: *p< .05, ** p < .01, *** p < .001.

Tabelle 37: Modelle zu Parteien (Trend 1957)

Wie bereits erwähnt, konnten im Rahmen der *Trendberechnungen seit 1990* nicht nur die Unionsparteien, die FPD und die SPD berücksichtigt werden, sondern auch die beiden in den 1980er und 1990er Jahren neu etablierten Parteien Bündnis 90/Die Grünen und PDS/Die Linke. Auch bei diesen Berechnungen werden die FDP als Referenzgruppe herangezogen und geschlechtsspezifische Interaktionseffekte berechnet, wie die nachfolgende Tabelle 38 zeigt.

Grundsätzlich ist die Erklärungskraft mit einem Pseudo-R^2 von .16 bzw.18 deutlich höher als im Basismodell. Wie auch im Trendberechnungen seit 1957

---

[77] Zur Identifikation der Wirkungsweise geschlechtsspezifischer Interaktionseffekte wurden Zusatzmodelle berechnet. Die Vorgehensweise wurde in Kapitel 7.1.2.2 beschrieben.

kann hier ein signifikant positiver Haupteffekt auf die Wahlerfolgschancen der Unionsparteien und der SPD beobachtet werden. Demgegenüber haben die kleinen Parteien erwartungsgemäß geringere Chancen auf den Wahlerfolg. Dieses Ergebnis ist in Anbetracht der tatsächlichen Wahlergebnisse vollkommen schlüssig und muss ebenso als eine Folge des Wahlsystems mit mehrheitsrechtlich geregelten Wahlkreisen betrachtet werden. Doch wie verhält es sich mit den geschlechtsspezifischen Interaktionseffekten und der Geschlechtervariablen? Haben Frauen der kleinen Parteien besonders große Chancen auf den Wahlerfolg?

	Basismodell	Parteienmodell	Parteienmodell (m.I.)
Geschlecht	0.97(0.04)	0.90(0.04)[*]	1.36(0.19)[*]
Alter in J.	1.05(0.00)[***]	1.05(0.00)[***]	1.05(0.00)[***]
Bildung	1.60(0.09)[***]	1.79(0.11)[***]	1.78(0.11)[***]
Trend	0.95(0.01)[***]	0.98(0.01)	0.99(0.01)
PDS/Die Linke		0.68(0.07)[***]	0.47(0.06)[***]
B90/Die Grünen		0.97(0.09)	0.65(0.08)[***]
SPD		5.23(0.38)[***]	5.68(0.47)[***]
Union		5.07(0.36)[***]	6.88(0.55)[***]
♀ * PDS/Die Linke			2.19(0.47)[***]
♀ * B90/Die Grünen			0.89(0.19)
♀ * SPD			0.31(0.05)[***]
♀ * Union			0.29(0.05)[***]
Pseudo-R² (MF)	.06	.16	.18
LL	-7204.39	-6389.46	-6276.74
AIC	14418.77	12796.92	12579.48
BIC	14456.01	12863.94	12676.29
N	12671	12671	12671

Quelle: Längsschnittdaten, eigene Berechnungen.
Anmerkungen: Die Zellen enthalten Odds Ratio logistischer Regressionen (Standardfehler in Klammern). Referenzkategorien: Mann, kein Titel, Kandidat/innen aus FDP. Alter wurde zentriert. Signifikanzniveau: [*] p< .05, [**] p < .01, [***] p < .001.

Tabelle 38: Modelle zu Parteien (Trend 1990)

Grundsätzlich ist die Geschlechtervariable in diesem Modell auf dem .05-Niveau signifikant negativ und deutet auf geringere Erfolgsaussichten der Frauen im Rahmen dieses Modells hin. Geschlechtsspezifische Interaktionseffekte sind ebenso auf signifikantem Niveau zu finden. Auch hier wurden Zusatzberechnungen durchgeführt, um die Richtung und die Stärke der Unterschiede erfassen zu können[78]: Bei der PDS/Die Linke haben Kandidat*innen* eine vorhergesagte

---

[78] Zur Identifikation der Wirkungsweise geschlechtsspezifischer Interaktionseffekte wurden Zusatzmodelle berechnet. Die Vorgehensweise wurde in Kapitel 7.1.2.2 beschrieben.

Wahrscheinlichkeit von 16,6 Prozent (Kandidat*en*: 6,3 Prozent) und bei dem Bündnis 90/Die Grünen liegt diese bei 19,7 Prozent (Kandidat*en*: 8,6 Prozent). Erstaunlicherweise haben Frauen auch in der FDP geringfügig bessere Chancen (Kandidat*innen*: 16,1 Prozent; Kandidat*en*: 12,3 Prozent). Demgegenüber ist bei der SPD zu beobachten, dass Kandidat*innen* geringere Chancen haben (Kandidat*innen*: 42,3 Prozent; Kandidat*en*: 44,7 Prozent). Die schlechtesten Chancen haben Kandidat*innen* bei den Unionsparteien (27,6 Prozent im Vergleich zu 49,5-Prozent bei Kandidat*en*). Somit können bei den beiden Volksparteien signifikant negative geschlechtsspezifische Interaktionseffekte auf vergleichbarem Niveau festgestellt werden. Dies deckt sich mit dem Ergebnis der Trendberechnungen seit 1957, bei welchen ebenfalls negative Interaktionseffekte der Union und der SPD beobachtet werden konnten. Zu eindeutigen Ergebnissen führt die Betrachtung der einzelnen Parteien somit nicht. Möglicherweise liefert die differenzierte Betrachtung des Linken Parteienmodells ein klareres Bild.

Linke Parteienmodelle

In Analogie zu den Berechnungen mittels der Querschnittdaten wurde auch hier ein Linksparteienmodell betrachtet. In nachfolgender Tabelle sind die Ergebnisse der *Trendberechnungen seit 1957* enthalten.

	Basismodell	*Linkes Parteienmodell*	*Linkes Parteienmodell (m.I.)*
Geschlecht	$0.65(0.03)^{***}$	$0.61(0.03)^{***}$	$0.53(0.03)^{***}$
Alter	$1.06(0.01)^{***}$	$1.06(0.00)^{***}$	$1.06(0.00)^{***}$
Titel	$1.83(0.07)^{***}$	$2.00(0.08)^{***}$	$1.99(0.08)^{***}$
Trend	$1.02(0.00)^{***}$	$1.03(0.00)^{***}$	$1.03(0.00)^{***}$
Linke Parteien		$1.86(0.06)^{***}$	$1.75(0.06)^{***}$
♀ * Linke Parteien			$1.39(0.11)^{***}$
Pseudo-R² (MF)	.07	.08	.08
LL	-13042.76	-12847.29	12839.08
AIC	26095.51	25706.57	25692.16
BIC	26135.40	25754.44	25748.00
N	21525	21525	21525

Quelle: Längsschnittdaten, eigene Berechnungen.
Anmerkungen: Die Zellen enthalten Odds Ratio logistischer Regressionen (Standardfehler in Klammern). Referenzkategorien: Mann, kein Titel, Kandidat/innen aus CDU, CSU und FDP. Alter wurde zentriert. Signifikanzniveau: * $p<.05$, ** $p<.01$, *** $p<.001$.

Tabelle 39: Modelle zu Parteien – Linke Parteien (Trend 1957)

Hier bestätigt sich die Vermutung: Grundsätzlich sind die Erfolgschancen sowohl der Kandidat*innen* als auch der Kandidat*en* höher, ein Mandat im Rahmen
der linken Parteien zu erzielen. Dies liegt aber auch an der Referenzgruppe, die
sich hier sowohl aus Kandidat/innen der FDP als auch der Union zusammensetzt.
Vor allem weist die FDP viele Wahlkreiskandidaturen auf, die aber meist nicht
zum Wahlerfolg führen. Bei der SPD ist dies seltener der Fall. Aus diesem
Grund sind bei der Interpretation dieser Zahlen immer auch das Wahlsystem und
die daraus resultierenden, intervenierenden Einflussfaktoren zu berücksichtigen.
Doch die grundsätzliche Wirkung der Linken Parteienvariablen interessiert an
dieser Stelle weniger. Bedeutender ist die Betrachtung der Wirkung der Geschlechtsvariablen und des geschlechtsspezifischen Interaktionseffekts.

Kandidat*innen* haben es in den linken Parteien (sprich der SPD) deutlich
leichter, ein Mandat zu erreichen, als Kandidat*en*. Dies erstaunt auf den ersten
Blick, da zuvor bei der SPD tendenziell eher ein negativer Effekt beobachtet
werden konnte. Hier muss jedoch erneut darauf hingewiesen werden, dass sich
die Referenzgruppe um die Unionsparteien erweitert hat und dadurch durchaus
von einem geschlechtsspezifischen Interaktionseffekt auszugehen ist. Auch hier
wurden Zusatzberechnungen durchgeführt, um die Stärke des Effektes erfassen
zu können[79]: Dabei ist grundsätzlich zu beobachten, dass Kandidat*innen* zwar
relativ hohe Wahlchancen in den linken Parteien haben (37,2 Prozent), aber die
vorhergesagte Wahrscheinlichkeit bei den Kandidat*en* höher ausfällt. Betrachtet
man dagegen die Kandidat*innen* anderer Parteien im Vergleich zu den Kandida-
t*en* der anderen Parteien, so wird schnell ersichtlich, dass trotzdem von einem
positiven Effekt gesprochen werden kann: Kandidat*innen* anderer Parteien haben
eine Wahlwahrscheinlichkeit von 19,5 Prozent (Kandidat*en*: 31,6 Prozent).

Doch welchen Einfluss haben die linken Parteien im Rahmen der sogenannten Trendberechnungen seit 1990? Die Ergebnisse sind der nachfolgenden Tabelle 40 mit geschlechtsspezifischen Interaktionseffekten zu entnehmen. Zunächst
kann beobachtet werden, dass die Zugehörigkeit zu linken Parteien die Wahlerfolgschancen seit den 1990er Jahren auf signifikantem Niveau verringert. Vergleichbare Ergebnisse sind aus der Analyse der Querschnittdaten bekannt.

Doch im Rahmen der Studie interessieren vor allem die Geschlechtsvariable
und die geschlechtsspezifischen Interaktionseffekte. Einerseits ist zu erkennen,
dass auch im Rahmen dieses Modells der Haupteffekt nicht signifikant ist. Demgegenüber sind jedoch die geschlechtsspezifischen Interaktionseffekte signifikant. Mittels detaillierterer Analysen konnte herausgefunden werden, dass die
Wahlchancen der Kandidat*innen* linker Parteien bei 29,1 Prozent liegen im Vergleich zu 23,0 Prozent bei den Kandidat*en*.

---

[79] Zur Identifikation der Wirkungsweise geschlechtsspezifischer Interaktionseffekte wurden Zusatzmodelle berechnet. Die Vorgehensweise wurde in Kapitel 7.1.2.2 beschrieben.

	Basismodell	Linkes Parteienmodell	Linkes Parteienmodell (m.I.)
Geschlecht	0.97(0.04)	1.00(0.05)	0.64(0.05)***
Alter in J.	1.05(0.00)***	1.05(0.00)***	1.05(0.00)***
Titel	1.60(0.09)***	1.55(0.09)***	1.53(0.09)***
Trend	0.95(0.01)***	0.95(0.01)***	0.95(0.01)***
Linke Parteien		0.76(0.03)***	0.61(0.03)***
♀ * Linke Parteien			2.16(0.20)***
Pseudo-R² (MF)	.06	.06	.07
LL	-7204.39	-7181.79	-7146.40
AIC	14418.77	14375.58	14306.80
BIC	14456.01	14420.27	14358.93
N	12671	12671	12671

Quelle: Längsschnittdaten, eigene Berechnungen.
Anmerkungen: Die Zellen enthalten Odds Ratio logistischer Regressionen (Standardfehler in Klammern). Referenzkategorien: Mann, kein Titel, Kandidat/innen aus CDU, CSU und FDP. Alter wurde zentriert. Signifikanzniveau: * p< .05, ** p < .01, *** p < .001.

Tabelle 40: Modelle zu Parteien – Linke Parteien (Trend 1990)

Zusammenfassend kann man an dieser Stelle somit sagen, dass Kandidat*innen* in den linkeren Parteien deutlich höhere Chancen auf einen Wahlsieg haben, als in Parteien am rechten Bereich des Parteispektrums. Diese Beobachtung konnte zudem bei den Querschnittberechnungen 2009, bei den Trendberechnungen seit 1957 und auch bei den Trendberechnungen seit 1990 gemacht werden. Parteien spielen somit eine zentrale Rolle im Rahmen der Nominierung und Auswahl von Kandidat*innen*. Inwiefern hier parteiliche Frauenquoten helfen, steht im Folgenden im Mittelpunkt.

Quotierungsmodelle

Grundlegend geht diese Untersuchung davon aus, dass sich Quotierungen in Parteien positiv auf die Erfolgsaussichten von weiblichen Kandidat/innen auswirken. Das bedeutet, dass Kandidat*innen* in Parteien mit Quotierungsregelungen höhere Chancen haben, gewählt zu werden, als in Parteien ohne Quotierungsregelungen. Im Rahmen der Querschnittsanalyse konnte diese These jedoch nicht verifiziert werden. Nachfolgende Tabelle 41 zeigt *Trendberechnungen seit 1957* der Wirkungsweise von Quotierungsregelungen mit und ohne Interaktionseffekt. Hier ist zunächst deutlich zu erkennen, dass die Quotierung grundsätzlich einen positiven Effekt auf den Wahlsieg hat. Diese Zahl gibt jedoch wenig Auskunft, da hier die SPD seit 1990 und die Union seit 1998 mit Quotierung mit 1 codiert wurde und Volksparteien – wie bereits mehrfach erwähnt – tendenziell positivere Effekte auf den Wahlerfolg haben als kleinere Parteien wie die FDP, die in diesem allgemeinen Modell als Partei ohne Quote fungiert. Wie erwähnt interessiert hier jedoch vielmehr der geschlechtsspezifische Interaktionseffekt. Wie ist es um ihn bestellt?

	Basismodell	*Quotierungsmodell*	*Quotierungsmodell (m.I.)*
Geschlecht	0.65(0.03)***	0.60(0.03)***	0.53(0.03)***
Alter in J.	1.06(0.01)***	1.05(0.00)***	1.05(0.00)***
Titel	1.83(0.07)***	1.90(0.07)***	1.90(0.07)***
Trend	1.02(0.00)***	0.98(0.00)***	0.99(0.00)***
Frauenquote		1.98(0.09)***	1.81(0.09)***
♀ * Frauenquote			1.38(0.12)***
Pseudo-R² (MF)	.07	.08	.08
LL	-13042.76	-12930.45	-12922.92
AIC	26095.51	25872.90	25859.84
BIC	26135.40	25920.76	25915.68
N	21525	21525	21525

Quelle: Längsschnittdaten, eigene Berechnungen.
Anmerkungen: Die Zellen enthalten Odds Ratio logistischer Regressionen (Standardfehler in Klammern). Referenzkategorien: Mann, kein Titel, Kandidat/innen aus Parteien ohne Frauenquote. Alter wurde zentriert. Signifikanzniveau: *p< .05, **p < .01, ***p < .001.

Tabelle 41: Modelle zu Parteien – Frauenquoten (Trend 1957)

Wie bei den meisten anderen Trendberechnungen seit 1957 ist auch hier die Geschlechtervariable signifikant negativ und deutet auf geringere Erfolgsaussichten der Kandidat*innen* hin. Beim geschlechtsspezifischen Interaktionseffekt kann durchaus ein signifikanter Effekt identifiziert werden: Die Wahlerfolgschancen von Kandidat*innen* sind in Parteien mit Quotierungsregel deutlich höher als in Parteien ohne Quotierungsregeln. Hierbei ist jedoch anzumerken, dass die Chancen der Männer in Parteien mit Quotierung dennoch höher liegen als die der Frauen (47,3 Prozent; Frauen: 39,5 Prozent). Die Signifikanz des Interaktionseffekts ist dadurch zu erklären, dass die Wahlchancen der Kandidat*innen* in den Parteien ohne Quotierung deutlich niedriger sind als die in den Parteien mit Quotierung (Kandidat*en*: 33,1 Prozent; Kandidat*innen*: 20,6 Prozent). Angemerkt werden muss an dieser Stelle zudem, dass die Codierung der Quotierungsvariablen erst seit 1990 berücksichtigt wird und es dadurch ausschließlich die beiden Volksparteien umfasst, in den Jahren nach 1987 bzw. 1998.

So stellt sich insbesondere bei dieser Variablen die Frage, wie es um die Ergebnisse der *Trendberechnungen seit 1990* bestellt ist, welches alle Parteien und den Zeitpunkt umfasst, bei dem die Diskussion der Quotierungen ihren Höhepunkt erreichte. Nachfolgende Tabelle 42 zeigt die Ergebnisse.

	Basismodell	*Quotierungsmodell*	*Quotierungsmodell (m.I.)*
Geschlecht	0.97(0.04)	0.97(0.04)	0.74(0.07)
Alter in J.	1.05(0.00)***	1.05(0.00)***	1.05(0.00)***
Titel	1.60(0.09)***	1.60(0.09)***	1.59(0.09)***
Trend	0.95(0.01)***	0.95(0.01)***	0.95(0.01)***
Frauenquote		1.04(0.05)	0.96(0.05)
♀ * Frauenquote			1.41(0.15)***
Pseudo-R² (MF)	.06	.06	.06
LL	-7204.39	-7203.97	-7198.79
AIC	14418.77	14419.93	14411.58
BIC	14456.01	14464.62	14463.70
N	12671	12671	12671

Quelle: Längsschnittdaten, eigene Berechnungen.
Anmerkungen: Die Zellen enthalten Odds Ratio logistischer Regressionen (Standardfehler in Klammern). Referenzkategorien: Mann, kein Titel, Kandidat/innen aus Parteien ohne Frauenquote. Alter wurde zentriert. Signifikanzniveau: * p< .05, ** p < .01, *** p < .001.

Tabelle 42: Basis- und Quotierungsmodelle (Trend 1990)

Hier ist ein deutlich realitätsgetreueres Abbild zu erkennen: So übt die Quotierung alleine betrachtet keinen signifikanten Einfluss aus. Demgegenüber zeigt sich auch hier beim geschlechtsspezifischen Interaktionseffekt ein signifikanter Wert, wobei bei detaillierteren Berechnungen herausgefunden werden konnte, dass Kandidat/innen aus Parteien mit Quotierungsregelungen ungefähr gleiche vorhergesagte Erfolgswahrscheinlichkeiten haben (Kandidat*innen*: 28,4 Prozent; Kandidat*en*: 27,5 Prozent). Dem geschlechtsspezifischen Interaktionseffekt liegt auch hier insbesondere die unterschiedliche Wahlwahrscheinlichkeit von Kandidat/innen aus Parteien, die keine Quotierung haben, zugrunde: Hier haben Kandidat*en* eine 28,3-prozentige Wahlwahrscheinlichkeit im Vergleich zu einer 22,6-Prozentigen der Kandidat*innen*.

Somit haben Kandidat*innen* in Parteien mit Frauenquote deutlich höhere Chancen, als in Parteien ohne Quotierungsregeln. Dies kann mittels der Trendberechnungen seit 1957 und seit 1990 tendenziell bestätigt werden. Die Ergebnisse der Querschnittsanalyse deuten jedoch darauf hin, dass dieser Effekt heutzutage nicht mehr in dem Maße zu beobachten ist. Sicherlich auch deshalb, da inzwischen mit Ausnahme der FDP alle Parteien inzwischen eine Frauenquote haben.

Nach dieser detaillierten Erfassung der Wirkungsweisen der einzelnen Einflussfaktoren stellt sich die Frage, inwiefern diese Wirkungsweisen auch in integrierten Modellen nachzuweisen sind, was im Mittelpunkt der nachfolgenden Betrachtungen steht.

7.7 Weiterentwicklung der Modelle

Nachdem nun die einzelnen Erklärungsfaktoren detailliert betrachtet wurden, sollen nachfolgend die bisherigen Erkenntnisse und zentralen Einflussfaktoren der multivariaten Modelle im Überblick dargestellt und darauf aufbauend weiterentwickelt werden. Dies erfolgt sowohl anhand der Daten der Deutschen Kandidatenstudie 2009 als auch des Längsschnitts. Hierzu werden in einem ersten Schritt die zentralen Erklärungsfaktoren, die im vorausgegangenen theoretischen und empirischen Teil identifiziert wurden, in einem integrierten Modell zusammengefasst und um signifikante geschlechtsspezifische Interaktionseffekte ergänzt. Da sich in der bisherigen Analyse insbesondere das Wahlsystem und die Parteienzugehörigkeit der Kandidat/innen als besonders einflussreich herauskristallisiert haben, wird in einem zweiten und dritten Schritt ein besonderer Blick auf diese beiden Faktoren geworfen. Dies erfolgt mittels multinomial logistischer Regressionen und weiterer logistischer Regressionen.

7.7.1 Integrierte Modelle mittels logistischer Regressionen

Ziel der Darstellung der integrierten Modelle ist es herauszufinden, welche bisher identifizierten Einflussfaktoren auch in einem integrierten Modell aussagekräftig sind. Hierzu werden zunächst in einem tabellarischen Überblick die Ergebnisse der Einzelmodelle erneut dargestellt (vgl. Kapitel 7.1.2, 7.2.2, 7.4.2, 7.5.2, 7.6.2). Darauf aufbauend wird ein integriertes Modell entwickelt und um geschlechtsspezifische Interaktionseffekte ergänzt. Am Ende steht ein saturiertes Modell mit dem festgestellt werden kann, welche theoretisch identifizierten Faktoren signifikanten Einfluss ausüben. Zunächst werden die Ergebnisse der Querschnitt- und dann die der Längsschnittberechnungen dargestellt.

7.7.1.1 Querschnittsanalyse: Bundestagswahl 2009

Die nachfolgende Tabelle 43 umfasst die bereits bekannten Einzelmodelle (Modelle I bis XIV). Bei diesen Einzelmodellen hat das Hinzufügen verschiedener Variablen eine mehr oder weniger starke Modellverbesserung bewirkt. Doch welche Effekte sind diesen Einzelmodellen grundsätzlich, d.h. sowohl für Kandidat*innen* wie Kandidat*en*, zu entnehmen?

	Modell I Basis	Modell II Beruf	Modell III Familie	Modell IV Religion	Modell V Eintritt	Modell VI Interessen	Modell VII Kath. BL
Geschlecht	1.14(0.24)***	1.26(0.27)***	1.11(0.24)***	1.15(0.24)***	1.37(0.30)***	1.15(0.24)***	1.14(0.24)***
Alter in J.	1.05(0.01)***	1.05(0.01)***	1.05(0.01)***	1.05(0.01)***	1.09(0.01)***	1.05(0.01)***	1.05(0.01)***
Bildung	2.03(0.48)**	2.04(0.48)**	2.04(0.48)**	2.04(0.48)**	1.72(0.42)*	2.00(0.47)**	2.07(0.49)**
Beruf		0.54(0.11)**					
Familienstand			0.83(0.19)				
Konfession				1.93(0.41)**			
Alter bei Parteieintritt					0.93(0.01)***		
Fraueninteressen						0.71(0.14)	
Kath. Bundesländer							1.49(0.71)
Pseudo-R² (MF)	.06	.07	.06	.07	.14	.06	.06
LL	-322.28	-317.61	-321.93	-317.49	-293.72	-320.25	-321.92
AIC	652.55	645.21	653.86	644.98	597.44	651.60	653.83
BIC	670.22	667.29	675.94	667.07	619.53	673.68	675.91
N	612	612	612	612	612	612	612

	Modell VIII Ost	Modell IX Listen	Modell X Wahlkreis	Modell XI Doppelkand.	Modell XII Kand.qualität	Modell XIII Linke Parteien	Modell XIV Quote
Geschlecht	1.14(0.24)***	1.43(0.32)***	1.00(0.21)***	1.00(0.23)***	0.99(0.25)***	1.23(0.26)***	1.10(0.23)***
Alter in J.	1.05(0.01)***	1.05(0.01)***	1.05(0.01)***	1.06(0.01)***	1.04(0.01)**	1.06(0.01)***	1.05(0.01)***
Bildung	2.04(0.48)**	1.91(0.47)**	1.94(0.46)**	1.70(0.43)*	1.88(0.52)*	1.93(0.46)**	2.06(0.48)**
Östliche Bundesländer	0.89(0.25)						
Listenkandidatur		0.03(0.02)***					
Wahlkreiskandidatur			0.40(0.11)**				
Doppelkandidatur				8.45(2.17)***			
Kandidaturqualität					22.26(6.34)***		
Linke Parteien						0.47(0.09)***	
Frauenquote							1.36(0.34)
Pseudo-R² (MF)	.06	.17	.08	.19	.28	.08	.06
LL	-322.19	-283.57	-316.09	-277.03	-246.28	-315.15	-321.52
AIC	654.37	577.13	642.18	564.06	502.55	640.30	653.04
BIC	676.46	599.22	664.27	586.14	524.63	662.38	675.13
N	612	612	612	612	612	612	612

Daten: Deutsche Kandidatenstudie 2009, eigene Berechnungen.

Anmerkungen: Die Zellen enthalten Odds Ratio logistischer Regressionen (Standardfehler in Klammern). Referenzkategorien: Mann, niedrige Bildung, Männerberuf, nicht verheiratet, nicht katholische Konfessionszugehörigkeit, Männerinteressen, Herkunft aus nicht-kath. Bundesländern, Herkunft aus westl. Bundesländern, keine ausschließliche Listenkandidatur, keine ausschließliche Wahlkreiskandidatur, keine Doppelkandidatur, schlechte Kandidaturqualität, Kandidat/innen aus CDU, CSU und FDP, Kandidat/innen aus Parteien ohne Frauenquote. Alter wurde zentriert. Signifikanzniveau: * p<.05, ** p<.01, *** p<.001.

Tabelle 43: Einzelmodelle im Überblick (Querschnitt 2009)

Das Alter hatte durchgehend einen höchst signifikanten positiven Effekt. Das bedeutet, dass mit jedem Lebensjahr der Kandidat/innen die Wahlchancen steigen. Und auch der Blick auf die Bildungsvariable zeigte stets einen positiven Effekt: Somit haben Kandidat/innen mit höherer Bildung auch höhere Wahlchancen. Ähnlich erging es der Religionsvariablen: Es konnte ein höchst signifikanter Effekt identifiziert werden. Ein ähnliches Bild bietet sich auch bei der Parteieintrittsvariable, die im Einzelmodell einen höchst signifikanten Einfluss ausübt. Ferner konnte festgestellt werden, dass Familienstand, Fraueninteressen, Herkunft aus einem katholischen oder östlichen Bundesland und die Frauenquote in Parteien keine signifikanten Effekte auf die Erfolgschancen der Kandidat/innen bei der Wahl 2009 hatten: Alle Variablen waren nicht signifikant. Bei einer ausschließlichen Listen- und Wahlkreiskandidatur und der Zugehörigkeit zu Parteien des linken Spektrums konnten negative Effekte identifiziert werden. Dagegen erhöhen Doppelkandidaturen und eine aussichtsreiche Kandidaturqualität die Erfolgschancen der Kandidat/innen in bedeutender Weise. So scheint es von besonderem Interesse zu sein, dass die Kandidat/innen möglichst sowohl im Wahlkreis wie auf der Liste platziert werden und dass sie zudem eine aussichtsreiche Kandidaturqualität haben. Diese Faktoren üben allesamt einen äußerst positiven Effekt auf die Erfolgschancen der Kandidat/innen insgesamt aus.

Doch bisher wurden nur Effekte auf den Wahlerfolg von Kandidat*innen* und Kandidat*en* beschrieben. Die vorliegende Arbeit interessiert sich jedoch insbesondere für das Geschlecht und die geschlechtsspezifischen Interaktionseffekte. Welche Effekte konnten hiervon in den Einzelmodellen beobachtet werden? Die Geschlechtervariable war in keinem der Einzelmodelle signifikant und somit haben Kandidat*innen* im Großen und Ganzen im Rahmen dieser Modelle weder bessere noch schlechtere Chancen ein Mandat zu gewinnen. Und auch nur wenige der geschlechtsspezifischen Interaktionseffekte – die in der Überblicktabelle nicht explizit abgebildet, jedoch den Kapiteln 7.1 bis 7.6 zu entnehmen sind – weisen in den Einzelmodellen Signifikanzen auf: Nur bei den Modellen zu Doppelkandidaturen und Linken Parteien konnte ein solcher identifiziert werden: Demnach haben Kandidat*innen* mit Doppelkandidatur höhere Aussichten auf einen Wahlerfolg als Kandidat*en* mit Doppelkandidatur und Kandidat*innen* des linken Parteispektrums hatten bei der Bundestagswahl 2009 deutlich höhere Wahlchancen als Kandidat*en*. Für Kandidat*innen* ist es daher eher ratsam, in Parteien der linken Seite des Parteispektrums zu kandidieren.

Auf diese Weise konnten geringfügige Effekte der Geschlechtervariablen in diesen Einzelmodellen identifiziert werden. Ob und inwiefern sich signifikante Effekte in den integrierten Modellen halten können soll im Folgenden betrachtet werden. Dazu werden zunächst integrierte Modelle mit allen potentiellen Einflussfaktoren berechnet und dann zusätzlich um geschlechtsspezifische Interaktionseffekte ergänzt. Am Ende steht ein „saturiertes Modell", in welchem sich nur noch die zentralen Haupteffekte und signifikante geschlechtsspezifische Interaktionseffekte befinden. Zunächst zu den integrierten Modellen mit und ohne geschlechtsspezifischen Interaktionseffekt.

	Modell XVa Integriertes Modell	Modell XVb Integriertes Modell (m.I.)
Geschlecht	0.95(0.28)	0.24(0.62)
Alter in J.	1.06(0.02)**	1.05(0.02)**
Bildung	1.34(0.44)	1.36(0.53)
Beruf	0.62(0.17)	0.50(0.18)*
Familienstand	0.72(0.23)	0.76(0.25)
Konfession	1.48(0.48)	1.40(0.55)
Alter Parteieintritt	0.98(0.01)	1.00(0.02)
Fraueninteressen	0.87(0.23)	0.80(0.27)
Kath. Bundesländer	1.52(1.35)	0.93(1.01)
Östliche Bundesländer	1.64(0.76)	1.03(0.60)
Doppelkandidatur	8.64(2.84)***	7.39(2.89)***
Kandidaturqualität	15.11(5.20)***	4.96(2.81)**
Linke Parteien	0.19(0.07)***	0.09(0.05)***
Frauenquote	4.82(1.90)***	6.43(2.89)***
♀ * Alter		1.01(0.04)
♀ * Bildung		1.01(0.43)
♀ * Frauenberuf		1.97(1.18)
♀ * Familienstand		0.85(0.37)
♀ * Konfession		0.92(0.70)
♀ * Parteieintritt		0.97(0.03)
♀ * Fraueninteresse		1.25(0.73)
♀ * kath. Bundesländer		1.84(3.65)
♀ * östl. Bundesländer		1.72(1.74)
♀ * Doppelkandidatur		5.13(5.93)
♀ * Kandidaturqualität		5.10(3.76)*
♀ * Linke Parteien		5.66(4.82)*
♀ * Frauenquote		0.72(0.82)
Pseudo-R² (MF)	.42	.44
LL	-198.79	-191.10
AIC	427.59	438.21
BIC	493.84	561.88
N	612	612

Daten: Deutsche Kandidatenstudie 2009, eigene Berechnungen.
Anmerkungen: Die Zellen enthalten Odds Ratio logistischer Regressionen (Standardfehler in Klammern). Referenzkategorien: Mann, niedrige Bildung, Männerberuf, nicht verheiratet, nicht katholische Konfession, Männerinteressen, Herkunft aus nicht-kath. Bundesländern, Herkunft aus westl. Bundesländern, keine Doppelkandidatur, schlechte Kandidaturqualität, Kandidat/innen aus CDU, CSU und FDP, Kandidat/innen aus Parteien ohne Frauenquote. Alter und Parteieintritt zentriert. Signifikanzniveau: * $p < .05$, ** $p < .01$, *** $p < .001$.

Tabelle 44: Integrierte Modelle (Querschnitt 2009)

Grundsätzlich erzielt das Modell ohne geschlechtsspezifische Interaktionen ein Pseudo-R² von .42 und somit einen sehr hohen Wert. Auch das AIC und das BIC haben sich im Vergleich zum Basismodell deutlich verbessert. Allerdings ist dem integrierten Modell auch zu entnehmen, dass zahlreiche Faktoren, die aus theoretischer Sicht als besonders einflussreich identifiziert wurden und auch bei den Einzelmodellen signifikante Effekte erzielen konnten (wie z.b. Frauenberuf, Religion oder Parteieintritt), unter Kontrolle weiterer Faktoren keine signifikanten Effekte mehr zeigen. Wie zu erwarten war, übt auch in diesem Modell die Geschlechtervariable keinen signifikanten Effekt aus. Dies ist auch bei der Betrachtung der Wahrscheinlichkeiten zu erkennen: Die vorhergesagte Wahlwahrscheinlichkeit einer Kandidat*in* ein Mandat zu gewinnen liegt bei 13,8 Prozent im Vergleich zu einer 14,5-prozentigen Wahlwahrscheinlichkeit eines Kandida-*ten*.

Doch wie ist es um die geschlechtsspezifischen Interaktionseffekte bestellt? Die Ergebnisse liefern nicht viele neue Erkenntnisse: Wie bereits in den Einzelmodellen sind auch hier die Interaktionseffekte des Geschlechts mit den linken Parteien signifikant. Jedoch ist nun nicht mehr die Interaktion mit der Doppelkandidatur, sondern die mit einer aussichtsreichen Kandidaturqualität signifikant. Auch hier wurden Zusatzberechnungen durchgeführt[80]. Das Ergebnis in Bezug zur linken Parteizugehörigkeit steht in Einklang mit den bisherigen Ergebnissen: Kandidat*innen* des linken Parteispektrums haben deutlich höhere Erfolgsaussichten als Kandidat*en* (vorhergesagte Wahlwahrscheinlichkeit von Kandidat*innen*: 10,1 Prozent; Kandidat*en*: 6,0 Prozent). Bei der Kandidaturqualität ist jedoch zu erkennen, dass Kandidat*innen* mit einer aussichtsreichen Kandidaturqualität geringere Aussichten auf Erfolg haben: Kandidat*en* haben eine 67,5-Prozentige im Vergleich zu einer 50,4-Prozentigen von Kandidat*innen*.

Aufbauend auf diesem integrierten Modell wurde ein saturiertes Modell mit den Basisvariablen (Geschlecht, Alter und Bildung) und allen signifikanten Effekten, die über signifikante LR-Tests und verbesserte AICs und BICs identifiziert wurden, mit und ohne Interaktionseffekte berechnet. Die Modelle sind der nachfolgenden Tabelle 45 zu entnehmen. Grundlegend weisen diese mit dem integrierten Modell vergleichbare Ergebnisse auf, jedoch mit einer deutlich besseren Modellanpassung: Zunehmendes Alter, eine Doppelkandidatur, eine gute Kandidaturqualität und Zugehörigkeit zu Parteien mit Frauenquote wirken sich grundsätzlich positiv auf den Wahlerfolg von Kandidat/innen aus. Das Geschlecht alleine hat keine signifikante Erklärungskraft: Kandidat*en* haben eine vorhergesagte Wahlwahrscheinlichkeit von 15,2 Prozent im Vergleich zu einer 13,8-Prozentigen von Kandidat*innen*.

---

[80] Zur Identifikation der Wirkungsweise geschlechtsspezifischer Interaktionseffekte wurden Zusatzmodelle berechnet. Die Vorgehensweise wurde in Kapitel 7.1.2.2 beschrieben.

	Modell XVIa Saturiertes Modell	Modell XVIb Saturiertes Modell (m.I.)
Geschlecht	0.90(0.26)	0.39(0.19)
Alter in J.	1.04(0.01)**	1.05(0.01)**
Bildung	1.39(0.43)	1.42(0.45)
Doppelkandidatur	8.53(2.71)***	9.32(3.14)***
Kandidaturqualität	17.64(5.55)***	6.61(3.30)***
Linke Parteien	0.14(0.05)***	0.08(0.03)***
Frauenquote	5.24(1.93)***	6.43(2.50)***
♀ * Kandidaturqualität		4.11(2.69)**
♀ * Linke Parteien		6.85(4.25)**
Pseudo-R² (MF)	.41	.42
LL	-203.26	-197.25
AIC	422.52	414.50
BIC	457.85	458.67
N	612	612

Daten: Deutsche Kandidatenstudie 2009, eigene Berechnungen.
Anmerkungen: Die Zellen enthalten Odds Ratio logistischer Regressionen (Standardfehler in Klammern). Referenz-kategorien: Mann, niedrige Bildung, keine Doppelkandidatur, schlechte Kandidaturqualität, Kandidat/innen aus CDU, CSU und FDP, Kandidat/innen aus Parteien ohne Frauenquote. Alter und Parteieintritt zentriert. Signifikanz-niveau: * p< .05, ** p < .01, *** p < .001.

Tabelle 45: Saturierte Modelle (Querschnitt 2009)

Bei der Interaktion der Geschlechtervariablen mit der Kandidaturqualitätsvariablen bzw. den linken Parteien sind auch durchaus signifikante geschlechtsspezifische Interaktionseffekte zu erkennen: Die Zugehörigkeit zu Parteien des linken Spektrums erhöht die Wahlchance von Kandidat*innen*. Im Vergleich zum integrierten Modell liegen die geschlechtsspezifischen vorhergesagten Wahrscheinlichkeiten im saturierten Modell sogar noch weiter auseinander: Kandidat*innen* haben eine Wahrscheinlichkeit von 9,4 Prozent. Im Vergleich liegt diese bei Kandidat*en* bei 5,6 Prozent. Auch bei der detaillierten Betrachtung des geschlechtsspezifischen Interaktionseffektes bezüglich der Kandidaturqualität verstärken sich die geschlechtsspezifischen Diskrepanzen zwischen Kandidat*innen* und Kandidat*en* noch: Die vorhergesagte Wahrscheinlichkeit von Kandidat*en* mit aussichtsreichem Platz liegt bei 71,5 Prozent; die der Kandidat*innen* bei 52,5 Prozent. Somit haben Kandidat*innen* mit aussichtsreichen Platzierungen im Vergleich zu Kandidat*en* mit aussichtsreicher Platzierung deutlich schlechtere Chancen auf einen Wahlsieg.

Zusammenfassend kann festgestellt werden, dass zahlreiche, in der Geschlechtertheorie propagierte Wirkungsfaktoren (wie z.B. Familienstand, Frauen-interessen, Frauenberuf, verspäteter Eintritt in die Parteien), im saturierten Modell weder einen positiven noch einen negativen Effekt auf die Wahlwahrscheinlichkeit insgesamt, noch auf die spezifische Wahlwahrscheinlichkeit von Kandidat*innen* einnehmen. Dies sind die Ergebnisse auf der Basis von Daten zur Bundestagswahl 2009. Insofern diese Ergebnisse die aktuelle Situation von Kandidat/innen bei der Bundestagswahl beschreiben, kann in zukünftigen Diskussionen um die Rolle von Frauen bei Bundestagswahlen davon abgesehen werden, diese Faktoren für die Unterrepräsentation von Frauen im Bundestag heranzuziehen. Was aus geschlechtsspezifischer Sicht tatsächlich identifiziert werden konnte ist, dass Kandidat*innen* in Parteien des linken Spektrums größere Wahlchancen als Kandidat*en* haben. Ebenso konnte herausgefunden werden, dass Kandidat*innen* trotz einer aussichtsreichen Kandidaturqualität seltener einen Wahlsieg nach Hause tragen als Kandidat*en* mit aussichtsreicher Kandidaturqualität.

Hinzuweisen ist an dieser Stelle jedoch darauf, dass die vorliegenden Untersuchungsergebnisse nicht auf die Situation von Frauen in der Politik auf allen politischen Ebenen, in allen Ländern, zu allen Zeiten verallgemeinert werden können. Nachfolgend soll nun ein Blick auf die längsschnittliche Perspektive gelegt werden, denn möglicherweise waren zahlreiche Faktoren in Deutschland lange Zeit wirksam, haben jedoch infolge von Emanzipationsprozessen, der Wiedervereinigung und der Neugründung von Parteien inzwischen an Aussagekraft verloren.

7.7.1.2 Längsschnittanalyse: Bundestagswahl 1957 bis 2009

Auch hier werden zunächst die Einzelmodelle in einem Überblick dargestellt und darauf aufbauend integrierte Modelle entwickelt. Im folgenden Teil werden zunächst die Trendberechnungen seit 1957 betrachtet, bevor dann die seit 1990 vorgestellt werden.

Trendberechnungen seit 1957

Zunächst ist bei der Betrachtung der Einzelmodelle in Tabelle 46 ersichtlich, dass die Geschlechtervariable bei allen Berechnungen – mit Ausnahme des Listenmodells – Werte unter 1 annimmt, was einen negativen Einfluss der Geschlechtervariablen beschreibt. Demnach haben Kandidat*innen* hier geringere Chancen, gewählt zu werden, als Kandidat*en*. Bei Einzelmodellen, welche die Listenkandidatur berücksichtigen, wird diese Variable allerdings positiv und zudem hoch signifikant (Modell IV).

	Modell I Basis	Modell II Kath. BL	Modell III Wahlkreis	Modell IV Listen	Modell V Doppel-kandidator	Modell VI Kandidatur-qualität	Modell VII Linke	Modell VIII Quote
Geschlecht	0.65(0.03)***	0.65(0.03)***	0.72(0.03)***	1.28(0.07)***	0.80(0.04)***	0.60(0.04)***	0.61(0.03)***	0.60(0.03)***
Alter in J.	1.06(0.01)***	1.06(0.00)***	1.05(0.00)***	1.05(0.00)***	1.05(0.00)***	1.03(0.00)***	1.06(0.00)***	1.05(0.00)***
Titel	1.83(0.07)***	1.83(0.07)***	1.76(0.07)***	1.38(0.06)	1.66(0.07)***	1.68(0.09)***	2.00(0.08)***	1.90(0.07)***
Trend	1.02(0.00)***	1.03(0.00)***	1.03(0.00)***	0.98(0.00)***	0.98(0.01)***	1.02(0.01)***	1.03(0.00)***	0.98(0.00)***
Kath. BL		1.98(0.14)***						
Wahlkreiskand.			2.79(0.13)***					
Listenkand.				0.04(0.00)***				
Doppelkand.					7.36(0.25)***			
Kand.qualität						98.97(6.44)***		
Linke Parteien							1.86(0.06)***	
Frauenquote								1.98(0.09)***
Pseudo-R²	.07	.07	.09	.32	.21	.47	.08	.08
LL	-13042.76	-12997.81	-12802.00	-9577.17	-11112.86	-7421.22	-12847.29	-12930.45
AIC	26095.51	26007.61	25616.01	19166.34	22237.73	14854.43	25706.57	25872.90
BIC	26135.40	26055.47	25663.87	19214.20	22258.59	14902.29	25754.44	25920.76
N	21525	21525	21525	21525	21525	21525	21525	21525

Daten: Längsschnittdaten, eigene Berechnungen.

Anmerkungen: Die Zellen enthalten Odds Ratio logistischer Regressionen (Standardfehler in Klammern). Referenzkategorie: Mann, kein Titel, Herkunft aus nicht-kath. Bundesländern, keine ausschließliche Wahlkreiskandidatur, keine ausschließliche Listenkandidatur, keine Doppelkandidatur, schlechte Kandidatur-qualität, Kandidat/innen aus Parteien ohne Frauenquote. Alter wurde zentriert. Signifikanzniveau: * p< .05, ** p < .01, *** p < .001.

Tabelle 46: Einzelmodelle im Überblick (Trend 1957)

Alle anderen hinzugefügten Variablen in den jeweiligen Einzelmodellen
üben einen höchst signifikanten Einfluss auf die Wahlchancen der Kandidat/in-
nen insgesamt aus: Wenn Kandidat/innen in einem katholischen Bundesland
leben, ausschließlich in einem Wahlkreis nominiert sind, eine Doppelkandidatur
inne haben, eine aussichtsreiche Kandidaturqualität aufweisen, in einer linken
Partei oder in einer Partei mit Frauenquote antreten, dann haben sie höhere Erfolgschancen. Treten sie jedoch nur auf der Liste an, dann haben sie geringere
Wahlchancen. Die detaillierten Hintergründe dieser Faktoren wurden bereits bei
der Darstellung der einzelnen Modelle referiert und sollen an dieser Stelle nicht
wiederholt werden. An dieser Modellübersicht ist beim Blick auf das Pseudo-R^2
besonders gut zu erkennen, dass auch hier die makrostrukturellen Faktoren des
Wahlsystems die Erklärungskraft des Modells enorm ansteigen lassen.

Interessant sind auch die Ergebnisse der geschlechtsspezifischen Interaktionseffekte (hier nicht explizit ausgewiesen): So konnten signifikante geschlechtsspezifische Interaktionseffekte der Titel-, der Trend-, der Wahlkreis-,
der Doppelkandidatur-, der Linke Parteien- und der Quotierungsvariablen identifiziert werden: Eine hohe Bildung erhöht die Wahlchancen der Kandidat*innen* in
stärkerem Maße als bei Kandidat*en.* Ebenso konnte herausgefunden werden, dass
Kandidat*en* in Wahlkreisen höhere Erfolgsaussichten haben; jedoch Kandidat*innen* mit einer Doppelkandidatur häufiger siegreich nach Hause gehen als Kandidat*en* mit Doppelkandidatur. Auch die These bezüglich der erhöhten Chancen
der Frauen in linken Parteien konnte bestätigt werden: Kandidat*innen* haben in
Parteien des linken Parteispektrums größere Chancen auf einen Wahlsieg als
Kandidat*en.* Ebenso deuten die Ergebnisse darauf hin, dass Frauen in Parteien
mit Frauenquoten deutlich höhere Wahlchancen haben als in anderen Parteien.
Interessant bezüglich der geschlechtsspezifischen Interaktionseffekte ist zudem,
dass von der Variablen „Kandidaturqualität" kein geschlechtsspezifischer Interaktionseffekt ausgeht. Zur Erinnerung: Bei der Querschnittsanalyse konnte ein
signifikant geschlechtsspezifischer Interaktionseffekt festgestellt werden.

Doch nun stellt sich die Frage, ob und inwiefern die identifizierten Effekte
der Einzelmodelle in einem integrierten Modell an Aussagekraft einbüßen oder
weiterhin einen signifikanten Einfluss auf die Wahlchancen von Kandidat/innen
ausüben. Auch hierzu wurden Modelle mit allen zentralen Variablen gerechnet.
Im Kontext des Wahlsystems wurden jedoch ausschließlich die Variablen Doppelkandidatur und Wahlkreiskandidatur verwendet, um Multikollinearitätseffekte
zu vermeiden[81].

---

[81] Die Wahlkreisvariable beschreibt Personen, die ausschließlich im Wahlkreis angetreten sind. Die
Listenvariable Personen die ausschließlich auf der Liste angetreten sind und die Doppelkandidaturvariable Personen, die sowohl im Wahlkreis wie auch auf der Liste angetreten sind.

Aus den bisherigen Einzelmodellen ist ersichtlich, dass von der Listen- bzw. Wahlkreisvariablen immense Effekte auf die Wahlchancen der Kandidat/innen ausgehen, weshalb ein integriertes Modell mit Wahlkreisvariable und eines ohne Wahlkreisvariable berechnet wurde. Dies hat den Vorteil, dass bei der Berechnung die immense Wirkung dieser Variablen – falls vorhanden – berücksichtigt und entsprechend in der Ergebnisinterpretation bewertet wird. Darauf aufbauend wurden auch hier saturierte Modelle berechnet, welche ausschließlich signifikante Effekte bzw. signifikante geschlechtsspezifische Interaktionseffekte berücksichtigen; ausgewählt mittels LR-Tests. Im Folgenden werden nur die saturierten Modelle dargestellt.

	Modell IXa Saturiertes Modell mit Wahlkreis-variable	*Modell IXb* Saturiertes Modell mit Wahlkreis-variable *(m.I.)*	*Modell Xa* Saturiertes Modell ohne Wahlkreis-variable	*Modell Xb* Saturiertes Modell ohne Wahlkreisvari-able *(m.I.)*
Geschlecht	1.05(0.07)	3.18(0.74)***	0.66(0.04)***	0.70(0.16)
Alter	1.02(0.00)***	1.02(0.00)***	1.03(0.00)***	1.03(0.00)***
Titel	1.36(0.08)***	1.36(0.08)***	1.57(0.09)***	1.56(0.09)***
Trend	0.95(0.01)***	0.96(0.01)***	0.96(0.01)***	0.96(0.01)***
Kath. BL	0.70(0.08)**	0.79(0.10)	0.91(0.10)	1.06(0.12)
Wahlkreiskand.	30.71(2.57)***	34.22(2.95)***		
Doppelkandidatur	16.05(1.09)***	16.63(1.14)***	4.27(0.20)***	3.49(0.17)***
Kand.qualität	67.82(4.91)***	68.29(4.96)***	73.60(4.94)***	73.50(4.99)***
Linke Parteien	1.65(0.10)***	1.75(0.11)***	1.12(0.06)***	1.12(0.06)*
Frauenquote	2.06(0.16)***	2.10(0.17)***	1.97(0.15)***	2.00(0.15)***
♀ * Trend		0.94(0.02)***		0.95(0.02)**
♀ * Kath. BL		0.43(0.13)**		0.32(0.10)***
♀ * Wahlkreiskand.		0.26(0.08)***		
♀ * Doppelkand.				4.70(0.68)***
♀ * L. Parteien		0.71(0.10)***		
Pseudo-R² (MF)	.58	.58	.51	.52
LL	-5896.44	-5876.34	-6842.78	-6772.96
AIC	11814.88	11782.68	13705.55	13571.92
BIC	11902.63	11902.33	13785.32	13675.62
N	21525	21525	21252	21525

Daten: Längsschnittdaten, eigene Berechnungen.
Anmerkungen: Die Zellen enthalten Odds Ratio logistischer Regressionen (Standardfehler in Klammern). Referenzkategorie: Mann, kein Titel, Herkunft aus nicht-kath. BL, keine ausschließliche Wahlkreiskandidatur, keine Doppelkandidatur, schlechte Kandidaturqualität, Kandidat/innen aus CDU, CSU oder FDP, Kandidat/innen aus Parteien ohne Frauenquote. Alter wurde zentriert. Signifikanzniveau: *p< .05, ** p < .01, *** p < .001.

Tabelle 47: Saturierte Modelle (Trend 1957)

Beim saturierten Modell IXa (mit Wahlkreisvariablen, ohne Interaktionen) kann zunächst festgestellt werden, dass fast alle Variablen einen signifikanten Einfluss auf die Erklärung der Erfolgsaussichten von Kandidat/innen insgesamt haben. Nur eine Variable zeigt keinen signifikanten Haupteffekt: Das Geschlecht. Das erstaunt zunächst, da bei nahezu allen Einzelmodellen der Trendanalysen seit 1957 das Geschlecht einen signifikant negativen Einfluss ausübte. Allerdings wurde das Wahlsystem hier ebenso durch die Berücksichtigung der Variablen „nur im Wahlkreis angetreten" und „Doppelkandidatur" berücksichtigt. Bei Berechnungen ohne die Wahlkreisvariablen (Modell Xa) zeigt sich auch hier ein signifikant negativer Effekt, was aus zahlreichen Einzelmodellen bekannt ist. Demnach haben Kandidat*innen* deutlich schlechtere Erfolgsaussichten.

Doch zunächst nochmals kurz zu den Haupteffekten des saturierten Modell mit Wahlkreisvariablen (Modell IXa): Hier ist ersichtlich, dass sowohl die Wahlkreis- als auch die Doppelkandidaturvariable einen positiven Einfluss auf die Erfolgsaussichten der Kandidat/innen insgesamt ausübt. Dies liegt daran, dass die Referenzkategorie dieser beiden Variablen die ausschließliche Listenkandidatur darstellt und diese bei den Trendberechnungen seit 1957 – im Vergleich zu den anderen beiden Variablen – die Wahlchancen verschlechtert. Das bedeutet, dass Personen, die ausschließlich auf der Liste kandidieren signifikant niedrigere Aussichten auf Erfolg haben. Besonders interessant ist zudem, dass auf den ersten Blick auch Personen, die ausschließlich im Wahlkreis angetreten sind, sogar höhere Chancen auf einen Wahlerfolg haben, als Personen, die eine Doppelkandidatur inne haben. Dieser Schein trügt jedoch, da ein Blick auf die standardisierten Effektkoeffizienten zeigt, dass die Doppelkandidatur höhere Effekte auf die Wahlchancen hat als die ausschließliche Wahlkreiskandidatur[82]. Details hierzu liefern die Berechnungen der vorhergesagten Wahrscheinlichkeiten: Kandidat/innen mit einer Doppelkandidatur haben 62,7-prozentige Wahlchancen; Kandidat/innen ohne Doppelkandidatur nur noch eine 9,5-Prozentige. Demgegenüber haben ausschließliche Wahlkreiskandidat/innen zwar eine vorhergesagte Wahrscheinlichkeit von 88,6 Prozent. Allerdings haben Kandidat/innen mit einer anderen Kandidatur noch immer Chancen von 20,2 Prozent. Zu berücksichtigen bei diesen Ergebnissen ist indes erstens der lange Untersuchungszeitraum seit 1957 und zweitens die ausschließliche Betrachtung der Unionsparteien, der SPD und der FDP. Daher ist bei der folgenden Darstellung der Trendberechnungen seit 1990 besonders darauf zu achten, ob und inwiefern selbige Effekte zu beobachten sind.

Nun zu den Haupteffekten des Modells ohne Wahlkreisvariablen (Modell X): Die zentrale Variable vorliegender Studie – das Geschlecht – unterscheidet

---

[82] Ergebnisse nicht explizit ausgewiesen: Standardisierter Effektkoeffizient von ausschließlicher Wahlkreiskandidatur liegt bei 2.90 im Vergleich zu 3.98 für Doppelkandidaturen.

sich bei diesen Berechnungen in bedeutendem Maße: Wie bereits dargestellt ist die Geschlechtervariable signifikant negativ. Das bedeutet, dass Kandidat*innen* geringere Chancen auf einen Wahlerfolg haben als Kandidat*en*. In diesem Modell wird ferner die Doppelkandidatur mit einer ausschließlichen Listen- oder einer ausschließlichen Wahlkreiskandidatur verglichen. Hier ist zu sehen, dass Personen mit einer Doppelkandidatur signifikant höhere Chancen haben ein Mandat zu gewinnen, als Personen mit ausschließlicher Listen- bzw. Wahlkreiskandidatur: Die vorhergesagten Chancen für Doppelkandidaturen stehen bei 49,4 Prozent im Vergleich zu einer 21,9-prozentigen Wahrscheinlichkeit von Kandidat/innen mit einer ausschließlichen Listen- oder Wahlkreiskandidatur. Auch hier ist die immense Wirkung einer Wahlkreiskandidatur ersichtlich. Im vorherigen Modell mit Wahlkreisvariablen hatten Wahlkreiskandidat*en* noch signifikant positive Erfolgsaussichten. Wenn man diese jedoch mit den Listenkandidaturen zusammenfasst, dann haben sie Negative. Die Haupteffekte aller weiterer Variablen sind ähnlich wie im Modell mit Wahlkreisvariablen (Modell IX) und auch vergleichbar mit den Berechnungen der Einzelmodelle in Kapitel 7.1 bis 7.6.

Das Modell mit der Berücksichtigung der Wahlkreisvariablen (Modell IX) ist aus theoretischer und auch aus empirischer Sicht in Anbetracht des deutlich besseren AICs und BICs das angemessene Modell. Für den vorliegenden Untersuchungskontext bedeutet dies, dass Kandidat*innen* bei einer oberflächlichen Betrachtung bei den Trendberechnungen seit 1957 grundsätzlich geringere Chancen auf ein Mandat im Bundestag haben (Einzelmodelle und Modell X). Bei einer tiefergehenden Analyse – welche die Unterschiedlichkeiten des Wahlsystems berücksichtigt und somit eine Aussagekraft für die Geschlechtervariablen unter Kontrolle der wahlsystematischen Regelungen hat (Modell IX) – unterscheiden sich hingegen die Wahlchancen von Kandidat*en* und Kandidat*innen* nicht signifikant. Somit ist an dieser Stelle die immense Wirkung des Wahlsystems im Kontext einer geschlechtsspezifischen Analyse zu erkennen.

Trotz alledem besteht die Möglichkeit, dass auch in diesem Kontext geschlechtsspezifische Interaktionseffekte wirksam sind, die ebenso bereits für das Modell mit Wahlkreisvariablen (Modell IX) und das Modell ohne Wahlkreisvariablen (Modell X) berechnet und tabellarisch dargestellt wurden. Im Rahmen des Modells unter Kontrolle einer ausschließlichen Wahlkreiskandidatur (Modell IXb) haben die Trendvariable, die Herkunft aus einem katholischen Bundesland, die Wahlkreisvariable und die Linke Parteienvariable einen signifikanten Einfluss: Kandidat*innen*, die in katholischen Bundesländern kandidieren, haben geringere Wahlchancen (24,5 Prozent) als Kandidat*en* in katholischen Bundesländern (26,0), was der ursprünglichen Vermutung entspricht. Insbesondere sind jedoch auch deutliche Unterschiede bei den geschlechtsspezifischen Wahlchancen in nicht katholischen Bundesländern zu erkennen, wo Kandidat*innen* deutlich höhere Chancen als Kandidat*en* haben (Kandidat*innen*: 31,7 Prozent; Kandidat*en*: 27,6 Prozent) und zugleich einen Teil zur Erklärung des geschlechtsspezifischen Interaktionseffekts beitragen. Auch bei der Wahl über den Wahlkreis können deutliche geschlechtsspezifische Unterschiede zuungunsten der Kandidat*innen* festgestellt werden: Ausschließliche Wahlkreiskandidat*innen* haben eine Wahlchance von 73,4 Prozent im Vergleich zu den Kandidat*en*, die eine Chance von 89,0 Prozent haben. An dieser Stelle ist jedoch ungeklärt, wie die geringeren Wahlchancen erklärt werden können, denn verschiedene Alternativen scheinen theoretisch möglich zu sein: Erstens, Kandidat*innen* werden auf aussichtslosen bzw. umkämpften Wahlkreisen nominiert oder zweitens, Kandidat*innen* werden seitens der Wähler/innen seltener gewählt. Dies ist eine Frage, die jedoch mittels Daten von Bevölkerungsumfragen zu beantworten ist und an dieser Stelle nicht final geklärt werden kann. Schließlich ist auch die geschlechtsspezifische Interaktion mit der linken Parteivariablen signifikant. Interessanterweise haben bei Zusatzberechnungen jedoch die Kandidat*en* höhere Chancen auf Wahlerfolg als Kandidat*innen* in den Parteien des linken Spektrums[83]. Bei den Einzelmodellen konnten entgegengesetzte Wirkungen beobachtet werden. Allerdings muss an dieser Stelle nochmals darauf hingewiesen werden, dass hier ausschließlich die SPD als Partei des linken Spektrums gilt.

Negativ sind auch die geschlechtsspezifischen Interaktionseffekte bei den Variablen Herkunft aus katholischen Bundesländern und Trend im saturierten Modell ohne Wahlkreisvariable (Modell Xb). Zusatzberechnungen konnten herausfinden, dass auch hier Kandidat*en* aus katholischen Bundesländern deutlich höhere Erfolgsaussichten haben (37,6 Prozent) als im Vergleich zu Kandidat*innen*, deren vorhergesagte Wahrscheinlichkeiten nur bei 23,7 Prozent liegen[84]. In Modell IXa (mit Wahlkreisvariablen) lagen diese Werte noch deutlich enger beieinander. Dies ist ein weiterer Hinweis darauf, dass die Wahlsystemvariablen nicht nur auf die Geschlechtervariablen, sondern auch auf die anderen Variablen einen signifikanten Einfluss nehmen.

Um die Bedeutung der Haupteffekte und geschlechtsspezifischen Interaktionseffekte anschaulich zu machen werden an dieser Stelle die Wahrscheinlichkeiten der Frauen und Männer in Abhängigkeit einiger Faktoren im Folgenden graphisch bzw. tabellarisch für die saturierten Modelle mit und ohne Wahlkreisvariable dargestellt. Beginnen wir mit den Wahlchancen von Kandidat*innen* und Kandidat*en* nach dem Alter, die der nachfolgenden Abbildung 54 sowohl für Modell IXa wie auch Modell Xa zu entnehmen sind:

---

[83] Zur Identifikation der Wirkungsweise geschlechtsspezifischer Interaktionseffekte wurden Zusatzmodelle berechnet. Die Vorgehensweise wurde in Kapitel 7.1.2.2 beschrieben.
[84] Zur Identifikation der Wirkungsweise geschlechtsspezifischer Interaktionseffekte wurden Zusatzmodelle berechnet. Die Vorgehensweise wurde in Kapitel 7.1.2.2 beschrieben.

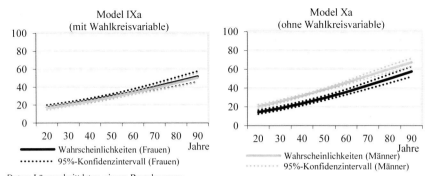

Daten: Längsschnittdaten, eigene Berechnungen.
Anmerkungen: Dargestellt sind die Wahrscheinlichkeiten von Frauen und Männern und das 95%-Konfidenzintervall auf der Basis der saturierten Modelle ohne Interaktionen.

Abbildung 54: Wahlchancen von Kandidat*innen* und Kandidat*en* nach Altersgruppen in Modellen mit und ohne Wahlkreisvariable in % (Trend
1957)

Wie auch aus der Modellberechnung ersichtlich ist, steigen die Wahlchancen der Kandidat*innen* und der Kandidat*en* mit zunehmendem Alter sowohl in dem Modell mit Wahlkreisvariablen als auch in dem ohne Wahlkreisvariable an. Während Kandidat/innen im Modell mit Wahlkreisvariablen im Alter von 20 Jahren ca. eine Wahlchance von 16 Prozent (Kandidat*en*) und 17 Prozent (Kandidat*innen*) haben, steigt diese stetig an und erreicht in einem Alter von 90 Jahren theoretisch eine Chance von 51 Prozent (Kandidat*en*) bzw. 52 Prozent (Kandidat*innen*). Tendenziell ist der Abbildung folglich zu entnehmen, dass die Wahlchancen der Kandidat*innen* über denen der Kandidat*en* liegen, jedoch nicht auf signifikantem Niveau. Deutlich anders verhält es sich in Modell Xa (ohne Wahlkreisvariable): Hier sind die Wahlchancen der Kandidat*en* deutlich höher als die der Kandidat*innen*. Eine Annäherung der beiden Linien ist nicht zu beobachten. Die Steigung der Linien ist deutlich stärker als im Modell mit Wahlkreisvariablen.

Der geschlechtsspezifische Interaktionseffekt der Trendvariablen war in beiden Modellen signifikant negativ, was bedeutet, dass Kandidat/innen im Laufe der Zeit signifikant geringere Chancen haben, ein Mandat im Bundestag zu bekommen. Betrachtet man jedoch den Verlauf in nachfolgender Abbildung 55 so wird deutlich, dass die Wahlchancen sowohl der Kandidat*innen* wie der Kandidat*en* im Laufe der Jahre gesunken sind.

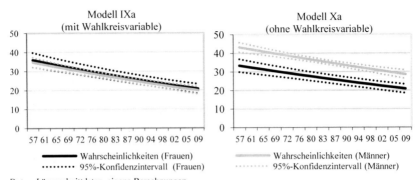

Modell IXa (mit Wahlkreisvariable)

Modell Xa (ohne Wahlkreisvariable)

━━━ Wahrscheinlichkeiten (Frauen)
·········· 95%-Konfidenzintervall (Frauen)

━━━ Wahrscheinlichkeiten (Männer)
·········· 95%-Konfidenzintervall (Männer)

Daten: Längsschnittdaten, eigene Berechnungen.
Anmerkungen: Dargestellt sind die Wahrscheinlichkeiten von Frauen und Männern und das 95%-Konfidenzintervall auf der Basis des saturierten Modells ohne Interaktionen.

Abbildung 55: Wahlchancen von Kandidat*innen* und Kandidat*en* in Modellen mit und ohne Wahlkreisvariablen im Zeitverlauf in % (Trend 1957)

Dies kann jedoch auch mit der Wiedervereinigung, der Verkleinerung des Bundestages und dem Hinzukommen der neuen Parteien erklärt werden. Während im Modell mit Wahlkreisvariablen nur geringfügige Unterschiede zu identifizieren sind, ist auch hier bei der Darstellung des Modells ohne Wahlkreisvariable ersichtlich, dass Kandidat*en* deutlich größere Chancen auf ein Mandat haben als Kandidat*innen*.

Neben diesen metrischen Variablen wurden zudem zahlreiche Dummy-Variablen bei der Modellierung verwendet. Auch hier ergeben sich deutliche Unterschiede zwischen den beiden Modellen in Bezug auf die Variable Geschlecht: Die Erfolgswahrscheinlichkeiten für die Modelle mit und ohne Wahlkreisvariablen sind der nachfolgenden Tabelle 48 zu entnehmen. Modell IXa zeigt, dass Frauen eine geringfügig höhere Chance haben, gewählt zu werden, als Männer. Die Wahrscheinlichkeit, gewählt zu werden, beträgt für Frauen 27,7 Prozent und für Männer 26,6 Prozent. Demgegenüber zeigt Modell Xa, dass die Chancen der Männer bei 35,5 Prozent und die der Frauen nur noch bei 26,7 Prozent stehen. Neben den geschlechtsspezifischen Effekten ist dieser Tabelle zudem die immense Bedeutung einer Doppel- bzw. Wahlkreiskandidatur und einer guten Kandidaturqualität zu entnehmen: Personen, die im Modell mit Wahlkreisvariable nur in einem Wahlkreis antreten, haben eine 88,6-prozentige Chance, im Vergleich zu einer 20,2-prozentigen Chance von Personen, die nicht nur im Wahlkreis antreten. Personen mit einer Doppelkandidatur haben eine 63,0-prozentige Chance auf Wahlerfolg und Personen mit aussichtsreicher Kandidaturqualität erreichen sogar eine Chance von 89,2 Prozent in Modell IXa (und in Modell Xa sogar von 92,4 Prozent).

		Modell IXa Saturiertes Modell mit Wahlkreis- variablen	Modell Xa Saturiertes Modell ohne Wahlkreis- variablen
Geschlecht	Frauen	27,7	26,7
	Männer	26,6	35,5
Titel	ohne Titel	25,8	32,0
	mit Titel	32,1	42,5
Kath. BL	kein kath. BL	29,7	34,6
	kath. BL	22,8	32,5
Wahlkreis- kandidatur	nicht nur im Wahlkreis	20,2	
	nur im Wahlkreis	88,6	
Doppel- kandidatur	keine Doppelkandidatur	9,5	20,9
	Doppelkandidatur	62,7	53,0
Kandidatur- qualität	nicht aussichtsreich	10,8	14,2
	aussichtsreich	89,2	92,4
Linke Parteien	rechtes Parteispektrum	23,6	32,9
	linkes Parteispektrum	33,7	35,4
Frauenquote	keine Frauenquote	23,7	30,4
	Frauenquote	39,1	46,3

Daten: Längsschnittdaten, eigene Berechnungen.
Anmerkungen: Dargestellt sind die Wahrscheinlichkeiten nach Geschlecht, Titel, katholischem Bundesland, Wahlkreiskandidatur, Doppelkandidatur, Kandidaturqualität, linke Parteien und Frauenquote.

Tabelle 48: Wahlwahrscheinlichkeiten mit und ohne Wahlkreisvariable (Trend 1990)

Trendberechnungen seit 1990

Nachdem nun die Ergebnisse der integrierten Modelle mittels der Deutschen Kandidatenstudie 2009 und der Trendberechnungen seit 1957 dargestellt wurden, ist abschließend zu fragen, welche Ergebnisse in den Trendberechnungen seit 1990 zu beobachten sind und somit, welchen Effekt der Betrachtungszeitraum und die Parteienanzahl auf die Ergebnisse haben. Auch diesbezüglich werden in einem ersten Schritt die bisherigen Ergebnisse der verschiedenen Einzelmodelle tabellarisch dargestellt.

	Modell I Basis	Modell II Beruf	Modell III Kath. BL	Modell IV Ost	Modell V Wahlkreis	Modell VI Listen
Geschlecht	0.97(0.04)	1.13(0.05)**	0.97(0.04)	0.97(0.04)	0.88(0.04)**	1.46(0.07)***
Alter in J.	1.05(0.00)***	1.05(0.00)***	1.05(0.00)***	1.05(0.00)***	1.05(0.00)***	1.05(0.00)***
Titel	1.60(0.09)***	1.52(0.09)***	1.63(0.09)***	1.62(0.09)***	1.58(0.09)***	1.39(0.09)***
Trend	0.95(0.01)***	0.94(0.01)***	.95(.01)***	0.95(0.01)***	0.96(0.01)***	0.93(0.01)***
Frauenberuf		0.38(0.02)***				
Kath. BL			1.69(.16)***			
Östl. BL				0.86(0.04)**		
Wahlkreiskandidatur					0.46(0.03)***	
Listenkandidatur						0.04(0.00)***
Pseudo-R² (MF)	.06	.09	.06	.06	.07	.22
LL	-7204.39	-6984.80	-7188.83	-7199.87	-7107.50	-5998.93
AIC	14418.77	13980.98	14389.67	14411.74	14227.00	12009.86
BIC	14456.01	14025.36	14434.6	14456.42	14271.68	12054.54
N	12671	12671	12671	12671	12671	12671

	Modell VII Doppelkandidatur	Modell VIII Kandidaturqualität	Modell IX Linke Parteien	Modell X Frauenquote
Geschlecht	1.03(0.05)	0.94(0.06)	1.00(0.05)	0.97(0.04)
Alter in J.	1.05(0.00)***	1.03(0.00)***	1.05(0.00)***	1.05(0.00)***
Titel	1.34(0.08)***	1.51(0.12)***	1.55(0.09)***	1.60(0.09)***
Trend	0.95(0.01)***	0.93(0.02)***	0.95(0.01)***	0.95(0.01)***
Doppelkandidatur	10.88(0.57)			
Kandidaturqualität		80.72(6.70)***		
Linke Parteien			0.76(0.03)***	
Frauenquote				1.04(0.05)
Pseudo-R² (MF)	.24	.43	.06	.06
LL	-5843.46	-4388.89	-7181.79	-7203.97
AIC	11698.92	8789.79	14375.58	14419.93
BIC	11743.60	8834.47	14420.27	14464.62
N	12671	12671	12671	12671

Daten: Längsschnittdaten, eigene Berechnungen.
Anmerkungen: Die Zellen enthalten Odds Ratio logistischer Regressionen (Standardfehler in Klammern). Referenzkategorie: Mann, kein Titel, Männerberuf, Herkunft aus nicht-kath. BL, Herkunft aus westl. BL, keine ausschließliche Wahlkreiskandidatur, keine ausschließliche Listenkandidatur, keine Doppelkandidatur, schlechte Kandidaturqualität, Zugehörigkeit zu CDU, CSU oder FDP, Zugehörigkeit zu Parteien ohne Frauenquote. Alter wurde zentriert.
Signifikanzniveau: * p<.05, ** p<.01, *** p<.001.

Tabelle 49: Einzelmodelle im Überblick (Trend 1990)

Im Vergleich zu den Trendberechnungen seit 1957 ist hier deutlich zu sehen, dass die Geschlechtervariable nur in wenigen Berechnungen einen signifikanten Effekt ausübt. Das ist beispielsweise beim Berufsmodell auf positive Weise zu erkennen: Frauen haben signifikant höhere Chancen auf Wahlerfolg als Männer. Außerdem sind ebenso Haupteffekte bei den wahlsystematischen Variablen „nur im Wahlkreis angetreten" und „nur auf der Liste angetreten" zu erkennen: Modell V zeigt, dass Frauen signifikant negative Chancen haben während Modell VI zeigt, dass die Erfolgschancen signifikant positiv sind. Bereits bei den Trendberechnungen seit 1957 konnten immense Wirkungen wahlsystematischer Einflussfaktoren in Bezug auf die Geschlechtervariable erkannt werden.

Ansonsten können bei den Modellen ähnliche Haupteffekte wie bei den Trendberechnungen seit 1957 festgestellt werden: Mit zunehmendem Alter, dem Führen eines Titels, einem Wohnsitz in einem katholischen Bundesland, einer Doppelkandidatur sowie einer guten Kandidaturqualität steigen die Chancen auf einen Wahlerfolg der Kandidat/innen insgesamt. Eine ausschließliche Listenkandidatur lässt die Chancen sinken. Unterschiede zu den Trendberechnungen seit 1957 sind bei dem Wahlkreis- und dem Linken Parteienmodell zu erkennen: Während eine ausschließliche Wahlkreiskandidatur bei den Trendberechnungen seit 1957 mit erhöhten Wahlchancen einhergeht, sind die Aussichten bei den Trendberechnungen seit 1990 geringer. Ähnlich verhält es sich bei dem linken Parteispektrum: Auch hier sind die Erfolgsaussichten niedriger, wobei dies durch die zwei neu hinzugekommenen Parteien zu erklären ist, die beide den „linken Parteien" zuzuordnen sind. Dies ist mit einem immensen Anwachsen an Kandidat/innen auf Wahlkreisebene und Listenebene verbunden, jedoch gewinnen diese Parteien verhältnismäßig wenige Mandate. Bei den Trendberechnungen seit 1990 konnte auch der Einfluss eines Frauenberufs bzw. der Zugehörigkeit zu den östlichen Bundesländern untersucht werden. In beiden Fällen konnte hier ein negativer Effekt identifiziert werden. Demzufolge trägt ein Frauenberuf bzw. die Herkunft aus einem östlichen Bundesland zu geringeren Wahlerfolgen der Kandidat/innen insgesamt bei. Kein signifikanter Effekt konnte bei der Frauenquote festgestellt werden.

Auch bei den Trendberechnungen seit 1990 wurden geschlechtsspezifische Interaktionseffekte berechnet, mittels derer häufig signifikante geschlechtsspezifische Einflüsse identifiziert werden konnten (hier nicht explizit dargestellt): Bezüglich des Alters konnte festgestellt werden, dass Kandidat*en* unter 40 Jahren deutlich geringere Chancen haben, gewählt zu werden als Kandidat*innen* in dieser Altersgruppe und daher jüngere Kandidat*innen* größere Chancen auf Erfolge haben als ihre männlichen Konkurrenten. Ebenso konnte herausgefunden werden, dass es Kandidat*en* in jüngerer Zeit (2002 bis 2009) deutlich schwieriger haben, ein Mandat zu erreichen als Kandidat*innen* insgesamt und auch Kandida-*ten* vor 2002. Ferner haben Frauen aus dem Osten höhere Chancen auf einen Wahlsieg als Männer. Kandidat*innen* aus nicht katholischen Bundesländern haben höher Chancen als Kandidat*en*. Demgegenüber haben Kandidat*innen* in Wahlkreisen und mit einer aussichtsreichen Kandidaturqualität geringere Er-folgschancen als Kandidat*en*. Wenn eine Kandidat*in* jedoch eine Doppelkandida-tur inne hat, dann sind ihre Wahlchancen höher als die der männlichen Konkur-renten, ebenso wenn sie in Parteien des linken Parteispektrums oder in Parteien mit Frauenquote antreten. Die beiden negativen Effekte bezüglich der Wahl-kreiskandidatur und der Kandidaturqualität deuten darauf hin, dass Frauen durch das Wahlsystem benachteiligt werden und bei einer ausschließlichen Nominie-rung im Wahlkreis geringere Erfolgschancen haben als Kandidat*en*.

Doch dies waren nur die Ergebnisse der Einzelberechnungen, bei denen keine Kontrolle der anderen Erklärungsfaktoren stattfand. Aus diesem Grund werden integrierte Modelle entwickelt und analysiert. Auch hier ist der Blick auf die Wirkungsweise der wahlsystematischen Faktoren besonders interessant: Gehen auch von der Kandidatur im Wahlkreis im Vergleich zur Liste derartig starke Effekte aus? Wie bei den Trendberechnungen seit 1957 wurden auch hier zwei integrierte Modelle berechnet: Im Modell XI wurde die Wahlkreiskandida-tur als Variable hinzugefügt und in Modell XII wurde diese Variable weggelas-sen. Auch hier wurden aus den integrierten Modellen nur diejenigen Variablen in ein saturiertes Modell aufgenommen, die tatsächlich einen zentralen Beitrag zur Modellverbesserung (geprüft mittels LR-Test, BIC und AIC) leisten.

Wie der Tabelle 50 zu entnehmen ist, verändert sich auch in den Trendbe-rechnungen seit 1990 die Variable Geschlecht bei den verschiedenen Modellspe-zifikationen: Modell XIa zeigt, dass Frauen positive Erfolgschancen haben. Das bedeutet, dass Frauen bessere Chancen auf einen Mandatserfolg haben als Män-ner. Modell XIIa zeigt demgegenüber einen leicht positiven Effekt der Ge-schlechtervariablen, der allerdings nicht signifikant ist. Zur Erinnerung: Bei den Trendberechnungen seit 1957 waren auch deutliche Unterschiede zu beobachten, jedoch dahingehend, dass im Modell mit Wahlkreisvariable das Geschlecht keine signifikante Aussagekraft hatte und im Modell ohne Wahlkreisvariable einen negativen Einfluss hatte. Tendenziell kann somit beobachtet werden, dass die Chancen der Frauen bei den Trendberechnungen seit 1990 höher sind als bei denen seit 1957 und sich somit die Situation der Kandidat*innen* im Laufe der Zeit immens verbessert zu haben scheint. Doch dazu mehr bei der Darstellung der Wahrscheinlichkeiten.

Zunächst zu den anderen Haupteffekten: Im Vergleich zu den Einzelmodel-len weisen hier die Variablen Herkunft aus katholischen und aus östlichen Bun-desländern keinen signifikanten Einfluss auf: Es konnte kein signifikanter Effekt und auch kein signifikanter Interaktionseffekt identifiziert werden. Bei den Trendberechnungen seit 1990 führt die Herkunft aus östlichen bzw. nicht-katholischen Bundesländern somit nicht zu höheren Wahlchancen von Frauen. Dennoch hat die Ostvariable insgesamt einen signifikanten Effekt, weshalb diese Variable in die saturierten Modelle aufgenommen wurde.

	Modell XIa Saturiertes Modell mit Wahlkreis-kandidatur	Modell XIb Saturiertes Modell mit Wahlkreiskan-didatur (m.I.)	Modell XIIa Saturiertes Modell ohne Wahlkreiskan-didatur	Modell XIIb Saturiertes Modell ohne Wahlkreis-kandidatur (m.I.)
Geschlecht	1.30(0.09)***	1.56 (0.22)**	1.09(0.08)	0.61(0.11)**
Alter in J.	1.03(0.00)***	1.03(0.00)***	1.03(0.00)***	1.03(0.00)***
Titel	1.19(0.10)*	1.19(0.10)*	1.22(0.10)*	1.21(0.10)
Trend	0.87(0.02)***	0.86(0.02)***	0.87(0.02)***	0.87(0.02)***
Frauenberuf	0.51(0.04)***	0.50(0.04)***	0.50(0.04)***	0.50(0.04)***
Östl. BL	1.36(0.10)***	1.38(0.10)***	1.38(0.10)***	1.40(0.10)
Wahlkreiskandidatur	5.10(0.65)***	6.02(0.80)***		
Doppelkandidatur	18.06(1.94)***	17.98(1.92)***	7.62(0.52)***	6.11(0.49)***
Kandidaturqualität	51.11(4.55)***	66.78(7.44)***	60.20(5.38)***	79.41(8.89)***
Linke Parteien	0.32(0.03)***	0.27(0.03)***	0.39(0.03)***	0.32(0.03)***
Frauenquote	3.23(0.33)***	3.67(0.42)***	2.75(0.26)***	3.16(0.34)***
♀ * Wahlkreiskand.		0.23(0.07)***		
♀ * Doppelkandidatur				2.62(0.43)***
♀ * Kandidaturqualität		0.39(0.07)***		0.33(0.06)***
♀ * Linke Parteien		2.21(0.45)***		1.89(0.38)**
♀ * Frauenquote		0.58(0.13)*		0.64(0.14)
Pseudo-R² (MF)	.53	.53	.51	.52
LL	-3629.75	-3595.67	-3719.74	-3675.14
AIC	7283.50	7223.34	7461.48	7380.28
BIC	7372.87	7342.50	7543.40	7491.99
N	12671	12671	12671	12671

Daten: Längsschnittdaten, eigene Berechnungen.
Anmerkungen: Die Zellen enthalten Odds Ratio logistischer Regressionen (Standardfehler in Klammern). Referenz-kategorie: Mann, kein Titel, Männerberuf, Herkunft aus westl. Bundesländern, keine ausschließliche Wahlkreiskan-didatur, keine Doppelkandidatur, schlechte Kandidaturqualität, Kandidat/innen aus CDU, CSU oder FDP, Kandidat/innen aus Parteien ohne Frauenquote. Alter wurde zentriert. Signifikanzniveau: *p< .05, **p < .01, ***p < .001.

Tabelle 50: Saturierte Modelle (Trend 1990)

Die Modelle weisen ein Pseudo-R² zwischen .51 und .53 auf, was als sehr gute Modellspezifikation gewertet werden kann. Bei den Trendberechnungen seit 1957 erzielte das Modell mit der Wahlkreiskandidatur nur geringfügig bessere Werte; dennoch deuten die AICs und BICs darauf hin, dass das Modell mit Wahlkreisvariablen die geeignetere Spezifikation ist. Grundsätzlich können in beiden Modellen positive Haupteffekte der Variablen Alter, Titel, östliches Bundesland, Doppelkandidatur, Kandidaturqualität und Frauenquote beobachtet werden. Ergebnisse, die auch aus den vorherigen Analysen bekannt sind. Negative Effekte sind bei der Trendvariablen, der Frauenberufsvariablen und der Linke Parteienvariable zu finden.

Im Vergleich zu den Einzelmodellen können jedoch nur sehr wenige signifikante geschlechtsspezifische Interaktionseffekte beobachtet werden: Durchsetzen konnten sich sowohl im Modell mit Wahlkreisvariable als auch im Modell ohne Wahlkreisvariable die Kandidaturqualität, die linke Parteienzugehörigkeit und die Frauenquote. Im Modell mit Wahlkreisvariable ferner die reine Wahlkreiskandidatur und im Modell ohne Wahlkreisvariable die Doppelkandidatur.

Zunächst zur Verhaltensweise des geschlechtsspezifischen Interaktionseffektes einer Wahlkreiskandidatur (Modell XIb): Zusatzberechnungen zeigen erneut deutlich, dass Kandidaten (47,4 Prozent) höhere Erfolgsaussichten haben als Kandidatinnen (23,1 Prozent) und somit auch in Berechnungen seit der Wiedervereinigung die geringeren Chancen für Frauen über Wahlkreiskandidaturen ersichtlich wird[85]. Bezüglich der Doppelkandidatur im Modell ohne Wahlkreisvariable ist – wie auch bei den Trendberechnungen seit 1957 – festzustellen, dass Doppelkandidaturen die Erfolgsaussichten der Kandidatinnen deutlich erhöhen.

Ein ebenso positives Ergebnis für Kandidatinnen kann bei der Berechnung der Interaktionseffekte zwischen Geschlecht und der Zugehörigkeit zu Parteien des linken Spektrums festgestellt werden: Modell XIb und Modell XIIb zeigt, dass Kandidatinnen höhere vorhergesagte Wahrscheinlichkeiten haben (Modell XIb: 15,3 Prozent; Modell XIIb: 17,1 Prozent) als Kandidaten (Modell XIb: 10,7 Prozent; Modell XIIb: 13,5 Prozent). Auch bei der Frauenquote kann ein positives Ergebnis identifiziert werden: Kandidatinnen haben höhere Aussichten auf einen Wahlerfolg, wenn sie einer Partei mit Frauenquote angehören, als Kandidaten. Schließlich wirkt sich die Kandidaturqualität ebenso in beiden Parteien negativ auf die Erfolgsaussichten der Kandidatinnen aus: Sie haben im Modell mit der Wahlkreisvariablen eine vorhergesagte Wahlwahrscheinlichkeit von 78,4 Prozent (Modell XIIb: 79,4 Prozent). Kandidaten haben eine von 85,8 Prozent (Modell XIIb: 89,8 Prozent).

Auch hier sollen die Wirkung des Geschlechts und die geschlechtsspezifischen Interaktionseffekte, in Wahrscheinlichkeiten ausgedrückt, graphisch bzw. tabellarisch dargestellt werden. Nachfolgend sind zunächst die Wahlchancen von Frauen und Männern nach Altersgruppe der Berechnungen des Modells mit Wahlkreisvariable (Modell XIa) und ohne Wahlkreisvariable (Modell XIIa) dargestellt.

---

[85] Zur Identifikation der Wirkungsweise geschlechtsspezifischer Interaktionseffekte wurden Zusatzmodelle berechnet. Die Vorgehensweise wurde in Kapitel 7.1.2.2 beschrieben.

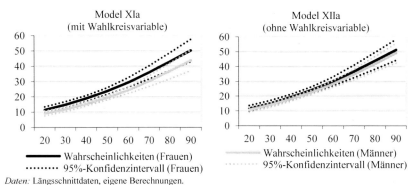

Daten: Längsschnittdaten, eigene Berechnungen.
Anmerkungen: Dargestellt sind die Wahrscheinlichkeiten von Frauen und Männern und das 95%-Konfidenzintervall auf der Basis der saturierten Modelle ohne Interaktionen.

Abbildung 56: Wahlchancen von Frauen und Männern nach Altersgruppen in Modellen mit und ohne Wahlkreisvariable in % (Trend 1990)

Abermals sind die deutlich unterschiedlichen Effekte der beiden Modelle zu erkennen: Während im Modell mit Wahlkreisvariable (Modell XIa) eine steil ansteigende Kurve für beide Geschlechter zu beobachten ist, ist dieser Anstieg im Modell ohne Wahlkreisvariable (Modell XIIa) in geringerem Maße zu erkennen. Zudem sind die Erfolgsaussichten im Modell XIa bei den Kandidat*innen* deutlich höher als bei den Kandidat*en*. Im Modell XIIa kann zwar auch tendenziell beobachtet werden, dass die Erfolgsaussichten der Kandidat*innen* höher liegen als die der Kandidat*en*, jedoch nur geringfügig. Im Vergleich zu den Wahrscheinlichkeiten der Trendberechnungen seit 1957 ist zudem zu erkennen, dass der Ausgangswert – also die Wahrscheinlichkeit im Alter von 20 Jahren – bei den Trendberechnungen seit 1990 deutlich niedriger liegt. Dies ist aber eine kausale Wirkung davon, dass bei den Berechnungen seit 1990 auch Kandidat/innen der PDS/Die Linke und dem Bündnis 90/Die Grünen berücksichtigt wurden und sich daher insgesamt die Anzahl der Kandidat/innen im Untersuchungssample erhöht hat, jedoch nicht die Anzahl der zur Verfügung stehenden Mandate.

Ähnliche Ergebnisse sind auch zu identifizieren, wenn die Wahlchancen nach Geschlecht und nach Wahljahr graphisch betrachtet werden (Abbildung 57): Auch hier ist zu erkennen, dass die Wahlchancen der Kandidat*innen* über denen der Kandidat*en* liegen, jedoch im Modell XIIa weniger stark als im Modell XIa. Ein allgemeiner Abwärtstrend ist auch hier zu beobachten, was jedoch daran liegt, dass sich die Zahl der Mandate von 1990 bis 2009 verringert hat. In geringfügiger Weise ist auch zu erkennen, dass sich die beiden Linien über die

Jahre hinweg zunehmend angenähert haben. Das bedeutet, dass die Wahlchancen der Kandidat*innen* über die Jahre im Vergleich zu den Kandidat*en* eher angestiegen sind. Diese visuelle Beobachtung ist jedoch nicht durch einen signifikanten geschlechtsspezifischen Interaktionseffekt gestützt.

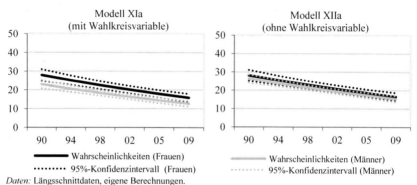

Abbildung 57: Wahlchancen von Frauen und Männern in Modellen mit und ohne Wahlkreisvariable nach Wahljahr in % (Trend 1990)

Zuletzt noch ein Blick auf die Wahrscheinlichkeiten der Dummy-Variablen (Tabelle 51). Im Vergleich zu den Trendberechnungen seit 1957 ist auch hier zu erkennen, dass die Wahlchancen sowohl der Kandidat*innen* als auch der Kandidat*en* deutlich zurückgegangen sind. Modell XIa zeigt, dass die Wahlchancen der Kandidat*innen bei* 21,3 Prozent liegen, während die der Kandidat*en* bei 17,2 Prozent liegen. Dies ist im Modell XIIa jedoch nicht mehr in dem starken Maße zu beobachten (Kandidat*innen*: 21,7 Prozent; Kandidat*en*: 20,3 Prozent). Auch hier ist zudem zu erkennen, welchen Einfluss eine Wahlkreiskandidatur, eine Doppelkandidatur und eine aussichtsreiche Kandidaturqualität sowohl im Modell XIa als auch im Modell XIIa hat: Beispielsweise führt eine gute Kandidaturqualität in 83,7 Prozent der Fälle im Modell mit Wahlkreisvariablen zu einem Wahlsieg; im Modell ohne Wahlkreisvariablen sogar zu 87,2 Prozent.

		Modell XIa Saturiertes Modell mit Wahlkreiskandidatur	*Modell XIIa* Saturiertes Modell ohne Wahlkreiskandidatur
Geschlecht	Frauen	21,3	21,7
	Männer	17,2	20,3
Titel	ohne Titel	18,0	20,3
	mit Titel	20,8	23,7
Frauenberuf	kein Frauenberuf	22,1	24,8
	Frauenberuf	12,5	14,2
Östliche BL	westl. BL	17,5	19,7
	östl. BL	22,37	25,3
Wahlkreis- kandidatur	nicht nur im Wahlkreis	14,2	
	nur im Wahlkreis	45,9	
Doppelkan- didatur	keine Doppelkandidatur	5,3	9,0
	Doppelkandidatur	50,4	42,9
Kandidatur- qualität	nicht aussichtsreich	9,2	10,1
	aussichtsreich	83,7	87,2
Linke Partei- en	rechtes Parteispektrum	29,6	30,4
	linkes Parteispektrum	12,0	14,7
Frauenquote	keine Frauenquote	9,0	11,4
	Frauenquote	24,2	26,1

Daten: Längsschnittdaten, eigene Berechnungen.
Anmerkungen: Dargestellt sind die Wahrscheinlichkeiten nach Geschlecht, Titel, Frauenberuf, Östliche Bundeslän-der, Wahlkreiskandidatur, Doppelkandidatur, Kandidaturqualität, Linke Parteien und Frauenquote.

Tabelle 51: Wahrscheinlichkeiten der saturierten Modelle mit und ohne Wahl-kreisvariable (Trend 1990)

Bei den integrierten Modellen der quer- und längsschnittlichen Analysen kann zusammenfassend festgestellt werden, dass es nicht ganz einfach ist, die Wirkungsweise der Geschlechtervariablen und der geschlechtsspezifischen Interaktionseffekte zu erfassen: Bezüglich der geschlechtsspezifischen Interaktionseffekte konnte tendenziell festgestellt werden, dass Doppelkandidaturen die Chancen von Frauen erhöhen und Wahlkreiskandidaturen diese verringern. In manchen Fällen trägt eine Herkunft aus katholischen Bundesländern zu geringen Erfolgsaussichten bei, ebenso wie eine gute Kandidaturqualität bei Kandidat*innen* in geringerem Maße bedeutet, dass diese auch mit einem Wahlsieg belohnt wird, im Vergleich zu Kandidat*en*. Demgegenüber sind die Erfolgsaussichten der Kandidat*innen* in Parteien des linken Spektrums höher als die der Kandidat*en*.

Bei der Wirkungsweise des Haupteffekts der Geschlechtervariablen ist grundlegend zu beobachten, dass die Kandidat*innen* bei den Trendberechnungen seit 1957 geringere Chancen auf einen Wahlsieg hatten, als in den Trendberechnungen seit 1990 im Vergleich zu Männern. Diese Ergebnisse hängen jedoch in starkem Maße davon ab, inwiefern man wahlsystematische Faktoren bei den

Berechnungen berücksichtigt. Es verstärkt sich an dieser Stelle der Eindruck, dass das Wahlsystem einen entscheidenden Beitrag zur Repräsentation von Frauen und Männern im Bundestag beiträgt, dessen Wirkung jedoch mittels der bisherigen Berechnungen im Rahmen von logistischen Regressionen nicht final geklärt werden konnte. Tendenziell erhärtet sich der Verdacht, dass Kandidat*innen* geringere Chancen haben, über Wahlkreise gewählt zu werden und diese geringeren Chancen mittels Listenkandidaturen kompensiert werden, insbesondere in den Modellen seit 1990. Ob und inwiefern dies tatsächlich der Fall ist, soll im nachfolgenden Teil geklärt werden, welches die Wahlchancen von Kandidat*innen* und Kandidat*en* im Rahmen von Listen- und Wahlkreiskandidaturen betrachtet.

7.7.2 Alles nur eine Frage des Wahlsystems? Wahlchancen von Frauen im Rahmen von Wahlkreis- und Listenkandidaturen

Bei der bisherigen Darstellung der Ergebnisse mittels logistischer Regressionen konnte festgestellt werden, dass das Wahlsystem einen entscheidenden Beitrag zum Wahlsieg bzw. -verlust von Kandidat*innen* beiträgt. Allerdings traten im Rahmen dieser Berechnungen Multikollinearitätseffekte auf: Inwiefern Wahlkreis-, Listen- und Doppelkandidaturen auf den Wahlerfolg wirken, konnte nicht abschließend geklärt werden. Es konnte zwar tendenziell beobachtet werden, dass sich die Kandidatur im Wahlkreis im Gegensatz zur Kandidatur auf der Liste negativ auf die Wahlerfolgsaussichten der Kandidat*innen* auszuwirken scheint. Doch inwiefern dies tatsächlich der Fall ist und wie sich der Effekt proportional zueinander verhält, konnte nicht final geklärt werden.

Diesem Problem kann man auf die Spur kommen, wenn man multinomial logistische Regressionen mit der abhängigen Variablen Wahlerfolg mit den Ausprägungen 0 für „nicht gewählt", 1 für „über den Wahlkreis gewählt" und 2 für „über die Liste gewählt" durchführt. Dadurch muss man sich bei diesen Variablen nicht mit Multikollinearität befassen, da bereits mittels der abhängigen Variablen die Wirkungsweise des Wahlsystems berücksichtigt und diese nicht als erklärende Variable ins Modell implementiert wird.

7.7.2.1 Querschnittsanalyse: Bundestagswahl 2009

Wie bisher wurden zunächst Basismodelle berechnet. Darauf aufbauend wurden integrierte und dann saturierte Modelle kalkuliert.

Bevor die saturierten Modelle analysiert werden, wird auch hier das Basismodell dargestellt. Durch diese einfache Berechnung mit der Geschlechtervariablen und den Kontrollvariablen Alter und Bildung soll gezeigt werden, dass die
Wahlchancen von Frauen durch Listenkandidaturen deutlich höher liegen als
durch Wahlkreiskandidaturen, wie nachfolgende Tabelle 52 zeigt.

	Basismodell
gewählt über Wahlkreis	
Geschlecht	0.59(0.18)
Alter	1.05(0.01)***
Bildung	1.71(0.51)
gewählt über Landesliste	
Geschlecht	1.97(0.52)*
Alter	1.05(0.01)***
Bildung	2.48(0.83)**
Pseudo-R² (MF)	.06
LL	-421.23
AIC	858.45
BIC	893.80
N	613

Daten: Deutsche Kandidatenstudie 2009, eigene Berechnungen.
Anmerkungen: Die Zellen enthalten Odds Ratio multinomial logistischer Regressionen (Standardfehler in Klammern), Referenzkategorie der multinomial logistischen Regression: nicht gewählt. Referenzkategorien der Variablen: Mann, niedrige Bildung. Alter wurde zentriert. Signifikanzniveau: * p< .05, ** p < .01, *** p < .001.

Tabelle 52: Basismodell (Querschnitt 2009)

Während im Rahmen der zuvor berichteten logistischen Regressionen mittels
Daten der Deutschen Kandidatenstudie bisher kein Effekt bei der Geschlechtervariablen identifiziert werden konnten, zeigen die Ergebnisse der multinomial
logistischen Regressionen deutlich, dass die Wahlchancen für Kandidat*innen,*
über den Wahlkreis gewählt zu werden, niedriger liegen – wobei der Effekt nicht
signifikant ist (Odds Ratio von 0.59). Demgegenüber sind die Wahlchancen von
Frauen, über die Liste gewählt zu werden, fast um das 2-fache höher als von
Männern (Odds Ratio von 1.97). Diese Berechnung stützt die These, dass es
Frauen leichter haben, über die Liste gewählt zu werden, als über den Wahlkreis,
zumindest bei der Bundestagswahl 2009.

Doch dieses Basismodell genügt nicht, um die Komplexität gänzlich zu erfassen. In der nachfolgenden Tabelle 53 ist das Ergebnis einer saturierten multinomialen logistischen Regression dargestellt, welches die Erklärungsvariablen
Religionszugehörigkeit, Alter beim Parteieintritt, Doppelkandidatur, aussichtsreiche Kandidaturqualität und Zugehörigkeit zu linken Parteien umfasst. Mittels
dieser Variablen konnte eine Modellverbesserung erzielt werden. Nicht berücksichtigt wurde der Familienstand, Fraueninteressen, Herkunft aus katholischen

und östlichen Bundesländern ebenso wie der Frauenberuf, die sich als nicht einflussreich herausgestellt haben.

	Saturiertes Modell
gewählt über Wahlkreis	
Geschlecht	0.86(0.32)
Alter	1.08(0.02)***
Bildung	1.13(0.44)
Alter bei Parteieintritt	0.93(0.02)***
Doppelkandidatur	2.87(1.03)**
Kandidaturqualität	16.62(6.44)***
Linke Parteien	0.13(0.05)***
gewählt über Landesliste	
Geschlecht	1.27(0.41)
Alter	1.04(0.02)*
Bildung	1.85(0.72)
Alter bei Parteieintritt	1.01(0.02)
Doppelkandidatur	32.45(23.81)***
Kandidaturqualität	11.97(4.84)***
Linke Parteien	0.97(0.27)
Pseudo-R² (MF)	.38
LL	-278.72
AIC	589.45
BIC	660.14
N	613

Daten: Deutsche Kandidatenstudie 2009, eigene Berechnungen.
Anmerkungen: Die Zellen enthalten Odds Ratio multinomial logistischer Regressionen (Standardfehler in Klammern), Referenzkategorie der multinomial logistischen Regression: nicht gewählt. Referenzkategorien der Variablen: Mann, niedrige Bildung, keine Doppelkandidatur, schlechte Kandidaturqualität, Kandidat/innen der CDU, CSU und FDP. Alter und Alter bei Parteieintritt zentriert. Signifikanzniveau: *p< .05, **p < .01, ***p < .001.

Tabelle 53: Saturiertes Modell (Querschnitt 2009)

Das Alter hat – wie auch bei den logistischen Regressionen – sowohl bei der Wahl über die Liste als auch über den Wahlkreis einen signifikant positiven Effekt und deutet abermals darauf hin, dass die Kandidat/innen mit zunehmendem Alter höhere Wahlerfolgsaussichten haben, gleichgültig ob das Mandat über den Wahlkreis oder die Listen gewonnen wird. Ähnlich wie bei den logistischen Regressionen ist auch die Bildungsvariable positiv, wobei auffallend ist, dass dieser positive Effekt nur bei der Listenwahl signifikant ist. Somit scheint eine höhere Bildung besonders wichtig bei Listenkandidat/innen und weniger bei den Wahlkreiskandidat/innen zu sein. Auch für das Alter zum Zeitpunkt des Parteieintritts ist ein signifikanter Effekt bei der Wahlkreiswahl zu erkennen, wobei leichte Unterschiede hinsichtlich der Stärke festzustellen sind. So begünstigt ein früher Parteieintritt die Wahlchancen der Wahlkreiskandidat/innen.

Deutliche Unterschiede sind bei der Doppelkandidatur und der Kandidaturqualität zu identifizieren: Eine Doppelkandidatur führt sowohl bei der Wahlkreis- wie auch der Listenwahl zu höheren Erfolgschancen, wobei jedoch festgestellt werden kann, dass dieser Effekt bei der Listenkandidatur besonders hoch ist. Das bedeutet, dass Personen, die über die Liste gewählt wurden, sehr häufig auch in einem Wahlkreis nominiert waren und daher eine Wahlkreisnominierung als Eintrittskarte in die Politik betrachtet werden kann, auch wenn der Wahlkreis nicht gewonnen werden konnte. Und auch eine aussichtsreiche Nominierung im Wahlkreis bzw. ein aussichtsreicher Listenplatz führt zu deutlich höheren Wahlchancen über die Liste und über den Wahlkreis. Schließlich konnte noch mittels der Zugehörigkeit zu Parteien des linken Spektrums – ähnlich wie bei den logistischen Regressionen – herausgefunden werden, dass diese Parteizugehörigkeit zum linken Spektrum die Wahlchancen bei der Wahl 2009 verschlechtert hat, was in besonderer Weise und auf signifikantem Niveau bei der Wahl über den Wahlkreis zu identifizieren ist.

Die fokussierte Geschlechtervariable ist jedoch sowohl bei der Wahl über den Wahlkreis als auch einer Wahl über die Liste nicht signifikant. Demzufolge konnten mittels multinomial logistischer Regressionen im Basismodell Geschlechtereffekte identifiziert werden, die jedoch bei zunehmender Variablenanzahl des Modells nicht länger signifikant sind. Die Interpretation von Interaktionseffekten bei multinomialen logistischen Regressionen ist umstritten und mit einer Vielzahl von Problemen verbunden, weshalb an dieser Stelle darauf verzichtet wird. Um dennoch Aussagen über die spezifische Situation von Kandidatinnen bei einer Wahlkreis- und einer Listenwahl machen zu können, wurden weitere logistische Regressionen durchgeführt, mittels derer nicht nur der Einfluss des jeweiligen Wahlsystems auf die Erfolgswahrscheinlichkeiten bestimmt, sondern auch geschlechtsspezifische Interaktionseffekte problemloser berechnet werden konnten.

Zunächst zur methodischen Vorgehensweise: Das grundlegende Ziel ist es, jeweils ein Wahlkreis- und ein Listenmodell zu berechnen. Das bedeutet, dass entweder nur die Wahlkreisbewerber/innen oder nur die Listenbewerber/innen betrachtet werden. Doppelkandidat/innen befinden sich in beiden Modellen. Die abhängige Variable bildet erneut die Frage, ob der/die Kandidat/in gewählt wurde oder nicht, wobei hier – je nach Modell – die abhängige Variable aus Wahlkreissieger/innen im Vergleich zu Wahlkreisverlierer/innen bzw. Listensieger/innen im Vergleich zu Listenverlierer/innen besteht. Mittels des LR-Tests und des AICs und BICs werden Variablen aufgenommen, die die Modelle verbessern. Nachfolgend sind saturierte Modelle dargestellt. Signifikante geschlechtsspezifische Interaktionseffekte konnten nicht identifiziert werden.

	Wahlkreiswahlmodell	*Listenwahlmodell*
Geschlecht	$0.39(0.16)^*$	$1.99(0.62)^*$
Alter	$1.05(0.02)^{**}$	$1.04(0.02)^{**}$
Bildung	$0.88(0.36)$	$1.72(0.64)$
Eintritt	$0.94(0.02)^{**}$	
Doppelkandidatur	$2.52(0.98)^*$	$15.30(11.34)^{***}$
Kandidaturqualität	$7.98(3.14)^{***}$	$4.63(1.48)^{***}$
Linke Parteien	$0.05(0.02)^{***}$	$7.60(4.37)^{***}$
Quote	$16.55(8.14)^{***}$	$0.10(0.07)^{***}$
Pseudo-R^2 (MF)	.41	.26
LL	-126.53	-150.77
AIC	271.06	317.54
BIC	308.92	350.57
N	496	459

Daten: Längsschnittdaten, eigene Berechnungen.
Anmerkungen: Die Zellen enthalten Odds Ratio logistischer Regressionen (Standardfehler in Klammern). Referenzkategorien: Mann, niedrige Bildung, keine Doppelkandidatur, schlechte Wahlkreisqualität, Kandidat/innen der CDU, CSU und FDP, Kandidat/innen aus Parteien ohne Frauenquote. Alter wurde zentriert. Signifikanzniveau: $^*p< .05$, $^{**}p < .01$, $^{***}p < .001$.

Tabelle 54: Modelle zur Wahlkreis- und Listenwahl (Querschnitt 2009)

Im Gegensatz zu den Ergebnissen der multinomial logistischen Regressionen ist dem Wahlkreiswahlmodell zu entnehmen, dass beim Geschlecht auf dem .05-Signifikanzniveau negative Effekte zu identifizieren sind. Dies bestätigt die Vermutung, dass Wahlkreisbewerber*innen* auch noch 2009 signifikant schlechtere Chancen haben, ein Mandat im Bundestag über eine Wahlkreisnominierung zu erzielen. In Wahrscheinlichkeiten ausgedrückt, hatten Kandidat*innen* bei der Wahl 2009 eine 3,0-prozentige vorhergesagte Wahlwahrscheinlichkeit im Vergleich zu einer 7,4-Prozentigen der Kandidat*en*. Weitere signifikante geschlechtsspezifische Interaktionseffekte konnten nicht identifiziert werden.

Doch wie ist es bei der Listenwahl bestellt? Hatten Frauen mit Listenkandidatur bessere Aussichten auf Erfolg? Grundlegend konnten auch an dieser Stelle keine signifikanten geschlechtsspezifischen Interaktionseffekte identifiziert werden. Allerdings nimmt auch hier die Geschlechtervariable einen signifikanten Effekt an, allerdings einen positiven. Dies bestätigt die Vermutung, dass Kandidat*innen* über die Liste signifikant bessere Chancen auf Wahlerfolge bei der Wahl 2009 hatten. In Wahrscheinlichkeiten ausgedrückt, haben Kandidat*innen* in diesem Modell eine 12,4-prozentige Chance im Vergleich zu einer 6,6-Prozentigen der Kandidat*en*.

Sicherlich sind diese kleinen Modelle nur ein Ausschnitt der Wirklichkeit. Allerdings konnte mittels dieser Modelle auf einem .05-Signifikantniveau gezeigt werden, dass Kandidat*innen* bei der Wahl über einen Wahlkreis geringere Chancen als Kandidat*en* haben, jedoch höher Chancen auf einen Wahlsieg im

Rahmen der Listenwahl. Dieses Ergebnis legt die Vermutung nahe, dass diese wahlsystematischen Effekte nicht erst bei der Bundestagswahl 2009 identifiziert werden können, sondern – womöglich noch in stärkerem Maße – bei vorherigen Bundestagswahlen zu identifizieren sind. Daher erfolgt nun eine längsschnittliche Betrachtung der wahlsystematischen Effekte.

7.7.2.2 Längsschnittanalyse: Bundestagswahl 1957 bis 2009

In Analogie zu den Querschnittanalysen werden Modelle mittels *multinomial logistischen Regressionen* berechnet. Nachfolgende Tabelle zeigt die Ergebnisse der Trendberechnungen seit 1957 und 1990 des Basismodells.

	Basismodell Trendberechnung seit 1957	Basismodell Trendberechnung seit 1990
gewählt über Wahlkreis		
Geschlecht	0.41(0.03)***	0.57(0.04)***
Alter	1.06(0.00)***	1.06(0.00)***
Titel	1.90(0.09)***	1.53(0.11)***
Trend	1.04(0.01)***	0.95(0.02)**
gewählt über Liste		
Geschlecht	0.96(0.05)	1.46(0.08)***
Alter	1.05(0.00)***	1.05(0.00)***
Titel	1.76(0.08)***	1.67(0.12)***
Trend	1.00(0.01)	0.95(0.01)**
Pseudo-R^2 (MF)	.05	.05
LL	-18214.62	-9676.98
AIC	36449.25	19373.95
BIC	36529.02	19448.42
N	21525	12671

Daten: Längsschnittdaten, eigene Berechnungen.
Anmerkungen: Die Zellen enthalten Odds Ratio multinomialer logistischer Regressionen (Standardfehler in Klammern), Referenzkategorie der multinomial logistischer Regression: nicht gewählt. Referenzkategorien der Variablen: Mann, kein Titel. Alter wurde zentriert. Signifikanzniveau: *p< .05, **p < .01, ***p < .001.

Tabelle 55: Basismodelle (Trend 1957 und 1990)

Der Blick auf die Geschlechtervariable offenbart das Vermutete: Das Wahlsystem macht einen entscheidenden Unterschied in Bezug auf den Wahlerfolg von Kandidat*innen*. Das Modell der *Trendberechnung seit 1957* zeigt, dass Frauen signifikant negative Effekte im Rahmen der Wahlkreiswahl haben. Erinnert seien die Ergebnisse des Einzelmodelle der logistischen Regression (vgl. Kapitel 7.5.2.2): Hier konnten – je nach Modell – signifikant negative bzw. nicht signifikante Effekte identifiziert werden und demzufolge hatten Kandidat*innen* tendenziell geringere Chancen auf einen Wahlsieg als Kandidat*en*: Hier wird allerdings deutlich, dass die negativen Ergebnisse v.a. auf das Wahlsystem zurückzuführen sind, indem Kandidat*innen* über den Wahlkreis deutlich seltener gewählt wurden als Kandidat*en*. Bei der Listenkandidatur kann bei den Trendberechnungen seit 1957 weder ein signifikanter positiver noch negativer Effekt identifiziert werden. Etwas anders verhält es sich bei den *Trendberechnungen seit 1990*: Das Modell zeigt auch hier, dass die Chancen der Kandidat*innen*, über einen Wahlkreis gewählt zu werden, deutlich geringer sind, als bei den Kandidat*en*. Bei der Geschlechtervariable in Bezug auf die Listenwahl sind dagegen positive Effekte zugunsten der Kandidat*innen* zu beobachten: Frauen haben signifikant höhere Aussichten auf Erfolg. Bei den logistischen Regressionen im vorherigen Kapitel konnten bei den Trendberechnungen seit 1990 neutrale und teilweise signifikant positive Effekte der Geschlechtervariablen beobachtet werden. Nun stellt sich die Frage, ob diese Effekte auch in integrierten Modellen wiederzufinden sind.

Nun zu dem *integrierten Modell* der *Trendberechnungen seit 1957 und 1990*: Hier wurden – wie auch bei der Deutschen Kandidatenstudie 2009 – die einzelnen Variablen hinzugefügt und mittels eines LR-Tests deren signifikanter Beitrag zur Modellerklärung geprüft. Bei allen zentralen Erklärungsfaktoren konnte ein signifikanter Beitrag identifiziert werden. Zunächst zu den Ergebnissen der *Trendberechnungen seit 1957*: Im Gegensatz zur Deutschen Kandidatenstudie 2009 sind die Effekte sowohl über die Wahlkreis- als auch über die Listenwahl auf signifikantem Niveau nachzuweisen: Das Geschlecht übt bei der Wahl über den Wahlkreis einen signifikant negativen Einfluss aus. D.h. Kandidat*innen* haben geringere Chancen, über einen Wahlkreis gewählt zu werden als Kandidat*en*. Entgegengesetzt verhält es sich bei der Listenwahl: Kandidat*innen* haben höhere Chancen, über einen Listenplatz gewählt zu werden, als Kandidat*en*. Bezüglich der anderen Erklärungsvariablen kann bisher Beobachtetes zumeist bestätigt werden: Mit zunehmendem Alter wachsen die Wahlchancen. Ein Titel wirkt sich positiv auf die Wahlchancen im Wahlkreis wie auf der Liste aus. Über die Zeit hinweg nehmen die Wahlchancen ab. Eine Frauenquote erhöht die Wahlchancen insgesamt. Bei der Kandidaturqualität können sowohl in der Listen- als auch der Wahlkreiswahl sehr hohe Effekte identifiziert werden. Unterschiedliche Ergebnisse nach Wahlkreis- und Listenwahl konnten bei einigen Variablen festgestellt werden: So scheinen die Chancen signifikant höher zu sein, ein Mandat zu erzielen, wenn man eine Doppelkandidatur innehat, jedoch über die Liste gewählt wird. Wahlkreiskandidaturen scheinen bei der Listengestaltung in stärkerem Maße berücksichtigt zu werden als andere Kandidat/innen. Schließlich können noch unterschiedliche Ergebnisse bei der Zugehörigkeit zu einer Partei festgestellt werden: Die Zugehörigkeit zu einer linken Partei erhöht die Chancen, dass man über den Wahlkreis gewählt wird, wobei auch hier angemerkt werden muss, dass zu der Referenzkategorie neben den Unionsparteien auch die FDP zu zählen ist, die bekanntlich sehr geringe Wahlerfolge über den Wahlkreis verzeichnet. Dementsprechend fallen die Wahlchancen der Parteien des linken Spektrums hier über die Listenwahl geringer aus.

	Saturiertes Modell *Trend seit 1957*	Saturiertes Modell *Trend seit 1990*
gewählt über Wahlkreis		
Geschlecht	0.45(0.03)***	0.71(0.06)***
Alter	1.03(0.00)***	1.03(0.00)***
Titel	1.67(0.10)***	1.19(0.11)
Trend	0.97(0.01)***	0.87(0.02)***
Frauenberuf		0.46(0.04)***
Kath. Bundesländer	0.79(0.09)***	
Östliche Bundesländer		1.59(0.13)***
Doppelkandidatur	2.63(0.13)***	4.30(0.33)***
Kandidaturqualität	61.25(4.33)***	61.62(5.92)***
Linke Parteien	1.21(0.07)***	0.32(0.03)***
Quote	2.05(0.16)***	3.04(0.32)***
gewählt über Liste		
Geschlecht	1.19(0.09)*	1.61(0.13)***
Alter	1.03(0.00)***	1.03(0.00)***
Titel	1.42(0.10)***	1.26(0.12)**
Trend	0.92(0.01)***	0.87(0.02)***
Frauenberuf		0.55(0.05)***
Kath. Bundesländer	1.16(0.15)	
Östliche Bundesländer		1.18(0.10)
Doppelkandidatur	10.98(0.73)***	17.60(1.83)***
Kandidaturqualität	100.68(7.65)***	56.56(5.59)***
Linke Parteien	0.92(0.06)	0.49(0.05)***
Quote	1.78(0.16)***	2.40(0.27)***
Pseudo-R² (MF)	.40	.41
LL	-11640.02	-6068.83
AIC	23320.03	12181.67
BIC	23479.57	12345.51
N	21525	12671

Daten: Längsschnittdaten, eigene Berechnungen.
Anmerkungen: Die Zellen enthalten Odds Ratio multinomialer logistischer Regressionen (Standardfehler in Klammern), Referenzkategorie der multinomial logistischen Regression: nicht gewählt. Referenzkategorien der Variablen: Mann, kein Titel, nicht-katholische Bundesländer, keine Doppelkandidatur, schlechte Kandidaturqualität, Kandidat/innen der CDU, CSU und FDP, Kandidat/innen aus Parteien ohne Frauenquote. Alter wurde zentriert. Signifikanzniveau: * p< .05, ** p < .01, *** p < .001.

Tabelle 56: Saturierte Modelle (Trend 1957 und 1990)

Nach der detaillierten Betrachtung der Ergebnisse der Trendberechnungen seit 1957 stellt sich auch hier die Frage, ob und inwiefern geschlechtsspezifische Effekte auch in integrierten Modellen mittels der *Trendberechnungen seit 1990* identifiziert werden können. Dem Modell ist zunächst zu entnehmen, dass die Wahlchancen der Kandidat*innen,* über einen Wahlkreis gewählt zu werden, auch signifikant geringere Werte annehmen und somit Frauen hierbei benachteiligt werden. Demgegenüber haben Kandidat*innen* bei der Wahl über die Liste deutlich höhere Chancen auf einen Wahlerfolg. Beide Effekte sind hoch signifikant und deuten auch hier die immense Wirkung wahlsystematischer Faktoren im Rahmen der Wahlchancen von Kandidat*innen* an.

Wie bei Trendanalysen seit 1957 können ähnliche Haupteffekte der anderen Variablen identifiziert werden: Das Alter hat einen signifikant positiven Effekt, ebenso wie der Titel. Ein Frauenberuf hat einen signifikant negativen Einfluss. Das bedeutet, dass auch in diesem Modell – ob über Wahlkreis oder Liste gewählt – ein Beruf in typischen weiblichen Berufsfeldern zu geringeren Wahlchancen führt. Interessanterweise übt die Herkunft aus östlichen Bundesländern einen positiven Einfluss aus. Diese Wirkung konnte jedoch auch in den saturierten Modellen der logistischen Regression beobachtet werden. Wie bei den Trendberechnungen seit 1957 wirkt sich eine Doppelkandidatur besonders gut auf die Wahl über die Liste aus: Das bedeutet, dass es sich für Kandidat/innen auch lohnt, in einem wenig erfolgversprechenden Wahlkreis anzutreten, da dadurch die Chancen steigen, einen Listenplatz zu bekommen, der den Weg in das Parlament ebnet. Ebenso positiv wirkt sich eine grundsätzlich gute Kandidaturqualität aus: Ob über den Wahlkreis oder die Liste, diese Variable hat den höchsten Effekt und ist einem positiven Wahlausgang absolut zuträglich. Wie nicht anders zu erwarten war, wirkt sich auch in diesem Modell die Frauenquotenregelung positiv auf die Wahlchancen sowohl über die Liste als auch über den Wahlkreis aus. Eine unterschiedliche Wirkung im Vergleich zu den Trendberechnungen seit 1957 geht jedoch von der Variablen „Linke Parteien" aus: Hier ist ein signifikant negativer Effekt zu beobachten, was darauf hindeutet, dass Parteien des linken Spektrums, sowohl über die Liste als auch über den Wahlkreis, geringere Chancen haben, gewählt zu werden. Bei der Betrachtung der Effekte dieser Variablen ist jedoch zu berücksichtigen, dass bei den Trendberechnungen seit 1990 auch die Kandidat/innen der PDS/Die Linken und dem Bündnis 90/Die Grünen der Gruppe der „Linken Parteien" zuzurechnen sind und dadurch dieser negative Effekt erklärt werden kann. Somit kann man grundsätzlich feststellen, dass das Wahlsystem bei der Wahl zum Deutschen Bundestag einen immensen Einfluss auf die Erfolgsaussichten von Kandidat*en* und insbesondere Kandidat*innen* besitzt und hierbei durchaus geschlechtsspezifische Effekte bei den Längsschnittuntersuchungen zu beobachten sind. Ebenso sollen nun noch getrennte, logistische Regressionen mit den Wahlkreiskandidat/innen und den Listenkandidat/innen durchgeführt werden (vgl. Kapitel 7.7.2.1).

Zunächst werden die Ergebnisse der logistischen Regressionen mit und ohne Interaktionseffekte für *Wahlkreisbewerber/innen seit 1957 und seit 1990* dargestellt. Bei diesen Berechnungen wurden Personen, die ausschließlich über die Liste angetreten sind, nicht berücksichtigt. Die abhängige Variable bildet die Wahl über den Wahlkreis. D.h. Personen, die über den Wahlkreis gewählt wurden, wurden mit einer 1 codiert und alle anderen mit einer 0. Berücksichtigt wurden alle Variablen, welche im Rahmen des LR-Tests einen Beitrag zur Modellverbesserung liefern. Anstelle der Kandidaturqualitätsvariablen, welche sich sowohl aus der aussichtsreichen Nominierung in Wahlkreisen als auch aus aussichtsreicher Platzierung auf der Liste zusammensetzt, wurde hierbei die Güte des Wahlkreises als Erklärungsvariable herangezogen.

| | Trendberechnungen seit 1957 | | Trendberechnungen seit 1990 | |
	Saturiertes Wahlkreis-wahlmodell	Saturiertes Wahl-kreiswahlmodell (m.I.)	Saturiertes Wahlkreiswahl-modell	Saturiertes Wahlkreis-wahlmodell (m.I.)
Geschlecht	0.75(0.06)***	1.46(0.20)**	0.94(0.08)	0.30(0.11)**
Alter	1.02(0.00)***	1.02(0.00)***	1.03(0.00)***	1.04(0.00)***
Titel	1.35(0.08)***	1.41(0.08)***	1.09(0.10)	1.08(0.10)
Trend	0.98(0.01)**	0.98(0.01)**	0.88(0.02)***	0.88(0.02)***
Frauenberuf			0.48(0.04)***	0.48(0.04)***
Kath. BL	0.61(0.07)***	0.76(0.09)*	0.61(0.10)**	0.75(0.14)
Doppelkandidatur	0.24(0.02)***	0.24(0.02)***	1.81(0.16)***	1.56(0.15)***
Wahlkreisqualität	61.90(7.76)***	62.07(7.79)***	180.66(35.48)***	178.78(35.31)***
Linke Parteien	2.41(0.14)***	2.43(0.14)***	0.29(0.03)***	0.26(0.03)***
Quote	2.05(0.16)***	2.04(0.16)***	4.10(0.43)***	4.14(0.44)***
♀ * Titel		0.66(0.12)*		
♀ * Kath. BL		0.19(0.06)***		0.43(0.16)***
♀ * Doppelkand.				3.60(1.22)***
♀ * L. Parteien				1.48(0.25)*
Pseudo-R² (MF)	.29	.29	.32	.33
LL	-5448.24	-5432.98	-2967.96	-2954.19
AIC	10916.48	10889.96	5957.92	5936.37
BIC	10990.46	10978.73	6035.40	6034.99
N	12062	12062	8468	8468

Daten: Längsschnittdaten, eigene Berechnungen.
Anmerkungen: Die Zellen enthalten Odds Ratio logistischer Regressionen (Standardfehler in Klammern). Referenzkategorien: Mann, kein Titel, Männerberuf, nicht-katholische Bundesländer, keine Doppelkandidatur, schlechte Wahlkreisqualität, Kandidat/innen der CDU, CSU und FDP, Kandidat/innen aus Parteien ohne Frauenquote. Alter wurde zentriert. Signifikanzniveau: *p< .05, ** p < .01, *** p < .001.

Tabelle 57: Saturierte Wahlkreiswahlmodelle (Trend 1957 und 1990)

Zunächst zu den Ergebnissen der *Trendberechnung seit 1957*. Aus dem saturierten Modell (ohne Interaktion) ist abzulesen, dass ein Wahlkreissieg signifikant häufiger bei Männern als bei Frauen zu beobachten ist. In Wahrscheinlichkeiten ausgedrückt, haben Kandidat*innen* eine Wahlwahrscheinlichkeit von 28,2 Prozent im Vergleich zu einer von 34,3 Prozent bei den Kandidat*en*. Negative geschlechtsspezifische Interaktionseffekte können bei den Variablen Titel und Herkunft aus einem katholischen Bundesland identifiziert werden: Mittels Zusatzberechnungen konnte auch hier herausgefunden werden, dass Kandidat*innen* mit Titel signifikant geringere Aussichten auf Erfolge im Wahlkreis haben im Vergleich zu Kandidat*en* mit Titel (vorhergesagte Wahrscheinlichkeit von Kandidat*innen*: 28,0 Prozent; Kandidat*en*: 40,4 Prozent)[86]. Gleiches ist bezüglich der Kandidat/innenherkunft aus katholischen Bundesländern zu beobachten: Kandidat*innen* aus katholischen Bundesländern haben eine Wahlwahrscheinlichkeit von 20,2 Prozent im Vergleich zu einer 32,5-Prozentigen der Kandidat*en*. Bei den saturierten Modellen der logistischen Regressionen bei den Trendberechnungen seit 1957 war auch ein Interaktionseffekt zwischen Geschlecht und Herkunft aus einem katholischen Bundesland zu beobachten.

Bei den Berechnungen der *Trendberechnungen seit 1990* konnten allerdings keine Effekte der Geschlechtervariablen identifiziert werden, obwohl dies mittels der multinomial logistischen Regression noch in hoch signifikantem Maße nachgewiesen werden konnte. Dies ist insbesondere dem hohen Effekt der sicheren Wahlkreiskandidatur geschuldet. Bei Berechnungen unter Einschluss dieser Variablen erreichen Kandidat*en* eine Wahlwahrscheinlichkeit von 17,8 Prozent und Kandidat*innen* von 16,9 Prozent. Eliminiert man diese Variable aus den Berechnungen, so haben Kandidat*en* eine Wahlchance von 19,6 Prozent im Vergleich zu einer Wahlchance von 16,7 Prozent für die Kandidat*innen*. Daher müssen die Ergebnisse dieser Berechnungen eher mit Vorsicht betrachtet werden.

Dennoch konnten bei den Trendberechnungen seit 1990 geschlechtsspezifische Interaktionseffekte zwischen Geschlecht und der Herkunft aus einem katholischen Bundesland, einer Doppelkandidatur und der Zugehörigkeit zu Parteien des linken Spektrums festgestellt werden: Wie bei den soeben dargestellten Berechnungen seit 1957 haben Kandidat*en* aus katholischen Bundesländern eine höhere vorhergesagte Wahlwahrscheinlichkeit (17,5 Prozent) als Kandidat*innen* (12,6 Prozent). Bei einer Doppelkandidatur oder der Zugehörigkeit zu Parteien des linken Spektrums haben allerdings Frauen die Nase vorn: Kandidat*innen* mit einer Doppelkandidatur haben eine Wahrscheinlichkeit von 20,5 Prozent, die auf den ersten Blick nicht bedeutend höher ist als die der Männer (19,9 Prozent). Allerdings fallen die Wahrscheinlichkeiten bei Kandidat*innen* ohne eine Doppelkandidatur im Rahmen dieser Wahlkreisberechnungen sehr gering aus (4,4 Prozent). Kandidat*en* weisen dagegen eine Wahrscheinlichkeit von immerhin

---

[86] Zur Identifikation der Wirkungsweise geschlechtsspezifischer Interaktionseffekte wurden Zusatzmodelle berechnet. Die detaillierte Vorgehensweise wurde bereits in Kapitel 7.1.2.2 beschrieben.

13,5 Prozent auf. Das deutete darauf hin, dass Kandidat*en* mit ausschließlicher Wahlkreiskandidatur auch in diesem Modell signifikant höhere Aussichten auf Wahlerfolg haben als Kandidat*innen*. Bei den linken Parteien verhält es sich ebenso: Kandidat*innen* in linken Parteien haben deutlich höhere Aussichten auf Erfolg. Hier liegen die Wahlwahrscheinlichkeiten der Kandidat*innen* (26,0 Prozent) deutlich unter denen der Kandidat*en* (31,4 Prozent).

Abschließend erfolgt in diesem Kapitel nun die Betrachtung der *Listenwahl*. Wie auch bei der Berechnung der Wahlkreiskandidaturen bildet auch hier die abhängige Variable die Frage, ob ein Mandat über die Liste gewonnen (codiert mit 1) oder ob kein Mandat über die Liste gewonnen werden konnte (codiert mit 0). Ebenso werden nur Personen betrachtet, die im Rahmen der Listenwahl aufgestellt wurden. Personen, die ausschließlich im Wahlkreis angetreten sind, werden somit nicht berücksichtigt. Die Kandidaturqualität wird ebenso durch die spezifische Variable der Listenqualität berücksichtigt (vgl. Kapitel 6.1.2 und Methodenbericht in Anhang 1). Nachfolgend sind die Ergebnisse dargestellt.

Zunächst ist bei beiden Berechnungen zu erkennen, dass die Variable Geschlecht einen signifikant positiven Einfluss auf die Erfolgsaussichten von Frauen nimmt. In Wahrscheinlichkeiten ausgedrückt: Kandidat*en* haben bei der Trendberechnung seit 1957 eine 7,8-prozentige Chance im Vergleich zu einer 9,7-Prozentigen der Kandidat*innen*. In der Trendberechnung seit 1990 sind die Effekte in noch stärkerem Maße zu erkennen: 11,3 Prozent der Listenkandidat*innen* gehen durchschnittlich mit einem Listenmandat nach Hause im Vergleich zu 8,1 Prozent der Kandidat*en*. Grundsätzlich ist hier zu erkennen, dass die Erfolgswahrscheinlichkeiten über die Listenplätze deutlich geringer sind als über die Wahlkreise, was jedoch auch Folge der deutlich größeren Zahl an Listenkandidat/innen im Vergleich zu der Anzahl an Wahlkreiskandidat/innen ist.

Interessanterweise übt sowohl die Alters- als auch die Titelvariable keinen signifikanten Haupteffekt auf die Wahlerfolge aus. Somit scheinen diese beiden Erklärungsfaktoren insbesondere zuträglich für die Wahl eines Wahlkreismandats zu sein: Demnach führt ein zunehmendes Alter und eine höhere Bildung insbesondere bei Wahlkreiskandidatur zu höheren Erfolgsaussichten, bei einer Listenwahl dagegen nicht. Ebenso auffällig ist, dass die Herkunft aus einem katholischen Bundesland – welche bei den Berechnungen des Wahlkreises sowohl einen signifikanten Haupteffekt wie auch einen signifikanten negativen Interaktionseffekt ausübte – im Rahmen der Trendberechnungen seit 1957 eine marginale Erklärungskraft besitzt und deshalb nicht in das Modell aufgenommen wurde. Zudem ist zu beobachten, dass die Herkunft aus dem Osten und die linke Parteienzugehörigkeit bei den Trendberechnungen seit 1990 keine Erklärungskraft liefern (auch nicht in Interaktion mit der Geschlechtervariablen). Ansonsten sind bekannte Effekte zu beobachten: Eine Doppelkandidatur wirkt sich positiv, gleichermaßen wie eine gute Listenqualität, auf die Erfolgsaussichten aus. Bei den Trendberechnungen seit 1957 kann die negative Wirkung der Zugehörigkeit zu einer linken Partei bei den Haupteffekten beobachtet werden.

	Trendberechnungen seit 1957		Trendberechnungen seit 1990	
	Saturiertes Listenwahlmodell	Saturiertes Listenwahlmodell (m.I.)	Saturiertes Listenwahlmodell	Saturiertes Listenwahlmodell (m.I.)
Geschlecht	$1.27(0.08)^{***}$	$1.72(0.30)^{**}$	$1.44(0.10)^{***}$	$1.63(0.14)^{***}$
Alter	1.00(0.00)	1.00(0.00)	1.00(0.00)	1.01(0.00)
Titel	0.90(0.06)	$0.85(0.06)^{*}$	1.08(0.10)	1.07(0.10)
Trend	$0.96(0.01)^{***}$	$0.96(0.01)^{***}$	$0.93(0.02)^{**}$	$0.94(0.02)^{**}$
Frauenberuf			0.87(0.07)	1.02(0.10)
Kath. Bundeland			$0.66(0.11)^{**}$	$0.67(0.11)^{*}$
Doppelkandidatur	$1.83(0.13)^{***}$	$1.86(0.14)^{***}$	$3.22(0.35)^{***}$	$3.24(0.35)^{***}$
Listenqualität	$63.35(4.61)^{***}$	$63.67(4.64)^{***}$	$32.26(2.90)^{***}$	$32.25(2.90)^{***}$
Linke Parteien	$0.66(0.06)^{***}$	$0.66(0.04)^{***}$		
♀ * Alter				$0.98(0.01)^{*}$
♀ * Titel		$1.44(0.24)^{*}$		
♀ * Trend		$0.96(0.02)^{*}$		
♀ * Frauenberuf				$0.71(0.11)^{*}$
Pseudo-R² (MF)	.44	.44	.38	.38
LL	-5202.41	-5196.53	-3063.08	-3058.20
AIC	10420.81	10413.05	6144.16	6138.41
BIC	10483.71	10491.68	6209.31	6218.03
N	19194	19194	10288	10288

Daten: Längsschnittdaten, eigene Berechnungen.
Anmerkungen: Die Zellen enthalten Odds Ratio logistischer Regressionen (Standardfehler in Klammern). Referenzkategorien: Mann, kein Titel, Männerberuf, nicht-katholische Bundesländer, keine Doppelkandidatur, schlechte Listenqualität, Kandidat/innen der CDU, CSU, FDP. Alter wurde zentriert. Signifikanzniveau: * p< .05, ** p < .01, *** p < .001.

Tabelle 58: Saturierte Listenwahlmodelle (Trend 1957 und 1990)

Zuletzt noch interessant sind die geschlechtsspezifischen Interaktionseffekte, welche sich bei den Trendberechnungen seit 1957 und seit 1990 deutlich unterscheiden: Während sich ein Titel bei der Trendberechnung seit 1957 positiv auf die Wahlaussichten der Kandidat*innen* auswirkt, ist zu beobachten, dass die Wahlchancen der Kandidat*innen* über die Zeit hinweg in geringfügig stärkerem Maße abnehmen als die der Kandidat*en*. Beide Effekte sind jedoch nur auf dem .05-Niveau signifikant. Ebenso sind geschlechtsspezifische Interaktionseffekte auf dem .05-Niveau im Rahmen der Trendberechnungen seit 1990 zwischen Geschlecht und Alter und Geschlecht und Frauenberuf zu erkennen: Bei der Interaktion mit Frauenberuf ist ersichtlich, dass Kandidat*innen*, die einen Frauenberuf haben, in geringem Maße höhere Erfolgsaussichten haben (9,3 Prozent; Kandidat*en*: 8,3 Prozent). Allerdings fällt auch auf, dass Frauen mit Männerberufen deutlich höhere Erfolgsaussichten haben (12,5 Prozent) im Vergleich zu Männern mit Männerberufen (8,3 Prozent) bei einer Listenkandidatur. Somit spielt es bei Männern eine geringe Rolle, welchen Beruf sie haben. Bei Kandida*tinnen* sind jedoch deutliche Effekte zu erkennen.

Somit konnte dieses Kapitel zusammenfassend feststellen, dass eine immense Wirkung vom Wahlsystem auf die Wahlerfolgsaussichten der Frauen ausgeht und tendenziell – v.a. in Anbetracht der längsschnittlichen Untersuchung – die These bestätigt werden kann, dass die Chancen von Kandidat*innen* größer sind, über Listenkandidaturen gewählt zu werden, als über Wahlkreismandate. Je nach Berechnungsmodell konnten unterschiedliche geschlechtsspezifische Interaktionseffekte beobachtet werden. Einen entscheidenden Beitrag zur Erklärung der Wahlerfolgsaussichten von Frauen liefert jedoch auch die Parteizugehörigkeit, die nun ebenso einer detaillierten Untersuchung unterzogen wird.

7.7.3   *Alles eine Frage der Parteiwahl? Wahlchancen von Frauen in den verschiedenen Parteien*

Neben dem soeben dargestellten Einfluss des Wahlsystems konnte bisher auch festgestellt werden, dass von den Parteien eine immense Wirkungskraft auf die Wahlerfolgschancen von Frauen ausgeht. Bereits die deskriptiven Darstellungen konnten deutliche geschlechtsspezifische Unterschiede feststellen und die multivariaten Analysen haben grundsätzlich ergeben, dass Kandidat*innen* in linker zu verortenden Parteien größere Erfolgschancen haben als Kandidat*en*. Um nun abschließend die Wirkungsweise der einzelnen Parteien zu klären, wurden auch hier multinomial logistische Regressionen mit der abhängigen Variablen Parteizugehörigkeit durchgeführt. Die abhängige Variable stellt somit die gewählten Kandidat/innen in Bezug zu deren Parteizugehörigkeit dar. Auch hier werden zunächst die Querschnittdaten der Deutschen Kandidatenstudie betrachtet.

7.7.3.1   Querschnittsanalyse: Bundestagswahl 2009

Die vorliegende Arbeit geht grundsätzlich davon aus, dass Frauen in Parteien des linken Spektrums (PDS/Die Linke, Bündnis 90/Die Grünen und SPD) höhere Aussichten auf einen Wahlerfolg haben als in Parteien des rechten Spektrums. Diese These konnte bereits tendenziell bestätigt werden und soll nun mittels multinomial logistischen Regressionen untermauert werden. Die abhängige Variable ist wie folgt codiert: 1 für „gewählt über PDS/Die Linke", 2 für „gewählt über B90/Die Grünen", 3 für „gewählt über SPD", 4 für „gewählt über FDP" und 5 für „gewählt über Unionsparteien". Als Referenzkategorie wurde die SPD gewählt. Der nachfolgenden Tabelle 59 ist das Basismodell zu entnehmen.

gewählt über ...		Basismodell	Saturiertes Modell
PDS/Die Linke	Geschlecht	1.37(0.78)	1.79(1.64)
	Alter	0.96(0.03)	0.82(0.06)**
	Bildung	1.63(1.11)	7.03(8.20)
	Kath. Konfession		0.90(1.35)
	Parteieintritt		1.28(0.08)***
	Kandidaturqualität		0.03(0.03)**
Bündnis 90/Die	Geschlecht	4.02(2.79)*	3.06(2.35)
Grünen	Alter	0.96(0.03)	0.93(0.05)
	Bildung	5.08(5.68)	7.12(8.25)
	Kath. Konfession		0.49(0.61)
	Parteieintritt		1.10(0.05)*
	Kandidaturqualität		0.60(0.50)
FDP	Geschlecht	0.19(0.16)*	0.10(0.10)*
	Alter	0.93(0.03)*	0.88(0.04)**
	Bildung	6.00(6.68)	7.95(9.87)
	Kath. Konfession		16.01(13.79)**
	Parteieintritt		1.12(0.05)*
	Kandidaturqualität		0.13(0.10)*
Unionsparteien	Geschlecht	0.35(0.17)*	0.23(0.15)*
	Alter	0.96(0.02)	0.93(0.04)
	Bildung	1.54(0.77)	1.50(0.98)
	Kath. Konfession		30.14(21.14)***
	Parteieintritt		1.04(0.04)
	Kandidaturqualität		0.11(0.07)**
Pseudo-R² (MF)		.08	.37
LL		-202.07	-139.59
AIC		436.15	335.19
BIC		484.42	419.67
N		151	151

Daten: Deutsche Kandidatenstudie 2009, eigene Berechnungen.
Anmerkungen: Die Zellen enthalten Odds Ratio multinomial logistischer Regressionen (Standardfehler in Klammern), Referenzkategorie der multinomial logistischen Regression: gewählt über SPD. Referenzkategorien der Variablen: Mann, niedrige Bildung, keine katholische Konfession, schlechte Kandidaturqualität. Alter und Alter bei Parteieintritt wurde zentriert. Signifikanzniveau: * p< .05, ** p < .01, *** p < .001.

Tabelle 59: Modell zu Parteien – Multinomiale log. Regression (Querschnitt 2009)

Hier ist zu erkennen, dass Frauen beim Bündnis 90/Die Grünen signifikant höhere Chancen haben, gewählt zu werden. Jedoch sind signifikant negative Effekte der Geschlechtervariablen bei der FDP und den Unionsparteien zu erkennen. Diese Ergebnisse entsprechen nicht nur den Erwartungen der Hypothesen, sondern auch den Ergebnissen bisherigen deskriptiven und multivariaten Analysen. Den Ergebnissen zufolge spielt die Parteizugehörigkeit bei einer weiblichen Kandidatur eine signifikante Rolle in Bezug auf den Wahlerfolg.

Wie bei den bisherigen Modellen wurde auch hier ein saturiertes Modell berechnet, dessen Ergebnis ebenso in der Tabelle 59 dargestellt ist. Bei der Entwicklung des saturierten Modells wurde gleichermaßen vorgegangen wie bei den multinomialen logistischen Regressionen in Kapitel 7.7.2: Mittels eines LR-Tests für jede neu hinzugefügte Variable wurde die Modellverbesserung getestet. Neben den Basisvariablen haben die katholische Konfession, der Parteieintritt und die Kandidaturqualität Eingang ins Modell gefunden. Auf die Interpretation der einzelnen Erklärungsfaktoren soll nicht im Detail eingegangen werden, da diese stets zu den Effekten der Referenzkategorie – also den Wahlsieger/innen der SPD – betrachtet werden müssen und in vorliegender Untersuchung nicht interessieren. Die Betrachtung der Geschlechtervariablen soll an dieser Stelle genügen. Die Ergebnisse sind ähnlich wie im Basismodell: Kandidat*innen* haben in den Unionsparteien und der FDP signifikant niedrigere Wahlchancen als Kandidat*en*. Betrachtet man jedoch das Bündnis 90/Die Grünen, so fällt auf, dass dieser Effekt im saturierten Modell nicht mehr signifikant ist, gleichermaßen wie in der PDS/Die Linke. In Anbetracht der Referenzkategorie (SPD) deutet dies darauf hin, dass Frauen bei den Grünen und der PDS/Die Linke vergleichbare Chancen haben wie in der SPD. Doch dies sind die Ergebnisse von 2009. Welche Effekte sind in den längsschnittlichen Analysen zu beobachten?

7.7.3.2 Längsschnittanalyse: Bundestagswahl 1957 bis 2009

Die abhängige Variable setzt sich auch hier ausschließlich aus gewählten Kandidat/innen zusammen[87]. Erneut wurde ein Basismodell berechnet und die SPD als Referenzkategorie gewählt. Zunächst werden Ergebnisse der Berechnungen seit 1957 dargestellt, bevor dann die der Trendberechnungen seit 1990 präsentiert werden.

Sowohl dem Basis- wie auch dem saturierten Modell ist zu entnehmen, dass Kandidat*innen* in der FDP und den Unionsparteien signifikant geringere Chancen auf einen Wahlsieg haben als Kandidat*innen* in der SPD. Diese Effekte halten sich auch bei dem saturierten Modell auf höchst signifikantem Niveau und stehen in einem gewissen Widerspruch zu den Ergebnissen der logistischen Regressionen bei den Einzelmodellen: Hier wurden negative geschlechtsspezifische

---

[87] 1=gewählt über PDS/Die Linke, 2=gewählt über Bündnis 90/ Die Grünen, 3= gewählt über SPD, 4= gewählt über FDP, 5= gewählt über CDU und 6= gewählt über CSU.

Interaktionseffekte sowohl bei der SPD als auch der Union identifiziert. Doch an dieser Stelle sei darauf hingewiesen, dass hier die FDP als Referenzgruppe herangezogen wurde und nun die Kandidat/innen der SPD die Referenzgruppe darstellen.

gewählt über…		*Basismodell*	*Saturiertes Model*
FDP	Geschlecht	0.66(0.08)***	0.65(0.08)***
	Alter	1.00(0.01)	1.00(0.01)
	Titel	1.98(0.19)***	1.98(0.19)***
	Trend	1.04(0.01)***	1.03(0.01)**
	Doppelkandidatur		6.16(1.84)***
	Kandidaturqualitat		0.84(0.08)*
CDU	Geschlecht	0.55(0.04)***	0.58(0.05)***
	Alter	1.01(0.00)**	1.01(0.00)**
	Titel	2.05(0.13)***	2.11(0.14)***
	Trend	1.01(0.01)	1.05(0.01)***
	Doppelkandidatur		0.17(0.01)***
	Kandidaturqualitat		0.74(0.05)***
CSU	Geschlecht	0.36(0.05)***	0.44(0.07)***
	Alter	1.00(0.01)	1.00(0.01)
	Titel	2.38(0.22)***	2.50(0.25)***
	Trend	1.01(0.01)	1.09(0.01)***
	Doppelkandidatur		0.04(0.01)***
	Kandidaturqualitat		1.18(0.12)
Pseudo-R² (MF)		.02	.11
LL		-8921.98	-8092.00
AIC		17873.96	16226.02
BIC		17978.04	16371.74
N		7626	7626

Daten: Längsschnittdaten, eigene Berechnungen.
Anmerkungen: Die Zellen enthalten Odds Ratio multinomial logistischer Regressionen (Standardfehler in Klammern), Referenzkategorie der multinomial logistischen Regression: gewählt über SPD, Referenzkategorien der Variablen: Mann, kein Titel, keine Doppelkandidatur, schlechte Kandidaturqualität. Alter wurde zentriert. Signifikanzniveau: * p< .05, ** p < .01, *** p < .001.

Tabelle 60: Modell zu Parteien – Multinomiale log. Regression (Trend 1957)

Somit kann im Rahmen dieses Modells nur festgestellt werden, dass die FDP und die Unionsparteien im Vergleich zu der SPD einen geringeren Frauenanteil haben. Ferner zeigt das geringe Pseudo-R², dass das Modell noch deutlich verbesserungswürdig ist. An dieser Stelle interessiert jedoch weniger die Modellanpassung, als vielmehr die Ausprägungen der Geschlechtervariablen, die die grundlegende These bestätigen, dass Kandidat*innen* in den linken Parteien größere Chancen auf Wahlerfolg haben. Doch wie verhält es sich bei den *Trendberechnungen seit 1990*? Welche Parteien liegen hier aus geschlechtsspezifischer Sicht vorne?

gewählt über ...		Basismodell	Saturiertes Modell
PDS/Die Linke	Geschlecht	1.85(0.30)***	2.30(0.39)***
	Alter	0.97(0.01)***	0.98(0.01)
	Titel	2.74(0.51)***	3.26(0.64)***
	Trend	1.48(0.07)***	1.55(0.08)***
	Frauenberuf		1.19(0.22)
	Doppelkandidatur		0.24(0.06)***
	Kandidaturqualität		0.13(0.02)***
B90/ Die Grünen	Geschlecht	2.17(0.31)***	2.21(0.32)***
	Alter	0.93(0.01)***	0.94(0.01)***
	Titel	1.15(0.25)	1.19(0.25)
	Trend	1.34(0.06)***	1.36(0.06)***
	Frauenberuf		1.11(0.18)
	Doppelkandidatur		1.76(0.69)
	Kandidaturqualität		0.46(0.07)***
FDP	Geschlecht	0.54(0.08)***	0.53(0.08)***
	Alter	0.98(0.01)**	0.98(0.01)**
	Titel	2.23(0.32)***	2.20(0.32)***
	Trend	1.17(0.04)***	1.18(0.04)***
	Frauenberuf		0.94(0.14)
	Doppelkandidatur		4.04(1.9)**
	Kandidaturqualität		0.79(0.10)
CDU	Geschlecht	0.42(0.04)***	0.48(0.05)***
	Alter	0.99(0.01)**	0.99(0.01)
	Titel	1.57(0.17)***	1.62(0.17)***
	Trend	1.03(0.03)	1.02(0.03)***
	Frauenberuf		0.81(0.08)
	Doppelkandidatur		0.21(0.03)**
	Kandidaturqualität		0.72(0.06)
CSU	Geschlecht	0.30(0.05)***	0.56(0.11)***
	Alter	0.98(0.01)*	0.99(0.01)
	Titel	2.19(0.34)***	2.42(0.42)***
	Trend	1.10(0.04)*	1.09(0.05)
	Frauenberuf		0.29(0.08)*
	Doppelkandidatur		0.04(0.01)***
	Kandidaturqualität		2.10(0.38)***
	Pseudo-R² (MF)	.05	.12
	LL	-5283.81	-4869.92
	AIC	10617.62	9819.84
	BIC	10772.94	10068.35
	N	3688	3688

Daten: Längsschnittdaten, eigene Berechnungen.
Anmerkungen: Die Zellen enthalten Odds Ratio multinomial logistischer Regressionen (Standardfehler in Klammern), Referenzkategorie der multinomial logistischer Regression: gewählt über SPD. Referenzkategorien der Variablen: Mann, kein Titel, Männerberuf, keine Doppelkandidatur, schlechte Kandidaturqualität. Alter wurde zentriert. Signifikanzniveau: * p< .05, ** p < .01, *** p < .001.

Tabelle 61: Modell zu Parteien – Multinomiale log. Regression (Trend 1990)

Bezüglich der Unionsparteien und der FDP können sowohl im Rahmen des Basismodells als auch im Rahmen des saturierten Modells negative Effekte der Geschlechtervariablen beobachtet werden. Das bedeutet, dass Frauen in diesen Parteien geringere Aussichten auf Wahlerfolg haben. Ganz anders verhält es sich bei der PDS/Die Linke und dem Bündnis 90/Die Grünen: Hier sind die Effekte –

sowohl bei den Basisberechnungen als auch den Berechnungen des saturierten Modells – positiv und hoch signifikant. Das bedeutet, dass Frauen in diesen Parteien signifikant höhere Chancen haben, gewählt zu werden, als in der SPD. Somit kann zusammenfassend die These, dass Kandidat*innen* in Parteien des linken Spektrums erfolgreicher sind als Kandidat*en*, nicht nur mittels der deskriptiven Analysen und der Modelle der logistischen Regression bestätigt werden. Diese Ergebnisse deuten auf die immense Bedeutung der Parteizugehörigkeit bezüglich dem Ausmaß der weiblichen Repräsentation im Bundestag hin: Für Kandidat*en* ist eine Tätigkeit in einer Partei des rechten Spektrums erfolgsversprechender. Kandidat*innen* ist aus dieser Sicht zu empfehlen in einer Partei des linken Spektrums aktiv zu werden.

Doch die Darstellungen der Ergebnisse der multinomialen logistischen Regressionen geben noch keine Antwort auf die Frage, welche Chancen Kandidat*innen* im Vergleich zu Kandidat*en* in den einzelnen Parteien auf einen Wahlsieg haben. Im Folgenden werden hierzu erneut Berechnungen durchgeführt und die Ergebnisse der Parteien vom rechten Spektrum zum linken Spektrum präsentiert. Hierbei werden zunächst die grundlegenden vorhergesagten Erfolgswahrscheinlichkeiten für die Kandidat/innen der einzelnen Parteien im Rahmen der Trendberechnungen seit 1957 und der Trendberechnungen seit 1990 auf der Grundlage des Basismodells berechnet und dargestellt. Um einen allgemeinen Trend in den Parteien bezüglich der geschlechtsspezifischen Wahlwahrscheinlichkeit herauszufinden und der Frage näher zu kommen, ob und inwiefern in den fokussierten Parteien bei der Nominierung und den Wahlerfolgen ein geschlechtsspezifischer Wandel stattgefunden hat, wurden anschließend einzelne logistische Regressionen für jedes Wahljahr berechnet und die Wahlwahrscheinlichkeiten nach Geschlecht in Abhängigkeit der Zeit graphisch dargestellt. Die Untersuchungssamples bilden somit jeweils die Kandidat/innen der fokussierten Partei eines bestimmten Wahljahres. Die abhängige Variable ist der Wahlerfolg der Kandidat/innen der betrachteten Parteien codiert in 1 (gewählt) und 0 (nicht gewählt). Bei der Berechnung der vorhergesagten Erfolgswahrscheinlichkeiten wurden simple Basismodelle für die Kandidat/innen der jeweils betrachteten Partei für jedes Wahljahr gerechnet um eine größtmögliche Einheitlichkeit bei den Modellberechnungen zu gewährleisten.

Zunächst zu den Ergebnissen der *CSU*: Kandidat*innen* erzielen in Trendberechnungen seit 1957 in der CSU Wahlerfolgschancen von durchschnittlich 41,2 Prozent. Kandidat*en* haben hierbei deutlich größere Erfolgsaussichten von 65,9 Prozent. Bei den Trendberechnungen seit 1990 wird ersichtlich, dass die Frauen auch langsam aber sicher in der CSU ankommen: Ihre Erfolgschancen liegen immerhin bei 51,1 Prozent im Vergleich zu 69,6 bei den Kandidat*en*.

Um einen allgemeinen Trend in der CSU herauszufinden zeigt nachfolgende Abbildung die Ergebnisse von Berechnungen der Wahlerfolgswahrscheinlichkeiten nach Wahljahren, um der Frage näher zu kommen, ob und inwiefern in der CSU bei der Nominierung und den Wahlerfolgen ein geschlechtsspezifischer Wandel stattgefunden hat.

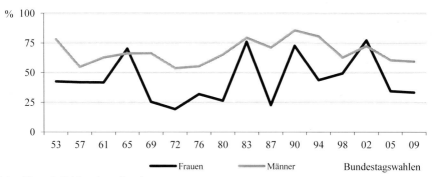

Daten: Längsschnittdaten, eigene Berechnungen.
Anmerkungen: Dargestellt sind die Wahrscheinlichkeiten in Prozent der vorhergesagten Erfolgswahrscheinlichkeiten von Frauen und Männern auf Basis von logistischen Regressionen (Basismodell) in den jeweiligen Wahljahren.

Abbildung 58: Wahlerfolgswahrscheinlichkeiten von CSU-Kandidat/innen nach Geschlecht im Zeitverlauf (in %)

Grundlegend ist dieser Abbildung zu entnehmen, dass die Wahlwahrscheinlichkeiten der Frauen in der CSU sehr stark schwanken. Insbesondere in den Jahren 1965, 1983, 1990 und 2002 hatten Kandidat*innen* in der CSU vergleichbare bzw. sogar bessere Chancen, gewählt zu werden, als die Kandidat*en*. Auf diese Jahre mit sehr hohen Wahlchancen der Kandidat*innen* folgten jedoch stets wieder Jahre mit sehr niedrigen Wahlchancen. Es ist nicht ganz einfach zu erklären, warum die Wahlchancen der Kandidat*innen* in der CSU derartig unterschiedliche Werte annehmen. Aus den bisherigen Analysen geht hervor, dass Kandidat*innen* in der CSU hauptsächlich auf den Listen kandidieren und dort auch verhältnismäßig gute Plätze erhalten. Diese Information muss jedoch in Anbetracht der spezifischen Situation der CSU gewertet werden: In der CSU werden durchschnittlich 80 Prozent der Mandate über Wahlkreise gewonnen, in denen zumeist Männer kandidieren. Berücksichtigt man dies, dann fällt auf, dass die guten Wahlchancen der Kandidat*innen* in den Jahren 1965 und 2002 über diese geschlechtsspezifische Nominierung der Wahlkreise und der Listen zu erklären: In den Jahren 1965 und 2002 konnten verhältnismäßig viele Sitze über Listen gewonnen werden. Dadurch haben sich die Chancen der Kandidat*innen* systematisch erhöhten. Für 1990 und insbesondere 1983 trifft diese Erklärung jedoch nicht zu. Vielmehr wurden 1983 nur insgesamt fünf Frauen nominiert, wovon drei Frauen über die Liste ein Mandat gewannen. 1990 verhielt es sich so, dass von den neun nominierten Frauen zwei über die Liste und sogar drei über den Wahlkreis gewählt wurden und dadurch die hohen Werte zu erklären sind.

Die Ergebnisse bei der *CDU* sind deutlich stabiler. Auch hier ist zu erkennen, dass die CDU-Kandidat*innen* deutlich geringere Chancen auf einen Wahlerfolg haben als die CDU-Kandidat*en*: In den Trendberechnungen seit 1957 belaufen sich die Wahlchancen der Frauen auf 21,8 Prozent im Vergleich zu 43,8 Prozent für die Männer. Die Wahlchancen in der CDU steigen über die Jahre leicht, bei den Frauen sogar etwas stärker als bei den Männern: Bei den Trendberechnungen seit 1990 belaufen sich die Wahrscheinlichkeiten für die Kandidat*innen* auf 27,2 Prozent im Vergleich zu 47,9 Prozent für die Kandidat*en*. Welches Bild ist jedoch bezüglich der geschlechtsspezifischen Wahlchancen im Zeitverlauf zu erkennen? Nachfolgende Abbildung 59 gibt einen Überblick über die Wahlwahrscheinlichkeiten bei den einzelnen Bundestagswahlen.

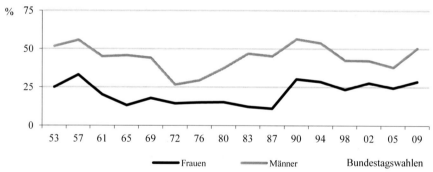

Daten: Längsschnittdaten, eigene Berechnungen.
Anmerkungen: Dargestellt sind die Wahrscheinlichkeiten in Prozent der vorhergesagten Erfolgswahrscheinlichkeiten von Frauen und Männern auf Basis von logistischen Regressionen (Basismodell) in den jeweiligen Wahljahren.

Abbildung 59: Wahlerfolgswahrscheinlichkeiten von CDU-Kandidat/innen nach Geschlecht im Zeitverlauf (in %)

Erwartungsgemäß sind die Erfolgswahrscheinlichkeiten in der *FDP* deutlich geringer als in den Unionsparteien. Auch bei der FDP sind geschlechtsspezifische Unterschiede zu erkennen, die jedoch in Anbetracht der Ergebnisse der Union als gering einzustufen sind: So haben Kandidat*innen* bei den Trendberechnungen seit 1957 eine Erfolgschance von 13,3 und Kandidat*en* von 13,7. Bei den Trendberechnungen seit 1990 erreichen die Kandidat*innen* sogar eine Wahrscheinlichkeit von 17,0 Prozent im Vergleich zu einer 13,7-Prozentigen der Kandidat*en*. Auch der Blick auf die longitudinalen vorhergesagten Erfolgswahrscheinlichkeiten bestätigt dies: Kandidat*innen* hatten in der FDP zwar bis 1987 geringfügig niedrigere Chancen auf Wahlerfolge, jedoch sind die Wahlaussichten der Kandidat*innen* seit 1990 geringfügig besser als die der Kandidat*en*.

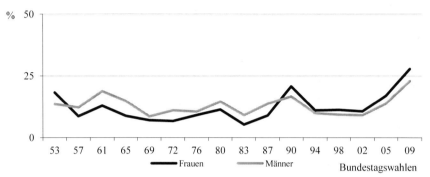

Daten: Längsschnittdaten, eigene Berechnungen.
Anmerkungen: Dargestellt sind die Wahrscheinlichkeiten in Prozent der vorhergesagten Erfolgswahrscheinlichkeiten von Frauen und Männern auf Basis von logistischen Regressionen (Basismodell) in den jeweiligen Wahljahren.

Abbildung 60: Wahlerfolgswahrscheinlichkeiten von FDP-Kandidat/innen nach Geschlecht im Zeitverlauf (in %)

Erinnert man sich an die Ergebnisse der FDP bei den deskriptiven Darstellungen, so konnte ein ähnliches Phänomen beobachtet werden: Die Anteile der Frauen an Nominierungen waren in der FDP zwar insgesamt sehr niedrig, allerdings waren die Frauen in nahezu gleichen Anteilen unter den Wahlsieger*innen* zu finden. Das bedeutet, dass Frauen und Männer in der FDP insgesamt sehr ähnliche und aus dieser Sicht geschlechtergerechte Wahlchancen haben, insofern sie sich aufstellen lassen bzw. aufgestellt werden. Offen ist bislang die Frage, ob es Kandidat*innen* in der FDP nicht nach oben schaffen oder ob Kandidat*innen* sich weniger stark in der FDP engagieren wollen. Blicke auf den Frauenanteil an Parteimitgliedern zeigen, dass der Frauenanteil der Parteibasis dem der Parteispitze entspricht. Daher scheint die letztere Vermutung der Realität zu entsprechen. Möglicherweise sehen sich Frauen in ihren spezifischen Interessen in anderen Parteien besser aufgehoben, als in der FDP.

Anders als in der FDP verhält es sich in der *SPD*: In den Trendberechnungen seit 1957 beläuft sich die Wahlwahrscheinlichkeit der Kandidat*en* auf 42,9 Prozent im Vergleich zu 35,5 Prozent der Kandidat*innen*. Bei dem Trendberechnungen seit 1990 haben sich die Wahrscheinlichkeiten deutlich angenähert: Die Wahrscheinlichkeit der Kandidat*innen* liegt bei 43,2 Prozent im Vergleich zu 45,3 Prozent bei den Kandidat*en*. Der longitudinalen Darstellung ist zu entnehmen, dass zwar auch in der SPD von 1965 bis 1987 deutliche geschlechtsspezifische Diskrepanzen vorherrschend waren, jedoch seit 1990 sich die Wahlchancen der Kandidat*innen* und Kandidat*en* sehr stark angenähert haben und teilweise Kandidat*innen* sogar höhere Erfolgschancen hatten als Männer.

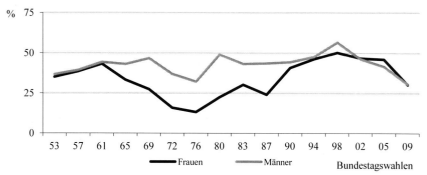

Daten: Längsschnittdaten, eigene Berechnungen.
Anmerkungen: Dargestellt sind die Wahrscheinlichkeiten in Prozent der vorhergesagten Erfolgswahrscheinlichkeiten von Frauen und Männern auf Basis von logistischen Regressionen (Basismodell) in den jeweiligen Wahljahren.

Abbildung 61: Wahlerfolgswahrscheinlichkeiten von SPD-Kandidat/innen nach Geschlecht im Zeitverlauf (in %)

Aus der Darstellung ist sogar ersichtlich, dass bereits vor Einführung der Frauenquote die Erfolgschancen der Frauen in der SPD nahezu gleich groß wie die der Männer waren. Die geringen Frauenanteile in der SPD sind somit auf die geringeren Nominierungsraten der Kandidat*innen* zurückzuführen und weniger stark auf die geringeren Erfolgsaussichten der Kandidat*innen*.

Das *Bündnis 90/Die Grünen* bzw. deren Vorgängerpartei die Grünen stammten unter anderem auch aus der Frauenbewegung und haben sich auf die Fahnen geschrieben, geschlechtergerecht Ämter und Mandate zu verteilen. Von einer direkten Geschlechtergerechtigkeit kann jedoch nicht gesprochen werden, wenn man die Wahlchancen der Kandidat*innen* und Kandidat*en* in der nachfolgenden Abbildung 62 betrachtet. Die Kandidat*innen* haben eine Chance von 17,5

Prozent im Vergleich zu einer 7,6-Prozentigen der Kandidat*en*. Bei den langzeit-
lichen Betrachtungen seit 1983 können ebenso die besonders guten Chancen der
Kandidat*innen* systematisch betrachtet werden. Mit Ausnahme des Jahres 1990 –
in dem die Grünen nur sehr wenige Sitze gewinnen konnten – sind die Wahlchancen der Kandidat*innen* stets deutlich höher als die der Kandidat*en*. Die Linien nähern sich auch nicht an, sondern sie verlaufen vielmehr parallel. Dieses
Ergebnis deutet daher auf eine Benachteiligung der Männer hin.

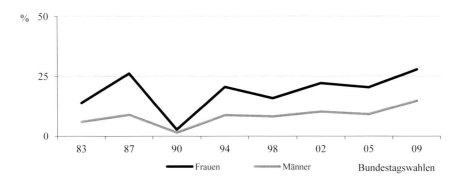

Daten: Längsschnittdaten, eigene Berechnungen.
Anmerkungen: Dargestellt sind die Wahrscheinlichkeiten in Prozent der vorhergesagten Erfolgswahrscheinlichkeiten von Frauen und Männern auf Basis von logistischen Regressionen (Basismodell) in den jeweiligen Wahljahren.

Abbildung 62: Wahlerfolgswahrscheinlichkeiten von Bündnis 90/Die Grünen-
Kandidat/innen nach Geschlecht im Zeitverlauf (in %)

Schließlich stellt sich noch die Frage, wie es in der *PDS/Die Linke* bestellt ist:
Haben Kandidat*innen* auch vergleichbar hohe Chancen wie bei den Grünen?
Grundsätzlich haben Kandidat*innen* im Rahmen der Trendberechnungen seit
1990 deutlich bessere Wahlchancen als Kandidat*en*: Diese liegen bei 15,5 Prozent im Vergleich zu 6,0 Prozent für die Kandidat*en*. Auch der Blick auf die
longitudinale Darstellung verrät, dass Kandidat*innen* stets bessere Chancen hatten als Kandidat*en*: Zwischen 1990 und 1998 ist sogar zu beobachten, dass Kandidat*innen* zunehmend positive Wahlchancen erfahren und auch nach der Wahl
2002 – bei der die PDS/Die Linke nur zwei Sitze gewinnen konnte – geht diese
Schere erneut zugunsten der Frauen auf.

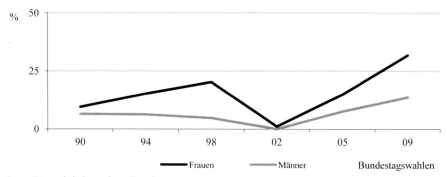

Daten: Längsschnittdaten, eigene Berechnungen.

Anmerkungen: Dargestellt sind die Wahrscheinlichkeiten in Prozent der vorhergesagten Erfolgswahrscheinlichkeiten von Frauen und Männern auf Basis von logistischen Regressionen (Basismodell) in den jeweiligen Wahljahren.

Abbildung 63: Wahlerfolgswahrscheinlichkeiten von PDS/Die Linke-Kandidat/innen nach Geschlecht im Zeitverlauf (in %)

Bezüglich der Wahlchancen der Kandidat*innen* in den einzelnen Parteien kann somit zusammenfassend festgestellt werden, dass Kandidat*innen* in einigen Parteien (CSU, CDU und über lange Zeit auch in der SPD) geringere Wahlchancen hatten als Kandidat*en*. In anderen Parteien, wie dem Bündnis 90/Die Grünen und der PDS/Die Linke, erfahren dagegen Kandidat*en* geringere Chancen und scheinen es bei einem Aufstieg in den Parteien schwerer zu haben als Kandidat*innen*. Inwiefern diese Ergebnisse gerecht und demokratieförderlich bzw. demokratiegefährdend sind, soll im Rahmen der abschließenden Betrachtungen diskutiert werden. Zunächst erfolgt noch eine grundlegende Zusammenfassung der Untersuchungsergebnisse des 7. Kapitels.

7.8 Zusammenfassung

Nachdem die Ergebnisse präsentiert wurden, sollen diese nun zusammenfassend dargestellt werden. Im Mittelpunkt dieses Resümees stehen die in Kapitel 5 entwickelten Hypothesen und die Frage, inwiefern diese in Anbetracht der vielfältigen Berechnungen verifiziert bzw. falsifiziert werden können:

Bezüglich des *Alters* wurde vermutet, dass Kandidat*innen* älter sind als Kandidat*en*, insbesondere erfolgreiche Kandidat*innen*. Diese These konnte bereits bei der Betrachtung der deskriptiven Daten nur partiell bestätigt werden: So war zu erkennen, dass bis 1983 die Kandidat*innen* tendenziell älter waren als die Kandidat*en*, sich dieses seither jedoch umgekehrt hat und die Kandidat*innen* nun jünger sind als die Kandidat*en*. Dieser Effekt konnte auch bei den Wahlsieger*innen* beobachtet werden, allerdings waren diese nur bis 1972 älter. Seither ist auch hier zu beobachten, dass die Wahlsieger*innen* tendenziell jünger sind als die Wahlsieg*er*. Daher war es nicht weiter verwunderlich, dass in den meisten multivariaten Analysen – ob in den Einzelmodellen, den integrierten Modellen oder den Modellen der multinomialen logistischen Regressionen – das Alter in Bezug auf das Geschlecht keinen besonderen geschlechtsspezifischen Interaktionseffekt ausübte. Es konnte jedoch zumeist beobachtet werden, dass das Alter einen positiven Einfluss auf den Wahlerfolg ausübt und Kandidat/innen mit zunehmendem Alter erfolgreicher aus einer Wahl hervorgehen. Die These, dass das Kandidat/innenalter einen geschlechtsspezifischen Unterschied macht, konnte jedoch nicht bestätigt werden.

Bezüglich der *Bildung* wurde vermutet, dass Kandidat*innen* höher gebildet sein müssen als Kandidat*en*, um gewählt zu werden. Grundlegend war bei den deskriptiven Analysen festzustellen, dass bei der Bundestagswahl 2009 Kandidat*innen* häufiger über einen Hochschulabschluss verfügten als Kandidat*en*, allerdings der Männeranteil an Promotionen bzw. Habilitationen deutlich höher ausfiel. Die höheren Männeranteile an Promotionen und Habilitationen konnten auch im Rahmen der längsschnittlichen deskriptiven Untersuchungen bestätigt werden. In den multivariaten Modellen konnte in nahezu allen Modellen ein positiver Effekt der Bildung festgestellt werden: Eine höhere Bildung steigert somit die Chancen auf ein Bundestagsmandat. Allerdings konnte nicht bestätigt werden, dass Kandidat*innen* trotz hoher Bildung geringere Erfolgsaussichten haben als Kandidat*en*. Nur in wenigen Einzelmodellen wurde der geschlechtsspezifische Interaktionseffekt signifikant. In Analysen zur Wirkungsweise des Wahlsystems im Rahmen der Trendberechnungen seit 1957 (Wahlkreiswahl- und Listenwahlmodelle in Kapitel 7.2.2.2) konnte jedoch festgestellt werden, dass Frauen mit Titel im Rahmen einer Wahlkreiswahl signifikant negative Erfolgsaussichten haben und somit die grundlegende These partiell bestätigt werden kann: Im Wahlkreis haben Kandidat*innen* ohne Titel geringere Erfolgsaussichten als Kandidat*innen* mit Titel.

Bezüglich des *Berufs* wurde vermutet, dass Kandidat*innen* häufiger typisch „weibliche" Berufe innehaben und dies insbesondere bei erfolglosen Kandidat*innen* der Fall ist und somit weibliche Berufe die Wahlchancen verringern. Auf deskriptiver Ebene konnte grundlegend beobachtet werden, dass frauentypische Berufe von mehr Kandidat*innen* als von Kandidat*en* ausgeübt werden. Zudem konnte festgestellt werden, dass der Anteil an Wahlsieger/innen mit Frauenberuf unter dem Anteil insgesamt liegt und somit Frauenberufe die Wahlchancen zu verringern scheinen. So ist es nicht verwunderlich, dass im Rahmen der multivariaten Modelle festgestellt werden konnte, dass weibliche Berufe die Wahlerfolgschancen der Kandidat/innen verringern, hier jedoch zumeist kein geschlechtsspezifischer Interaktionseffekt auftritt und daher grundlegend keine Benachteiligung der Kandidat*innen* aufgrund des Frauenberufs festzustellen war. Bezüglich des *Familienstandes* wurde vermutet, dass Kandidat*innen* seltener verheiratet sind als Kandidat*en* und dieses Phänomen insbesondere bei erfolgreichen Kandidat*innen* zu beobachten sei. Bereits bei den deskriptiven Analysen konnten hier nur geringfügige geschlechtsspezifische Unterschiede zwischen den ledigen Personen beobachtet werden. Durchaus war jedoch zu erkennen, dass bei der Wahl 2009 Frauen deutlich häufiger geschieden, getrennt oder verwitwet waren. Bei den multivariaten Analysen konnten hier jedoch keine signifikanten Effekte des Familienstandes und auch kein geschlechtsspezifischer Interaktionseffekt beobachtet werden. Daher ist auch die These der Benachteiligung von Kandidat*innen* aufgrund des Familienstandes für 2009 zu falsifizieren.

Bezüglich der *Konfession* der Kandidat/innen wurde vermutet, dass Kandidat*innen* seltener eine katholische Religionszugehörigkeit aufweisen als Kandidat*en* und dies in besonderem Maße bei den erfolgreichen Kandidat*innen* zu finden sei. Auch bei der Betrachtung der Wirkungsweise der Konfessionszugehörigkeit mussten die Daten der Deutschen Kandidatenstudie 2009 genügen: Hier konnten bereits auf deskriptiver Ebene kaum Unterschiede zwischen den Kandidat*en* und Kandidat*innen* identifiziert werden. Bei den Wahlsieger/innen war jedoch zu beobachten, dass Wahlsieger*innen* seltener einer katholischen oder protestantischen Konfession angehörten als Wahlsieger. Mittels der multivariaten Analysen konnte ein grundlegender Effekt der katholischen Religionszugehörigkeit der Kandidat/innen auf die Wahlerfolge identifiziert werden: Kandidat/innen mit katholischer Konfession hatten in dem Einzelmodell bessere Erfolgsaussichten als Kandidat/innen anderer oder keiner Konfession. Dieser Effekt verlor sich jedoch bereits in integrierten Modellen. Da auch der geschlechtsspezifische Interaktionseffekt nicht signifikant war und katholische Frauen bei den Wahlen zum Deutschen Bundestag 2009 nicht besonders benachteiligt waren, kann auch diese Hypothese nicht bestätigt werden.

Bezüglich des *Zeitpunkts des Parteieintritts* wurde vermutet, dass Kandidat*innen* – insbesondere Wahlverlierer*innen* – zu einem späteren Zeitpunkt in die Partei eintreten als Kandidat*en* und somit ein früher Parteieintritt die Erfolgschancen erhöht. Bei den deskriptiven Analysen konnte durchaus beobachtet werden, dass Kandidat*innen* und Wahlsieger*innen* zu einem späteren Zeitpunkt in die Parteien eintreten als ihre männlichen Kollegen. Auch in den multivariaten Analysen – die gleichfalls nur mit der Deutschen Kandidatenstudie 2009 durchgeführt werden konnten – konnte ebenso festgestellt werden, dass ein früher Parteieintritt den Wahlerfolg begünstigt. Allerdings konnte auch hier nicht der vermutete geschlechtsspezifische Interaktionseffekt beobachtet werden. Aus diesem Grund muss die These, dass die Unterrepräsentation von Politiker*innen* aufgrund eines späten Parteieintritts erklärt werden kann, ebenfalls falsifiziert werden.

Bezüglich des *politischen Interesses* wurde vermutet, dass Kandidat*innen* sich in stärkerem Maße für „weiche" Politikfelder, wie Sozial- oder Umweltpolitik, interessieren, während sich Kandidat*en* eher für „harte" Felder, wie Außen- und Sicherheitspolitik, interessieren. Außerdem würde das Interesse für „weiche" Politikfelder die Erfolgsaussichten verringern und das Interesse für „harte Themenfelder positiv auf den Wahlerfolg wirken. Auch diese Analysen konnten nur mittels Daten der Deutschen Kandidatenstudie 2009 durchgeführt werden. Bereits bei den einfachen deskriptiven Auszählungen konnten diese Vermutungen nur geringfügig und meist auf nicht signifikantem Niveau beobachtet werden. Daher verwundert es auch nicht, dass mittels der multivariaten Analysen weder die These, dass „Frauenthemen" eher zum Wahlverlust führen, noch, dass Kandidat*innen* dadurch besonders schlechte Chancen auf Wahlerfolg haben, bestätigt werden konnte.

Bezüglich der *geschlechterstereotypen Kandidat/inneneinschätzung seitens der Wähler/innen* wurde vermutet, dass Kandidat*innen* von den Wähler/innen in stärkerem Maße „typisch weibliche" Eigenschaften wie Teamfähigkeit und Naivität zugeschrieben werden als den Kandidat*en*, denen eher typisch männliche Eigenschaften wie Durchsetzungsfähigkeit und Risikobereitschaft zugeschrieben werden. Mittels Daten eines Online-Experiments konnte grundsätzlich bestätigt werden, dass einige Persönlichkeitseigenschaften geschlechtsspezifische Zuordnung zum weiblichen bzw. männlichen Geschlecht erfahren: So wurden Kandidat*innen* tendenziell eher als naiv, unsicher, gutgläubig, phantasievoll, mitfühlend, hilfsbereit und glaubwürdig eingestuft. Kandidat*en* erreichten eine signifikant höhere Einschätzung bezüglich der Risikobereitschaft, Durchsetzungsstärke und der Fähigkeit, die Wirtschaft anzukurbeln.

Zudem wurde vermutet, dass die *Zuschreibung von männlichen Eigenschaften die Wahlchancen sowohl der Kandidatinnen als auch der Kandidaten* erhöht. Das bedeutet, dass Kandidat*innen* nicht nur weiblicher eingeschätzt werden, sondern dass sie darüber hinaus auch noch aufgrund dieser Einschätzung geringere Wahlchancen erfahren. Grundlegend konnte festgestellt werden, dass männliche Eigenschaften zu höheren Erfolgschancen beitragen. Allerdings konnte gleichfalls herausgefunden werden, dass die typisch weiblichen Eigenschaften grundsätzlich in positive weibliche Eigenschaften (wie z.B. Hilfsbereitschaft, Glaubwürdigkeit, Mitgefühl) und negative weibliche Eigenschaften (wie z.B. Naivität, Gutgläubigkeit und Unsicherheit) unterteilt werden sollten. Bei einer derartigen Unterteilung konnte ermittelt werden, dass positive weibliche Eigenschaften nicht nur die Wahlchancen der Kandidat*innen*, sondern auch die der

Kandidat*en* signifikant erhöhen. Somit ist es für einen Wahlsieg der Kandidat/innen neben männlichen Eigenschaften auch sehr bedeutend, über weibliche positive Eigenschaften zu verfügen.

Bezüglich der *politischen Kultur* wurde vermutet, dass Kandidat*innen* häufiger in nicht *katholischen Teilen der Republik* nominiert und gewählt werden als in katholischen Teilen der Republik. Bei den deskriptiven Darstellungen waren die geschlechtsspezifischen Unterschiede bei den Kandidat/innen nicht eindeutig zu bestimmen. Bei den Wahlsieger/innen konnte seit 1987 jedoch beobachtet werden, dass mehr Kandidat*en* als Kandidat*innen* aus katholischen Gebieten erfolgreich waren, was grundsätzlich der These entspricht. Jedoch konnte bei den Berechnungen mittels der Daten der Deutschen Kandidatenstudie weder ein signifikanter Einfluss dieser Variablen noch ein entsprechender geschlechtsspezifischer Interaktionseffekt ausgemacht werden. Demgegenüber konnten bei den längsschnittlichen Untersuchungen sowohl negative wie auch positive Effekte der Variablen identifiziert werden. Ein geschlechtsspezifischer Interaktionseffekt konnte nur teilweise auf signifikantem Niveau beobachtet werden: Im saturierten Modell der Trendberechnungen seit 1957 und 1990 sowie bei den Wahlkreiswahlmodellen im Rahmen der Trendberechnungen seit 1957 und 1990 (Kapitel 7.7.2.2) war ein solcher Interaktionseffekt zu identifizieren und deutete auf die Benachteiligung der Kandidat*innen*, die aus einem katholischen Bundesland stammen, hin. Somit muss an dieser Stelle festgehalten werden, dass zwar nicht bei allen Berechnungen die vermuteten geschlechtsspezifischen negativen Interaktionseffekte aufgetreten sind, dennoch eine grundsätzliche Tendenz festgestellt werden konnte, dass die Wahlchancen der Kandidat*innen* aus katholischen Bundesländern kleiner sind als in nicht-katholischen Bundesländern bzw. im Vergleich zu Kandidat*en*. Diese Beobachtung bedarf jedoch noch tiefergehender Analysen, möglicherweise mittels Mehrebenenmodellen.

Bezüglich der politischen Kultur wurde darüber hinaus vermutet, dass Kandidat*innen* häufiger im *östlichen Teil der Republik* nominiert und gewählt werden als im westlichen Teil der Republik. Die Hypothese konnte bereits anhand der deskriptiven Darstellungen nicht eindeutig beantwortet werden. Tendenziell konnte jedoch festgestellt werden, dass der Anteil der Wahlsieger*innen* aus östlichen Ländern bei den Bundestagswahlen 1998, 2005 und 2009 über dem Anteil der Wahlsieg*er* lag und somit eher Kandidat*innen* im östlichen Teil bessere Wahlchancen zu haben scheinen als Kandidat*en*. Bei den Modellen mittels Daten der Deutschen Kandidatenstudie konnte hingegen weder ein Einfluss der Ostvariablen auf den Wahlerfolg noch ein geschlechtsspezifischer Interaktionseffekt identifiziert werden. Indes konnte ein signifikant negativer Effekt bei den längsschnittlichen Trendanalysen seit 1990 festgestellt werden: Demnach haben Personen aus dem östlichen Teil der Republik signifikant schlechtere Wahlchancen. Gleichzeitig konnte auch ein positiver geschlechtsspezifischer Interaktionseffekt beobachtet werden, der jedoch bei dem saturierten Modell nicht mehr zu finden war. Somit ist diese These auch nicht eindeutig zu verifizieren und infolge des Verschwindens des Effekts bei zunehmender Modellkomplexität eher von einer Falsifikation auszugehen. Dennoch wird angeraten die These mittels Mehrebenenmodelle zu prüfen.

Bezüglich der *Nominierung im Rahmen des Mehrheits- bzw. Verhältniswahlsystems* wurde vermutet, dass Kandidat*innen* in stärkerem Maße auf den Landeslisten nominiert werden als in Wahlkreisen. Diese These konnte bei den deskriptiven Grundauszählungen durchaus an Fundament gewinnen. Auf Listen kandidieren deutlich mehr Kandidat*innen* als im Wahlkreis. Somit konnte diese Annahme als vorerst bestätigt angesehen werden.

Ferner wurde bezüglich der *Erfolgschancen in Mehrheits- und Verhältniswahlsystemen* vermutet, dass Kandidat*innen* höhere Wahlchancen im Rahmen einer Listenkandidatur haben, als im Rahmen einer Wahlkreiskandidatur. Bereits die deskriptiven Analysen haben ergeben, dass seit 1994 der Frauenanteil an Wahlsieger/innen bei den Listenkandidaturen deutlich höher lag als bei den Wahlkreisen und der Frauenanteil der Listenkandidat/innen ebenso übertroffen wird. Somit kann diese These deskriptiv eindeutig bestätigt werden. Geschlechtsspezifische Interaktionseffekte konnten bezüglich einer Wahlkreis- und einer Doppelkandidatur bei logistischen Regressionen mittels Trendberechnungen seit 1957 und seit 1990 nicht identifiziert werden. Allerdings konnte hinsichtlich der Listenkandidatur beobachtet werden, dass ein Interaktionseffekt zwischen Geschlecht und Wahlkreis die vermutete Hypothese bestätigt: Kandidat*innen*, die nur im Wahlkreis antreten, haben geringere Erfolgsaussichten als Kandidat*en*, die nur im Wahlkreis antreten. Diese Beobachtung konnte sowohl in den Trendberechnungen seit 1990 als auch in den Berechnungen seit 1957 gemacht werden.

Sowohl bei den Berechnungen im Rahmen der saturierten Modelle als auch der Einzelmodelle ist aufgefallen, dass von den Variablen „Listenkandidatur" und „Wahlkreiskandidatur" eine immense Wirkung ausgeht: Während bei nahezu allen Modellen vergleichbare Effekte der Geschlechtervariablen zu identifizieren waren, änderte sich dieser beim Hinzufügen der Listenkandidatur- bzw. Wahlkreiskandidaturvariablen in deutlicher Weise: Im Rahmen der Trendberechnungen seit 1957 konnte beispielsweise stets ein negativer Effekt der Geschlechtervariablen beobachtet werden, der durch Hinzufügen der Listenvariablen positiv wurde. Bei den Trendberechnungen seit 1990 verhielt es sich so, dass die Geschlechtervariable zumeist neutral und nicht signifikant war. Durch das Hinzufügen der Listenvariablen wurde die Geschlechtervariable signifikant und zudem positiv. Auch bei den Berechnungen mittels der Daten der Deutschen

Kandidatenstudie wurde der Effekt positiv, jedoch nicht signifikant. Diese immense Wirkung war auch in den saturierten Modellen zu identifizieren, sodass zwei verschiedene Modelle berechnet wurden, um die starke Wirkung dieser Variablen bzw. des Wahlsystems im Blick zu behalten. Aufgrund dieser unterschiedlichen Ergebnisse wurden dann multinomiale logistische Regressionen durchgeführt. Mittels dieser Berechnungen konnte die These bestätigt werden, dass die Wahlchancen von Kandidat*innen*, über den Wahlkreis gewählt zu werden, im Vergleich zu den Kandidat*en* verhältnismäßig gering sind. Gleichzeitig konnte in einigen Modellen festgestellt werden, dass die Erfolgschancen der Kandidat*innen* über die Liste deutlich höher sind. Abgesichert wurde dieses Ergebnis durch weitere, kleinteilige Berechnungen. Hier zeigte sich der geschlechtsspezifische Effekt, der vom Wahlsystem ausgeht, in noch stärkerer Weise: Frauen werden seltener über den Wahlkreis und verstärkt über die Liste gewählt.

Bezüglich der Erfolgschancen von Kandidat*innen* im Rahmen des Verhältnis- und Mehrheitswahlsystems kann daher grundlegend festgehalten werden, dass in longitudinalen Analysen dieser Effekt in deutlichem Maße beobachtet werden kann: Kandidat*innen* haben bei den Trendberechnungen von 1957 bis 2009 im Wahlkreis signifikant geringere Chancen auf Wahlerfolge. Das bedeutet, dass die wenigen Kandidat*innen*, die in einem Wahlkreis nominiert sind, geringere Erfolgschancen als ihre männlichen Konkurrenten haben und daher von einer doppelten Benachteiligung gesprochen werden kann. Bei den Trendberechnungen seit 1990 hatten sie gleichfalls geringere Chancen über den Wahlkreis gewählt zu werden, allerdings größere über die Liste. Dies erklärt, weshalb bei zahlreichen logistischen Regressionen, die im Rahmen der vorliegenden Untersuchung durchgeführt wurden (z.B. Querschnittsanalyse, Trendberechnungen seit 1990), die Geschlechtervariablen keinen signifikanten Effekt ausübt. In Anbetracht dieser Ergebnisse ist es für zukünftige Untersuchungen von Bundestagswahlen bzw. Wahlen mit gemischtem Wahlsystem ratsam, eine dem Wahlsystem angemessene methodische Vorgehensweise zu wählen, um die geschlechtsspezifischen Effekte auch identifizieren zu können. Somit konnte herausgefunden werden, dass oberflächlich betrachtet keine geschlechtsspezifischen Effekte zu beobachten sind, jedoch wahlsystematisch durchaus bestimmte Effekte auf die Wahlchancen von Kandidat*innen* und Kandidat*en* wirken.

Ebenso in Bezug auf das Wahlsystem wurde vermutet, dass Wahlkreisbewerber*innen* seltener durch aussichtsreiche Listenplätze abgesichert werden als Wahlkreisbewerb*er* und somit Frauen seltener *Doppelkandidaturen* innehaben. Auf deskriptiver Ebene konnte bis 1998 deutlich beobachtet werden, dass mehr Kandidat*en* als Kandidat*innen* Doppelkandidaturen inne hatten und somit durchaus eine Benachteiligung zu erkennen war. Seither sind die Werte allerdings vergleichbar. Die multivariaten Analysen konnten bestätigen – wie nicht anders zu erwarten war – dass sich eine Doppelkandidatur positiv auf die Wahlaussichten der Kandidat/innen im Allgemeinen auswirkt. Interessant hierbei ist jedoch, dass sowohl in den querschnittlichen als auch den längsschnittlichen Untersuchungen positive geschlechtsspezifische Interaktionseffekte festgestellt werden konnten und somit Kandidat*innen*, die eine Doppelkandidatur innehaben, tendenziell höhere Chancen auf einen Wahlerfolg haben als Kandidat*en*. Demgegenüber sind jedoch die weiblichen Erfolgschancen ohne eine Doppelkandidatur deutlich geringer als bei Kandidat*en* ohne Doppelkandidatur, was ebenso eine Benachteiligung der Kandidat*innen* beschreibt.

Bezüglich der *Qualität der Platzierung bzw. Nominierung* wurde vermutet, dass Kandidat*innen* häufiger in „umkämpften" Wahlkreisen und auf „aussichtslosen" Listenplätzen nominiert werden und daher als „Quotenfrauen" bzw. „Listenfüllerinnen" dienen. Die deskriptiven Untersuchungen haben eindeutig ergeben, dass Kandidat*innen* tendenziell schlechtere Platzierungen als Kandidat*en* erzielen, jedoch Kandidat*innen* seit 1990 bessere Listenplatzierungen erfahren. Somit konnte zwar grundsätzlich ein höchst positiver Effekt dieser Variablen auf die Wahlerfolgsaussichten beobachtet werden, die geschlechtsspezifischen Interaktionseffekte wurden jedoch nicht immer auf signifikantem Niveau beobachtet: Im saturierten Querschnittmodell ist der geschlechtsspezifische Interaktionseffekt signifikant. Hier haben Kandidat*innen* mit einer aussichtsreichen Kandidaturqualität geringere Aussichten auf einen Wahlerfolg als Kandidat*en* mit einer aussichtsreichen Platzierung. Ebenso konnten bei den Trendberechnungen seit 1990 negative geschlechtsspezifische Interaktionseffekte beobachtet werden, was bedeuten würde, dass Kandidat*innen* von 1990 bis 2009 trotz einer aussichtsreichen Platzierung dennoch schlechtere Erfolgsaussichten haben als Kandidat*en*.

Schließlich wurde bezüglich der *parteilichen Ideologie* vermutet, dass Kandidat*innen* häufiger von Parteien des linken Spektrums nominiert werden als von Parteien des rechten Spektrums und Kandidat*innen* in Parteien des linken Spektrums auch höhere Aussichten auf Wahlerfolg haben. Bereits die tiefgehenden deskriptiven Untersuchungen hierzu konnten aufzeigen, dass die weiblichen Nominierungsraten der CSU, CDU und der FDP im Vergleich zu der SPD, dem Bündnis 90/Die Grünen und der PDS/Die Linke verhältnismäßig gering ausfielen. Dies war in noch stärkerem Maße bei der Wahlkreisnominierung zu beobachten als bei der Listennominierung. Die parteilichen Unterschiede traten hierbei sehr konstant zu Tage. In Bezug auf die Wahlsieger/innen konnte zudem beobachtet werden, dass die Frauenanteile bei den Nominierungen in den Unionsparteien stets die Anteile der Wahlsieger*innen* übertrafen und sich der Verdacht erhärtet, dass Kandidat*innen* seitens der Union bei der Nominierung benachteiligt werden. Derartige Effekte konnten bei dem Bündnis 90/Die Grünen und der PDS/Die Linke nicht beobachtet werden, was auf eine deutlich bessere Platzierung der Kandidat*innen* in diesen Parteien hindeutet. Im Rahmen der multivariaten Analysen konnten die Vermutungen zumeist bestätigt werden: Frauen in linkeren Parteien haben grundsätzlich höhere Chancen auf Wahlerfolge als Männer. In den Unionsparteien ist eine Benachteiligung der Frauen zu beobachten. In der FDP verhält es sich diesbezüglich neutral: Zwar ist der Frauenanteil in dieser Partei sehr gering, die Erfolgschancen der Kandidat*innen* sind jedoch vergleichbar mit denen der Kandidat*en*.

Schließlich wurde vermutet, dass Frauen in Parteien mit *Quotierungsregelung* häufiger nominiert werden und erfolgreicher sind als in Parteien ohne Quotierungsregeln. Bei den deskriptiven Auszählungen konnte nur bei der SPD ein Effekt infolge der Quoteneinführung beobachtet werden. Bei den anderen Parteien war die Quotierung bereits vor dem ersten Bundestagserfolg vorhanden (PDS/Die Linke. Bündnis 90/Die Grünen) oder übte keinen Effekt aus (Unionsparteien). Bei den multivariaten Modellen konnte ein allgemeiner Trend erkannt werden: Grundsätzlich geht von der Quotenvariablen ein positiver Effekt aus. Das bedeutet, dass die Zugehörigkeit von Kandidat*innen* zu einer Partei mit Frauenquote deren Erfolgsaussichten positiv beeinflusst. Ein positiver geschlechtsspezifischer Interaktionseffekt konnte vereinzelt beobachtet werden. In zunehmend komplexeren Modellen war dieser Effekt nicht mehr zu identifizieren.

8 Abschließende Betrachtung

„Kan-di-dat?" – ist die zentrale Frage dieser Arbeit. Anlass für diese Frage ist nicht nur die Kandidatur Angela Merkels um das höchste exekutive Amt, das des Bundeskanzlers bzw. der Bundeskanzlerin 2005, sondern auch die weltweite Unterrepräsentation von Frauen auf allen Ebenen des politischen Systems. Diese quantitative Beobachtung wird in der wissenschaftlichen Literatur häufig um normative Bewertungen angereichert: Oftmals ist die Rede von einem „*Demo-kratiedefizit*", da Frauen systematisch vom politischen Prozess ausgeschlossen würden, dadurch ihre eigenen Interessen und Bedürfnisse nicht selbst vertreten könnten und schließlich die Politik nur unter Einschluss weiblicher Kompeten-zen und Fähigkeiten effizient arbeiten könne (Geißel/Penrose 2003: 2). Diesen Behauptungen fehlt jedoch zumeist das empirische Fundament.

Bereits die These, dass Frauen systematisch aus dem politischen Prozess ausgeschlossen würden, suggeriert, dass Frauen ihre Interessen nicht vertreten *können* bzw. *nicht gefragt* werden. Allerdings besteht grundsätzlich auch die Möglichkeit, dass Frauen ihre Interessen vertreten *können*, sich jedoch nicht am politischen Prozess beteiligen *wollen*. Beide Fälle ziehen unterschiedlichen poli-tischen Handlungsbedarf nach sich: Im ersten Fall wäre dem politischen System und dessen Akteuren mit entsprechenden Mechanismen und Prozederen vorzu-werfen, systematisch an der Benachteiligung von Frauen verantwortlich zu sein und sie wären aufzufordern, an der Behebung dieser systematischen Ausgren-zung der Frauen zu arbeiten, um die partizipationswilligen Frauen stärker in den politischen Prozess zu integrieren. Der zweite Fall liegt anders: Hier ist über die Ursachen und die Motivation der Frauen nachzudenken und die Frage zu stellen, warum sie sich nicht am politischen Prozess beteiligen *wollen* und ob auch hier strukturelle, gesellschaftlich bedingte Faktoren ursächlich verantwortlich sind.

Insofern sichergestellt wird, dass Frauen nicht systematisch aus dem politi-schen System ausgeschlossen werden, ist grundlegend zu fragen, ob es tatsäch-lich demokratiegefährdend ist, wenn die Interessen und Bedürfnisse der Frauen nicht direkt von Frauen vertreten werden. Schließlich zeichnet sich eine Demo-kratie dadurch aus, dass sich alle Bürger/innen am politischen Prozess beteiligen *können,* aber nicht *müssen*. Demnach sollte die Entscheidung respektiert werden, wenn sich bestimmte Bevölkerungsgruppen die Freiheit nehmen, sich nicht aktiv oder passiv zu beteiligen und ihre politische Macht in die Hand der anderen bzw.

auserwählten Repräsentanten zu legen. Die Übergabe von Macht ist schließlich auch das grundlegende Prinzip repräsentativer Demokratien.

Daher sollte vor einem tiefgehenden demokratietheoretischen Diskurs über die Konsequenzen einer Unterrepräsentation von Frauen in der Politik die Frage stehen, ob im 21. Jahrhundert noch davon gesprochen werden kann, dass Frauen *systematisch* vom politischen Prozess ausgeschlossen werden oder ob vielmehr die Unterrepräsentation von Frauen in mangelnder Bereitschaft und mangelndem Interesse an politischen Themenfeldern begründet liegt. Der Beantwortung dieser grundlegenden Problemstellung hat sich vorliegende Arbeit gewidmet. Den Mittelpunkt bildet die Frage, ob Frauen systematisch aus dem politischen Prozess ausgeschlossen werden.

Wie bereits dargestellt, ist die Betrachtung von Politiker*innen* kein vollkommen neues Untersuchungsgebiet. Zahlreiche Studien haben die Ursachen, Unterschiede und Erklärungsansätze bereits vielfach beleuchtet. Viele dieser Untersuchungen – insbesondere qualitative Studien – fokussieren ihre Analysen jedoch auf die Betrachtung von Politiker*innen*. Ein Vergleich ihrer Situation mit der von Politik*ern* fehlt häufig. Dadurch kann trotz der intensiven Betrachtung von Politiker*innen* nicht die Schlussfolgerung gezogen werden, dass die identifizierten Ergebnisse ausschließlich die Situation von Frauen in der Politik beschreiben. Darüber hinaus konzentrieren sich zahlreiche Untersuchungen – auch wenn die Situation von Politik*ern* berücksichtigt wird – häufig auf die Betrachtung von Politiker/innen ab dem Zeitpunkt, an dem sie bereits gewählt wurden. Personen, die um ein politisches Amt kandidiert haben, jedoch nicht gewählt wurden, werden in den Untersuchungen häufig nicht berücksichtigt. Durch eine intensive Betrachtung dieser Verlierer*innen* einerseits im Vergleich zu ihren männlichen Konkurrenten und andererseits zu Wahlsieger*innen* ist es jedoch möglich herauszufinden, aus welchem Grund und in welchem Kontext die Kandidat*innen* im politischen Prozess ausgeschieden sind und inwiefern hierbei strukturelle Faktoren zur Erklärung herangezogen werden können. Erst dieser doppelte Vergleich (Mann vs. Frau; Wahlverlierer/innen vs. Wahlsieger/innen) ermöglicht die Beantwortung der Frage, ob sich Frauen an der Politik nicht beteiligen *wollen*, nicht beteiligen *sollen* oder nicht beteiligen *können*.

Dieser Frage ist einerseits durch die Entwicklung eines umfassenden theorie- und empiriegeleiteten Analyseschemas zur Untersuchung von Kandidat/innen und andererseits einer empirischen Analyse der Nominierung und Auswahl von Frauen am Beispiel der Bundestagswahlen von 1953 bis 2009 nachgegangen worden. Aufbauend auf einer tiefgehenden grundlegenden Betrachtung des Untersuchungsobjekts („Kandidat/innen"), der vermeintlich erklärenden Variable („Geschlecht") und dem Untersuchungskontext („Wahlen in repräsentativen Demokratien") konnte ein universelles Analyseschema zur Untersuchung von weiblichen Kandidaturen entwickelt werden. Dieses Analyse-schema zeichnet sich dadurch aus, dass es bei nationalen wie internationalen Untersuchungen herangezogen werden kann und ermöglicht auch ebenenspezifi-sche Analysen mit unterschiedlichster Schwerpunktsetzung. In der nachfolgen-den Abbildung 64 ist das entwickelte Analyseschema mit seinen zentralen Ein-flussfaktoren auf die Nominierung und den Wahlerfolg von Frauen in der Politik dargestellt. Grundlegend können hier Faktoren auf der Mikro- und der Makro-ebene unterschieden werden, wobei auch Interaktionen zwischen Faktoren und Ebenen vorliegen.

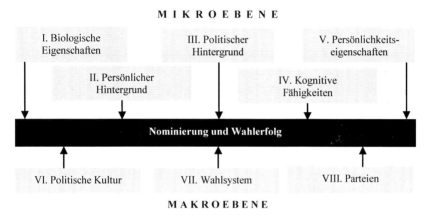

Anmerkung: Eigene Darstellung.

Abbildung 64: Einflussfaktoren auf die Nominierung und den Wahlerfolg von Frauen

Auf der Mikroebene haben sich fünf verschiedene Erklärungsdeterminanten herauskristallisiert: Erstens, *biologische Eigenschaften* gekoppelt mit der Frage, welchen Einfluss die genetische Ausstattung auf die Nominierung und den Wahlerfolg von Kandidat*innen* hat im Vergleich zu Kandidat*en*. Diese Fragestel-lung ist geknüpft an zahlreiche Diskussionen, nicht zuletzt aus der klassischen politischen Theorie nach dem Motto „Kan-di-dat?", bei der die Vermutung im Mittelpunkt steht, dass Frauen aufgrund ihrer genetischen Eigenschaften (z.B. Hormone, DNA, Blutbild, …) weniger dazu befähigt sind, ein politisches Man-dat zu übernehmen.

Zweitens hat sich der *persönliche Hintergrund* – aufgrund zahlreicher, bisheriger Untersuchungen – als Faktor offenbart, der den starken Einfluss von Sozialisation, Alter, Generation, Bildung, Einkommen, sozialem Status, Beruf, Erwerbstätigkeit, Religion und insbesondere Familienstand und Kinder(zahl) auf die Nominierung und den Wahlerfolg erklären soll.

Drittens ist auch der *politische Hintergrund* aufschlussreich. Hierbei wird die Unterrepräsentation von Frauen anhand eines späten Parteieintritts, spezifisch „weiblichen" politischen Interessensfeldern, schlechteren Netzwerken oder mangelnder Frauenförderung in den Parteien erklärt.

Viertens bieten auch die *kognitiven Fähigkeiten* – seien sie angeboren oder erworben – Erklärungspotential für die Unterrepräsentation von Frauen in der Politik. Gemeinhin wird davon ausgegangen, dass Frauen in geringerem Maße über typisch männliche kognitive Fähigkeiten (wie z.B. mathematisch-analytisches Denken) und in verstärktem Maße über weibliche kognitive Fähigkeiten (wie z.B. sprachliche Fähigkeiten) verfügen und dadurch die geringere Repräsentation von Frauen in der Politik erklärt werden kann. Demzufolge würden mathematisch-analytische Fähigkeiten einen Job in der Politik begünstigen, während sprachliche Fähigkeiten diesen erschweren.

Als fünfter und letzter Erklärungsfaktor auf der Mikroebene konnten *Persönlichkeitseigenschaften* identifiziert werden: Hier wird davon ausgegangen, dass Kandidat*innen* einerseits von Wähler/innen andere, typisch weibliche Persönlichkeitseigenschaften zugeschrieben werden als Kandidat*en*, es jedoch die männlichen Eigenschaften sind, die zu Wahlerfolg führen.

Auf der Makroebene bieten sich drei weitere Dimensionen zur Erklärung der Unterrepräsentation von Frauen in der Politik an: die politische Kultur, das Wahlsystem und das Parteiensystem. Demnach ist makrostrukturell erstens bei der *politischen Kultur* darauf zu achten, inwiefern im untersuchten Land bzw. in den untersuchten Ländern eine traditionelle politische Kultur vorherrschend ist. Grundlegend wird davon ausgegangen, dass in traditionell-konservativen politischen Kulturen im Vergleich zu egalitären Kulturen Frauen der Weg in die Politik in stärkerem Maße versperrt ist als Männern. Somit wäre die Repräsentationsrate von Frauen auch von der politischen Kultur abhängig.

Auf der Makroebene stellte sich zweitens das *Wahlsystem* als besonders relevant zur Erklärung der Unterrepräsentation von Frauen in der Politik dar. Wahlsysteme können unterschiedlich gestaltet sein und so können zahlreiche Möglichkeiten und Mechanismen Frauen den Weg in die Politik versperren: Grundlegend ist hier das Stimmenverrechnungsverfahren zu nennen und somit die Frage, wie die Wähler/innenstimmen auf die einzelnen Kandidat/innen bzw. Parteien verteilt werden. Dabei wird davon ausgegangen, dass Verhältniswahlsysteme zu einer höheren weiblichen Repräsentation führen, während Mehrheitswahlsysteme die weibliche Repräsentationsrate verringern. Ebenso kann sich auch die Größe des Wahlkreises, die Gestaltung der Parteilisten, die Anzahl der Wähler/innenstimmen oder die Amtsdauer der Wahlperiode positiv bzw. negativ auf die Repräsentation der Frauen in der Politik auswirken. Hierbei ist – je nach zu untersuchendem Fall – spezifisch darauf zu achten, welche wahlsystematischen Regelungen vorherrschen und inwiefern hierdurch eine Unterrepräsentation von Frauen in der Politik bewirkt wird.

Schließlich üben drittens auch *Parteien* einen immensen Einfluss auf die Erfolgsaussichten von Frauen aus. Auch hier wurden zahlreiche Einflussfaktoren (Parteiorganisation, Institutionalisierungsgrad, Nominierungsebene, Ideologie, parteiliche Aktivitäten von Frauen, Quotierungsregel, Parteigröße, Qualität der Kandidaturen) identifiziert, die bei einer Analyse von Frauen in der Politik betrachtet werden können.

Aufbauend auf diesem theoretischen Analyseschema wurde dann der Wahlerfolg von Frauen bei Wahlen zum Deutschen Bundestag empirisch analysiert. Grundlegend wurden die theoretisch formulierten Erklärungsfaktoren betrachtet und anhand dieser potentielle Hypothesen entwickelt, die die Unterrepräsentation von Frauen im Deutschen Bundestag erklären können. Anhand von drei Datensätzen wurden die Hypothesen untersucht. Durch die empirische Analyse konnten die Thesen teilweise bekräftigt, viele jedoch auch falsifiziert werden (vgl. hierzu auch die Zusammenfassung der Ergebnisse in Kapitel 7.8).

Falsifiziert werden konnte beispielsweise auf der Mikroebene, dass Frauen aufgrund des Alters, der Bildung, des Berufs, des Familienstandes, ihrer katholischen Konfessionszugehörigkeit, dem Zeitpunkt des Parteieintritts oder spezifischer politischer Interessen geringere Chancen auf Wahlerfolge haben als Männer. Während in manchen deskriptiven Analysen noch geschlechtsspezifische Unterschiede zu beobachten waren, konnte dies unterdessen unter kontrollierten Bedingungen im Rahmen multivariater Verfahren nicht mehr nachgewiesen werden. Für die Wahlen zum Deutschen Bundestag kann zusammenfassend festgehalten werden, dass weder der persönliche Hintergrund, noch der politische Hintergrund die Unterrepräsentation von Frauen im Deutschen Bundestag aktuell und in der Vergangenheit erklären kann. Es muss jedoch auch darauf hingewiesen werden, dass einige Erklärungsfaktoren, die aus theoretischer Sicht einen geschlechtsspezifischen Unterschied ausmachen könnten – wie z.B. Kinderanzahl, Kinderalter, partnerschaftliche Rollenaufteilung, Netzwerke oder Förderung von Frauen in den Parteien – aufgrund fehlender Daten nicht explizit untersucht werden konnten. Ferner konnte der Familienstand, die katholische Konfessionszugehörigkeit, der Zeitpunkt des Parteieintritts und die spezifischen politischen Interessen nur für die Bundestagswahl 2009 betrachtet werden, wodurch keine Aussage darüber getroffen werden kann, inwiefern diese sozialstrukturellen Merkmale in der Vergangenheit eine Rolle gespielt haben.

Bezüglich der Persönlichkeitseigenschaften konnte festgestellt werden, dass einer Kandidatin weiblichere Persönlichkeitseigenschaften zugeschrieben werden als einem Kandidaten, dem in stärkerem Maße männliche zugesprochen werden. Darüber hinaus war auch festzustellen, dass männliche Eigenschaften den Wahlerfolg begünstigen und dadurch bedingt die Wahlchancen der Männer tendenziell höher zu liegen scheinen als die der Frauen. Jedoch konnte auch gezeigt werden, dass die weiblichen Eigenschaften grundsätzlich in positive und negative Eigenschaften zu unterteilen sind und sich weibliche Eigenschaften im Allgemeinen nicht negativ auf den Wahlerfolg auswirken. Positive weibliche Eigenschaften, wie Hilfsbereitschaft oder Glaubwürdigkeit, wirken sich ebenso positiv auf den Wahlsieg des Kandidaten und der Kandidatin aus, während negative weibliche Eigenschaften die Wahlchancen verringern. In zukünftigen Analysen ist daher grundsätzlich diese Unterscheidung zu berücksichtigen.

Somit konnten bei der Untersuchung der weiblichen Wahlerfolgschancen im Deutschen Bundestag auf der Mikroebene nur die Persönlichkeitseigenschaften identifiziert werden, die einen entscheidenden Einfluss auf die Erfolgsaussichten der Frauen ausüben. Allerdings muss darauf hingewiesen werden, dass diese Ergebnisse auf einem Online-Experiment basieren, welches mit einer fiktiven Kandidatin und einem fiktiven Kandidaten gearbeitet hat. In der Realität ist aber davon auszugehen, dass nicht nur das Geschlecht, sondern auch die eigene Parteiidentität und weitere Persönlichkeitsmerkmale der Kandidat/innen Einfluss auf die Wahlentscheidung der Bürger/innen bei einer spezifischen Wahl haben. Interessante, innovative Ergebnisse könnten daher auch Kandidat/innenerhebungen zu Tage fördern, in denen die Persönlichkeitseigenschaften der Kandidat/innen von den Kandidat/innen selbst erhoben werden. Besonders zu empfehlen sind hier (experimentelle) Tests, wie sie in der Psychologie zur Erhebung von Persönlichkeitsmerkmalen herangezogen werden, um Erkenntnisse über die tatsächlichen Persönlichkeitseigenschaften der Kandidat/innen zu gewinnen und diese in Bezug zu deren Wahlerfolge zu setzen. Ob Kandidat/innen zu einer solchen Teilnahme motiviert werden können, ist allerdings fraglich.

Ebenso konnten aufgrund fehlender Daten auf der Mikroebene weder die biologischen noch die kognitiven Einflussfaktoren untersucht werden, auf deren potentielle Wirkung bei der Entwicklung des Analyseschemas bereits hingewiesen wurde. Wie bei den Darstellungen im Grundlagenteil angemerkt, beginnt die Umfrageforschung inzwischen damit, genetische Eigenschaften mittels Blut- oder Speichelproben bei der Datenerhebung der Allgemeinbevölkerung zu berücksichtigen. Es bleibt jedoch zu bezweifeln, ob und inwiefern Kandidat/innen ihr genetisches Material zur Verfügung stellen oder an entsprechenden kognitiven Tests teilnehmen, die das Ziel verfolgen, biologische oder kognitive Faktoren zu identifizieren, die einen Wahlsieg begünstigen. Derartige Analysen bedürfen nicht zuletzt auch einer intensiven Diskussion des wissenschaftlichen Nutzens und der ethischen Probleme.

Nun zu den Untersuchungsergebnissen auf der *Makroebene*: Nur partiell konnte bestätigt werden, dass sich eine traditionell-konservative politische Kultur im Gegensatz zu egalitären Werten negativ auf die Wahlchancen der Frauen auswirkt. Sowohl bei den deskriptiven wie auch den multivariaten Analysen zeichnete sich ein diffuses Bild ab. Daher ist an dieser Stelle anzuraten, detaillierte Untersuchungen mit mehr Kontextvariablen in Form von Mehrebenenanalysen durchzuführen.

Ganz anders verhielt es sich bei der Betrachtung der wahlsystemimmanenten Einflussfaktoren: Hierbei konnte zwar zunächst nicht eindeutig erkannt werden, welchen spezifischen Einfluss die wahlsystematisch bedingte Kandidatur auf den geschlechtsspezifischen Wahlerfolg hatte, da in den Berechnungen seit 1990 die Geschlechtervariable bei oberflächlichen Berechnungen meist weder signifikant positiv noch negativ war. Allerdings konnte beobachtet werden, dass sich die Effekte der Geschlechtervariablen in Modellen, die wahlsystematische Erklärungsfaktoren berücksichtigen (z.B. Kandidatur über die Liste, Kandidatur über den Wahlkreis) im Vergleich zu Modellen, die dies nicht tun, hinsichtlich Effektstärke und Signifikanz deutlich unterscheiden (vgl. hierzu Kapitel 7.2.1). Das beutet, dass Frauen in Modellen, welche beispielsweise Kandidaturen auf der Liste als erklärende Variable berücksichtigten, signifikant andere Wahlchancen hatten, als in Modellen, die diese Variable nicht berücksichtigten.

Erst mittels detaillierterer Analysemethoden konnten zahlreiche Beweise dafür gesammelt werden, dass deutliche geschlechtsspezifische Differenzen bei der Wahl von Kandidat/innen über den Wahlkreis und über die Liste bestehen. So konnte herausgefunden werden, dass der Anteil an Wahlkreiskandidat*innen* im Längsschnitt deutlich geringer ausfällt als der Anteil der Wahlkreiskandidat*en* und somit Frauen deutlich seltener im Wahlkreis nominiert werden als Männer. Ferner war festzustellen, dass von den aufgestellten Wahlkreiskandidat/innen Frauen auch deutlich geringere Chancen auf einen Wahlerfolg hatten und somit in doppelter Weise (Nominierung und Auswahl) systematisch benachteiligt werden. Dieser Effekt war mittels verschiedener methodischer Analyseverfahren in den Querschnittsberechnungen 2009 gleichermaßen wie in den längsschnittlichen Analysen zu beobachten.

Allerdings konnte auch herausgefunden werden, dass diese wahlsystematisch bedingte Benachteiligung von Frauen über die Ebene des Mehrheitswahlsystems, im bundesdeutschen personalisierten Verhältniswahlsystem über die Ebene der Verhältniswahl kompensiert wird: So werden Frauen nicht nur in der

Listennominierung stärker berücksichtigt als bei der Wahlkreisnominierung. Seit den 1990er Jahren ist auch zu beobachten, dass die Wahlchancen der Listenkandidat*innen* deutlich höher ausfallen als die der Listenkandidat*en*. Auch dies konnte mittels verschiedener Analyseverfahren seit 1990 im Längsschnitt und auch 2009 im Querschnitt bestätigt werden.

Im Rahmen der wahlsystematischen Analysen wurde ebenfalls die Frage berücksichtigt, ob die Kandidat/innen auf eher aussichtsreichen oder weniger aussichtsreichen Listenplätzen bzw. Wahlkreise kandidieren. Bereits auf deskriptiver Ebene war ersichtlich, dass bis Anfang der 1990er Jahre Frauen schlechtere Listen- bzw. Wahlkreisplätze zu verbuchen hatten, seither jedoch deutlich bessere Platzierungen erzielen. Im Rahmen der multivariaten Analysen konnte jedoch bei den Trendberechnungen seit 1957 kein signifikanter Interaktionseffekt dieser Variablen mit dem Geschlecht identifiziert werden. Allerdings trat dieser bei den längsschnittlichen Berechnungen seit 1990 und auch bei den querschnittlichen Berechnungen 2009 deutlich zu Tage: Hier haben Frauen signifikant schlechtere Wahlkreis- und Listenplätze als Männer, wobei auch hier wahlsystematische Wirkungen und parteiliche Unterschiede zu berücksichtigen sind.

Nun stellt sich die Frage, inwiefern aufgrund des Wahlsystems tatsächlich von einer systematischen Benachteiligung der Frauen gesprochen werden kann. Grundsätzlich sind die geschlechtsspezifisch geringeren Chancen, über den Wahlkreis gewählt zu werden, offensichtlich. Es scheint auf der Hand zu liegen, dass Frauen seitens der Parteien in geringerem Maße die Chance bekommen, in Wahlkreisen anzutreten. Bei einer detaillierteren Betrachtung der deskriptiven Darstellungen der weiblichen Repräsentation in Wahlkreisen differenziert nach Parteien, fällt jedoch eine bislang wenig diskutierte Gegebenheit ins Auge: Denn auch in Parteien, in denen Frauen grundsätzlich sehr hohe Wahlerfolge erzielen (z.B. Bündnis 90/Die Grünen, PDS/Die Linke), fallen die Frauenanteile an Wahlkreis*kandidaturen* im Vergleich zu Listen*kandidaturen* ebenfalls deutlich niedriger aus. Hierfür können erneut verschiedene Ursachen verantwortlich sein: Einerseits besteht die Möglichkeit, dass Frauen in geringerem Maße seitens der Parteien nominiert werden. Anderseits ist auch zu überlegen, ob Frauen in geringerem Maße im Wahlkreis antreten wollen. In Anbetracht der allgemein sehr hohen weiblichen Nominierungsraten in der PDS/Die Linke und beim Bündnis 90/Die Grünen liegt der Verdacht nahe, dass es weniger die Parteien sind, die die Frauen nicht in Wahlkreisen nominieren, als vielmehr die Frauen selbst, die nicht im Wahlkreis kandidieren wollen. Erklärt werden könnte dies grundsätzlich damit, dass eine Wahlkreiskandidatur mit deutlich mehr Öffentlichkeitsarbeit, Sichtbarkeit, Präsenz und Bürgernähe verbunden ist. Möglicherweise führt auch ein geringeres Selbstbewusstsein von Frauen, welches in psychologischen Studien bereits nachgewiesen wurde (vgl. hierzu Kapitel 2.2.2.2) dazu, dass Frauen eine Wahlkreiskandidatur eher einem Mann überlassen.

Potentiell möglich ist auch, dass es die Frauen bei der Wahlkreiskandidatenauswahl selbst beim Bündnis 90/Die Grünen und der PDS/Die Linke nicht schaffen, in einem Wahlkreis zu kandidieren, da es ihnen seitens der Parteiführung weniger zugetraut wird und sie gar nicht erst gefragt werden. Denn auch das „to be asked" (vgl. Verba et al 1995: 15; vgl. Einleitungskapitel) ist bedeutend für die politische Repräsentation. In zukünftigen Analysen sollte daher ein detaillierter Blick auf die Nominierungs- und Auswahlprozesse von Wahlkreiskandidat/innen in den Parteien geworfen werden. Insbesondere sollte tiefergehend untersucht werden, inwiefern hierbei das Geschlecht eine Rolle spielt und ob Frauen dabei systematisch benachteiligt werden oder nicht kandidieren *wollen*. Es sollten in derartigen Analysen auch die geschlechtsspezifischen Persönlichkeitseigenschaften der Frauen und Männer berücksichtigt werden (z.B. Selbstbewusstsein), die einen zentralen Beitrag für die Unterrepräsentation von Frauen bei Wahlkreiskandidaturen leisten könnten. Die geringen Wahlerfolge der Frauen in Wahlkreisen führen insbesondere in den großen Volksparteien dazu, dass dadurch bedingt Frauen deutlich geringere Erfolgsaussichten in den Parteien insgesamt haben, da zahlreiche Mandate in den Volksparteien über Wahlkreise gewonnen werden.

Aufstellung und Auswahl der Kandidat/innen im Wahlkreis ist jedoch nur ein Aspekt einer systematischen Benachteiligung aufgrund wahlsystematischer Faktoren. 50 Prozent der Sitze im Bundestag werden über Listenkandidaturen gewonnen. Hier scheinen Parteien das auszugleichen, was über den Wahlkreis nicht geleistet wird oder geleistet werden konnte: Frauen haben insbesondere seit den 1990er Jahren besonders gute und in vielen Parteien sogar bessere Chancen als ihre männlichen Kollegen, über eine Listenkandidatur einen Platz im Bundestag zu bekommen. Dies konnte mittels unterschiedlichster Analyseverfahren bestätigt werden. Würde man nun eine Benachteiligung der Frauen im Rahmen der Mehrheitswahl und eine entsprechende demokratietheoretische Gefahr diagnostizieren, dann müsste man dies jedoch konsequenterweise in Anbetracht vorliegender Untersuchungsergebnisse für die Listenwahl tun. Hier wäre allerdings von einer Demokratiegefährdung infolge der Unterrepräsentation von Männern zu sprechen. Allerdings ist an dieser Stelle auch darauf hinzuweisen, dass unter dem Strich – das haben die multivariaten Analysen ebenso gezeigt – sich die Wahlchancen von Frauen und Männern über Wahlkreis- bzw. Listenwahl insbesondere seit den 1990er Jahren ausgleichen.

Neben diesen immensen geschlechtsspezifischen Unterschieden im Rahmen des Wahlsystems konnten zudem deutliche Unterschiede entlang des Parteienspektrums identifiziert werden: Frauen haben in Parteien des linken Spektrums deutlich höhere Chancen auf Wahlerfolge als in Parteien des rechten Spektrums. Insbesondere bei den Unionsparteien sind die Wahlchancen der Frauen deutlich geringer als die der Männer. In der CSU fällt zudem auf, dass der Frauenanteil an Parteimitgliedern höher ausfällt als der Frauenanteil an Wahlsieger/innen. Dies deutet auf eine systematische parteiliche Benachteiligung der Frauen hin. Gegenteiliges kann bei dem Bündnis 90/Die Grünen und der PDS/Die Linke beobachtet werden: Hier haben Frauen deutlich höhere Wahlchancen als Männer. In diesen Parteien ist der Frauenanteil an Parteimitgliedern niedriger als der an Wahlsieger/innen, was einer systematischen Benachteiligung von Männern gleichkommt. Interessanterweise kann für die FDP festgestellt werden, dass Frauen zwar im Vergleich zu den anderen Parteien grundsätzlich den geringsten Anteil an Parteimitgliedern und auch gewählten Abgeordneten ausmachen, jedoch die Wahlerfolgschancen von Frauen ähnlich hoch sind wie die der Männer. Somit kommen die Frauen, die kandidieren, auch im Parlament an. Diesem Ergebnis zu Folge kann, insgesamt betrachtet, durchaus von einer systematischen Benachteiligung von Frauen in manchen Parteien gesprochen werden, in anderen dagegen muss von einer systematischen Benachteiligung der Männer gesprochen werden.

Auch hier stellt sich die Frage, inwiefern diese parteilichen Unterschiede anzuklagen sind und möglicherweise als *demokratiegefährdend* kategorisiert werden müssen. Beginnend bei der grundsätzlichen Zielsetzung von Parteien, können Parteien als offene Systeme definiert werden, bei denen Personen, die sich beteiligen wollen, eintreten und Ämter und Funktionen übernehmen können. Und das können Frauen und Männer gleichermaßen. Parteien sind, wie in Kapitel 2.3.2.2 dargestellt, nicht nur demokratietheoretisch notwendig, um politische Einflussmacht zu erlangen, sondern sie sind auch auf der Grundlage verschiedener gesellschaftlicher Konfliktlinien entstanden: Die Unionsparteien aufgrund eines Konflikts zwischen Staat und Kirche und die SPD aufgrund eines Konflikts zwischen Kapital und Arbeit (Lipset/Rokkan 1967).

Zunächst zu den Unionsparteien: Betrachtet man insbesondere die katholische Kirche, für die die Unionsparteien unter anderem einstehen, so ist es nicht verwunderlich, dass Frauen in Führungspositionen weniger stark vertreten waren und auch noch immer sind, denn es ist partielle Grundlage ihres theoretischen Fundaments. Demzufolge kann die Frauenrepräsentation der Union schlichtweg als adäquat zu ihren politischen Zielen und Interessen gesehen werden, in denen Frauen eben nicht im Berufsleben angekommen sind. Die Stellung der Frauen seitens der Union zeigt sich nicht zuletzt auch im Rahmen von zahlreichen Diskussionen, aktuell am Beispiel des Betreuungsgeldes, bei denen die Frauen, die ihre Kinder selbst betreuen bzw. privat betreuen lassen, Vorteile erhalten und somit der Ausstieg von Frauen aus dem Beruf systematisch seitens der Politik unterstützt wird. Woher sollten in einer Partei, die derartige Themen und Leitbilder verfolgt, 50 Prozent Berufspolitiker*innen* stammen? Warum sollte eine Partei, die sich dafür einsetzt, dass Frauen möglichst lange zu Hause bei ihren Kindern bleiben, das Interesse verfolgen, einen bevölkerungsrepräsentativen Frauenanteil in ihrer Partei zu erreichen?

Auch seitens der SPD ist mit dieser Theorie einer konfliktorientierten Parteigründung die langandauernde Unterrepräsentation von Frauen in der Partei zu erklären: Frauen waren bis in die 1960er und 1970er Jahre weniger stark in der Arbeitswelt vertreten als Männer. Die SPD verstand und versteht sich auch heute noch u.a. als Arbeiterpartei. Daher kann die Unterrepräsentation von Frauen in der SPD bis zu Beginn der 1980er ebenso auf diese politischen Ziele und Interessen zurückgeführt werden: Die Interessen von Arbeiter/innen lassen sich eben am besten von Arbeiter/innen vertreten, die bis in die 1980er Jahre zumeist männlichen Geschlechts waren. Erst mit der zunehmenden Emanzipation in den 1960er und 1970er Jahren und den Forderungen der adäquaten und gleichberechtigten Integration von Frauen ins Berufsleben, änderten sich auch die Ziele und Interessen der SPD: Seit Mitte der 1980er Jahre hat sich die SPD eine geschlechtergerechte Partizipation auf die Fahne geschrieben und arbeitet systematisch an deren Verwirklichung, dessen Erfolg im Rahmen vorliegender Arbeit auch empirisch nachgewiesen werden konnte.

Die FDP ist gemeinhin als Partei der Selbstständigen, der Steuer- und Wirtschaftspolitik zu verorten und ist in dem Konfliktlinienmodell eher den Unternehmen zuzuordnen. Bei der FDP ist zu beobachten, dass der Frauenanteil an Parteimitgliedern nahezu gleichmäßig auch im Bundestag ankommt und somit Frauen hier keine geschlechtsspezifischen Nachteile erfahren. Andererseits ist der Frauenanteil in dieser Partei der niedrigste in allen Parteien. So stellt sich die Frage, ob eine geschlechtergerechte Repräsentation von Frauen und Männern im Interesse und im Sinne der eigentlichen Zielsetzung der FDP steht. Sie haben eindeutig ihre Ziele und Interessen formuliert und diese liegen – wie aus dem Theorieteil ersichtlich – weniger stark im spezifischen Interessensfeld der Frauenpolitik. Ist es daher für die FDP ratsam – möglicherweise mittels einer Frauenquote – sich darum zu bemühen, mehr Frauen auf die vorderen Plätze der Partei zu bringen, wenn ihre grundlegenden Zielsetzungen vollkommen andere sind und sich möglicherweise Frauen in geringerem Maße für diese interessieren und daher weniger in der FDP engagieren?

Das Bündnis 90/Die Grünen vertritt schließlich postmaterialistische Werte. Sie sind nicht zuletzt auch aufgrund der Defizite der anderen Parteien bezüglich Frauenfragen entstanden und haben dieses Thema sehr früh auf ihre Fahnen geschrieben. Ein Teil ihres Erfolges geht sicherlich auf die Frauenthematik zurück. Die Gleichberechtigung von Frauen und Männern steht im Zentrum der grünen Interessen und ist in den Grundfesten der Partei verankert. Daher ist das

Streben nach einer geschlechtergerechten Repräsentation und inzwischen über-
durchschnittlichen Partizipation von Frauen im Rahmen der parteilichen Ziele
des Bündnis 90/ Die Grünen durchaus nachzuvollziehen und ebenso eine logi-
sche Konsequenz der parteilichen Programmatik. Bei dem Bündnis 90/Die Grünen ist wie auch bei der PDS/Die Linke vielmehr zu fragen, ob von einer systematischen Benachteiligung der Männer zu sprechen ist, die möglicherweise die
Demokratie in Deutschland gefährdet.

In Anbetracht des konflikttheoretischen Ansatzes zur Erklärung der Entstehung von Parteien ist es naheliegend, den Parteien selbst zu überlassen, ob und
inwiefern sie die Repräsentation von Frauen in der Partei anstreben und dies ggf.
im Rahmen von Quotierungsregelungen festhalten. Denn nicht zuletzt sind Parteien – ähnlich wie jeder andere Verein, Interessensgruppe bzw. Zusammenkunft
– Personengruppen, die bestimmte Ziele und Interessen verfolgen und an deren
Verwirklichung arbeiten. Normalerweise werden Vereinen, Interessensgruppen
oder andere Zusammenkünften keine Reglementierungen bei der Auswahl ihrer
Mitglieder vorgeschrieben und ein Überschuss an Männern oder Frauen wird
nicht als „demokratiegefährdend" betrachtet. Parteien mit einer Unterrepräsentation von Frauen wird dennoch gerne eine Demokratiegefährdung diagnostiziert,
da aus dieser Personengruppe schließlich die politische Herrschaft im Land rekrutiert wird.

Aus diesem Blickwinkel ist eine Geschlechterquotierung der Parteien sicherlich angemessen. Wie dies geregelt wird und welcher Maßstab hierbei ange-
legt wird, sollte jedoch jede Partei für sich selbst entscheiden: Besteht das Ziel
darin, einen bevölkerungsrepräsentativen Frauenanteil von ca. 50 Prozent in
jeder Partei anzustreben, wie das beim Bündnis 90/Die Grünen und der PDS/Die
Linke der Fall ist? Oder soll vielmehr ein Anteil entsprechend der Mitgliederzah-
len der Parteien angepeilt werden, wie das etwa seitens der SPD und auch der
FDP bereits verwirklicht wird? Ist es gerecht, wenn der Anteil an weiblichen
Nominierungen dem Anteil der weiblichen Wahlerfolge entspricht, wie das beispielsweise bei der FDP der Fall ist? Und ist es wiederum demokratiegefährdend, wenn der Anteil an Wahlsieger*innen* den Anteil an weiblichen Parteimitgliedern übersteigt, da dann die Männer benachteiligt werden, wie das beim
Bündnis 90/Die Grünen der Fall ist?

Aus Sicht der parteilichen Interessen und auch Gerechtigkeitsgründen wäre
daher zunächst zu empfehlen, eine Geschlechterquotierung einzuführen, die sich
zumindest an dem Frauenanteil der Parteimitglieder bei der Besetzung von Ämtern und Mandaten orientiert. Wichtig ist dabei insbesondere, dass die Parteien
mit Nachdruck an deren Realisierung arbeiten. Legt man diesen Maßstab an, so
hätten die SPD und die FDP ihre Hausaufgaben bereits gemacht. Hier entspricht
2009 der Anteil der Wahlsieger*innen* dem Anteil an weiblichen Parteimitgliedern

und auch die Anzahl an nominierten Kandidat*innen* entspricht dem der siegreichen Kandidat*innen*.

Eine deutlich negativere Bilanz ist bei der Union zu diagnostizieren. Die weiblichen Wahlwahrscheinlichkeiten der CSU und der CDU liegen zumeist deutlich unter denen der Kandidat*en* und die Frauenanteile an Wahlsieger/innen erreichen zumeist nicht die Frauenanteile der Parteimitglieder. Daher werden Frauen an einem Wahlsieg in diesen Parteien systematisch gehindert und dies kann demokratietheoretisch durchaus als problematisch eingestuft werden. Bei dem Bündnis 90/Die Grünen und der PDS/Die Linken verhält es sich entgegengesetzt zu den Unionsparteien: Der Anteil an weiblichen Parteimitglieder ist deutlich niedriger als der Anteil an erfolgreichen Kandidat*innen*. Ebenso liegen die vorhergesagten Wahlwahrscheinlichkeiten der Frauen deutlich höher als die der Männer.

Setzt man diesen Maßstab für die Rekrutierung von Kandidat/innen an, dann hätten alle Parteien, bis auf die SPD und die FDP, Nachholbedarf: Die Unionsparteien müssten weiter an der Erhöhung des Frauenanteils im Bundestag arbeiten und auch die PDS/Die Linke und vor allem das Bündnis 90/Die Grünen müssten an einer Erhöhung des Männeranteils bei Bundestagswahlen arbeiten und dafür Sorge tragen, dass die Wahlchancen der Männer in vergleichbarer Höhe liegen wie die der Frauen und dadurch keine Geschlechtergruppe Nachteile erfährt.

Die Orientierung an einer derartigen basisorientierten Geschlechterquote bedeutet aber nicht, dass sich die Parteien, die einen geringen Frauen- oder Männeranteil an Mitgliedern haben, auf diesen Zahlen ausruhen können. Die 32,1-prozentige Repräsentation von Frauen im Deutschen Bundestag 2009 deutet darauf hin, dass Deutschland im allgemeinen Aufholbedarf hat und an einer stärkeren Repräsentation von Frauen in der Politik arbeiten sollte. Das Gründungsmotiv und die aktuelle Mitgliederstatistik kann zwar zur Erklärung herangezogen werden, warum die Frauenrepräsentation in den Parteien viele Jahre dementsprechend ausfiel und auch heute noch ausfällt. Allerdings sollte es im Eigeninteresse, insbesondere der Volksparteien liegen, sich über die Rolle der Frauen und der Männer in der Gesellschaft und den Parteien Gedanken zu machen und Frauen wie Männer gleichermaßen dazu zu motivieren, sich in der Partei zu engagieren. So sollte auch die FDP sich die Diskussion der Rolle der Frauen in der Wirtschaft und der Partei stellen, zumal die Diskussion über Frauenquoten bereits die Wirtschaft erreicht hat.

Doch die Betrachtung der Parteisituation und die damit verbundene Reglementierung sind allein nicht zielführend. Wie der theoretische und empirische Teil aufgezeigt haben, können verschiedene Faktoren Einfluss auf die politische Beteiligung von Frauen haben. Vorliegende Untersuchung konnte herausfinden, dass nur wenige Erklärungsfaktoren auf der Mikroebene zur Erklärung der anhaltenden Unterrepräsentation von Frauen im Deutschen Bundestag beitragen. Die Unterrepräsentation von Frauen konnte insbesondere auf zwei Makrofaktoren zurückgeführt werden: Erstens werden Frauen seltener in Wahlkreisen nominiert und sind hier weniger erfolgreich, wobei diese Benachteiligung seitens der Listenwahl kompensiert wird. Zweitens werden Frauen von einigen Parteien (insbesondere Unionsparteien) systematisch benachteiligt, wobei in anderen Parteien auch eine systematische Benachteiligung von Männern zu beobachten ist. Alle anderen Erklärungsfaktoren (persönlicher Hintergrund, politischer Hintergrund, Persönlichkeitseigenschaften, politische Kultur) konnten eine Benachteiligung von Frauen nicht eindeutig beweisen, weshalb drittens davon auszugehen ist, dass die Unterrepräsentation von Frauen in gewissen Teilen auch einem individuellen geringeren Partizipationswillen der Frauen geschuldet ist, der möglicherweise wiederum mit sozialstrukturellen und systematischen Faktoren erklärt werden kann.

Um demokratietheoretisch langfristig Früchte zu tragen, spricht sich diese Arbeit dafür aus, an der Basis – dem Wahl- und dem Parteiensystem eines Landes – zu beginnen und Frauen bewusst bei der Wahlkreisnominierung und der Werbung neuer Parteimitglieder zu berücksichtigen. Ebenso ist gesellschaftlich darauf hinzuwirken, das Interesse der Frauen an der Politik und die Bereitschaft dieser, politische Verantwortung zu übernehmen, zu wecken, entsprechend zu fördern und dadurch geschlechtsspezifisch Führungskräfte heranzuziehen. Mit einer derartigen parteilichen und auch gesellschaftlichen Zielsetzung und Regelung hätte jede Person – ob männlich oder weiblich – grundsätzlich die gleiche Chance, ein Mandat zu erzielen, unabhängig von ihrem Geschlecht. Weder Frauen noch Männer würden benachteiligt und die Grundpfeiler einer jeden Demokratie – Freiheit und Gleichheit – könnten bestmöglich verwirklicht werden.

Quellenverzeichnis

Literatur

Aalberg, Toril; Jenssen, Andres Todal (2007): Gender Stereotyping of Political Candidates. An Experimental Study of Political Communication, in: *Nodicom Review* 28(1), 17–32.

Abele, Andrea E. (2002): Ein Modell und empirische Befunde zur beruflichen Laufbahnentwicklung unter besonderer Berücksichtigung des Geschlechtsvergleichs, in: *Psychologische Rundschau* 53(3), 109–118.

Abele, Andrea E. (2003) : Geschlecht, geschlechtsbezogenes Selbstkonzept und Berufserfolg, in: *Zeitschrift für Sozialpsychologie* 34(3), 161–172.

Alexander, Deborah; Andresen, Kristi (1993): Gender as a Factor in the Attribution of Leadership Traits, in: *Political Research Quarterly* 46(3), 527–545.

Almond, Gabriel Abraham; Verba, Sidney (1963): *The Civic Culture: Political Attitudes and Democracy in Five Nations,* Princeton: Princeton University Press.

Alvarez, R. Michael; McCaffery, Edward J. (2003): Are There Sex Differences in Fiscal Political Preferences?, in: *Political Research Quarterly* 56(1), 5–17.

Amelang, Manfred; Bartussek, Dieter; Stemmler, Gerhard; Hagemann, Dirk (2011): *Differenzielle Psychologie und Persönlichkeitsforschung,* Stuttgart: Kohlhammer Verlag.

Amesberger, Helga; Halbmayr, Brigitte (Hg.) (2002): *Rechtsextreme Parteien- Eine mögliche Heimat für Frauen?,* Opladen: Leske+Budrich.

Andersen, Uwe; Woyke, Wichard (Hg.) (2003): *Handwörterbuch des politischen Systems der Bundesrepublik Deutschland,* Opladen: Leske+Budrich.

Andreß, Hans-Jürgen; Hagenaars, Jacques A.; Kühnel, Steffen (1997): *Analyse von Tabellen und kategorialen Daten. Log-lineare Modelle, latente Klassenanalyse, logistische Regression und GLK-Ansatz,* Berlin: Springer-Verlag.

Arceneaux, Kevin (2001): The "Gender Gap" in State Legislative Representation: New Data to Tackle an Old Question, in: *Political Research Quarterly* 54(1), 143–160.

Arendt, Hannah (1999): *Vita activa, oder: Vom täglichen Leben,* München: Pieper Verlag.

Aristoteles (1986) : *Nikomanische Ethik,* Stuttgart: Reclam.

Aristoteles (1998): *Politik,* Stuttgart: Reclam

Arzheimer, Kai; Schmitt, Annette (2005): Der ökonomische Ansatz, in: Jürgen W. Falter und Harald Schoen (Hg.): *Handbuch Wahlforschung,* Wiesbaden: VS Verlag für Sozialwissenschaften, 243–303.

Asendorpf, Jens B. (1999): *Psychologie der Persönlichkeit,* Berlin: Springer-Verlag.

Asendorpf, Jens B. (2005): Persönlichkeit: Stabilität und Veränderung, in: Hannelore Weber und Thomas H. Rammsayer (Hg.): *Handbuch der Persönlichkeitspsychologie und Differenziellen Psychologie*, Göttingen: Hogrefe, 15–26.

Ashmore, Richard D.; DelBoca, Frances K. (1979): Sex Stereotypes and Implicit Personality Theory: Toward a Cognitive-Social Psychological Conceptualization, in: *Sex Roles* 5(2), 219–248.

Athenstaedt, Ursula (2000): Normative Geschlechtsrollenorientierung: Entwicklung und Validierung eines Fragebogens, in: *Zeitschrift für Differenzielle und Diagnostische Psychologie* 21(1), 91–104.

Atkenson, Lonna Rae; Krebs, Timothy B. (2008): Press Coverage of Mayoral candidates: The Role of Gender in News Reporting and Campaign Issue Spearch, in: *Political Research Quarterly* 61(2), 239–252.

Auer, Katja (2010): Schwer umkämpft bis ins Ziel, in: *Süddeutsche Zeitung*, vom 30.10.2010, im Internet verfügbar unter: http://www.sueddeutsche.de/bayern/2.220/ csu-beschliesst-frauenquote-schwer-umkaempft-bis-ins-ziel-1.1017943, zuletzt geprüft am 28.1.2012.

Bacher, Johann; Beham, Martina; Lachmayr, Norbert (Hg.) (2008): *Geschlechterunterschiede in der Bildungswahl*, Wiesbaden: VS Verlag für Sozialwissenschaften.

Backhaus, Klaus; Erichson, Bernd; Plinke, Wulff; Weibler, Rolf (2006): *Multivariate Analysemethoden. Eine anwendungsorientierte Einführung*, Berlin: Springer.

Ballington, Julie; Karam, Azza (Hg.) (2005): *Women in Parliament: Beyond Numbers. A Revised Edition*, International Institute for Democracy and Electoral Assistance, Stockholm: Trydells Tryckeri AB.

Banducci, Susan A.; Karp, Jeffrey A. (2000): Gender, Leadership and Choice in Multiparty Systems, in: *Political Research Quarterly* 53(4), 815–848.

Barber, James David (1977): *Presidential character: Predicting Performance in the White House*, Englewood Cliffs: Prentice-Hall.

Barker, Kendall L.; Norpoth, Helmut (1981): Candidates on Television: The 1972 Electoral Debates in West Germany, in: *The Public Opinion Quarterly* 45(3), 329–345.

Bartels, Larry M. (2002): The Impact of Candidate Traits in American Presidential Elections, in: Anthony King (Hg.): *Leaders' Personalities and the Outcomes of Democratic Elections*, Oxford: Oxford University Press, 44–69.

Bauer, Christina (2008): Merkel, Roth … und sonst keine. Politikerinnen im Fernsehen, in: Christina Holtz-Bacha (Hg.): *Frauen, Politik und Medien*, Wiesbaden: VS Verlag für Sozialwissenschaften, 25-48.

Bean, Clive; Mughan, Anthony (1989): Leadership effects in parliamentary elections in Australia and Britain, in: *The American Political Science Review* 83(4), 1165–1179.

Becker-Schmidt, Regina; Knapp, Gudrun-Axeli (2003): *Feministische Theorien zur Einführung*, Hamburg: Junius.

Bem, Sandra L. (1974): The Measurement of Psychological Androgyny, in: *Journal of Consulting and Clinical Psychology* 42(2), 155–162.

Bergmann, Susanne (2000): Aspekte der familiären und politischen Sozialisation von Spitzenpolitikerinnen und Führungsfrauen, in: Helga Foster (Hg.): *Die ganze Demokratie: Zur Professionalisierung von Frauen für die Politik*, Pfaffenweiler: Centaurus-Verlagsgesellschaft, 17–62.

Berg-Schlosser, Dirk (2001): Politische Kultur, in: Dieter Nohlen (Hg.): *Kleines Lexikon der Politik*. München: Verlag C.H. Beck, 389–390.

Bernstein, Robert (1986): Why are there so few Women in the House?, in: *The Western Political Quarterly* 39(1), 155–164.

Best, Henning; Wolf, Christof (2010): Logistische Regression, in: Christof Wolf und Henning Best (Hg.): *Handbuch der sozialwissenschaftlichen Datenanalyse*, Wiesbaden: VS Verlag für Sozialwissenschaften, 827-854.

Beyer, Sylvia (1990): Gender differences in the Accuracy of Self-evaluations of performance, in: *Journal of Personality and Social Psychology* 59(5), 960–970.

Bieber, Ina E. (2005): *Die Macht ist weiblich- Frauen als Zielgruppe in Wahlkämpfen?*, Münster: Lit-Verlag.

Bieber, Ina E. (2009): *Frauen in der Forschung- Ergebnisse einer Umfrage in wirtschaftsnahen außeruniversitären Forschungseinrichtungen in Baden-Württemberg*, Tübingen: Müller+Bass.

Bieber, Ina E. (2011): Der weibliche Blick: Verhalten sich Frauen in der Politik anders? in: Evelyn Bytzek und Sigrid Roßteutscher (Hg.): *Der unbekannte Wähler? Mythen und Fakten über das Wahlverhalten der Deutschen.* Frankfurt/Main: Campus, 253–272.

Bischof, Norbert (1980): Biologie als Schicksal? Zur Naturgeschichte der Geschlechterrollendifferenzierung, in: Norbert Bischof und Holger Preuschoft (Hg.): *Geschlechtsunterschiede, Entstehung und Entwicklung: Mann und Frau in biologischer Sicht*, München: Verlag C.H. Beck, 25-42.

Bischof-Köhler, Doris (2006): *Von Natur aus anders: Die Psychologie der Geschlechtsunterschiede*, Stuttgart: Kohlhammer Verlag.

Bischof-Köhler, Doris (2011): *Von Natur aus anders: Die Psychologie der Geschlechtsunterschiede*, Stuttgart: Kohlhammer Verlag.

Black, Jeremone H.; Erickson, Lydia (2003): Women candidates and voter bias: do women politicians need to be better? In: *Electoral Studies* 22(1), 81–100.

Blättel-Mink, Birgit; Mischau, Anina; Kramer, Caroline (1998): Politische Partizipation von Frauen. Nullsummenspiel im Modernisierungsprozess? Ergebnisse einer empirischen Studie in Baden-Württemberg, in: *Politische Vierteljahresschrift* 39(4), 775–796.

BLK [Bund-Länder-Kommission für Bildungsplanung und Forschungsförderung] (2007): *Chancengleichheit in Wissenschaft und Forschung- Elfte Fortschreibung des Datenmaterials (2005/2006) zu Frauen an Hochschulen und außerhochschulischen Forschungseinrichtungen*, Heft 139. Bonn, online verfügbar unter: http://www.blk-bonn.de/papers/ heft139.pdf, zuletzt geprüft am 19.02.2012.

Blumschein, Christine (1986): *Wie man(n) Frauen macht ... Das Fernsehen als Vermittler und Produzent von Geschlechterideologien*, München: Profil.

Boneparth, Ellen (1981): Women and Politics: Introduction, in: *The Western Political Quarterly* 34(1), 3-4.

Borchert, Jens; Stolz, Klaus (2011) (Hg.): Moving through the Labyrinth: Political Careers in Multi-level Systems. *Sonderheft: Regional & Federal Studies* 2/2011.

Borchert, Jens; Stolz, Klaus (2003): Die Bekämpfung der Unsicherheit: Politikerkarrieren und Karrierepolitik in der Bundesrepublik Deutschland, in: *Politische Vierteljahresschrift* 44(2), 148-173.

Bourdieu, Pierre (1983): Ökonomisches Kapital, kulturelles Kapital, soziales Kapital, in: Reinhard Kreckel (Hg.): *Soziale Ungleichheiten, Soziale Welt, Sonderheft 2*, Göttingen: Schwartz, 183–198.

Bourdieu, Pierre (2005): *Die männliche Herrschaft*, Frankfurt/Main: Suhrkamp-Verlag.

Braun, Dietmar (1999): *Theorien rationalen Handelns in der Politikwissenschaft - Eine kritische Einführung*, Opladen: Leske+Budrich.

Braun, Kathrin; Fuchs, Gesine; Lemke, Christiane; Töns, Kathrin (2000): *Feministische Perspektiven der Politikwissenschaft*, München: Oldenbourg.

Bremme, Gabriele (1956): *Die politische Rolle der Frau in Deutschland. Eine Untersuchung über den Einfluss der Frauen bei Wahlen und ihre Teilnahme in Partei und Parlament*, Göttingen: Vanderhoeck & Ruprecht.

Brettschneider, Frank (1998): Kohl oder Schröder- Determinanten der Kanzlerpräferenz gleich Determinanten der Wählerpräferenz? in: *Zeitschrift für Parlamentsfragen* 29(3), 401-421.

Brettschneider, Frank (2001): Candidate-Voting. Die Bedeutung von Spitzenkandidaten für das Wählerverhalten in Deutschland, Großbritannien und den USA von 1960 bis 1998, in: Hans-Dieter Klingemann und Max Kaase (Hg.): *Wahlen und Wähler. Analysen aus Anlass der Bundestagswahl 1998*, Wiesbaden: Westdeutscher Verlag, 351-400.

Brettschneider, Frank (2002a): *Spitzenkandidaten und Wahlerfolg - Personalisierung - Kompetenz – Parteien. Ein internationaler Vergleich*, Wiesbaden: Westdeutscher Verlag.

Brettschneider, Frank (2002b): Kanzlerkandidaten im Fernsehen: Häufigkeit - Tendenz – Schwerpunkt, in: *Media Perspektiven* 6/02, 263–276.

Brettschneider, Frank (2003): Wahlumfragen: Medienberichterstattung und Wirkungen, in: Andreas M. Wüst (Hg.): *Politbarometer*, Opladen: Leske+Budrich, 257–282.

Brettschneider, Frank (2005): Massenmedien und Wählerverhalten, in: Jürgen W. Falter und Harald Schoen (Hg.): *Handburch Wahlforschung*, Wiesbaden: VS Verlag für Sozialwissenschaften, 473-500.

Brinkmann, Heinz Ulrich (1990): Zeigen Frauen ein besonderes Wahlverhalten? in: *Frauenforschung* 8(3), 55-75.

Brunsbach, Sandra (2011): Machen Frauen den Unterschied? Parlamentarierinnen als Repräsentantinnen frauenspezifischer Interessen im Deutschen Bundestag, in: *Zeitschrift für Parlamentsfragen* 42(1), 3–24.

Brüssow, Gaby (1996): *Frauenpolitik. Zum Verhältnis von Frauen und Politik am Beispiel von Frauenorganisationen der Parteien SPD und DIE GRÜNEN*, Münster: Waxmann.

Bühner, Markus (2011): *Einführung in die Test- und Fragebogenkonstruktion*, München: Pearson.

Bündnis 90/Die Grünen (2009): *Grüne Regeln (Grundkonsens, Satzung, Frauenstatus, Beitrags- und Kassenordnung, Schiedsgerichtsordnung, Urabstimmungsordnung)*,

Stand: 08.05.2009, online verfügbar unter: http://www.gruene.de/fileadmin/user_up load/Dokumente/satzung_bundesverband.pdf, zuletzt geprüft am 28.01.2012.

Bürklin, Wilhelm; Klein, Markus (1998): *Wahlen und Wählerverhalten- Eine Einführung*, Opladen: Leske+Budrich.

Burns, Nancy; Schlozman, Kay Lehman, Verba, Sidney (2003): *The Private Roots of Public Action: Gender, Equality, and Political Participation*, Cambridge: Harvard University Press.

Burrell, Barbara (1992): Women Candidates in Open-Seat Primaries for the U.S. House 1968-1990, in: *Legislative Studies Quarterly* 17(4), 493–508.

Busenbender, Jörg (Hg.) (2002): *Die richtigen Köpfe finden. Professionelle Personalrekrutierung für Politik und Kampagnen*, in: Althaus, Marco (Hg.): Kampagne! Neue Strategien für Wahlkampf, PR und Lobbying, Münster: Lit-Verlag, 139-149.

Bytzek, Evelyn; Roßteutscher, Sigrid (Hg.) (2011): *Der unbekannte Wähler? Mythen und Fakten über das Wahlverhalten der Deutschen*, Frankfurt/Main: Campus.

Campbell, Augus; Converse, Philip E.; Miller, Warren E.; Stokes, Donald E. (1960): *The American Voter*, New York: Wiley.

Caramani, Daniele (2000): *The Societies of Europe: Elections in Western Europe since 1815. Electoral Results by Constituencies*, London: Macmillan.

Carlson, James M.; Boring, Mary Kay (1981): Androgyny and Politics: The Effects of Winning and Losing of Androgyny and Politics: The Effect of Winning and Losing on Candidate Image, in: *International Political Science Review* 2(4), 481–491.

Carroll, Susan J.; Jenkins, Krista (2001): Do Term Limits Help Women Get Elected? in: *Social Science Quarterly* 82(1), 197–201.

Caul, Miki (1999): Women's Representation in Parliament: The Role of Political Parties, in: *Party Politics* 5(1), 79–98.

CDU (1985): *Leitsätze der CDU für eine neue Partnerschaft zwischen Mann und Frau*, 33. Bundesparteitag, 20.-22. März 1985, Essen, online verfügbar unter: http://www.grundsatzprogramm.cdu.de/doc/1985_Essen_Leitsaetze-der-CDU-fuer-eine-neue-Partnerschaft-zwi.pdf, zuletzt geprüft am 18.02.2012.

CDU (1994): *Grundsatzprogramm der CDU Deutschlands: ,Freiheit in Verantwortung'*, 5. Parteitag, 21.- 23. Februar 1994, Hamburg, online verfügbar unter: http://www. grundsatzprogramm.cdu.de/doc/grundsatzprogramm.pdf, zuletzt geprüft am 18.02.2012.

CDU (2003): *Statut der CDU Deutschlands (Finanz- und Beitragsordung, Parteigerichtsordnung, Geschäftsordnung, Parteiengesetz)*, online verfügbar unter: http://www. kas.de/upload/ACDP/CDU/Parteiordnungen/Statut2003.pdf, zuletzt geprüft am 28.1.2012.

Childs, Sarah (2004): A Feminized Style of Politics? Women MPs in the House of Commons, in: *The British Journal of Politics & International Relations* 6(1), 3–19.

Claro da Fonseca, Sara; Espírito-Santo, Ana (2008): Quotenfrauen- Kandidatinnen, Listen- und Direktmandate im deutschen Wahlsystem, in: *WZB-Mitteilungen*, Heft 120, 42–44.

Coffé, Hilde; Bolzendahl, Catherine (2010): Same Game, Different Rules? Gender Differences in Political Participation, in: *Sex Roles* 62(5-6), 318–333.

Cool, Julie (2006): Woman in Parliament, in: *Library of Parliament*, Publication No. 05-62E.

Cornelißen, Waltraud (Hg.) (2005): *Gender-Datenreport. Datenreport zur Gleichstellung von Frauen und Männern in der Bundesrepublik Deutschland*, München: Bundesministerium für Familie, Senioren, Frauen und Jugend.

Cornelißen, Waltraut (1993): Politische Partizipation von Frauen in der alten Bundesrepublik und im vereinten Deutschland, in Gisela Helwig und Hildegard Maria Nickel (Hg.): *Frauen in Deutschland 1945-1992*. Bonn: Bundeszentrale für politische Bildung, 321-349.

Cutler, Fred (2002): The Simplest Shortcut of All: Socialdemographic Characteristics and Electoral Choice, in: *The Journal of Politics* 64(2), 466-490.

Dalton, Russell J.; Flanagan, Scott C.; Beck, Paul Allen (Hg.) (1984): *Electoral Change in Advanced Industrial Democracies - Realignment or Dealignment?*, Princeton: Princeton University Press.

Darcy, Robert; Schramm, Sarah Slavin (1977): When Women Run Against Men, in: *The Public Opinion Quarterly* 41(1), 1–12.

Davidson-Schmich, Louise (2006): Implementation of Political Party Gender Quotas: Evidence from the German Laender 1990-2000, in: *Party Politics* 12(2), 211–232.

Davidson-Schmich, Louise K.; Kürschner, Isabelle (2011): Stößt die Frauenquote an ihre Grenzen. Eine Untersuchung der Bundestagswahl 2009, in: *Zeitschrift für Parlamentsfragen* 1/2011, 25–34.

Debus, Marc (2007): Bestimmungsfaktoren des Wahlverhaltens in Deutschland bei den Bundestagswahlen 1987, 1998 und 2002: Eine Anwendung des Modells von Adams, Merrill und Golfman, in: *Politische Vierteljahresschrift* 48(2), 269–292.

Degenhardt, Annette; Trautner, Hanns Martin (1979): *Geschlechtstypisches Verhalten: Mann und Frau in psychologischer Sicht*, München: Verlag C.H. Beck.

Der Bundeswahlleiter (1987): *Rechtsgrundlagen zur Bundestagswahl 1987. Informationen des Bundeswahlleiters, Wahlkreiseinteilungen für die Wahl zum Bundestag der Bundesrepublik Deutschland*, 21-51.

Der Bundeswahlleiter (2002a): *Wahl zum 15. Deutschen Bundestag am 22. September 2002, Ergebnisse der Wahl zum 15. Deutschen Bundestag am 22. September 2002 nach Wahlkreis (CSV-Datei)*, online verfügbar unter: http://www.bundeswahllei ter.de/de/bundestagswahlen/fruehere_bundestagswahlen/btw2002.html, zuletzt geprüft am 20.02.2012.

Der Bundeswahlleiter (2002b): *Wahlkreiseinteilung für die Wahl zum 15. Deutschen Bundestag*, online verfügbar unter http://egora.uni-muenster.de/FmG/wahlen/binda ta/w_m0401a.pdf, zuletzt geprüft am 20.02.2012.

Der Bundeswahlleiter (2004): *Alphabetisches Verzeichnis der endgültig gewählten Bewerber [2002]*, online verfügbar unter: http://bundeswahlleiter.de/cgi-bin/wahlen/pr intview.pdf, zuletzt geprüft am: 27.06.2008 (20.2.2012: online nicht mehr verfügbar, Printversion liegt jedoch vor).

Der Bundeswahlleiter (2005a): *Endgültige Ergebnisse der Wahl zum 16. Deutschen Bundestag, Endgültige Ergebnisse nach Wahlkreisen (CSV-Datei)*, verfügbar unter: http://www.bundeswahlleiter.de/de/bundestagswahlen/BTW_BUND_05/ergebnisse/ bundesergebnisse/, letzter Zugriff: 20.02.2012.

Der Bundeswahlleiter (2005b): *Wahlkreiseinteilung für die Wahl zum 16. Deutschen Bundestag,* online verfügbar unter: http://www.bundeswahlleiter.de/de/bundestags wahlen/BTW_BUND_05/downloads/wahlkreise/wahlkreiseinteilung05.pdf, zuletzt geprüft am 20.02.2012.

Der Bundeswahlleiter (2009a): *Alphabetisches Verzeichnis der gewählten Bewerber [2005],* online verfügbar unter: http://www.bundeswahlleiter.de/de/bundestagswah len/BTW_BUND_09/ergebnisse/gewaehlte/alphabetisch/index.html, zuletzt geprüft am: 20.02.2012.

Der Bundeswahlleiter (2009b): *Alphabetisches Verzeichnis der gewählten Bewerber [2009].* online verfügbar unter: http://www.bundeswahlleiter.de/de/bundestagswahl en/BTW_BUND_09/ergebnisse/gewaehlte/alphabetisch/index.html, zuletzt geprüft am 20.02.2012.

Der Bundeswahlleiter (2009c): Wahl zum 17. Deutschen Bundestag am 27. September 2009, *Endgültige Ergebnisse, Endgültige Ergebnisse der Erst- und Zweitstimmen nach Wahlkreis bei den Bundestagswahlen 2009 und 2005 (CSV-Datei),* verfügbar unter: http://www.bundeswahllei ter.de/de/bundestagswahlen/BTW_BUND_09/ver oeffentlichungen/engueltige/index.html, zuletzt geprüft am20.02.2012.

Deutscher Bundestag (2009): *Abgeordnete, Abgeordnete in Zahlen, Frauen und Männer,* online verfügbar unter: http://www.bundestag.de/bundestag/abgeordnete17/mdb_za hlen/frauen_maenner.html, zuletzt geprüft am 20.02.2012.

Diamond, Irene (1977): Sex *Roles in the State House,* New Haven: Yale University Press.

Die Linke (2011): *Bundessatzung der Partei DIE LINKE,* online verfügbar unter: http://www.die-linke.de/fileadmin/download/dokumente/bundessatzung_erfurt2011. pdf?PHPSESSID=270f21 40c93d2e258de51ed703998647, zuletzt geprüft am: 20.02.2012.

Dietzen, Agnes (1993): *Soziales Geschlecht: soziale, kulturelle und symbolische Dimen-sionen des Gender-Konzepts,* Opladen: Westdeutscher Verlag.

Dittberner, Jürgen (2010): *Die FDP: Geschichte, Personen, Organisation, Perspektiven: eine Einführung,* Wiesbaden: VS-Verlag für Sozialwissenschaften.

Dittrich, Karl-Heinz (1987): Wählerinnen im Wertewandel? Die Wählerinnen werden flexibler, in: *Die Frau in unserer Zeit* 3/1987.

Dolan, Kathleen (2005): Do Women Candidates Play to Gender Stereotypes? Do Men Candidates Play to Women? Candidate Sex and Issues Priorities on Campaign Web-sites, in: *Political Research Quarterly* 58(1), 31–44.

Dolan, Kathleen (2008): Is There a "Gender Affinity Effect" in American Politics? Infor-mation, Affect, and Candidate Sex in U.S House Election, in: *Political Research Quarterly* 61(1), 79–89.

Dörner, Andreas; Vogt, Ludgera (2011): Wahlkampf auf dem Boulevard: Personality-Talkshows, Personalisierung und Prominenzkapital zwischen Haupt- und Neben-wahl, in: Jens Tenscher (Hg.): *Superwahljahr 2009- Vergleichende Analysen aus Anlass der Wahlen zum Deutschen Bundestag und zum Europäischen Parlament,* Wiesbaden: VS Verlag für Sozialwissenschaften, 199–222.

Downs, Anthony (1957): *An economic theory of democracy,* New York: Harper.

Drinkmann, Nancy; Caballero, Claudio (2007): Eine Frau ist eine Frau ist eine Frau? Die Berichterstattung über die Kandidaten der Bundespräsidentenwahl 2004, in: Christina Holtz-Bacha und Nina König-Reiling (Hg.): *Warum nicht gleich? Wie die Medien mit Frauen in der Politik umgehen*, Wiesbaden: VS Verlag für Sozialwissenschaften, 167-203.

Duverger, Maurice (1959): *Die Politischen Parteien*, Tübingen: Mohr (Siebeck).

Eagly, Alice H. (1987): *Sex Differences in Social Behavior: A Social-role Interpretation*, Hillsdale, NJ: Erlbaum.

Eckes, Thomas (1997): *Geschlechterstereotype: Frau und Mann in sozialpsychologischer Sicht*, Pfaffenweiler: Centaurus Verlagsgesellschaft.

Eckes, Thomas (2010): Geschlechterstereotype: Von Rollen, Identitäten und Vorurteilen, in: Ruth Becker und Beate Kortendiek (Hg.): *Handbuch Frauen- und Geschlechterforschung. Theorie, Methoden, Empirie*, Wiesbaden: VS Verlag für Sozialwissenschaften, 178-189.

Eckes, Thomas; Six-Materna, Iris (1999): Hostilität und Benevolenz: Eine Skala zur Erfassung des ambivalenten Sexismus, in: *Zeitschrift für Sozialpsychologie* 30(4), 211-228.

Eichhoff-Cyrus, Karin M. (Hg.) (2004): *Adam, Eva und die Sprache. Beiträge zur Geschlechterforschung*, Mannheim: Dudenverlag.

Elff, Martin (2004): *Politische Ideologien, Sozialstruktur und Wahlverhalten*, Mannheim: Universität Mannheim, online verfügbar unter https://ub-madoc.bib.uni-mannheim.de/334/1/Disserta tionElff.pdf, zuletzt geprüft am 10.12.2011.

Engler, Steffani (1999): Hochschullehrer und die Herstellung von Geschlechtergrenzen: Der Empfang von Studentinnen und Studenten in Elektrotechnik und Erziehungswissenschaften, in: Ayla Neusel und Angelika Wetterer (Hg.): *Vielfältige Verschiedenheiten. Geschlechterverhältnisse in Studium, Hochschule und Beruf*, Frankfurt/Main: Campus, 107-132.

Engstrom, Richard L. (1987): District Magnitudes and the Election of Women to the Irish Dáil, in: *Electoral Studies* 6(2), 123-132.

Erickson, Lynda (1997): Might More Women Make a Difference? Gender, Party and Ideology among Canada's Parliamentary Candidates, in: *Canadian Journal of Political Science* 30(4), 663-688.

Escobar-Lemmon, Maria; Taylor-Robinson, Michelle M. (2009): Getting to the Top. Career Paths of Women in Latin American Cabinets, in: *Political Research Quarterly* 62(4), 685-699.

Esser, Hartmut (1999): *Soziologie- Allgemeine Grundlagen*, Frankfurt/Main: Campus.

Faas, Thorsten; Mackenrodt, Christian; Schmitt-Beck, Rüdiger (2008): Polls that Mattered: Effects of Media Polls on Voters' Coalition Expectations and Party Preferences in the 2005 German Parliamentary Election, in: *International Journal of Public Opinion Research* 20(3), 299-325.

Faas, Thorsten; Maier, Jürgen (2004): Mobilisierung, Verstärkung, Konversion? Ergebnisse eines Experiments zur Wahrnehmung der Fernsehduelle im Vorfeld der Bundestagswahl 2002, in: *Politische Vierteljahresschrift* 45(1), 55-72.

Falter, Jürgen W.; Schoen, Harald (Hg.) (2005): *Handbuch Wahlforschung*. Wiesbaden: VS Verlag für Sozialwissenschaften.

Falter, Jürgen W.; Winkler, Jürgen R. (2005): Wahlgeographie und Politische Ökonomie, in: Jürgen W. Falter und Harald Schoen (Hg.): *Handbuch Wahlforschung*, Wiesbaden: VS Verlag für Sozialwissenschaften, 107–133.

Farrell, David (2002): Campaining Modernization and the West European Party. Shopping in the US- Political Market, in: Matthias Machnig (Hg.): *Politik - Medien - Wähler. Wahlkampf im Medienzeitalter*, Opladen: Leske+Budrich.

Farrell, David M. (2011): *Electoral Systems. A Comparative Introduction*, Basingstoke: Palgrave MacMillan.

FDP (2009): *Die Mitte stärken- Deutschlandprogramm 2009-Programm der Freien Demokratischen Partei zur Bundestagswahl 2009,* online verfügbar unter: http://www.fdp.de/files/565/De utschlandprogramm09_Endfassung.PDF, zuletzt geprüft am 28.01.2012.

Feist, Ursula; Wendt, Martina (1994): Politisches Interesse und politisches Verhalten junger Frauen, in: Regine Hildebrandt und Ruth Winkler (Hg.): *Die Hälfte der Zukunft. Lebenswelten junger Frauen*, Köln: Bund-Verlag, 174–190.

Feldkamp, Michael F. (2005): *Datenhandbuch zur Geschichte des Deutschen Bundestages 1994 bis 2003*, Baden-Baden: Nomos.

Feldkamp, Michael F. (2010a): Familienstand, in: Feldkamp, Michael F. (Hg.): *Datenhandbuch des Deutschen Bundestages*, online verfügbar unter: http://www.bundes tag.de/dokumente/datenhandbuch/03/03_07/index.html, zuletzt geprüft am 31.01. 2012.

Feldkamp, Michael F. (2010b): Konfession /Religion, in: Feldkamp, Michael F. (Hg.): *Datenhandbuch des Deutschen Bundestages*, online verfügbar unter: http://www. bundestag.de/dokumente/datenhandbuch/03/03_08/index.html, zuletzt geprüft am 31.01.2012.

Fischer, Sandra (2007a): Feministische Partei (DIE FRAUEN), in: Frank Decker und Viola Neu (Hg.): *Handbuch der deutschen Parteien,* Wiesbaden: VS Verlag für Sozialwissenschaften, 268–272.

Fischer, Sandra (2007b): Frauenpartei, in: Frank Decker und Viola Neu (Hg.): *Handbuch der deutschen Parteien,* Wiesbaden: VS Verlag für Sozialwissenschaften, 272–276.

Fiske, Susan T. (1998): Stereotyping, Prejudice, and Discrimination, in: Daniel T. Gilbert, Susan T. Fiske Gardner Lindzey (Hg.): *The Handbook of Social Psychology*, New-York: McGraw-Hill, 357–411.

Fiske, Susan T.; Cuddy, Amy J. C.; Glick, Peter; Xu, Jun (2002): A model of (often mixed) stereotype content: Competence and warmth respectively follow from perceived status and competition, in: *Journal of Personality and Social Psychology* 82(6), 878–902.

Föllinger, Sabine (1996): *Differenz und Gleichheit- Das Geschlechterverhältnis in der Sicht griechischer Philosophen des 4. bis 1. Jahrhunderts v. Chr,* Stuttgart: Franz Steiner Verlag.

Foster, Helga (2000): Herkunftsbedingungen, Lebensformen und Bildungsaspirationen von Frauen in der Politik, in: Helga Foster, Helga Lukoschat, Barbara Schaeffer-Hegel (Hg.): *Die ganze Demokratie. Zur Professionalisierung von Frauen für die Politik,* Pfaffenweiler: Centaurus-Verlagsgesellschaft, 255–333.

Foster, Helga; Lukoschat, Helga; Schaeffer-Hegel, Barbara (Hg.) (2000): *Die ganze De-mokratie- Zur Professionalisierung von Frauen für die Politik*, Pfaffenweiler: Centaurus-Verlagsgesellschaft.

fowid [Forschungsgruppe Weltanschauungen in Deutschland] (2005): Religionszugehö-rigkeit nach Bundesländer, Fassung vom 07.09.2005, online verfügbar unter: http://fowid.de/fileadmin/daten   ar-chiv/Religionszugehoerigkeit_Bundeslaender,%201950-2003.pdf, zuletzt geprüft am 04.02.2012.

Fox, Richard L.; Lawless, Jennifer L. (2004): Entering the Arena? Gender and the Deci-sion to Run for Office, in: *American Journal of Political Science* 48(2), 264–280.

Fox, Richard L.; Lawless, Jennifer L. (2011): Gendered Perception and Political Candida-cies: A Central Barrier to Women's Equality in Electoral Politics, in: *American Journal of Political Science* 55(1), 59-73.

Fox, Richard L.; Oxley, Zoe M. (2003): Gender Stereotyping in State Executive Elec-tions: Candidate Selection and Success, in: *Journal of Politics* 65(3), 833–850.

Franklin, Mark; Mackie, Tom; Valen, Henry (Hg.) (1992): *Electoral Change: Responses to Evolving Social and Attitudinal Structures in Western Countries*, Cambridge: Cambridge University Press.

Franzmann, Simon (2006): Parteistrategien auf oligopolitischen Issue-Märkten: Eine empirische Analyse der Wahlprogrammatik in Deutschland, Dänemark, Österreich und den Niederlanden mit Hilfe des Gutenberg-Modells, in: *Politische Vierteljah-resschrift* 47(4), 571-594.

Frasch, Timo (2010): 2010 – welch ein Kreuth!, in: *Frankfurter Allgemeine Zeitung,* im Internet verfügbar unter: http://www.faz.net/aktuell/politik/inland/csu-in-klausur-2010-welch-ein-kreuth-1907249.html, zuletzt geprüft am 28.01.2012.

Freedman, Jane (2004): Increasing Women's Political Representation: The Limits of Constitutional Reform, in: *West European Politics* 27(1), 104–123.

Fröhlich, Romy (1995): Der Markt der Frauenmedien in der Bundesrepublik Deutschland, in: Christina Holtz-Bacha und Romy Fröhlich (Hg.): *Frauen und Medien: eine Sy-nopse der deutschen Forschung*, Wiesbaden: Westdeutscher Verlag, 136–180.

Fuchs, Gesine (2010): Politik: Verfasste politische Partizipation von Frauen, in: Ruth Becker und Beate Kortendiek (Hg.): *Handbuch Frauen- und Geschlechterforschung. Theorie, Methode, Empirie.* Wiesbaden: VS Verlag für Sozialwissenschaften, 539–546.

Fuchs, Gesine; Hoecker, Beate (2004): *Ohne Frauen nur eine halbe Demokratie: politi-sche Partizipation von Frauen in den osteuropäischen Beitrittsstaaten vor den Eu-ropawahlen,* Eurokolleg Nr. 49, Friedrich-Ebert-Stiftung, Bonn.

Fuchs, Werner; Klima, Rolf; Lautmann, Rüdiger; Rammstedt, Otthein (Hg.) (1978): *Lexikon der Soziologie*, Opladen: Westdeutscher Verlag.

Gabriel, Oscar W. (2009): Politische Kultur, in: Viktoria Kaina und Andrea Römmele (Hg.): *Politische Soziologie. Ein Studienbuch,* Wiesbaden: VS Verlag für Sozialwis-senschaften, 17–51.

Gabriel, Oscar W.; Kunz, Volker; Roßteutscher, Sigrid und Jan W. Deth (2002): Sozial-kapital und Demokratie. Zivilgesellschaftliche Ressourcen im Vergleich, Wien: WUV-Universitäts-Verlag.

Gabriel, Oscar W.; Neller, Katja (2005): Kandidatenorientierung und Wahlverhalten bei den Bundestagswahlen 1994-2002, in: Jürgen W. Falter, Oscar W. Gabriel und Bernhard Weßels (Hg.): *Wahlen und Wähler. Analysen aus Anlass der Bundestagswahl 2002*, Wiesbaden: VS Verlag für Sozialwissenschaften, 213-244.

Gabriel, Oscar W.; Vetter, Angelika (1998): Bundestagswahlen als Kanzlerwahlen? Kandidatenorientierungen und Wahlentscheidungen im parteienstaatlichen Parlamentarismus, in: Max Kaase und Hans-Dieter Klingemann (Hg.): *Wahlen und Wähler. Analysen aus Anlass der Bundestagswahl 1994,* Opladen: Westdeutscher Verlag, 505–536.

Geenen, Elke M. (1994): *Blockierte Karrieren. Frauen in der Hochschule. Kieler Beiträge zur Politik und Sozialwissenschaft*, Opladen: Leske+Budrich.

Geißel, Brigitte (1999): *Politikerinnen. Politisierung und Partizipation auf kommunaler Ebene*, Opladen: Leske+Budrich.

Geißel, Brigitte; Penrose, Virginia (2003): Dynamiken der politischen Partizipation und Partizipationsforschung – Politische Partizipation von Frauen und Männern, in: *gender ...politik...online*, online verfügbar unter: http://web.fu-berlin.de/gpo/geissel_penrose.htm, zuletzt geprüft am 09.01.2012.

Giddens, Anthony; Fleck, Christian (1995): *Soziologie*, Graz: Nausner & Nausner.

Gildemeister, Regine (2005): Geschlechterforschung (Gender Studies), in: Uwe Flick, Ernst von Kardorff und Ines Steinke (Hg.): *Qualitative Forschung. Ein Handbuch*, Reinbek: Rowohlt Taschenbuch Verlag, 213–223.

Graber, Doris A. (1972): Personal Qualities in Presidential Images: The Contribution of Press, in: *Midwest Journal of Political Science* 16(1), 46–76.

Graner, Jürgen; Stern, Eva (2002): It's the Candidate, Stupid? Personalisierung der bundesdeutschen Wahlkämpfe, in: Thomas Berg (Hg.): *Moderner Wahlkampf. Blick hinter die Kulissen*, Opladen: Leske+Budrich, 145-170.

Gschwend, Thomas; Schmitt, Hermann; Vollmann, Manja; Wagner, Aiko; Weßels, Bernhard; Wüst, Andreas M; Zittel, Thomas (2009): *Deutsche Kandidatenstudie 2009*, online verfügbar unter http://www.kandidatenstudie2009.wzb.eu/, zuletzt geprüft am 16.01.2012.

Gschwend, Thomas; Schmitt, Hermann; Wüst, Andreas W.; Zittel, Thomas (2005): Die *Deutsche Kandidatenstudie 2005*, online verfügbar unter: http://www.mzes.uni-mannheim.de/projekte/gcs/, zuletzt geprüft am 16.01.2012.

Hagemann-White, Carol (1984): *Sozialisation: weiblich - männlich?*, Opladen: Leske+Budrich.

Hagemann-White, Carol (2001): Was bedeutet ‚Geschlecht‘ in der Frauenforschung? Ein Blick zurück und ein Entwurf für heute, in: Ursula Hornung, Sedef Gümen und Sabine Weilandt (Hg.): *Zwischen Emanzipationsvision und Gesellschaftskritik: (Re)Konstruktion der Geschlechterordnung in Frauenforschung- Frauenbewegung- Frauenpolitik*, Münster: Verlag Westfälisches Dampfboot, 63-72.

Hampele, Anne (1993): ‚Arbeite mit, plane mit, regiere mit‘- Zur politischen Partizipation von Frauen in der DDR, in: Gisela Helwig und Hildegard Maria Nickel (Hg.): *Frauen in Deutschland 1945-1992*, Berlin: Akademischer Verlag, 281-321.

Hansen, Susan B. (1997): Talking about Politics: Gender and Contextual Effects on political Proselytizing, in: *Journal of Politics* 59(1), 73-103.

Harris, Allen C. (1994): Ethnicity as a Determinant of Sex Role Identity: A Replication Study of Item Selection for the Bem Sex Role Inventory, in: *Sex Roles* 31(3-4), 241–273.

Hartmann, Michael (2004): Eliten in Deutschland. Rekrutierungswege und Karrierepfade, in: *Aus Politik und Zeitgeschehen* B10, 17–24.

Hegel, Georg Wilhelm Friedrich (1952): *Phänomenologie des Geistes,* Hamburg: Meiner.

Hellevik, Ottar (1979): Do Norwegian Voters discriminate against Women Candidates for Parliament? A Rejoinder, in: *European Journale of Political Research* 7 (3), 285–300.

Herwartz-Emden, Leonie (1990): Universitärer Sprachgebrauch: Männlich - weiblich? Eine Inhaltsanalyse, in: Detlef Garz und Klaus Kraimer (Hg.): *Qualitativ-empirische Sozialforschung*, Opladen: Westdeutscher Verlag, 255–293.

Herzog, Dietrich (2004): Elite/Eliten, in: Dieter Nohlen und Rainer-Olaf Schultze (Hg.): *Lexikon der Politikwissenschaft. Theorien, Methoden, Begriffe (Band 1)*, München: Verlag C.H. Beck.

Herzog, Dietrich; Weßels, Bernhard (2010): Elite/Eliten, in: Nohlen, Dieter (Hg.): *Lexikon der Politikwissenschaft: Theorien, Methoden, Begriffe*, München: Verlag C.H. Beck.

Heß, Pamela (2010): *Geschlechterkonstruktionen nach der Wende: Auf dem Weg einer gemeinsamen politischen Kultur?* Wiesbaden: VS Verlag für Sozialwissenschaften.

Hirschauer, Stefan (2001): Das Vergessen des Geschlechts. Zur Praxeologie einer Kategorie sozialer Ordnung, in: Bettina Heintz (Hg.): *Geschlechtersoziologie. Sonderheft der Kölner Zeitschrift für Soziologie und Sozialpsychologie 41, 208–231.*

Hobbes, Thomas (1984): *Leviathan ,* Frankfurt/Main: Suhrkamp-Verlag.

Hoecker, Beate (1987): *Frauen in der Politik: eine soziologische Studie*, Opladen: Leske+Budrich.

Hoecker, Beate (1994): Parlamentarierinnen im Deutschen Bundestag 1949 bis 1990. Ein Postskriptum zur Abgeordnetensoziologie, in: *Zeitschrift für Parlamentsfragen* 25(4), 556–581.

Hoecker, Beate (1995): *Politische Partizipation von Frauen: Kontinuität und Wandel des Geschlechterverhältnisses in der Politik*, Opladen: Leske+Budrich.

Hoecker, Beate (1996): Politische Partizipation von Frauen im vereinigten Deutschland. Ein Ost-West-Vergleich, in: *Aus Politik und Zeitgeschichte* B21-22, 23–33.

Hoecker, Beate (Hg.) (1998): *Handbuch Politische Partizipation von Frauen in Europa, Band 1: Die Mitgliedstaaten*, Opladen: Leske+Budrich.

Hoecker, Beate (1999): *Frauen, Männer und die Politik: Ein Lern- und Arbeitsbuch*, Bonn: J.H.W. Dietz Verlag.

Hoecker, Beate (2005): *Politische Partizipation zwischen Konvention und Protest: eine studienorientierte Einführung*, Opladen: Verlag Barbara Budrich.

Hoecker, Beate (2011): Politische Repräsentation von Frauen in den Mitgliedsstaaten der Europäischen Union im Vergleich, in: *Zeitschrift für Parlamentsfragen* 42(1), 50–65.

Hoecker, Beate; Fuchs, Gesine (2004): *Handbuch Politische Partizipation von Frauen in Europa, Band II: Die Beitrittsstatten*, Wiesbaden: VS-Verlag für Sozialwissenschaften.

Hofer, Karin; Wolfgruber, Elisabeth (2000): Warum werden Frauen nicht gewählt? Zur Situation von Frauen in der Kommunalpolitik, in: Elisabeth Wolfgruber und Petra Grabner (Hg.): *Politik und Geschlecht*. Innsbruck: Studien-Verlag, 249–272.

Hoffmann-Lange, Ursula (1992): *Eliten, Macht und Konflikt in der Bundesrepublik*, Opladen: Leske+Budrich.

Hoffmann-Lange, Ursula (2006): Die Strukturen der Eliten in modernen demokratischen Gesellschaften, in: Oscar W. Gabriel, Beate Neuss und Günther Rüther (Hg.): *Eliten in Deutschland. Bedeutung - Macht – Verantwortung*, Bonn: Bundeszentrale für politische Bildung, 56–73.

Holland-Cunz, Barbara (1998): *Feministische Demokratietheorien. Thesen zu einem Projekt*, Opladen: Leske+Budrich.

Holtzapfel, Klaus J. (2006): *Kürschers Volkshandbuch Deutscher Bundestag, 16. Wahlperiode*, Rheinbreitbach: Neue Darmstädter Verlagsanstalt.

Holtz-Bacha, Christina (1995): Rezeption und Wirkung- gibt es Unterschiede zwischen Männern und Frauen? in: Romy Fröhlich und Christina Holtz-Bacha (Hg.): *Frauen und Medien. Eine Synopse der deutschen Forschung*, Wiesbaden: Westdeutscher Verlag, 254-286.

Holtz-Bacha, Christina (Hg.) (2008a): *Frauen, Politik und Medien*, Wiesbaden: VS Verlag für Sozialwissenschaften.

Holtz-Bacha, Christina (2008b): Die Darstellung von Politikerinnen in den deutschen Medien, in: Johann Dorer, Brigitte Geiger und Regina Köpl (Hg.): *Medien - Politik – Geschlecht*: Feministische Befunde zur politischen Kommunikationsforschung, Wiesbaden: VS Verlag für Sozialwissenschaften, 79-90.

Holtz-Bacha, Christina (2009): Politikerinnen. Bilder im internationalen Vergleich, in: *Aus Politik und Zeitgeschehen* 50, 3–8.

Holtz-Bacha, Christina; König-Reiling, Nina (Hg.) (2007): *Warum nicht gleich? Wie die Medien mit Frauen in der Politik umgehen*, Wiesbaden: VS Verlag für Sozialwissenschaften.

Holzhauer, Johanna; Steinbauer, Agnes (1994): Frauen an der Macht: Profile prominenter Politikerinnen, Frankfurt/Main: Eichborn.

Hong, Il Sun (2005): *Verfassungsprobleme der innerparteilichen Kandidatenaufstellung für die Wahl zum Deutschen Bundestag,* Baden-Baden: Nomos.

Honnen, Ulrike (1998): *Vom Frauenwahlrecht zur Quotierung: 125 Jahre Kampf um Gleichberechtigung in der SPD,* Münster: Waxmann-Verlag.

Hopp, Gerhard; Sebaldt, Martin; Zeitler, Benjamin (Hg.) (2010): *Die CSU: Strukturwandel, Modernisierung und Herausforderungen einer Volkspartei*, Wiesbaden: VS-Verlag für Sozialwissenschaften.

Huinink, Johannes; Reichart, Elisabeth (2008): Der Weg in die traditionelle Arbeitsteilung – eine Einbahnstraße? in: Walter Bien und Jan H. Marbach (Hg.): *Familiale Beziehungen, Familienalltag und soziale Netzwerke. Ergebnisse der drei Wellen des Familiensurvey*, Wiesbaden: VS Verlag für Sozialwissenschaften, 43–79.

Inglehart, Ronald; Norris, Pippa (2003): *Rising Tide. Gender Equality and Cultural Change around the World,* Cambridge: Cambridge-University-Press.

Ingler-Detken, Yvonne Rebecca (2007): *Doing Gender auf der politischen Bühne Europas. Politikerinnen und ihre Überwindung der "Fremdheit der Politik"*, Wiesbaden: VS Verlag für Sozialwissenschaften.

IPU [Inter-Parliamentary Union] (2011): *Women in National Parliaments*, online verfügbar unter: http://www.ipu.org/wmn-e/world.htm, zuletzt aktualisiert am 31.10.2011, zuletzt geprüft am 07.12.2011.

Jebens-Ibs, Sabine; Zachow-Ortmann, Maria (1994): *Schleswig-Holsteinische Politikerinnen der Nachkriegszeit. Lebensläufe*, Kiel: Schmidt & Klaunig.

Joosten, Astrid (1990): *Die Frau, das "segenspendende Herz der Familie" - Familienpolitik als Frauenpolitik in der "Ära Adenauer"*, Pfaffenweiler: Centaurus-Verlagsgesellschaft.

Jun, Uwe (2009): Parteien, Politik und Medien. Wandel der Politikvermittlung unter den Bedingungen der Mediendemokratie, in: Frank Marcinkowski und Barbara Pfetsch (Hg.): *Politik in der Mediendemokratie, Politische Vierteljahresschrift, Sonderheft 42*, Wiesbaden: VS Verlag für Sozialwissenschaften, 270–295.

Kaack, Heino (1969): *Wahlkreisgeographie und Kandidatenauslese: regionale Stimmenverteilung, Chancen der Kandidaten und Ausleseverfahren, dargestellt am Beispiel der Bundestagswahl 1965*. Köln: Westdeutscher Verlag.

Kaase, Max; Klingemann, Hans Dieter (1994): Electoral research in the Federal Republic of Germany, in: *European Journal of Political Research* 25(3), 343–366.

Kahlert, Heike (2005): 'Das Private ist politisch!' Die Entgrenzung des Politischen im Kontext von Anthony Giddens´ Strukturierungstheorie, in: Cilja Harders, Heike Kahlert und Delia Schindler (Hg.): *Forschungsfeld Politik: Geschlechterkategoriale Einführung in die Sozialwissenschaften*, Wiesbaden: VS Verlag für Sozialwissenschaften, 147–173.

Kahlweit, Cathrin (1994): *Damenwahl. Politikerinnen in Deutschland*, München: Verlag C.H. Beck.

Kahn, Kim F.; Goldberg, Edie N. (1991): Women candidates in the news: An examination of gender differences in U.S. Senate campaign coverage, in: *Public Opinion Quarterly* 55(2), 180–199.

Kaiser, André; Hennl, Annika (2008): Wahlsysteme und Frauenrepräsentation. Ein Vergleich der deutschen Landesparlamente, in: *Zeitschrift für Politikwissenschaften* 18(2), 167–184.

Kaltefleiter, Werner; Nißen, Peter (1980): *Empirische Wahlforschung: eine Einführung in Theorie und Technik*, Paderborn: Schöningh.

Katholische Bibelanstalt (2002): *Die Bibel. Einheitsübersetzung*, Stuttgart: Verlag Katholisches Bibelwerk.

Kellermann, Charlotte (2008): *Trends and Constellations. Klassische Bestimmungsfaktoren des Wahlverhaltens bei den Bundestagswahlen 1990-2005*, Baden-Baden: Nomos.

Kepplinger, Hans Mathias; Brosius, Hans-Bernd; Dahlem, Stefan (1994): Partei- oder Kandidatenkompetenz? Zum Einfluss der wahrgenommen Sachkompetenz auf die Wahlabsichten bei der Bundestagswahl 1990, in: Hans Rattinger, Oscar W. Gabriel und Wolfgang Jagodzinski (Hg.): *Wahlen und politische Einstellungen im vereinigten Deutschland*, Frankfurt/Main: Peter-Lang-Verlag, 153–188.

Kepplinger, Hans Mathias; Donsbach, Wolfgang; Brosius, Hans-Bernd; Staab, Joachim Friedrich (1986): Medientenor und Bevölkerungsmeinung. Eine empirische Studie zum Image Helmut Kohls, in: *Kölner Zeitschrift für Soziologie und Sozialpsychologie* 38(2), 247–279.

Kepplinger, Hans Mathias; Maurer, Marcus (2001): Der Einfluss verbaler und visueller Eindrücke auf die Wahrnehmung von Kohl und Schröder anhand der Fernsehberichterstattung im Bundestagswahlkampf 1998, in: Thomas Knieper und Marion G. Müller (Hg.): *Kommunikation visuell. Das Bild als Forschungsgegenstand - Grundlagen und Perspektiven*, Köln: Herbert von Halem Verlag, 118–130.

Khoury, Adel Theodor (2007): *Der Koran- erschlossen und kommentiert von Adel Theodor Khoury*, Düsseldorf: Patos Verlag GmbH.

Kilburn, H. Whitt (2005): Does the Candidate Really Matter? in: *American Politics Research* 33(3), 335–356.

Kindelmann, Klaus (1994): *Kanzlerkandidaten in den Medien: eine Analyse des Wahljahres 1990*, Opladen: Westdeutscher Verlag.

Kinzig, Silke (2007): *Auf dem Weg zur Macht? Zur Unterrepräsentation von Frauen im deutschen und U.S.-amerikanischen Regierungssystem*, Wiesbaden: VS Verlag für Sozialwissenschaften.

Kittilson, Miki Caul (2001): Political Parties and the Adoption of Candidate Gender Quotas: A Cross-National Analysis, in: *The Journal of Politics* 63(4), 1214–1229.

Kittilson, Miki Caul (2006): *Challenging Parties, Changing Parliaments: Women and Elected Office in Contemporary Western Europe*, Ohio: State University Press.

Kjeldahl, Bill O.; Carmichael, Carl W.; Mertz, Robert J. (1971): Factors in a presidential candidate's image, in: *Speech Monographs* 38(2), 129–131.

Klein, Marcus; Rosar, Ulrich (2007): Ist Deutschland reif für eine Kanzlerin? Eine experimentelle Untersuchung aus Anlass der Bundestagswahl 2005, in: Frank Brettschneider, Oskar Niedermayer und Bernhard Weßels (Hg.): *Die Bundestagswahl 2005. Analysen des Wahlkampfes und der Wahlergebnisse*, Wiesbaden: VS-Verlag, 271–291.

Klein, Markus; Jagodzinski, Wolfgang; Mochmann, Ekkehard; Ohr, Dieter (Hg.) (2000): *50 Jahre empirische Wahlforschung in Deutschland. Entwicklung, Befunde, Perspektiven, Daten*, Wiesbaden: Westdeutscher Verlag.

Klein, Markus; Ohr, Dieter (2000): Gerhard oder Helmut? Unpolitische Kandidateneigenschaften und ihr Einfluss auf die Wahlentscheidung bei der Bundestagswahl 1998, in: *Politische Vierteljahresschrift* 41 (2), 199–224.

Klemm, Michael (2005): www.wen-waehle-ich-denn-jetzt.de. Der wahre Wahlkampf tobt im Internet - und will manchmal sogar lustig sein, in: *LEO. Lingua et Opinio (Onlinezeitschrift der TU Chemnitz)*, online verfügbar unter: http://www.tu-chemnitz.de/phil/leo/rahmen.php?seite=r_pol/klemm_internet.php, zuletzt geprüft am 25.01. 2012.

Kletzing, Uta (2009): Engagiert vor Ort: Wege und Erfahrungen von Kommunalpolitikerinnen, in: *Aus Politik und Zeitgeschehen* 50, 22–34.

Knapp, Gudrun-Axeli (Hg.) (2001a): Kein Abschied von Geschlecht. Thesen zur Grundlagendiskussion in der Frauen- und Geschlechterforschung, in: Ursula Hornung, Sedef Gümen und Sabine Weilandt (Hg.): *Zwischen Emanzipationsvision und Ge-*

sellschaftskritik: (Re)Konstruktion der Geschlechterordnung in Frauenforschung –
Frauenbewegung – Frauenpolitik, Frankfurt/Main: Peter-Lang-Verlag, 78-86.
Knapp, Gudrun-Axeli (2001b): Grundlagenkritik und stille Post. Zur Debatte um einen
   Bedeutungsverlust der Kategorie "Geschlecht", in: Bettina Heintz (Hg.): *Geschlech-*
   tersoziologie. Sonderheft 41 der Kölner Zeitschrift für Soziologie und Sozialpsycho-
   logie, 53–74.
Koch, Thomas (2007): Immer nur die Frisur? Angela Merkel in den Medien, in: Christina
   Holtz-Bacha und Nina König-Reiling (Hg.): *Warum nicht gleich? Wie die Medien*
   mit Frauen in der Politik umgehen, Wiesbaden: VS-Verlag für Sozialwissenschaften, 146–166.
Koch, Thomas; Holtz-Bacha, Christina (2008): Der Merkel-Faktor - Die Berichterstattung
   der Printmedien über Merkel und Schröder im Bundestagswahlkampf 2005, in:
   Christina Holtz-Bacha (Hg.): *Frauen, Politik und Medien,* Wiesbaden: VS Verlag
   für Sozialwissenschaften, 49–71.
Kostadinova, Tatiana (2007): Ethnic and women's representation under mixed election
   systems, in: *Electoral Studies* 26 (2), 418–431.
Krause, Ellen (2003): *Einführung in die politikwissenschaftliche Geschlechterforschung,*
   Opladen: Leske+Budrich.
Kremer, Klemens (1984): *Der Weg ins Parlament. Kandidatur zum Bundestag,* Heidel-
   berg: Decker's Verlag.
Krewel, Mona; Schmitt-Beck, Rüdiger; Wolsing, Ansgar (2011): The Campaign and its
   Dynamics at the 2009 German General Election, in: *German Politics* 20(1), 28–50.
Kühnel, Steffen; Niedermayer, Oskar; Westle, Bettina (Hg.) (2009): *Wähler in Deutsch-*
   land. Sozialer und politischer Wandel, Gender und Wahlverhalten, Wiesbaden: VS
   Verlag für Sozialwissenschaften.
Kunovich, Sheri; Paxton, Pamela (2005): Pathways to Power: The Role of Political Par-
   ties in Women's National Political Representation, in: *American Journal of Sociolo-*
   gy 111(2), 505–552.
Künzler, Jan; Walter, Wolfgang; Reichart, Elisabeth; Pfister, Gerd (2001): *Gender divisi-*
   on of labour in unified Germany, Tilburg: Tilburg University Press.
Kürschner, Isabelle (2009): Frauen in den Parteien, in: *Aus Politik und Zeitgeschehen* 50,
   16–21.
Kürschner, Isabelle (Hg.) (2010): Frauen in der Politik, in: *Argumente und Materialien*
   zum Zeitgeschehen 70, München: Hanns-Seidel-Stiftung Hausdruckerei.
Lachat, Romain (2007): *A Heterogeneous Electorate. Political Sophistication, Predisposi-*
   tion Strength, and the Voting Decision Process, Baden-Baden: Nomos.
Lang, Sabine (1995): Öffentlichkeit und Geschlechterverhältnis. Überlegungen zu einer
   Politologie der öffentlichen Sphäre, in: Eva Kreisky und Birgit Sauer (Hg.): *Femi-*
   nistische Standpunkte in der Politikwissenschaft. Eine Einführung, Frankfurt/Main:
   Campus, 83-121.
Lass, Jürgen (1995): *Vorstellungsbilder über Kanzlerkandidaten. Zur Diskussion um die*
   Personalisierung von Politik, Wiesbaden: Deutscher Universitätsverlag.
Lau, Richard R. (1986): Political Schemata, Candidate Evaluations, and Voting Behavior,
   in: Richard Lau R. und David O. Sears (Hg.): *Political Cognition.* Hillsdale: Erl-
   baum, 95-126.

Lau, Richard R.; Redlawsk, David P. (2001): Advantages and Disadvantages of Cognitive Heuristics in Political Decision Making, in: *American Journal of Political Science* 45(4), 951–971.

Lawless, Jennifer L. (2004): Politics of Presence? Congresswomen and Symbolic Representation, in: *Political Research Quarterly* 57(1), 81–99.

Lazarsfeld, Paul F.; Berelson, Bernard; Gaudet, Hazal (1965): *The People's Choice. How The Voter Makes Up his Mind in a Presidential Campaign*, New York: Columbia University Press.

Lemke-Müller, Sabine (1999): Parlamentarierinnen in den Ausschüssen des 13. und 14. Deutschen Bundestages. Funktionen und Politikverständnis der weiblichen Abgeordneten in den Ausschüssen des 13. und 14. Deutschen Bundestages, in: *Zeitschrift für Parlamentsfragen* 30(4), 968-979.

Lenney, Ellen (1981): What's Fine for the Gander Isn't Always Good for the Goose: Sex Differences in Self-Confidence as a Function of Ability Area and Comparison with Others, in: *Sex Roles* 7(9), 905–924.

Lenz, Karl; Adler, Marina (2010): *Geschlechterverhältnisse. Einführung in die sozialwissenschaftliche Geschlechterforschung*, Weinheim: Juventa Verlag.

Leuschner, Udo (2010): *Die Geschichte der FDP: Metamorphosen einer Partei zwischen rechts, liberal und neokonservativ*, Münster: Verlag-Haus Monsenstein und Vannerdat.

Lind, Inken (2004): *Aufstieg oder Ausstieg? Karrierewege von Wissenschaftlerinnen. Ein Forschungsüberblick*, Bielefeld: Kleine Verlag.

Lipset, Seymour Martin; Rokkan, Stein (1967): Cleavage Structures, Party Systems, and Voter Alignments, in: Seymour Martin Lipset und Stein Rokkan (Hg.): *Party Systems and Voter Alignments: Cross-National Perspectives*, New York: The Free Press, 1–64.

Locke, John (1977): *Zwei Abhandlungen über die Regierung*, Frankfurt/Main: Suhrkamp.

Long, J. Scott; Freese, Jeremy (2006): *Regression Models for Categorical Dependent Variables Using Stata*, Texas: Stata Press.

Löw, Martina (Hg.) (2009): *Geschlecht und Macht. Analysen zum Spannungsfeld von Arbeit, Bildung und Familie*, Wiesbaden: VS Verlag für Sozialwissenschaften.

Lucardie, Paul (2007): Familien-Partei-Deutschland, in: Frank Decker und Viola Neu (Hg.): *Handbuch der deutschen Parteien*, Wiesbaden: VS Verlag für Sozialwissenschaften, 264–267.

Macha, Hildegard (2004): Rekrutierung von weiblichen Eliten, in: *Aus Politik und Zeitgeschehen* B10, 25-33.

Machiavelli, Niccoló (2009): *Der Fürst (Il Principe)*, aus dem Italienischen von U.W. Rehberg mit einem Vorwort von Herfried Münkler, Hamburg: Nikol-Verlag.

Machnig, Matthias (Hg.) (2002): *Politik-Medien-Wähler*, Opladen: Leske+Budrich.

Maier, Jürgen; Faas, Thorsten (2005): Schröder gegen Stoiber: Wahrnehmung, Verarbeitung und Wirkung der Fernsehdebatten im Bundestagswahlkampf 2002, in: Jürgen W. Falter, Oscar W. Gabriel und Bernhard Weßels (Hg.): *Wahlen und Wähler. Analysen aus Anlass der Bundestagswahl 2002*, Wiesbaden: VS Verlag für Sozialwissenschaften, 77-101.

Maier, Jürgen; Faas, Thorsten (2011): 'Miniature Campaigns' in Comparison: The German Televised Debates, 2002-09, in: *German Politics* 20(1), 75-91.

Maihofer, Andrea (2001): Geschlechterdifferenz - eine obsolete Kategorie? in: Herbert Uerlings, Karl Hölz und Viktoria Schmidt-Linsenhoff (Hg.): *Das Subjekt und die Anderen. Interkulturalität und Geschlechterdifferenz vom 18. Jahrhundert bis zur Gegenwart*, Berlin: Erich Schmidt Verlag, 55-72.

Mair, Peter; Mudde, Cas (1998): The Party Family and Its Study, in: *Annual Review of Political Science 1*, 211-229.

Manow, Philip/Nistor, Martina (2009): Wann ist ein Listenplatz sicher? Eine Untersuchung der Bundestagswahlen 1953 bis 2002, In: *Zeitschrift für Parlamentsfragen* 40(3), 603-620.

Marschall, Stefan; Strünck, Christoph (2010): Von der Reformpartei zur Partei der Reformen? Die SPD auf der Suche nach ihrer Zukunft, in: David Gehne, Tim Spier (Hg.): *Krise oder Wandel der Parteiendemokratie? Festschrift für Ulrich von Alemann*, Wiesbaden: VS-Verlag für Sozialwissenschaften, 132-149.

Marshall, Thomas R. (1983): Evaluating Presidential Nominees: Opinion Pools, Issues, and Personalities, in: *The Western Political Quarterly* 36(4), 650–659.

Matalin, Mary; Carville, James; Knobler, Peter (1994): *All's Fair: Love, War, and Running for President*, New York: Random House.

Matland, Richard E. (2005): Enhancing Women's Political Participation: Legislative Recruitment and Electoral Systems, in: Julie Ballington, Azza Karam (Hg.): *Women in Parliament: Beyond Numbers*, Stockholm: International Institute for Democracy and Electoral Assistance, 93-111.

Maurer, Marcus; Reinemann, Carsten (2003): *Schröder gegen Stoiber. Nutzung, Wahrnehmung und Wirkung der TV-Duelle*, Wiesbaden: Westdeutscher Verlag.

Maurer, Marcus; Reinemann, Carsten; Maier, Jürgen; Maier, Michaela (2007): *Schröder gegen Merkel. Wahrnehmung und Wirkung des TV-Duells 2005 im Ost-West-Vergleich*, Wiesbaden: VS Verlag für Sozialwissenschaften.

McHarg, Aileen (2006): Quotas for Women! The Sex Discrimination (Election Candidates) Act 2002, in: *Journal of Law and Society* 33(1), 141–159.

Meckel, Miriam (2008): Die verspätete Frau- Einmal weinen reicht nicht: Hillary Clinton muss sich ändern, wenn sie Vorbild für Politikerinnen sein will, in: *Die Zeit vom 31.01.2008*, online verfügbar: unter http://www.zeit.de/2008/06/Faktor-Frau, zuletzt geprüft am 20.02.2012.

Meinel, Christoph; Ronneberg, Monika (Hg.) (1996): *Geschlechterverhältnisse in Medizin, Naturwissenschaft und Technik*, Bassum: Verlag für Geschichte der Naturwissenschaft und Technik.

Merz, Ferdinand (1979): *Geschlechterunterschiede und ihre Entwicklung: Ergebnisse und Theorien der Psychologie*, Göttingen: Verlag für Psychologie.

Meyer, Birgit (1992): Die "unpolitische" Frau. Politische Partizipation von Frauen oder: Haben Frauen ein anderes Verständnis von Politik, in: *Aus Politik und Zeitgeschichte* (B25-26), 3–18.

Meyer, Birgit (1996): Amerika, hast du es besser? Zur politischen Partizipation von Frauen in den USA, in: *Aus Politik und Zeitgeschichte* (B21-22), 35–45.

Meyer, Birgit (1997): *Frauen im Männerbund. Politikerinnen in Führungspositionen von der Nachkriegszeit bis heute*, Frankfurt/Main: Campus.

Meyer, Birgit (2009): "Nachts, wenn der Generalsekretär weint" - Politikerinnen in der Presse, in: *Aus Politik und Zeitgeschehen* 50, 9–15.

Meyer, Thomas (2001): *Mediokratie: die Kolonisierung der Politik durch das Mediensystem*, Frankfurt/Main: Suhrkamp.

Milyo, Jeffrey; Schosberg, Samantha (2000): Gender Bias and Selection Bias in House Elections, in: *Public Choice* 105 (1/2), 41–59.

Moi, Toril (2005): *Sex, Gender and the Body. What is a Woman?* Oxford: Oxford University Press.

Money, John; Hampson, Joan; Hampson, John G. (1955): An Examination of Some Basic Sexual Concepts: The Evidence of Human Hermaphroditism, in: *Bulletin Johns Hopkins Hospital* 97 (4), 301-319.

Moser, Robert G. (2001): The effects of electoral systems on women's representation in post-communist states, in: *Electoral Studies* 20(3), 353–369.

Munimus Bettina (2010): Der harte Weg zur Ministerpräsidentin, in: *Zeit Online vom 14.07.2010*, online verfügbar unter: http://www.zeit.de/politik/deutschland/2010-07/frauen-politik-hannelore-kraft, zuletzt geprüft am 20.02.2012.

Neller, Katja; Greiffenhagen, Martin; Greiffenhagen, Sylvia (2002): *Handwörterbuch zur politischen Kultur der Bundesrepublik Deutschland*, Wiesbaden: Westdeutscher Verlag.

Niedermayer, Oskar (2009): Parteimitglieder in Deutschland: Version 1/2009, in: *Arbeitsheft aus dem Otto-Stammer-Zentrum*, Nr. 15, Freie Universität Berlin, Berlin.

Niedermayer, Oskar (2010): Von der Zweiparteiendominanz zum Pluralismus: Die Entwicklung des deutschen Parteiensystems im westeuropäischen Vergleich, in: *Politische Vierteljahresschrift* 51(1), 1-13.

Niedermayer, Oskar (2011): Parteimitglieder in Deutschland: Version 2011, in: *Arbeitsheft aus dem Otto-Stammer-Zentrum*, Nr. 18, Freie Universität Berlin, Berlin.

Niedermayer, Oskar/von Beyme, Klaus (Hg.) (1996): *Politische Kultur in Ost- und Westdeutschland*, Opladen: Leske+Budrich.

Nohlen, Dieter (2007): *Wahlrecht und Parteiensystem zur Theorie und Empirie der Wahlsysteme*, Opladen: Verlag Barbara Budrich.

Norpoth, Helmut (1977): Kanzlerkandidaten. Wie sie vom Wähler bewertet werden und seine Wahlentscheidung beeinflussen, in: *Politische Vierteljahresschrift* 18(2-3), 551-572.

Notz, Gisela (2005): Familie - eine Lebensform wie andere auch? Konstruktion des Zusammenlebens in Ost und West zwischen Tradition, Transformation und Utopie, in: Eva Schäfer und Ina Dietzsch (Hg.): *Irritation Ostdeutschland. Geschlechterverhältnisse in Deutschland seit der Wende*. Münster: Westfälisches Dampfboot, 195-209.

Oberreuter, Heinrich (2003): Jahrmarkt der Eitelkeiten? Das Politiker-Skalometer, in: Andreas M. Wüst (Hg.): *Politbarometer*, Opladen: Leske+Budrich, 283-294.

Ohr, Dieter (2000): Gerhard oder Helmut? ‚Unpolitische' Kandidateneigenschaften und ihr Einfluss auf die Wahlentscheidung bei der Bundestagswahl 1998, in: *Politische Vierteljahresschrift* 41(2), 199–224.

Ohr, Dieter; Klein, Markus (2001): "When a man meets a woman ...". Heide Simonis und Volker Rühe als Spitzenkandidaten für das Amt des Ministerpräsidenten bei der Landtagswahl in Schleswig-Holstein am 27. Februar 2000, in: *Zeitschrift für Parlamentsfragen* 32(1), 178–199.

Ondercin, Heather L.; Welch, Susan (2009): Comparing Predictors of Women's Congressional Election Success: Candidates, Primaries, and the General Election, in: *American Politics Research* 37(4), 593–613.

Pappi, Franz Urban; Shikano, Susumo (2001): Personalisierung der Politik in Mehrparteiensystemen am Beispiel deutscher Bundestagswahlen seit 1980, in: *Politische Vierteljahresschrift* 42(3), 355–387.

Patemen, Carole (1974): *Participation and Democratic Theory,* London/New York: Cambridge University Press.

Patzelt, Werner J. (2007): *Einführung in die Politikwissenschaft*, Passau: Wissenschaftsverlag Rothe.

Pease, Allan; Pease, Barbara (2000): *Warum Männer nicht zuhören und Frauen schlecht einparken*, Berlin: Ullstein.

Penrose, Virginia (1993): *Orientierungsmuster des Karriereverhaltens deutscher Politikerinnen. Ein Ost-West-Vergleich*, Bielefeld: Kleine Verlag.

Peterson, David A. M. (2005): Heterogeneity and Certainty in Candidate Evaluations, in: *Political Behavior* 27(1), 1-24.

Pfannes, Petra (2004): *,Powerfrau', ,Quotenfrau', ,Ausnahmefrau' ...? Die Darstellung von Politikerinnen in der deutschen Tagespresse*, Marburg: Tectum.

Pickel, Susanne; Pickel, Gerd (2006): *Politische Kultur- und Demokratieforschung*, Wiesbaden: VS Verlag für Sozialwissenschaften.

Pinl, Claudia (1993): *Vom kleinen zum großen Unterschied: "Geschlechterdifferenz" und konservative Wende im Feminismus*, Hamburg: Konkret Literatur Verlag.

Platon (1982): *Der Staat*, Stuttgart: Reclam und Universal-Bibliothek.

Poggione, Sarah (2004): Exploring Gender Differences in State Legislators' Policy Preferences, in: *Political Research Quarterly* 57(2), 305–314.

Poguntke, Thomas (1993): *Alternative Politics- The German Green Party*, Edinburgh: Edinburgh University Press.

Powell, Lynda Watts; Brown, Clifford W.; Hedges, Roman B. (1981): Male and Female Differences in Elite Political Participation: An Examination of the Effects of Socioeconomic and Familial Variables, in: *The Western Political Quarterly* 34(1), 31–45.

Prinzen, Katrin (2010): Politische Kommunikation, Priming und Wahlverhalten. Eine empirische Analyse der Bundestagswahl 2005, in: *Politische Vierteljahresschrift* 51(3), 481–506.

Radunski, Peter (1980): *Wahlkämpfe: moderne Wahlkampfführung als politische Kommunikation*, München: Olzog.

Rahat, Gideon; Sheafer, Tamir (2007): The Personalization(s) of Politics: Israel, 1949-2003, in: *Political Communication* 24(1), 65–80.

Rasmussen, Jorgen (1984): Women in Labour: The Flapper Vote and Party System Transformation in Britain, in: *Electoral Studies* 3(1), 47–63.

Rattinger, Hans (1992): Demography and Federal Elections in Germany: 1953-1990 - and Beyond, in: *Electoral Studies* 11(3), 223–247.

Rattinger, Hans (1994): Parteineigungen, Sachfragen- und Kandidatenorientierungen in Ost- und Westdeutschland 1990-1992, in: Hans Rattinger, Oscar W. Gabriel und Wolfgang Jagodzinski (Hg.): *Wahlen und politische Partizipation im vereinigten Deutschland*, Frankfurt/Main: Peter-Lang-Verlag, 267-315.

Rattinger, Hans; Roßteutscher, Sigrid; Schmitt-Beck, Rüdiger; Weßels, Bernhard et al. (Hg.) (2011): *Zwischen Langeweile und Extreme: Die Bundestagswahl 2009*, Baden-Baden: Nomos.

Rauschenbach, Brigit (2004): Politische Philosophie und Geschlechterordnung- Ideengeschichte neu besehen, in: *gender...politik...online* (Januar), online verfügbar unter: http://web.fu-berlin.de/gpo/pdf//brigitte_rauschenbach/brigitte_rauschenbach_.pdf, zuletzt geprüft am 20.02.2012.

Redlawsk, David P. (2004): What Voters Do: Information Search During Election Campaigns, in: *Political Psychology* 25(4), 595-610.

Reimers, Tekla (1994): *Die Natur des Geschlechterverhältnisses: biologische Grundlagen und soziale Folgen sexueller Unterschiede*, Frankfurt/Main: Campus.

Reiser, Marion (2011): Wer entscheidet unter welchen Bedingungen über die Nominierung von Kandidaten? Die innerparteilichen Selektionsprozesse zur Aufstellung in den Wahlkreisen, in: Niedermayer, Oskar (Hg.): *Die Parteien nach der Bundestagswahl 2009*, VS Verlag für Sozialwissenschaften: Wiesbaden, 237-259.

Reiser, Marion (2012): *Ankündigung des Habilitationsprojekt "Innerparteilicher Wettbewerb: Institutionelle Regeln, informelle Mechanismen und Ergebnisse der Kandidatenaufstellung in den Wahlkreisen zur Bundestagswahl 2009*, online angekündigt unter http://www.uni-frankfurt.de/fb/fb03/institut_2/borchert/team/marion_reiser/kurz biographie.html, zuletzt geprüft am 30.01.2012.

Reynolds, Andrew (1999): Women in the Legislatures and Executives of the World: Knocking at the Highest Glass Ceiling, in: *World Politics* 51(4), 547–572.

Robertson, B.H./Koenig, Pierre/Clay, Lucius D. (1949): Genehmigungsschreiben der Militärgouverneure der britischen, französischen und amerikanischen Besatzungszone zum Grundgesetz, in: *Amtsblatt der Militärregierung Deutschlands, Britisches Kontrollgebiet*, Nr. 35, Teil 2B, online verfügbar unter: http://www.verfass ungen.de/de/de45-49/grundgesetzgenehmigung49.htm, zuletzt geprüft am 01.03. 2012.

Robinson, Michael Jay (1981): A Statesman is a Dead Politician: Candidates Images on Network News, in: Elie Abel (Hg.): *What's News: The Media in American Society*. San Francisco: Institute for Contemporary Studies, 159–186.

Roloff, Christine (1999): Geschlechterverhältnis und Studium in Naturwissenschaft und Technik - vom "Problem der Frauen" zum Modernisierungsdefizit der Hochschule, in: Ayla Neusel und Angelika Wetterer (Hg.): *Vielfältige Verschiedenheiten. Geschlechterverhältnisse in Studium, Hochschule und Beruf*, Frankfurt/Main: Campus, 63–85.

Römmele, Andrea (2005): Personen oder Inhalte? Politikvermittlung in deutschen Wahlkämpfen, in: Jürgen W. Falter, Oscar W. Gabriel und Bernhard Weßels (Hg.): *Wahlen und Wähler. Analysen aus Anlass der Bundestagswahl 2002*, Wiesbaden: VS Verlag für Sozialwissenschaften, 414-433.

Rosar, Ulrich (2009): Fabulous Front-Runners. Eine empirische Untersuchung zur Bedeutung der physischen Attraktivität von Spitzenkandidaten für den Wahlerfolg ihrer Parteien, in: *Politische Vierteljahresschrift* 50(4), 754–773.

Rosar, Ulrich; Klein, Markus (2005): Physische Attraktivität und Wahlerfolg. Eine empirische Analyse am Beispiel der Wahlkreiskandidaten bei der Bundestagswahl 2002, in: *Politische Vierteljahresschrift* 46(2), 263–287.

Rosar, Ulrich; Klein, Markus; Beckers, Tilo (2008): The frog pond beauty contest: Physical attractiveness and electoral success of the constituency candidates at the North Rhine-Westphalia state election of 2005, in: *European Journal of Political Research* 47(1), 64–79.

Rosar, Ulrich; Ohr, Dieter (2005): Die Spitzenkandidaten: Image und Wirkung, in: Manfred Güllner, Hermann Dülmer, Markus Klein, Dieter Ohr, Markus Quandt, Ulrich Rosar und Hans-Dieter Klingemann (Hg.): *Die Bundestagswahl 2002: Eine Untersuchung im Zeichen hoher politischer Dynamik*, Wiesbaden: VS Verlag für Sozialwissenschaften, 103–121.

Rosenberger, Sieglinde Katharina (1997): Privatheit und Politik, in: Eva Kreisky und Birgit Sauer (Hg.): *Geschlechterverhältnisse im Kontext politischer Transformation*, Opladen/Wiesbaden: Westdeutschre Verlag 1998 (PVS Sonderheft 28), 120-136.

Rosenkrantz, Paul; Vogel, Susan; Bee, Helen; Boverman, Inge; Boverman, Donald M. (1968): Sex-Role Stereotypes and Self-Conception in College Students, in: *Journal of Consulting and Clinical Psychology* 32(3), 287–295.

Roßteutscher, Sigrid (2009): Soziale Partizipation und Soziales Kapital, in: Viktoria Kaina und Andrea Römmele (Hg.): *Lehrbuch Politische Soziologie*, Wiesbaden: VS Verlag für Sozialwissenschaften, 163–180.

Roßteutscher, Sigrid (2008): *Religion, Zivilgesellschaft, Demokratie. Eine international vergleichende Studie zu Natur religiöser Märkte und der demokratischen Rolle religiöser Zivilgesellschaften*, Baden-Baden: Nomos.

Roßteutscher, Sigrid; Westle, Bettina; Kunz, Volker (2008): Das Konzept des Sozialkapitals und Beiträge zentraler Klassiker, in: Bettina Westle und Oscar W. Gabriel (Hg.): *Sozialkapital. Eine Einführung*, Baden-Baden: Nomos, 11–40.

Roth, Dieter (2002): Die Personalisierung der Politik. Programme mit Personen? in: *planung & analyse* (1-2002), 27–31.

Roth, Dieter (2008): *Empirische Wahlforschung: Ursprung, Theorie, Instrumente und Methoden*, Wiesbaden: VS Verlag für Sozialwissenschaften.

Rousseau, Jean-Jacques (1984a): *Diskurs über die Ungleichheit - Discours sur l'inégalité*, Paderborn: Schöningh.

Rousseau, Jean-Jacques (1984b): *Der Gesellschaftsvertrag*, Frankfurt/Main: Röderberg-Taschenbuch.

Rubart, Frauke (1988): Partizipation von Frauen in neuen sozialen Bewegungen, in: *Aus Politik und Zeitgeschichte* (B42), 30–42.

Rudi, Tatjana; Schoen, Harald (2005): Ein Vergleich von Theorien zur Erklärung von Wählerverhalten, in: Jürgen W. Falter und Harald Schoen (Hg.): *Handbuch Wahlforschung*, Wiesbaden: VS Verlag für Sozialwissenschaften, 305–325.

Rudizio, Wolfgang (2006): *Das politische System der Bundesrepublik Deutschland*, Wiesbaden: VS Verlag für Sozialwissenschaften.

Rule, Wilma (1981): Why Women Don't Run: The Critical Contextual Factors in Women's Legislative Recruitment, in: *The Western Political Quarterly* 34(1), 60–77.

Rule, Wilma (1986): Electoral Systems, Context Factors and Women's Opportunity for Election to Parliament in Twenty-Three Democracies, in: *The Western Political Quarterly* 40(3), 477-498.

Runge, Thomas E.; Frey, Dieter; Gollwitzer, Peter M.; Helmreich, Robert L.; Spence, Janet T. (1981.): Masculine (Instrumental) and Feminine (Expressive) Traits: A Comparison between Students in the United States and West Germany, in: *Journal of Cross-Cultural Psychology* 12(2), 142–162.

Ruostetsaari, Ilkka; Mattila, Mikko (2002): Candidate-centred campaigns and their effects in an open list system-The case of Finland, in: David M. Farrell, Rüdiger Schmitt-Beck (Hg.): *Do Political Campaigns Matter? Campaign effects in elections and referendums,* Routledge/ECPR Studies in European Political Science, New York/London: Routledge, 92-107.

Rust, Ursula (2001): Die Rechtsprechung des Bundesverfassungsgerichts zur garantierten Gleichberechtigung, in: *Aus Politik und Zeitgeschichte* B37-38, 26–33.

Sachs, Matthias (2011): *Sozialdemokratie im Wandel: Programmatische Neustrukturierungen im europäischen Vergleich,* Wiesbaden: VS-Verlag für Sozialwissenschaften.

Sander, Susanne (2003): *Karrieren und Barrieren. Landespolitikerinnen der BRD in der Nachkriegszeit von 1946-1960,* Königstein/Taunus: Ulrike Helmer Verlag.

Sapiro, Virginia; Cramer Walsh, Katherine; Strach, Patricia; Hennings, Valerie (2011): Gender, Context, and Television Advertising: A Comprehensive Analysis of 2000 and 2002 House Race, in: *Political Research Quarterly* 64(1), 107–119.

Sarcinelli, Ulrich (1987): *Symbolische Politik: zur Bedeutung symbolischen Handelns in der Wahlkampfkommunikation der Bundesrepublik Deutschland,* Opladen: Westdeutscher Verlag.

Sauer, Birgit (2003): Staat, Demokratie und Geschlecht - aktuelle Diskussion, in: *gender...politik...online* (August), online verfügbar unter: http://web.fu-berlin.de/gpo/pdf/birgit_ sauer/birgit_sauer.pdf, zuletzt geprüft am 20.02.2012.

Sauer, Birgit; Wöhl, Stefanie (2011): Demokratie und Geschlecht, in: Friedrich-Ebert-Stiftung (Hg): *Demokratie in Deutschland,* Paderborn: Media Print Informationstechnologie, online verfügbar unter: http://www.demokratie-deutschland-2011.de/co mmon/pdf/Demokratie_und_Geschlecht.pdf, zuletzt geprüft am 20.02.2012.

Schaeffer-Hegel, Barbara; Leist, Andrea (1996): Sozialer Wandel und Geschlecht: Für eine Neubestimmung des Privaten, in: *Aus Politik und Zeitgeschichte* (B42), 31–40.

Schäfer, Susanne (2010): Konstanz und Wandel: Die CSU-Programme im dokumentarischen Vergleich, in: Hopp, Gerhard; Sebaldt, Martin; Zeitler, Benjamin (Hg.) (2010): *Die CSU: Strukturwandel, Modernisierung und Herausforderungen einer Volkspartei,* Wiesbaden: VS-Verlag für Sozialwissenschaften,173-193.

Scherer, Helmut (2002): Wer reden will, muss hören. Die kommunikative Rolle politischer Akteure in der vernetzten Gesellschaft, in: Heribert Schatz, Patrik Rössler und Jörg-Uwe Nieland (Hg.): *Politische Akteure in der Mediendemokratie. Politiker in den Fesseln der Medien?* Wiesbaden: VS Verlag für Sozialwissenschaften, 129-145.

Schindler, Peter (2000): *Datenhandbuch zur Geschichte des Deutschen Bundestages 1949 bis 1999*, Baden-Baden: Nomos.

Schissler, Jakob (1981): *Politische Kultur und politisches System in Hessen*, Frankfurt/Main: Insel-Verlag.

Schissler, Jakob; Berg-Schlosser, Dirk (Hg.) (1987): *Politische Kultur in Deutschland: Bilanz und Perspektiven der Forschung*, Opladen: Westdeutscher Verlag.

Schlozman, Kay Lehman; Burns, Nancy; Verba, Sidney (1994): Gender and the Pathways to Participation: The Role of Resources, in: *The Journal of Politics* 56(4), 963–990.

Schmahl, Hans-Joachim (2011): Gedanken zur Wirtschaft: Über Geschmack lässt sich streiten, in: *Märkische Oderzeitung vom 27.07.2011*, online verfügbar unter: http://www.moz.de/artikel-ansicht/dg/0/1/358397/, zuletzt geprüft am 20.01.2012.

Schmidt, Gregory D. (2009): The election of women in list PR systems: Testing the conventional wisdom, in: *Electoral Studies* 28(2), 190-203.

Schmidt, Gregory D.; Saunders, Kyle L. (2004): Effective Quotas, Relative Party Magnitude, and the Success of Female Candidates: Peruvian Municipal Elections, in: *Comparative Perspective, in: Comparative Political Studies* 37(6), 704–734.

Schmidt, Manfred G. (2000): *Demokratietheorien*, Opladen: Leske+Budrich.

Schmidt, Manfred G. (2005): *Wörterbuch zur Politik*, Stuttgart: Alfred Kröner Verlag.

Schmidt, Manfred G. (2007): *Das politische System Deutschlands- Das politische System Deutschlands*, München: C. H. Beck.

Schmitt, Annette (2005): Die Rolle von Wahlen in der Demokratie, in: Jürgen W. Falter und Harald Schoen (Hg.): *Handbuch Wahlforschung*, Wiesbaden: VS Verlag für Sozialwissenschaften, 3–29.

Schmitt, Bernd H.; Millard, Robert T. (1988): Construct Validity of the Bem Sex Role Inventory (BSRI): Does the BSRI Distinguish Between Gender-Schematic and Gender-Aschematic Individuals? in: *Sex Roles* 19(9-10), 581–588.

Schmitt, Hermann; Wüst, Andreas M. (2002): *Befragung der Direktkandidaten zur Bundestagswahl 2002 (Deutsche Kandidatenstudie)*. Online verfügbar unter: http://www.mzes.uni-mannheim.de/projekte/pro_zeig_d.php?Recno=126, zuletzt geprüft am 16.01.2012.

Schmitt, Hermann; Wüst, Andreas M. (2004): Direktkandidaten bei der Bundestagswahl 2002: Politische Agenda und Links-Rechts-Selbsteinstufung im Vergleich zu den Wählern, in: Frank Brettschneider, Jan van Deth, Edeltraud Roller (Hg.): *Die Bundestagswahl 2002: Analysen der Wahlergebnisse und des Wahlkampfes*. Wiesbaden: VS Verlag für Sozialwissenschaften, 303-325.

Schmitt-Beck, Rüdiger (1996): Mass Media, the Electorate, and the Bandwagon. A Study of Communication Effects on Vote Choice in Germany, in: *International Journal of Public Opinion Research* 8(3), 266–291.

Schmitt-Beck, Rüdiger (2000): *Politische Kommunikation und Wählerverhalten. Ein internationaler Vergleich*, Opladen: Westdeutscher Verlag.

Schmitt-Beck, Rüdiger (2007): Paul M. Sniderman/Richard A. Brody/Philip E. Tetlock. Reasoning and Choice. Explorations in Political Psychology, Cambridge/New York 1991, in: Steffen Kailitz (Hg.): *Schlüsselwerke der Politikwissenschaft*, Wiesbaden: VS Verlag für Sozialwissenschaften: 449-453.

Schmitt-Beck, Rüdiger (2011): Spitzenkandidaten, in: Hans Rattinger, Sigrid Roßteutscher, Rüdiger Schmitt-Beck und Bernhard Weßels (*Hg.*): *Zwischen Langeweile und Extremen: Die Bundestagswahl 2009*, Baden-Baden: Nomos.

Schmitt-Beck, Rüdiger S.; Schrott, Peter (1994): Dealignment durch Massenmedien? Zur These der Abschwächung von Parteibindungen als Folge der Medienexpansion, in: Hans-Dieter Klingemann und Max Kaase (Hg.): *Wahlen und Wähler. Analysen aus Anlass der Bundestagswahl 1990*, Wiesbaden: Westdeutscher Verlag, 543-572.

Schmitt-Beck, Rüdiger/Farrell, David M. (2002): Studying political campaigns and their effects, in: David M. Farrell und Rüdiger Schmitt-Beck (Hg.): *Do Political Campaigns Matter? Campaign effects in elections and referendums*, London/New York: Routledge, 1-21.

Schmitt-Beck, Rüdiger; Mackenrodt, Christian (2009): Politikvermittlung durch Massenmedien bei der Bundestagswahl 2005: Nutzungsintensität und Einflüsse auf Einstellungen und Wahlverhalten, in: Frank Marcinkowski und Barbara Pfetsch (Hg.): *Politik in der Mediendemokratie*, Wiesbaden: VS Verlag für Sozialwissenschaften, 415–446.

Schmitt-Beck, Rüdiger; Rattinger, Hans; Roßteutscher, Sigrid; Weßels, Bernhard (2010): Die deutsche Wahlforschung und die German Longitudinal Election Study (GLES), in: Frank Faulbaum und Christof Wolf (Hg.): *Gesellschaftliche Entwicklungen im Spiegel der empirischen Sozialforschung,* Wiesbaden: VS Verlag für Sozialwissenschaften, 141-172.

Schneider-Düker, Marianne; Kohler, André (1988): Die Erfassung von Geschlechtsrollen - Ergebnisse zur deutschen Neukonstruktion des Bem Sex-Role-Inventory, in: *Diagnostica* 34(3), 256–270.

Schnitger, Elke (1990): *Frauen und Parlamente: Verhältnisse und Verhinderungen*, Oldenburg: Bibliotheks- u. Informationssystem der Universität.

Schoen, Harald (2004): Kandidatenorientierung im Wahlkampf. Eine Analyse zu den Bundestagswahlkämpfen 1980-1998, in: *Politische Vierteljahresschrift* 45(3), 321–345.

Schoen, Harald (2005a): Wechselwahl, in: Jürgen W. Falter und Harald Schoen (Hg.): *Handbuch Wahlforschung*, Wiesbaden: VS Verlag für Sozialwissenschaften, 367–387.

Schoen, Harald (2005b): Wahlkampfforschung, in: Jürgen W. Falter und Harald Schoen (Hg.): *Handbuch Wahlforschung*, Wiesbaden: VS Verlag für Sozialwissenschaften, 503–542.

Schoen, Harald (2005c): Soziologische Ansätze in der empirischen Wahlforschung, in: Jürgen W. Falter und Harald Schoen (Hg.): *Handbuch Wahlforschung*, Wiesbaden: VS Verlag für Sozialwissenschaften, 135–185.

Schoen, Harald (2005d): Wahlsystemforschung, in: Jürgen W. Falter und Harald Schoen (Hg.): *Handbuch Wahlforschung*, Wiesbaden: VS Verlag für Sozialwissenschaften, 573-607.

Schoen, Harald (2006): Campaigns, candidate evaluations, and vote choice: Evidence from German Federal Election Campaigns, 1980-2002, in: *Electoral Studies*, 26(2), 324-337.

Schoen, Harald; Weins, Cornelia (2005): Der sozialpsychologische Ansatz zur Erklärung von Wahlverhalten, in: Jürgen W. Falter und Harald Schoen (Hg.): *Handbuch Wahlforschung*, Wiesbaden: VS Verlag für Sozialwissenschaften, 187–242.

Schöler-Macher, Bärbel (1994): *Die Fremdheit der Politik. Erfahrungen von Frauen in Parteien und Parlamenten*, Weinheim: Deutscher Studien Verlag.

Scholz, Sylka (2007): *"Kann die das?" Angela Merkels Kampf um die Macht. Geschlechterbilder und Geschlechterpolitiken im Bundestagswahlkampf 2005*: Berlin: J.H.W. Dietz Verlag.

Schreyer, Franziska (2008): *Akademikerinnen im Technischen Feld. Der Arbeitsmarkt von Frauen aus Männerfächern*, Frankfurt/Main: Campus.

Schrott, Peter (1990): Wahlkampfdebatten im Fernsehen von 1972 bis 1987. Politikerstrategien und Wählerreaktion, in: Max Kaase und Hans-Dieter Klingemann (Hg.): *Wahlen und Wähler. Analysen aus Anlass der Bundestagswahl 1987*, Opladen: Westdeutscher Verlag, 645–674.

Schultze, Rainer-Olaf (2001): Demokratie, in: Dieter Nohlen (Hg.): *Kleines Lexikon der Politik*, München: Verlag C.H. Beck, 51–54.

Schulz, Florian; Blossfeld, Hans-Peter (2006): Wie verändert sich die häusliche Arbeitsteilung im Eheverlauf? Eine Längsschnittstudie der ersten 14 Ehejahre in Westdeutschland, in: *Kölner Zeitschrift für Soziologie und Sozialpsychologie* 58(1), 23–49.

Schulz, Winfried; Zeh, Rainer (2003): Kanzler und Kandidaten in den Fernsehnachrichten, in: Christina Holtz-Bacha (Hg.): *Die Massenmedien im Wahlkampf. Die Bundestagswahl 2002*, Wiesbaden: Westdeutscher Verlag, 57–81.

Schumpeter, Joseph Alois (1947): *Capitalism, socialism and democracy*, New York: Harper.

Schupp, Jürgen; Wagner Gert G. (2010): Zum 'Warum' und 'Wie' der Erhebung von (genetischen) 'Biomarkern' in sozialwissenschaftlichen Surveys, in: *SOEPpapers on Multidisciplinary Panel Data Research* 260, Berlin: Deutsches Insitut für Wirtschaftsforschung.

Schüttemeyer, Suzanne S.; Sturm, Roland (2005): Der Kandidat – das (fast) unbekannte Wesen: Befunde und Überlegungen zur Aufstellung der Bewerber zum Deutschen Bundestag, in: *Zeitschrift für Parlamentsfragen*, 36(3), 539-553.

Schwarting, Frauke (1995): *"Manchmal hast du das Gefühl, du stimmst nicht ganz" - Erfahrungen von Frauen in Parlamenten*, Münster: Agenda Verlag.

Schwindt-Bayer, Leslie A. (2005): The incumbency disadvantage and women's election to legislative office, in: *Electoral Studies* 24, 227–244.

Seitz, Jakob Stefan (2002): *Hannah Arendts Kritik der politisch-philosophischen Tradition - unter Einbeziehung der französischen Literatur zu Hannah Arendt*, München: Herbert Utz Verlag.

Siaroff, Alan (2000): Women's Representation in Legislatures and Cabinets in Industrial Democracies, in: *International Political Science Review* 21(2), 197–215.

Smith, Eric R. A. N.; Fox, Richard L. (2001): The Electoral Fortunes of Women Candidates for Congress, in: *Political Research Quarterly* 54(1), 205–221.

Sniderman, Paul M.; Bullock John G. (2004): Consistency Theory of Public Opinion and Political Choice: The Hypothesis of Menu Dependence, in: Willem E. Saris und Paul M. Sniderman (Hg.): *Studies in Public Opinion. Attitudes, Nonattitudes, Measurement Error, and Change.* Princeton: Princeton University, 337–357.

Sniderman, Paul M.; Brody, Richard A.; Tetlock, Philip E. (1991): *Reasoning and Choice. Explorations in Political Psychology,* Cambridge University Press: Cambridge.

Sontheimer, Kurt; Bleek, Wilhelm (2002): *Grundzüge des politischen Systems Deutschlands,* Bonn: Bundeszentrale für politische Bildung.

Spence, Janet T.; Helmreich, Robert; Stapp, Joy (1974): The Personal Attributes Questionnaire: A Measure of Sex-role Stereotypes and Masculinity–Femininity, in: *JSAS Catalog of Selected Documents in Psychology* 4, 43–44.

Spier, Tim (2007): *Die Linkspartei. Zeitgemäße Idee oder Bündnis ohne Zukunft?* Wiesbaden: VS-Verlag für Sozialwissenschaften.

Statistisches Bundesamt (1953): *Die Wahlbewerber für die Wahl zum 2. Deutschen Bundestag,* Stuttgart: Kohlhammer.

Statistisches Bundesamt (1954): *Statistisches Jahrbuch 1953,* Stuttgart: Kohlhammer.

Statistisches Bundesamt (1957): *Die Wahlbewerber für die Wahl zum 3. Deutschen Bundestag,* Stuttgart: Kohlhammer.

Statistisches Bundesamt (1961): *Die Wahlbewerber für die Wahl zum 4. Deutschen Bundestag,* Stuttgart: Kohlhammer.

Statistisches Bundesamt (1964): *Statistisches Jahrbuch 1963,* Stuttgart: Kohlhammer.

Statistisches Bundesamt (1965): *Die Wahlbewerber für die Wahl zum 5. Deutschen Bundestag,* Stuttgart: Kohlhammer.

Statistisches Bundesamt (1969): *Die Wahlbewerber für die Wahl zum 6. Deutschen Bundestag,* Stuttgart: Kohlhammer.

Statistisches Bundesamt (1972): *Die Wahlbewerber für die Wahl zum 7. Deutschen Bundestag,* Stuttgart: Kohlhammer.

Statistisches Bundesamt (1974): *Statistisches Jahrbuch 1973,* Stuttgart: Kohlhammer.

Statistisches Bundesamt (1976): *Die Wahlbewerber für die Wahl zum 8. Deutschen Bundestag,* Stuttgart: Kohlhammer.

Statistisches Bundesamt (1982): *Statistisches Jahrbuch 1981,* Stuttgart: Kohlhammer.

Statistisches Bundesamt (1983): *Rechtgrundlagen zur Bundestagswahl 1983. Informationen des Bundeswahlleiters, Wahlkreiseinteilungen für die Wahl zum Bundestag der Bundesrepublik Deutschland,* 13-44.

Statistisches Bundesamt (1984): *Statistisches Jahrbuch 1983,* Stuttgart: Metzler-Poeschel Verlag.

Statistisches Bundesamt (1987): *Statistisches Jahrbuch 1987,* Wiesbaden: Kohlhammer.

Statistisches Bundesamt (1990): *Statistisches Jahrbuch 1989,* Stuttgart: Metzler-Poeschel Verlag.

Statistisches Bundesamt (1992): *Statistisches Jahrbuch 1992,* Stuttgart: Metzler-Poeschel Verlag.

Statistisches Bundesamt (1993): *Statistisches Jahrbuch 1993,* Stuttgart: Metzler-Poeschel Verlag.

Statistisches Bundesamt (1995): *Statistisches Jahrbuch 1995*, Stuttgart: Metzler-Poeschel Verlag.

Statistisches Bundesamt (1999): *Statistisches Jahrbuch 1999*, Stuttgart: Metzler-Poeschel Verlag.

Statistisches Bundesamt (2002): Grundlagen und Daten der Wahl zum 15. Deutschen Bundestag am 22. September 2002, in: *Statistik 8/2002*, 639-659.

Statistisches Bundesamt (2003a): *Statistisches Jahrbuch 2003*, Baden-Baden: Wesel Kommunikation.

Statistisches Bundesamt (2003b): *Wo bleibt die Zeit? Die Zeitverwendung der Bevölkerung in Deutschland 2001/02*, Wiesbaden: Statistisches Bundesamt, online verfügbar unter: http://www.destatis.de/jetspeed/portal/cms/Sites/destatis/Internet/DE/Pres se/pm/frueher/wobleibtdiezeit,property=file.pdf, zuletzt geprüft am 21.01.2012.

Statistisches Bundesamt (2006): *Statistisches Jahrbuch 2006*, Spangenberg: Schreckhase.

Statistisches Bundesamt (2009): *Statistisches Jahrbuch 2009*, Paderborn: Druck-Buch-Verlag.

Statistisches Bundesamt (2010): *Statistisches Jahrbuch 2010*, Paderborn: Druck-Buch-Verlag.

Statistisches Bundesamt (2011): *Statistisches Jahrbuch 2011*, Paderborn: Druck-Buch-Verlag.

Steger, Wayne P. (2007): Who Wins Nominations and Why? An Updated Forecast of the Presidential Primary Vote, in: *Political Research Quarterly* 60(1), 91–99.

Stoller, Robert (1968): *Sex and Gender. On the Development of Masculinity and Femininity*, New York: Science House.

Stöss, Richard (1985): *Kandidaten und Abgeordnete: Zur sozialstrukturellen Repräsentation und Zirkulation. Ein Forschungsbericht*, Berlin: Presse- und Informationsstelle der Freien Universität.

Stoy, Volquart; Schmid, Josef (2011): Der Aufstieg der Linkspartei – oder was passiert, wenn Loyalität schwindet? in: *Zeitschrift für Parlamentsfragen* 42(2), 346-364.

Strauß, Bernd; Köller, Olaf; Möller, Jens (1996): Geschlechtsrollentypologien - Eine empirische Prüfung des additiven und des balancierten Modells, in: *Zeitschrift für Differenzielle und Diagnostische Psychologie* 17(2), 67–83.

Strohmeier, Gerd (2004): *Politik und Massenmedien: eine Einführung*, Baden-Baden: Nomos.

Studlar, Donley T.; McAllister, Ian (2002): Does a critical mass exist? A comparative analysis of women´s legislative representation since 1950, in: *European Journal of Political Research* 41(2), 233–253.

Studlar, Donley T.; Welch, Susan (1987): Understanding the iron law of anarchy. Effects of Candidate Gender on Voting in Scotland, in: *Comparative Political Studies* 20(2), 174–191.

Studlar, Donley T.; Welch, Susan (1992): The Party System and the Representation of Women in English Metropolitan Boroughs, in: *Electoral Studies* 11(1), 62–69.

Stürzer, Monika (2005): Bildung, Ausbildung und Weiterbildung, in: Waltraud Cornelißen (Hg.): *Gender-Datenreport. Kommentierter Datenreport zur Gleichstellung von Frauen und Männern in der Bundesrepublik Deutschland*, München: Bundesministerium für Familie, Senioren, Frauen und Jugend, 21–98.

Süddeutsche Zeitung (2009): Auch die CSU zieht nach - Christsoziale erwägen Einführung von Frauenquote, in: *Süddeutsche Zeitung* 2009, 19.12.2009 (SZ-Landkreisausgabe Dachau), S. R6.

Süddeutsche Zeitung (2010): CSU bereitet Frauenquote vor - Niebler: 40 Prozent-Anteil soll im November kommen, in: *Süddeutsche Zeitung*, 17.02.2010, 37.

Sullivan, John L.; Rahm, Wendy M.; Rudolph, Thomas J. (2002): The Contours of Political Psychology: Situating Research on Political Information Procession, in: James H. Kuklinsko (Hg.): *Thinking about Political Psychology*, Cambridge: Cambridge University Press, 23-48.

Süssmuth, Hans (1990*): Kleine Geschichte der CDU-Frauen-Union-Erfolge und Rückschläge, 1948-1990,* Baden-Baden: Nomos.

Swanzina, Karl Ralf; Waldherr, Karin; Maier, Kathrin (2004): Geschlechtsspezifische Ideale im Wandel der Zeit, in: *Zeitschrift für Differenzielle und Diagnostische Psychologie* 25(3), 165–176.

Thurner, Paul W. (1998): *Wählen als rationale Entscheidung: die Modellierung von Politikreaktionen im Mehrparteiensystem,* München: Oldenbourg.

Tobies, Renate (Hg.) (2008): *Aller Männerkultur zum Trotz. Frauen in Mathematik, Naturwissenschaften und Technik,* Frankfurt/Main: Campus.

Treibel, Annette (2006*): Einführung in soziologischen Theorien der Gegenwart,* Wiesbaden: VS Verlag für Sozialwissenschaften.

Tuchman, Gaye (1980): Die Verbannung von Frauen in die symbolische Nichtexistenz durch die Massenmedien, in: *Fernsehen und Bildung* 14(1-2), 10–43.

Uhlaner, Carole Jean; Schlozman, Kay Lehmann (1986): Candidate Gender and Congressional Campaign Receipts, in: *The Journal of Politics* 48(1), 30–50.

Uhly, Alexandra (2007): Strukturen und Entwicklungen im Bereich technischer Ausbildungsberufe des dualen Systems der Berufsausbildung. Empirische Analysen auf der Basis der Berufsbildungsstatistik, in: *Studien zum deutschen Innovationssystem* Nr. 2, Bonn: Bundesinstitut für Berufsbildung.

Velte, Jutta (1995): Die Darstellung von Frauen in den Medien, in: Christina Holtz-Bacha (Hg.): *Frauen und Medien Eine Synopse der deutschen Forschung,* in: Romy Fröhlich und Christina Holtz-Bacha, Wiesbaden: Westdeutscher Verlag, 181–241.

Verba, Sidney; Burns, Nancy; Schlozman, Kay Lehman (1997): Knowing and Caring about Politics: Gender and Political Engagement, in: *The Journal of Politics* 59(4), 1051–1072.

Verba, Sidney; Schlozman, Kay Lehmann; Brady, Henry (1995): Voice and Equality: Civic Voluntarism in American Politics. Cambridge: Harvard University Press.

Volk, Inge (1992): *Gibt es eine weibliche Politik? Gespräche mit Politikerinnen,* Weinheim: Quadriga-Verlag.

von Alemann, Ulrich (2010): *Das Parteiensystem der Bundesrepublik Deutschland,* Opladen: Leske+Budrich.

von Beyme, Klaus (1984): *Parteien in westlichen Demokratien.* München: Piper.

Vowe, Gerhard; Dohle, Marco (2007): Politische Kommunikation im Umbruch - neue Forschung zu Akteuren, Medieninhalten und Wirkungen, in: *Politische Vierteljahresschrift* 48(2), 338–359.

Wagner, Aiko (2011): Die Personalisierung der Politik: Entscheiden Spitzenkandidaten Wahlen? in: Evelyn Bytzek und Sigrid Roßteutscher (Hg.): *Der unbekannte Wähler? Mythen und Fakten über das Wahlverhalten der Deutschen,* Frankfurt/Main: Campus, 81–97.

Walter, Christel (1999): Geschlecht und Technik - jenseits von Stereotypisierungen, in: Ayla Neusel und Angelika Wetterer (Hg.): *Vielfältige Verschiedenheiten. Geschlechterverhältnisse in Studium, Hochschule und Beruf,* Frankfurt/Main: Campus, 87–106.

Wasner, Barbara (2004): *Eliten in Europa: Einführung in Theorien, Konzepte und Befunde,* Wiesbaden: VS Verlag für Sozialwissenschaften.

Wattenberg, Martin P. (1986): The Reagan Polarization Phenomenon and the Continuing Downward Slide in Presidential Candidate Popularity, in: *American Politics Quarterly* 14, 219-245.

Weber, Hannelore; Rammsayer, Thomas H. (Hg.) (2005): *Handbuch der Persönlichkeitspsychologie und Differentiellen Psychologie,* Göttingen: Hogrefe.

Weber, Max (1984): *Soziologische Grundbegriffe,* Tübingen: Mohr Siebeck.

Weber, Max (1988): *Gesammelte Politische Schriften,* Tübingen: Mohr Siebeck.

Weinert, Sabine; Grimm, Hannelore (2008): Sprachentwicklung, in: Rolf Oerter und Leo Montada (Hg.): *Entwicklungspsychologie,* Weinheim: Beltz Verlag, 502–534.

Welch, Susan (1978): Recruitment of Women to Public Office: A Discriminant Analysis, in: *The Western Political Quarterly* 31(3), 372–380.

Welch, Susan; Studlar, Donley T. (1986): British Public Opinion toward Women in Politics: A Comparative Perspective, in: *The Western Political Quarterly* 39(1), 138-152.

Westle, Bettina (2001): Gender-Asymmetrie zwischen politischem Interesse, subjektiver politischer Kompetenz und politischer Partizipation? in: *femina politica* 10(1), 15-29.

Westle, Bettina; Bieber, Ina E. (2009): Wahlkampf der Geschlechter? Inhaltsanalyse von Printmedien im Bundestagswahlkampf 2005, in: Steffen Kühnel, Oskar Niedermayer und Bettina Westle (Hg.): *Wähler in Deutschland. Sozialer und politischer Wandel, Gender und Wahlverhalten,* Wiesbaden: VS Verlag für Sozialwissenschaften, 166–197.

Westle, Bettina; Gabriel, Oscar W. (Hg.) (2009): *Politische Kultur. Eine Einführung,* Baden-Baden: Nomos.

Westle, Bettina; Schübel, Thomas (2009): Macht – Mehrheit – Merkel? Wahrnehmung des Meinungsklimas zu Frauen in politischen Führungspositionen und zur Kanzler/in-Präferenz, in: Steffen Kühnl, Oskar Niedermayer und Bettina Westle (Hg.): *Wähler in Deutschland. Sozialer und politischer Wandel. Gender und Wahlverhalten,* Wiesbaden: VS Verlag für Sozialwissenschaften, 198-227.

Whiting, Beatrice B.; Edwards, Carolyn P. (1973): A cross-cultural analysis of sex differences in behavior of children aged three through eleven, in: *Journal of Social Psychology* 91(2), 171–188.

Wiesendahl, Elmar (2006): Rekrutierung von Eliten in der Parteiendemokratie. Wer sind die Besten und setzen sie sich in den Parteien durch? in: Oscar W. Gabriel, Beate Neuss und Günther Rüther (Hg.): *Eliten in Deutschland. Bedeutung - Macht – Verantwortung,* Bonn: Bundeszentrale für politische Bildung, 94-113.

Wilke, Jürgen; Reinemann, Carsten (2003): Ein Sonderfall? Die Berichterstattung über die Kanzlerkandidaten im Langzeitvergleich, in: Christina Holtz-Bacha (Hg.): *Die Massenmedien im Wahlkampf. Die Bundestagswahl 2002*, Wiesbaden: Westdeutscher Verlag, 29-56.

Wilke, Jürgen; Schäfer, Christian; Leidecker, Melanie (2011): Mit kleinen Schritten aus dem Schatten: Haupt- und Nebenwahlkämpfe in Tageszeitungen am Beispiel der Bundestags- und Europawahlen 1976-2009, in: Jens Tenscher (Hg.): *Superwahljahr 2009*, Wiesbaden: VS Verlag für Sozialwissenschaften, 155–179.

Wille, Katrin (2007): Gendering George Spencer Brown? Die Form der Unterscheidung und die Analyse von Unterscheidungsstrategien in der Genderforschung, in: Christine Weinbach (Hg.): *Geschlechtliche Ungleichheit in systemtheoretischer Perspektive*, Wiesbaden: VS Verlag für Sozialwissenschaften, 15–50.

Williams, John E.; Bennett, Susan M. (1975): The Definition of Sex Stereotypes via the Adjective List, in: *Sex Roles* 1(4), 327–337.

Williams, John E.; Best, Deborah L. (1982): *Measuring Sex Stereotypes: A Thirty Nation Study*, London: Sage.

Wissenschaftliche Dienste des Deutschen Bundestages (1998): *Die Mitglieder des Deutschen Bundestages, 1.-13. Wahlperiode. Alphabetisches Gesamtverzeichnis*, Stand 28. Februar 1998, Nr. 127, online verfügbar unter: http://webarchiv.bundestag.de/cgi/show.php?fileToLoad=627&id= 12, zuletzt geprüft am 20.02.2012.

Wüst, Andreas M. (Hg.) (2003): *Politbarometer*, Opladen: Leske+Budrich.

WZB [Wissenschaftszentrum Berlin für Sozialforschung] (2011): *Das Manifesto-Projekt*, online verfügbar unter: http://www.wzb.eu/de/forschung/zivilgesellschaft-konflikte-demokratie/demokratieforschung/projekte/the-manifesto-project, zuletzt geprüft am 20.02.2012.

Zelle, Carsten (1995): *Der Wechselwähler. Eine Gegenüberstellung politischer und sozialer Erklärungsansätze des Wählerwandels in Deutschland und den USA*, Wiesbaden: Westdeutscher Verlag.

Zetterberg, Pär (2009): Do Gender Quotas Foster Women's Political Engagement? Lessons from Latin America, in: *Political Research Quarterly* 62(4), 715–730.

Zittel, Thomas/Gschwend, Thomas (2007): Individualisierte Wahlkämpfe im Wahlkreis. Eine Analyse am Beispiel des Bundestagswahlkampfes von 2005, in: *Politische Vierteljahresschrift* 48 (2), 293–321.

Zolleis, Udo (2008): *Die CDU- Das politische Leitbild im Wandel der Zeit,* Wiesbaden: VS-Verlag für Sozialwissenschaften.

Verwendete Datensätze

Allbus (1980-2008): *Allbus-Kumulation 1980-2008*, ZA-Nummer 4570, online verfügbar unter: http://www.gesis.org/allbus/studienprofile/kumulation-1980-2008/, zuletzt geprüft am 31.01.2012.

Allbus (2010): *Allbus 2010*, ZA-Nummer 4610, online verfügbar unter: http://www.gesis. org/allbus/studienprofile/2010/, zuletzt geprüft am 31.01.2012.

Bieber, Ina E. (2012): *Datensatz der Wahlbewerber/innen zum Deutschen Bundestag von 1953 bis 2009*, bisher noch nicht veröffentlicht.

GLES (2011a): *Vor- und Nachwahl-Querschnitt (Kumulation)*, ZA-Nummer 5302, online verfügbar unter: http://www.gesis.org/?id=3065, zuletzt geprüft am 13.01.2012.

GLES (2011b): *Rolling Cross-Section-Wahlkampfstudie mit Nachwahl-Panelwelle*, ZA-Nummer 5303, freier Datenzugang über Gesis: http://www.gesis.org/?id=3065, zuletzt geprüft am 13.1.2012.

GLES (2011c): *Wahlkampfpanel*, ZA-Nummer 5305, online verfügbar unter: http://www.gesis.org/?id=3065, zuletzt geprüft am 30.01.2012.

GLES (2011d): *Langfrist-Online-Tracking T1 bis T16*, ZA-Nummern 5334 bis 5348, online verfügbar unter: http://www.gesis.org/?id=3065, zuletzt geprüft am 13.01.2012.

GLES (2011e): *Langfrist-Online-Tracking-T7*, ZA-Nummer 5340, online verfügbar unter: http://www.gesis.org/?id=3065, zuletzt geprüft am 13.01.2012.

Forschungsgruppe Wahlen (2007): *Partielle Kumulation der Politikbarometer West 1977-2007*, ZA-Nummer 2391, online verfügbar unter: http://www.gesis.org/wahlen/poli tbarometer/datenzugang/bestellformular-www/, zuletzt geprüft am 27.01.2012.

Kühnel, Steffen; Niedermayer, Oskar; Westle, Bettina (2005): *Bundestagswahl 2005. Bürger und Parteien in einer veränderten Welt*, ZA-Nummer 4332, online verfügbar unter: http://info1.gesis.org/dbksearch18/SDESC2.asp?no=4332&search=&search2 =&DB=D&tab=0&notabs=&nf=1&af=&ll=10, zuletzt geprüft am 28.01.2012.

Gesetzestexte

Bundesgesetzblatt (1953): Wahlkreiseinteilung für die Wahl zum zweiten Bundestag der Bundesrepublik Deutschland vom 10. Juli 1953, I Nr. 32, S. 479-491.

Bundesgesetzblatt (1956): Gesetz über die Eingliederung des Saarlandes vom 23. Dezember 1956, I Nr. 54, S. 1011.

Bundesgesetzblatt (1964): Gesetz zur Änderung des Bundeswahlgesetzes vom 21. Februar 1964, I Nr. 7, S. 61-81.

Bundesgesetzblatt (1972a): Berichtigung des Gesetzes zur Änderung des Bundeswahlgesetzes und der Neufassung des Bundeswahlgesetzes vom 21. August 1972, I Nr. 90, S. 1534.

Bundesgesetzblatt (1972b): Wahlkreiseinteilung für die Wahl zum Bundestag der Bundesrepublik Deutschland (Neubeschreibung) vom 4. Oktober 1972, I Nr. 108, S. 1850-1889.

Bundesgesetzblatt (1976a): Bekanntmachung der Wahlkreiseinteilung für die Wahl zum Bundestag der Bundesrepublik Deutschland vom 14. August 1976, I Nr. 101, S. 2133-2180.

Bundesgesetzblatt (1976b): Berichtigung der Bekanntmachung der Wahlkreiseinteilung für die Wahl zum Bundestag der Bundesrepublik Deutschland vom 13. September 1976, I Nr. 120, S. 2799.

Bundesgesetzblatt (1979a): Fünftes Gesetz zur Änderung des Bundeswahlgesetzes vom 20. Juli 1979, I Nr. 45, S. 1149-1183.

Bundesgesetzblatt (1979b): Bekanntmachung zur Wahlkreiseinteilung für die Wahl zum Bundestag der Bundesrepublik Deutschland vom 25. Oktober 1979, I Nr. 64, S. 1776.

Bundesgesetzblatt (1980a): Zweite Bekanntmachung zur Wahlkreiseinteilung für die Wahl zum Bundestag der Bundesrepublik Deutschland vom 15. Januar 1980, I Nr. 3, S. 80.

Bundesgesetzblatt (1980b): Dritte Bekanntmachung zur Wahlkreiseinteilung für die Wahl zum Bundestag der Bundesrepublik Deutschland vom 23. April 1980, I Nr. 22, S. 541.

Bundesgesetzblatt (1982): Sechstes Gesetz zur Änderung des Bundeswahlgesetzes vom 7. Dezember 1982, I Nr. 48, S. 1613.

Bundesgesetzblatt (1985): Siebtes Gesetz zur Änderung des Bundeswahlgesetzes vom 8. März 1985, I Nr. 15, S. 521-534.

Bundesgesetzblatt (1988): Achtes Gesetz zur Änderung des Bundeswahlgesetzes vom 20. Dezember 1988, I Nr. 61, S. 2422-2426.

Bundesgesetzblatt (1990a): Neuntes Gesetz zur Änderung des Bundeswahlgesetzes vom 11. Juni 1990, I Nr. 27, S. 1015-1016.

Bundesgesetzblatt (1990b): Bekanntmachung des Bundeswahlgesetzes in der für die Wahl zum 12. Deutschen Bundestag geltenden Fassung vom 21. September 1990, I Nr. 49 S. 2059 und 2074-2103.

Bundesgesetzblatt (1990c): Zehntes Gesetz zur Änderung des Bundeswahlgesetzes sowie zur Änderung des Parteiengesetzes vom 8. Oktober 1990, I Nr. 52, S. 2141-2142.

Bundesgesetzblatt (1993a): Elftes Gesetz zur Änderung des Bundeswahlgesetzes vom 21. Juli 1993, I Nr. 38, S. 1217-1256.

Bundesgesetzblatt (1993b): Bekanntmachung der Neufassung des Bundeswahlgesetzes vom 23. Juli 1993, I Nr. 39, S. 1288-1338.

Bundesgesetzblatt (1994a): Bekanntmachung zur Wahlkreiseinteilung für die Wahl zum Bundestag der Bundesrepublik Deutschland vom 30. März 1994, I Nr. 20, S. 680-700.

Bundesgesetzblatt (1994b): Zwölftes Gesetz zur Änderung des Bundeswahlgesetzes vom 10. Mai 1994, I Nr. 20, S. 993.

Bundesgesetzblatt (1996): Dreizehntes Gesetz zur Änderung des Bundeswahlgesetzes vom 15. November 1996, I Nr. 58, S. 1712-1719.

Bundesgesetzblatt (1997a): Bekanntmachung zur Wahlkreiseinteilung für die Wahl zum Bundestag der Bundesrepublik Deutschland vom 9. Juli 1997, I Nr. 47, S. 1691-1734.

Bundesgesetzblatt (1997b): Zweite Bekanntmachung zur Wahlkreiseinteilung für die Wahl zum Bundestag der Bundesrepublik Deutschland vom 1. Dezember 1997, I Nr. 79, S. 2772-2778.

Bundesgesetzblatt (1998a): Vierzehntes Gesetz zur Änderung des Bundeswahlgesetzes vom 20. April 1998, I Nr. 22, S. 706.

Bundesgesetzblatt (1998b): Gesetz zur Neueinteilung der Wahlkreise für die Wahl zum Deutschen Bundestag (Wahlkreisneueinteilungsgesetz – WKNeuG vom 1. Juli 1998), I Nr. 42, S. 1698-1751.

Bundesgesetzblatt (2001a): Fünfzehntes Gesetz zur Änderung des Bundeswahlgesetzes vom 27. April 2001, I Nr. 19, S. 698-700.

Bundesgesetzblatt (2001b): Sechzehntes Gesetz zur Änderung des Bundeswahlgesetzes vom 27. April 2001, I Nr. 19, S. 701-750.

Bundesgesetzblatt (2002): Bekanntmachung zur Wahlkreiseinteilung für die Wahl zum Deutschen Bundestag vom 31. Juli 2002, I Nr. 54, S. 2964-2971.

Bundesgesetzblatt (2005a): Siebzehntes Gesetz zur Änderung des Bundeswahlgesetzes vom 11. März 2005, I Nr. 16, S. 674-720.

Bundesgesetzblatt (2005b): Bekanntmachung zur Wahlkreiseinteilung für die Wahl zum Deutschen Bundestag vom 21. Juli 2005, I Nr. 45, S. 2180-2183.

Bundesgesetzblatt (2008): Achtzehntes Gesetz zur Änderung des Bundeswahlgesetzes vom 17. März 2008., I Nr. 9, S. 316-358.

Bundesgesetzblatt (2009): Bekanntmachung zur Wahlkreiseinteilung für die Wahl zum deutschen Bundestag vom 5. August 2009, I Nr. 52, S. 2687-2694.

Bundeswahlgesetz und Bundeswahlordnung (1956/57): Sonderdruck aus dem Bundesgesetzblatt I Nr. 21 vom 9. Mai 1956, Nr. 54 vom 29. Dezember 1956 und Nr. 19 vom 20. Mai 1957, Verlag Bundesanzeiger Köln.

Bundeswahlgesetz [BWahlG] (2011), zuletzt geändert durch Art. 1 G v. 25.11.2011. Online verfügbar unter http://www.gesetze-im-internet.de/bwahlg/, zuletzt geprüft am 16.01.2012.

Parteiengesetz [PartG] (2011): Parteiengesetz- Gesetz über die politischen Parteien in der Fassung der Bekanntmachung vom 31. Januar 1994 (BGBl. I S. 149), zuletzt geändert durch Artikel 1 des Gesetzes vom 23. August 2011 (BGBl. I S. 1748), online verfügbar unter: http://www.bundestag.de/dokumente/rechtsgrundlagen/pg_pdf.pdf, zuletzt geprüft am 28.01.2012

Anhang

Methodenbericht

Datensatz der Wahlbewerber/innen zum Deutschen Bundestag von 1953 bis 2009

Zitierweise bei Veröffentlichungen:
Forschungsarbeiten, die sich auf vorliegende Daten beziehen, sollen nachfolgenden Nachweis aufnehmen.

Die Daten (und Tabellen), die diesem Beitrag (Buch, Artikel, Manuskript) zugrundliegen, wurden im Rahmen der Dissertation „'Kan-di-dat? Der Kanz'- Untersuchung geschlechtsspezifischer Einflussfaktoren auf die Nominierung und den Erfolg von Wahlbewerberinnen am Beispiel von Wahlen zum Deutschen Bundestag" erstellt. Die Erhebung wurde von Ina E. Bieber in enger Zusammenarbeit mit der Goethe-Universität in Frankfurt am Main durchgeführt. Unterstützt und mitfinanziert wurde die Datensatzerstellung von Prof. Dr. Sigrid Roßteutscher, dem Gleichstellungsbüro und dem Fachbereich 03 der Goethe-Universität Frankfurt am Main. Weder die genannten Personen noch die beteiligten Institute tragen Verantwortung für die Analyse oder Interpretation der Daten in diesem Beitrag.

Um einen Überblick über die tatsächliche Nutzung der Daten zu erhalten, bitte ich um eine kurze Mittelung bei Veröffentlichungen, die Daten dieses Projekts verwenden (bieber@soz.uni-frankfurt.de). Wenn es sich dabei um Konferenzpapiere o.ä. handelt, die nur schwer zugänglich sind, freuen ich mich über die Überlassung eines Exemplars bzw. pdf-Dokuments.

Hintergrund und Zielsetzung:
Dieser Datensatz wurde im Rahmen des Dissertationsprojektes „'Kan-di-dat? Der Kanz' - Untersuchung geschlechtsspezifischer Einflussfaktoren auf die Nominierung und den Erfolg von Wahlbewerberinnen am Beispiel von Wahlen zum Deutschen Bundestag" von Ina E. Bieber an der Goethe-Universität in Frankfurt am Main erstellt. Die Dissertation widmet sich der Untersuchung individueller und struktureller Einflussfaktoren auf den Nominierungs- und Auswahlprozess von Frauen bei Wahlen zum Deutschen Bundestag im Längs- und Querschnitt. Schwerpunkt der Arbeit liegt auf der Betrachtung der spezifischen Situation von Wahlbewerberinnen zum Deutschen Bundestag unter besonderer Betrachtung von erfolgreichen im Vergleich zu nicht erfolgreichen Wahlbewerberinnen

um herauszufinden, inwiefern an dieser Schwelle spezifische Barrieren für Frauen in der Politik vorzufinden sind. Um dies longitudinal untersuchen zu können wurde aus Quellen des Statistischen Bundestages vorliegender Datensatz zusammengestellt, der nicht nur geschlechtsspezifische Analysen ermöglicht, sondern auch einen Beitrag zur Untersuchung von Wahlbewerber/innen im Allgemeinen liefert. Da mittels dieses Datensatzes zentrale Fragen der deutschen Parteien- und Wahlsystemforschung bearbeitet werden können, wird dieser der Forschungsgemeinschaft zur Verfügung gestellt.

Titel der Studie:
Datensatz der Wahlbewerber/innen zum Deutschen Bundestag von 1953 bis 2009

Erhebungszeitraum:
2009-2011

Primärforscherin:
Ina Elisabeth Bieber

Finanzierende Stellen:
Prof. Dr. Sigrid Roßteutscher
Gleichstellungsbüro der Goethe-Universität Frankfurt/Main
Fachbereich 03 der Goethe-Universität Frankfurt/Main

Datenerhebung:
Goethe-Universität Frankfurt am Main (Ina E. Bieber mit Unterstützung von Heike Kießhauer, Kathrin Ida Krockenberger)

Vollerhebung:
Der Datensatz umfasst alle Wahlbewerber/innen zu den Wahlen zum Deutschen Bundestag von 1953 bis 2009 aller erfolgreichen Parteien. Es wurden nur Kandidat/innen aufgenommen, deren Parteien bei der jeweiligen Wahl mindestens ein Mandat gewonnen haben. Ebenso wurde auf die Aufnahme der nur 1953 und 1957 erfolgreichen Parteien GB/BHE und DP verzichtet.

Methodisches Vorgehen der Datensatzerstellung

Schritt 1: Grundlegende Datensammlung
Die grundlegende Erstellung des Datensatzes erfolgte aus veröffentlichten Angaben des Statistischen Bundestages über die Wahlbewerber/innen. Diese Angaben liegen von 1953 bis 1976 in Printform vor und mussten manuell im Rahmen einer digitalen Datenaufbereitung erfasst werden[88]. Seit 1980 liegen die Daten in digitalisierter Weise vor[89], die ebenso aufbereitet werden mussten. In diesen Dokumenten sind Angaben zu folgenden Merkmalseigenschaften der Kandidat/innen enthalten bzw. herstellbar, die entsprechend aufgenommen wurden:

- Wahljahr bzw. Legislaturperiode
- Name der Kandidat/innen: Der Name war in den digitalisierten Versionen in der 9., 10. und 11. Legislaturperiode ausschließlich in Großbuchstaben vorhanden, was an die restliche Darstellungsform angepasst wurde.
- Geschlecht der Kandidat/innen: Das Geschlecht war in den gedruckten Dokumenten von 1953 bis 1976 nicht explizit ausgewiesen und musste über den Namen bzw. die weibliche Berufsbezeichnung identifiziert werden. Hierbei besteht die Möglichkeit, dass trotz intensiven Recherchen Zuordnungsfehler in sehr geringer Fallzahl entstanden.
- Titel der Kandidat/innen: Doktor- oder Professortitel
- Geburtsjahr der Kandidat/innen
- Beruf der Kandidat/innen: Die Berufstätigkeit wurde in den gedruckten Versionen von 1953 bis 1976 angegeben und sind in den digitalisierten Daten bereits codiert anhand eines Codierschematas des Statistischen Bundesamtes enthalten. Um dennoch Angaben im Längsschnitt zu erhalten wurden die Jahre 1953 und 1969 unter Anwendung des vom statistischen Bundesamt verwendeten Codierschematas codiert. An dieser Stelle muss darauf hingewiesen werden, dass keine Angaben zur Codierreliabilität seitens des statistischen Bundesamtes vorliegen.

---

[88] Statistisches Bundesamt (1953): *Die Wahlbewerber für die Wahl zum 2. Deutschen Bundestag*, Stuttgart: Kohlhammer.
Statistisches Bundesamt (1957): *Die Wahlbewerber für die Wahl zum 3. Deutschen Bundestag*, Stuttgart: Kohlhammer.
Statistisches Bundesamt (1961): *Die Wahlbewerber für die Wahl zum 4. Deutschen Bundestag*, Stuttgart: Kohlhammer.
Statistisches Bundesamt (1965): *Die Wahlbewerber für die Wahl zum 5. Deutschen Bundestag*, Stuttgart: Kohlhammer.
Statistisches Bundesamt (1969): *Die Wahlbewerber für die Wahl zum 6. Deutschen Bundestag*, Stuttgart: Kohlhammer.
Statistisches Bundesamt (1972): *Die Wahlbewerber für die Wahl zum 7. Deutschen Bundestag*, Stuttgart: Kohlhammer.
Statistisches Bundesamt (1976): *Die Wahlbewerber für die Wahl zum 8. Deutschen Bundestag*, Stuttgart: Kohlhammer.
[89] Das Büro des Bundeswahlleiters unterstützte die Arbeit in besonderem Maße, wofür ich sehr dankbar bin. Insbesondere Frau Schömel möchte ich an dieser Stelle danken, die die digitalisierten Datensätze seit 1980 in einzelnen CSV-Dateien zusammengestellt und zugesandt hat.

- Bundesland der Kandidat/innen: Hierbei ist anzumerken, dass im Datensatz die Mitglieder des Deutschen Bundestages aus Berlin von 1953 bis 1987 nicht enthalten sind, da die Berliner Abgeordneten im Bundestag nur beratendes Stimmrecht hatten und darüber hinaus nicht von den Berlinern gewählt wurden, sondern von dem Abgeordnetenhaus bestimmt wurden[90].
- Parteizugehörigkeit der Kandidat/innen
- Wahlkreisnummer der Kandidat/innen
- Listennummer der Kandidat/innen

Schritt 2: Identifikation von erfolgreichen und erfolglosen Wähler/innen
Die Daten des Statistischen Bundesamtes enthalten keine Angaben über den Wahlerfolg der Kandidat/innen. Aus diesem Grund mussten die Informationen recherchiert und händisch eingegeben werden. Die Identifikation des Wahlerfolgs erfolgte differenziert nach Wahlkreis- und Listenmandat für die Bundestagswahlen von 1953 bis 1998 über die Printinformationen „Die Mitglieder des Deutschen Bundestages 1.-13. Wahlperiode"[91]. Ferner wurden für 2002, 2005 und 2009 Informationen des Bundeswahlleiters herangezogen[92].

Schritt 3: Ableitung und Aufbereitung weiterer Variablen
Mittels der vorhandenen Daten konnten weiter Variablen produziert werden, die für die Datendokumentation bzw. die Analysen hilfreich sind:

- *Vergabe von Identifikationsnummern:* Nach einer Überprüfung von Doppelungen im Datensatzes, die insbesondere in den Jahren von 1953 bis 1976 möglich sind durch die Kandidatur im Wahlkreis und auf der Liste, wurden Identifikationsnummern vergeben.
- *Doppelkandidaturen:* Identifikation der Fälle, die bei einer Wahl sowohl über den Wahlkreis als auch über die Liste angetreten sind als sogenannte „Doppelkandidat/innen".
- *Anzahl an Nominierungen:* Für die Berechnungen der Wahlchancen ist es bedeutend zu berücksichtigen, ob die Kandidat/innen bereits bei einer vorherigen Wahl ange-

---

[90] Robertson, B.H./Koenig, Pierre/Clay, Lucius D. (1949): Genehmigungsschreiben der Militärgouverneure der britischen, französischen und amerikanischen Besatzungszone zum Grundgesetz, in: *Amtsblatt der Militärregierung Deutschlands, Britisches Kontrollgebiet*, Nr. 35, Teil 2B, online verfügbar unter: http://www.verfassungen.de/de/de45-49/grundgesetzgenehmigung49.htm, zuletzt geprüft am 01.03.2012.
[91] Wissenschaftliche Dienste des Deutschen Bundestages (1998): *Die Mitglieder des Deutschen Bundestages, 1.-13. Wahlperiode. Alphabetisches Gesamtverzeichnis*, Stand 28. Februar 1998, Nr. 127.
[92] Der Bundeswahlleiter (2004): *Alphabetisches Verzeichnis der endgültig gewählten Bewerber [2002]*, online verfügbar unter: http://bundeswahlleiter.de/cgi-bin/wahlen/print view.pdf, zuletzt geprüft am: 27.06.2008 (20.2.2012: online nicht mehr verfügbar, Printversion liegt jedoch vor).
Der Bundeswahlleiter (2009a): *Alphabetisches Verzeichnis der gewählten Bewerber [2005]*, online verfügbar unter: http://www.bundeswahlleiter.de/de/bundestagswahlen/BTW_BUND_09/ergebnisse/ gewaehlte/alphabetisch/index.html, zuletzt geprüft am 20.02.2012.
Der Bundeswahlleiter (2009b): *Alphabetisches Verzeichnis der gewählten Bewerber [2009]*. online verfügbar unter: http://www.bundeswahlleiter.de/de/bundestagswahlen/BTW_BUND_09/ergebnisse/ gewaehlte/alphabetisch/index.html, zuletzt geprüft am 20.02.2012.

treten sind oder zum ersten Mal kandidieren. Aus diesem Grund wurde eine zusätzliche Variable eingeführt, die Auskunft über die Anzahl der bisherigen Nominierungen gibt.

- *Wahlsieger/in bei vorherigen Wahl:* Es wurde auf der Grundlage der Nominierungen, dem Geburtsjahr, der Parteizugehörigkeit und dem Wahlerfolg eine Dummy-Variable kreiert, die darüber Auskunft gibt, inwiefern die Kandidat/innen bei einer vorherigen Kandidatur zur Bundestagswahl erfolgreich waren.
- *Parteiwechsel:* Ebenso wurde eine Variable integriert, die darüber Auskunft gibt, ob ein/e Kandidat/in im Rahmen der Bundestagswahlen die Partei gewechselt hat, d.h. ob sie bei einer vorherigen Bundestagswahl bei einer anderen Partei angetreten ist.
- *Frauenquotierung:* Im Rahmen der Analyse weiblicher Kandidaturen zum Bundestag ist eine Variable sinnvoll, die für alle Kandidat/innen angibt, ob die Partei in der er/sie antritt, eine Frauenquote hat oder nicht.

Schritt 4: Identifikation von aussichtsreichen Kandidaturen
Um den Analysespielraum zu erweitern, wurde zusätzlich die Qualität der Wahlkreise bzw. der Listennummern identifiziert.

Schritt 4a: Identifikation der aussichtsreichen Wahlkreisplätze
In Anlehnung an die gängige Forschungsliteratur wurde als Kriterium für die Unterscheidung von aussichtsreichen und weniger aussichtsreichen Wahlkreisen die sogenannte 10-Prozentregel herangezogen[93]. Nach Schmitt und Wüst (2004) gilt ein Wahlkreis dann als aussichtsreich, wenn der Abstand des erstplatzierten Wahlkreisgewinners von dem Zweitplatzierten mindestens 10 Prozentpunkte beträgt. Als Grundlage für die Berechnung dieses 10-Prozentkriteriums für die Wahljahre 1953 bis 1998 wurden die auf CD-rom erhältlichen Wahlergebnisse von Caramani (2000) verwendet[94]. Für die Jahre 2002, 2005 und 2009 wurden Veröffentlichungen des Statistischen Bundesamtes herangezogen[95].

---

[93] vgl. hierzu: Zittel, Thomas; Gschwend, Thomas (2007): Individualisierte Wahlkämpfe im Wahlkreis. Eine Analyse am Beispiel des Bundestagswahlkampfes von 2005, in: *Politische Vierteljahresschrift* 48 (2), 293–321. Schmitt, Hermann; Wüst, Andreas M. (2004): Direktkandidaten bei der Bundestagswahl 2002: Politische Agenda und Links-Rechts-Selbsteinstufung im Vergleich zu den Wählern, in: Frank Brettschneider, Jan van Deth, Edeltraud Roller (Hg.): *Die Bundestagswahl 2002: Analysen der Wahlergebnisse und des Wahlkampfes.* Wiesbaden: VS Verlag für Sozialwissenschaften, 303-325.

[94] Caramani, Daniele (2000): *The Societies of Europe: Elections in Western Europe since 1815. Electoral Results by Constituencies,* London: Macmillan.

[95] Der Bundeswahlleiter (2002a): *Wahl zum 15. Deutschen Bundestag am 22. September 2002, Ergebnisse der Wahl zum 15. Deutschen Bundestag am 22. September 2002 nach Wahlkreis (CSV-Datei),* online verfügbar unter: http://www.bundeswahlleiter.de/de/bundestagswahlen/fruehere_ bundestagswahlen/btw2002.html, zuletzt geprüft am 20.02.2012.
Der Bundeswahlleiter (2005a): *Endgültige Ergebnisse der Wahl zum 16. Deutschen Bundestag, Endgültige Ergebnisse nach Wahlkreisen (CSV-Datei),* verfügbar unter: http://www.bundeswahlleiter.de/de/bundestags wahlen/ BTW_BUND_05/ergebnisse/bundesergebnisse/, zuletzt geprüft am 20.02.2012.
Der Bundeswahlleiter (2009c): Wahl zum 17. Deutschen Bundestag am 27. September 2009, *Endgültige Ergebnisse, Endgültige Ergebnisse der Erst- und Zweitstimmen nach Wahlkreis bei den Bundestagswahlen 2009 und 2005 (CSV-Datei),* verfügbar unter: http://www.bundeswahlleiter.de/de/bun destagswahlen/BTW_ BUND_09/ver oeffentlichungen/enegueltige/index.html, zuletzt geprüft am 20.02.2012.

Um überhaupt von aussichtsreichen bzw. aussichtslosen/umkämpften Wahlkreisen sprechen zu können muss zusätzlich sichergestellt werden, dass sich das Wahlgebiet von Bundestagswahl zu Bundestagswahl hinsichtlich des Wahlkreiszuschnittes nicht verändert hat. Die Einteilung der Wahlkreise wird zwischen zwei Bundestagswahlen von einer Wahlkreiskommission überwacht die darauf achtet, dass in jedem Wahlkreis ungefähr gleich viele Bürger/innen leben. Die maximale Abweichgrenze vom Durchschnitt liegt bei 15 Prozent. Sobald die Bevölkerungsgröße größer oder kleiner als der Durchschnitt ist, muss ein Wahlkreis neu eingeteilt werden, was zumeist auch die Neueinteilung umliegender Wahlkreise zur Folge hat (BWahlG, §3, Nr. 3). Leider sind über das Büro des Bundeswahlleiters keine zusammenfassenden Dokumente zu erhalten, die Auskunft über die verschiedenen Wahlkreisveränderungen geben.

Die Sichtung und Überprüfung des Wahlkreiszuschnittes erfolgte anhand einer zeitinteinsiven inhaltlichen Prüfung. Grundlage dieser inhaltlichen Prüfung waren die Veränderungen des Wahlkreiszuschnittes bekanntgegeben durch das Bundesgesetzblatt. Mit Unterstützung des Büros des Bundeswahlleiters und mit Hilfe der Online-Rechtssuchmaschine Makrolog wurde unter Eingabe des Begriffs „Wahlkreis" nach Gesetzesänderungen bezüglich der Einteilung der Wahlkreise von 1953 bis 2009 gesucht. Folgende Dokumente wurden für die verschiedenen Bundestagswahlen identifiziert und bilden die Grundlage für die Identifikation der Wahlkreisänderungen:

Bundestagswahl 1953:
- Bundesgesetzblatt (1953): Wahlkreiseinteilung für die Wahl zum zweiten Bundestag der Bundesrepublik Deutschland vom 10. Juli 1953, I Nr. 32, S. 479-491.

Bundestagswahl 1957:
- Bundesgesetzblatt (1956): Gesetz über die Eingliederung des Saarlandes vom 23. Dezember 1956, I Nr. 54, S. 1011.
- Bundeswahlgesetz und Bundeswahlordnung (1956/57): Sonderdruck aus dem Bundesgesetzblatt I Nr. 21 vom 9. Mai 1956, Nr. 54 vom 29. Dezember 1956 und Nr. 19 vom 20. Mai 1957, Verlag Bundesanzeiger Köln.

Bundestagswahl 1965:
- Bundesgesetzblatt (1964): Gesetz zur Änderung des Bundeswahlgesetzes vom 21. Februar 1964, I Nr. 7, S. 61-81.

Bundestagswahl 1972:
- Bundesgesetzblatt (1972a): Berichtigung des Gesetzes zur Änderung des Bundeswahlgesetzes und der Neufassung des Bundeswahlgesetzes vom 21. August 1972, I Nr. 90, S. 1534.
- Bundesgesetzblatt (1972b): Wahlkreiseinteilung für die Wahl zum Bundestag der Bundesrepublik Deutschland (Neubeschreibung) vom 4. Oktober 1972, I Nr. 108, S. 1850-1889.

Bundestagswahl 1976:
- Bundesgesetzblatt (1976a): Bekanntmachung der Wahlkreiseinteilung für die Wahl zum Bundestag der Bundesrepublik Deutschland vom 14. August 1976, I Nr. 101, S. 2133-2180.
- Bundesgesetzblatt (1976b): Berichtigung der Bekanntmachung der Wahlkreiseinteilung für die Wahl zum Bundestag der Bundesrepublik Deutschland vom 13. September 1976, I Nr. 120, S. 2799.

Bundestagswahl 1980:
- Bundesgesetzblatt (1979a): Fünftes Gesetz zur Änderung des Bundeswahlgesetzes vom 20. Juli 1979, I Nr. 45, S. 1149-1183.

- Bundesgesetzblatt (1979b): Bekanntmachung zur Wahlkreiseinteilung für die Wahl zum Bundestag der Bundesrepublik Deutschland vom 25. Oktober 1979, I Nr. 64, S. 1776.
- Bundesgesetzblatt (1980a): Zweite Bekanntmachung zur Wahlkreiseinteilung für die Wahl zum Bundestag der Bundesrepublik Deutschland vom 15. Januar 1980, I Nr. 3, S. 80.
- Bundesgesetzblatt (1980b): Dritte Bekanntmachung zur Wahlkreiseinteilung für die Wahl zum Bundestag der Bundesrepublik Deutschland vom 23. April 1980, I Nr. 22, S. 541.

Bundestagswahl 1983:
- Bundesgesetzblatt (1982): Sechstes Gesetz zur Änderung des Bundeswahlgesetzes vom 7. Dezember 1982, I Nr. 48, S. 1613.
- Statistisches Bundesamt (1983): Rechtgrundlagen zur Bundestagswahl 1983. Informationen des Bundeswahlleiters, Wahlkreiseinteilungen für die Wahl zum Bundestag der Bundesrepublik Deutschland, S. 13-44.

Bundestagswahl 1987:
- Bundesgesetzblatt (1985): Siebtes Gesetz zur Änderung des Bundeswahlgesetzes vom 8. März 1985, I Nr. 15, S. 521-534.
- Der Bundeswahlleiter (1987): Rechtsgrundlagen zur Bundestagswahl 1987. Informationen des Bundeswahlleiters, Wahlkreiseinteilungen für die Wahl zum Bundestag der Bundesrepublik Deutschland, S. 21-51.

Bundestagswahl 1990:
- Bundesgesetzblatt (1988): Achtes Gesetz zur Änderung des Bundeswahlgesetzes vom 20. Dezember 1988, I Nr. 61, S. 2422-2426.
- Bundesgesetzblatt (1990a): Neuntes Gesetz zur Änderung des Bundeswahlgesetzes vom 11. Juni 1990, I Nr. 27, S. 1015-1016.
- Bundesgesetzblatt (1990b): Bekanntmachung des Bundeswahlgesetzes in der für die Wahl zum 12. Deutschen Bundestag geltenden Fassung vom 21. September 1990, I Nr. 49 S. 2059 und 2074-2103.
- Bundesgesetzblatt (1990c): Zehntes Gesetz zur Änderung des Bundeswahlgesetzes sowie zur Änderung des Parteiengesetzes vom 8. Oktober 1990, I Nr. 52, S. 2141-2142.

Bundestagswahl 1994:
- Bundesgesetzblatt (1993a): Elftes Gesetz zur Änderung des Bundeswahlgesetzes vom 21. Juli 1993, I Nr. 38, S. 1217-1256.
- Bundesgesetzblatt (1993b): Bekanntmachung der Neufassung des Bundeswahlgesetzes vom 23. Juli 1993, I Nr. 39, S. 1288-1338.
- Bundesgesetzblatt (1994a): Bekanntmachung zur Wahlkreiseinteilung für die Wahl zum Bundestag der Bundesrepublik Deutschland vom 30. März 1994, I Nr. 20, S. 680-700.
- Bundesgesetzblatt (1994b): Zwölftes Gesetz zur Änderung des Bundeswahlgesetzes vom 10. Mai 1994, I Nr. 20, S. 993.

Bundestagswahl 1998:
- Bundesgesetzblatt (1996): Dreizehntes Gesetz zur Änderung des Bundeswahlgesetzes vom 15. November 1996, I Nr. 58, S. 1712-1719.
- Bundesgesetzblatt (1997a): Bekanntmachung zur Wahlkreiseinteilung für die Wahl zum Bundestag der Bundesrepublik Deutschland vom 9. Juli 1997, I Nr. 47, S. 1691-1734.
- Bundesgesetzblatt (1997b): Zweite Bekanntmachung zur Wahlkreiseinteilung für die Wahl zum Bundestag der Bundesrepublik Deutschland vom 1. Dezember 1997, I Nr. 79, S. 2772-2778.
- Bundesgesetzblatt (1998a): Vierzehntes Gesetz zur Änderung des Bundeswahlgesetzes vom 20. April 1998, I Nr. 22, S. 706.
- Bundesgesetzblatt (1998b): Gesetz zur Neueinteilung der Wahlkreise für die Wahl zum Deutschen Bundestag (Wahlkreisneueinteilungsgesetz – WKNeuG vom 1. Juli 1998), I Nr. 42, S. 1698-1751.

Bundestagswahl 2002:

- Bundesgesetzblatt (2001a): Fünfzehntes Gesetz zur Änderung des Bundeswahlgesetzes vom 27. April 2001, I Nr. 19, S. 698-700.
- Bundesgesetzblatt (2001b): Sechzehntes Gesetz zur Änderung des Bundeswahlgesetzes vom 27. April 2001, I Nr. 19, S. 701-750.
- Bundesgesetzblatt (2002): Bekanntmachung zur Wahlkreiseinteilung für die Wahl zum Deutschen Bundestag vom 31. Juli 2002, I Nr. 54, S. 2964-2971.
- Statistisches Bundesamt (2002): Grundlagen und Daten der Wahl zum 15. Deutschen Bundestag am 22. September 2002, Statistik 8/2002, S. 639-659
- Der Bundeswahlleiter (2002b): Wahlkreiseinteilung für die Wahl zum 15. Deutschen Bundestag

Bundestagswahl 2005:

- Bundesgesetzblatt (2005a): Siebzehntes Gesetz zur Änderung des Bundeswahlgesetzes vom 11. März 2005, I Nr. 16, S. 674-720.
- Bundesgesetzblatt (2005b): Bekanntmachung zur Wahlkreiseinteilung für die Wahl zum Deutschen Bundestag vom 21. Juli 2005, I Nr. 45, S. 2180-2183.
- Der Bundeswahlleiter (2005b): Wahlkreiseinteilung für die Wahl zum 16. Deutschen Bundestag.

Bundestagswahl 2009:

- Bundesgesetzblatt (2008): Achtzehntes Gesetz zur Änderung des Bundeswahlgesetzes vom 17. März 2008., I Nr. 9, S. 316-358.
- Bundesgesetzblatt (2009): Bekanntmachung zur Wahlkreiseinteilung für die Wahl zum deutschen Bundestag vom 5. August 2009, I Nr. 52, S. 2687-2694.

So wurden die Wahlkreisbeschreibungen von zwei aufeinander folgenden Wahljahren detailliert miteinander verglichen[96]. In diesem Prozess wurden die Wahlkreise dann als verändert oder unverändert klassifiziert. Mittels dieser Variablen und den Angaben zur 10 Prozent-Regelung konnte dann eine Variable berechnet werden, inwiefern ein bestimmter Wahlkreis als „aussichtsreich" bzw. „aussichtslos bzw. umkämpft" bewertet werden kann.

Schritt 4b: Identifikation der aussichtsreichen Listenplätze

Bei der Identifikation von aussichtsreichen und weniger aussichtsreichen Listenplätzen wurden zwei in der Literatur gängige Verfahren angewandt: Bei einem von Kaack (1969) vorgeschlagen Verfahren werden die ersten zwei Drittel bei der letzten Bundestagswahl gewonnen Listenplätze als aussichtsreich betrachtet, während das letzte Drittel als aussichtslos kategorisiert wird[97]. Manow und Nistor (2009) haben ein etwas komplizierteres, jedoch genaueres Verfahren entwickelt: Sie bestimmen die „Sicherheit von Listenplätzen über die Häufigkeit (...) mit der ein bestimmter Listenrand in einem bestimmten Bundesland für eine Partei zu einem Abgeordnetenmandat" geführt hat[98]. Letztere Variable ist im Datensatz enthalten.

---

[96] Die Wahlkreisbeschreibungen sind teilweise uneinheitlich, z.B. erfolgt die Eingrenzung von Stadtbezirken z.T. nach Bezirksnummer oder nach Straßen. Außerdem kommt es häufig zu Namensänderung von Gemeinden oder Umstrukturierungen von Ortschaften. An dieser Stelle war stets eine ausführliche Recherche notwendig, da die Gebietsbeschreibungen alleine nicht immer aufschlussreich genug waren.

[97] Kaack, Heino (1969): *Wahlkreisgeographie und Kandidatenauslese: regionale Stimmenverteilung, Chancen der Kandidaten und Ausleseverfahren, dargestellt am Beispiel der Bundestagswahl 1965*, Köln: Westdeutscher Verlag.

[98] Manow, Philip/Nistor, Martina (2009): Wann ist ein Listenplatz sicher? Eine Untersuchung der Bundestagswahlen 1953 bis 2002, In: *Zeitschrift für Parlamentsfragen* 40 (3), 612.

Schritt 4c: Identifikation von aussichtsreichen Kandidaturen insgesamt
Schließlich wurde noch eine Variable gebildet, die über die Qualität der Platzierung insgesamt Auskunft gibt. Diese Variable gibt an, ob bei einem Kandidaten bzw. einer Kandidatin entweder die Wahlkreiskandidatur oder der Listenplatz aussichtsreich ist. Der Vorteil dieser Variablen ist, dass in multivariaten Modellen sowohl die Qualität von Wahlkreis- als auch von Listenkandidaturen berücksichtigt werden können.

Codeplan

Variablen-name	Variablenlabel	Skalierung/Ausprägungen
id	Identifikations-nummer	1-27889
name	Kandidatenna-men	String-Variable
geb	Geburtsjahr	Metrische Variable von 1876-1990 (./.a) missing: kein Geburtsjahr bekannt
alter	Alter in Jahre	Metrische Variable von 18-89 (./.a) missing: kein Geburtsjahr bekannt
sex	Geschlecht	(1) Männlich (2) Weiblich
wj	Wahljahr	1953 1957 1961 1965 1969 1972 1976 1980 1983 1987 1990 1994 1998 2002 2005 2009
lp	Legislaturperio-de	(2) 2. Legislaturperiode (3) 3. Legislaturperiode (4) 4. Legislaturperiode (5) 5. Legislaturperiode (6) 6. Legislaturperiode (7) 7. Legislaturperiode (8) 8. Legislaturperiode (9) 9. Legislaturperiode (10) 10. Legislaturperiode

Variablen-name	Variablenlabel	Skalierung/Ausprägungen
		(11) 11. Legislaturperiode
		(12) 12. Legislaturperiode
		(13) 13. Legislaturperiode
		(14) 14. Legislaturperiode
		(15) 15. Legislaturperiode
		(16) 16. Legislaturperiode
		(17) 17. Legislaturperiode
trend	Trend	(0) 1953
		(1) 1957
		(2) 1961
		(3) 1965
		(4) 1969
		(5) 1972
		(6) 1976
		(7) 1980
		(8) 1983
		(9) 1987
		(10) 1990
		(11) 1994
		(12) 1998
		(13) 2002
		(14) 2005
		(15) 2009
tit	Titel	(0) Keinen Titel
		(1) Doktortitel
		(2) Professortitel
tit_dy	Titel, Dummy	(0) Kein Titel
		(1) Titel
job	Beruf	(1) Landwirtschaftliche Berufe
		(2) Tierwirtschaftliche Berufe
		(3) Verwaltungs-, Beratungs- und technische Fachkräfte in der Land- und Tierwirtscha
		(4) Landwirtschaftliche Arbeitskräfte
		(5) Gartenbauberufe
		(6) Forst-, Jagdberufe
		(7) Bergleute
		(9) Mineralaufbereiter, Mineralbrenner
		(10) Steinbearbeiter/Steinbearbeiterinnen
		(12) Keramiker/Keramikerinnen
		(13) Berufe in der Glasherstellung und -bearbeitung
		(14) Chemieberufe
		(15) Kunststoffberufe
		(16) Papierherstellungs-, Papierverarbeitungsberufe
		(17) Druck- und Druckweiterverarbeitungsberufe
		(18) Berufe in der Holzbearbeitung, Holz- und Flechtwaren-herstellung
		(19) Berufe in der Hütten- und Halbzeugindustrie
		(20) Gießereiberufe

Variablen-name	Variablenlabel	Skalierung/Ausprägungen
		(21) Berufe in der spanlosen Metallverformung
		(22) Berufe in der spanenden Metallverformung
		(24) Metallverbindungsberufe
		(25) Metall- und Anlagenbauberufe
		(26) Blechkonstruktions- und Installationsberufe
		(27) Maschinenbau- und -wartungsberufe
		(28) Fahr-, Flugzeugbau- und -wartungsberufe
		(29) Werkzeug- und Formenbauberufe
		(30) Feinwerktechnische und verwandte Berufe
		(31) Elektroberufe
		(32) Montierer/Montiererinnen und Metallberufe, a.n.g.
		(34) Berufe in der Textilherstellung
		(35) Berufe in der Textilverarbeitung
		(36) Textilveredler/Textilveredlerinnen
		(37) Berufe in der Lederherstellung, Leder- und Fellverarbeitung
		(39) Berufe in der Back-, Konditor-, Süßwarenherstellung
		(40) Fleischer/Fleischerinnen
		(41) Köche/Köchinnen
		(42) Berufe in der Getränke-, Genußmittelherstellung
		(43) übrige Ernährungsberufe
		(44) Hochbauberufe
		(45) Zimmerer, Dachdecker, Gerüstbauer
		(46) Tiefbauberufe
		(47) Bauhilfsarbeiter
		(48) Ausbauberufe
		(49) Raumausstatter/Raumausstatterinnen, Polsterer/Polsterinnen
		(50) Berufe in der Holz- und Kunststoffverarbeitung
		(51) Maler/Malerinnen, Lackierer/Lackiererinnen und verwandte Berufe
		(52) Warenprüfer/Warenprüferinnen, Versandfertigmacher/Versandfertigmacherinnen
		(53) Hilfsarbeiter/Hilfsarbeiterinnen ohne nähere Tätigkeitsangabe
		(54) Maschinen-, Anlagenführer und -führerinnen, a.n.g.
		(55) Maschineneinrichter/Maschineneinrichterinnen, a.n.g.
		(60) Ingenieure/Ingenieurinnen, a.n.g.
		(61) Chemiker/Chemikerinnen, Physiker/Physikerinnen, Mathematiker/Mathematikerinnen
		(62) Techniker/Technikerinnen, a.n.g.
		(63) technische Sonderfachkräfte
		(64) technische Zeichner/Zeichnerinnen und verwandte Berufe
		(65) Industrie-, Werk-, Ausbildungsmeister und -meisterinnen
		(66) Verkaufspersonal
		(67) Groß- und Einzelhandelskaufleute, Ein- und Verkaufsfachleute

Variablen-name	Variablenlabel	Skalierung/Ausprägungen
		(68) Warenkaufleute, a.n.g., Vertreter/Vertreterinnen
		(69) Bank-, Bausparkassen-, Versicherungsfachleute
		(70) Andere Dienstleistungskaufleute und zugehörige Berufe
		(71) Berufe des Landverkehrs
		(72) Berufe des Wasser- und Luftverkehrs
		(73) Berufe des Nachrichtenverkehrs
		(74) Lagerverwalter/Lagerverwalterinnen, Lager-, Transport-arbeiter und -arbeiterinnen
		(75) Berufe in der Unternehmensleitung, -beratung und -prüfung
		(76) Abgeordnete, administrativ entscheidende Berufstätige
		(77) Rechnungskaufleute, Informatiker/Informatikerinnen
		(78) Büroberufe, Kaufmännische Angestellte, a.n.g.
		(79) Dienst-, Wachberufe
		(80) Sicherheitsberufe, anderweitig nicht genannt
		(81) Berufe im Rechts- und Vollstreckungswesen
		(82) publizistische, Übersetzungs-, Bibliotheks- und ver-wandte Berufe
		(83) Künstlerische und zugeordnete Berufe
		(84) Ärzte/Ärztinnen, Apotheker/Apothekerinnen
		(85) Übrige Gesundheitsdienstberufe
		(86) soziale Berufe
		(87) Lehrer/Lehrerinnen
		(88) Geistes- und naturwissenschaftliche Berufe, a.n.g.
		(89) Berufe in der Seelsorge
		(90) Berufe in der Körperpflege
		(91) Hotel- und Gaststättenberufe
		(92) Haus- und ernährungswirtschaftliche Berufe
		(93) Reinigungs- und Entsorgungsberufe
		(97) mithelfende Familienangehörige außerhalb der Land-wirtschaft, a.n.g.
		(98) Arbeitskräfte mit noch nicht bestimmtem Beruf
		(99) Arbeitskräfte ohne nähere Tätigkeitsangabe
		(100) keine Angabe
job_k	Berufs-kategorien	(1) Land-, Tier-, Forstwirtschaft und Gartenbau
		(2) Bergleute, Mineralgewinner
		(3) Fertigungsberufe
		(4) Technische Berufe
		(5) Dienstleitungsberufe
		(6) Sonstige Arbeitskräfte
job_frau	Frauenberuf	(0) Männerberufe
		(1) Frauenberufe
nom	Nominierungen	(1) 1 Nominierung
		(2) 2 Nominierungen
		(3) 3Nominierungen
		(4) 4 Nominierungen
		(5) 5 Nominierungen
		(6) 6 Nominierungen

Variablen-name	Variablenlabel	Skalierung/Ausprägungen
		(7) 7 Nominierungen
		(8) 8 Nominierungen
		(9) 9 Nominierungen
		(10) 10 Nominierungen
		(11) 11 Nominierungen
		(12) 12 Nominierungen
		(13) 13 Nominierungen
wiederwahl	Wiederwahl (d.h. war Kandidat bei einer vorherigen Wahl bereits erfolgreich)	(0) keine Wiederwahl (1) Wiederwahl
partei	Partei	(1) PDS/Die Linke (2) B90/Die Grünen (3) SPD (4) FDP (5) CDU (6) CSU
partei_w	Parteiwechsel	(0) kein Wechsel (1) ein Wechsel (2) zwei Wechsel
bl	Bundesland	(1) Baden-Württemberg (2) Bayern (3) Berlin (4) Brandenburg (5) Bremen (6) Hamburg (7) Hessen (8) Mecklenburg-Vorpommern (9) Niedersachsen (10) Nordrhein-Westfalen (11) Rheinland-Pfalz (12) Saarland (13) Sachsen (14) Sachsen-Anhalt (15) Schleswig-Holstein (16) Thüringen
ost	Ost-West-Zugehörigkeit	(0) westliche Bundesländer (1) östliche Bundesländer *[Anmerkung: Codierung erst am 1990, Berlin wurde von Codierung ausgeschlossen]*
pk	Katholiken-anteil im Bundesland	Metrische Variable über prozentualen Anteil an Katholiken in einem Bundesland von 0 bis 1 *[Anmerkung: Berlin wurde von Codierung ausgeschlossen]*
pk_kath	Katholiken-anteil im Bundesland, Dum-	(0) Katholikenanteil unter 40 Prozent (1) Katholikenanteil 40 Prozent und mehr *[Anmerkung: Berlin wurde von Codierung ausgeschlossen]*

Variablen-name	Variablenlabel	Skalierung/Ausprägungen
	my	
wk	Wahlkreis-kandidatur	(0) nicht kandidiert (1) kandidiert (./.a) missing: nicht im Wahlkreis kandiiert
wk_only	Wahlkreis-kandidatur, ausschließlich	(0) Nicht nur im Wahlkreis angetreten (1) Nur im Wahlkreis angetreten
wk_nr	Wahlkreis-nummer	Wahlkreisnummer von 1 bis 328 (./.a) nicht angetreten
wk_gew	gewählt im Wahlkreis	(0) nicht gewählt über Wahlkreis (1) gewählt über Wahlkreis (./.a) missing: nicht im Wahlkreis kandiiert
wk_aussicht	Wahlkreis-aussicht	(0) Wahlkreis zuvor nicht gewonnen [d.h. Wahlkreis wurde bei der vergangenen Wahl nicht mit 10 und mehr Prozentpunkten Differenz zur zweitplatzierten Partei gewonnen.] (1) Wahlkreis zuvor gewonnen [d.h. Wahlkreis wurde von Partei des Kandidaten mit 10 und mehr Prozentpunkten Differenz zum Zweitplatzieren gewonnen.] (./.a) missing: nicht im Wahlkreis kandiiert
ll	Listen-kandidatur	(0) nicht kandiiert (1) kandidiert (./.a) missing: nicht auf Landesliste kandiiert
ll_only	Listen-kandidatur, ausschließlich	(0) keine ausschließliche Listenkandidatur (1) ausschließliche Listenkandidatur
ll_nr	Listennummer	Listennummer von 1-152
ll_gew	gewählt über Liste	(0) nicht gewählt über Liste (1) gewählt über Liste (./.a) missing: nicht auf Landesliste kandiiert
listqual	Listen-plazierung, aussichtsreich	metrische Variable, die Chancen auf der Liste angibt von 0 bis 1 codiert: 1 bedeutet sehr große Chancen, 0 bedeuten sehr kleine Chancen (./.a) missing: nicht auf Landesliste kandiiert
dk	Doppel-kandidatur	(0) keine Doppelkandidatur (1) Doppelkandidatur
gew	gewählt	(0) nicht gewählt (1) über WK gewählt (2) über Liste gewählt
kandidatur	Kandidatur über …	(1) Liste (2) Wahlkreis (3) Doppelkandidatur
quote	Frauenquote	(0) keine Frauenquote (1) Frauenquote
platzierung	aussichtsreiche Platzierung	(0) weder auf Liste noch im Wahlkreis aussichtsreich (1) aussichtsreich auf Listenplatz oder im Wahlkreis (2) aussichtsreich auf Liste und Wahlkreis

Identifikation der Berufe als Männer- bzw. Frauenberufe

Berufe mit einem höheren Frauenanteil als der Frauenanteil insgesamt aller Berufe im jeweiligen Jahr werden als „Frauenberufe" identifiziert und sind kursiv dargestellt. Berufe mit einem Frauenanteil unterdurchschnittlich dem Frauenanteil insgesamt im jeweiligen Jahr werden als „Männerberufe" identifiziert und nicht kursiv dargestellt. Ferner werden fehlende Werte mittels „missing" in der Tabelle gekennzeichnet. Die Datengrundlage zur Identifikation der Männer- und Frauenberufe bilden die Statistischen Jahrbücher des Statistischen Bundesamtes[99].

Frauenanteile an jeweiligen Berufsgruppen in Prozent

	Berufsbezeichnung	1980	1983	1987	1990	1994	1998	2002	2005	2009
1	Landwirtschaftliche Berufe	28,8	28,5	19,0	15,5	43,8	38,2	34,4	31,2	20,5
2	Tierwirtschaftliche Berufe	0,0	28,5	0,0	0,0	47,1	42,6	49,1	51,6	39,7
3	Verwaltungs-, Beratungs- und technische Fachkräfte in der Land- und Tierwirtschaft	0,0	0,0	0,0	0,0	0,0	0,0	0,0	23,1	22,6
4	Landwirtschaftliche Arbeitskräfte	78,2	78,2	76,9	78,8	mis	mis	mis	mis	28,8
5	Gartenbauberufe	28,9	30,1	34,5	35,2	40,3	42,9	40,7	38,0	33,2
6	Forst-, Jagdberufe	0,0	0,0	0,0	0,0	10,6	13,4	10,7	8,8	6,9
7	Bergleute	0,0	0,0	0,0	0,0	0,0	0,0	0,0	0,0	0,7
8	Mineralgewinner, -aufbereiter	0,0	0,0	0,0	0,0	0,0	0,0	0,0	0,0	4,4
9	Mineralaufbereiter, Mineralgewinner	mis	0,0	0,0	mis	mis	mis	mis	mis	5,3
10	Steinbearbeiter/Steinbearbeiterinnen	0,0	0,0	0,0	0,0	0,0	0,0	0,0	0,0	16,9
11	Baustoffhersteller/Baustoffherstellerinnen	0,0	0,0	0,0	0,0	0,0	0,0	0,0	0,0	6,9
12	Keramiker/Keramikerinnen	38,2	41,9	35,5	36,4	38,2	40,9	35,3	33,3	28,5
13	Berufe in der Glasherstellung und -bearbeitung	26,5	24,3	29,4	24,2	23,5	25,0	25,0	29,2	24,3
14	Chemieberufe	21,3	22,4	20,0	18,6	22,0	15,9	18,4	18,9	20,1
15	Kunststoffberufe	36,6	33,3	34,4	32,8	30,2	19,1	25,4	23,9	24,9
16	Papierherstellungs-, Papierverarbeitungsberufe	44,8	42,9	39,3	35,6	24,2	16,2	21,2	22,0	25,2
17	Druck- u. Druckweiterverarbeitungsberufe	17,0	17,3	20,5	20,9	29,2	28,3	25,4	27,7	24,3
18	Berufe in der Holzbearbeitung, Holz- und Flechtwarenherstellung	23,8	20,0	20,0	18,2	22,9	18,2	15,8	16,3	13,3
19	Berufe in der Hütten- und Halbzeugindustrie	0,0	0,0	0,0	0,0	0,0	0,0	0,0	0,0	2,2
20	Gießereiberufe	0,0	0,0	0,0	0,0	0,0	0,0	0,0	0,0	4,4

---

[99] Statistisches Bundesamt (2009): *Statistisches Jahrbuch 2009*, Paderborn: Druck-Buch-Verlag: 93. Statistisches Bundesamt (2006): *Statistisches Jahrbuch 2006*, Spangenberg: Schreckhase: 87.
Statistisches Bundesamt (2003): *Statistisches Jahrbuch 2003*, Baden-Baden: Wesel Kommunikation: 110.
Statistisches Bundesamt (1999): *Statistisches Jahrbuch 1999*, Stuttgart: Metzler-Poeschel Verlag: 109.
Statistisches Bundesamt (1995): *Statistisches Jahrbuch 1995*, Stuttgart: Metzler-Poeschel Verlag: 113.
Statistisches Bundesamt (1990): *Statistisches Jahrbuch 1989*, Wiesbaden: Kohlhammer: 98.
Statistisches Bundesamt (1987): *Statistisches Jahrbuch 1987*, Stuttgart: Metzler-Poeschel Verlag: 104.
Statistisches Bundesamt (1984): *Statistisches Jahrbuch 1983*, Stuttgart: Metzler-Poeschel Verlag: 102.
Statistisches Bundesamt (1982): *Statistisches Jahrbuch 1981*, Stuttgart: Kohlhammer: 100.

21	Berufe in der spanlosen Metallverformung	*37,9*	37,5	29,9	24,2	31,7	38,2	32,3	28,0	17,7
22	Berufe in der spanenden Metallverformung	4,9	4,7	4,8	4,7	4,9	4,4	4,4	3,5	3,2
23	Berufe in der Metalloberflächenveredlung und Metallvergütung	17,1	0,0	18,9	15,0	0,0	0,0	16,1	0,0	10,8
24	Metallverbindungsberufe	16,6	17,8	17,3	17,8	11,9	8,4	11,4	9,5	6,7
25	Metall- und Anlagenbauberufe	0,0	0,0	0,0	0,0	1,9	1,5	2,6	2,1	2,5
26	Blechkonstruktions- und Installationsberufe	0,0	0,0	2,1	0,0	10,9	10,2	11,6	10,6	0,9
27	Maschinenbau- und -wartungsberufe	1,3	1,6	2,1	1,9	3,4	4,0	4,1	4,1	1,9
28	Fahr-, Flugzeugbau- und -wartungsberufe	4,8	5,2	5,7	4,5	1,7	2,3	2,4	2,0	3,7
29	Werkzeug- und Formenbauberufe	0,0	0,0	0,0	0,0	3,1	3,3	0,0	0,0	2,1
30	Feinwerktechnische und verwandte Berufe	34,7	37,8	*41,6*	35,8	36,1	39,7	41,2	39,1	*59,1*
31	Elektroberufe	6,7	5,7	7,2	5,9	5,3	6,1	5,9	5,6	5,8
32	Montierer/Montiererinnen und Metallberufe, a.n.g.	*45,4*	*44,3*	*42,2*	*42,2*	*42,9*	*45,3*	43,6	34,5	29,6
33	Spinnberufe	*59,5*	*63,0*	*42,3*	*47,8*	*55,6*	41,7	0,0	0,0	38,1
34	Berufe in der Textilherstellung	*47,2*	*45,5*	*42,9*	38,5	*52,9*	*42,9*	43,5	*47,4*	37,6
35	Berufe in der Textilverarbeitung	*87,9*	*91,6*	*89,6*	*89,3*	*90,5*	*88,8*	*89,0*	*91,3*	*87,1*
36	Textilveredler/Textilveredlerinnen	27,3	0,0	0,0	0,0	0,0	0,0	0,0	0,0	21,4
37	Berufe in der Lederherstellung, Leder- und Fellverarbeitung	*53,6*	*50,0*	44,6	*47,9*	40,4	35,7	29,4	32,4	44,8
39	Berufe in der Back-, Konditor-, Süßwarenherstellung	12,0	14,2	16,4	16,7	24,7	24,1	27,2	27,9	31,2
40	Fleischer/Fleischerinnen	7,5	6,7	9,2	6,4	7,1	9,3	9,4	10,1	20,2
41	Köche/Köchinnen	*72,7*	*69,4*	*64,4*	*62,9*	*68,1*	*61,1*	*60,2*	*56,7*	*53,2*
42	Berufe in der Getränke-, Genußmittelherstellung	21,4	20,7	0,0	0,0	22,2	0,0	0,0	24,0	17,4
43	übrige Ernährungsberufe	0,0	20,0	22,6	0,0	32,1	36,0	38,2	41,3	32,6
44	Hochbauberufe	0,0	0,0	0,0	0,0	1,2	1,7	0,0	0,0	0,6
46	Tiefbauberufe	0,0	0,0	0,0	0,0	0,0	0,0	0,0	0,0	0,7
47	Bauhilfsarbeiter	0,0	0,0	0,0	0,0	7,3	5,7	6,9	0,0	2,4
48	Ausbauberufe	0,0	0,0	0,0	0,0	2,1	1,5	1,8	0,0	2,6
49	Raumausstatter/Raumausstatterinnen, Polsterer/Polsterinnen	19,2	14,9	13,6	14,9	21,9	23,5	24,4	22,7	23,2
50	Berufe in der Holz- und Kunststoffverarbeitung	2,2	2,5	3,3	3,6	4,4	5,2	4,6	4,8	4,0
51	Maler/Malerinnen, Lackierer/Lackiererinnen und verwandte Berufe	4,3	5,0	5,4	6,0	6,6	6,9	6,6	5,4	6,4
52	Warenprüfer/Warenprüferinnen, Versandfertigmacher/ Versandfertigmacherinnen	*57,3*	*55,3*	*54,4*	*51,0*	*52,6*	*53,4*	*52,7*	*51,7*	38,9
53	Hilfsarbeiter/Hilfsarbeiterinnen ohne nähere Tätigkeitsangabe	*38,1*	37,1	38,0	35,8	37,2	41,0	39,9	39,2	28,0
54	Maschinen-, Anlagenführer und -führerinnen, a.n.g.	3,7	3,8	4,7	6,6	9,0	11,3	11,4	11,8	3,6
55	Maschineneinrichter/ Maschineneinrichterinnen, a.n.g.	mis	mis	mis	mis	0,0	0,0	0,0	0,0	mis
60	Ingenieure/Ingenieurinnen, a.n.g.	2,4	2,5	3,4	4,7	9,6	10,1	10,7	11,4	12,1

61	Chemiker/Chemikerinnen, Physiker/ Physikerinnen, Mathematiker/ Mathematikerinnen	0,0	0,0	11,7	12,7	16,5	19,4	15,4	17,4	23,4
62	Techniker/Technikerinnen, a.n.g.	6,9	6,6	7,3	7,0	11,8	12,1	11,8	10,9	12,0
63	Technische Sonderfachkräfte	48,3	47,3	50,2	52,8	56,0	54,8	54,5	52,1	50,8
64	Technische Zeichner/Zeichnerinnen und verwandte Berufe	mis	mis	mis	mis	62,6	66,4	62,1	58,0	mis
65	Industrie-, Werk-, Ausbildungsmeister und -meisterinnen	mis	mis	mis	mis	10,1	7,7	7,6	7,3	mis
66	Verkaufspersonal	mis	mis	mis	mis	81,5	81,9	80,5	80,5	mis
67	Groß- und Einzelhandelskaufleute, Ein- und Verkaufsfachleute	mis	mis	mis	mis	43,4	47,0	47,9	48,3	mis
68	Warenkaufleute, a.n.g., Vertreter/ Vertreterinnen	61,4	62,7	62,2	62,0	34,4	34,3	34,0	35,7	65,0
69	Bank-, Bausparkassen-, Versicherungsfachleute	41,7	44,5	43,5	43,0	47,9	47,2	51,1	48,8	54,4
70	andere Dienstleistungskaufleute und zugehörige Berufe	27,7	26,9	34,1	38,0	42,3	43,9	46,1	48,2	51,4
71	Berufe des Landverkehrs	2,5	2,7	3,4	3,5	5,1	6,0	6,8	6,8	5,8
72	Berufe des Wasser- und Luftverkehrs	0,0	0,0	0,0	0,0	0,0	0,0	0,0	0,0	14,9
73	Berufe des Nachrichtenverkehrs	47,3	51,1	49,2	48,7	61,6	62,6	62,1	61,3	63,6
74	Lagerverwalter/Lagerverwalterinnen, Lager-, Transportarbeiter und -arbeiterinnen	42,9	15,8	17,9	15,5	17,4	18,6	19,3	20,1	18,5
75	Berufe in der Unternehmensleitung, -beratung und -prüfung	19,0	18,3	21,0	21,2	26,7	28,7	30,4	32,7	36,2
76	Abgeordnete, administrativ entscheidende Berufstätige	16,1	18,7	20,0	21,0	30,0	37,0	39,8	40,7	42,6
77	Rechnungskaufleute, Informatiker/ Informatikerinnen	59,5	58,8	56,6	53,1	58,8	52,9	48,0	44,3	42,0
78	Büroberufe, Kaufmännische Angestellte, a.n.g.	62,7	64,8	67,3	67,9	70,7	73,1	73,7	73,8	72,6
79	Dienst-, Wachberufe	20,6	18,8	19,7	17,0	18,0	19,0	19,7	17,8	20,5
80	Sicherheitsberufe, anderweitig nicht genannt	1,3	1,3	1,6	1,9	3,9	6,3	7,7	9,9	22,5
81	Berufe im Rechts- und Vollstreckungswesen	11,9	14,3	17,6	20,0	24,3	29,9	31,8	37,0	45,0
82	publizistische, Übersetzungs-, Bibliotheks- und verwandte Berufe	45,5	50,0	52,4	48,6	54,4	55,4	53,9	53,9	57,7
83	künstlerische und zugeordnete Berufe	32,2	34,2	35,0	38,2	39,3	37,4	39,6	40,9	44,3
84	Ärzte/Ärztinnen, Apotheker/Apothekerinnen	30,9	29,8	29,3	30,9	39,8	41,8	44,0	46,0	55,3
85	übrige Gesundheitsdienstberufe	87,1	87,3	85,7	85,5	87,0	86,4	86,8	86,8	88,2
86	soziale Berufe	81,2	81,9	79,2	79,9	85,1	83,0	82,4	83,1	83,2
87	Lehrer/Lehrerinnen	48,8	48,7	48,2	48,3	53,3	56,0	58,0	60,6	58,7
88	Geistes- und naturwissenschaftliche Berufe, a.n.g.	20,2	26,3	27,7	33,3	37,6	36,8	40,3	43,7	48,8
89	Berufe in der Seelsorge	23,6	18,9	22,2	21,4	32,0	34,3	36,0	36,8	45,7
90	Berufe in der Körperpflege	82,4	83,3	84,0	85,7	88,3	89,6	89,3	90,8	93,1
91	Hotel- und Gaststättenberufe	59,4	61,0	62,4	62,0	61,8	62,1	62,6	61,1	68,3
92	Haus- und ernährungswirtschaftliche Berufe	97,0	97,2	96,6	95,9	96,0	94,8	95,6	94,6	93,0
93	Reinigungs- und Entsorgungsberufe	86,0	86,0	84,3	83,5	83,1	81,5	82,1	82,0	72,9

97	mithelfende Familienangehörige außerhalb der Landwirtschaft, a.n.g. (Hausfrau)	90,2	88,6	85,7	83,8	82,9	76,7	79,2	72,7	57,8
98	Arbeitskräfte mit (noch) nicht bestimmtem Beruf	38,9	42,9	46,3	44,8	42,9	45,5	42,3	41,9	43,2
99	Arbeitskräfte ohne nähere Tätigkeitsangabe	34,6	37,4	40,2	39,9	37,9	34,5	35,7	37,5	38,2
	Frauenanteil insgesamt	*37,6*	*38,0*	*38,9*	*38,9*	*41,5*	*42,8*	*44,3*	*44,9*	*45,8*

Katholische Bevölkerungsanteile nach Wahl und Bundesland (politische Kulturvariable)

In der nachfolgenden Tabelle sind die prozentualen Anteile an katholischen Bürger/innen im jeweiligen Bundesland und Wahljahr dargestellt. Die in der letzten Zeile kursiv dargestellten Felder kennzeichnen die Bundesländer, die im Durchschnitt einen Katholikenanteil von 40 und mehr Prozent hatten und im Rahmen des deskriptiven Teils (Kapitel 7.4.1) als stark katholische Bundesländer und somit bei der Dummy-Berechnung mit 1 codiert wurden. Die nicht kursiv dargestellten Felder bilden die Vergleichsgruppe (Länder mit keinem oder geringfügiger Bevölkerungszahl an Katholiken) und wurden somit mit 0 codiert. Im Rahmen der multivariaten Analysen wurde eine kontinuierliche Variablen verwendet, die für jeden Kandidaten/in den katholischen Bevölkerungsanteil je Bundesland und Wahljahr angibt.

BTW	Daten-quelle	Bundesländer														
		1	2	4	5	6	7	8	9	10	11	12	13	14	15	16
		BW	BY	BB	HB	HH	HE	MV	NS	NW	RP	SL	SN	ST	SH	TH
2009	A '08	42,0	58,0	6,0	11,0	22,0	26,0	3,0	15,0	48,0	63,0	62,0	3,0	4,0	9,0	3,0
2005	A '04	37,0	55,0	2,0	0,0	3,0	30,0	3,0	28,0	43,0	65,0	53,0	3,0	4,0	5,0	5,0
2002	A '02	37,0	62,0	3,0	5,0	18,0	29,0	1,0	23,0	47,0	62,0	53,0	3,0	3,0	5,0	4,0
1998	A '98	46,0	62,0	6,0	9,0	10,0	25,0	3,0	21,0	49,0	55,0	48,0	4,0	3,0	9,0	6,0
1994	A '94	38,0	69,0	4,0	6,0	10,0	34,0	3,0	28,0	49,0	53,0	60,0	3,0	4,0	7,0	2,0
1990	A '91	46,0	66,0	1,0	0,0	11,0	37,0	5,0	21,0	47,0	45,0	83,0	4,0	8,0	5,0	13,0
1987	A '86	47,0	67,0		14,0	8,0	27,0		17,0	44,0	43,0	82,0			6,0	
1983	A '82	48,0	69,0		15,0	7,0	24,0		18,0	49,0	62,0	68,0			7,0	
1980	A '80	38,0	68,0		11,0	5,0	27,0		17,0	51,0	61,0	81,0			3,0	
1976	fo'70	47,0	70,0		10,0	8,0	33,0		20,0	53,0	56,0	74,0			6,0	
1972	fo'70	47,0	70,0		10,0	8,0	33,0		20,0	53,0	56,0	74,0			6,0	
1969	fo'80	47,0	71,0		10,0	7,0	0,0		19,0	52,0	56,0	73,0			6,0	
1965	fo'80	47,0	71,0		10,0	7,0	0,0		19,0	52,0	56,0	73,0			6,0	
1961	fo'80	47,0	71,0		10,0	7,0	0,0		19,0	52,0	56,0	73,0			6,0	
1957	fo'50	47,0	72,0		9,0	7,0	32,0		19,0	55,0	58,0	73,0			6,0	
1953	fo'50	47,0	72,0		9,0	7,0	32,0		19,0	55,0	58,0	73,0			6,0	
∅		*44,0*	*67,0*	4,0	9,0	9,0	24,0	3,0	20,0	*49,0*	*57,0*	*69,0*	3,0	4,0	6,0	6,0

Quelle: A= Allbus; fo=fwid.

VS Forschung | VS Research
Neu im Programm Soziologie

VS Forschung | VS Research
Neu im Programm Politik

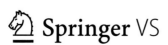

Printed by Books on Demand, Germany